카빌리 베르베르 문화사전

카빌리 베르베르 문화사전

알제리 소수민족의 삶과 역사

카미유 라코스트-뒤자르댕

김정숙 옮김

사회평론

카빌리 베르베르 문화사전

알제리 소수민족의 삶과 역사

2016년 5월 23일 초판 1쇄 인쇄
2016년 6월 7일 초판 1쇄 발행

지은이 카미유 라코스트-뒤자르댕
옮긴이 김정숙
펴낸이 윤철호·김천희
펴낸곳 (주)사회평론아카데미

편 집 김지산·고하영
디자인 김진운
마케팅 정세림

등록번호 2013-000247(2013년 8월 23일)
전화 02-2191-1133
팩스 02-326-1626
주소 03978 서울특별시 마포구 월드컵북로12길 17(1층)

ISBN 979-11-85617-70-1 93380

티시라의 양부모님과
따뜻한 마음으로 나를 받아들여주셨던 카빌리 분들께 바친다.

문화유산에 자긍심을 가질 또 다른 이유를 주기를 희망하며
모든 카빌리 청년에게 바친다.

차례

I. 지리·지형

II. 생태환경

III. 역사

IV. 종교

V. 생산활동

VI. 사회생활

VII. 가족생활

VIII. 의생활

IX. 식생활

X. 주생활

XI. 문화 및 사고방식

XII. 구비문학 및 예술

XIII. 인물들

XIV. 기타

카빌리 베르베르어의 표기

중요한 카빌리어 단어 일부를 음에 따라 프랑스어로 표기했다. 문자가 없었던 베르베르어 표기 문제로 독자를 혼란스럽게 만들지 않기 위해 약식 표기법을 택했다. 고유명사 철자는 가장 보편적 표기법, 즉 보통 많이 사용하는 방식에 준해 혼선을 피하고자 했다. 발음을 표기하는 것은 어려운 일이었다. 집단마다 서로 다른 경우가 많고 마을마다 다를 때도 종종 있었다. 다양한 발음을 통일할 수밖에 없었다.

카빌리어와 프랑스어 두 언어에서 현저하게 다른 음소들에 대해서는 다음 원칙에 준했다.

â : 인두음이다.

c : 대개 'ch'처럼 발음해야 한다.(역주: 프랑스어 'ch'는 우리말로 대개 '슈'로 표기한다.)

gh : 파리 사람이 발음하는 식의 'r'와 같다. (역주: 프랑스어 'r'는 'ㄹ'과 'ㅎ'의 중간 발음이다.)

h : 때로 숨소리가 난다(역주: 프랑스어에서는 h가 발음되지 않는다).

q : 연구개음이다.

r : 혀를 굴려 나는 발음이다.

u : 대개 '우'로 발음한다.

w : 반자음 '우'다.

x : 인두음으로 스페인어 '로타(rota)'와 유사하다.

카빌리 베르베르어의 한국어 표기(옮긴이)

카빌리어의 우리말 표기는 원 저서의 프랑스어에 따랐다. 프랑스어 표기는 일부 긴 단어를 제외하고 본문에서 생략했다. 발음 순서에 따라 정리해 말미에 붙였으므로 필요한 경우 참고할 수 있을 것이다. 원칙적으로 프랑스어 발음체계에 준했으며, 위에 별도로 언급된 "음소들"에 대해서는 저자가 설명한 발음 원칙을 따랐다. 그 외 프랑스어 음운체계에서 흔히 볼 수 없는 몇 가지 철자는 원래 카빌리어 발음에 근접해 보이는 음으로 표기하려고 노력했다. 저자의 설명을 듣기도 했고 알제리를 방문했을 때 직접 확인하기도 했으며 한국에 체류 중인 베르베르인 학생의 도움을 받기도 했다.

알제리 카빌리 지방: 인류학적·역사적 접근

김정숙

알제리 프랑스어문학을 접하게 되면 특이한 사실에 주목하게 된다. 작가들의 전기에서 '카빌리'라는 지명이 유난히 많이 보인다는 것이다. 물루드 페라운, 물루드 마므리, 나빌 파레스, 타하르 자우트 등 중요 작가들이 이 지방 출신들이다. 『알제리 작가들(Ecrivains algériens)』에 취합되어 있는 약 1000명의 알제리 문필가들을 출신 도시나 마을에 따라 분류해보면 카빌리 출신이 약 260명 정도로 1/4가량을 차지하고 있다. 고전 작가들이나 아랍어 작가들을 제외한다면 비중이 더욱 높아질 것이다.

　카빌리의 가시성은 문학이 아닌 다른 분야 저작물에서도 드러난다. 알제리를 소개하는 저서 가운데 가장 뛰어난 분석으로 평가받으며 아직도 널리 읽히고 있는 부르디외의 『알제리 사회학(La sociologie de l'Algérie)』은 카빌리 지방을 상세하게 소개하는 것으로 시작한다. 행정병과 연구보조원으로 2년간 알제리에서 복무했던 부르디외의 초기 저작들은 카빌리 지방에 대한 인류학적 탐사의 결실이다. 그가 사회학자의 길을 걷게 된 결정적 계기였다. 마그레브 국가들의 경제와 사회를 종합적으로 소개하고 있는 『대(大) 마그레브(Le Grand Maghreb)』에서도 카빌리는 알제리와 별도의 장으로 분리되어 특수한 공간으로 설명되어 있다. 그 외에도 알제리에 체류했던 프랑스인들이 남겨놓은 여러 저작들이 있다. 1946-1974년 사이 약 30년간 프랑스인 신부들이 출판했던 방대한 양의 정기간행물 『베르베르자료집(Fichier de documentation berbère)』이 있으며, 프랑스 식민점령 초기 지역 군사령관이었던 아노토와 르투르뇌가 남겨놓은 『주르주라 카빌리의 민간시(Poésies populaires de la Kabylie du Djurdjura)』, 『카빌리와 카빌리 관습(La Kabylie et les coutumes kabyles)』 등도 있다. 또한 카빌리는 카뮈의 여러 저작에서도 언급되었던 지역으로 한국 독자들에게도 낯설지 않다. 알제리-프랑스인 카뮈의 『알제리 연대기(Chroniques algériennes)』는 특히 카빌리 지방을 취재한 보고서이자 알제리 독립에 대한 그의 입장 설명이다. 알제리의 어떤 지방도 이처럼 많은 관심을 받지는 못했다. 이처럼 관심이 집중되었던 카빌리는 어떤 지방인가?

카빌리: 베르베르인의 집단거주지

카빌리 지방은 알제리 동북부 지중해 해안가에 위치해 있다. 피레네, 알프스, 아펜니노처럼 지중해를 둘러싼 높은 산맥의 일부로 해발 2000m 이상의 주르주라 산맥을 서쪽 경계로 시작해 동쪽으로 뻗어 있는 고산지대다. '카빌리'라는 지명은 알제와 콩스탕틴 사이의 평원과 산지에 사는 베르베르인들을 지칭하는 아랍어 '크바일리'에서 유래하여 프랑스어식으로 변형된 것이다. 현재 여러 행정단위로 분리되어 있어 정확하게 인구를 가늠하기 어렵지만 약 500만 명으로 추산하고 있다. 알제리 인구의 16%에 해당한다. 면적은 강원도와 비슷하지만, 강원도의 인구가 약 150만 명이므로 3배가 넘는 인구밀도다. 알제리 국토 면적의 80%는 사람이 살 수 없는 사막으로 이루어져 있어 주민의 90%가 좁은 띠 모양의 지중해 해안가에 집중되어 있다. 카빌리는 이러한 인구 밀집 지역의 하나로 그 역사는 대단히 길어 마그레브에서 사람이 살기 시작했던 시기로 거슬러 올라간다. 접근이 어려운 고지대로 외부의 약탈을 피할 수 있다는 이점과 아울러 왕래가 잦은 평원과도 멀지 않아 폐쇄와 개방을 적절히 배합하고 있다.

높은 산, 계곡, 분지로 구성되어 고저가 심한 지형에서 주민들은 산 경사면이나 산등성이에 부족 단위로 촌락을 이루며 살고 있다. 농업이 주 생계수단이지만 곡물 농사를 지을 수 있는 곳은 완만한 경사지나 계곡뿐이어서 무화과, 포도, 올리브와 같은 과실수 재배와 양이나 염소와 같은 가축 사육이 더 큰 비중을 차지하고 있다. 그러나 농업과 목축업만으로 식량 조달이 어려워 수공예가 발달하였으며 장거리 행상도 이들의 생계를 보조하는 수단이 되어왔다. 협소한 땅에서 늘어나는 인구를 일정한 수준으로 유지하게 하는 이민도 카빌리 사람들이 생계를 유지하는 한 방법이었다. 브로델은 그의 저서 『지중해(La Méditérannée)』에서 지중해 연변은 목가적 풍경을 보여주지만 실상은 토지 깊이가 얕고 척박해 특히 고산 지방은 늘어나는 인구를 주기적으로 외부로 유출하지 않으면 주민의 생계가 어려웠다고 지적하고 있다. "너무 많은 고초와 충분치 않은 소득"으로 살고 있는 주민들의 인구학적 균형에 이민은 불가피한 것이었다. 카빌리도 예외가 아니어서 외부 이주가 일찍부터 활성화되었다. 알제나 오랑과 같은 국내 대도시 외에도 20세기에 들어서는 프랑스, 중동, 캐나다 등이 이들의 이주 국가가 되고 있다.

지형적으로 접근이 쉽지 않은 카빌리는 외부 세력에 쉽게 굴복하지 않는 "저항의 땅"이다. 페니키아, 로마, 비잔틴 등 마그레브를 침공해 지배했던 외부 세력에도 거의 영향을 받지 않고 독자적인 생활을 영위하였을 뿐 아니라, 이슬람교 개종에도 불구하고 20세기까지도 쿠란보다는 자신들의 관습법인 '카눈'을 유지했다. 총독을 파견해 알제리 북부를 다스렸던 오스만 터키 제국도 평원의 땅을 두고 카빌리 사람들과 싸우면서 약간의 세금을 걷거나 알제-콩스탕틴 사이 길을 감시하는 것으로 만족했다. 프랑스 정복에 가장 마지막까지 저항했던 카빌리는 토지 수용 정책에 대한 반발로 '1871년 대봉기'를 일으켜 식민정부에 큰 타격을 주었다. 이들의 강한 저항은 정복자들에게 깊은 인상을 심어 후일 프랑스가 전투 병력으로 피식민지인을 차출할 때 적용했던 인종적 기준에서 가장 용맹한 전사들로 분류되었다고 한다. 밧줄로 서로 몸을 묶고 죽음으로 저항하는 '임스블'은 전사 전통의 상징이었다. 프랑스 식민 지배로부터 벗어나기 위한 독립전쟁에서 활약했던 여러 지도자들을 배출했으며, 저항군이었던 '마키자르'의 근거지가 되었던 지방이다. 독립 후에도 가장 적극적인 반체제 지방으로 여러 차례 대규모 시위를 벌인바 있다.

카빌리를 소개하면서 반드시 언급해야 할 중요한 사실은 이들이 베르베르라는 점이다. 통상 북아프리카를 이슬람·아랍 지역으로 인식해 그 존재가 가려져 왔던 베르베르인들은 현재까지 고유한 문화와 언어를 유지하고 있는 마그레브의 원주민이다. 마그레브 지역에서 인류의 자취가 발견된 기원전 3000년 이래 지중해와 육로를 통해 유입되었던 다양한 근원의 사람들로 구성되어 혈통이나 인종보다는 지리적으로 집단화되는 베르베르인들은 부족 단위의 사회구조와 구비문화전통뿐 아니라 언어를 공유하고 있다. 셈어족에 속하는 언어로 지역에 따라 여러 방언들로 발달한 베르베르어는 "단일구조"를 가지고 있는 하나의 언어로 베르베르인의 정체성을 구성하는 핵심이 되고 있다.

베르베르인들은 7세기와 11세기 2차에 걸친 아랍인들의 도래를 계기로 이슬람교도가 되었으며 아랍화되었다. '아랍화'란 신의 계시를 담고 있는 신성한 언어인 아랍어를 익히는 데 그치지 않고 종교적·문화적 권위를 바탕으로 세력을 형성한 아랍인 집단 속으로 흡수되었던 과정을 의미한다. 많은 마그레브 사람들이 자신을 "아랍화한 베르베르인"이라고 생각하는 것은 실제 아라비아 반도로부터 유입되었던 아랍인의 수가 많지 않다는 사실에 근거한다. 그러므로 이슬람화와 그에 따른 아랍화에 저항하며 자신들의 문화적 전통과 언어를 간직하고 있는 사람들이 현재의 베르베르인들이라고 볼 수 있다. 이들은 마그레브 전역에 분포되어 있는데, 리비아 즈블 네푸사 지역에 일부가 잔존하며, 아랍의 영향을 가장 많이 받았던 튀니지에서는 인구의 1% 정도로 미미하지만, 모로코와 알제리에서는 각기 전체 인구의 최소한 40%와 25%를 차지하고 있다. 두 국가에서 인구 비중은 자료에 따라 크게 차이가 난다. 공식적이고 체계적으로 조사된 통계가 없어 개략적으로 추산할 수밖에 없기 때문이다. 모로코에서 인구 비중이 가장 높은 것은 아랍의 영향이 가장 약했던 데서 기인하며, 알제리에는 오레스 지방과 음자브 지방과 같은 여러 베르베르인 집단 거주지가 있지만 가장 인구가 많고 베르베르적 정체성을 확고하게 유지하고 있는 곳은 카빌리 지방이라고 할 수 있다.

카빌리가 베르베르인들의 집단 거주지라는 점은 프랑스가 알제리를 점령한 이후 특수한 위상을 갖게 되는 데 결정적인 역할을 했다. 프랑스 정부는 원활한 식민통치를 위하여 베르베르인 대 아랍인, 정주민 대 유목민이라는 이분구도를 과장한 분열 정책을 구사했는데, 이러한 정책에 카빌리를 활용했다. 식민정부의 강압적 정책에 대한 반발로 오히려 아랍화되었다는 견해도 있지만 카빌리는 초등학교와 직업학교 설립으로 프랑스어 교육이 체계적으로 이루어졌고 프랑스어권 엘리트를 가장 많이 배출했을 뿐 아니라 프랑스에 가장 많은 이민자를 보낸 친프랑스 지역이다. 주요 도시인 티지-우주와 베자야를 비롯한 도시들은 간판이나 게시물 등 기호학적 환경 측면에서 프랑스에 대단히 가깝다. 물루드-마므리대학에서도 정부 정책과 달리 아랍어보다는 프랑스어로 더 많이 강의하고 있으며, 일반 주민들의 프랑스어 사용 빈도나 수준이 타지방에 비하여 월등히 높다.

카빌리 사람들이 식민지배의 잔재인 프랑스어를 고집하는 이유는 복합적이다. 카텝 야신과 같은 작가가 표명했던 입장과 크게 다르지 않아 이를 소개하는 것으로 이해를 도울 수 있다. 카빌리 지방에 인접한 오레스 지방 출신 베르베르인이었던 카텝 야신은 정부의 강제적인 아랍어화 정책에 반대하며 프랑스어의 필요성을 주장하고 베르베르어에 정당한 위상을 부여할 것을 요구했는데,

그의 입장을 요약하면 다음과 같다.

　프랑스어는 비록 강압적으로 배운 식민지배자들의 언어이지만 이미 획득한 정신적·문화적 도구이므로 간직해야 한다. "전쟁의 노획물"인 프랑스어는 장기간의 식민지배로 빈약해진 알제리 아랍어문학보다 문학적 측면에서 더 큰 발전을 가져다 줄 수 있으며 불가피한 서구화에 대응하는 유용한 도구가 될 수 있다. 알제리는 이미 베르베르어와 아랍어가 공존하는 다언어지역이므로 언어 선택의 폭을 축소시킬 이유가 없다. 더구나 아랍어화는 알제리 사람들이 사용하는 방언 아랍어가 아니라 이집트 등지에서 사용하는 표준 아랍어를 강요하는 것으로, 실제 언어생활과는 무관한 정치적인 동기에서 비롯한 것이다. 실상 아랍어도 프랑스어와 마찬가지로 외부에서 들어온 침입자들의 언어에 불과하다. 그러므로 방언 아랍어와 베르베르어를 인정하고 사용을 증진하면서 동시에 프랑스어를 유지하는 것이 실제 언어생활에 밀착한 정책이다. "이러한 명분으로 프랑스어는 우리의 것이며 우리는 다른 전통적 언어들과 동등하게 간직하고자 한다"는 것이 카텝 야신의 결론이다.

　카빌리 사람들이 아랍어보다 프랑스어를 선호하는 데는 베르베르적 정체성을 포기하지 않겠다는 보다 근원적인 문제가 중첩되어 있다. 즉 아랍적 정체성을 위해 베르베르적 정체성을 포기하려 하지 않는 이들에게 프랑스어는 아랍어화에 맞서는 일종의 방어기제 역할을 하고 있는 셈이다. 이러한 입장으로 인해 카빌리 지방은 독립 이후 수립된 역대 정권들과 지속적인 마찰을 빚고 있으며 알제리 내부에서도 상대적으로 고립되어 있다. 다른 베르베르어권 지역인 오레스나 음자브 지방은 베르베르적 근원에 대한 애착을 가지고 있으면서도 아랍어를 유연하게 받아들이며 프랑스어에 대한 카빌리 지방의 입장에 적극적으로 동조하지 않고 있다. 카빌리를 지지기반으로 하고 있는 두 정당인 '사회주의세력전선(FFS)'과 '문화민주주의연합(RCD)'이 카빌리에서는 유권자의 80%라는 절대적 지지를 받고 있지만, 나머지 지역에서 받는 지지는 지극히 미미하다는 것도 이러한 고립을 보여주는 한 양상이다.

카빌리 "신화" 혹은 "환상"

알제리 역사에 대한 많은 저작을 남기고 있는 프랑스 학자 로베르 아즈롱은 저서 『카빌리의 프랑스La France en Kabylie』에서 1830년 식민정복부터 1914년까지 프랑스의 대 카빌리 정책을 시기별로 소개하고 있다. 그가 "카빌리 신화 혹은 환상"이라고 부르는 "사회학적 현실의 왜곡"이 어떻게 이루어졌으며, 어떻게 식민정부의 정책을 결정하게 되었는지 프랑스군 장교, 정치가, 학자들이 남겨놓은 카빌리에 대한 많은 기록의 분석을 통해 설명하고 있다. 외부에 드러난 몇 가지 사실들에서 유추한 직관적이고 개인적 견해들이 과학적 검증을 거치지 않은 채 식민정부의 필요에 따라 확대 재생산되어온 과정을 잘 보여주고 있다.

식민정복을 시작할 당시 프랑스인들에게 카빌리에 대한 특별하고 우호적인 선지식이 있었던 것은 아니었다. 18세기 카빌리 지방을 여행했던 프랑스인들은 카빌리 주민들이 "잔인한 야만인들", "도둑들", "식인종"이라는 기록을 남겨놓았다. 이러한 생각을 바꾸어 놓게 된 것은 카빌리 사람들이 보여준 철저한 경제관념이었다. 식민정복이 한창 진행 중이었던 1849년 카빌리 사람들은 침략국인 프랑스에 막대한 양의 올리브유를 수출해 프랑스의 정복에 크게 개의치 않는다는 생각을 가지게 하였으며, 베자야의 일부 부족들은 프랑스에 교역을 먼저 요청하기도 해 오해가 깊어지게 되었다. 그러나 이것은 '알제리'라는 국가가 성립되기 이전 마그레브 전 지역 사람들이 상대적으로 자율성을 가진 부족 단위 생활을 영위하고 있었다는 점을 고려해야 한다. 즉 외부의 침입이 있는 경우에만 방어를 위해 '연맹체'와 같은 결속이 이루어졌을 뿐 평소에는 다른 지역과의 연대가 강하지 않았다는 것이다. 오히려 부족의 생존 문제가 더욱 시급히 해결해야 하는 과제였다. 본 『카빌리 베르베르 문화사전』에도 부족 간의 다툼은 일상적인 일이었다고 기술되어 있다. 그러므로 프랑스를 착각하게 했던 카빌리인들의 우호적 반응이란 "싸구려 물건을 실은 여윈 당나귀를 앞세우고 무거운 망토를 둘러쓴 채 마그레브 전역을 누비고 다니는 행상" 카빌리 사람들의 공리적이고 타산적 기질의 한 단면이었을 뿐이다. 그러나 프랑스 정부는 자신들이 식민지에서 추구하는 경제적 이해 관계를 잘 파악할 수 있는 사람들이라고 결론지었다.

프랑스 정복 초기 있었던 또 다른 사건도 프랑스정부로 하여금 카빌리 사람들이 프랑스의 정복에 반대하지 않는다는 생각을 갖게 했다. 후일 국가적 영웅으로 추앙받게 될 압들카드르의 지원 요청을 카빌리 지방에서 거절한 것이다. 오랑 지역의 이슬람 교단 가문 출신인 젊은 압들카드르는 지역 부족들을 규합하여 전투를 벌여 오랑 인근 지역의 자치권을 인정받았던 인물이다. 그는 1839년과 1845년 두 차례에 걸쳐 카빌리를 방문해 군사 지원을 요청했는데, 카빌리 사람들은 일반 방문객과 마찬가지로 사흘 동안 정중하게 대접하고 빈손으로 돌아가게 했다. 압들카드르가 베르베르인들을 인정하지 않았다는 사실이 있기는 하지만, 그것이 이유였는지는 정확하게 밝혀지지 않았다. 카빌리가 자신들에게 우호적이라고 생각한 프랑스는 1847년이 돼서야 마지막으로 카빌리를 공격했다. 그러나 심한 저항에 부딪쳐 장악하는 데 10년이 소요되었다.

프랑스 정부가 카빌리 공격을 준비하는 과정에서 파견했던 현지조사단은 카빌리 사람들이 아랍인이 아닐 뿐만 아니라 정통적 이슬람교도가 아니라는 점을 간파했다. 이슬람에서 금지하고 있는 성자의 숭배나 예언자 무함마드의 후손처럼 종교적 권위를 가진 '마라부트'들이 운영하는 교단을 중심으로 단합하는 것처럼 고유한 전통과 접목한 독자적 신앙 실천 방식을 가지고 있었다. 이것을 토대로 프랑스는 카빌리 사람들이 아랍의 영향에 대하여 적대적이라고 유추했으며, 정주민 베르베르인과 유목민 아랍인으로 도식적으로 이분화하고 양자 사이에 적대감을 기정사실화했다. 베르베르인이나 아랍인은 모두 정주민, 유목민, 반유목민 등 지역에 따라 다양하게 분화되어 있다는 사실을 무시한 것이다. 그리고 아랍인들로부터 억압을 받아온 베르베르인들이 프랑스가 자신들을 해방해주기를 기다리고 있었다는 식으로 논리적으로 비약했다. 그러나 신앙으로 봉합되어 있는 이들의 관계는 프랑스 측에서 과장하듯 적대적인 것이 아니었으며, 갈등 관계란 작은 사건들에도 싸움이 벌어지는 부족 간 경쟁 이상이 아니라는 사실이 밝혀지게 되었다. 1850년부터 시작된 프랑스의 토지 사유화 정책에 반발해 1871년과 1879년에 일어났던 카빌리의 대규모 폭동은 이슬람 교단을 중심으로 결집해 벌였던 그들의 '성전(지하드)'으로, 프랑스인들의 생각이 잘못된 "학설"이었음이 드러나게 된 사건이다.

일부 프랑스 점령군 장교들이 파악했다고 믿었던 카빌리의 동화 가능성은 카빌리인들이 원래 기독교도였으며 그들의 관습이 로마 기독교에서 유래되었다는 주장에서 비롯되었는데, 성 아우구스티누스와 그의 어머니 성녀 모니카가 베르베르인이었다는 점이나 일반 무슬림 풍습과 달리 일부일처제를 유지하고 있다는 점 등이 논리의 근거가 되었다. 베르베르인들이 '즈마아'라는 성인 남자들의 집단회의를 통해 공동체에 관련된 사항들을 논의하고 결정하는 전통 또한 "원시적 민주주의"로 받아들여져 카빌리 사람들이 프랑스의 정치제도를 쉽게 받아들일 것이라고 유추하기도 했다. 그러나 실제 기독교도는 많지 않았으며, '집단회의'도 실상은 교단과 세력가들의 이해에 좌우되어 프랑스인들이 생각했던 것과는 달랐다. 카빌리인들이 켈트족의 후예라는 주장도 있었다. 베르베르인들 가운데 간혹 푸른 눈에 금발이 있으며, 베르베르인들이 이베리아 반도의 스페인이나 포르투갈 사람들과 인종적으로 가깝다는 연구 결과가 제시되어 있기는 하지만 그렇다고 켈트족인 것은 아니다.

카빌리인들에 대한 "신화적" 담론들이 현실적 검증을 거치게 되면서 1890년대부터 서서히 반대 여론이 형성되기 시작했다. 이들이 오히려 아랍인들과 연대하여 기독교도인 프랑스인들에 대항한다는 사실을 깨닫게 되면서 카빌리를 별도로 분리할 필요가 없다고 생각하게 되었으며 카빌리인을 변화시킬 수 없다는 사실을 인정하게 되었다. 명백한 실패라는 사실이 드러난 동화정책은 후퇴하기 시작했지만, 식민통치에 유용한 근거였던 카빌리 사람들에 대한 "학설"은 상당 기간 통용되었다. 근면하고 우월하다는 식의 이미 형성된 우호감은 계속 유지되었으며, 동화정책을 적용해

최상의 효과를 거둘 수 있는 대상이라는 생각은 크게 변하지 않았다. 이러한 프랑스의 선택이 특히 잘 드러나는 것이 교육적 측면의 지원이었다.

식민지배의 가장 중요한 동화 수단이었던 교육은 카빌리 지방을 변화시켰던 동력이었다. 엘리트가 많이 배출되었던 것이나 정체성에 대한 각성이 이루어져 현재처럼 베르베르운동의 중심지가 된 것은 무엇보다도 프랑스 식민지배 기간 중 받았던 교육의 결과였다. 프랑스에서 이민자를 받아들이기 시작했을 때 카빌리 출신자들이 다수를 차지하게 되었던 것 역시 마찬가지다. 그러나 프랑스가 알제리에서 실시했던 교육정책이 계획적이고 일관성이 있는 것이었다고 평가하기는 어렵다. 프랑스 본국의 정치 상황, 파견된 행정 책임자의 개인적 소신뿐 아니라 가톨릭 종교계의 선교 야심, 프랑스인 이주자 '콜롱'들의 이해관계 등이 복합적으로 작용해 변화를 거듭했던 임의적 정책의 산물이었다. 그 역사를 요약하면 다음과 같다.

프랑스 식민정부가 최초로 학교를 설립해 운영했던 티지-우주의 학교는 '1871년 대 봉기'로 폐쇄되었다. 교육을 재개하고자 했던 가톨릭계는 선교를 하지 않는다는 조건으로 총독의 허가를 받아 1873년 5개 초등학교를 신설했다. 그러나 교회가 주도권을 가지게 될 것을 우려한 공화파 '콜롱(프랑스인 이주민)'들의 반대로 다시 폐쇄되었다. 이듬해 1874년 알제 문과대학장으로 부임한 마스크레는 카빌리 내 학교 설립 문제를 공론화했는데, 당시 교육부장관이었던 쥘 페리가 적극 호응했다. 페리는 포르-나시오날 인근에 국가의 부담으로 15개 학교 설립을 계획하고 그 추진을 마스크레에게 일임했다. 카빌리 아동들이 다시 초등교육을 받을 수 있게 되었다. 그러나 교육은 확대되지 않았다. 프랑스에서 초등교육 의무화가 실시되면서 프랑스 내국과 마찬가지로 학교 설립과 운영이 해당 지방 행정기관에 이관되었는데, 행정기관들이 재정 부담을 기피했기 때문이다. 식민행정부로서는 예컨대 도로나 교량 건설 등이 더 시급하게 해결해야 할 과제였다. 1891년 프랑스 의회의 결정에 따라 공립교육 담당 장관 부르주와가 알제리 내 학교 설립을 다시 추진했다. 그는 신설 학교를 카빌리에 집중하기로 결정하고 설립 예정지로 몇몇 부족을 선정했으나 알제리인들의 교육수준이 높아지면 식민지배에 대한 저항이 생길 것이라는 우려가 대두되면서 다른 부족들로 확대되지 않았다.

그 동기가 어떤 것이었든 카빌리 지방이 교육적 측면에서 혜택을 받았다는 것은 변함없는 사실이다. 1912년 통계에 의하면 취학 연령대 카빌리 아동의 5%가 학교를 다녔으며, 42만 명 대 카빌리 인구 가운데 13,000명 정도가 초등교육을 마쳤다고 한다. 1962년 독립 당시 알제리의 문맹률이 86%에 달했다는 점을 감안하면 많은 수였다고 할 수 있다. 또 다른 의미심장한 수치는 1883-1939년 사이 알제리의 유일한 교사 양성기관이었던 '부자레아 고등사범학교'를 거쳐 교사가 된 수의 절반이 카빌리 출신이었다는 것이다. 카빌리 출신자들이 지식인 계층을 형성하고 알제리 사회에서 핵심적 역할을 할 수 있었던 것이 교육이었다는 점이 잘 드러난다. 알제리 지식인이나 기업 간부의 70% 정도가 카빌리 출신이라고 주장하는 통계 자료도 있다.

식민지배 기간 동안 카빌리 지방이 받았던 교육적 "특혜"는 생계 보장은 물론 프랑스 이주에도 유리한 조건이었다. 아즈롱은 제1차 세계대전 직전 1912년 프랑스에 정착한 카빌리 출신자들을

4000-5000명으로 추산하고 있으며, 1914년에는 일시 노동력까지 포함하여 15,000명이었다고 기술하고 있다. 노동자의 송출은 지역 유지들과 프랑스인들이 짜놓은 조직망에 따라 대단히 체계적으로 진행되었고, 동향인들 간에 상부상조하는 관례로 프랑스에서의 정착도 순조로워 이민자들은 계속 늘어났다. 『대 마그레브』에 제시되어 있는 통계에 의하면 1931년 티지-우주 일대 20-50세 사이 남성의 23%가 프랑스에 노동자로 일시 체류한 경험이 있었다고 한다. 제2차 세계대전 이후 30년간 경제 호황기에는 건설 및 산업계의 노동력 수요가 폭발적으로 증가하면서 알제리 노동자의 유입도 크게 늘어나게 되었다. 프랑스의 전체 외국인 노동인구 가운데 티지-우주 출신만 약 7%, 세티프의 출신이 약 6%였으며, 이것은 두 도시 남성의 30-40%에 해당하는 수치였다고 한다. 알제리 부메디엔 대통령과 프랑스 지스카르 데스텡 대통령의 합의로 이민이 금지되는 1974년까지 카빌리 지방의 경제는 이민자들의 송금으로 유지되었다. 이민의 중단으로 카빌리는 크게 타격을 받아 경제 위기를 맞게 되었으며, 이것이 '베르베르의 봄'을 유발했던 한 원인이었다.

　　노동 인력의 이동과 귀환은 카빌리 사람들의 정신적 변화에 큰 영향을 주었다. 노동자로 프랑스에 체류하는 기간 동안 진보적 성향의 사람들과 접하게 되었으며, 노동조합과 같은 권익단체에 참여하면서 정치 의식화가 촉진되었다. 카빌리에 국한된 것은 아니지만 프랑스군에 입대했던 알제리인들의 참전과 귀환은 정신적 변화에 큰 영향을 주었다. 독립운동에 적극적으로 참가한 것이나 베르베르 민족주의를 형성해 반체제운동을 벌이게 된 데는 이러한 경험들이 중요하게 작용했다. 프랑스 내 카빌리 이민자 사회도 단체 결성 등을 통해 프랑스 내에 카빌리 문화와 언어를 확산시키는 활동을 전개했을 뿐 아니라 카빌리에서 일어나는 사건들을 주시하며 프랑스 내 여론을 환기시켜 왔으며 현재에도 카빌리 문화운동에 일종의 배후지 역할을 계속하고 있다. 식민통치 기간 중 카빌리가 받았던 특별한 관심이 디아스포라의 활동을 통해 계속되고 있는 것이다. 이민자들은 또한 프랑스에서 벌어들인 소득을 카빌리에 투자해 지역 경제를 활성화하고 있어 카빌리가 다른 지방에 비해 경제적으로 유리한 입지를 갖는데 일조하고 있다.

　일부 학자들은 카빌리 지방이 교육적 측면에서 혜택을 받게 된 이유가 도시에서는 콜롱들의 반발이 심해 교육이 농촌 지역에 집중될 수밖에 없었고 도시보다 수요가 더 많았기 때문이며 카빌리 일부 부족들에 교육이 집중되었던 것도 그들의 정치적·경제적 역량을 프랑스 정부가 활용하고자 하는 의도 때문이었다고 주장하기도 한다. 또한 카빌리 사람들이 프랑스의 "분열전략이 만들어낸 신화"의 희생자들이라고 주장하기도 한다. 이러한 "신화"가 독립 후 이들이 소외받게 되는 논거가 되었기 때문이다. 카빌리는 독립전쟁 기간과 그 이후 식민 종주국의 이해에 야합한다는 비난을 받았으며 탄압을 받았다는 것은 이러한 주장에 설득력을 부여하고 있다. 그러나 식민지배 기간 동안 프랑스의 각별한 관심이 카빌리 사람들로 하여금 "현대 민주주의라는 서구적 이상에 더 빨리 접근"할 수 있게 하는데 결정적 요인이었다는 것 또한 부정하기 어려울 것이다.

카빌리의 주변화와 저항

1954년에 시작해 7년 6개월 동안 계속되었던 알제리 독립운동의 지도자 중 여러 명이 카빌리 출신이었다. 1956년 '숨맘회의'를 주재했던 람단 압반이나 FFS를 창설하고 현재까지 활동을 계속하고 있는 호신 아이트-아흐메드를 대표적으로 들 수 있다. 그러나 이들은 뛰어난 활약에도 불구하고 독립운동 내부의 권력 투쟁 과정에서 많은 수가 희생되었다. 1957년 모로코에서 람단 압반이 암살된 데 이어 카빌리 출신자 여러 명이 살해되었으며, 제거되지 않았더라도 지도부에서 배제되었다. 지하저항군 '특수조직'의 사령관이었던 아이트 아흐메드가 1949년 븐 블라로 교체된 것도 그 한 예다. 카빌리 출신 지도자들이 이렇게 소외되었던 결정적인 이유는 그들이 베르베르인이었기 때문이었다.

독립운동을 추진했던 인물들은 출신지, 종교, 정치성향, 식민정부에 대한 입장 등 여러 측면에서 대단히 다양했는데, 아랍인과 베르베르인이라는 인종적 대립도 이러한 분열의 한 양상이었다. 이미 널리 알려진 사실이지만 프랑스의 식민통치를 받았던 알제리, 모로코, 튀니지의 독립운동을 추동한 이념은 아랍민족주의였다. 1930년대 독립을 희구하는 마그레브 청년 지식인들 사이에서는 아랍·이슬람주의만이 유럽 기독교 제국주의에 대항할 수 있는 이념이라는 인식이 확산되었으며, 이러한 인식은 '아랍연맹'의 지원을 받아 1947년 '마그레브아랍해방위원회'를 결성하는 것으로 구체화되었다. 범아랍주의적 단결을 표방하는 독립군 지도자들이나 이들을 지원했던 아랍세계로서는 베르베르인의 존재가 경계의 대상이었다. 파리 국립동양어문화원(INALCO)의 베르베르어 교수 살름 샤크르에 의하면 알제리 독립운동을 지원했던 이집트 등 아랍세계 정치인들은 카빌리 출신 지도자들을 골칫거리로 생각했다고 한다. 더구나 인종적 대립에는 종교적 이념적 노선의 차이가 겹쳐 있어 더욱 화합이 어려웠다. 람단 압반으로 대표되는 카빌리 출신 지도자들은 대체로 비종교적 성향과 진보적인 정치 노선을 가지고 있어 븐 블라, 부메디엔 등 틀렘센이나 콩스탕틴처럼 아랍 문화 전통이 강한 지역 출신 지도자들과는 본질적으로 성향이 달랐다. 독립 후 정권을 잡게 되었던 것은 후자였다.

"이슬람은 나의 종교, 아랍어는 나의 언어, 알제리는 나의 조국이다." 이슬람 개혁을 주장하며 '알제리울레마협회'의 결성을 주도했던 이슬람 신학자 븐 바디스의 이 유명한 구절은 알제리의 아랍민족주의를 잘 요약하고 있다. 이슬람 신앙을 확고히 표명하며 이슬람의 언어인 아랍어, 아랍어를 사용하는 아랍인이라는 형식으로 알제리의 정체성을 규정하고 있는 이 간명한 구절은 독립운동의 이념이었을 뿐 아니라 근대국가를 건설하고자 하는 독립 정부의 이념으로 수용되었다. 독립 이후 공포된 헌법과 국민헌장은 단일한 종교와 이념으로 통일하고자 하는 신생 정부의 결의를 잘 반영하고 있다. 1970년 민족의 뿌리 교육과 종교를 전담하는 정부 부서가 설치되었으며, 1971년은 '아랍화 원년'으로 선포되었다. 1976년 '국민헌장'은 이슬람교를 국가 종교로 공식화했으며 국가의 언어를 단일한 아랍어로 지정했다.

국가의 정체성을 아랍·이슬람주의가 독점하면서 다원성과 다양성은 허락되지 않았다. 베르베르인들은 그 존재 자체가 이미 국가적 단합을 저해하는 요소였다. 특히 카빌리 지방은 "백인신부들의 창작품"이라는 비난을 받으며 집요하게 공격받았다. 독점적

이념을 공고히 할 수 있는 반대 명제 구실을 한 것이다. 정부와 카빌리 지방은 각기 탄압과 반발을 반복하며 상호 대립의 수위가 점점 높아졌다. 독립하던 해인 1962년 11월 알제대학의 베르베르어 강좌를 금지한 조치는 카빌리에 대한 직접적 탄압의 시발이었다. 탄압이 본격화되자 카빌리 출신들의 활동은 위축되었다. 샤크르는 "카빌리인들은 스스로 식민주의의 잔재인가?"라고 자문할 정도로 자괴감에 빠지게 되었다고 토로하고 있다. 카빌리 사람들은 "자신들이 주역을 담당하여 얻었다고 생각하는 승리(독립)를 (정치적으로) 빼앗기고 공격받는 소수"라고 생각하게 되었다. 연속적 좌절은 막연한 연대감이었던 베르베르 정체성 문제를 하나의 이념으로, 조직적이고 체계적인 운동으로 변하게 했다. 알제와 파리에서도 카빌리 출신들이 베르베르어 강의 개설을 위한 운동을 전개했으며, 정부의 묵인 하에 물루드 마므리가 알제 문과대학에서 베르베르어 강의를 재개했다. 그러나 70년대 초 알제리 정부의 통제는 다시 시작되었다. 카빌리어 라디오 방송이 중단되었고 베르베르어 강의도 다시 중단되었다. 탄압의 강도가 점점 높아지자 그 동안 유보적이었던 FFS가 베르베르어 문제를 정당 강령에 포함하기에 이른다. 그리고 누적된 카빌리 지방의 불만은 '베르베르의 봄'이라고 불리는 대규모 시위로 폭발했다.

'베르베르의 봄'이 일어난 배경에는 1970년대 오일쇼크로 인한 경제적 위기 등 여러 요인이 있었지만 직접 도화선이 되었던 것은 티지-우주대학에 예정되었던 물루드 마므리의 강연을 정부가 금지한 것이었다. 대학을 중심으로 시작된 시위가 카빌리 여러 도시로 번져 몇 주 동안 계속되면서 126명이 사망하고 5000명이 넘는 부상자가 발생했던 사건이다. 이를 계기로 정부는 민족해방전선(FLN) 유일당 체제를 폐지하고 다당제로 전환하는 등 일련의 개혁을 단행했는데, 개혁으로 난립한 많은 정당들 가운데 '이슬람구국전선'이 급격하게 부상했다. '구국전선'이 걸프전 이후 청년 및 중산층 지식인들의 지지를 받으면서 1991년 시의회 선거에서 압승을 거두게 되자 군부가 개입해 선거를 무기한 연기하면서 알제리 내전이 시작되었다. 그 이후에도 카빌리의 소요는 계속되어 알제의 대규모 시위, 1994-1995년 수업 거부운동 등 반정부 운동이 이어졌으며 결국 2001년 '검은 봄' 사태를 불러오게 되었다.

국가 방위군이 카빌리 고교생 한 명을 연행한 후 총으로 살해한 사건이 발단이 되어 45일간 계속됐던 '검은 봄'은 정부의 과잉 진압으로 사망자 60명과 부상자 수백 명을 냈던 사건이다. 카빌리 사람들은 아랍어 간판을 철거하고 지역의원이나 유지들이 권력에 굴종한다고 비난했으며 방위군의 철수를 요구했다. 또한 카빌리를 대표하는 정당들이 주민을 보호하지 못한다고 주장하며 전통 부족 단위인 '아아르슈'를 되살려 민간조직을 결성하고 '즈마아'와 같은 전통 마을회의를 부활하여 공동체의 일을 자치적으로 해결하고자 했다. 공식적으로 인정받지는 못했지만 알제에서 조직한 행진에 100만 명 이상이 참여하는 등 기존 정당보다 훨씬 높은 민중 동원력을 가지고 있었다.

이 같은 반체제 운동에는 카빌리뿐 아니라 카빌리 출신자들이 많이 살고 있는 수도 알제 등의 국내 지역은 물론 프랑스의 이민자들도 참여했다. 프랑스 이민자들 사이에서는 베르베르운동이 일찍이 활성화되었는데, 1967년 이미 민간단체 '아카데미 베르베르'라는 최초의 이민자 모임이 결성되어 베르베르 문제에 대한 관심을 촉구했다. 베르베르 깃발과 베르베르어 문자인 '티피나흐'를 개발한 것도 이들이었다. 1978년 알제리 정부의 압력으로 해체되었으나 1991년 이민 청년들을 중심으로 다시 출범해 활동하고 있다. 그 외에도 파리 8대학 이민 2세대와 유학생들이 '베르베르연구모임'을 결성하고 베르베르 문화와 언어를 알리는 노력을 했으며 정기간행물을 출판하기도 했다. 베르베르운동의 "세 축"을 구성하고 있는 카빌리-알제-프랑스 디아스포라는 여전히 연대해 활발하게 작동하고 있다. 국내에서 다른 베르베르 지역들과 공동전선을 형성하고 '세계아마지흐대회'와 같은 국제 연대를 구성하면서 베르베르 정체성과 언어를 인정받기 위한 투쟁의 중심지 역할을 하고 있는 것이 현재 카빌리의 상황이다.

카빌리 지방은 정치학자 라코스트의 지적대로 "다양하고 복합적인 지정학적 문제들"이 얽혀 있는 특수 공간이다. 알제리 엘리트의 다수를 점하고 있으며 베르베르 민족주의의 생산과 실천의 중심지로 정부와 지속적 갈등을 빚고 있지만, 다른 한편으로는 과격 이슬람주의를 견제하는 보루의 구실을 하고 있다. "비정형 공간"이라는 수식어가 무리가 아닌 것으로 보인다. 여기에는 지리적 지형적 요인은 물론 주어진 자연환경 속에서 살면서 형성한 문화가 중요한 역할을 하고 있다. 배타적으로 보일 정도로 강한 내부의 결속력, 권위를 거부하는 평등주의적 사고 그리고 부족을 중심으로 유지되어 온 사회구조 등이 카빌리의 독특한 위상을 부여하고 있다. 역사적으로 알제리를 식민통치했던 프랑스의 특별한 관심도 또 다른 요인이었다는 점도 부인할 수 없다. 프랑스나 프랑스어에 대한 정서적 친밀감으로 인하여 빚어지고 있는 갈등을 식민통치 기간 없이는 상상하기 어렵기 때문이다.

정부와 대립을 계속해 왔던 카빌리 지방이 향후 어떤 방향으로 자신들의 베르베르운동을 추진할 것인가는 많은 사람들의 관심사다. 여러 사건들을 거치며 베르베르와 아랍 사이의 인종적 적대감이 노골적으로 드러나게 되었으며, 이러한 이유로 카빌리의 정치적 폭발력을 경계하며 의혹의 시선을 보내는 알제리인들이 많기 때문이다. 최근에는 '자유카빌리운동' 혹은 '카빌리자치운동'와 같은 새로운 조직들이 생겨나 분리 독립이나 자치와 같이 이전에는 거론되지 않았던 문제들을 이슈화하고 있으며 독립전쟁을 경험하지 못한 청년 세대에 어필하고 있다. 카빌리 출신자들이 정계나 재계 등 사회에서 요직을 점하고 있어 분리 독립의 문제는 없으리라는 것이 학자들의 일반적 견해다.

저자 카미유 라코스트-뒤자르댕과
한국어판 『카빌리 베르베르 문화사전』에 대하여

카미유 라코스트-뒤자르댕은 가장 권위 있는 베르베르 문화 연구자 가운데 한 사람이다. 카빌리 구전설화를 수집하여 번역하고 분석한 방대한 양의 출판물 외에 15권의 저서가 있으며 발표한 논문 수만 150여 편에 이른다. 베르베르문화, 특히 카빌리문화 관련해서는 독보적인 업적이다. 제르멘 틸리옹에 이어 프랑스 국립 학술연구원(CNRS) '아랍·베르베르지역 구전문학, 방언, 인류학' 연구실을 이끌었다.

뒤자르댕이 평생을 헌신하게 될 소명으로 인도했던 것은 알제리에서 체류했던 경험이었다. 파리 8대학 '지정학연구소'를 설립한 이브 라코스트 교수가 남편으로 두 사람은 대학에서 지리학 전공하던 과정 중 만나 결혼한 후 알제리에 파견되어 1952-1955년 사이 지리 교사로 근무했다. 체류 기간 동안 알제에서 가까운 카빌리를 거의 매주 방문하면서 그 문화에 매료되었던 뒤자르댕은 프랑스로 귀국해 카빌리어를 배우면서 본격적인 연구를 시작했다. 1968년에서 1992년 사이 매년 한 달씩 카빌리에 머물며 필드워크를 수행했다. 설화에서 여성의 삶으로, 이어 베르베르 역사와 프랑스 이민사회로 관심의 영역을 넓혔다.『카빌리 베르베르 문화사전』은 답사와 문헌연구 그리고 개인적 분석을 통해 모은 자료를 종합하고 체계적으로 정리해 출판한 역작이다. 한 학자가 평생을 바쳤던 연구의 결실이다. 카빌리라는 특정 지역뿐 아니라 마그레브 문화 전체 문화를 심층적으로 이해할 수 있게 해줄 뿐 아니라 베르베르 문화를 보존한다는 가치를 지니고 있다.

뒤자르댕은 지난 2016년 1월 28일 지병으로 별세했다. 한국어로 번역을 제안했을 때 기뻐했던 모습과 여러 차례에 걸쳐 긴 시간 번역을 도와주었던 기억을 떠올리면 짧은 시간차로 한국어 번역본을 보지 못한 것에 아쉬움이 크다. 영전에 감사의 마음과 존경을 바친다.

한국어판은 원 저서와 형식과 내용에서 차이가 있다는 점에 대해 독자의 양해를 구한다. 여러 차례 저자를 방문해 논의를 거치고 허락을 받았다는 점도 밝힌다. 우선 몇 가지 대분류를 마련해 그 안에서 우리말 순서에 따라 단어를 재배치했다. 사전의 형식은 원 저자가 서문에서 설명하듯 여러 장점을 가지고 있지만 일정한 기본 지식을 전제한다. 프랑스처럼 마그레브 출신들이 많거나 그 문화에 익숙한 곳에서 제안할 수 있는 형식이다. 그러나 '베르베르'

라는 단어도 아직 생소하게 들리는 우리에게는 그리 유용한 형식이 아니다. 한국어판은 이러한 점을 감안해 앞에서 뒤로 읽어가는 선(線)적 독서를 일부 도입한 절충 형식이다. 이 과정에서 사전의 특성상 여러 항목으로 나누어 중복되는 내용을 일부 요약하거나 생략했다. 저자가 역자의 판단에 모든 것을 위임하고 신뢰해주어 큰 부담감 없이 작업할 수 있었다. 부족들의 항목도 지도상에 나타나는 분포도만 남기고 생략했다. 대체로 지리적 위치가 장황하게 언급되어 있는데 먼 거리에 있는 한국 독자들에게 의미 없는 내용이 될 수 있다고 판단했기 때문이다. 차후 카빌리에 대한 연구가 심화되어 보완할 기회가 있기를 바란다.

서문

베르베르 문화는 북아프리카 토착 문화다. 서쪽 카나리아 군도에서 동쪽 이집트까지, 남쪽 사하라 사헬에서 북쪽 지중해까지 전 마그레브를 포괄하며 번영했던 대 문화권이다. 외부로부터 유입된 여러 민족의 문화와 접촉하면서 대단히 역동적으로 발전했다. 유입된 민족들이 주로 평원과 도시를 점유했던 반면 베르베르 문화는 산지와 사막을 중심으로 발달했다. 카나리아 군도 구안슈 족부터 동쪽 끝 이집트-리비아 국경 시와 오아시스 주민들까지, 남쪽 사하라 사막 투아레그 족부터 북부 텔 지역 주민들까지, 수많은 베르베르인들이 있다. 이들 가운데 가장 왕성하고 활발한 집단 중 하나로 손꼽히는 것이 알제리 카빌리 지방이다. 사회·문화·정치적 활동으로 이미 널리 알려져 있다. 외국에 대단위 디아스포라를 형성하고 있을 뿐 아니라 끊임없이 투쟁을 벌이고 있으며, 알제리 사회 곳곳에 요직을 차지하고 있고 국가 정치에 대단히 적극적으로 참여하고 있다. 프랑스 식민 통치로부터 알제리의 독립을 요구했던 초기 민족주의자였던 이들은 독립전쟁 전선과 후방에서 큰 희생을 치렀다. 전투는 그 어떤 곳에서보다 치열했으며 인명의 희생은 그 어떤 곳에서보다 무거웠다. 지금도 여전히 정치운동을 통해 주목을 끌고 있다.

알제리에서 카빌리 지방의 존재감은 확실하게 부각되어 있다. 수도 알제 가까운 곳에 위치한 주르주라 산맥, 여름까지도 눈이 덮여 있는 그 높은 산봉우리들이 동이 트면 수평선에 선명하게 드러난다. 그저 지나칠 수 없는 광경이다. 알제에서 불과 60km도 떨어지지 않은 곳에서 보통 '대(大)카빌리' 혹은 '주르주라 카빌리'라고 부르는 지방 경계가 시작한다. 이어서 델리스에서 베자야까지 좁은 사헬-숨맘 계곡을 남쪽 경계로 펼쳐진다. 보이는 풍경은 마치 가파른 경사면에 조성된 과수원 같다. 산꼭대기와 능선에 수많은 마을들이 도시처럼 밀집해 있다. 거의 도시에 가까운 밀도로 사람들이 모여 사는 이 고산 지방의 분주한 움직임은 거대한 꿀벌 통을 떠올리게 한다(인구밀도가 km²당 250명에 달한다). 수도 알제 인구 500만 명 가운데 반 이상이 카빌리 사람들이다. 알제리에서 처음으로 해외로 이주하기 시작해 프랑스뿐 아니라 세계 전 대륙에 흩어져 디아스포라를 형성하고 있다. 뚜렷한 문화적 개성을 아랍어, 베르베르어 등 여러 언어로 표현해왔으며, 식민 초기부터 교육을 받고 프랑스로 이주했던 경험으로 인해 특히 남자들은 프랑스어를 많이 구사한다.

알제리 국내는 물론 외국에 살고 있는 알제리인들 중에는 카빌리 출신 베르베르인들이 있다는 것을 잊지 말아야 한다. 선사시대부터 대대로 카빌리에 살아온 민족 집단이다. 독특한 형식의 민주주의에 따라 분절구조 사회를 조직했으며 지금도 그 골격을 일부 간직하고 있다. 이슬람교도이면서 성자숭배와 같은 이슬람 시대 이전의 민속 혹은 신화에서 파생된 전통 의례를 간직하고 있다. 제도와 관습 그리고 평등주의적 이상과 아울러 그들이 '타크바이리트'라고 부르는 베르베르어 방언을 공유하고 있으며, 외부의 침해를 용납하지 않는 강고한 정체 의식의 전통 속에서 문화공동체에 대한 강한 소속감을 소유하고 있다.

대단히 활동적인 카빌리 사람들은 많은 사건을 겪어왔음에도, 아니 바로 그 사건에 대한 저항 때문에 항상 역동적이었다. 연속해서 마그레브에 쳐들어왔던 침입자들의 위협과 침탈, 평원의 터전을 상실하면서 받았던 물질적 빈곤, 프랑스 식민지배로 인한 사회구조의 전면적 와해, 남자들부터 여자와 아이들까지 근거지인 공동체 밖으로 나가게 해 마그레브 도시, 바다 건너 프랑스, 더나아가 전 국제사회까지 진출하게 했던 이민 등 많은 변화를 겪어왔다.

그럼에도 카빌리 문화는 도처에서 아직도 활기 넘치는 생명력을 유지하고 있다. 정체성의 위기에 직면한 다른 소수민족들이 위축되거나 강압적 문화동화에 순수주의적 저항으로 대응했던 것과 달리 카빌리 사람들에게서는 그런 일이 일어나지 않았다. 고유한 문화적 가치를 인정받으며 명백하고 강한 정체성을 지키는 것이 외부 타 문화에 대한 개방성을 배제하지 않는다는 것이 그들의 생각이다. 대단한 유연성을 보여왔던 카빌리 문화는 외적 요소를 거부하는 것이 아니라 오히려 흡수하고 '카빌리식으로' 변형하여 자신들의 개성을 부여하는 절충주의를 표방한다. 개방성을 허용할 수 있을 정도로 고유 문화에 대한 자부심과 자신감을 가지고 있으며 그들의 이 같은 태도는 정당한 것이다. 이러한 자신감으로 현대 생활에 적응하는 능력을 발휘했으며 일부 가치관을 포기하고 보다 근대적이고 혁신적인 가치들을 수용하는 데 인색하지 않았다. 실제 그들의 가치관은 현대적 가치관에 부합하는 것이 많다. 평등주의적 이념을 한 예로 들 수 있다. 다른 사회와 조우하거나 상황에 타협하는 데 능숙할 뿐 아니라 문자가 없는 구비문화에서 특히 더 발달한 기억력으로 무장한 카빌리 사람들은 정체성의 문제를 두려워하지 않는다. 자신들의 정체성이 견고하게 확립되어 있으며 강하다고 확신하고 있다. 단지 자유롭게 표현할 수 있으면 된다는 것이다.

시대 변화에 적응하면서 카빌리에서조차도 전통적 문화요소들이 낡은 것이 되고 사라져가고 있다. 문화유산의 중요성을 인식하고 있는 많은 카빌리 젊은이들이 증언을 채록·수집하는 노력을 기울이고 있다. 본 저서는 이러한 문화유산 보존 작업의 일부다. 입수할 수 있어 도움을 받았던 많은 이전 연구 작업은 책 말미의 참고문헌에 명기했다. 카빌리 문화와 친밀하게 보냈던 50년이라는 긴 시간 동안 본인이 쏟았던 이해의 노력과 연구의 결산이다. 설화를 비롯한 풍부한 구비문화를 번역하고 연구하는 동안 사건과 행위에 내포된 의미와 아울러 내재한 이념을 이해할 수 있었다. 본인을 자상하고 가깝게 받아들여주었으며 머물며 관찰하는 동안 편안하게 대해주었던 많은 분들 그리고 그들과 나누었던 숱한 대화에 힘입은 바 크다.

본 문화사전 안에 카빌리 문화를 구성하고 있으며 카빌리 사람들의 사고를 적절하게 표현할 수 있다고 본인이 판단했던 요소들을 나열했다. 특이한 정치 및 사회조직 형태(부족, 마을, 도시 등)

를 묘사했으며 권력을 표상하는 방식, 인척 및 가족 체계, 가문들 간 혼인이 갖는 기능을 설명했다. 혈통과 후손의 중요성, 계모의 높은 빈도와 가족 내 어려운 현실, 지배의 형식과 기능, 법체계, 규범, 성생활 등도 분석했다.

사건, 전개과정, 활동, 경제적 파장을 소개하고 인생의 여러 단계들과 아울러 기술과 미의식을 서술했다. 예술, 지중해 기층문화, 언어, 설화를 통해 과거 혹은 현재의 문화적 표현 방식을 제시했으며, 카빌리 사람들이 남다른 애착을 갖고 있고 정체성의 표지로 남아 있는 물질문화와 뛰어난 생산물을 소개하는 데도 큰 부분을 할애했다.

또 다른 중요한 분야인 신앙, 종교, 주술과 아울러 카빌리적 특징들, 즉 이슬람 시대 이전 신화뿐 아니라 카빌리 이슬람교의 특징을 서술했다. 지리·지형적 요소를 언급했으며, 전쟁과 그 결과를 포함한 여러 역사적 변화에 특별히 관심을 기울였다. 변화하는 현실 속에서 전통이라는 문제도 주목했고 현재 일어나는 사건도 거론했다. 또한 '아가와'에서 '즈물, 즈와와'까지 주르주라 카빌리를 구성하고 있는 80여 부족들의 위치, 과거 및 현재 생활수단, 출신 유명 인사들, 마을, 소속 연맹체 등을 소개했다.

사전은 카빌리 베르베르 문화의 높은 통일성을 보여주는 데 적절한 형식이라고 생각했다. 이질적 요소들을 취합해 참고할 수 있게 해준다. 고치기 편리하다는 장점이 있을 뿐 아니라 특정한 문화요소를 잘 이해하기 위해 과거와 현재를 추적하고자 하는 욕구를 만족시킬 수 있다. 흔히 우리는 개별 문화요소를 전체 덩어리에 묶으려고 노력한다. 사전은 한 단어를, 한 "입구"를 전체에서 떼어놓지 않고 연결해 파악할 수 있게 해준다. 거의 잊히고 낡아버린 것들은 대부분 과거시제로 서술했으나 현재의 틀에서 그 의미를 첨가해 과거 회고적 편향성에 빠지지 않도록 노력했다. 일부 요소들은 빠르게 사라지고 있어 보존할 필요가 있다. 그렇지만 음악적 표현이나 문학적 표현의 경우처럼 어떤 것은 부활하고 있어 그 양상을 이해하는 것도 중요해 보였다. 현 시점의 변화하는 현실도 무시할 수 없다. 현재 행동으로 표출되고 있는 정체 의식이 그들의 문화적 특수성에서 오기 때문이다.

베르베르적 특성이 유지 내지 강화되고 있는 현재 상황은 역설적이다. 대단히 특이한 지형에 뿌리를 박고 상대적으로 개별화된 역사를 갖고 있으며 지역색이 강한 문화를 보유하고 있는 카빌리 사람들이 해외 이민 집단으로 분산되어 있는 지금 과거 어떤 때보다도 개성과 문화적 정체성에 애착을 보이고 있다는 것이다. 이민자들은 첨단 기술력, 인적 자원, 표현의 자유를 활용해 카빌리 문화를 발전시키자고 적극적으로 주장하고 있다.

I

지리 · 지형

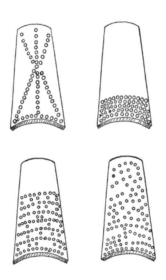

장식 기와

게르구르 Guergour

숨맘 계곡 우안에 위치한 소카빌리의 고산지로, 서쪽이 비반 지역
이고 동쪽이 바보르 지역이다. 산 정상은 고도 1,613m에 달하며,
부 슬람 강이 협곡을 이루며 관통하고 있다. 브니-아이들 부족과
브니-히아르 부족이 살고 있다. 함맘 게르구르 온천이 있다.

델리스 Dellys

알제에서 동쪽으로 105km 떨어진 항구다. 스바우 강 하구에 위치
하고 있다. 서쪽에 있는 곳이 서풍을 막아주어 알제와 베자야 사이
에 배가 정박할 수 있는 유일한 곳이다. 페니키아 해외 항구였을
때 지명은 '루수쿠루('자고새 곳'이라는 의미로 추정)'였다. 당시의
비석이나 유물들이 발견되고 있다. '이옴니움(티그지르트)'과 '루
수피시르(탁슙트)'를 부속지로 거느리고 있었으리라 추측하고 있
다. 기독교도들이 살고 있었던 도시로 12세기에는 '트들'이라고
불렸다. 14세기에는 높은 성벽이 둘러진 해적들의 항구였지만, 스
페인의 약탈을 피하지 못했다. 베자야와 운명을 같이했던 도시로,
튀니스의 하프시 왕조와 틀렘센의 지리 왕조가 소유권을 다투기
도 했다. 후에는 알제 오스만 터키의 지배를 받았다. 1837년 프랑
스가 1차 정복했다가, 1844년 다시 정복했다. 파리의 병원에서 활
동하면서 장티푸스 치료법을 개발하여 유명해졌던 프랑스인 의사
페르낭 비달이 이곳에서 출생했다. 종교와 정치의 중심지이며, 주
민들은 아랍어와 카빌리어를 사용하고 있다.

드라 엘-미잔 Dra El-Mizan

주르주라 산 서쪽과 하이제르 고원 아래, 보흐니 드라 엘-미잔 분지의 서쪽 끝에 위치한 '드라 엘-미잔'은 농사를 짓는 작은 마을로 이플리슨 믈릴, 마아트카, 브니-할푼, 느즈리와 부족들에 둘러싸여 있다. 독립운동 지휘자의 한 사람이었던 블카슴 크림(1922-1970)이 태어난 마을이다. 그를 보좌했으며 후에 제4 윌라야(알제)의 책임자였던 오마르 우암란(1919-)도 이 마을 출신이다.

랄라 헤디쟈 Lalla Khedidja, 랄라 흘리쟈, Lalla Xlija

주르주라 산맥에서 가장 높은 봉우리(고도 2,308m)에 붙여진 이름이다. 헤디쟈는 이므슈달른 부족(남쪽 경사면) 출신 성녀의 이름으로, 그녀가 수도했던 동굴에는 아직도 많은 사람들이 순례하고 있다. 아쿠크르 고원 남동부에 피라미드 형태로 솟아올라 있으며, 동쪽과 서쪽은 가파른 경사면이 깊은 계곡을 이루고 있다. 남쪽으로는 사헬-숨맘 강 계곡까지 뻗어 있으며, 북동쪽으로는 주르주라 국립공원의 서양 삼나무 숲까지 낮은 능선으로 뻗어 있다. 북쪽 산 아래로는 아이트 엔니 부족 주거지와 숨맘 강을 연결하는 길이 나 있는데, 고도 1,600m의 티지 은 쿠이랄(쿠이랄 령)까지 이어지는 길이다.

바보르 Babors

'바보르 카빌리'는 베자야에서 시작하는 숨맘 계곡 동편 해안 산지를 부르는 지명으로, 동쪽 지젤과 남쪽 세티프를 연결하는 삼각형 지대에 위치하고 있다. '즈블 바보르' 산은 고도 1,833m에 이르는 높은 산이다. 슬리만 라흐마니가 아오카스 곶 인근을 인류학적으로 연구하여 출판한 책으로 유명해진 산이다. 지리적으로는 소카빌리에 속한다. 이 지역 베르베르어는 아랍어의 영향을 받기는 했지만 대카빌리 베르베르어에 가깝다.

베자야, 브가예트 Bejaïa, Bgayet

카빌리 동부 카르발로 곶과 카르본 곶 사이의 만 안쪽에 위치한 큰 항구 도시로 현재 인구 60만 명이다. 사헬-숨맘 강 하구에 해당하며, 북쪽으로 구라야 산에 둘러싸여 있다. 하씨 므싸우드 송유관의 종착지로 석유 수출항일 뿐 아니라 석유화학 및 기계, 섬유 관련 기업들이 위치한 상업 도시로 알제리 3위의 항구 도시다. 현재 도청 소재지이며, 대학이 설립되어 있다. 티지-우주와 소카빌리의 경제 문화 중심지를 경쟁하고 있다.

베자야는 역사적으로 유명한 도시로, 누미디아 왕국 마씨니싸 왕 시기에는 페니키아 정박지였고, 기원전 33년에는 로마 황제 아우구스투스가 '살데'라는 이름으로 이곳에 도시를 건설하여 번창했다. 도나티우스파 기독교인 피르무스를 포함한 누미디아의 반란군과 피르무스의 동생 길돈을 포함한 다른 공격자들의 많은 공격을 받았는데, 높은 산지에 위치하고 3km가 넘는 성벽으로 둘러싸여 있어 기병의 공격을 막아 낼 수 있었다. 물 공급을 위하여 로마인들이 건설한 대규모 수로의 흔적이 아직도 남아 있다. 21km 떨어진 즈블 투쟈 산 므자야 부족 지역에 저장된 물을 수로로 끌어서 주민들과 선박에 물을 조달했다. 베자야라는 지명은 무슬림의 지배 초기 저항했던 도나티우스파 기독교 피난민을 지칭하는 단어 '브카야(bekaya: 생존자들)'에서 기원되었다(이븐 할둔).

베자야의 황금기는 산하쟈 함마디트 왕조 시대였다. 은 나스르 왕이 브니-함마드 성채보다 기병의 공격을 막는 데 유리하다고 생각하여 1067년 창건한 도시다(초기 베자야는 '은 나시리아'라고 불렸다). 바다를 향해 사방으로 둘러싸고 있는 성곽의 잔재가 이 시대의 유물로, 그 안쪽에 방파제, 해군 무기고, 조선소, 카스바, 궁전, 모스크, 정원들이 있었다. 지중해 북쪽 이탈리아 항구들과 교역하고 카라반을 통하여 사하라와 마그레브 전체와 교역했던 상업의 중심지였으며, 동방 학자들과 안달루시아 학자 및 예술가들이 모여 지적·예술적 활동을 했던, 함마디트 제국의 번창하는 수도였다. 알모하 왕조 압드 엘 무믄 시대에 이어 하프시 왕조의 아부 자카리아 시대를 지나 1509년 스페인에 정복되었으며, 이후 오스만 터키 지배 기간에 몰락하여, 1833년 프랑스 점령군 도착 당시에는 도시 주민이 겨우 2,000명에 불과했다.

베자야는 또한 스페인 기독교도 학자인 라몬 룰로(1314년 돌로 사형된 것으로 알려져 있음)와 이븐 투메르가 방문했던 도시이며, 1514년에는 카를로스 황제가 방문했던 것으로 유명하다. 알제리 독립전쟁 기간 동안 제4 윌라야와 알제의 책임자였던 시 아즈딘 사령관이 태어난 곳이며, 많은 카빌리 민요를 작사·작곡한 안달루시아-마그레브 음악가 사텍 압자위도 베자야 태생이다.

보르즈 Bordj

카빌리어로 성, 성곽 혹은 거대한 건축물을 뜻하는 단어로, '보흐니', '므나엘', '스바우', '함자'와 소카빌리에 있는 '부 아레리즈' 등 카빌리 지방에서 볼 수 있는 터키 요새들을 지칭한다. 모두 평원에 위치하고 있으며, 주르주라 서부에 있는 드라 엘-미잔 분지의 보흐니에 맨 먼저 건설되었고, 두 번째는 이쓰르 강, 세 번째는 스바우 계곡에 건설되었으며, 사헬-숨맘 강 상류 계곡에 건설된 것이 네 번째다. 부속 지대인 '즈몰'이 둘러싸고 있다. 카빌리 사람들의 공격으로부터 카빌리를 관통하는 도로(알제-콩스탕틴)를 방어하기 위해 건설되었다.

비반 Bibans

고산지대로 가장 높은 봉우리가 고도 1,281m에 이른다. 사헬-숨맘 계곡과 므쟈나(부 아레리즈 보르즈)-세티프 사이에 위치하고 있다. 남북으로 마흐리르 강이 깊은 골짜기를 이루고 있어, 카빌리의 '출입구'라 불린다. 예전에는 '철문'이라고 불렀다. 한때 강력한 세력을 가졌던 브니-압바스 부족이 사는 곳으로, 암루슈 가족들이 살았던 이힐 알리 마을이 있다. 소카빌리를 구성하는 주요 지역으로, 이들의 베르베르어는 대카빌리보다 아랍어의 영향을 더 많이

받았다. 종교가문의 세력이 강하여 카빌리의 종교 개혁이 여기서
출발했다.

스바우 Sebaou

동서로 흐르는 스바우 강의 계곡은 카빌리 중앙에 위치한 아가와
고원을 남북으로 분할하고 있다. 북쪽은 지중해 해안이고, 남쪽은
'해안 카빌리'라고 부르는 지역이다. 스바우 계곡은 산에 사는 카
빌리 사람들이 곡물 농사를 지을 수 있는 중요한 땅이지만, 서쪽으
로 미티쟈 평원을 향해 트여 있어 알제의 권력자들이 침입하기 쉬
운 곳이었다. 특히 터키인들이 고용한 용병 '암라와'들이 차지하
고 있어 해안가에 사는 부족들의 몫이 되기 어려웠다. 아이트 즌나
드 부족은 터키인들 때문에 자신들의 마을 바로 아래 위치한 평원
의 땅을 경작할 수 없었던 때를 아직도 기억하고 있다. 강줄기가 티
지-우주를 가까이 지나는 지대에는 현재 감귤 농장이 모여 있다.

아즈푼 Azeffun

므르스 엘 파흠 만(석탄 항구)에 위치한 작은 항구다. 고대 페니키
아의 해외도시였고 아우구스투스 시대에는 대단히 부유한 도시
였으며, 프랑스 식민지배 기간 동안에는 '게이동 항'으로 불렸다.
1993년 살해된 시인 타하르 자우트는 자신이 태어났던 이 도시에
묻혔다. 7세기 중동에 널리 퍼져 민간 신앙 속에 전해져 오는 「잠

자는 일곱 사람들(쿠란: 동굴의 장)」의 배경이 이곳의 한 동굴이었다고 카빌리 사람들은 믿고 있다.

엘-크스르 El-Kseur

베자야에서 남쪽으로 약 20km 떨어진 소도시로, 아자즈가-야쿠른 도로와 숨맘 계곡 도로가 교차하고 있다. 프나야 부족이 모여 살고 있으며, 가까이에는 아우구스투스 황제 시대 건립된 유명한 고대 로마 유적지 '투부숩투'가 있다.

　베르베르의 언어적·문화적 정체성 인정을 알제리 정부에 요구하는 카빌리 청년 운동가들이 2002년 6월 11일 이 도시에 모여 '티지-우주 아아르슈, 다이라, 코뮌 공조연합'에 서명했던 사건이 널리 알려져 있다. 당시 청년운동 단체들은 정체성 인정 외에도 카빌리 내에 주둔하고 있는 치안대의 즉각 철수, 지방자치 위상 부여, 국가 행정 및 안보를 민주적으로 선출된 인물들에게 위임할 것 등을 요구했다.

아크파두 Akfadu

주르주라 산맥에 속하는 산지로 고도 1,627m의 아드라르 으잔(떡갈나무 산)이 최고봉이다. 정상은 서양 삼나무와 떡갈나무 숲이 우거져 있으며, 일부가 현재 국립공원으로 지정되어 있다. '민족해방군', 제3 윌라야 사회당, '구국이슬람전선', '무장이슬람군' 등이 은신했던 곳이며, 특히 독립전쟁 기간 중 치열한 전투의 무대였다. 1959년 6월 프랑스 샬 장군은 이 숲에서부터 그 유명한 특공대 '쌍둥이 작전'을 시작했으며, 드골 장군도 이 지역을 방문한 바 있다. 북쪽에 면해 있는 도로는 티지-우주에서 야쿠른과 엘-크스르를 거쳐 베자야까지 이어지는 것으로 식민지 시대에는 알제와 콩스탕틴 지역을 나누는 경계선 역할을 했으며, 소카빌리와 대카빌리를 나누는 경계가 되고 있다. 아이트 우흐리스, 아이트 아므르, 프나야 부족이 사는 지역이다.

알제 Alger

카빌리에서 가장 가까운 대도시다. 60km 정도 떨어져 있어 걷거나 노새를 타고 2-3일 정도면 갈 수 있는 곳이다. 너무 친숙한 도시여서 설화에는 등장하지 않는다. 설화에서는 보통 튀니스나 바그다드가 등장한다. 카빌리 사람들에게 알제는 상업뿐 아니라 건축, 정원, 수공예, 빵집, 철공(무기나 연장) 일을 할 수 있는 도시이며 온갖 거래가 이루어지고 옷감, 향료 등 다양한 물품들을 찾을 수 있는 곳이다. 카빌리 남자들은 알제를 점령하고 있는 터키인 총독 데이 휘하 용병으로 입대하기도 했었다. 알제에는 항상 카빌리 출신 일꾼들이 많아, 도시 전체가 카빌리 출신자들에 의해 건설되었다고 한다. 현재 150만 알제 시민 가운데 60%가 카빌리 출신이다.

오랑 Oran

도시 오랑은 비록 카빌리 전통 구전문학에 등장하지 않지만, 카빌리 사람들이 많이 사는 도시다. 오랑에서 프랑스인 아랍어 교사였던 오귀스트 물리에라스는 함맘(목욕탕)에서 일하고 있던 아이트 즌나드 부족 출신들을 통하여 1893-1898년 사이 백여 편 설화를 수집해 자료집으로 만들었다. 오랑에는 현재도 아이트 즌나드 부족 출신들이 많아 선대가 일했던 목욕탕을 직접 운영하고 있다.

주르주라 Djurdjura, 즈르즈르, Djerjer

즈블 즈르즈르 혹은 아드라르 부드플(눈 덮인 산)이라고 부르는 주르주라 산맥은 고도 2,308m의 랄라 헤디자 봉을 최고 정상으로 품고 있는 높은 산지로, 대카빌리 아가와 고원을 둘러싸고 서쪽에서 동쪽으로 뻗어 있으며, 남쪽으로는 반원을 그리며 뻗어 있다. 석회암 산에는 수직으로 깊은 균열이 있어, 우물과 동굴들이 있으며, 일부 동굴에는 여름에도 얼음이 남아 있다. 지하에는 빙하가 있다. 이러한 지형 때문에 주르주라 산맥은 식인귀, 히드라 등 온갖 종류의 초자연적 영물이 살고 있는 것으로 생각되어왔다. 동굴들은 설화의 주인공처럼 용감한 남자들만 대적해서 열 수 있는 지하세계로 통하는 문들이라고 생각했다. 산들은 또한 노상강도, 도적, 혹은 마을에서 쫓겨난 사람들이 외롭게 사는 은신처로 생각되기도 했으며, 최근에는 무장 이슬람 단체들의 근거지가 되고 있다.

주르주라 산맥은 이슬람 도래 이전 신화의 근원지다. 신화에 의하면 서쪽 하이제르 고원 근처 움푹한 바위에 물소가 뿌려 놓은 정액이 햇볕에 깨어나 동물들이 되었으며, 태초의 남녀는 바위 틈새를 통하여 지하에서 지상으로 나왔다고 한다. 사람을 다시 건강하게 만들어주는 그 유명한 "산이 부딪히는 곳에서 나는 물"을 설화의 주인공들이 찾아가는 곳이다. 2월 말에서 3월 초로 넘어가는 기간의 가축들에게 혹독한 날씨를 이르는 '할머니의 날들'을 만든 것은 주르주라 산맥 정상 부근에 살았던 '세상 첫 어머니'가 했던 일이라고 한다.

주르주라 산맥 봉우리들은 지하의 영험을 부르는 곳으로 요즈음에도 불임을 낫게 해달라고 빌러 오는 사람들이 있다. 높은 산의 묵상하기 좋은 장소들은 이슬람화되어 있는데, 랄라 헤디쟈 봉은 카빌리의 4대 이슬람 성자들을 비롯한 많은 구도자들이 칩거했던 장소였으며, 명망 높은 종교 교육기관 '자우이아'들이 설립되었던 곳이다.

카빌리 Kabylie, Kabylies

지중해와 고원지대 사이 '텔'에 위치한 카빌리 산지는 알제에서 동쪽으로 약 50km 떨어져 있다. 인구밀도가 대단히 높은 곳으로 주민들은 베르베르어를 사용하며 지역정서가 대단히 강하여 중앙정부에 고분고분하지 않다.

카빌리는 지리적으로 여러 소단위로 나뉜다. 가장 고지대에 가장 큰 규모를 차지하고 있는 '주르주라 카빌리'가 있고, 숨맘 강 남쪽에 '비반 카빌리'가 있으며, 동쪽으로 해안을 따라 '바보르 카빌리', 숨맘 강 우안의 '게르구르', 그 외에 때로 '콜로 카빌리'가 별도로 언급되곤 한다. '카빌리'는 알제와 콩스탕틴 사이 '타크바이리트'라고 부르는 북부 산지 베르베르어 방언을 사용하는 지역을 통칭하는 것이다. 베르베르어 방언들은 단일화되어 있지는 않지만 차이보다는 유사점이 더 많다. 주르주라 카빌리에서 쓰는 말은 타 지역보다 아랍어의 영향이 훨씬 약하다. 통상 서쪽 '대(大)카빌리'와 동쪽 '소(小)카빌리'로 구분하는 것이 이러한 언어의 차이 때문이라고 알려져 있으나, 실제로는 식민통치 시기의 행정 구분에서 물려받은 것이다. 즉 서쪽 알제 지역과 동쪽 콩스탕틴 지역 사이에 남북으로 그어졌던 행정 경계선에서 기인한 것이다. 이 경계에 따라 베자야 남서부, 즉 아크파두 고원의 남쪽 경사면과 사헬-숨맘 강 계곡 좌안을 '소카빌리'에 포함하는 것은 잘못이다.

숨맘 계곡을 중심선으로 카빌리를 구분했던 것은 지리적 여건과 아울러 언어적 상황에 기인한다. 전체적으로 어떤 동질성이 있기는 하지만, 숨맘 강 북서부와 그 너머에 위치한 베자야 남동부 지역은 역사와 언어라는 두 측면에서 차이가 있다. 가장 규모가 큰 '주르주라 카빌리'는 북에서 남으로 지중해와 사헬-숨맘 강 사이, 서에서 동으로 미티쟈에서 숨맘 계곡까지 산지를 지칭하는 것으로, 현재 티지-우주, 베자야, 부메르데스 3개 윌라야와 부이라 윌라야 일부를 포함하고 있다. 이 지역 베르베르어는 그 안에서 약간의 차이가 있지만(마을마다 다른 경우도 있다), 숨맘 강 동부의 베르베르어와는 확실히 차이가 있다. 역사적으로 아가와 고원과 주르주라 카빌리는 알제 터키 총독과 관계가 좋지 않았던 쿠쿠 블카디 영주의 영향을 받았고, 동부는 브니-압바스와 베자야를 지배했던 스페인 카라아 영주에게 더 긴밀하게 속해 있었다. 사회 구성도

지리 · 지형

약간 차이가 있어 소카빌리에서는 상인들과 종교가문의 영향력이 강하다.

주르주라 카빌리는 인구밀도가 대단히 높고, 지리·문화·정치적인 특징을 가지고 있으며, 프랑스 이민자들 중 수가 가장 많고, 가장 널리 알려져 있다.

카빌리의 이미지

카빌리에 대한 특별한 이미지는 프랑스가 알제리를 지배하기 위하여 구사했던 분열 정책에서 생긴 것으로, 프랑스 정부는 카빌리인들을 마치 하나의 본보기로 제시하여 나머지 알제리인들과 반목을 조장하려고 했었다. 뷔조 장군이 1844년부터 '아랍사무소' 지휘관들에게 내렸던 지침에 이 정책이 특히 반영되었으며, 식민통치 기간 내내 이어져 소위 '카빌리 신화'라고 부르는 특수한 이미지를 형성했다. 후일 이 정책은 프랑스 정부에 불리하게 작용했다. 독립을 통하여 알제리의 정체성을 되찾는 데 가장 적극적으로 나섰던 것은 자신들의 제도와 문화를 유지할 수 있었던 카빌리 사람들이었기 때문이다. 전통의 보존이 저항으로, 그리고 독립전쟁으로 연결되었던 것이다.

탐구트 tamgout

산 정상을 뜻하는 '탐구트'는 주르주라 산의 '랄라 헤디쟈(2,308m)'뿐 아니라 해안 카빌리에서 가장 높은 '아이트 즌나드(1,278m)', 주르주라 서부 '하이제르(2,123m)'에도 붙이는 보통

명사다. 산 정상의 모양이나 높이에 따라 바위만 있는 경우도 있고 나무가 우거진 경우도 있다. '아이트 즌나드 탐구트'는 터키인들이 배를 만들 나무를 얻기 위해 탐내던 곳으로 주민들이 적극적으로 방어했던 역사가 있다. 스바우 평원에서 쉽게 접근할 수 있는 곳이어서 이곳을 차지하기 위한 다툼이 많았다.

튀니스 Tunis

하프시 왕조, 특히 아부 자카리아 시대의 수도였던 튀니스는 설화의 주인공들에게 익숙한 도시다. 동쪽에 있는 튀니스는 카빌리 사람들에게 알제만큼 친근한 도시였다. 많은 카빌리 사람들이 튀니스 총독 베이의 근위대로 입대하거나 장사꾼으로 정착하여 구도심의 한 구역을 차지하고 있었다. 카빌리 사람들에게 튀니스는 술탄이 누리는 절대적 부와 권력으로 사람들을 유인하는 가장 가까운 상상 속의 동양 도시였다. 설화에서 카빌리 청년은 튀니스 술탄의 딸과 결혼하겠다는 일념으로 여러 차례 실패한 끝에 초자연적 힘의 도움을 받아 결혼에 성공한다. 쿠쿠 가문의 한 여성이 튀니스에 피신해 있는 동안 낳아 아흐메드 툰지(튀니지 사람)라는 이름을 얻게 된 아들이 17세기 초 튀니스에서 병사들을 데리고 돌아와 아이트 호브리 부족들이 살고 있는 지역의 옛 소유지를 되찾은 역사가 있다.

티느리 Tineri

보흐니와 드라 엘-미잔 사이에 위치한 거대한 올리브 경작지다. 하이제르 고원 아래, 주르주라 산 서쪽 경사면에 위치하고 있다. 산에서 내려온 토사에 남향의 풍부한 햇볕이 내리쬐어 올리브 경작에 아주 좋은 조건이다.

티지-우주 Tizi-Ouzou

'금작화 고개'라는 뜻의 이름을 가진 도시 티지-우주는 고도 189m에 위치하고 있으며, 즈블 블루아(695m)산 남쪽 아래 위치한 스바우 평원의 넓은 길목을 차지하고 있다. 스바우 강이 협곡을 이루며 도시를 감싸고 북쪽으로 흐른다. 터키인들이 구축한 보르즈로 시작하여, 17세기 중반 40여 명의 근위보병이 살고 있었으며, 1829년경에는 30여 명의 용병이 인근에 정착한 마흐즌 부족들이 비정기적으로 주는 봉급에 의존해서 살고 있었다. 티지-우주의 셰이흐는 주변의 부족들에 세금(아즐)을 징수하는 일을 맡고 있었다. 1851년 복원하여 터키 행정관 카씨 스바우 블 카슴이 거처로 사용했으며, 1856년에는 프랑스군 사령부로 사용되었다. 블루아 산 북쪽 사면에서 시작되었던 도시가 차츰 서쪽과 남쪽 사면까지 확장되었다. '토요일 정기 시장'은 1720년경 도시의 기초를 놓았던 카이드의 이름을 따라 '으습트 알리 호쟈'로 불렀다. 현재 도시에 살고 있는 30만 인구의 다수가 베르베르어가 섞인 아랍어를 쓰고 있다. 대카빌리의 중심지로 부상하여 계속 확장 중에 있으며, 현재 도청소재지다. 티지-우주 윌라야의 인구는 100만 명에 이른다. 행정기관, 교육기관 외 물루드 마므리대학이 있으며, 병원, 전기 자재 공장, 스포츠 협회, 물루드 마므리 문화원 등이 있다.

포르-나시오날 Fort-National

1857년 카빌리 일부 지역을 정복한 프랑스군은 고도 974m에 위치한 성채를 중심으로 도시를 건설하고 '포르-나폴레옹'이라고 명명했다. 여러 능선이 만나는 정상에 위치하여 아가와 고원 대부분은 물론 주르주라 산 아래까지 대포 사정거리 내에 두고 있는 지점이다. 1871년에서 1962년까지 '포르-나시오날'로 불렸다. 아이트 이라튼 부족이 살고 있던 곳으로 예전에는 '수요 시장'이 열렸다. 현재는 옛 지명을 되찾아 '라르바아 아이트-이라튼'으로 불린다. 도시 규모가 늘어나고 활발해졌으며, '다이라'의 중심지로 행정기관, 학교, 병원, 수공예센터가 있고 상업이 활발하다. 주르주라 산과 대카빌리 전경을 볼 수 있다.

하이제르 Haïzer

주르주라 서쪽에 위치한 하이제르 산맥 서쪽 끝에는 탐구트 하이제르(2,123m)와 타슈가갈트(2,147m)와 같은 높은 산들이 있다. 보흐니 분지를 거의 직선으로 굽어보며 남쪽 기슭을 덮고 있는 서양 삼나무 숲은 주르주라 국립공원으로 지정되어 있다. 시선을 압도하는 이 고지대는 이슬람 이전 시대의 신화적 장소이기도 하다. 소를 포함한 모든 동물을 만들어 낸 '하이제르 들소 신화'가 대표적이다. 들소가 지하세계로부터 하이제르 산 바위들 사이를 통해 솟아나와 개미의 말을 듣고 정액을 바위에 뿌렸는데, 그것이 햇볕에 따뜻하게 데워지면서 모든 동물이 태어났다는 것이다. 이 전설적 지역에 있는 동굴에는 멀지 않은 곳에 사는 부족의 여자들이 아들을 낳게 해달라거나 비가 오게 해달라거나 전염병에 걸리지 않게 해달라고 빌러 오곤 했었다.

해안 카빌리

이쓰르 강 하구에서 사헬-숨맘 강 하구까지 약 70km 길이의 지중해 해안선은 고도 900m에 이르는 산들로 이루어져 있다. 최고봉 '아이트 즌나드 탐구트(정상)'는 1,095m에 이른다. 선사시대부터 사람이 살았던 흔적이 남아 있으며, 여러 부족들이 페니키아, 로마, 베르베르왕국 시대를 거치며 살고 있다.

현재에는 페니키아와 카르타고, 로마가 건설했던 도시(델리스, 티그지르트, 아즈푼, 베자야)들을 제외하면 황폐화되어 있다. 항구에서 고기를 잡아 생활하는 부족들이 있긴 하지만, 카빌리 사람들은 어부가 아니다. 고기를 잡는 것을 마지막 생계수단으로 생각한다. 일반적으로 마을은 내륙에 건설되어 있다.

해안 부족들은 북쪽의 험한 바다와 남쪽의 터키인 점령지인 스바우 계곡 사이에서 살았던 셈이다. 이들은 내륙의 높은 산지에 살고 있는 아가와 사람들과 스바우 계곡을 경계로 서로 경쟁하고 경계하면서 별로 가깝게 지내지 않았다. 그렇다고 교류가 아주 없지는 않아서 자주 싸우면서도 교류했던 아이트 이라튼 부족과 아이트 즌나드 부족의 경우처럼 공동 시장에서 거래를 하기도 했다.

그 수가 많지 않은 해안 부족들은 평평한 곳을 찾아 농사를 짓거나 나무를 심는데, 그 규모가 작다. 아가와 사람들과 달리 장사를 하지 않았으며, 일찍부터 알제나 오랑 같은 도시로 이주했다. 일부 부족들은 해안 지역에 비밀 무기고를 만들어두기도 했다.

II

생태환경

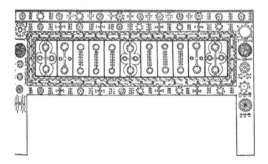

나무 궤, 숨맘 계곡

가을 르흐리프, lexrif

8월 17일(그레고리우스력 8월 30일)에 시작해서 11월 16일(11월 29일)까지 계속된다. 곡식과 특히 무화과를 수확하는 축복의 계절이고 풍요의 계절이다. 사람이 풍요로움으로 도취한다고 해서 술꾼으로 이름 난 남자들 이름에 '가을'이라는 별명을 덧붙이기도 한다. 가을걷이를 하고 수확한 것을 제물로 바치는 축제의 계절이면서 동시에 새 농사력이 시작되는 계절이다. 10월 17일은 농사가 시작되는 날로 '아우젭' 혹은 '탑부르트 우스그와스'라고 부른다.

가축 이말, imal

가축은 염소, 양처럼 몸집이 작은 것이 있고, 소, 말, 노새, 당나귀처럼 몸집이 큰 것도 있다. 몸집이 작은 것 가운데 염소는 가난한 사람들의 가축이다. 혼자 사는 할머니는 대개 염소 한 마리를 키운다. 양은 재산을 상징하며, 수가 많으면 목동들을 시켜 돌보게 한다. 큰 가축을 여러 마리 키울 정도로 재산이 넉넉한 경우는 많지 않고, 대개 소 한두 마리를 키우는 정도다. 축사는 젖을 짜기 편하게 집에서 가장 넓은 방에 붙어 있다. 아이들이 데려다 마을 근처 풀밭에서 키우기도 한다. 황소는 대개 농사에 쓸 수 있게 한 쌍을 소유했으며, 땅을 갈 때 필요한 소는 빌려 쓰기도 했다. 소를 많이 가지고 있는 부족은 아이트 부드라르 부족처럼 주르주라 산에 가까운 고지대에 사는 부족들뿐이었다. 이들은 여름이 되면 높은 산지에서 풀을 먹이고, 밭을 갈 시기에 팔거나 빌려주었으며, 제물로 팔기도 했다.

말은 산지에 적합한 가축이 아니어서 평원에 사는 사람들을 제외하고는 소유하고 있는 사람이 드물다. 노새는 산에서 짐을 옮기는 데 많이 쓰며, 특히 행상을 하는 고산지대 부족들이 많이 소유하고 있다. 당나귀는 싸구려 물건을 싣고 다니거나 올리브유 짜는 맷돌을 돌리는 데 쓰는데, 많은 부족들이 천한 짐승 취급을 한다. 평원 주민들이 가지고 있는 낙타(단봉낙타)는 도시로 물건을 옮길 때 사용한다.

가장 수가 많고 친근한 가축은 소와 양이다. 소는 사자가 잡아먹고, 양은 재칼이 잡아먹는다. 그래서 어린 목동들은 재칼의 잔꾀를 이기는 방법을 빨리 익혀야 한다. 사자는 농부에게 가장 무서운 적으로 '농사꾼 아저씨'라는 별명이 붙어 있다. 카빌리에서 농사짓기가 어려운 것은 사자와 대적할 수 있는 남성적 능력이 요구되기 때문이다. 농부들은 무장을 하고 가축들을 보호하기 위하여 평원으로 내려가는 사람들이다.

강 아시프, asif

남성 명사인 강은 급류보다 더 큰 물의 흐름이다. 카빌리 사람들에게는 넓은 계곡의 평평한 땅에서 흐르는 강보다는 좁은 계곡에서 빠르게 흐르며 갑자기 물이 불어나기도 하는 급류가 더 친숙하다. 강이 있다는 것은 싸움이 빈번한 평원과 가깝다는 것을 의미한다. 카빌리 시(詩)에서는 "남성적 면모를 과시하고 싶으면 강으로, 평원으로, 고원으로 가라"고 노래한다. 강의 신선한 물과 도도한 흐름은 많은 사랑을 받아 천국은 꿀의 강, 젖의 강, 버터의 강이 흐르는 곳으로 표상된다.

현재 강들을 '우에드'(아랍어에서 파생)라고 부른다. 티지-우주 평원에는 스바우 강, 주르주라 산 남쪽 아래에는 사헬-숨맘 강, 그리고 서쪽에 이쓰르 강이 있다. 아가와 부족들 가운데 엘-함맘 강가에 살고 있는 아이트 와시프(강에 사는 사람들) 부족도 있다. 아이트 베트룬 연맹체에 속한다.

개 에이디, aydi

침입자를 알려주고 쫓아낸다는 점에서는 유용하지만 먹을 것을 주어야 하는 군입이어서 많이 기르지 않는다. 길들지 않고 야생으로 남아 있는 재칼과 같은 종이라고 믿는다. 고기를 먹는 것은 금지되어 있지만 싸구려 식당에서 음식에 넣는다는 의심스러운 이야기가 있다.

설화에서 주인공의 보조자 노릇을 하는 사냥개는 특별한 취급을 받는다. 물론 대단히 용맹해서 사자에 비유되는 슬루기(sloughi) 종이나 이집트 산처럼 아주 특수한 종류의 사냥개들에 한한 것이다. 주인을 잘 보호하고 명령에 복종하며, 적을 물어 생명을 구해주기도 한다.

거북이

거북의 등껍질이 생긴 것은 '세상 첫 어머니'가 어느 날 화가 나서 곡식을 빻는 맷돌을 던졌기 때문이라고 한다. 맷돌 한 짝은 등에, 다른 한 짝은 배에 붙은 것이다. 거북이는 악한 기운(이카루른)으로 부터 집을 보호한다고 하여 존중받는 짐승이다. 유모의 젖이 마를 때 다시 젖을 나오게 해준다는 말이 있다.

겨울 으슈트와, eccetwa

겨울은 11월 16일(그레고리우스력 11월 29일)에 시작해서 봄이 시작되는 2월 15일(2월 28일)에 끝난다. 12월 12일에서 2월 20일(12월 25일-2월 2일) 사이 40일을 '을랴리 은 으슈트와(Ilyali n eccetwa: 겨울의 밤)'라고 하며, 이 시기 동안 가장 견디기 힘든 추위가 닥친다. 한파는 흰 벌레(음마라)를 포함한 해충을 죽이는 효과가 있어 무화과나무 아래 흙을 약간씩 뒤집어 뿌리까지 냉기가 잘 스며들도록 한다. 춥기는 하지만 곡식 농사에 필요한 비가 내린다. 1월 1일(1월 13일)은 쿠스쿠스, 튀김, 닭고기를 먹는 명절이다. 예전에는 화덕 가장자리 돌을 포함하여 집안에서 쓰던 물건들을 새것으로 바꾸기도 했었다. 1월 한 달간은 밤이 낮보다 길어 가축들이 가을 동안 일로 지친 몸을 쉴 수 있어 좋다고 한다. 특히 쟁기질하는 소는 더욱 그렇다. 일부 마을에서는 소의 귀에 대고 1월과 겨울이 끝난다는 것, 즉 축사에 갇혀 있는 것이 끝난다는 것을 알려주는 풍습이 있었다.

경사면

카빌리에는 고지대를 수직으로 깊이 자르는 계곡이 많다. 경사가 가장 가파르고 길이가 가장 짧은 계곡은 주르주라 산 남쪽 면을 따라 숨맘 강 계곡으로 이어지는 계곡이며, 아가와 고원에서 바다를 향하여 남북으로 뻗어 있는 계곡들은 길이가 긴 편이다. 아가와의 오래된 화강암 경사면들은 모양이 올록볼록하다. 한가운데는 가파르지만 양편으로 갈수록 완만해지고, 위에는 볼록하고 아래는 오목하다. 경사면의 꼭대기에 있는 마을들은 산등성이 길을 따라 서로 이어지고 있으며, 그 아래 물 가까운 곳에는 야채밭이 있고, 경사가 제일 심한 중간지대에 과일나무들이 있다. 경사면마다 그 방향에 따라 작물의 배치가 달라진다. 그늘진 경사면을 '우말루'라고 부르고 양지에 있는 경사면을 '우삼므르'라고 부르는데, 그 차이가 뚜렷하게 보인다. 지대가 높아 빛을 받는 남향 경사면은 작물을 재배할 수 있지만, 북향으로 음지에 있는 경사면은 춥고 눈이 오래 남아 있어 농사짓기 어렵다. 계곡에서 마주보거나 혹은 연이어 있는 두 경사면은 항상 구분이 분명하여 부족의 이름도 그에 따라서 아이트 우말루/아이트 우삼므르, 일루른 우삼므르/일루른 우말루라고 붙이기도 한다.

계곡 이흐즈르, ighzer

카빌리 자연환경 속에서 언덕(이힐, 아우리르)은 사람들이 집을 짓고 사는 친밀한 지형인 반면 급류가 흐르는 깊은 계곡은 두려움과 혐오의 대상이다. 갑자기 물이 불어나 사람이든 가축이든 휩쓸어 가기 때문이다. 습한 계곡 바닥 땅과 주변 땅에 농사를 지으러 내려가거나 풀이 난 곳에서 가축을 먹이기 위하여 내려갈 때 외에는 거의 가지 않는다. 설령 가더라도 여럿이 함께 간다. 재칼이나 사자 같은 사나운 짐승뿐 아니라 영이나 식인귀가 사는 곳이기 때문이다. 또한 도둑이나 강도가 숨어 있을 수도 있고, 젊은이들이 동네 사람들 몰래 고기를 잡아먹는 것과 같은 불법적인 일을 할 수도 있으며, 불륜의 사랑을 나누는 곳일 수도 있다. 한마디로 사람들이 피해야 할 위험하고 좋지 않은 장소다. 사람들이 다니는 곳은 보통 마을과 마을을 잇고 시야가 트여 있는 높은 지대다.

고슴도치 이니시, inisi

카빌리 사람들은 아침에 고슴도치를 보면 기분 나빠한다. 낮에 계곡 바닥에 있다가 밤에 나와 다니는 흉측하게 생긴 동물이다. 그러나 설화에서는 재칼을 속일 수 있을 정도로 영리한 동물로 등장한다. 고슴도치는 '세상 첫 어머니'의 분노를 사서 양털 빗으로 얻어맞는 바람에 등에 바늘이 나게 되었다고 한다. 온갖 종류의 벌레를 닥치는 대로 잡아먹어 굶어죽지는 않는다고도 한다. 고슴도치 가죽이 불행을 막아준다고 하여 집 문 위에 걸어놓기도 하며, 고기를 먹기도 한다.

고양이 암시스, amcic

카빌리 사람들은 고양이를 특별하게 대우한다. 예전에는 고양이가 영험이 있는 동물이며 집안의 질서를 지켜주는 동물이라고 생각했다. 고양이를 죽인 사람은 3일간 속죄의 금식을 하고, 그 기간 동안 먹으려 했던 음식을 남에게 베풀어야 했다. 고양이는 사자에서 갈라져 나온 후손으로 생각했으며, 여성들은 '고양이'라는 단어를 직접 말하지 않고 '사자의 아들'이라는 단어를 사용했다.

카빌리 문화에서는 고양이가 집안에 피워둔 불씨와 특수한 관계를 가지고 있다고 생각했다. 다른 여러 문화에서도 유사한 현상을 볼 수 있는데, 아마도 고양이가 (집안 상석인) 불가에 있기를 좋아하고 눈에서 불 같은 광채를 뿜기 때문이었을 것이다. 남자들이 먹을 음식을 익히는 데 쓰는 불은 집안의 재산을 보증하는 것으로 꺼뜨려서는 안 된다.

어떤 설화에서는 이렇게 중요한 불을 다스리는 고양이가 등장하기도 한다. '모슈'라는 이름의 고양이가 혼자서 살다가 재를 먹고 자살하자, 남겨 놓은 집을 아가씨들이 차지한다는 이야기다. 「지자」 설화에서는 한 아가씨가 콩을 훔쳐 장난을 하자, 암고양이가 오줌을 누어 집안의 불을 꺼버린다. 아가씨는 사냥꾼들의 도움으로 구원을 받는다. 자매들이 사냥꾼들과 결혼을 하고, 집안의 불을 다시 지핀다.

예전에는 남편이 다른 여자를 아내로 맞이하는 것을 막거나 부부 사이를 갈라놓는 비방에 고양이를 사용했다. 갈대로 작은 쟁기 모양을 만들어 까만 고양이 한 쌍에 매달아 어두운 곳에서 밭갈이하는 흉내를 내게 한 것이다. 이것을 '고양이 밭갈이'라고 불렀다.

생태환경

길 아브리드, abrid

길은 숲이나 자연을 뚫고 사람들이 사는 마을들을 서로 잇는다. 통념상 길은 자연보다 위험이 적다. 예컨대 길에서는 재칼과 마주쳐도 쉽게 쫓아버릴 수 있다고 생각한다. 길은 또한 사람이 사는 세계와 자연 세계 양편에 속해 있다. 설화에서 주인공은 길이 어디에서 끝나는지 모른 채 두 세계 가운데 하나를 선택해야 하는데, 보통 위쪽에 있는 길은 마을에 닿아 있지만, 아래쪽에 나 있는 길은 자연 속으로 데려가 길을 잃게 한다. 이러한 설정은 카빌리 산악지대의 현실에 부합하는 것이다. 대개 아래쪽 길은 짐승들이 우글거리는 계곡에 난 길이므로 피해야 하고, 마을이 있는 산등성이 길로 가야 한다. 가장 위험한 것은 평원의 넓은 길인데, 운 나쁘게 사자와 같은 짐승이나 도둑, 강도 혹은 군대와 마주치는 일이 자주 일어나므로 혼자 다니는 것을 피해야 한다.

깊은 구렁 아누, anu

특히 탈타트 고원 지대를 포함한 주르주라 산맥에는 '아누'라고 부르는 깊이 파인 협곡들이 많다. 이 협곡들은 대단히 깊어서 여름에 얼음이 남아 있는 곳도 있다. 깊이에 대한 두려움 때문에 저승을 연결하는 지하세계의 문으로 생각되었다.

대카빌리는 넓은 과수재배지로, 실생활에서나 상상력 속에서 과일나무들이 중요한 역할을 한다. 과일나무들이 없었다면 아마도 카빌리 사람들의 생존이 불가능했을 것이다. 나무들 가운데서 무화과나무와 올리브나무가 특별히 중요한 위치를 차지하고 있다.

카빌리 어디서나 볼 수 있는 무화과는 알제리 전체 생산량의 90%를 차지한다. 1958년도 카빌리 내 무화과나무 수가 600만 그루였고, 그 종류가 28개였다고 한다. 뿌리를 지탱하는 힘이 강해서 가파른 경사에서도 잘 자라며, 고도 1,000-1,200m에서도 열매를 맺는다. 산간지방에는 하늘이 내린 선물이다. 가을 무화과가 익는 계절은(일부 종은 일 년에 두 번 열매를 맺는다) 풍성한 수확에 도취하는 계절이다. 설화에 등장하는 무화과는 생명의 나무이자 주인공의 상황을 알려주는 증인 구실을 한다. 주인공이 심고 떠난 무화과가 주인공이 위험에 처하자 말라 죽어 가까운 사람들에게 도우러 가라고 알려주었다는 이야기가 있다. 카빌리 사람들은 무화과를 키우는 데 많은 공을 들인다. 가물 때 돌보는 것 외에도 꽃가루 수정, 방충, 훈증 등 여러 작업으로 세심하게 보살핀다. 침입자들이 무화과나무를 자르는 것은 용서받지 못하는 죄악이다. 열매는 말린 후 집안 항아리에 보관하여 일 년 내내 먹는다. 말린 무화과는 일꾼이나 여행자들이 빵과 함께 일상적으로 먹는 음식으로 한 사람이 일 년에 소비하는 양이 80kg에 달한다.

올리브나무는 일손이 적게 필요하며, 경작한계고도가 좀 더 낮은 800-900m로 대개 경사가 완만한 곳에서만 자란다. 올리브 열매는 추운 계절에 따는데, 집단 노동과 축제의 기회가 된다. 올리브유는 카빌리 사람들의 영양체계에서 비타민과 미네랄의 중요한 공급원이다. "무화과를 기르면 빵을 얻을 것이고, 올리브를 기르면 요리를 얻을 것이다"라는 속담이 있다.

사과나무, 배나무, 체리나무, 석류나무 등에 자라는 넝쿨식물들의 열매와 나뭇잎은 사람과 가축이 먹는다. 물푸레나무 잎은 따서 양과 염소의 먹이로 쓰며, 도토리나무 열매는 보리, 수수, 케롭나무 콩에 섞어 죽이나 빵을 만드는 보충 재료로 쓴다.

목재로 사용되는 나무들은 고산지 숲에서 자라는 느릅나무, 팽나무, 녹색 떡갈나무, 코르크 떡갈나무, 서양 삼나무들이다. 나무들은 때로 싸울 때 피난처 구실을 하는데, 설화의 주인공은 나뭇가지 사이로 기어 올라가 무서운 식인귀를 피한다. 나무는 그 자체만으로 생산성이 대단히 높아서 나무를 소유하는 것과 그것이 자라는 땅을 소유하는 것을 분리시키기도 하며(이런 나무들을 '아반두'라고 부른다), 어떤 나무들은 여러 사람이 공동으로 소유하기도 한다.

낙타, 단봉낙타 알훔, alghum

장거리를 이동하는 카라반에 사용되는 낙타는 카빌리 사람들에게도 잘 알려져 있다. 암라와와 터키인들이 키워 부렸으며, 특히 단봉낙타는 사하라 횡단과 같은 상업 교통에 사용했다. 카빌리 사람들은 '낙타'가 한 달 만에 '흑인의 땅'에 데려다준다는 허황한 믿음을 가지고 있다. 설화에서도 놀라운 능력을 가지고 있는 것으로 묘사되어, 10일 거리를 하루 만에 주파하는 낙타, 20일 거리를 하루 만에 주파하는 낙타, 40일 거리를 하루 만에 주파하는 낙타가 등장한다.

단봉낙타는 그 수가 적어서 『천일야화』에서 알라딘이 술탄의 딸을 아내로 맞기 위해 한 쌍씩 선물하는 동물 가운데 가장 값나가는 동물이다. 예전에는 평원 가까운 지역(예를 들면 사헬-숨맘 강 계곡)에 사는 카빌리인들이 낙타를 가지고 있었다. 요즈음은 소금과 같은 물건을 실은 카라반이나 사하라 유목민들에게서나 볼 수 있다.

넝쿨 타즈난트, tajnant

나무에 기어오르면서 자라는 넝쿨은 카빌리 사람들이 아주 좋아하는 식물이다. 나무 발치에 일부러 심어 나뭇가지를 따라 자라도록 한다. "넝쿨은 선을 뻗어가며 자란다"는 속담이 있다. 포도는 대개 알제 시장으로 가져가 파는데, 아이트 아이씨 부족이 생산하는 포도가 특히 양이 많고 보기 좋아 인기가 많다.

눈 아드플, adfel

겨울에 내리는 눈이 4-5월까지 남아 있어 주르주라 산을 '설산(아드라르 부드플)'이라고 부른다. 고지대 집 지붕들은 눈을 쓸어내리기 쉽도록 낮고 평평하게 되어 있다. 전통 기와는 아름답지만 눈의 무게를 감당하지 못한다. 다른 문화권에서와 마찬가지로 눈은 흰색의 대명사로, 특히 여성의 피부를 눈처럼 하얗다고 표현하며, 눈과 머리칼의 검은색 그리고 뺨과 입술의 붉은색과 대조를 이루며 아름다움을 강조한다.

당나귀 아흐율, aghyul

짐을 싣거나 사람이 타는 일상 교통수단이다. 당나귀를 탄 행상은
등짐을 지고 걷는 행상보다 형편이 더 낫다. 당나귀보다는 노새가
더 크고 튼튼할 뿐 아니라 산길에 더 잘 적응한다. 그래서인지 당
나귀는 가장 보잘것없는 탈것으로 생각하며 대접하지 않는다. 식
인귀들이 당나귀를 날것으로 잡아먹는다고 하여, 일부 부족은 금
기시한다. 여자들은 '당나귀'라는 단어를 입에 올리는 것을 피해
'아므르쿱(탈것)'이라고 돌려서 말한다. 예전에는 순결하지 않은
신부를 발가벗겨 당나귀 등에 앉혀 부모에게 돌려보내는 풍습이
있었다. 같은 지중해 문화권인 그리스 테살리에도 똑같은 풍습이
있었다. 당나귀 귀에서 나오는 피로 아기 병을 낫게 하는 약을 만
들기도 했으며, 당나귀가 흘린 땀이 홍역을 막아준다고 생각했다.
당나귀는 수컷만 기르고 암컷을 기르지 않아서, 필요한 당나귀는
외부에서 사와야 했다.

대마

대마로 천을 짜서 옷과 여성들의 머릿수건을 만들었다. 특히 아가
와 북동부 스바우 상류 분지와 부 브히르 계곡 양편에서 아이트 호
르비, 아이트 흐리리 부족들이 재배했다. 시장에 내다 팔면 이웃
아이트 부 샤이브 부족, 아이트 프라우슨 부족, 아이트 이라튼 부
족, 아이트 야히야 부족의 여자들이 천을 짰다. 현재에는 대마 재
배나 천 짜기가 거의 중단되었다.

독사 을라파아, llaffaa, 타라프사, talafsa

마을에 따라 '을라파아' 혹은 '타라프사'라고 부른다. 설화에 등장하는 히드라, 즉 샘에 나타나 물을 막다가 주인공의 손에 죽는 머리 일곱 개 달린 용과 비슷하다. 해안 카빌리에서는 '히드라'라는 단어를 쓰지 않고 '타라프사'라고 부른다.

독수리

카빌리에서는 동물, 특히 새 이름이 마을마다 달라, 그 이름이 어떤 새를 지칭하는지 확실하지 않은 경우가 많다. '아팔쿠', '이기드르', '이스히', '을바즈'와 같은 단어는 맹금류(독수리 속)를 지칭하기는 하지만, 실제는 독수리, 매, 말똥가리, 새매 혹은 소리개(매과)뿐 아니라 수염수리(수염수리 속)까지 포함된다. 어쨌든 주르주라 높은 산 바위에서 흔히 볼 수 있는 맹금류는 상상력에서 중요한 역할을 차지하고 있는데, 예를 들면 유럽을 비롯한 여러 지역의 문화에서 독수리가 차지하고 있는 역할과 비슷하다. 설화에서는 대개 '이기드르'라고 부른다. 놀라운 힘으로 주인공에게 도움을 주는 신령으로, 양을 잡아서 바치면 날갯짓으로 짧은 시간에 놀랍게 먼 곳으로 주인공을 이동시키는 기적을 행한다. 『천일야화』류 설화에는 "일곱 바다 너머로", "와크와크 섬까지", "멀고 먼 므즈바다 산까지", "붉은 신령의 왕이 다스리는 녹색 산까지" 데려간다고 한다. 독수리는 좋은 것을 상징하여, 예를 들면 잘생긴 젊은 남자를 "독수리 같다"고 말하며, 아침에 보면 좋은 징조로 여긴다. 수호신

(아아사스)이 되기도 한다.

돌 아드하흐, adghagh

카빌리 사람들에게 익숙한 물체다. 농부들이 덤불숲을 개간할 때 많이 사용한다. 개간은 아주 고된 작업이어서 설화에서는 주술이나 초자연적 힘의 도움을 받아야 할 수 있는 것으로 묘사된다.

사람이 금기사항을 어기면 돌이 된다고 말하지만, 돌은 맷돌이나 압착기, 숫돌을 만드는 데 반드시 필요한 귀중한 재료다. 불가에 놓는 세 개의 돌은 예전에 음식 그릇을 놓던 곳으로, 집안의 영들이 살고 있다고 믿었다. 집을 짓는 데에도 꼭 필요하다. 집을 지을 때는 잘 골라서 생긴 그대로 혹은 다듬어서 사용한다.

동굴

지질 형태학적 역사 때문에 카빌리 지방 주르주라 산맥에는 동굴이 많다. 일부 깊은 동굴들은 현재까지도 그 깊이가 알려져 있지 않다. 사람들은 산이나 덤불숲에 있는 동굴을 지하세계로 통하는 문이라고 생각했으며, 대개 여성성을 상징한다. 재칼, 하이에나, 귀신의 힘을 가진 뱀, 식인귀가 사는 곳이기도 하다. 목동들이 양치기 개들과 잠들어 있다고 하는 '잠자는 일곱 사람들' 이야기가 전해지고 있다. 목동들이 피난처로 자주 애용한다.

떡갈나무

카빌리에는 여러 종류의 떡갈나무들이 있다. 가장 흔한 타사프트 외에도 잎이 오래 달려 있는 녹색 떡갈나무(이슈키르), 코르크 떡갈나무(익기), 짠 떡갈나무(아크파두 산 정상 이름인 '아드라르 으잔'은 여기서 생겼다) 등이 있다. 고도 1,600m까지 자라는 도토리나무(타사프트 아블루드)도 있는데, 열매는 말려 껍질을 깐 후 가루로 만들어 세크수(쿠스쿠스)나 빵을 만들 때 밀이나 보리 가루에 섞는다. 카빌리 사람들의 배고픔을 달래주었던 이 열매는 양이 많다는 점에서 지중해 북부 해안의 밤나무와 비슷하다. 그러나 맛이 씁쓸하고 영양분이 별로 없으며, 소화가 어려워 배에 물이 차는 위장병을 일으킨다.

마키-숲 덤불 아마다흐, amadagh

숲 덤불인 '마키(maquis)'는 규토질 토양에서 발달하는 지중해 식물군을 지칭하는 단어다. 대개 숲이 와해된 결과로 생기는 것으로, 떡갈나무, 케르메스 참나무, 코르크 떡갈나무, 전나무 등 일부 나무들이 살아남아 있는데, 그 사이로 시스터스, 유향나무, 소귀나무, 도금양, 로즈마리, 라벤더, 히드, 나무딸기처럼 잎이 일 년 내내 푸른 관목들이 빽빽하고 촘촘히 자라 비집고 들어가기 힘들다.

　　마키는 사람들이 개척한 마을과 경작지를 둘러싸고 있는 야생의 공간이다. 사람들이 모인 집단 주거지들 사이사이에 있는 공간이며, 마을을 잇는 길들이 나 있는 공간이다. 마을과 반대되는 것을 상징하지만 가장 가까운 자연으로, 그 너머에는 숲(티즈기), 산, 사막, 바다처럼 더 야생적이고 더 위험한 곳이 펼쳐진다. 인간 사회 및 경작지에 인접한 친근한 공간으로, 땔감을 하러 가고, 열매를 따는 곳이며, 염소나 양 같은 가축을 놓아먹이는 곳이고, 자고새, 산토끼 같은 사냥감이 있는 곳이다. 공간을 개간하려 하는 인간이 자연과 끊임없이 경쟁을 벌이는 곳이기도 하다. 설화에서는 술탄이 딸을 결혼시킬 때 요구하는 과제가 숲 덤불을 정원으로 만드는 것이다. 이 과제를 통해서 주인공은 문명을 이룩하는 사람이 되는 것이다.

숲 덤불은 또한 어린 목동이 지키는 염소나 양을 공격하는 재칼, 밤에 출몰하는 식인귀, 여행객이 타고 있는 말이나 노새를 공격하는 하이에나, 주인처럼 숲 덤불을 차지하고 있는 뱀과 같은 무서운 적들이 우글거리는 공간이다. 남자들은 숲 덤불에서 돌아다닐 때 반드시 무장을 한다. 숨어서 매복을 하기도 하고, 길 가까이 인적이 드문 곳에 숨어 보복할 사람을 노리기도 하고, 마을에서 쫓겨나 피신하기도 하고, 불법적 행동을 하고나서 숨는 공간이기도 하다. '마을을 떠난' 전사(무자히딘)들이 독립전쟁 동안 피신하여 조직적 활동을 벌였던 곳이기도 하다.

말

말은 산지에서 잘 볼 수 없는 귀하고 사치스러운 동물이다. 올라타는 짐승 가운데 당나귀보다는 귀하다고 여기지만, 단봉낙타보다는 덜 귀하게 생각한다. 하룬 에르 라시드가 메카 술탄의 딸과 혼인하기 위하여 해야 하는 선물 품목 가운데 낙타가 들어가는 것으로도 그 가치를 알 수 있다. 말보다는 울퉁불퉁한 땅을 잘 다니고 몸도 튼튼한 노새가 산지에 더 맞는다. 평원에 땅을 가진 부자들이나, 터키인으로부터 보수를 받고 요새 주변에 기병대를 조직하고 있는 '즈물'이 말을 소유할 수 있었다. 수컷 말은 아랍어 '아아우디우'라고 부르며, 베르베르어로는 암컷을 뜻하는 '타그마르트'라는 단어만 존재한다. 마그레브가 원산지인 말의 종은 바르브(barbe) 종으로, 그 강건함과 영리함으로 북아프리카뿐 아니라 유럽에서도 높이 평가되어 왔었다.

말은 설화의 주인공 사냥꾼이나 술탄들이 타는 동물이다. 위험을 빨리 벗어나게 해주기 때문이다. 말은 결정적인 만남이나 모험을 시작하는 계기를 만들어주기도 하는데, 말에 물을 주기 위해 샘에 가다가 여자들을 만나게 되는 경우다. 구비문학에서는 말이 주인공을 도와준다. 주인공이 말의 능력을 숨기고 (무릎에 바늘을 꽂아) 다리를 절게 하는 '변장한 말'의 모티프가 있으며(「음키드 슈」), "세상에 똑같은 말은 없었다. 앞다리는 번개 같고 뒷다리는 바람 같았다"라고 묘사하는 마법 말도 있고(「아모르 쉐카」), 바다를 건너게 해주는 말도 있다.

매 아팔쿠, afalku

매는 남자를 은유적으로 나타내는 동물들 가운데 하나다. '아팔쿠'는 마을에 따라 독수리, 말똥가리, 새매, 소리개 등 여러 맹금류를 지칭한다. 모두 매 과로 고산지대에 살며 접근하기 어려운 새들이다. 보통 대화에서 성년 남자를 '독수리(이기드르, 올바즈)'에 비유하고, 시나 노래에서는 젊은 남자, 힘센 애인 혹은 남편을 매('아팔쿠')에 비유한다. 결혼식 때 부르는 헤나의 노래에 등장한다. 높이 날아오르는 매의 비상은 미, 용기, 자유, 인내를 상징하고, 급격한 하강은 결의를 상징한다.

멧돼지 일프, ilef

들에 많이 살고 있는 동물로 때로는 사람이 사는 마을 가까이까지 다가온다. 평원에서 농사를 짓지 못할 때 번성한다. 농사를 망치는 무서운 포식자다. 가장 큰 적은 사자와 사냥꾼이다. 아마도 이슬람 도래 이전부터 먹는 것이 금지된 것으로 보인다. 그러나 사냥꾼들이 피를 빼고 주둥이와 발을 버리고 고기를 먹기도 한다.

목초지

목동들이 집안의 가축을 데려다 풀을 먹게 하는 곳으로 경작지가 끝나는 곳에 있는 공동 소유지다. 다른 가족 소유의 땅에 들어가면 벌금을 내야 한다. 대개 덤불숲과 개간지 사이에는 땅이 많지 않아 목초지도 적으며, 마을에서 떨어지면 재칼이나 사자가 있어 위험하다. 계곡 아래 목초지가 가장 좋은 곳이지만 야생동물이 나타날 수도 있고 갑자기 물이 불어날 수도 있다. 높은 산에 있는 목초지에서는 고산지대에 사는 부족들이 여름 동안 밭 가는 소나 잡아먹을 소에게 풀을 먹여 키운다.

무지개 티스리트 부 안자르, tislit bu Anzar

비가 오면서 해가 날 때 뜨는 무지개는 두 전설에서 의인화되어 등
장한다. 그중 하나가 무지개를 '티스리트 부 안자르(안자르의 약혼
녀)'의 신랑이라고 하는 것이다. '안자르의 약혼녀'는 울긋불긋한
옷을 입힌 인형으로, 이집 저집을 돌게 하며 기우제에 쓸 봉헌물을
받는다. 안자르는 신화적인 인물로, 그 이름이 역사에서 사라진 아
글리드(왕)이다. 무지개와 관련된 두 번째 전설은 재칼이 재혼하면
서 해야 할 풍습을 지키지 않아 하늘이 분노한 나머지 비, 해, 바람,
번개, 천둥, 우박, 무지개를 동시다발적으로 내려 혼란에 빠트린다
는 이야기다. 두 경우 모두 "악마가 부인을 때리고, 딸을 시집보내
는" 표시라고 생각하는 프랑스 옛말처럼 비와 아울러 풍요와 관련
되어 있다.

무화과

카빌리에서 가장 중요한 나무로, 알제리 전체 무화과나무의 90%
가 카빌리에 있다. 1958년 600만 그루가 있었다고 하는데, 이것
은 주민 1인당 5그루에 해당한다. 주민 한 사람이 1년에 적어도 무
화과 10그루를 심어야 한다는 것을 카눈(관습법)상 의무로 정해놓
은 마을도 있다. 카빌리 사람들의 방언에는 무화과와 관련한 어휘

가 대단히 풍부하다. 가지에 열매가 달려 있는 위치, 잎 모양, 색, 성숙도에 따라 적어도 28종 이상의 품종이 있으며, 열매의 성숙도나 건조 상태에 따라 11개의 어휘가 있다. 모든 주민이 무화과에 많은 정성과 관심을 쏟는다.

무화과는 흙을 잘 버틸 수 있어 기울기가 심한 경사면에도 심는다. 이때는 뿌리가 서로 닿지 않도록 5각형으로 나무를 배치해 심는다. 일단 접목한 후 겨울이 되면 가지치기를 하며, 거름을 주고 나무 아래에 습기가 유지되도록 가래와 곡괭이로 여러 차례 작업한다.

여자들은 꺾꽂이를 하고, 옮겨 심으며, 물을 주고, 날씨가 추워지면 꽃봉오리와 줄기 끝에 소똥을 발라 보호하고, 양과 개의 분비물로 짐승이 먹지 않도록 막는다. 여름이 오면 익은 야생 무화과(둑카르) 열매를 묶어 매달아 거기서 나오는 곤충들이 수정을 하게 하는 일을 여러 차례 한다. 여름 하지 때에는 과수원에 불을 놓아 그 연기로 해충을 없애고 병으로부터 나무를 보호한다. 열매가 처음 맺히고 40일이 지나야 딸 수 있으며, 마을공동체의 허가를 받아야 시작한다. 여자들은 무화과를 따서 갈대 발 위에 놓고 햇볕에 말리는데, 밤이 되면 습기와 이슬을 피해서 집안에 들여놓는다. 무화과가 마르면 바구니에 담고, 신선한 무화과 잎을 깔아둔 '아쿠피(저장 항아리)'에 갈무리한다. 대개 아이들이 항아리에 들어가 항아리 절반이 찰 때까지 무화과를 쌓는 일을 맡는다. 가득 차면 코르크나 나무판으로 닫고 흙으로 봉한다. 찬 곳에서는 잘 저장되지만, 고도가 낮은 곳에서는 소금을 약간 뿌리며, 때로는 해안가에서 하듯 눌러 반죽처럼 만들기도 한다.

마른 무화과는 빵 한 조각과 함께 밭일이나 가축 돌보기, 여행을 할 때처럼 집을 떠난 남자들이 먹을 수 있는 유일한 식량이다. 남은 무화과는 시장에서 팔아 고기와 같은 다른 먹을 것을 산다. 무화과의 소비량은 대단히 많아서 1인당 연평균 80kg을 소비한다. 5인 가족 기준 거의 500kg에 해당한다. 무화과가 익는 계절 '르흐리프(생 무화과, 가을)'는 풍요와 축복의 시기를 뜻하며 동시에 거기서 오는 도취감을 의미한다. (석류처럼) 씨가 많은 열매로 다산을 상징한다. 설화에서는 생명의 나무이며, 주인공이 멀리 떠나기 전에 심어 자신의 건강 상태를 알리는 나무다. 나무가 노랗게 되면 그를 도우러 가야 하는 신호다.

물 아만, aman

물은 불과 함께 인간 생존의 필수불가결한 요소다. 땅과 돌 사이 지하로부터 솟아올라 생산력을 상징한다. 설화에서는 주인공이 죽음을 무릅쓰고 찾아야 하는 생명수, "산들이 서로 맞부딪혀 흘러나오는 물"이 등장한다. 물은 흐르기도 하지만 고여 있기도 하여 양가적이다. 불처럼 모호하다. 생산에 필수적이고 유용하지만 위험할 수 있기 때문이다.

흐르는 물은 야생적이고 난폭하여 남성적이다. 계곡을 흐르는 급류(이흐즈르)는 봄이나 가을 지중해성 폭우를 만나면 급작스럽게 물이 불어 사람을 포함한 모든 것을 휩쓸어버린다. 그러나 농부들이 만든 수로를 따라 흐르는 물은 마을 가까이 있는 과수원이나 채마밭을 적셔준다.

고여 있는 물은 사람을 유혹하는 수상한 것으로 여성적이라고

생태환경

생각한다. 늪이나 호수의 물인 '탐다'는 뱀이 살고 있거나 가까운 동굴에 사자가 살고 있어 목동들이 목욕하려면 조심해야 한다. 설화에서는 자살하는 장소가 되기도 한다. 아들 없이 딸만 하나 두어 의지할 곳이 없는 노인 부부가 물에 몸을 던져 자살했기 때문이다.

우물(이비르)은 지하세계와 직접 소통할 수 있는 위험한 곳이다. 식인귀가 정체가 탄로 났을 때 빠져 죽는 곳이고, 나쁜 계모가 임신한 아가씨를 버리는 곳이기도 하다. 이 아가씨는 알라의 도움을 받는다.

샘물(타라)은 낮 동안 여자들의 만남과 사교의 장소다. 사춘기 여자아이들이 이야기를 들으며 '여자가 되는 기술(라알름 티라윈)'을 터득하는 입문의 장소다. 그러나 밤이 되면 위험해서 얼씬거리지 말아야 하는 곳이다. 설화에서는 매년 아가씨를 바치지 않으면 물을 막아버리는 '타라프사'가 살고 있는 곳이다.

불을 지피는 나무는 대개 남자들이 구해오지만 물은 여성이 관리한다. 수돗물이 나오기 전까지 여자들이 샘에서 물을 길어왔다. 언덕 꼭대기에 자리 잡고 있는 마을에서 빈 물통을 들고 내려와 물을 가득 채워서 때로 먼 거리를 심한 경사면을 따라 올라가야 하는 것은 고달픈 일이었다. 세면, 청소, 요리에 필요한 물을 나르는 방식은 마을에 따라 다르기도 하고, 손잡이 달린 항아리 바닥이 납작한지 혹은 뾰족한지에 따라 다르다. 머리에 이기도 하고 등에 지기도 한다.

바다

카빌리 북쪽에 닿아 있는 지중해는 사람들을 유인하는 곳이 아니다. 카빌리 사람들의 상상 속에서 바다란 사람이 사는 세상과 상상적 세상의 경계를 표상한다. 바다 너머에서 무슨 일이 일어나는지 알 수 없으므로 바다가 시작되는 해변은 사람이 사는 세계와 상상적·신화적 세계의 경계가 되는 것이다. 바다는 건널 수 없는 것이고 세상의 끝이다. 그러므로 바다를 건너려면 신비한 새의 무리, 영, 마법 말의 힘을 빌려야 한다. 특히 마법 말은 바다를 걸어서 건너기도 하고 온갖 위험을 극복한다. 바다는 새 신부를 훔쳐가는 괴물 타라프사가 살고 있는 곳이고, 돌아올 수 없는 곳이다. 바다는 던져주는 것을 "먹어버린다." 질병이나 여러 악한 기운을 쫓기 위해 허리띠나 머릿수건을 바다에 던지는 것은 그 때문이다. 카빌리 설화에도 바구니에 담겨 바다에 던져진 모세의 이야기가 있다.

그래서 카빌리 사람들은 바닷가에 잘 가지 않는다. 바다와 제일 가까운 마을도 해안에서 제법 떨어져 있으며, 내륙 쪽에 사는 사람들은 해안 가까이 사는 사람들을 경계하기도 한다. 해안가는 가난한 사람들이나 성자들만이 필요에 따라 혹은 천직으로 사는 외진 곳이기 때문이다.

가장 먼 곳은 "일곱 바다 건너"로, 강력한 마법을 통해서만 갈수 있다. 신비의 섬 '와크와크'처럼 『천일야화』의 영향으로 생겨난 상상의 섬들이나, 영이 사는 동양풍 마법의 장소들이다.

바위 아즈루, azru, 이프리, ifri

주르주라 산 정상에서 해안까지 산에는 바위가 대단히 많다. 바위를 지칭하는 단어는 여러 개인데, 그 모양에 따라 최소한 6개가 넘는다. 가장 널리 쓰이는 것이 '아즈루(돌담, 돌, 조약돌)'와 '이프리(깎아지른 바위, 동굴)'인데, 바위에 대개 동굴이 파여 있기 때문이다. 그 외에도 아슈흐라루프(acehraruf), 이시크(iciqer), 아슈루프(acruf), 아흐슈라루프(ahcraruf) 등이 있으며 여기에 각 단어마다 여성형과 지소사들이 덧붙여진다. 예를 들면 주르주라 산 일리튼 부족이 사는 곳에는 일 년에 한 번씩 여름에 순례하는 '아즈루 은 토호르(남쪽 정상)'라는 바위가 있으며, '이프리 마륩(줄무늬 동굴 혹은 마카비 동굴)'이 있다. 이러한 명칭들은 카빌리 지방 곳곳에 지명으로 남아 있다. 바위 모양이나 마을 사투리에 따라 차이가 있을 뿐이다.

그 외에도 바위가 들어간 지명들이 아직도 많이 남아 있다. 예를 들면 해안가에 사는 이플리슨 르브하르 부족들의 땅에는 '티시라(tisira)'라는 지명이 유난히 많은데, 동굴이 있고 대개 샘이 솟는 바위 더미를 지칭한다. 풍경 속에서 뚜렷이 드러나는 사암 지대는 여름에 발병하는 열병인 백일해에 효험이 있다고 하여 사람들이 자주 가는 곳이며, 기우제를 지내는 곳이기도 하다.

카빌리 사람들은 사방에 볼 수 있는 바위들을 신성시한다. 대개 수호신이 살고 있는 성스러운 곳으로 생각하여 병을 고치기 위한 치료 의식을 치른다. 산의 신성한 기운을 담고 있다고 생각하여 기도를 올리기도 한다.

뱀 아즈름, azrem

'아즈름'은 수컷 뱀을 말한다. 머리가 일곱 개 달린 암컷 용 '타라프사(히드라)'와는 다르지만, 히드라와 마찬가지로 지하세계, 죽은 사람의 세계에 속한다. 사람들이 개간하여 정복하는 야생 덤불숲의 주인이다.

뱀은 조상이 대대로 물려주는 남성적 힘을 상징한다. 어떤 설화에서는 프시케 전설에서 보듯 여자를 임신시키고 아들을 낳게 하는 뱀이 등장한다. 뱀이 일단 집안에 들어오면 영이나 수호신이라고 믿어 죽이지 않는다. 대들보가 뱀이 사는 곳이다. 뱀의 독은 사람을 독살하는 데 쓰인다.

봄 타프수트, tafsut

카빌리의 농사력은 유럽의 그레고리우스력보다 2-3주 빠르다. 2월 28일이면 벌써 튀김과자와 효모를 넣은 빵을 가지고 봄맞이 축제를 한다. 준비한 음식의 일부는 먼저 집안 화덕 가장자리 돌과 문지방에 바친다.

1980년 카빌리에서 벌어졌던 문화운동을 '베르베르의 봄'이라고 불렀다. 작가 물루드 마므리가 티지-우주에서 하기로 예정되어 있던 카빌리 문학 강연회를 정부에서 금지하여 일어났던 사건이다. 2001년 4월 브니-두알라에서 마씨니싸 게르마흐가 살해되었던 사건으로 일어난 폭동은 '검은 봄(Printemps noir)'이라고 부른다.

생태환경

비

카빌리에서는 농사에 필요한 비를 간절히 기다리는 경우가 많아, 건기가 되면 비를 부르는 기우제를 치른다. '안자르의 신부'라는 의식이 그중 하나다. 많은 사람이 참가하여 치르는 이 의식은 큰 나무 숟가락 혹은 주걱에 신부의 옷을 입히고 치장하여 아이들이 들고 돌아다니게 하는 것이다. 아이들은 돌아다니면서 신랑인 '안자르'에게 소원을 들어달라고 호소하는 노래를 부른다. 이때에는 집집마다 보리, 무화과를 아이들에게 주고, 특히 물을 뿌려준다. 한 바퀴 돌고 나서는 샘가로 가서 인형을 목욕시키고, 서로 물을 끼얹는다. 예전에 일부 마을에서는 젊은 아가씨가 인형 역할을 하기도 했다.

'안자르'라는 인물은 물과 비를 주관하는 신화적 인물로 아름다운 아가씨를 바쳐야 비를 내린다고 한다. 아가씨를 바치지 않으면 개울물을 말라버리게 만들기도 한다. 이 신화는 카빌리 설화에도 자주 등장하는 머리 일곱 개 달린 히드라처럼 널리 퍼져 있는 모티프다. 설화의 주인공은 아가씨를 바치기 전까지 샘을 막고 있는 타라프사를 처치한다.

젊은 사람들이 하는 '쿠라' 놀이도 비를 내리게 하는 의식과 관련이 있다. '쿠라'는 하키 스틱과 비슷한 막대를 가지고 공을 굴려 작은 구멍에 넣는 놀이로, 공이 구멍에 들어가면 "땅이 마셨다"라고 말한다. 비가 온 뒤 생기는 무지개는 '안자르의 신부'라고 부른다.

사막 싸흐라, ssahra

사막은 카빌리 지방에서 며칠 걸어야 닿는 곳으로, 사람이 사는 땅 너머에 있다. 나무를 하러 가기도 하는 먼 고원지대에서 시작한다. 사하라 사막을 횡단하여 "흑인들의 나라"에 가려면 낙타로 한 달은 가야 한다. 사막은 바다와 마찬가지로 버려지고 외로운 곳이다. 카빌리 사람들은 동쪽(콩스탕틴이나 튀니지)이나 서쪽(모로코) 사람들이 사는 곳과는 빈번하게 왕래했지만, 사막과는 별로 가까웠던 것으로 보이지 않는다.

사자 이즘, izem

카빌리에서 사자가 사라진 것은 19세기로 추정된다. 그러나 사자에 대한 기억은 전해 내려오는 이야기들 속에 아직 생생하게 남아 있다. 아직도 계곡에 물을 마시러 오는 사자를 만날까 두려워하기도 한다.

사자는 애초에 인간이었다고 한다. 남녀가 부부가 되어 집을 짓고 여자와 아이들을 보호하는 문명화 과정에서 남녀 한 쌍이 이를 거부하고 야만 상태로 남아 있다가 여자는 식인귀 '테리엘'이 되어 인간을 잡아먹는 비생산적이고 타락한 존재가 되었으며, 남자는 야생동물인 사자가 되었다고 한다.

실제 사자는 적대적인 동물로 표상되지 않는다. 이야기 속에서는 젊은 여자 손에 길드는 동물로 묘사되기도 한다. 보통 사람을 보호하는 영험한 힘을 가지고 있다고 생각한다. 사자처럼 영험한

힘을 가진 고양이는 사자의 아들 격이라고 생각하기도 한다. 사자
는 동물의 왕이지만 더 영리한 인간을 이기지는 못한다. 사람을 공
격하지 말라는 어미 사자의 말을 듣지 않고 자신이 천하무적이라
는 것을 자랑하고 싶어 하는 새끼 사자의 설화가 있는데, 꾀 많은
나무꾼을 공격하다가 쓰러진 나무 등걸 틈새에 앞발이 끼는 불행
을 당한다.

사자는 특히 밭갈이 소를 약탈하는 짐승으로 '농부 아저씨'라
는 별명이 붙어 있다. 평원의 땅을 경작하는 사람을 불행하게 만드
는 경쟁자다. 이 별명은 옛 베르베르어에서 '사자'를 의미하는 단
어 '아하르(ahar)'에서 파생되었을 수도 있다.

사자가 인정받는 가장 중요한 이유는 담대하다는 것이다. '사
자의 담력(티이싸스 그 이즘)'은 용감한 남자의 속성으로 시(詩)에서
자주 사용된다. 위엄, 용맹, 자제심, 힘, 자연에 질서를 부여할 수 있
는 능력을 사자에 비유하는 것이다. 사자는 '아글리드 엘 레우후
슈(agellid el lewhuc: 동물의 왕)'라고 부르며, '을미르 엘 레우후슈
(lmir el lewhuc: 동물의 대장)', '밥 에트무르트(bab ettmurt: 땅의 주
인)'라고 부르기도 한다. 사자의 동물성은 정돈되고 통제된 생산적
인 힘을 표상하여 식인귀처럼 비생산적인 힘과 반대 축에 있다. 사
자가 무엇을 삼키는 동작은 자연 질서를 회복하는 이로운 것이 되
기도 한다. 예를 들면 한 설화에 나오는 '이집트콩(아아카 을하므
즈)'이라는 이름을 가진 인물은 마술로 태어난 아이인데, 사자가
삼켰다 뱉은 뒤 정상적인 사람이 되어 자연 질서 속에 편입되었다
고 한다. 자고새도 같은 방식으로 사자의 배 속에 들어갔다가 무사
히 나온 뒤, 날아오를 때 큰 소리로 놀라게 하는 능력을 갖게 된다.

그러나 사자도 인간처럼 재칼에 속아 넘어간다. 재칼이 신발

(아르카슨)을 만들어 주겠다고 약속하고 갓 잡은 소의 가죽으로 신발을 만들어 주었다. 가죽이 마르면서 사자의 발을 조이게 되었다. 결국 자고새가 부리로 물을 머금어 가져다가 신발을 적셔 사자를 구해주게 된다. 사자도 때로 개처럼 설화의 주인공을 도와주기도 한다. 예언자 무함마드의 사위 알리를 따라다니는 '무함마드의 사자'가 그 경우다.

사자에 대한 특별한 애정은 상상력을 자극한다. 불치병을 고치는 약이 "아비 사자 수염으로 묶어둔 새끼 사자의 살 속에 남아 있는 어미 사자의 젖"이라는 이야기에서 볼 수 있다(「하룬 에르 라시드」 연작에서 따온 모티프). 남자에게는 사자에 비유되는 것 이상으로 멋진 찬사는 없다. 그러나 카빌리 사람들은 냉철한 유머로 더 재미있고 현실적인 표상을 만들기도 한다. 사자의 용맹함에 맞서는 토끼의 비겁함을 빗대어 남자가 "집에서는 사자, 밖에서는 토끼"라고 비웃는 것이다.

산 아드라르, adrar

'대카빌리' 혹은 '주르주라 카빌리'는 수도 알제에서 50km도 떨어지지 않은 곳에 있다. 동서 길이는 베자야에서 트니아까지 150km, 남북의 길이는 지중해에서 사헬-숨맘 강까지 60km다. 북쪽에는 해안선 산맥이 있고(최고봉: 아이트 즈나드 부족 탐구트, 1,278m), 남쪽에는 주르주라 석회암 산맥이 아치형으로 뻗어 있다(최고봉: 랄라 헤디쟈 봉, 2,308m). 두 산맥 사이 고지대에는 남북 방향으로 깊은 협곡들이 패어 있다. 평균 고도 800m의 이 고지대를

'아가와'라고 부르며, 카빌리에서 인구밀도가 가장 높은 곳이다.

도처에 솟아 있는 산들이 사람들의 삶과 활동 그리고 상상력을 지배한다. 특히 수직으로 넓은 균열이 나 있는 바위들이 비쭉비쭉 솟아 있는 산 정상은 상상력을 자극한다. 설화의 주인공들은 생명의 위험을 무릅쓰고 거기에 간직되어 있는 마법의 물, 젊음과 생명의 물을 찾으러 떠난다. 높은 산은 날씨가 혹독하고 야생의 존재들이 살고 있어 특별한 사람들만이 접근할 수 있다고 생각한다. 눈이 4-5월까지 남아 있는 산에 입을 벌리고 있는 동굴과 깊은 구렁은 지하의 세계로 가는 문들이라고 생각해서 이슬람 도래 이전 많은 신화와 전설의 배경이 되었다. 높은 산들은 신성하고 주술적 힘을 가지고 있어 아기가 없을 때나 기근이 들었을 때 찾아가 빌기도 했다. 무슬림 성자나 은자들이 기거했던 곳으로, 가장 높은 산에 이름을 남기고 있는 성녀 헤디쟈가 살던 장소도 순례지가 되었다.

가까이 있지만 접근하기 어려운 산들은 농부를 절망시키는 곳이었다. 설화의 주인공조차도 초자연적 힘을 빌리지 않으면 땅을 개간해서 밭으로 만들 수 없었다. 그러나 외부에서 접근하기 어렵다는 점 때문에 카빌리 사람들에게는 귀중한 피난처가 되기도 했다. "산에 가족을 둔 사람은 평원에서 두려울 것이 없다"는 말을 한다. 경사면 작은 땅에 과수 농사를 짓는 부지런한 카빌리 사람들에게 평원의 곡식 농사는 필요한 것이었지만, 평원은 약탈을 당하기도 쉽고 역사적으로 외부 세력이 차지하고 있는 경우가 많았다.

현재는 아직 소규모지만 주르주라 산맥에 자연공원과 스키장이 있으며, 더 낮은 곳은 휴양지가 있는 관광지가 되었다. 살고 있는 주민의 생계를 보장하는 것이 이전 그 어느 때보다도 어려워 외부로 이민간 사람이 많고 이제는 나이가 든 사람들만 남아 있다.

산토끼 아우툴, awtul

야생 토끼가 집토끼를 만나 꾀를 썼다는 전설이 있다. 겨울 동안 새끼들을 돌보지 않고 버려두면 봄이 되어 풀을 더 많이 먹을 수 있게 될 것이라고 산토끼가 집토끼에서 충고를 했다. 꼬임에 넘어간 집토끼가 이 말을 듣는 바람에 유난히 추운 겨울에 새끼들이 죽게 되었다. 새끼를 잃은 집토끼는 산토끼 말을 더 이상 믿지 않게 되었다고 한다.

산토끼 수컷은 이렇게 나쁜 짓을 하지만, 암컷은 사람을 돕고 가르치기도 한다. 어떤 설화에서는 암고양이가 어머니 배 안에 있는 아기를 보호해주고, 아기의 누나에게 어린 동생을 어떻게 먹이고 키워야 하는지 가르쳐주었다고 전한다.

샘 타라, tala

'타라'는 여성의 생활에서 중요한 사회화 장소이다. 집 밖에서 다양한 만남을 할 수 있게 해준다. 예민하고 때로는 염려스러운 장소이기도 하다. 샘에는 무서운 '타라프사(히드라)'가 살 수도 있기 때문인데, 머리 일곱 개가 달린 이 뱀은 매년 젊은 여성을 제물로 바치지 않으면 샘을 마르게 한다고 믿었다.

여자들은 아침과 저녁 적어도 두 번 이상 집안에 필요한 물을 길러 가야 하며 빨래를 하러 가야 한다. 그러므로 자연스럽게 서로 만나게 되고 소식을 주고받게 된다. 아들을 둔 어머니는 젊은 여성들을 눈여겨보았다가 며느리로 삼을 수도 있다. 여자들에게 채마밭 근처에 있는 샘터는 남자들의 '즈마아'와 같은 것이다. 원칙적으로 여성들만 갈 수 있는 시간이 있고 남자들이 갈 수 있는 시간이 있다. 때로 호기심 많은 젊은 남자들이 멀지 않은 곳에 붙박이로 머물며 아가씨들을 구경하기도 한다. 일부 설화에서는 남자 주인공이 샘가에서 엿듣고 '여자들의 기술'을 알게 된다. 흑인 여자(노예)들이 가는 샘과 백인 여자(자유인)들이 가는 샘이 서로 다른데, 흑인 노예가 주인 행세를 하며 백인 여자 전용 우물에 가기도 한다.

카빌리에는 '타라'라는 단어가 붙은 지명이 아주 많다. 주르주라 산의 하이제르 고원 가까이에 있는 '타라 일프(멧돼지 샘)'도 그중 하나다.

샘 라인, lâin, 티트, tit

사람 얼굴의 '눈'과 단어가 같다. 물을 마시고 몸을 씻는 곳일 뿐 아니라 서로 만나는 장소다. 뱀이나 히드라가 살 수도 있어 경계한다.

석류

카빌리에서 흔한 과일이다. 나무가 작고 연약한 것과 대조적으로 열매가 크고 씨가 많아 다산을 상징한다. 처음 밭을 갈 때 쟁기날로 하나를 잘라 풍요를 기원하며 들보에 여러 개를 나란히 걸어놓아 좋을 일이 생기기를 기원한다.

밭을 가는 한 쌍의 수소를 '타유가'라고 부르며, 소 두 마리가 하루 동안 갈 수 있는 면적의 땅도 '타유가'라고 부른다. 부유한 집에서는 소 두 마리를 같이 키우지만, 넉넉지 못한 집에서는 밭을 가는 시기 동안에만 빌려 쓴다. 이때 소를 부리는 사람을 같이 부르기도 한다. 고산지대 마을 사람들이(예를 들면 아이트 부드라르 부족) 돈벌이 수단으로 소를 길러 임대한다. 길들인 소는 아주 좋은 값을 받을 수 있으므로, 콩스탕틴 지역에서 소를 사서 여름 동안 주르주라 산 고지대에서 방목해 기른다.

소는 『천일야화』 같은 설화에서 주인공이 왕이나 술탄의 딸에게 청혼하면서 내놓은 선물 가운데 하나다. 하룬 에르 라시드는 메카 술탄의 딸과 혼인하려고 낙타, 말, 양을 각기 천 마리씩 먼저 선물하고 나서, 또 다시 수소와 암소를 천 마리 선물한다.

밭을 갈 때 농부는 보통 발바닥과 발등을 싼 후 끈을 발목에 매는 소가죽 신발을 신는데, 이 신발을 '아르카슨'이라고 부른다.

소를 공격하는 사자는 농부의 적이다. 남자가 할 수 있는 제일 용감한 행동은 "사자에 멍에를 씌워 밭을 가는 것"이다. 사자나 도둑들이 출몰하는 평원에서 농사를 지을 때면 위험에 대비해서 엽총으로 무장을 해야 한다. 소를 훔쳐가는 것은 마을 간에 싸움이 시작되는 중요한 원인 중 하나였다.

소고기는 카빌리 사람들이 아주 좋아하는 고기로, '팀슈레트'나 '우지아아'와 같은 '희생-나누기' 축제 때는 여러 마리를 잡기도 한다. 결혼식이나 마을 축제와 같은 명절에나 먹을 수 있고, 장날이나 집단 축일 외에는 거의 먹지 못했다.

남자 아이가 아버지와 처음 장터에 나가 소머리를 들고 오는 풍습은 행운을 비는 목적과 아울러 장차 아이가 마을에서 큰일을 하라는 염원에서 생긴 것이다. 돌아온 다음 날에는 가족들이 모두 모여 소머리 고기에 콩을 넣어 만든 요리를 먹는다.

숲 티즈기, tizgi, 이하바, ighaba

14세기 마그레브의 위대한 역사가 이븐 할둔은 카빌리 고지대의 숲이 얼마나 빽빽한지 그 안에서 길을 찾을 수 없다고 쓴바 있다. 과장이 있었겠지만 현재 카빌리 숲은 그와는 비교할 수 없게 축소되어 있다.

습기

다른 많은 지역에서와 마찬가지로 카빌리의 상상 체계 속에서도 습기는 여성성을 상징하고, 건조함은 남성성을 상징한다. 그 둘은 서로 상반되면서 동시에 상호 보완한다. 이러한 역할 분배의 대표적인 예가 채마밭(팁히르트) 가꾸기인데, 땅을 가는 일은 남자들이 하고, 채소를 심고 가까운 샘에 연결된 수로를 통해 물을 주며 가꾸는 일은 여자들이 한다. 밭에서 나는 신선한 채소는 물기가 있는 여성적인 것으로, 특히 호박 종류는 다산성을 나타내는 상징적 채소다. 축축한 곳에서 일을 하는 여성들이 남성들보다 말라리아에 걸릴 확률이 더 높았다.

암비둘기 티트비르트, titbirt

자고새와 마찬가지로 사랑하는 여성을 은유하는 새다. 샘가에서 우연히 만난 깃털 옷을 입은 아름다운 여인이나 영웅의 이야기를 해주는 여인의 모습으로 나타난다. 수비둘기(이트비르)는 약이나 주술에 사용되었다.

양 이크리, ikerri, 새끼양 울리, ulli

양은 경제적·문화적으로 중요한 위치를 차지하는 가축이다. 아브라함의 희생을 기리는 라이드 대축일에 먹을 양이 없는 남자는 아주 가난한 사람이다. 축일에 쓰는 양은 축제 전에 구입하여 살이 오르게 키운다. 양을 키우는 것이 소년이 수행해야 하는 첫 임무다. 소유하고 있는 양의 수는 부의 척도이며, 결혼 보상금의 한 품목이다.

소고기보다 흔해서 가족들이 모여 자주 먹는 고기다. 또한 매년 양털을 얻게 해주며 암컷은 젖을 주어 인간에게 먹을 것과 의복을 제공한다. 풀을 먹여 돌보는 것은 남자아이들이지만 양의 젖을 짜고 양털로 부르누스를 짜는 것은 여자의 일이다. 매일 양 한 마리씩 먹을 수 있는 집안은 최고의 부를 누리는 것이다. 도둑들도 양을 매일 한 마리씩 먹는다고 한다. 건달들은 외진 곳에서 이슬람법이 허용하지 않는 방식으로 양고기를 몰래 먹기도 한다.

양을 잡아먹는 것은 재칼인데, 재칼은 암양의 피 냄새를 맡으면 사나워진다고 한다. 양은 '세상 첫 어머니'가 반죽으로 만들었

다고 하는데, 그 때 손에 묻은 재 때문에 머리가 까만 양이 생겼다
고 한다.

언덕

카빌리 사람들이 집을 짓고 사는 곳은 대단히 굴곡이 심한 지형
으로 언덕 모양에 따라 마을 이름을 짓는 경우가 많다. 팔처럼 길
게 뻗은 언덕에는 이힐 부수일, 이힐 알리처럼 '팔'을 뜻하는 단어
'이힐'을 많이 붙였으며, 뾰족한 원뿔 모양 지형에는 타우리르트
미문, 타우리르트 엘 하자즈처럼 산봉우리를 뜻하는 '아우리르'의
여성형 '타우리르트'라는 지명을 많이 붙였다.

여름 안브두, anebdu

5월 17일(그레고리우스력 5월 30일)에서 8월 17일(8월 30일) 사이
계절이다. 여름에는 일찍 일어나는 것이 좋다. 가축이 축사로 돌아
오는 날인 '타루리트 우잘(tarurit uzal)'은 더위가 시작되는 날로
이때부터 더위 때문에 들에서 하는 일이 힘들어지기 시작한다. 특
히 7월 12일에서 8월 20일(7월 25일에서 9월 2일) 사이 40일 동안
은 '쓰마임 운브두(ssmaym unbedu: 여름 더위)'로 일하기 어렵다.
6월 24일(7월 6일) '라인슬라', 즉 하지에는 무화과나무에 불을 놓
는다. 이날은 많은 사람들이 모이며, 모이는 사람들이 많을수록 무

화과나무 아래 지피는 불이 많아진다. 이 불이 귀중한 나무의 병을 쫓아준다고 믿는다. 이날 여자들은 여러 약초들을 모아 차를 만드는 데 쓴다.

염소 타하트, taghat

건초를 많이 먹지 않으면서도 임신 기간이 5개월로 짧아 번식력이 강하고 젖이 많은 가축이다. 가난한 사람들에게 마지막 구원책이다. 보통 갈색이나 까만색인 이 가축을 "두 뿔 사이 풀 다발, 두 다리 사이 우유단지"라고들 말한다. 대개 여자들이 돌보며, 가금류보다 약간 높은 대접을 받는다. 부잣집 혼인 목록 맨 끝에서 두 번째에 오르기도 한다. 그 다음 맨 끝에 들어가는 것이 천하게 생각하고 금기시하는 당나귀다. 험한 비탈에서 풀을 먹은 염소 고기에는 치료 효과가 있다고 한다.

대개 여자들이 지키고 살피는 염소는 이상한 세계와 관련이 있다고 여겨지도 하는데, 설화에서는 '타하트 우자예드(taghat uz-zayed: 바람잡이 염소)'라는 별명을 가진 이상한 인물이 등장한다. 바람이 불면 사방으로 껑충거리며 뛰어다니는 염소처럼 노래를 부르고 이상한 행동을 하는 인물이다. 프랑스 이민 생활에 지치고 고향에서 살지 못하는 것을 슬퍼하는 카빌리 이민자들은 고향을 "염소들이나 뛰어노는" 땅이라고 자조적으로 말하기도 한다.

올리브나무

올리브는 무화과와 함께 카빌리에서 가장 많이 생산되는 열매다. 영양이 풍부하여 기근이나 영양부족을 면하게 해주었던 식품으로 올리브유의 생산은 카빌리 사람들에게 생명이 걸린 중요한 일이다. 고도 850m 이상에서는 자라지 않아 더 높은 고지대에 사는 주민들은 계곡 바닥에 올리브를 기르거나 다른 마을에서 구입한다. 카빌리 사람들은 크게 까다롭지 않은 이 나무를 대단히 중요하게 여기며, 기름을 얻는 데 많은 정성을 들인다. 때로는 보흐니 드라엘-미잔 지방 티느리에서처럼 거대한 숲을 형성하기도 한다. 올리브를 수확하는 시기에는 여자들이 많은 의례를 치른다(아흐잡). 12월이 되면 올리브나무를 장대로 쳐서 열매를 모은 뒤 바구니에 넣어 집으로 운반하는데, 주로 여자들의 일이다. 올리브 열매를 삶아 발 위에 펼쳐 널어서 나뭇가지로 덮은 후 말린다. 그 다음 연기를 쐬어 햇볕에 널어둔다. 잘 마르고 나면 공장으로 가져가 압착기로 기름을 짠다.

올리브 나무는 병이나 기후에 약해 생산량이 일정하지 않다. 보통 2년에 한 번씩 풍부한 수확을 기대할 수 있다. 대개 여러 주인들이 공동 소유하고 있으며, 어린 나무는 오래 기다려야 열매를 맺기 시작한다. 그러므로 외부 침입자들이 귀중한 나무를 베어버리면 용서받지 못한다. 터키인들과 프랑스인 랑동 장군이 그런 실수를 저질렀다.

원숭이 입키, ibki

원숭이를 지칭하는 단어는 '입키'이지만 흔히 '므싸우드'라고 부른다. 대접받은 쿠스쿠스 쟁반에 고기가 없는 것을 알게 된 청년이 '세상 첫 어머니'의 꼬임에 넘어가 변을 보고, 원숭이가 되는 벌을 받았다고 한다. 숲이나 높은 바위산에 떼를 지어 살고 있는 원숭이가 재칼처럼 사람을 돕는다는 전설도 있다. 원숭이 떼가 마을 가까이 오면 특히 과수 농사에 손해를 줄 수 있다. 원숭이들을 쫓는 방법 중 하나가 그중 한 마리를 잡아 빨간 옷을 입히고 방울을 달아 놓아 주는 것이다. 원숭이가 무리에 돌아가면 이상한 모습과 소리 때문에 다른 원숭이들이 정신없이 도망간다.

월계수 이리리, ilili

저지대 물이 흐르는 곳에 자라는 나무로 꽃을 피워 풍경을 밝게 해준다. 쓴 맛을 상징하여 카빌리 사람들이 좋아하지 않는 식물이다. 천국에 가기 전 사람이 맛보는 최악의 것은 월계수와 역청이라고 흔히 이야기한다.

자고새 타스쿠르트, tasekkurt

산토끼와 함께 제일 많이 잡히는 사냥감이다. 구워 먹는다. 걷는 모양, 실루엣, 깃털이 많은 찬사의 대상이다. 시(詩)에서는 예쁜 여자를 자고새에 비유한다. 자고새가 날아오를 때 소리를 많이 내게 된 것은 사자 때문이라고 한다. 재칼의 꼬임에 넘어간 사자가 새 가죽신을 신었는데, 가죽신이 마르면서 발을 조여 꼼짝 못하게 되었다. 이때 자고새가 발에 물을 뿌려 벗게 해주었고, 사자는 고마움의 표시로 소리를 내게 해주었다는 것이다. 자고새는 대단히 예민한 새라고 알려져 있어서, 도둑이 되려면 어미 자고새를 깨우지 않고 알을 훔치는 시험을 통과해야 한다는 이야기가 전해진다.

재칼 우슨, uccen

밤에 우는 소리가 많이 들리기 때문에 친숙한 동물이다. 길이는 1m 정도이고 개와 비슷하지만 털에 금빛이 돈다. 잡식성으로 먹이를 찾아 대개 한 마리씩 이동한다. 카빌리 문화에서 중요한 역할을 한다. '모하메드', '모한드' 혹은 '븐 야웁'이라는 별칭을 붙이기도 하고 '우슨 부 메야 트히라(uccen bu meyya tthila: 수백 가지 잔꾀를 부리는 재칼)'이라는 별명을 붙이기도 했다. 유럽 설화의 여우나 늑대와 비슷하다. 사자에게 소가죽 신발을 만들어 주어 골탕을 먹이는 '신발장이 재칼' 이야기가 유명하다. 재칼이 등장하는 일련의 이야기가 있는데, 주로 사자, 고슴도치, 개와 싸우는 이야기다. 대개 고슴도치가 재칼을 이긴다. 재칼은 설화가 끝날 때 악을 쫓아버리는 주술적 의미로 반복하는 후렴구에도 등장하는 중요한 동물이다. "신이여 재칼을 저주하시고 우리를 가엾이 여기소서! 재칼이 숲으로 가고, 우리는 길을 떠났습니다. 재칼이 우리를 튀김과자로 쳤고, 우리는 그것을 먹었습니다. 우리는 나뭇가지로 재칼을 쳤고,

재칼이 쓰러졌습니다." 야생 숲에서 가장 흔한 동물인 재칼과 인간이 대치하고, 사람의 집에서 만든 튀김과자와 야생 나뭇가지가 상반되는 한 짝을 이루고 있다. 양과 염소를 키우는 목동은 가축을 잡아먹는 재칼과 부딪힌다. 재칼은 늘 마을 가까운 곳에 있어 숲을 대표하는 동물이다. 무지개가 뜨면 '재칼이 시집간다'고 한다.

설화에서 길이 들지는 않지만 인간화된 행동을 할 수 있는 야생성이 약한 동물로 등장하기도 하지만, 예외적인 경우다. 어린 목동을 보호하고 좋은 일을 한다는 점에서 유럽 동화 「장화 신은 고양이」와 비슷하다. 카빌리 설화에서는 재칼이 고양이 역할을 한다 (때로는 원숭이가 이 역할을 한다). 이른 아침에 재칼을 보는 것을 좋은 징조라고 생각한다.

지명

카빌리의 지명에서 가장 눈에 띠는 것은 '아우그니'와 거기서 파생한 '아그니(고원)'가 붙은 장소가 많다는 것과 '타우리르트(언덕)'가 붙은 마을이 많다는 것 그리고 '아즐밈(늪, 샘물)', '아누(깊은 구렁)', '탐구트(봉우리)' 등의 단어들이다. 지명이 유래된 의미가 보통 알려져 있지만, 잊힌 곳들도 있다. 지명은 일상 어휘에서 사라진 옛 단어들을 그대로 간직하고 있어 전통을 알려준다. 그 풍부한 어휘를 발굴하기 위해서는 심층적 조사가 필요하다. 예를 들면 이플리슨 르브하르 부족들이 사는 지역에서 자주 보이는 '티시라/티시루인'이라는 지명을 연구한 바에 의하면 세운 돌, 동굴, 물, 나무가 모여 있는 곳을 뜻하며, 때로 제단, 망루, 집단 방앗간 등이 겹쳐 있는 곳들이었다. 신성한 바위들은 요철, 돌/물, 내부/외부, 빛/어둠, 남성/여성 등과 같은 이중 표상 체계의 상호보완성을 상징한다. 지명 속에 가치관이 그대로 반영되어 있다는 것을 잘 보여주고 있다.

코끼리 이필, ifil

전설에 자주 등장하지만, 사람들이 거의 본 적 없는 동물이다. 16세기 쿠쿠 왕조 블카디 치하에서 가문의 한 사람인 부 흐투슈가 소유했다고 전해진다. 코끼리가 풀을 많이 먹어 왕에게 풀을 베어 바쳐야 하는 사람들은 불만이 많았다. 거기에 더하여 왕이 점점 더 많은 노역과 세금을 부과하자 사람들이 드디어 왕에게 코끼리를 버릴 것을 요구하기로 결정했다. 그러나 대표로 뽑힌 사람은 왕 앞에서 용기가 꺾인 나머지 한마디밖에 하지 못했다. "코끼리가 지루해 합니다. 동생을 만들어 주십시오." 용기가 없는 사람을 빈정대며 하는 말로 남아 있다. 아틀라스 산맥과 사하라 사막 동굴 암석에 부조로 그려진 코끼리는 누미디아인과 카르타고인이 시리아에서 수입하여 길렀던 것으로 보인다.

큰회향

큰회향 혹은 산형화서라고 부르는 뿌리가 강한 미나리과 식물로 지중해 주변 사람들에게는 친숙한 식물이다. '연약함'을 상징하여 강한 쇠와 반대 단어로 자주 사용된다. 카빌리어로 큰회향은 '우팔'이고, 쇠는 '우잘'이어서, 같은 모음을 반복하여 운을 맞추는 격언에 사용되기도 한다. 그 예가 "을흐르 드 우잘, 쉐르 드 우팔(lxir d uzzal, ccerr d uffal: 좋은 것은 쇠이고, 나쁜 것은 큰회향이다)"이라는 격언이다. 아주 가벼우면서도 질겨서 골절을 치료하기 위해 신체 일부를 고정시킬 때 부목으로 사용한다. 흰색 줄기 속대가 마치 삼 부스러기처럼 천천히 타며 불을 유지한다. 그리스 신화에 나오는 신전의 현관에 이 나무가 있다.

태양 이티즈, itij

다른 모든 문화에서처럼 낮과 밤에 각기 하늘을 비추는 태양과 달은 상호 교체되는 두 개의 상징을 구성한다. 그러나 카빌리 문화에서는 태양과 달을 한 쌍으로 생각하지 않는다. 둘 모두 남성 명사다. 달을 은유할 때 여성화하고 싶으면 '악구르(달)' 대신에 여성 명사 '티지리(달빛)'를 사용한다. 그러므로 젊은 연인들이 다시 만나는 행복을 표현하는 한 쌍의 단어는 '태양'과 '달빛'이다.

태양은 농사, 식물의 생장, 식품의 저장에 매우 중요하지만, 빛이 너무 지나쳐도 안 된다. 가뭄은 자주 닥칠 수 있는 재앙으로 두려움의 대상이다.

평원 아자하르, azaghar

평원은 카빌리 사람들이 곡식 농사를 짓는 데 필요한 땅이다. 외부 정복자들이 이 땅을 차지하는 것이 산 사람들에게 항상 근심거리였다. 평원을 두고 싸웠던 사건들에 대한 숱한 이야기들이 전해지고 있는데, 예컨대 아이트 즌나드 부족과 암라와들 간의 싸움이다. "여러 해 동안 평원의 땅을 갈지 않아 멧돼지가 우글거렸다"라는 표현은 이러한 이야기들에 라이트 모티프로 등장한다. 평화로울 때에는 평원의 토지를 소유한 부족들과 산에 사는 부족들 사이에 땅을 빌려주는 계약이 이루어져, 예를 들면 아이트 엔니 부족은 주르주라 산 너머 남쪽 숨맘 계곡까지 내려가 땅을 경작하기도 했었다. 그러나 대개 평원은 접근할 수 없었고 카빌리 사람들은 공예나 상업, 이민으로 생계를 마련해야 했다. 시(詩)에서는 "평원에 내려간다"라는 표현이 남성성과 용기를 의미한다. 적과 마주쳐야 했기 때문이다.

하시시 hachich

무화과나무 아래를 태우는 '라인슬라' 축제 기간 동안 여러 종류의 풀을 따서 말려두었다가 차나 약으로 쓴다. 담배에 섞는 '키프(kif)'와는 다른 '인도대마'나 '하시시'다. '아흐사이시'는 풀의 색인 '녹색'을 뜻하지만 '하시시를 피우는 사람'을 의미하기도 하고 '방탕'을 의미하기도 한다. 설화에서는 술탄의 아들인 주인공의 타락을 도시의 카페나 끽연 장소에서 하시시를 피우는 것을 배우는 장면으로 묘사한다.

하이에나

덤불숲에 살며 낮보다는 밤에 활동하는 동물이다. 말이나 노새가 숲을 가로질러 갈 때 공격한다. 점점 개체 수가 줄어들고 있다. 땅을 파헤쳐 사람의 시체를 먹지 않도록 조심해야 한다. 불행을 가져오는 짐승으로 여기는 것은 지금도 여전하다.

해안

해안은 사람이 살고 있는 친숙한 땅과 히드라, 용, 정령 등 상상적 동물들이 살고 있는 바다에 면한 경계 지역이다. 아이를 갖지 못한 여자들이 허리띠 같은 것을 벗어 던지는 데서 보듯 불행을 던져버리는 곳이기도 하다. 사람들은 해안을 두려워하며 꼭 필요한 경우가 아니면 피한다. 물고기를 잡는 것을 가난의 극치로 여겨, 어부들을 다른 일을 할 수 없는 외롭고 불행한 사람들이라고 생각한다.

　가까이 마을이 없기 때문에 해안에는 사람이 살지 않는다. 페니키아인, 카르타고인 등 고대 해양 민족들이 건설한 항구들만 있다. 남자들이 터키 해군에 입대하기도 했지만 카빌리 사람들은 해양 민족이 아니다. 배를 납치 도구로 생각하기도 했다. 사람이 살지 않는 해안에 사는 사람들은 특이한 사람들이라고 생각했다. 해안은 구도자들이나 성자들이 은둔하여 혼자 사는 곳이며, 공동체와 나누기를 피하고 고기를 몰래 먹는 것('타스그루트')과 같은 불법적인 나쁜 짓을 하려는 사람들이 가는 곳이다. 해안에는 성자들이 잠시 혹은 장시간 머물렀던 곳을 '영묘'로 신성화하여 경배하러 가는 순례지들이 있다. 해안에 대한 이러한 두려움은 깎아지른 절벽으로 접근이 어려운 카빌리 해안의 자연적 특성 때문이었다.

헤나 헨니, henni

풀의 한 종류다(학명: *Lawsonia inezmis*). 으깨어 미지근한 물에 개어 코담배, 명반, 소금, 정향을 섞으면 염색할 수 있는 반죽이 된다. 이것을 염색할 부위에 바르고 하룻밤이 지난 뒤 헹군다. 젊은 여자들은 이것을 이용해서 머리칼을 적갈색(진한 붉은색)으로 물들인다. 염색은 한 달에서 두 달 지속된다. 카빌리 사람들은 헤나가 예방과 보호 차원의 주술적이고 의학적 효능을 가지고 있으며, 다산과 '바라카(행운)'를 가져다준다고 믿는다. 할례, 아브라함 희생 축일, 결혼 등 여러 의식과 예식 그리고 축제 때 사용한다.

혼인 예식 행사 이름에도 헤나를 붙이는데, '아즌지 을헨니(헤나 팔기)'는 남자들이 신랑 집에서 벌이는 시(詩) 짓기 시합이며, '이믄지 을헨니(헤나 식사)'는 혼인식 전날 신부 집에서 식사가 끝나고 여자들끼리 '아슈크르(찬미가)'를 즉흥적으로 부르는 것이다. 결혼 전날 아침 신랑 집에서는 신랑에게 헤나를 발라준다. 마당에서 양을 잡기 전 양의 두 눈 사이에도 바른다. 이때 잡은 양을 굵은 밀가루와 함께 신부 집으로 가져간다. 신부 집에서는 헤나 선물을 가져온 사람들과 함께 헤나 식사를 한다. 그때 대개는 여자들끼리

'우라르(춤 놀이)'를 하게 하고, 이어서 신랑 신부와 그 집안을 칭송한다. 헤나를 바르는 의식과 동시에 다산과 생명을 상징하는 호도, 달걀, 밀, 물을 담은 접시나 바구니를 준비하는데, 이것은 나중에 신랑과 신부가 먹는다. 헤나를 바르면서 부르는 노래인 '헤나의 노래'는 신랑과 신부 그리고 그 가족들을 칭송하며, 헤나가 얼마나 귀하고 구하기 어려우며 아름다운 것인지, 히드라와 같은 괴물을 죽이고 동굴에서 헤나를 가져온 젊은 남자의 용기가 얼마나 대단한 것인지 칭찬하는 것이다.

III

역사

저항군 여전사

1871년 봉기

카빌리는 1857년부터 프랑스군의 행정감독을 받기 시작했지만, 프랑스군이 카빌리에 식민행정을 확대 적용하는 것을 반대하여 비교적 자율적인 행정이 유지되었다. 그러나 프랑스가 프로이센-프랑스 전쟁에서 패배하고, 제2제정의 붕괴와 '파리코뮌' 성립으로 이어진 일련의 사건을 겪으면서 카빌리의 행정감독이 1871년 군으로부터 민간으로 이전되었다. 이 같은 변화로 카빌리 지역민들의 입지가 축소되었다. 새 민간 행정조직은 프랑스 주둔군의 부채를 인정하지 않았을 뿐 아니라 토지를 강제 수용하여 프랑스 이주민들에게 넘겨주려고 했다. 다른 한 편으로 카빌리는 1857-1871년 사이 가뭄과 메뚜기 습격뿐 아니라 콜레라, 천연두, 티푸스 같은 역병을 연속해서 겪으며 다른 어떤 지역보다도 심하게 고통받았다. 이것이 1871년 일어났던 카빌리 봉기의 직접적 원인이었다.

서부와 남부를 비롯한 알제리 전역에서 식민행정에 반대하여 일어났던 소요 가운데 카빌리의 봉기가 가장 오래 지속되었다. 1871년 3월 중순에서 7월 중순까지 일어났던 카빌리의 반발은 카빌리 동부 귀족 가문 출신으로 당시 므쟈나의 '바샤하(사령관)'였던 하즈 모하메드 모크라니가 소유하고 있는 토지의 일부를 강제로 빼앗기자 전 카빌리 사람들에게 봉기할 것을 호소하면서 본격화되었다. 1871년 5월 그가 사망하자 그의 동생 부 므즈라그가 뒤를 이었으며, 셰이흐 아흐다드라고 알려진 모하메드 아므지안 븐 알리가 가담했다. 숨맘 계곡에 살고 있던 세속 가문(대장장이) 출신이었지만 프랑스어와 아랍어 교육을 받고 종교 지도자가 되었던 그는 1860년부터 카빌리의 여러 곳에 종교 교육기관 '자우이아'

를 운영하고 있는 라흐마니야 교단의 수장이었다.

1871년 초 셰이흐 아흐다드가 '지하드(성전)'를 선언하자 같은 교단의 셰이흐들과 아이트 우말루 부족 및 아이트 이드즈르 부족의 자우이아가 이에 가담했다. 이처럼 중요한 인물들과 많은 카빌리인이 가담하면서 대카빌리 전체가 소요에 휩싸이게 되었으며, 프랑스인 이주자들(알자스-로렌 출신)에게 토지를 강제로 뺏길 것을 두려워한 250여 부족 15만 명이 한 주 동안 시위를 벌였다. 동쪽 보르즈 부 아레리즈에서 서쪽 미티쟈까지 해안 지역을 포함한 대카빌리 전역에서 숲에 불을 지르고 티지-우주, 보르즈 므나엘, 드라 엘-미쟌, 포르-나시오날, 델리스, 베자야를 공격하면서 봉기가 알제리 전역으로 확산되었다. 그러나 결국 이쉬리든 전투에서 패하여 6월 24일 항복하면서 많은 사람들이 체포되고 감옥에 갇혔으며, 개인 혹은 집단적으로 중형을 선고받았다. 토지는 프랑스인 이주자들의 차지가 되었고 20년의 유형을 선고받은 카빌리인들은 '파리코뮌' 반란자들과 섞여 누메아와 뉴칼레도니아 섬으로 유배되었다.

공조연합

'공조연합'은 카빌리 청년들이 단체를 결성하고 붙였던 단어다. 대개 다이라(군)나 윌라야(도)의 주민들을 결집했는데, 2002-2003년에 가장 잘 알려져 있던 것이 티지-우주와 베자야의 공조연합으로, 전자는 '아아르슈, 다이라, 코뮌 공조연합(CADC)', 후자는 '베자야 코뮌 공조연합(CICB)'으로 명명되었다. 마을이나 코뮌처럼 소단위 공동체를 결집했다.

교사

1874년 아이트 이라튼 부족의 마을 타마지르트에 설립된 프랑스 학교는 프랑스가 카빌리에 설립한 첫 공립학교였다. 이어서 4개 공립학교가 설립된 곳은 티지 라시드(아크르마 부족), 타우리르트 미문(아이트 엔니 부족), 미라 및 즈마아 사흐리즈(아이트 프라우슨 부족)로 모두 아가와 고원에 위치한 마을들이다. 이 학교들은 모두 파리 교육부가 직접 관할하는 '교육부 소속 학교'였다. 알제리 내 프랑스인 정착자들의 반대를 우회하기 위한 방법이었다. '현지인 교육기관'이 설립되었던 초기에 부임했던 프랑스인 교사들은 '진보적' 엘리트로 카빌리의 종교와 문화를 존중했으며, 다수가 카빌리 말을 배웠다. 교육의 중요한 성과는 1882년 많은 카빌리 학생들이 알제 근처 '부자레아 고등사범학교' 입학시험에 합격하여 학업을 계속했다는 것이다. 이렇게 육성된 카빌리 출신 교사들은 프랑스인 교사들의 뒤를 이어 신설되는 학교에 부임하여 교육을 담당했다.

프랑스 교육부는 학교를 신설할 때 수공업이 발달하고 인구가 밀집한 부락을 선택할 것을 지시했다. 일단 교육을 받은 학생들은 봉급생활자가 되거나 이주하여 소규모 창업을 쉽게 할 수 있었기 때문이다. 이 학교들로부터 프랑스와 카빌리에 속한 엘리트들이 생기게 되었고, 이들이 교육을 발전시키고 카빌리 문화의 보존, 수집, 확산을 주도하고 있다. 잘 알려진 대표적 인물들이 시 사이드 불리파, 물루드 마므리, 물루드 페라운, 암루슈 가족 등이다. 그 외에도 「현지인 교육 회보(Bulletin de l'enseignement des in-dignènes)」나 「숨은 자들의 목소리(La Voix des humbles)」와 같은 정기 잡지에 글을 쓰고 있는 사람들이 여럿 있다.

독립전쟁

독립전쟁 초기 프랑스는 카빌리 사람들의 움직임을 '반란' 정도로 생각했다. 그러나 카빌리는 알제리에서 가장 치열한 독립 전투가 전개되었던 곳이다. 프랑스군이 처음으로 대규모 작전을 펼쳤던 곳도 카빌리였는데, 해상에서 대포를 발사하면서 공중과 지상에서 중화기(탱크, 폭격, 네이팜탄, 공수부대 등)를 동원하여 카빌리를 공격했으며(1956년 '즈나드 작전'), 이후에도 수많은 국지전을 벌여 인구가 조밀한 카빌리를 장악하고 유지하기 위한 산악 부대 주둔지를 늘렸다.

1956년 '정상화'('푸른 새 작전' 항목 참조) 시도가 실패하자 프랑스군은 가혹한 탄압을 시작했다. 넓은 금지구역을 설정하여 주민들을 쫓아내고, 군대의 사정거리 안에 있는 '사냥터' 내에 6-7개 마을 주민을 모으는 '재집결' 혹은 '격리' 캠프를 설치했다.

1959년부터 시행된 '샬 플랜'과 '쌍둥이 작전'은 카빌리에 대한 '프랑스군의 물리적 공세의 정점'이었다. 알제리 측에서는 1957년 '숨맘회의'를 기점으로 '민족해방군(ALN)'이 조직되어 활동을 전개했다. 전투원들은 매복, 방해 공작, 습격, 도로와 교량 파괴, 전기 및 전화선 절단, 주둔지 공격 등의 활동을 벌였으며, 덤불이든 협곡이든 가리지 않고 '재집결 캠프' 인근까지 밤낮으로 집요한 공격을 계속했을 뿐 아니라 밤이면 철조망을 끊고 캠프 내부로 침투했다. 카빌리 전체가 전투지가 된 것이다.

독립전쟁을 치르고 난 카빌리에서는 성인 남자가 절대적으로 부족해서 심각한 인구 불균형이 초래되었다. 가족이 해체되었으며, 가옥뿐 아니라 마을 전체가 파괴되고, 비정상적으로 확대된 캠프들에 주민들이 밀집되었으며, 부당한 수탈로 인한 비극이 초래되었고, 좌절의 고통이 한층 깊어졌다.

많은 카빌리 출신 사람들이 독립전쟁에 참여했다. 1902년 가난한 가정에서 태어나 대학을 마치고 독립운동에 가담하여 '숨맘 회의'에서 중요한 역할을 담당하여 널리 알려진 람단 압반 외에도 호신 아이트-아흐메드 등이 있다. 람단 압반은 1957년 모로코에서 살해되었다. '제3 윌라야'의 책임자로 반란군을 정화하기 위하여 '반역자'를 가차 없이 추적했던 아미루슈 대령도 있다. 그는 1959년 사망했다. 1947년부터 지하활동을 시작하여 1954-1956년 사이 카빌리를 지휘했으며, 후일 '알제리공화국임시정부(GPRA)'의 부통령이 되었던 블카슘 그림은 '민족해방전선(FLN)'의 지도자로 독립 후 븐블라 대통령에 반대했던 '티지-우주 그룹'의 일원이었다(1970년 살해되었다). 1911년 카빌리에서 출생하여 1953년 알제리 국회의장이 되었던 압들라흐만 파레스는 '민족해방전선'의 법률 자문이었다. 1919년생으로 프랑스군에 복무하다가 탈영하여 사형 선고를 받았던 오마르 우암란은 '알제 윌라야'를 맡아 지휘했으며 '알제리혁명위원회(CNRA)'에 참가했다. 1923년 미슐레에서 출생한 오마르 우스딕은 '민족해방군'의 외교 정책 책임자였다.

로마인

해안에 무역기지를 설치했던 카르타고와 카빌리의 협력 관계는 로마가 카빌리를 점령하면서 끝나게 된다. 로마인들은 페니키아인들의 항구였던 루수쿠루(현재 델리스), 루수피시르(현재 탁슙트), 루사주스(현재 아즈푼)를 활용하여 세력을 확장했다. 로마인들이 '이옴니움'이라고 불렀던 티그지르트와 탁슙트 그 이플리슨은 작은 도시들로 변모하여 성당이 세워졌으며, 아직도 그 유적이 남아 있다. 로마인 이주자들은 스바우 평원과 사헬-숨맘 평원을 차지하고, 도로를 건설했으며, 현재의 티지-우주와 같은 몇몇 중심지들을 건설했고, 즈마아 사흐리즈(비다 무니치피움, Bida municipium)에 도시를 건설했다. 다른 곳에는 성채들을 건설했는데, 그 가운데 하나가 살데 항구(현재 베자야) 남쪽에 건설된 투부숩투(현재 티크라트)와 페트라였다. 카빌리를 감시할 수 있는 해안가 높은 산 경사면이나 고갯마루 등에 건설되었던 많은 성채의 망루들이 아직 남아 있다. 많은 로마 병사가 카빌리 여성과 결혼했으며, 그들의 자식은 로마 시민이 되었다. 그러나 로마시대는 카빌리 사람들의 저항이 심했던 시기로 이들의 저항은 잔혹하게 진압되었다. 저항했던 인물들 중에는 이프리키아 전 군대를 지휘했던 피르무스와 그의 동생 길돈, 그리고 로마군에 맞서 싸우다 주르주라 산에서 죽음을 당한 타크파리나스가 있다. 로마시대가 끝나고 대부분의 로마 유적지들은 채석장이 되어 근방에 집을 짓는 데 사용되었다. 로마 유적의 발굴은 지속적으로 이루어지지 못했다.

로마인들은 설화에 자취를 남겼는데, 예를 들면 아직도 생생하게 남아 있는 '잠자는 일곱 사람들'의 전설이다. 쿠란('동굴의

장')과 『천일야화』에서는 이 전설을 로마 황제 데시우스 시대(248-251)에 일어났던 것으로 기술하고 있다. 카빌리 설화에서는 데시우스 황제를 아즈푼 사령관으로 등장시키고 있다.

카빌리어로 기독교도를 뜻하는 '암시히'가 있지만 거의 사용하지 않고 흔히 '아루미, 이루미옌, 타루미트'라고 지칭하는 관습은 아마도 로마시대에 생긴 것으로 보인다.

리비크-베르베르 Libyco-berbères

카빌리 일부 지역, 특히 해안가와 아울러 아가와 고원에서 '원시역사시대'라고 부르는 기원전 7천 년에서 5천 년경 만들어진 '리비크' 조각판들이 발견되었다. 티그지르트 남쪽 아비자르 마을 인근에서 발견된 묘석에는 갈색 사암 판에 기마병 그림과 리비크 문자가 새겨져 있는데, 기마병은 얼굴이 둥글고 뾰족한 수염에 한 손에는 투창(혹은 삼지창)을 들고, 다른 손에는 방패를 들고 있다. 카빌리 다른 지역에서도 이와 유사한 비석들이 발견되었다. 조각된 인물들은 부족장들이었을 것으로 추정된다. 스바우 강 유역 아우리르 인근 이피라에 있는 동굴 벽에서도 사람의 모습을 포함한 그림과 리비크 문자 조각이 발견되었는데, 모든 비석에는 투아레그족의 문자(티피나흐)뿐 아니라 지중해 문자들과 유사한 기하학적 모양(십자, 원, 마름모, 짧은 선 등) 문자가 새겨져 있다. 이 문자들은 아직 완벽하게 해독하지 못했다. 베르베르어의 원시적 형태로 보이는 '리비크-베르베르' 문자와 언어는 어느 시점에 더 이상 쓰이지 않고 버려졌던 것으로 보인다. 유적 연구에 따르면 리비크인들은 농사와 목축을 했으며 방어벽을 쌓은 마을에 살았고 숫양을 숭배했을 것으로 추정된다.

마씨니싸 Massinissa

기원전 203-148년에 시팍스에 이어 현재의 알제리 동부를 지배했던 왕으로, 베르베르 왕 가운데 아마도 가장 위대한 왕일 것이다. 현재 알제리-리비아 국경선에서 출발하여 수도 키르타(현 콩스탕틴)를 포함하여 '마실레스'를 정복했으나, 카빌리는 공격하지 않았다. 카르타고의 영향을 받아 누미디아 왕국을 건설하고 도시와 농업을 발전시켰다. 그의 사후에 왕국은 세 아들이 분할 계승했으나 손자인 유구르타가 다시 누미디아를 통일했다. 마씨니싸 왕의 이름은 많은 남자 아이들의 이름으로 남아 있다. 2001년 4월 18일 브니-두알라에서 치안대에게 살해당해 카빌리 소요의 원인이 되었던 고등학생의 이름도 마씨니싸 게르마흐였다.

마흐즌 maghzen

원래 주로 밀을 저장하는 장소(프랑스어: 마가젱, magasin)를 의미하는 단어였으나 터키군에 예속된 보조 부대를 지칭하는 단어로 의미가 확대되었다. 외국인 용병이었던 '즈물'과 달리 이들 집단은 알제리 현지에서 모집되었으며, 평소에는 농사를 짓는 사람들이었다. 평원의 일부 부족이 마흐즌이 되었는데, 특히 터키 보르즈(스바우 평원 서부)에 가장 가까이 있는 '암라와'들이 그런 경우였다.

망명

카빌리 남자들은 이동성이 높아 집을 비우는 경우가 많았다. 그러나 장시간 먼 곳으로 떠나는 것은 예외적인 일이었다. 예전에는 걷거나 당나귀를 타고 며칠 동안 이동하는 정도였다. 메카에 순례를 떠나는 것이 유일하게 1년 이상 걸리는 장거리 여행이었다. 프랑스 지배가 끝난 이후에는 '바다 저편'으로 가는 긴 여행이 생겨, 걸어서 돌아올 수 없는 진짜 외국으로 떠나게 되었다. 더구나 외국 여행은 값이 비싸 여러 차례 할 수 없는 것이었는데, 이것을 외국으로의 망명(이흐르바)이라고 부른다. 고향에 대한 향수가 많은 이야기의 주제가 되었다. 프랑스에서는 안정적으로 정착한 카빌리 사람들의 수가 대단히 많아 이러한 느낌이 점차 줄어들었다. 이러한 정서는 성인이 된 후에 이민한 사람들에게만 강하게 남아 있고, 프랑스에서 태어난 세대에게는 약하다.

모로코인 암하르비, amgharbi

카빌리 사람들은 전통적으로 모로코 사람들과 가깝게 지내지 않았다. 설화에서도 호감을 주는 인물로 등장하지 않는다. 도시에서 상점을 운영하는 부유한 모로코 상인들도 있지만 주술사로 등장하는 경우가 더 많다. 「알라딘」에서 주인공을 속이고 마법의 책을 뺏는 사람도 모로코 사람이다. 또한 글을 읽을 줄 아는 마라부트들의 고향인 모로코에 살고 있는 사람들은 카빌리 사람들보다 능수능란해서 재판에서 당할 수 없는 무서운 사람들이라고 알려져 있다. 통상 카빌리 사람들은 튀니스, 메카, 바그다드 등 동양 도시들에 현혹되어 해가 지는 서쪽에 있는 모로코에 대해서는 경계심을 갖고 있다.

매복

전통적으로 대단히 용맹한 전사인 카빌리 사람들이 산지 지형에 맞게 사용했던 전략은 매복이었다. 바위, 나무, 움푹 들어간 곳에 숨어 있다가 마지막 순간 적을 덮치는 것이다. 강도들도 평원에 면한 지대에서 이 전술을 사용하여 큰 길을 지나가는 장사꾼들을 덮치곤 했었다. 벌이가 좋았다고 한다. 특히 알제-콩스탕틴을 잇는 도로 상에서 숨맘 계곡 구간이 전술에 많이 사용되었다. 명예를 되찾기 위한 피의 보복을 실행할 때나 마을 간 전투가 벌어졌을 때에도 자주 사용했던 전술이다.

묘석/비석

해안 카빌리 스바우 강 북부 우안에는 '리비크'라고 부르는 많은 묘석이 있다. 만들어진 시기는 로마시대 이전, 아마도 원사시대로 거슬러 올라가는 것으로 보인다. 규모가 크고(높이와 폭이 1m 이상), 보통 '리비크-베르베르'라고 부르는 문자가 새겨져 있다. 이제는 잊힌 이 고대 문자는 직선, 원, 십자, 마름모 등 기하학적 문양으로 구성되어 투아레그 베르베르 문자인 '티피나흐'와 유사하다. 아직 문자를 해독하지 못하고 있다. 일부 묘석에는 말을 탄 사람의 모습이 정면으로 새겨져 있다. 얼굴이 둥글고 뾰족한 턱수염을 갖고 있으며 일부는 콧수염까지 기르고 있다. 대개 창과 둥근 방패를 들고 있다. 가장 널리 알려진 묘석은 아이트 와그눈 부족의 아비자르에 있는 것으로, 부족장으로 보이는 모습을 담고 있다. 이들은 농사와 목축을 했으며, 방어벽을 둘러친 마을에 살았고 숫양을 숭배했을 것으로 추측된다.

무기

카빌리 사람들은 농부들이지만 어떤 권력 앞에서도 무장을 해제한 적이 없었다. 그들의 무기는 간단한 '아아우카즈(몽둥이)'에서 엽총까지 여러 종류였다. '아드부즈'는 일종의 곤봉으로, 대개 쇠못을 박아 노상에서 돈을 터는 데 사용되었던 무기다. 과거에 이무기는 아이트 이라튼 부족의 신학교 학생들의 무기였는데, 이러한 행동으로 인해서 '톨바 우드부즈(tolba udebbuz)'라고 불렀다. 그 외에도 더 정교한 무기인 단검이나 '아즌위(목을 베는 칼)' 그리고 그 유명한 카빌리 장검이 있다. 이 장검은 이플리슨 르브하르 부족이 만들었던 것으로 길고 곧으며 가늘고 날이 이중으로 휘어져 매복 전술에 잘 맞았다. 엽총은 사냥꾼뿐 아니라 강도나 전사의 사냥 무기로 모든 남자들이 지녀야 하는 남성성의 상징이 되었다. 이플리슨 르브하르 세 부족이 칼을 전문적으로 제작했으며, 몇몇 마을들도 무기를 생산했다. 접근이 어려운 곳에 사는 고산지 부족들을 포함한 아이트 엔니, 아이트 와시프, 아이트 부드라르 부족들이 장신구와 함께 총을 제작했다.

문화민주주의연합 RCD: Rassemblement pour la culture et la démocratie

1988년 10월 알제 유혈 시위 이후 샤들리 대통령이 복수정당제를 천명한 것을 계기로 베르베르주의자들이 주도하여 1989년 창설한 정당이다. 같은 해 2월 개최되었던 '베르베르문화운동 준비회의' 제2차 세미나(1989년 7월)에서 탄생했으며 사이드 사디, 페르하트 음헨니, 모크란 아이트-라르비, 무스타파 바샤 등이 주도했다. '베르베르문화운동' 운동원들이 많이 참가했으며, 정치 정당과 거리를 두고 자율성을 유지하고자 했다. 후일 '사회주의전선' 계열 '민족위원회'와 RCD 계열 '민족공조연합'으로 양분되었다.

문화적 동화

문화적 동화는 특히 프랑스에 이주한 사람들에게서 볼 수 있는 현상이지만, 수도 알제나 카빌리 내부 이동에서도 흔히 볼 수 있는 현상이다. 카빌리의 베르베르 문화가 보수적으로 보일 수는 있지만 실제로는 항상 많은 변화에 개방적이었으며 여러 측면에서 적응해왔다. 짧은 이야기들로 이루어진 구비문학이 그것을 증명한다. 구비문학은 공동체 내부에서 생산된 것으로 한 사회가 고유한 언어로 생산한 전통적 담화들이다. 여성들의 이야기 목록에 있는 친근한 농촌 이야기 외에도 남성 목록에는 도시적 이야기들이 있다. 도시적 이야기들은 아랍의 『천일야화』에서 파생된 것으로 마그레브 도시로 이주한 카빌리 사람들이 전파했으며, 약간 변형되면서, 즉 '카빌리화되면서' 카빌리 문화 속에 흡수되었다.

카빌리 남자들은 대단히 이동성이 강하여 알제, 오랑, 튀니스 등 대도시에서 석공, 장인, 상인, 행상인, 군인으로 일했다. 이들은 문자를 잃어 문자로 정착되지 못한 카빌리 문화를 구어로 전달하는 문화적 동화의 담당자들이었다. 이러한 이주를 통하여 여러 분야에서 다른 문화를 흡수했지만, 그렇다고 해서 원래의 독창성을 잃은 것은 아니다. 예를 들면 집안에서나 특별한 행사에서 '카빌리 전통 옷' 입기를 좋아하는 현대 젊은 여성들이 도시에서는 블루진을 입기도 한다. 또한 집안에서 식사할 때 쿠스쿠스를 늘 먹지만 다른 젊은 사람들과 코카콜라도 마신다. 여성들은 혼전 성관계에 엄격하지만 피임과 아울러 결혼 후 직업을 갖고 결혼 상대자를 선택할 수 있는 권리를 요구하고 있다. 문화적 동화는 이슬람주의 운동에서 볼 수 있는 반문화적 긴장 없이 진행되고 있다. 이슬람주의는 카빌리 지역에서는 거의 볼 수 없으며, 카빌리 사람들은 전통문화에 대한 의식을 유지하면서 유럽 사회에 개방된 절충주의적 태도를 유지하고 있다.

남성들만 이주하는 '노동 이민'이 1974년 중단된 이후 '가족재결합' 정책으로 여성 이민자들이 증가하고 있으며, 아이들이 프랑스 학교에 다니기 시작하면서 문화적 동화가 촉진되고 있다. 프랑스에 정착한 카빌리 이민자들은 고향과 계속 관계를 유지하고(여행, 전화, 라디오, 인터넷 등) 여러 가지 영향을 주고 있는데, 집단 시위, 생활여건에 대한 문제제기, 정치의식 등의 측면이다. 카빌리 청년들의 저항과 시위는 알제리 사회의 정치적·문화적 변화를 촉진했다. 이들은 베르베르어와 프랑스어를 동시에 사용하고 있다. 프랑스 식민지배 시기나 현 시대나 똑같이 문화적 동화가 카빌리의 정체성에 대한 요구를 더욱 강화하고 있다는 것은 역설적이다.

바샤하 bachagha

터키어 어원의 단어로 지역 사령관을 지칭한다. 프랑스의 지배 기간 동안 아랍계 '주아드(전사귀족)' 가문 출신에게 부여했던 직함으로, 예를 들면 카빌리에서는 스바우 저지대와 고지대에 각기 한 명씩 두 명의 바샤하가 있었다.

베르베르(언어, 역사)

베르베르어는 마그레브에서 가장 긴 역사를 가진 언어다. 그러나 '베르베르'라는 단어의 어원은 불분명하다. 언어학자들은 단어가 어디서 왔는지, 아랍어인지, 그리스어인지 혹은 라틴어인지 단정 짓지 못하고 있다. 어쨌든 원래 단어가 오늘날 사람들이 생각하듯 경멸적 의미를 가지고 있었던 것으로는 보이지 않는다. 오히려 그 반대다. 그리스인들은 외국인들을 '바르바로이(barbaroi)'라고 불렸지만, 그것은 자신들처럼 작은 도시들에서 서로 싸우며 살지 않는 사람들, 즉 페르시아나 이집트처럼 대 제국이나 대 문명에 속한 사람들을 지칭하는 단어였다. 그러므로 많은 방언을 거느린 특수한 언어와 많은 언중을 지칭하는 '베르베르'라는 단어에 품위를 부여해야 한다.

서쪽 카나리아 군도에서 동쪽으로 리비아와 이집트 사이 '시와' 오아시스까지, 북쪽 지중해부터 남쪽 사하라-사헬 경계까지 지역의 베르베르어 사용 인구를 2000만-3000만 명으로 추산하고 있다. 이들은 특히 산지와 사막에 살고 있으며, 니제, 말리, 부르키나 파소에 약 400만 명, 리비아, 이집트, 튀니지에 50만 명, 모로코에 1500만 명, 알제리에 1000만 명(카빌리 400만 명 포함)이 분포되어 있는 것으로 추정된다.

햄·셈어족에 속하면서도 아랍어와는 다른 독창적 언어로 고유한 음운법칙, 구조, 문법, 구문을 가지고 있으며, 이는 모든 베르베르어 방언에서 유사하다. 현재 가장 큰 차이를 보이는 방언은 북부 마그레브(모로코, 알제리, 튀니지)와 남부 사하라-사헬(투아레그) 지역 방언이다. 도시 및 평원에서 사용하는 언어가 아랍어화된 것과 달리 베르베르어는 산지와 사막 등 서로 연결되지 않는 지역들의 방언으로 현재 생생하게 남아 있다. 차이는 대개 어휘, 억양, 발음에 국한되기는 하지만 즉시 서로를 이해하는 데 장애가 되고 있다. 이 방언들은 각기 다른 이름으로 불린다. 모로코 미들 아틀라스 산지의 방언은 '타마지흐트', 카빌리의 방언은 '타크바이리트', 모로코 리프 산맥의 방언은 '타리피트', 수스와 모로코 남부 슐뢰흐 부족의 방언은 '타슐히트', 말리 방언은 투아레그 부족의 '타마세크', 알제리 남서부의 방언은 '즈나티아', 음자브 부족의 방언은

'탐자비트', 오레스 지방 사람들인 '샤우이'의 방언은 '타샤우이트'라 불린다. 1990년대부터 일부 베르베르 운동가들은 베르베르어 전체를 '타마지흐트'라고 부르고 있다.

'리비크'라는 고대 문자가 있었다는 것은 비석의 암각을 통해 증명되어 있지만, 베르베르어는 그 이후 구어로 남았고, 현재 거의 문자화되지 않은 상태. 투아레그들만이 '티피나흐'라는 문자를 간직하여 사적인 용도로 모래나 바위에 사용해왔다. 그러나 문자가 여러 개여서 상업적 용도나 영향력이 없었다. 현재는 이 문자들을 사용하여 출판하기도 한다. 모로코 베르베르인들은 자신들의 언어를 한때 아랍어 문자로 문자화했으며, 카빌리의 '타크바이리트'는 대개 라틴어 문자를 사용하고 있다. 카빌리는 이 문자를 구비문학, 산문문학(설화, 전설, 신화, 우스개 이야기), 운문문학(연애 민요) 그리고 현대 연극이나 영화에 사용하여 자신들의 문화를 보존하고 전달하고 있다.

베르베르 문화에는 또한 장식이 화려한 공예와 예술이 있다. 직조, 토기, 가죽공예, 무기 제작, 금은세공과 건축이다. 카빌리를 대표하는 베르베르인들의 세 가지 생산물은 '아브르누스(부르누스)', 손으로 먹는 아랍인들에게는 없는 나무 숟가락 '타훈자이트', 그리고 이제는 국제적으로 알려진 '세크수(쿠스쿠스)'이다.

베르베르인들은 마그레브 역사에 적극적으로 참여한 주역들이었다. 대제국의 '황금기'가 그것을 증명한다. 사하라 '알모라비' 왕조는 황금 루트를 장악하고 모로코에서 베자야까지 영토를 넓혔으며, 12-13세기 '알모하' 왕조는 모로코에서 트리폴리텐까지 마그레브 전체를 통일했다. 베르베르인들은 연이어 마그레브를 침공한 외부 세력인 카르타고, 로마, 반달, 비잔틴, 아랍, 터키, 프랑스에 끈질기고 맹렬하게 저항했던 특이한 점을 가지고 있다. 예컨 대 타크파리나스, 피르무스, 피르무스의 동생 길돈은 로마인들이 나 그 연합세력에 반대하여 싸웠다. 베르베르인들은 또한 로마제 국 시대에 그들의 위대한 왕들을 가지고 있었다. 마실레스의 왕이 었던 마씨니싸(기원전 203-148), 유구르타(기원전 160-104), 유바 1 세(기원전 50-46)와 유바 2세(기원전 25-기원후 24) 외에 아랍 침공 에 반발하다가 정복된 오레스의 그 유명한 카헤나 여왕이 있었다. 성 아우구스티누스와 같은 위대한 사상가도 있었는데, 그의 어머 니 모니카 성녀는 베르베르인이었다. 베르베르인들은 독립 정신 이 대단히 강하여 새로운 종교를 받아들일 때에도 평등주의적 성 향의 이단적 교파를 선택하는 경우가 많았는데, 비잔틴 도나티우 스 기독교파(donatisme), 이슬람은 카와리지파(kharidjisme) 혹은 이바디야파(ibadisme, 음자브와 제르바), 파티마 시아파 등이다.

베르베르(식민주의 정책)

알제리와 모로코에서 프랑스가 구사했던 식민정책은 베르베르와 아랍 간 적대관계라는 이미지를 폭넓게 사용하면서 양자의 관계 를 악화시키는 '통치를 위한 분열' 전략이었다. 식민정복 초기 카 빌리 베르베르인들에 대해서도 마찬가지였다. 1844년 11월 당시 알제리 행정관이었던 뷔조 장군의 지시로 유포된 이 전략은 아랍 인과 카빌리인들 사이의 종족적 차이에 근거하는 '상호 혐오감'이 있다는 점을 강조했다.

　이 주장은 식민지배 기간 내내 크게 확산되어, 처음에 도마 장군(1839-1856)이 카빌리를 소개하여 인기를 얻었던 여러 저서에 인용되었고, 다음에는 여러 종합보고서 및 당시 많은 출판물에서 반복되었으며, 그 후에 여러 학술지를 통해서도 계속 이어졌다. 이러한 과정에서 카빌리는 신체적 특징, 활동, 윤리, 전통, 종교, 여성의 지위 등 모든 분야에서 아랍문화와 철저하게 다르다는 이분법으로 발전했고, 나쁜 아랍인과 착한 카빌리인이라는 대조적인 이미지가 만들어졌다. 카빌리 지역이 특별한 관심을 받았던 것은 사실이지만 불리하게 작용한 측면도 있다. 카빌리 문화가 어떤 활력도 없이 구태의연하고, 보수적으로 경직된 단일체라는 잘못된 인식을 심어준 것이다. 이러한 인식은 식민지배 말까지 계속되었을 뿐 아니라 독립전쟁 기간에도 지속되어 카빌리인들의 정치의식을 평가하는 데 중대한 오류를 범하는 원인 중 하나가 되었다('푸른 새 작전' 항목 참조).

이러한 식민주의 정책은 편의에 따라 특정한 현상을 은폐했을 뿐 아니라 카빌리 베르베르 문화의 독창성에 대한 연구 목적을 왜곡하게 만들었다. 카빌리 문화 연구의 이면에는 식민주의적 의도나 카빌리를 분리하려는 목적이 있었다는 비난을 받게 했으며, 베르베르주의를 반대하는 사람들이 늘 내세우게 될 근거를 만들었다.

베르베르자료집

1946년부터 달레(1909-1972)를 비롯한 '백인신부'들이 발행했던 정기 보고서를 지칭한다. 라르바아 은 아이트–이라튼 부족 및 아이트 만글라트 부족과 함께 살았던 신부들이 간행한 이 보고서들은 카빌리 문화를 알리는 데 비할 수 없는 보고로 신뢰할 수 있는 자료들이면서 훌륭한 작업 도구다. 월간으로 시작해서 1955년부터는 계간으로, 1962년에 '정기자료집(Fichier périodique)'으로 개칭했다. 포르-나시오날의 '베르베르연구센터'에서 간행했으며, 1946-1974년 사이에 90판이 등사로 제작되었다. 카빌리어와 프랑스어로 되어 있으며 카빌리 출신 집필자와 프랑스인 번역자가 공동 표기되어 있다. 날 자료들과 설화 및 교훈적 우화들 그리고 언어학적 연구, 민속학적 및 사회심리학적 견해들이 게재되어 있고, 간략한 그림들이 많이 곁들여 있다. 달레 신부가 손을 압착기에 눌리는 부상을 당해가면서 여러 해에 걸쳐 제작한 것이다.

자료집에 수집되어 있는 많은 작가들의 작품 가운데는 카빌리어 초기 작가의 한 사람인 블라이드 아이트 알리(1909-1950)의 작품도 있다. 표기되어 있는 이름 가운데 신부들인 쟈크 랑프리, 쟝-루이 드제젤, 라파엘 포이토와 루이 드 벵셴느 수녀, 야미나 아이트-아마르를 비롯하여 특히 앙리 즈느부와 신부의 이름을 자주 읽을 수 있다.

베르베르주의

알제리에서는 여러 베르베르 문화운동을 '베르베르주의'라고 부른다. 식민지배 시대에 시작되어 제2차 세계대전(1939-1945) 기간에 전개되었으며, 알제리 독립전쟁 기간에 그 규모가 확대되어 현재까지 활발하게 남아 있다.

초기 운동가 중 하나는 모하메드 사일이라는 독특한 인물로, 프랑스 무정부주의 연맹에 가입하여 스페인 내전에 참가하면서 알제리 독립 투쟁을 시작한 것으로 알려져 있다. 그러나 초기의 실질적 '베르베르주의자들'은 븐-아크눈 고등학교(알제 시) 학생들과 무슬림 집단운동 주도자 몇 명으로 보아야 한다. 카빌리 출신으로 후일 '알제리민족당(PPA)' 첫 저항군 결성에 참가했던 호신 아이트-아흐메드, 우알리 븐나이, 사이드 샤반, 알리 라이메슈, 아마르 울드 하무다, 아마르 우스딕 등이 그들이다. 이들이 불렀던 노래들 가운데 베르베르문화운동의 대표 운동가(歌)가 된 '으크르 음미스 스 아마지흐(Ekker emmis-s amazigh: 일어나라, 베르베르의 아들이여!)'는 1945년 1월 모한드 우 이디르 아이트-암란이 작곡했으며, 슬리만 아즘을 비롯한 많은 가수들이 불렀다.

이들은 베르베르 정체성, 언어, 문화에 대한 인정과 자유로운 표현 그리고 알제리 내에서 교육과 적절한 위상을 요구했으며, 이 요구는 거의 변하지 않고 현재까지 계속되고 있다. '베르베르주의자' 혹은 '베르베르민족주의자'라는 단어는 알제리 독립 투쟁을 위하여 메살리 하즈가 조직했던 PPA와 '민주자유승리운동(MTLD)' 내부에서 비종교적·민주적 알제리 건설을 주장하는 일단의 청년들을 지칭하는 것이었다. 이들은 베르베르적 정체성을 배제하는 '아랍-이슬람적 알제리'라는 주장에 반대하며, '알제리인의 알제리', 즉 '아랍인과 베르베르인의 알제리'를 주장했다.

두 주장의 대립은 '알제리인의 알제리'에 동조했던 대다수 프랑스 내 알제리 이민자들 사이에서 '베르베르주의의 위기'(1949년 여름)를 불러오게 되었다. '아랍-이슬람 알제리' 지지자들은 상대편의 주장을 식민주의적이며 반민족주의적이고 "무책임한" 것이라고 비난했다. 알제리 내 베르베르주의자들은 PPA, MTLD로부터 제명되고 체포되었다. 그러나 국가 정체성의 개념에 대한 자신들의 주장을 굽히지 않고 있으며, 인종적·언어적·종교적 차이를 수용하는 공동체 구성이 가능하다고 믿고 있다. 또한 이슬람의 도래 이전 알제리의 오랜 문화적 전통을 회복시키고, 다양성 속에 알제리 국민이 단합할 것을 주장하고 있다. 이 과정에서 독립전쟁 기간 동안 가장 참혹하고 격렬한 전투를 벌였던 대카빌리 제3월라야에서 우알리 브나이, 람단 압반과 같은 카빌리 출신자들이 살해되었다.

독립 후 베르베르주의자들의 희망은 좌절되었다. 븐 블라 정부는 베르베르 문제를 무시하고 아랍주의를 알제리의 유일 정체성으로 선포했다. 1963년 9월 호신 아이트-아흐메드의 주도로 '사회주의세력전선(FFS)'을 비공식으로 창립하여 븐 블라 정부에 반대하는 무장 투쟁을 결의했다. 그러나 이들 중 카빌리인 운동가들(이들은 전투에서 죽음을 당하게 된다)이 다수 포함되어 있었음에도 불구하고 베르베르인들의 요구에 대한 입장을 적극적으로 표명하지 않았다. 계속되는 알제리 정부의 탄압으로 베르베르운동은 프랑스로 건너가 전개되었다. 보통 '베르베르아카데미'라고 부르는 문화 교류 및 연구 조직이 파리에 창립되어 운동가들을 결집하고 집회와 공연을 조직하는 활동을 전개했다. 카빌리에서도 베르베르 언어와 문화의 표현을 위하여 고교생들이 티지-우주, 븐-아크눈('베르베르문화서클')에서 시위를 벌였으며, 알제대학에서는 물루드 마므리가 맡은 베르베르어 강의가 재개되었다.

학생들의 시위와 파업이 부메디엔 정부에 의해 진압되었고 알제대학 내 베르베르어 강의가 폐지되었다. 베르베르주의자들이 탄압을 받게 되자, 또다시 프랑스 이민사회가 나섰다. 1973년 초 파리-벵센대학에서 '베르베르연구그룹(언어 및 문화 교육, 잡지 「티 수라프」 발간)'이 결성되고 여러 단체들(이마지혼 이물라(Imazighen imoula), 라주크(Lazouq))이 뒤를 이었다. 같은 해 베르베르 민요 공연이 여러 곳에서 이루어졌다. 이디르(유명한 '바바 이누 바(Vava inu va)'), 페르하트 음헨니, 쟈말 알람, 루네스 마투브, 그룹 '주르 주라' 등이 노래를 불렀다. 때로 과격한 양상을 보이기도 한 이들 의 공연은 대개 비공개로 이루어졌다. 알제리에서는 정부의 탄압, 체포, 금지에 대한 거센 반발이 때로 폭력적 상황으로 나아가기도 했다. 군사법정 앞에 폭탄을 설치한 사건에 이어 체포와 선고 그리 고 베르베르주의에 대한 철저한 탄압이 이어졌으며, 아랍어 단일 화 정책이 알제리 전역에 더 강력하게 실시되었다. 모든 비아랍적 문화 표현은 금지되었으며, 1976년에는 '백인신부'들이 출판했던 『베르베르자료집』이 압수되고 금지되었다.

이후 베르베르주의는 대중적이고 즉흥적인 청년 운동으로 점 차 발전했다. '카빌리청년스포츠단(JSK)'의 축구 시합 때 축구장 에서 일어났던 소요와 같은 것이다. 이 사건으로 '스포츠단'은 정 부에 의해 강제적으로 '티지-우주청년전자단(JET)'로 개명되었 다. 1977년 모하메드 부디아프가 주도하는 '사회주의혁명당(PRS, 지하 활동)'이 알제리 정당으로는 처음으로 베르베르문화운동의 정당성을 인정했다. 1978년 11월에는 FFS가 베르베르운동의 요 구를 수용하고, 당수 호신 아이트-아흐메드가 청년들이 주장하는 베르베르어의 국가 공식어 지정을 공식적으로 요구했다.

1980년 '카빌리 고전시'라는 제목으로 티지-우주대학에서 예정된 물루드 마므리의 강연이 금지되자 '베르베르의 봄'이라고 부르는 심각한 위기가 발생했다. 티지-우주 대학생들과 아미루슈 고등학교 학생들이 베르베르어를 국가 공식어로 인정할 것을 요구하며 벌였던 시위를 기점으로 알제에서 대규모 시위가 벌어졌으며, 카빌리와 파리로 확산되었다. 티지-우주에서는 학생들이 수업을 거부하고 티지-우주대학 본부(CUTO)를 점거했다. 1980년 4월 16일에는 독립 후 첫 대규모 파업이 카빌리에서 벌어졌다.

아랍-이슬람주의에 집착했던 샤들리 정부는 베르베르 문제가 식민정책의 날조라고 주장하며 책임을 전가했다(자주 등장하는 논리다. '베르베르' 및 '식민주의 정책' 항목 참조). 이것은 알제대학에서 벌어진 시위와 카빌리 전체에서 크고 작은 충돌을 야기했다. 새로운 사실은 소네렉(Sonelec)을 비롯하여 소넬가즈(Sonelgaz), 소니텍스(Sontex)의 노동자들이 운동에 합류했다는 것이다. 이 같은 운동의 확산으로 전체 카빌리 사람들이 연루된 대중 봉기의 양상을 띠게 되었다. '베르베르의 봄' 참가를 이유로 여러 사람들이 체포되었고 24명이 실형을 선고받고 구금되었다. 이어 8월에는 야쿠른에서 베르베르문화 및 민주주의 운동에 대한 제1차 세미나가 개최되어, "베르베르어와 알제리 아랍어(아랍어 지역 방언)의 사용과 교육을 확대해야 할 필요가 있다"고 결론지었다.

운동은 1981년에도 계속되었다. 여러 베르베르 단체들이 결성되었고, 베자야, 아크부, 알제에서는 참가자들이 체포되고 단식투쟁이 전개되었다. 당시의 운동 규모에 놀란 정부는 알제, 오랑, 콩스탕틴, 안나바 4개 대학에 '민간 문화·방언' 학과를 설치하기로 결정했다. 그러나 1982년 다시 소요가 발생하여 이후 몇 년간 지속되었으며, 탄압에도 불구하고 1985년 음자브에서 일어났던 사건처럼 다른 베르베르 지역으로 확산되었다. 1985년 창립된 '알제리인권연맹(LADH)'의 간부들은 베르베르문화운동에 참여했던 인물들이었다. 그러나 카빌리에서 시위가 벌어진 후 베르베르주의자들과 LADH 운동가들에 대한 탄압이 계속되었다. 가수 페르하트 음헨니와 루니스 아이트-믄글르트를 비롯한 수백 명의 운동가들이 수차례 체포 및 구금되었다. 당시 프랑스 이민사회에서도 타라(Tala), 아푸스 드그 우푸스(Afus deg ufus), 아브리다(Abrida), ABC 등 많은 단체들이 결성되었다.

알제리 내 베르베르 운동은 규모가 확대되면서 보다 조직적으로 전개 되었다. 야쿠른에서 제1차 세미나가 열린 지 10여 년이 지난 1989년 제2차 '베르베르문화운동(MCB)' 세미나가 티지-우주에서 개최되어 운동의 성격을 "비폭력, 평화적", "알제리 국민 전체의 민주주의 운동의 틀 안에서", "정당뿐 아니라 국가와 관계에서 자율성" 표방으로 규정했다. 그러나 일부 운동가들이 '문화민주주의연합(RCD)'이라는 이름의 정당을 결성했다. 동시에 많은 베르베르 문화 단체들이 알제리 전역(카빌리, 오레스, 음자브, 슈누아, 오라니)에서 생겨나고 베르베르어 신문이 창간되었다. 베르베르문화운동은 정치적 색채를 배제했지만, 운동원들은 곧 기존의 두 카빌리 정당들, 즉 사이드 사디의 RCD 계열 '민족공조연합'과 호신 아이트-아흐메드의 FFS 계열 '민족위원회' 지지자들로 분열했다. 알제리 정부는 1990년 티지-우주대학, 1991년 베자야대학 내 '타마지흐트어 · 문화학과' 개설을 결정했다. 이후 알제, 티지-우주와 베자야에서 타마지흐트어 강의가 계속되고 있으며, 베르베르 전 지역과 많은 도시에서 '베르베르문화협회'들이 결성되어 활동하고 있다. 또한 알제리 정부는 1995년 '아마지흐고등위원회'를 설치했다.

2000년 들어서 베르베르문화운동을 추진하고 있는 카빌리 청년들은 제도권 정치를 불신하며, '아아르슈'와 같은 전통 제도의 회복을 시도하고 있다. 2001년 4월 21일 브니-두알라 국가방위대에서 고등학생 마씨니싸 게르마흐가 피살되었던 사건은 격렬한 폭동을 야기했다. '검은 봄(Printemps noir)'이라고 불렀던 이 사건은 100여 명이 희생되고 2000여 명이 부상을 당하는 심각한 충돌이었다. 이 충돌은 카빌리, 티지-우주, 베자야 3개 윌라야의 하위 행정체계인 '아아르슈', '다이라', '코뮌'의 공조연합이 정부에 보내는 공동 요구서를 채택하면서 일단 진정되었다. 요구서에 대한 정부의 대응이 미온적이자 일부 카빌리인이 블라이드 아브리카를 중심으로 2001년 9월 '카빌리자치운동(MAK)'이라는 단체를 결성했다. 2003년 알제리 정부는 원칙적으로 타마지흐트어를 국가 공식어로 인정하기는 했으나 실제적인 것은 아니었다. 또한 '엘-크스르 강령'의 2개 항, 즉 '국가방위군 철수'와 '군에 대한 민간의 우위성 인정'은 해결되지 않았다. 운동가들은 정부와 협상을 하려는 '대화파'와 그 반대파들로 분열되었으며, 그 과정에서 대중의 지지가 약화되었다.

프랑스에서도 많은 베르베르문화협회가 결성되어 적극적인 문화 활동을 전개했으며 현재까지 이어지고 있다. 언어, 춤, 노래 강좌 외에도 강연회, 학술회가 개최되고 있으며, 베르베르어 라디오와 TV는 파리에서부터 알제리까지 위성을 통해 전달되어 베르베르 문화의 활력을 보여주고 있다.

사회주의세력전선 FFS: Front des forces socialistes

'민족해방전선' 지휘자 중 한 사람이었던 호신 아이트-아흐메드를 중심으로 아흐메드 븐 블라 정권에 대항하기 위하여 1963년 카빌리인들이 다수 참가하여 결성한 정당이다. 1947년부터 지하무장 독립군 조직인 '특수조직'을 븐 블라와 공동으로 지휘하는 사령관이었던 아이트-아흐메드는 1956년 '민족해방전선' 지도부가 탔던 비행기가 납치된 사건으로 투옥되어 1962년에 출옥했다. 아인 엘-함맘의 마라부트 가문에서 1924년 태어난 그가 1963년 결성한 FFS는 카빌리 내 무장 세력을 형성하고 반정부 활동을 했던 정치조직이었다. FFS가 민주사회주의를 표방하며 수립한 계획에는 베르베르 관련 사항이 포함되지는 않았으나, 카빌리 전통 조직인 '즈마아'의 복원을 주장했다. FFS가 지하에서 무장 활동하는 과정에서 많은 베르베르주의자들이 희생되었다. 아이트-아흐메드 자신도 1964년 체포되어 1966년 국외로 추방되었다. FFS는 1978년 베르베르어를 국가 공식어로 인정할 것을 요구했으며, 1980년 '베르베르의 봄' 사건의 배후 조직이었다. 체포, 구금되거나 망명했던 지지자들은 알제리 내에서 베르베르인의 위상을 위한 활동을 계속하고 있다. 1989년까지 비밀조직 상태였던 FFS는 카빌리 지역에서 높은 지지를 받으며 적극적이고 지속적인 반정부 활동을 전개하고 있다.

셰이흐 아흐다드 cheikh Aheddad(1791-1873)

카빌리에서 널리 알려진 인물로 1857-1873년 사이에 라흐마니야 교단의 책임자였다. 이 교단은 1871년 봉기를 주도했다. 아흐다드는 숨맘 계곡 우안 스두크 출신으로 실제 이름은 모하메드 아므지안 븐 알리였다. 교단 지도자였던 시 엘 하즈 아마르가 1857년 프랑스 정복에 저항하는 운동을 벌인 이유로 추방당하자 그의 뒤를 잇기 위하여 지명되었다. 알려진 것과는 달리 교계 혈통이 아니고 대장장이 집안 출신으로, 아흐다드(대장장이)라는 그의 별명은 여기서 기인한다. 그는 교단에 특이한 성격을 부여했다. 1871년 바샤하 모크라니(므쟈나 평원의 전사귀족)와 연합하여 프랑스에 대한 저항 운동을 전개했으며, 정치적 요구와 아울러 토지 소유의 불가침성에 대한 성전(지하드)을 공개적으로 호소하여 카빌리 부족들을 대규모로 결집했다. 그의 호소에 250개 카빌리 부족이 호응했다. 봉기가 실패하자 항복하여 베자야 감옥에 투옥되었으며, 그의 두 아들 아지즈와 음하메드도 체포되어 재판을 받았다. 아흐다드는 5년의 구금형을, 음하메드는 5년의 징역형을 선고받았으며, 아지즈는 뉴칼레도니아의 '펭' 섬으로 유배되었다가 탈출했다. 아흐다드는 형기가 끝나기 전 1873년 4월에 82세로 사망했다. 그는 그가 발휘했던 카리스마로 식민정복에 대한 카빌리 저항의 상징이 되었다. 그는 카빌리 사람들의 가장 심층적인 욕구를 간파하고 그 명분을 위하여 종교를 활용할 줄 알았으며, 이것이 카빌리 이슬람교의 특성이 되었다.

숨맘회의

숨맘 계곡 이프리에서 독립전쟁 발발 2년째인 1956년 9월 4일에 개최되었던 중요한 회의다. 람단 압반, 아미루슈, 블카슴 크림, 오마르 우암란 등 4명의 카빌리 출신 '민족해방전선' 지도자가 참가했다. '민족해방전선'에 참여하는 모든 집단 간의 합의제 원칙, 군사적 관심에 대한 정치적 관심 우위 원칙, 외부보다 내부 우위 원칙 등 3개 원칙을 중심으로 헌장이 작성되었다.

　이 헌장이 실제 적용되었다면 알제리의 이후 역사는 크게 달라졌을 것이다. 미래 알제리 정부의 비종교성을 포함한 헌법 초안까지 작성되었으나, '민족해방군'의 다수 인물들이 외국(모로코와 튀니지)에 머물다가 1962년 알제리로 귀환하면서 알제리 독립정부 조직 내에서 더 큰 영향력을 행사하여 무산되었고, 결의한 중요 사항들도 실현되지 못했다. 람단 압반은 1957년 12월 모로코에서 몇몇 동료들에게 살해되었다. 1962년 '에비앙 합의'로 독립전쟁이 종식되면서 외부에 머물렀던 독립군이 귀국하여 권력을 잡고 당시 수립된 신생 정부를 지원했다.

식민정복

1830년에 알제리에 상륙했던 프랑스군은 여러 차례의 공격을 거쳐 27년이 지나 카빌리를 정복했지만 카빌리에는 알제리 다른 지역과 달리 프랑스인 이주자들이 없었다. 알제와 가까워도 워낙 험한 산지였으며, 1871년 봉기에서 보듯 카빌리 농민들이 전투적이었기 때문이다. 또한 땅이 너무 척박했다는 점도 그 원인 중 하나였다. 프랑스인들은 초기 몇 차례 시도 끝에 포기했으며, 돈 많은 몇 명의 카빌리 사람들이 대부분의 땅을 사들였다. 결국 산지 주변과 평원에 있는 소수 마을만이 식민 당국의 수중으로 넘어갔다.

식민통치 기간 동안 프랑스인의 지배로 사회구조가 파괴되면서 생긴 간접적 결과는 이민이었다. 초기에는 알제리 내부에서 계절에 따른 이동이었으나 점차 장기화되어 교육을 받은 사람들이 프랑스로 진출했다. 인구 증가, 수공예 산업의 와해, 급격한 도시화가 동시에 진행되어 카빌리는 거의 프랑스로 진출한 이민자들이 보내는 수입에 생계를 의존했다. '가족 이민'이 허용되기 시작한 1975년 이후 프랑스 이민은 크게 줄어들어, 이제는 노령 인구와 일자리를 찾는 청년들만 남아 있다.

식민정복(저항)

카빌리인들은 내부에서도 싸움이 잦았지만 외부의 침략자들에 대해서도 대단히 적극적으로 저항했다. 알제를 점령한 프랑스군이 카빌리를 공격하기 시작했을 때, 25,000명에 달하는 카빌리 사람들이 산에 요새를 구축하고 격렬하게 저항했다. 프랑스군이 마지막으로 남아 있던 카빌리 지역을 정복한 것은 알제에 상륙했던 1830년으로부터 27년이 지난 후였으며, 최종 항복을 받은 것은 1871년 카빌리 사람들의 대규모 봉기를 진압하고 난 후였다. 27년간 프랑스군은 최소한 14차례에 걸쳐 지역을 평정하려 했으나, 카빌리인들의 매섭고도 효과적인 방어 때문에 번번이 물러나야 했다. 카빌리 사람들이 마지막 방어진지를 구축하고 있었던 고도 1,065m에 위치한 이쉬리든에서는 1857년과 1871년 두 차례 대단히 치열한 전투가 벌어졌다. 이쉬리든은 아가와 고원 상층부까지 올라온 프랑스군의 대포를 막기 위하여 카빌리 남자들이 죽기를 각오하고 대비하고 있었던 곳이었다. 1855년 프랑스의 1차 공격 때는 유명한 파드마 은수므르가 많은 여자들과 함께 군대를 격려하기 위해 왔다는 이야기도 전해진다. 그러나 카빌리 민간 부대가 아무리 용감하다 해도 프랑스 정복군의 기술력을 당할 수는 없었다. 프랑스군에는 평원에서부터 길을 열었던 공병대 기계들이 있었고, 카빌리 전 지역을 사정거리 안에 두고 있었던 대포가 있었으며, 군인 수가 압도적으로 더 많았다.

프랑스군에 저항했던 압들카드르는 1839년과 1845년 두 차례에 걸쳐 카빌리 지방에 자금과 군인 제공을 요청했으나 카빌리는 거절했다. 거절의 이유는 카빌리 사람들의 독립성에 있다. 카빌리인들은 압들카드르의 통일 구상을 경계하면서 독립을 유지하고자 했기 때문이다. 결국 압들카드르는 카빌리에 종교가문 출신 칼리프(대령) 1명과 3명의 '아하'를 파견했지만, 평원 사람들(암라와) 외에는 거의 동원하지 못했다. 1846년 압들카드르가 항복하면서 암라와들도 항복했다.

싸움

프랑스 식민통치 이전에도 마을이나 부족들 간에는 싸움이 빈번했다. 마을의 규수를 이웃 마을에 시집보내는 데 대해 이견이 있는 경우나 시장을 여는 날짜와 장소에 대해 이견이 있는 경우 생기기도 하고, 이웃 부족이 놀리는 땅에 방목을 하거나 가축을 훔친 것이 계기가 되기도 했다.

카빌리 사람들은 항상 용감한 전사들이었으며, 서로 대담함과 지략을 겨루는 오랜 전쟁 문화를 가지고 있다. 예전에는 젊은이들이 성인 남자 사회에 들어가기 위하여 활쏘기 훈련을 했다. 사냥은 전쟁을 준비하는 가장 중요한 활동이었다.

진정한 카빌리인은 항상 무기를 가지고 다니며 명예와 자유를 지키는 수호신이라고 생각한다. 시(詩)에서는 용감한 남자라면 골짜기든, 평원이든, 고원이든, 언덕이든 싸움의 장소를 가리지 않는다고 읊는다.

아마지흐/이마지흔 amazigh/imazighen

신세대 카빌리 운동가들이 베르베르인을 부르는 명칭이다. 단수는 '아마지흐', 복수는 '이마지흔'이다. 카빌리 전통문화에서는 사용하지 않아 옛사람들에게는 낯선 명칭이다. 1945년 1월 벤-아크눈 고등학교 학생이며 민족주의자였던 무한드 우 이디르 아이트-암란이 부른 노래 '으크르 아 음미스 우마지흐(Ekker a mmis umawigh: 일어서라, 아마지흐의 아들이여)'에서 쓰기 시작했다. 알제리의 독립과 아울러 베르베르주의를 표방하는 청년 운동가들이 전개했던 민족주의 운동을 상징하는 일종의 민중가요였다.

이 단어는 현재 카빌리에서 널리 사용되고 있다. 여성형 '타마지흐트'는 모로코 미들 아틀라스 지방 베르베르어를 지칭하기도 한다. 사하라 베르베르인인 투아레그족들은 '고귀한 자연인'을 뜻하는 이 단어를 아크리(흑인 노예)와 대립되는 의미로 사용했다. 이 단어는 헤로도투스가 사용한 '막시예스(maxyes)', 이븐 할둔이 인용했던 '마지그(mazig)' 혹은 고전 라틴어의 '마지스스(maz-ices)'와 같은 계열로 보이지만 그동안 사용되지 않았다. 현재 운동가들은 '타마지흐트(베르베르어)'를 쓰는 사람들이 살고 있는 지역 전체를 '타마즈하' 혹은 '타무트 이마지흔'이라고 부른다.

아비드/아크란 abid/aklan

보흐니 보르즈를 중심으로 주로 흑인들로 구성되어 터키인들 휘하에서 봉사했던 용병들이다. 300명 정도의 기병으로 구성되어 보흐니 보르즈에 주둔했다.

아하 agha

터키 행정관을 지칭하는 단어다. 터키인과 카빌리인의 갈등이 빈번했던 평원 지역의 행정적·군사적 지배권을 가지고 있었다. 티지-우주나 그슈툴른 보르즈 같은 곳을 지휘하기도 했는데, 19세기 티지-우주에서는 30-50명 정도, 그슈툴른에서는 50명 정도의 보병을 보유하고 있었다. '아하'는 원래 터키 총독 카이드를 보필하는 직책이었지만, 후에 프랑스 지배하에서 행정 담당관을 지칭하는 단어로 사용되었다(정복 초기-1871년 봉기, 1919-1962년).

왕 아글리드, agellid, 쎌탄, sseltan

리비크어에서 기원된 베르베르어 '아글리드'는 누미디아 왕의 칭호로 카빌리에서는 아직도 최고 권력자라는 의미로 사용한다. 술탄보다 더 우월한 존재로, 알라를 '아글리드 이글리단(agellid igellidan: 왕 중 왕)'이라고 부른다.

카빌리 사람들은 항상 권력자와 갈등 관계에 있었다. 알제의 총독 데이, 튀니스의 총독 베이 외에도 술탄이라고 불렀던 모든 권력자들과도 마찬가지였다. 반면에 아글리드는 대체로 초자연적이고 신화적 성격의 힘을 가지고 있는 인물로 존경과 두려움을 갖게 하는 인물이다. 설화에서는 절대 권력의 전형인 하룬 에르 라시드만이 아글리드다. 아글리드의 권력은 절대적인 것으로, 설화 속에서 매번 권력을 남용하고 주인공에 의해 무너지는 모습으로 그려지는 술탄과는 다르다. 역사적으로 아글리드라는 칭호를 받을 자격이 있는 인물은 아무도 없었다. 스페인 사람들이 '레이(rey: 왕)'이라고 불렀던 '쿠쿠'조차도 개인 권력에 반발하고 평등주의적 원칙을 고수하는 카빌리 사람들에게 '아글리드'라는 칭호를 받지 못했다. 아마도 카르타고인들과 함께 스페인에 원정하여 로마군에 대적했으며 베르베르 왕국을 통일했던 위대한 마실레스 왕 시팍스와 마씨니싸만이 아글리드의 칭호를 받을 자격이 있을 것이다.

역사

카빌리 구전 서사물은 역사를 담고 있는 경우가 많다. 예를 들면 지인이나 친지들이 고향이나 이주지에서 겪거나 목격했던 사건들을 노인들이 이야기해주는 것이다. 일종의 역사적 재구성으로, 이념적·애족적 측면에서 중요한 가치가 있는 과거의 사건들을 그 주역들의 신분과 행동을 통하여 반복해서 전달한다. 그 한 예로 19세기 초 아이트 즌나드 부족이 스바우 강 평원에 머물고 있는 터키인들과 암라와에 맞서 싸운 사건을 운문이나 산문으로 이야기하는 것이다. 이 사건은 아이트 즌나드 부족이 살고 있는 산 아래 완만한 경사를 이루고 있는 곡물 생산지를 해군에서 쓸 나무를 베어가려고 하는 터키인들에게 내줄 것인가를 결정해야 하는 문제에서 발단이 되었다. 이러한 이야기들은 침략자나 정복자들에게 성공적으로 항거한 이념적·정치적 모델의 가치를 가지고 있어 식민지배 기간 동안에도 전승되었다.

역사적 사건은 남자들의 이야기뿐 아니라 여자들의 한탄가에도 있다. 독립전쟁 기간 동안 일어났던 여러 사건들, 예컨대 독립운동가들이 프랑스 비밀경찰의 계략을 분쇄하여 일을 꾸민 프랑스인들을 오히려 불리하게 만들었던 사건은 카빌리 사람들의 저항 정신을 보여주는 이야기의 원형이 되고 있다('푸른 새 작전' 항목 참조).

유구르타(기원전 154-104)

유명한 베르베르 왕으로 마씨니싸의 손자다. 로마에서 자랐다. 카빌리에서는 전쟁을 했다는 기록이 없어서 카빌리에 온 적이 없던 것으로 추정한다. 누미디아 동쪽 키르타(콩스탕틴)까지 영토를 확

장하여 키르타를 로마제국으로부터 해방했다(기원전 108-106). 그
러나 그가 죽고 난 뒤 키르타는 카이사르에 의해 다시 로마제국의
영토가 되었다. 로마의 감옥에서 목 졸려 살해되었다. 그의 이름은
아주 유명해져서 카빌리에서 태어난 아이들 이름으로 많이 붙이
고 있다.

유바 1세(기원전 50-46), 유바 2세(기원전 24-기원후 24)

로마제국 시대 베르베르 왕이었다. 유바 2세는 서부 모레타니에서
현명하게 통치했던 군주였다.

유태인

유태인은 카빌리에서 존중을 받지 못한다고 할 수 있다. 카빌리 사
람들 가운데 유태인 출신이 없지 않지만 마치 이방인들처럼 배척
을 받는다. 흑인과 같은 인종차별의 대상이며, 그 정도가 더 심하
다고 볼 수도 있다. 흑인은 신체적으로 힘이 세다는 측면에서 두려
워하지만 유태인처럼 간교하다고 여기지는 않기 때문이다. 유태
인은 배척의 대상이어서 그 단어를 발설할 때 '실례가 되지만'과
같은 말을 같이 히기도 한다. '탈릅(신학생)'처럼 주술 능력이 있고,
때로는 주술로 유혹을 한다고 하여 기피하는 대상이다. 재단사, 보
석공예사, 귀중품 전문가가 많다고 알려져 있으며, 상업적 기질 측
면에서 카빌리 사람들의 무서운 경쟁자들이다. 유태인들은 흔히

고리대금업과 같은 비생산적 방식으로 재산을 축적한다고 알려져 있다. 고리대금은 직접 생산을 통해서 재산을 모으는 것만이 정당하다고 생각하는 카빌리 사람들이 동의하지 않는 금전관계다.

어떤 설화에서는 유태인이 탐욕스럽고 음흉하고 냉혹하다고 비난하면서, 유태인을 무너트리는 카빌리 주인공이 정직하고 공정하며 신뢰할 수 있다는 점을 부각시킨다. 그러나 소위 유태인의 사악함이란 대개 카빌리 사람의 도발로 생긴다. 실제 유태인으로 등장하는 인물은 사람들로부터 받은 경멸을 복수할 때에 한해서만 무서운 사람이 된다. 유태인의 사악한 행동들은 그에 대해 사람들이 보여주었던 지나친 혐오감에서 오는 것이다.

이민

카빌리 남자들은 대대로 이동성이 높은 사람들이었다. 가족을 고지대에 안전하게 남겨두고 생계를 위한 보조 수입원을 찾아 대도시로 떠나는 경우가 많았다. 대부분 집안의 다른 남자들에게 아내와 자식을 맡기고 혼자 떠나서 정기적으로 귀향했다. 우선 도시에서 산 싸구려 물건들을 걸어서 혹은 노새를 타고 이 마을 저 마을로 팔러 다녔던 행상들이 있다. 소를 콩스탕틴 지역에서 산 후 카빌리에서 되팔았던 아이트 부드라르 부족의 가축 상인들이 가장 부유한 편이었다. 도시에서 건축 일을 하는 석공들도 많아 '알제는 카빌리 사람들이 지었다'는 말도 있으며, 일부는 알제에 정착하기도 했다. 용병을 자원했던 경우도 많았다. 터키인 알제 총독이나 튀니스 총독 수하 근위병으로 유명한 '즈와와'는 반란의 진압 책임을 맡은 정예 부대였다. 프랑스 식민통치 때는 프랑스군에 자원 입대하기도 했는데, 1895-1896년 마다가스카르 전투에 참여했던 사람들도 있었다. 아이트 즌나드 부족 사람들은 특히 오랑에 이주하여 터키탕에서 일했다. 고용되었던 사람들 중 지금은 목욕탕 주인이 된 경우도 있다. 그 외에도 정원사, 대장장이, 무기제조인, 식료품상 등 도시의 다양한 직업에 종사했으며, 때로는 가족 전체가 정착하기도 했다. 프랑스 식민지배 시기에는 미티쟈 평원에서 '오렌지를 지키거나' 수확했던 계절노동자들이 있었다. 고향을 떠나 도시에 간 사람들은 대부분 마을별로 인맥을 구성하여 먼저 정착한 사람들이 새로 오는 사람들을 맞이하고, 적응할 수 있도록 돕곤 했다.

1910년부터는 이러한 인맥이 프랑스에도 생기기 시작했다. 지중해를 처음 건넜던 카빌리 사람들은 집에서 부인이 만들어주는 양탄자나 텐트를 마르세이유에 가서 파는 행상들이었다. 그 다음에는 이탈리아인들에 이어 마르세이유 비누공장 고용 노동자로 일했으며, 이어 북부 광산 노동자로 일했다. 프랑스 내 카빌리 사람들의 수는 1912년 이미 1만 명을 넘었다. 동부 철광 공장, 클레르-몽페랑에 있는 미슐렝 회사, 파리 지역 자동차 생산 공장이 이들이 노동자로 일했던 곳들이다. 1920년대 대카빌리 전체 인구의 5%와 아가와 고원지대 인구의 8%, 즉 성인 남자 인구의 1/3이 프랑스에 이주해 있었다. 1934년 프랑스 내 알제리 출신 이민자 가운데 3/4이 카빌리 출신이었으며, 1950년에는 60%였다. 카빌리 출신자들은 현재 프랑스 전국에 퍼져 있지만, 특히 파리, 마르세이유, 리용 등 북동부와 낭트나 툴루즈와 같은 지역에 많이 분포되어 있다. 규모가 약간 있는 프랑스 도시치고 카빌리 사람이 살지 않는 곳은 아마도 없을 것이다. 노동자들뿐 아니라 사업가, 자유직, 지식인 등 엘리트 계층에도 카빌리 출신자들이 진출해 있다.

설화에서 아버지와의 이별은 주인공이 모험을 시작하는 시점이다. 아버지의 부재는 가족을 덮칠 수 있는 위험에 노출됨을 의미하기 때문이다. 그래도 남자 혼자 집을 떠나는 노동이주는 대가족의 단합을 크게 해치지 않는다. 남자형제나 아들 같은 다른 남성들이 남은 가족과 아이들을 보살피기 때문이다. 그러나 1975년 프랑스 정부가 가족 재결합을 허용하면서 상황이 달라졌다. 대가족에서 떨어져 나간 부부가 프랑스에서 새로운 핵가족을 이루고 살게 되었다. 타지에서 낳은 아이들이 자라면서 새로운 도시 생활 방식에 따라 살게 되고 이민은 더 안정적이 되었으며, 점차 대가족이 해체되고 주민의 구성이 불균형하게 되었다.

해외 이민이 많아지면서 세계 각지에 카빌리 디아스포라가 형성되었다. 영국, 벨기에, 네덜란드, 독일, 이탈리아 등 유럽 외에도 1871년 봉기 이후 프랑스 정부가 강제 노역을 보냈던 뉴칼레도니아까지 카빌리 사람들이 정착하고 있다. 일부 종교가문은 시리아에 망명하기도 했다. 프랑스어권인 캐나다 퀘벡에도 많은 카빌리 사람들이 이민해 있으며, 미국 시카고나 오스트레일리아로 이주한 사람들도 있다.

카빌리 내 프랑스 학교 설립과 이민 현상이 겹쳐지면서 타문화동화를 촉진하여, 정치의식 각성과 베르베르적 정체성 요구에 결정적 영향을 주었다. 대단히 활발하게 활동하고 있는 프랑스 카빌리 이민자 사회는 항상 카빌리의 정치적 문제에 귀를 기울이고, 여러 협회를 통해 적극적으로 참여하고 있다.

카빌리 사람들이 프랑스까지 진출하게 된 것은 20세기 초반제1차 세계대전(1914-1918) 직전이었다. 첫 이주자들은 대개 고향에 남아 있는 집안을 대표하여 혼자 출발했고, 체류기간이 1년에서 3년 정도로 짧았다. 남자형제나 사촌이 그의 뒤를 이어 출발하는 이 방식을 '노리아(noria)'(사야드, 1977)라고 불렀다. 이후 체류가 길어지면서 남자들은 노동 이민 자체를 하나의 직업으로 생각하고 휴가 때만 귀향하다가 은퇴가 가까워지면 완전히 귀환하게 되었다. 카빌리에서는 이들이 '송금 노동'을 한다고 말했다. 1974-1975년부터는 '가족 재결합' 정책이 실시되고 가족 이민만이 허용되어, 휴가철 고향으로 돌아오는 가족 이민이 안정적으로 자리 잡았다.

카빌리 사람들은 초기 마그레브 출신 프랑스 이민자들로 알제리 이민자의 3/4을 점하고 있었다. 현재 프랑스에는 가족을 포함한 카빌리 출신자들이 약 100만 명 정도 살고 있다.

프랑스인으로 귀화한 카빌리 이민자들도 모든 형식의 예술적 표현(언어, 문학, 조형 그래픽 예술, 음악 예술 등)을 통하여 카빌리 문화를 보존하려고 적극적으로 노력하고 있으며, 시민 생활에 참여하고 있다.

임스블 imsebbel

"생명의 희생을 전제로 자원한 선사"(달레, 1982). 독립전쟁 기간 동안에는 독립을 위해 봉사하겠다는 맹세를 하고 집에 남은 남자들을 지칭하는 단어로 사용되었다. 그러나 원래는 카빌리인들의 용맹한 전통을 구성하는 한 요소로 지역을 지키기 위해 침입자나 정복자들에게 대항하여 자신을 희생했던 젊은이들을 뜻하는 것이다. 죽음의 기도를 마친 뒤 적을 막는 마지노선에 배치되었던 전사들이었다. 1857년 카빌리 정복 전투에서 이들과 처음으로 마주쳤던 프랑스군은 다음과 같은 증언을 남기고 있다. "일부 참호에서 우리 군은 허리까지 벗고 짧은 바지만 입은 남자들을 발견했다. 이들은 물러서지 않기 위해 서로 무릎을 밧줄로 묶고 있어 총검으로 그 자리에서 죽여야 했다. 이들이 '임스블'이었다"(로벵, 1998).

봉기를 진압하던 1871년 "3월 21일 프랑스군의 야간 공격을 저지하기 위해 포르-나시오날에 대기하고 있던 전사의 수가 1,600명이었다"(로벵, 1999). 아즈롱은 그 수가 1,600명이 아니라 2,000명이었다고 전하고 있다(1968).

전술

카빌리 사람들은 오랫동안 프랑스의 정복에 대항했다. 프랑스가 시디 페루슈에 처음으로 도착한 후에도 카빌리 사람들은 긴 시간 동안 상대적인 독립을 유지하고 있었다. 산지에서 전투를 벌이는 것은 대단히 어려운 일이었는데, 카빌리 사람들은 이에 익숙했다. 가족들과 집을 고지대에 두고 산지를 얼씬거리는 외부 공격자들에 대항하여 항상 승리를 거두었다. 구석구석을 이미 알고 있을 뿐 아니라 아래를 굽어볼 수 있는 고지대에 있었던 그들은 계곡, 골짜기 후미진 곳, 나무, 바위 등 지형에 맞는 매복 전술을 구사했다. 지형을 최대한 활용하여 바리케이드와 참호를 일정한 간격으로 연속적으로 배치하여 공격에 대항했을 뿐 아니라 덤불, 나무, 바위

사이를 민첩하게 누비고 다니며 프랑스군을 집요하게 공격했다. 전투를 목격했던 사람들은 두 명의 카빌리 전투원이 연합하여 다음과 같은 전술을 구사했다고 묘사하고 있다. 한 사람은 바닥에 엎드려 엽총을 쏠 준비를 하고 다른 하나가 갑자기 벌떡 일어선다. 적군이 일어선 사람을 쏘려고 하는 순간 서 있던 사람이 몸을 바닥으로 숨기고, 엎드려 있는 사람이 일어나 총을 쏜다. 전통적 전술인 매복과 집요한 공격에 더하여 도로 파괴, 시설 파괴, 폭파 등 현대 병법을 병행한 게릴라 전투 방식은 독립전쟁 초기에도 큰 효과를 거두었다.

전쟁

침입자에 대항하는 전쟁은 대개 마을 규모 이상의 공동체의 결속을 강화하는 시련이었다. 설화에서는 아이트 즌나드 부족이 터키인들과의 싸움에서 승리했던 것과 같은 사건을 즐겨 다루고 있다. 이 싸움은 터키 주둔군이 그들의 전함을 만드는 데 필요한 재목을 구하기 위해 산 위 숲을 향해 스바우 평원을 가로질러 가면서 카빌리 사람들이 경작한 곡물 농사를 망친 것이 발단이었다. 평원의 땅은 카빌리 사람들과 터키인들 사이의 갈등의 원인이었을 뿐 아니라 터키인들과 연합한 암라와, 즉 여러 부족의 남자들이 혼합하여 이루고 있는 집단과 카빌리인들이 벌였던 싸움의 근원이었다. 곡물 농사를 할 수 있는 땅이 충분하지 못했던 카빌리인들에게 평원의 밭은 중요한 것이었다.

그밖에 여자 문제나 토지 경계선 문제 혹은 가축 도난으로 부족들 간의 싸움이 촉발되곤 했었다. 부족 간에 혹은 마을들 간에 싸움이 벌어지면 각기 구축한 방어벽 안에서 몸을 숨기고 비슷한 화력으로 싸우게 되는데, 대개 싸움 당사자가 아닌 다른 부족과 연합하는 것으로 끝났다. 터키인들과 싸울 때는 전력의 불균형이 심각했다. 터키군은 기병을 활용했지만 카빌리 사람들은 (대장 몇 명을 제외하고는) 말을 타고 있는 경우가 드물었기 때문이다. 카빌리 사람들이 화약 무기를 가지게 된 것은 비교적 최근의 일이다. 그러나 보병뿐이더라도 산에 매복해서 전투를 벌이는 경우 카빌리 사람들은 무적이었다. 귀중한 평원의 땅을 침입자들에게 넘기고 굶어 죽을 위험을 무릅쓰며 높은 산에 마을을 만들어 사는 이유는 저항이 쉽기 때문이었다. 자신들의 힘이 어디에 있는지 알았던 것이다. "산에 가족이 있는 사람은 평원에서 두려울 것이 없다"는 것이 그들이 늘 하는 말이다. 내부의 빈번한 싸움에도 불구하고 외부인이 카빌리의 명예를 훼손하는 경우 이들은 단합한다. 그때는 지휘자 몇 사람의 명령에 복종하는데, 지휘자의 권위는 항상 일시적인 것으로 제한하여 그들이 자의로 권력을 남용하는 것을 피했다.

카빌리 사람들은 호전적이고 전투적이라고 알려져 있다. 이러한 명성에도 불구하고 대포를 보유한 프랑스 식민정복군의 우월한 기술에는 저항하지 못했다.

즈물, 즈말라 zmoul, zmala

출신이 다양한 모집군으로 터키군 요새 주변 경작지를 분배받아 농사를 지으며 사는 군인들이었다. 말과 엽총을 가지고 있었던 이들은 터키인 사령관의 호출에 즉시 응해야 했다. 터키인들이 점령했던 땅에는 아크란(흑인)들과 아비드(해방 노예)들도 있었다. 대개 터키인들을 위해 일했지만, 때로는 카빌리 편을 들기도 했고, 필요한 경우 카빌리 내부 싸움에 개입하기도 했다.

즈와와, 주아브 zwawa, zouave

대카빌리 중앙 아가와 고원 주민들은 터키가 알제리를 점령했던 시기에 알제로 많이 이주했다. 그들 가운데 일부가 총독 데이의 용병으로 기용되었는데, 터키어에는 아랍어와 마찬가지로 '그(g)' 음소가 없어, 이들을 '즈와와'라고 불렀다. 이 명칭은 차츰 카빌리 사람들로 구성된 엘리트 보병 군단을 지칭하게 되었다. 이들 중 2,000명은 터키 근위 보병의 반란 진압을 맡고 총독 근위대가 되었으며, 나머지는 모로코 술탄과 튀니스 총독 데이의 용병이 되었다.

프랑스 군대는 1830년 이러한 전통을 이어받은 '주아브' 군단을 창설했다. 처음에는 주로 카빌리인들로 구성되었으나 곧 1830년 파리에서 전투를 했던 프랑스인 및 외국인 자원병으로 대체되었으며, 결국 프랑스인만 남게 되어 제1차 세계대전 초반까지 여러 연대가 활약했다. 제1차 세계대전 중에는 일부가 북아프리카에 주둔하면서 프랑스 해방을 위하여 전쟁에 참가했다. 후일 '주아브'라는 단어는 푸른 상의에 붉은 바지 군복을 입은 프랑스군의 여러 보병단의 명칭으로 사용되었다. 이들은 루이지애나(1861년), 뉴욕(1863년), 브라질 바히아(1870년까지)에 주둔했으며, 터키에서도 1914년까지 주둔했다.

쿠쿠 Koukou

아이트 야히야 부족이 거주하는 지역에는 아직도 종교 혈통의 대가문인 블카디 가문이 소유했던 성채의 유적이 남아 있다. 블카디 가문은 동쪽 아가와를 포함한 여러 지역을 지배하며 2세기 동안 (16-17세기) 중요한 역할을 했다. 스바우 계곡에 영지를 소유하고 있었으며, 여러 부족 및 분파들과 결연을 맺었다. 알제 총독 데이와는 대단히 복잡한 역사를 가지고 있다. 16세기 알제 총독 카이르에딘 바르브루스가 카빌리에 쳐들어왔을 때 카빌리에 들어서는 입구인 이쓰르 계곡에서 전투를 벌여 승리했다. 카빌리 사람들은 도주하는 총독을 알제까지 추격하여 알제를 정복했으며, 이를 계기로 쿠쿠 가문의 아흐메드 블카디가 약 5년 동안(1520-1525년) 알제를 통치했다. 이어서 블카디는 사헬-숨맘 계곡에서 베자야 근방까지 카빌리 대부분을 세력권에 넣었다. 당시 많은 카빌리 사람들이 알제로 이주하여 석공, 상인, 장인, 조경사, 일용 노동자로 정착했으며, 해군 자원병이 되기도 했다. 일부는 터키군에 입대한 후 엘리트 보병단을 구성하여 1595년 '근위보병의 난'을 진압하기도 했다. 이들이 유명한 '즈와와'로 18세기 초반에는 총독의 경비를 담당하는 근위대 역할을 했다. 블카디 가문은 후계자와 방계 혈족들의 분란으로 쇠락했으며, 관할지는 1640년 터키군에게 넘어갔다.

타마지흐트(베르베르어) tamazight

많은 카빌리 청년들이 베르베르어를 통칭하는 단어로 사용하고 있다. 모로코의 미들 아틀라스 베르베르인들이 자신의 언어를 부르는 명칭이기도 하다. 베르베르인을 지칭하는 '아마지흐'와 함께 최근 주목을 받고 있는 단어로 알제리 정부가 2003년 초 알제리 국가어로 인정했다.

터키인

브니-아이샤 고개 너머 알제에서 겨우 50여km 떨어진 카빌리 산지는 카빌리인들의 저항이 심해서 알제리 수도에 군림하고 있는 터키 권력자들에게 항상 위험한 곳이었다. 터키인들은 지배 기간 내내 산 아래 평원에 보르즈나 요새를 건설하여, 저항할 태세를 갖추고 있는 카빌리 사람들을 감시했다. 알제로 넘어오려고 하는 카빌리 사람들의 공격을 예방하여 알제와 콩스탕틴 사이 호송대의 안전한 왕래를 보장하는 것과 카빌리 사람들에게 세금을 걷는 것은 터키인들에게 중요한 과제였다.

보흐니 드라 엘-미잔 분지나 스바우 강 평원, 남쪽으로는 사헬 숨맘 계곡 등 많지 않은 카빌리 평원에 터키군이 주둔하고 있었던 것이 카빌리 사람들과 터키인들 사이에 분쟁이 끊이지 않는 원인이었다.

평원의 터키군은 '근위 수비대(예니체리군)' 외에도 흑인과 여러 부족들, 해체된 카빌리 부족들(암라와)과 마을에서 추방당한 카빌리 사람들을 고용하여 보조 부대를 구성했다. 그리고 이들에게 몰수한 토지와 말 한 필, 엽총을 주어 호출하는 즉시 전투를 할 수 있게 했다. 절대적으로 우월한 전력을 가진 보병단을 만들어 평원의 질서를 유지했던 것이다. 신분이 높은 소수만 말을 탈 수 있었던 카빌리인들로서는 평원에서 이들과 대적할 수 없었다. 그러나 산지에서는 고지대 마을들이 연합하여 지형에 맞는 매복 전술을 구사할 수 있었기 때문에 상황이 달랐다. 더구나 카빌리 사람들이 마을의 포위망을 풀기 위하여 아이트 즌나드 부족이 사용했던 것과 같은 술책을 쓰곤 했으므로 터키인들에게 불리했다. 밀과 무화과를 잔뜩 먹은 소를 풀어놓아 아직 먹을 것이 많다고 생각하게 만드는 술책 등이다. 터키인들과의 갈등은 평원 가장자리에 살고 있는 부족들에게 구전 이야기로 전해지고 있다. 세금을 내지 않으면 과실나무를 베어 버렸던 터키인들의 만행은 이들이 결코 잊을 수 없는 일이었다. 카빌리 사람들은 터키인에게 세금을 낸 마을에 수치스러운 벌을 주었는데, 마을 남자 한 명에게 노파의 옷을 입히고 가축의 내장으로 만든 목걸이를 목에 둘러 시장을 돌아다니게 한 것이다.

알제에 군림하고 있는 터키인들과의 끊임없는 싸움에도 불구하고 카빌리 사람들은 상인, 벽돌공, 정원사의 일을 하며 알제를 드나들었다. '즈와와' 군에 입대하여 터키인들의 수하에서 근위병들을 진압한 사람들도 있었다. 터키인들에게 고용되었던 사람들은 터키인 세력이 약해지면 반대파가 되어 카빌리 사람들과 연합하곤 했다. 스바우 강 상류 분지에 사는 '암라와 우플라(Amrawa Ouffella)'의 경우다. 카빌리인과 터키인들 사이의 갈등은 역사적으로 변화가 많았다. 16세기에는 쿠쿠 가문의 아흐메드 블카디가 터키인 총독 카이르 에딘 바르브루스를 격파하고 알제로 진출하기도 했다(1520년). 그러나 블카디 왕조는 겨우 5년밖에 가지 못하고 몰락했다. 터키의 세력은 19세기에 쇠퇴했다.

토지 몰수/수용 식키스, sikkis

1871년 봉기에 대한 징벌로 프랑스 식민정부가 공표한 토지 몰수령은 농업 식민화의 서막이었다. 그러나 프랑스인 이주자들은 산지의 땅을 개척할 의지도 없었을 뿐 아니라, 겨우 진압된 소란스러운 카빌리 사람들과 가까운 곳에 살고 싶어 하지 않았다. 그 결과 실제 식민 행정부가 차지한 농장이나 땅은 얼마 되지 않았다. 프랑스인들은 주로 사헬-숨맘 강 유역, 알제와 가까운 카빌리 초입, 미티쟈 평원, 스바우 계곡, 보흐니 드라 엘-미잔 등에 정착했다. 구획 정리와 등록 절차가 여러 해 동안 계속되었고, 몰수한 땅의 대부분은 실제 추산 가격의 1/5 수준으로 수용자들에게 매각되었다. 일부 땅들은 특히 고리대금업으로 재산을 늘린 카빌리 사람들이 샀으며, 나머지는 식민정부와 좋은 관계를 가졌던 카빌리 사람들이 활용을 위임받았다. 원칙적으로는 일시적이었어야 할 위임이 결국 영구적인 것이 되었다. 숨맘 계곡에서 븐 알리 쉐리프 가문이 했던 일이다. 이런 토지 탈취는 전쟁 기여금 부과, 개명 요구와 함께 카빌리 사람들에게 깊은 상처로 남았다. 프랑스어로 몰수를 의미하는 단어 '세케스트르(séquestre)'에서 파생된 카빌리어 "식키스"라는 단어는 한 세기가 지난 현재까지도 "고통, 견딜 수 없는 상황, 고문"이라는 의미로 통용되고 있다.

통치

설화에서는 '쎌탄(술탄)'과 '아글리드(왕)', 두 종류의 통치자가 있다. 왕이 술탄보다 더 높다. 하룬 에르 라시드는 단순한 술탄이 아니라 훨씬 위엄 있는 왕이다. 위대한 왕은 대개 공평하고 정의롭게 통치하며 늙어 죽을 때까지 왕으로 남아 있는 반면, 술탄들은 대개 도시 사람들을 괴롭히고 사치와 방탕에 빠져 쫓겨나는 경우가 많다. 술탄의 모델이 훨씬 현실성 있어 보인다. 한때 카빌리 일부 지역에서 큰 권력을 누리다가 도가 넘는 행동으로 카빌리 사람들에게 쫓겨난 쿠쿠 공(公)과 같은 지역 세력가들에게 적용할 수 있을 것이다.

'푸른 새' 작전

'푸른 새'는 독립전쟁 기간인 1956년 프랑스 첩보부가 카빌리에서 벌였던 작전의 암호명이다. 알제리인들로 조직된 비밀부대를 창설하여 '민족해방전선'의 신뢰도를 떨어트리려는 목적으로 추진한 작전이었으나, 오히려 프랑스에 불리하게 전개되었다. 프랑스가 선발하여 무장시킨 알제리인들이 진짜 '저항군'이 되었던 것이다. 프랑스 측으로서는 완전한 실패였으며, 알제리 측으로서는 카빌리 조직이 무기, 화약, 자금을 얻게 되어 당시 구성 중이었던 '민족해방군' 조직을 견고하게 만드는 계기가 되었다. 식민행정부와 행정부를 보조하고 있었던 몇몇 인류학자들의 허황된 생각을 보여주는 것으로, 카빌리 사회가 정치적으로 깊이 변화하고 있다는 사실을 간과한 데서 기인했다. 이 사건은 노래와 이야기로 전해지며 카빌리 사람들의 기억에 생생히 남아 있다.

하녀 흑인 하녀, taklit

흑인 하녀를 뜻하는 '타클리트'는 카빌리 사회에서 하층 계급이
존재했음을 보여주는 단어다. 설화에서는 자유로운 백인 여자와
흑인 노예 여자가 같은 샘에서 물을 마시지도 목욕을 하지도 못하
는 것으로 나타나 차별을 보여주고 있다. 흑인 여성과 같은 샘물을
마시고 같은 샘에서 목욕을 하면 피부색이 바뀐다고 하여 금지하
기도 했다. 검은 피부에 나쁜 기운이 있다고 생각하고 두려움을 느
꼈던 것으로 보인다. 그러나 흑인 하녀들은 시장이나 도시에 자유
롭게 드나들 수 있어서 행동의 자유가 더 많았다고 할 수 있다.

사하라 사막을 횡단하는 무역을 통하여 술탄의 궁전이나 알
제리 총독, 부잣집에서 일할 흑인 노예들이 조달되었다. 흑인 노예
가운데 군인이었던 일부 사람들은 도살업과 같은 직업에 종사하
면서 카빌리에 정착했다.

흑인 노예 아크리, akli

'아크리'는 노예 혹은 하인을 말한다. 대개 흑인으로, 백정, 악사,
치료사들로 구성된 '아크란' 계급에서도 하위 위상을 점했다. 남
녀를 불문하고 이들과의 결혼은 금지되어 있다. 아이들에게 '아크
리'나 '파트마 타클리트'와 같은 이름을 붙여주기도 하는데, 해로
운 기운을 피하고 불길한 시선에서 벗어나기 위한 예방 차원의 반
어적 표현이다. 흑인 노예들은 체격이 커서 힘이 세다고 알려져 있
다. 설화에서는 주인공을 도와주는 사람으로 등장하기도 한다. 도

시를 배경으로 하는 설화들에서 자주 등장한다. 왕과 술탄의 궁전에는 흑인 하인들이 많은 것으로 서술된다. 흑인 하인들은 때로 여주인공을 위해 일하는 매개자 역할을 하기도 하지만 나쁜 짓을 하는 배반자로 등장하기도 한다. 이제 마그레브에 노예는 존재하지 않지만 예전에는 노예 거래가 사하라 전체에 퍼져 있었다. 그러나 노예를 실제 고용하는 것은 세력가 집안 정도로 제한되어 있었다.

IV

종교

이슬람식 묘지

교단

마라부트라고 자칭하는 남자들이 카빌리에 들어와 정착한 것은 15세기와 16세기였다. 대부분이 모로코 남부 스기에트-엘-함라 출신으로 카빌리에서는 한 동네나 마을에 모여 살았으며 부족들 간 싸움을 중재하는 중요한 역할을 담당했다.

교단에는 '자우이아'라는 부속 교육기관이 있었으며, 그 안에 '마아므라'라고 부르는 신학교에서 학생('탈릅', '톨바')들이 종교학, 아랍어 문법, 무슬림법을 배웠다. 가장 유명한 신학교는 아이트 이드즈르 부족 지역의 시디 압드 에르 라흐만이었다. 남녀 신도들이나 '후안(신앙 형제들)'들은 자우이아에서 쿠란을 배우고 함께 무슬림 기도를 외우고 기부금을 낸다. 한때 라흐마니야 교단을 책임졌던 인물인 부 코브린은 아이트 이스마일 부족의 부 누흐 자우이아에 거주하고 있었다.

다른 소규모 교단들도 있었는데, 그 중 하나가 가축도살자들의 교단인 '라 암마리아'로 신비주의적 경향을 가지고 있었으며, 타사프트 우그문에 있었다. 다른 하나는 터키인 보르즈에 속한 흑인 부속부대의 교단 '라 부즈리마'다.

귀신 부르기

여자들은 종종 죽은 사람들의 무덤에 가서 애도 의식을 치른다. 예전에는 망자를 말하게 하는 '아슨시(강신술)'를 했었다. 사람이 죽은 뒤 날짜를 정하여(대개 사후 3일이나 4일째 되는 날) 무덤에 먹을 것을 가져다 놓고 하룻밤을 새우고 점쟁이에게 가져가면, 무녀가 죽은 사람이 하고 싶어하는 말을 전해준다. 무녀는 대개 일반 여성과 달리 남편이 없으며, 신내림을 받고 저세상을 여행한 사람이라고 한다.

액운을 피하거나 사람을 해치는 주술을 행할 때는 죽은 사람의 물건을 사용하기도 한다. 예를 들면 남편을 해치기 위해 죽은 사람의 손으로 쿠스쿠스를 만들어 남편에게 먹게 하는 무서운 주술도 있다. 현재 이러한 주술은 사라져 기억 속에나 남아 있다.

금식

종교 의식인 라마단 금식은 무슬림 음력 9월 한 달 내내 지키는 것이다. 카빌리 사람들은 흔히 금식하는 사람의 열의가 식는 순서에 따라 열흘씩 세 시기로 나눈다. 열의가 가장 높은 첫 '말의 시기', 열의가 약해진 '노새의 시기', 마지막 탈진에 가까운 '당나귀의 시기'다. 그리고 나서 금식을 한 주 더 연장할 수 있는 사람은 확실하게 천국에 간다고 말한다. 그래서 독실한 여자들은 한 달에 하루씩 금식을 중단하면서 2달을 계속하기도 한다.

금식이 끝나는 때를 축하하는 '라이드 타므지안트'는 이틀 동안 계속된다. 두 번째 날은 금식을 끝내며 적선을 한다. 그때 마을 이맘과 가난한 사람들에게 십일조를 내고(살아 있는 사람의 몫으로 보리를, 죽은 사람의 몫으로 마른 무화과를 바친다), '희생-나누기'를 하여 모든 마을 사람들에게 고기를 나누어준다.

대개 사춘기에 시작되는 첫 금식은 특별하게 기념한다. 라마단 기간 외에도 독실한 신자들이 선택적으로 봉헌하는 금식이 있다. 예컨대 나이 든 여자들은 격달로 계속 금식하기도 한다. 죄를 지었다고 판결이 난 사람들도 속죄로 금식을 하기도 하는데, 약속을 지키지 않았거나 고양이를 죽인 경우(3일 금식), 잠자다가 사고로 아이를 질식해 죽게 한 경우(60일 금식) 등이다.

기도

카빌리 사람들은 보편적으로 독실한 무슬림이지만 간혹 의무사항을 엄격하게 실천하지는 않는 사람들도 있다. 모든 사람이 금식을 지키지만, 매일 5회의 기도는 늙은 여자들이나 종교가문 사람들을 제외하고는 정확하게 지켜지지 않는다. 새벽 기도는 '르프트르', 아침 기도는 '트후르', 오후 기도는 '슴스 라스르', 저녁 기도는 '이므흐르브', 마지막 기도는 '라이샤'라고 한다. 신앙심이 깊은 사람들은 더 자주 기도한다. 기도는 반드시 세정을 한 뒤에 해야 하며 그때는 아랍어로 '파티하(쿠란의 첫 장)'를 외운다. 그러나 '희생-나누기'와 같은 다른 의례 때에는 카빌리어로 기도와 간구를 한다.

기독교인

설화에서 '기독교인의 나라'는 주인공이 '기독교인들의 공주'를 얻기 위해 죽음을 무릅쓰고 가는 '바다 저편'으로 등장한다. 로마 지배하에서는 카빌리에 도나티우스파라는 기독교 일파가 있었다.

식민정복 이후에는 예수회 신부들이 카빌리에 정착했으나 오래 머물지 못했다. 뒤를 이어 '백인신부'들이 카빌리에 들어왔는데, 이들은 1873년 아이트 마흐무드 부족의 타그문트 아주즈를 시작으로 아이트 만글라트 부족의 와흐즌, 이와디엔, 아이트 이스마일, 아이트 라르바아 그리고 숨맘 강 유역 이힐 알리에 선교구를 설치했다. 복음화는 성공하지 못하여 1919-1920년에도 고작 800명을 상회하는 기독교인이 있었다(1939년 기준 451명). 아트 이스마일과 이와디엔에는 고아원과 병원이 있었으며, 1926년 750명 정도의 학생을 수용하는 기숙사 달린 학교가 있었다. 1880년부터는 백인 수녀들이 여자아이들을 위한 일터를 만들어 카빌리 기독교인 엘리트가 구성되었으나, 후일 대부분 프랑스로 이주했다. 카빌리 기독교인 중에는 암루슈 가족처럼 유명해진 경우도 있었다.

라마단

음력 9월 한 달 동안 낮에 금식을 하는 종교 행사다. 시작하기 전 집안을 대청소하고 빨래를 한다. 수행하는 사람의 상태에 따라 열흘씩 세 단계로 수행한다고 말한다. 처음에는 가볍게('말 걷기 열흘'), 다음에는 속도를 줄여서('노새 걷기 열흘'), 마지막으로 온 힘을 다해서('나귀 걷기 열흘') 한 달의 수행을 마친다. 어떤 마을에서는 27일째 되는 날 집을 보호한다는 의미로 불을 밝힌다. 남자들은 모스크나 '즈마아'에서 기도를 한 후 함께 모여 식사를 한다. 매일 저녁이 그렇지만, 특히 마지막 날 식사는 특별히 신경을 써서 준비하여 즐거움을 나누는 자리다. 아이가 처음으로 라마단을 시작했을 때는 세심한 주의를 기울인다. 라마단을 끝내는 '라이드 타므지안트' 축제에는 대개 '희생-나누기'를 한다.

라이드 Laïd: 타므지안트, tameziant, 타모크란트, tamoqrant

무슬림력에 의거한 두 축제다.

'라이드 타므지안트(소축제)'는 라마단 금식달이 끝나는 때 하루나 이틀 동안 거행한다. 가난한 사람들에게 십일조를 기부하고 공동으로 '희생-나누기'를 하여 모든 사람들이 고기를 먹을 수 있도록 한다. 대개 음식을 가지고 가족 묘지에 가서 바치며, 함께 기도를 올리기 전에 음식을 일부 먹는다. 때로는 밤에 가기도 한다.

'라이드 타모크란트(대축제)'는 헤지라력 11월 10일에 거행하는 대축제로 집집마다 양을 죽여 아브라함 희생을 치른다. 축일 전 며칠은 대청소 기간이다. 빨래를 하고, 벽을 다시 바르고 집을 깨끗하게 한다. 전전날은 식료품을 구입하는 날이다. 그 전해 축제 때 말려두었던 양 꼬리로 식사를 한다. 그 다음 날, 즉 축제 전날이 되면 남자들은 시장에 가고 여자들은 과자, 튀김, 부침개 등 음식을 장만한다. 저녁이 되면 튀김과 고기로 '이믄지 라이드(대축일 전날 만찬)'를 한다.

밤이 지나고 '아스 라이드(대축일)', 즉 제물 바치는 날 아침이 되면 이른 시간에 가족 묘지에 참배힌다. 일하는 사람들과 참석한 사람들 모두가 헤나를 약간 바르고, 잡을 양의 머리에도 헤나를 약간씩 바른 후 양을 도살하는 의식을 거행한다. 신앙이 독실한 남자가 집 마당 혹은 가까이 있는 곳, 가능하면 신성하다고 믿는 장소

(예를 들면 '남자들의 집' 가까이)에서 동쪽을 향해서 시행한다. 그리고 '고기 축제'가 벌어진다. 모두 한 해 동안의 잘못을 서로 용서하고 축원한다. 잡은 양의 살을 여자들이 발라내고 남은 부분은 손질하여 가죽을 말릴 준비를 한다.

축제 다음 날에는 남자들이 고기를 부위별로 잘라 먹을 수 있게 만든다. '부즐루프(머리와 발 고기)'는 불에 그슬려 씻은 후 솥에 넣어 저녁에 먹을 쿠스쿠스인 '세크수 부즐루프'를 준비한다. 점심에는 '즈와즈', 즉 간, 콩팥, 심장을 팬에 볶은 것을 먹는다. 일부 고기는 말려서 보관하고 양의 한쪽 어깨 부위는 가장 최근 결혼한 신부에게 가져가기도 한다. 그 다음 날들에는 고기 약간을 가지고 친척을 방문하거나 먹을 것을 준비한다. 하는 일의 순서는 마을에 따라 달라질 수 있다.

'팀즈리우트(제물 바치기)'는 모든 집의 의무사항이다. 며칠 동안 계속되고(3-6일), 날짜는 음력으로 정하므로 매년 달라진다. 행사는 남녀 구분 없이 가족 공동체가 모두 참석하며, 신성하다고 여겨지는 공개된 장소에서 행한다.

요즈음 특히 이민자들의 경우 축제 기간이 줄어들었지만 양고기를 가운데 두고 가족들이 만나 오랜 시간 즐기는 풍습은 여전히 지켜지고 있다.

라흐마니야 Rahmaniya

종교가문의 일원이었던 시디 븐 압들라흐만, 알 그슈툴리, 알 즈르즈리, 알 자자이리에 의하여 1765년 설립된 교단이다. 흔히 '부 코브린'이라고 부르는 설립자의 무덤은 부 누흐와 알제, 두 곳에 있다. 아이트 이스마엘 부족의 부 누흐 마을에 자우이아를 처음 설립하면서 교단이 구성되었다. 초기에는 전적으로 종교가문 사람들이 운영했으나, 1860-1871년에는 숨맘 계곡 스두크 출신 대장장이였던 세속인 셰이흐 아흐다드가 책임을 맡았다. 알제의 정통 이슬람 법학자들의 인정을 받지 못했고, 카빌리 마라부트들의 협조를 받지는 못했지만, 카빌리 전 지역에서 큰 성공을 거두어 명성 높은 자우이아들을 중심으로 많은 추종자들을 거느리게 되었다. 셰이흐 아흐다드의 지도 아래 카빌리 사람들의 사고체계에 맞는 대단히 평등주의적이고 민주적인 원칙을 교육했던 것이 성공의 이유였다.

교단은 지역 성인들을 인정하고, 정통 종교와 전통 신앙을 혼합했으며, 신앙의 쉬운 실천 방식을 표방했다. 교단에 가입한 신도들에게 중요 구절 암송 외에는 쿠란에 대한 깊이 있는 지식을 요구하지 않았을 뿐 아니라 아랍어를 배우도록 강요하지도 않았다. 기도를 인도하는 사람들이나 신도들은 대개 카빌리어를 사용했다. 1857년 프랑스 점령에 대한 항거와 1871년 봉기 외에도 독립전쟁을 이끈 민족주의 운동에서 중요한 역할을 했다. 가장 영향력이 컸던 것은 카빌리였지만, 카빌리 밖까지 영향력이 확대되어 알제리 역사에서 중요한 위상을 차지하고 있다. 현재는 규모가 많이 축소되었다. 아랍화된 평원에서 신도를 모으며 산지 깊은 곳에 숨어 무장 활동을 벌이고 있는 이슬람주의자들에 반대하고 있다.

마녀 스투트, settut

'세상 첫 어머니'는 첫 번째 마녀로 생물이든 무생물이든 모든 사물의 근원이자 우주 모든 현상의 근원이었다고 한다. 주술을 부려서 마녀라고 불리는 여자들이 마을마다 몇 명씩 있다. 옛 미신 중에는 마녀들이 쟁반의 물에 달을 떨어트려 많은 효험을 가진 달의 거품을 모으기도 한다는 속설이 있다. 사람들의 경계를 받는 까다로운 노파를 보통 마녀라고 부른다.

마라부트 marabout, 암라브드, amrabed

종교가문에 속한 사람들이다. 모로코 남부 스기에트-엘-함라의 요새화된 수도원에서 살았던 이들이 카빌리에 온 것은 16세기로 알려져 있다. 아랍계 사람들로 일부는 자신들이 예언자 무함마드의 후손 쇼르파라고 주장한다. 실제 '쇼르파'라는 이름의 마을도 있다. 마라부트는 일종의 귀족계급을 구성했으며, 일부는 종교적 기능을 가지고 문자 그대로 마라부트(암라브드/임라브든)의 역할을 했고, 일부는 전사(르즈와드)에 가까웠다. 모두 같은 역할을 하는 것이 아니라, 지역 수호성자, 기적을 행하는 마라부트, 병 치유를 하는 마라부트, 자우이아를 설립한 학식 높은 성자 등 대단히 다양했다.

내부혼을 하는 폐쇄 계급이며 여자들은 전신을 가린 니캅을 착용하고 일반 카빌리 여자들과 달리 밖에서 일하지 않는다. 부족들 사이 경계선에 가까운 곳에 동네를 구성하고 종교학교인 자우이아를 갖추고 있었다. 카빌리 사람들은 아랍어를 읽고 쓰는 이들이 주술적 힘을 가지고 있고 바라카, 즉 신에 대한 영적 중재의 능력을 가지고 있다고 믿었다. 원칙적으로 사제인 이들은 무장하지 않았으며, 부족들의 요청에 따라 부족들 간 분쟁에서 중재자 역할을 하는 경우가 많았다. 존경을 표시하기 위하여 이들을 부를 때는 남자에게는 '시디'를, 여자에게는 '랄라'를 앞에 붙였다.

흔히 "우리 카빌리 사람들"과 "그들 마라부트들"이라고 뚜렷이 구분한다. 마라부트들은 반론의 여지가 없는 신성한 권위를 유지하고 있었다. 라흐마니야 교단 깃발 아래 많은 수를 결집하여 1871년 봉기를 이끌었던 마라부트들은 특히 전사에 속하는 경우로 식민지배하에 시리아로 이주하거나 뉴칼레도니아에서 유형 생활을 했다. 식민지배 초기에 역할과 영향력이 쇠퇴했으나, 일부가 아민 을 우므나로 선출되었다. 많은 수가 근대식 교육을 받고 엘리트 계층이 되었다.

메카

이슬람의 성도 메카는 카빌리 설화 속에서 상상으로만 존재하는 동양 도시의 전형이다. 바그다드처럼 술탄이 군림하고, 성벽 안은 정원, 궁전, 상점과 호화스러움과 보물이 넘치는 곳이다. 이야기에 등장하는 바그다드의 왕 하룬 에르 라시드도 메카의 공주와 결혼한다. 메카는 물론 순례 도시. 순례를 마치고 난 사람에게는 '하즈'라는 호칭을 붙인다. 카빌리 사람들에게 순례란 땅 끝까지 가는 것으로 일 년 이상 긴 시간 동안 집을 비우는 것을 뜻한다. 여행은 순례자 자신뿐 아니라 집에 남아 여러 어려움을 겪게 될 가족 전체에게도 위험한 것이다.

모스크 이자마아, ijamaâ

마을마다 모스크가 있는 것은 아니다. 특히 빈곤하고 인구가 적은 마을들에서는 '남자들의 집'이나 다른 건물로 대신한다. 큰 마을이나 소도시, 예를 들면 아이트 옌니의 세 마을에는 대개 석회로 희게 칠한 미나레를 갖춘 있는 모스크가 여러 채 있다. 모스크에서는 이맘이 금요 예배를 주관하고, 부속되어 있는 쿠란학교에는 마라부트 집안의 아이들이 다녔다. 모스크 안에서는 도둑질이 금지되어 있어 귀중품을 수호성자에게 맡기기도 한다.

무에진 이무든, imudden

모스크가 있는 큰 마을에는 기도 시간을 알리는 무에진이 있는데, 대개 이맘이 그 역할을 한다. 작은 마을에도 하루 다섯 번 기도 시간을 알리는 사람이 있다. 무에진은 종교직을 수행하는 성스러운 기능을 수행하지만 술탄의 절대 권력의 지배를 받았다.

한 설화에서는 기도 시간을 잊은 무에진이 등장하는데, 주인공이 하루 만에 궁전을 짓는 것을 보고는 "알라는 위대하다(알라 우 아크바르)"라고 말하지 않고 "알라여, 경이롭습니다(알라 라아제브)"라고 말하여 술탄으로부터 참수의 벌을 받는다는 이야기가 있다.

무카듬, 모카듬 muqaddem, mokkadem

지역에서 자신이 속한 교단을 대표하는 일종의 대리인이다.

바라카 baraka: 축복

신을 향한 영적 중재 능력을 뜻하는 '바라카'는 재물, 부, 번영, 건강, 장수 등과 같은 성공, 행복, 행운을 가져다주는 것이다. 신앙심이 깊은 남자나 여자들도 성자, 마라부트, 순례자들처럼 바라카를 전달할 수 있다. 고난을 겪은 사람이나 착한 친척, 소박한 사람들도 할 수 있다. 대개 예절 어법 속에서 혹은 식량을 꺼낼 때와 같이 재산과 관련한 일을 시작하면서 바라카를 기원한다.

샤히드/샤하다 chahid/chahada: 희생자

'증인'이라는 아랍어에서 온 단어다. '샤하다'는 무슬림 신앙의 선언이며, '샤히드'는 전쟁터에서 죽은 사람들을 지칭하는 데 사용하는 단어로 통상 '희생자'로 번역한다.

성자들

카빌리에는 성자들이 많다. 중요한 교단이나 자우이아를 설립한 4

명의 위대한 성자의 전설에 의하면 이들은 서로 만나 '티지 브르트'에 함께 은거했다고 전해진다. 시디 만수르, 시디 아흐마드 우 드리스, 시 아흐마드 우 말렉, 시디 압드 엘 라흐만 알 야룰리는 각기 교단을 설립하여 카빌리 종교 생활에 영향을 주었다.

다른 성자들은 그 명성이 특정 지역에 제한되어 있으며, 무덤이나 한때 머물렀다고 전해지는 장소에 영묘가 세워져 있다. 영묘들은 대개 눈에 잘 띄는 장소들로 이슬람 도래 이전에 의식을 치렀던 곳들이다. 영묘들은 대개 '마라부트'라고도 부르는 둥근 돔으로 지어져 있다. 성자들은 이름 앞에 '시디'라는 칭호를 붙인다. 거의 모든 부족들이 보호 성자에게 경배를 올리는데, 대개는 부족의 시조들이다. 예를 들면 아이트 만글라트 시조를 들 수 있는데, 즈디 아이트 만글라트(만글라트 할아버지)라는 이 박식한 성자에 대해서는 부족의 근원을 알려주는 많은 전설이 남아 있다. 그의 무덤은 특히 혼기가 늦어지는 딸의 문제나 불임과 같은 문제를 해결하고 집에 없는 사람들의 귀환을 빌기 위하여 여자들이 가는 곳이다. 영묘로 가는 길이나 영묘 주변은 수호신이 살고 있는 곳이다.

세상의 종말

카빌리 문화에서 세상의 종말이란 인간 삶에 필수적인 자연 요소들의 기존 질서가 역전되는 공간으로 돌아가는 것이다. 악한 난쟁이들이 나타나 고통, 가뭄, 화재, 불임을 퍼트린다. 무슬림의 종말론과 지중해에 널리 퍼져 있는 신화의 영향을 동시에 받은 문화적 표현이다.

셰리프 chérif, 쇼르파, chorfa

원칙적으로 예언자 무함마드의 후손을 지칭하는 단어다. 진위를 확인하려면 7세기까지 거슬러 올라가야 하므로 가문의 계보를 추적해 확인하기는 어렵다. 스스로를 그렇게 지칭하는 사람들은 그 명칭이 주는 어떤 명예나 권력을 누리고자 하는 의도를 가지고 있다고 할 수 있다. 어쨌든 이 계보는 아랍인, 특히 종교가문 아랍인을 말한다. 카빌리에는 셰리프라는 이름의 가문이 많으며 쇼르파라는 이름의 마을도 많은데, 대개 마라부트들이 많이 살았던 마을들이다.

수호신 아아사스/이아사슨, aâssas/iâssassen

눈에 띄는 장소들은 수호신이 머무른다고 믿어 의무적으로 경배해야 하는 곳으로 지정된 경우가 많다. 마을, 건물, 집마다 수호신이 있으며, '타즈마아트(마을 남자들이 모이는 장소)'나 '아드룸(동네)'은 물론 도시들에도 각각의 수호신들이 있다. 오래된 나무, 샘, 바위, 동굴, 마른 돌무더기 외에도 때로는 지역 성자의 무덤이 있는 외진 건물에도 수호신이 산다고 믿는다. 그 장소가 어디든 수호신에게 인사를 해야 하며, 여러 기회에 특히 수확을 하고 나서 제물을 바친다. 수호신들도 집회에 모이는 남자들처럼 사건을 서로 알리고 서로의 선행을 감시하기 위하여 모임을 갖는다고 믿는다.

여자들은 은혜를 받기 위해 성소에서 여러 의례를 행한다. 촛불을 켜거나 기도를 하고 둥근 빵이나 무화과를 바치기도 하며, 그 샘에서 목욕을 하거나 나뭇가지를 허리나 목에 두르기도 하고, 수호신을 위해 일부러 만든 토기를 바치거나 때로 노래하고 춤추기도 한다. 살인 사건이 일어났던 곳에 특히 수호신이 자주 나타난다고 하여, 그곳을 지나가는 사람은 쌓여 있는 돌무더기에 돌을 올려놓는다. '아슈라'나 '물루드' 같은 이슬람 축제 때에는 성소에 사람들이 모여 고기 쿠스쿠스 축제를 열기도 한다. 일종의 이슬람화된 의식으로 그 기원은 선사시대까지 거슬러 올라가기도 한다.

현재에는 수호신이나 성자에 대한 경배가 크게 줄어들었다. 특히 여자들이 이전처럼 자주 성소에 가지 않는다. 예전에는 수호신들에 대한 믿음이 많은 여자들에게 위로가 되었으며, 대단히 힘든 생활의 어려움을 견디게 도와주었다. 이제 성소들은 신앙과 오락이 합쳐진 나들이와 순례의 장소가 되고 있다.

순례

메카에 순례를 한 사람은 '하즈(여성: 타하즈트)'라는 칭호를 얻는다. 존경스러운 호칭이기는 하지만 가족과 장시간 떨어져야 한다는 어려움이 있다. 이러한 이유로 설화에서는 그동안 집에 남아 있는 가족들이 나쁜 사람들에게 괴롭힘을 당하는 계기가 되는 경우가 많다. 아버지의 부재를 마치 버림받은 것처럼 생각하는 것이다. 카빌리 사람들은 이 신앙심 깊은 행동을 적극적으로 지지하지 않아 "높은 벽에 둘러싸인 카아바(메카의 성소)보다 따뜻한 빵을 적선하는 것이 더 낫다"라는 말도 한다.

여성들에게 성자(지아라)들의 묘지를 참배하는 것은 나들이 기회가 되어 예전에는 자주 하곤 했으나, 현재는 그 빈도가 줄어들었다. 또한 간구하는 내용도 달라져 자식을 많이 갖게 해달라는 것이 줄어들었고 이민자들을 위한 소원이나 독립전쟁 희생자들에 대한 집단적 애도 등이 많아졌다.

신 릅비, rebbi

'릅비'는 신을 지칭하는 데 가장 많이 쓰이는 카빌리어 단어다. 신의 존재에 대한 카빌리 사람들의 믿음은 절대적이다. 신은 시작도 끝도 없이 영원하며 절대 우월한 유일 존재이고 전지전능하다.

'릅비'는 주문, 서약, 약속, 저주뿐 아니라 소원, 자비, 신의 의지 앞에서 체념, 행운에 대한 감사, 단순한 맹세에 쓰이는 말이다. 약속이나 맹세를 확실히 하고 어떤 행동을 포기하거나 청원할 때도 입에 올리는 단어다.

신들린 상태

일부 자우이아에서는 병자나 불임 여성들이 참석하는 치유 의식을 거행한다. 목요일에서 금요일에 걸친 밤을 골라서 '이후안(교단에 속한 신도들)'이 환자 주변에 모인다. 그리고 환자 주변을 빙글빙글 돈다. 북과 피리 악사들이 연주하는 음악의 리듬이 점점 빨라지면서 이들의 춤도 점점 빨라진다. 때로는 머리나 얼굴을 잡아 뜯기도 한다. 환자 자신이 춤에 합세하기도 하는데, 모두가 지쳐서 바닥에 넘어질 때까지 계속된다. 환자는 셰이히에게 기부금을 내고 집으로 돌아가 '아스플' 희생 의식을 한다.

신령

카빌리에는 지역에서 전해 내려오는 신령과 동방에서 영향을 받은 신령이 있다. 전자는 자연이나 마을, 집 등 사람들이 빈번하게 출입하는 곳에 산다. 나무, 밭, 샘, 바위, 동굴, 집 등에는 그것을 지키는 수호신(이아사슨)이 살고 있다고 믿는다. 집안 화덕 가장자리에 놓는 돌들에 사는 신령은 '므르주크', '므싸우드', '마흐루프'라고 부르며, 대들보를 차지하고 있는 여자 신령은 '므사우다'로 위해주어야 한다. 이 신령들에게 때때로 곡물을 바치거나 향을 피운다. 어떤 신령은 동물이나 사람의 몸속에 들어올 수 있다. 예를 들면 염소가 이상한 짓을 하면 몸에 신령이 들어간 것이다. 성스러운 산에 살 수도 있다. 한 설화에서는 뱀 신령이 동굴에서 솟아나와 주인공에게 땅을 개간하라는 임무를 준다. 식민지배와 이주를 상징하는 모티프다. 어떤 신령들은 동물의 형상으로 사람들의 눈에 보이기도 한다. 변신력을 가지고 있어 동물이나 사물로 몸을 바꾼다.

『천일야화』의 영향을 받아 만들어진 귀신은 더욱 놀라운 힘을 가지고 있다. 도시를 배경으로 하는 설화는 놀라운 초능력의 세계를 보여준다. 하늘에서 내려오기도 하고, 어떤 물건 속에 살고 있다가 물건을 소유하는 사람의 하인이 되기도 한다. 알라딘의 신기한 램프나 마술 피리의 신령은 궁전을 짓거나 군대를 솟아나게 하기도 하고 은 접시와 마술 피리에 맞추어 춤을 추는 아가씨들이 있는 호사스럽고 신기한 무대를 솟아오르게 하기도 한다. 주인공을 도와주는 신령도 있어 시공간을 초월하여 한 달 걸리는 긴 거리를 눈 깜짝할 사이에 가게 해주기도 한다. 이 동양 신령들의 세계에는 서열이 있다. 주인공에게 호의를 베푸는 '붉은 왕'은 푸른 산에 사는 신령들의 왕이다. 주인공은 그의 딸 진니아를 적으로부터 구하여 그 대가로 '마법 반지(타하튭트 엘 호크마)'를 갖게 된다. 반대로 '신부 도둑(흐타프 엘 라이스)'처럼 나쁜 귀신도 있는데, 바다 한가운데 섬으로 신부를 데려갈 수 있으므로 무서운 존재다. 전통적 신령의 능력은 보통 농촌 여성들의 주술을 도와주는 정도이지만, 동양 신령은 신이 지상으로 보낸 존재로 카빌리 경계 너머까지 뻗어나갈 수 있게 해주는 초능력을 갖고 있다.

(성자) 신앙

무슬림 성자들에 대한 경배는 카빌리에서 아주 활발했다. 선사시대부터 이어져온 전통 신앙과 겹쳐 있는 성스러운 장소가 많다. 돔으로 된 많은 성소나 영묘가 강가, 주변이 트인 곳에 솟아 있는 바위, 샘가, 고목 가까운 곳 혹은 이 여러 요소들이 모여 있는 곳 등 경관이 좋은 지점에 위치해 있다. 성자들이 머물렀던 곳 아니면 무덤으로 선택한 장소들로, 후일 그 장소와 그곳에 지어진 건물이 경배 장소가 되었다. 성자들은 신화나 전설 속 인물일 수도 있고 실제 역사의 인물일 수도 있다.

전해 내려오는 이야기에 의하면 4명의 성자가 카빌리 이슬람의 시조라고 한다. 모로코 남부에서 온 이 네 성자는 주르주라 산에 있는 티지 브르트에서 만나 의기를 투합했다고 한다. 그들이 머물렀던 랄라 헤디쟈 봉의 동굴은 순례지가 되었다. 각자 자우이아를 설립했는데, 시디 만수르는 북쪽 아이트 즌나드 부족의 티미자르에, 나머지 3명은 멀지 않은 곳에 정착했다.

가장 널리 알려져 있고 추앙을 받는 성자 중 하나가 19세기에 살았던 세이흐 모한드 우 호신으로 아이트 야히야 부족의 성자다. 라흐마니야 교단에 속했던 그는 카빌리 이슬람에서 가장 대중적 인물로 카리스마를 가지고 있는 대 시인이기도 했다.

카빌리 전체에 성자들이 머물렀던 많은 장소들이 퍼져 있으며, 순례자들은 언제라도 가족 단위 순례를 하기도 하고 함께 모여 집단적으로 순례를 하기도 한다. 집단 순례는 노래, 산책, 최면상태가 어우러진 축제의 성격을 띠고 있다. 여자들에게는 드물게 허락되는 외출과 여흥의 기회다.

'아브라함의 희생' 라이드 타모크란트, laïd tamoqrant

라마단 금식이 끝나고 한 달 후에 맞이하는 무슬림 '대축제'(아랍인들은 '라이드 엘 케비르(lâïd el kebir)'라고 부른다)다. 음력을 따르므로 매년 시기가 달라진다. 꿈속에서 계시를 받고 주저 없이 아들을 하느님께 바치려 했으나 가브리엘 천사장이 숫양으로 대체했던 아브라함의 희생을 기념하여 양을 잘 먹인 후 제물로 바쳐 신에 대한 절대 복종을 표시하는 것이다.

제물을 바치는 것은 신성한 행위로 엄격한 의례에 따라 행해지며 때로 헤나를 사용하기도 한다. '팀즈리우트(제물의 참수)'는 신앙심이 깊은 사람이 수행한다. 동쪽을 향하여 잘 벼린 칼로 목의 두 경동맥이 지나는 지점을 정확하게 자른다. 알라의 이름으로 짧은 문구를 암송하며 한 번에 시행한다. 참수 지점에 물을 약간 뿌리고 나서 남자들이 가죽을 벗기고 해체하며, 여자들은 털과 내장을 씻는다. 그리고 남은 것은 집안에 들여와 들보에 매단다. 집안에서 가장 나이 많은 여성이 제물의 피와 쇠똥을 혼합한 소위 '축제의 쇠똥(티시스트 엘 라이드)'이라고 부르는 것을 집 벽에 바른다. 집을 보호하는 것이 그 목적이다.

각 가정이 의무적으로 하는 '제물 바치기'는 3-6일간 여러 의식 및 이동으로 이루어진다. 대개 '남자들의 집' 앞이나 타작마당 같은 공동 장소에서 이루어지며, 남녀 모두 참여한다. 남자는 제의를 치르고 여자는 약간 떨어져 구경한다. 가족과 마을에서 참석자들끼리 화해와 화합을 하는 의식도 이루어진다.

제물을 바치는 날을 전후로 5-6일간은 매일 특별한 음식을 먹는다. 우선 전전날은 전해 축제 때 말려두었던 양고기를 먹고, 바로 전날은 시장을 보고 튀김과자를 비롯한 과자를 만들며, 저녁에는 고기, 파스타, 과일로 '이믄지 라이드(축제 밤참)'을 먹는다. 때로는 쿠스쿠스를 먹기도 하고 여자들은 달걀을 먹기도 한다. 제물을 바치는 당일 점심에는 내장 고기 일부를 먹고, 저녁에는 머리와 다리 고기를 불에 구워 곁들인 쿠스쿠스를 먹는다. 이튿날은 남은 양 고기를 잘라내며, 저녁에는 '슈와(내장고기 탕)'를 먹는다. 그날에는 어깨 고기를 들고 새로 결혼한 딸을 보러 가기도 하고 죽은 사람들의 묘지에 가기도 한다.

모든 가족 구성원들이 모여 우의를 다지는 가족 축제이기도 하지만, 동네 사람들, 친척들을 만나 평안을 기원하는 인사를 나누는 기회이기도 하고, 가난한 사람들에게 고기를 나누어주는 기회이기도 하다.

아슈라 타아슈르트, taâchurt

무슬림 축제로 음력 1월 10일(무하람)이나 아브라함의 희생 '대축일(라이드 타모크란트)'로부터 30일이 지나 거행한다. 첫 식사에 전년도에 잡아 말린 양고기의 일부(대개 등살)를 먹는다. 아이들은 재미있는 노래를 부르며 집들을 돌아다니면서 달걀을 얻는다. 아들이 많은 집에서 가장 흥겨운 노래를 부른다. 많은 마을에서는 카니발이 거행되는데, 행렬을 인도하는 사람은 대개 짐승 가죽으로 만든 가면을 쓰고 때로 당나귀를 타기도 한다. 이 인도자를 '부 즈루드' 혹은 '부 아아피프'라고 부르며 그를 보면 사람들은 "아이라드(사자)!"라고 외친다. 이 카니발은 아주 오래된 베르베르인 다산 의식에서 기원된 것으로 보인다. 대개 7일간 계속되며, 이 기간 동안 사람들은 거의 일하지 않고, 돈으로 적선을 한다. 여자들은 지역 성자들을 여러 번 방문하고 수호신에게 보통 때보다 더 공들여 경배를 한다.

아즈라일 아즈라일, azraïl, 아즈라인, azraïn

죽음의 천사다. 살아 있는 동안 행실이 나빴던 사람이 죽어 무덤에 묻히면 곧 나타나 질문을 하고 막대기로 쳐서 죄를 고백하게 만든다고 한다. 축제에서 때로는 남자가 아즈라일로 분장을 하고 아랍어로 말해서 어린아이들을 놀라게 한다.

예언(점)

카빌리에는 많은 여자 점쟁이들이 있다(타드르위시트/티드르위신). 미래를 예견하고 병을 고치는 여자들로 요일과 시간을 정해서 집에서 손님을 맞는다. 시적 능력과 심리적 재능을 갖고 있어 주술사이면서 동시에 치료사라고 볼 수 있을 것이다. 운율을 맞춘 노래로 점괘를 알리는데, 여러 사람이 모여 있는 집회에서 극적인 방식으로 실행하며, 이 과정에서 신들린 상태에 들어가기도 한다. 손님들은 돈을 지불한다. 남자들은 중간에 사람을 놓아 상담할 수 있으며, 여자들은 대개 남자의 옷을 가져다 대신한다.

집안에 초상이 난 후 영을 부르는 여자들도 있다. 어떤 여자들은 비슷하거나 반대되는 상징물을 근거로 꿈을 해몽하기도 한다(예컨대 달걀은 여성을 상징하며, 눈물은 기쁨을 의미하는 식이다).

지중해 다른 지역에서처럼 양의 견갑골 모양에 따라 점을 치기도 한다. 대개 탐라브트(마라부트)나 종교가문의 여자들이 하는 일로, 사람들은 그들과 함께 밤샘을 하고 무덤에 하룻밤 동안 두었던 달걀을 바친 후에 죽은 사람의 영을 부른다. 점쟁이가 하는 말들은 여자들의 마음을 안정시킨다. 그러므로 여자들이 힘든 시기에 많이 찾는다.

우킬, 아우킬 oukil, awkil

일부 마을에서 종교 혈통이든 아니든 모스크와 기도실에 관련된 일을 맡아 하는 사람이다. 신앙심 깊은 집안 사람 중에 지명하며, '우킬' 혹은 '아우킬(관리인)'이라고 부른다.

의식, 의례

카빌리 사람들은 주술에 해당하는 여러 전통 의례를 지켜왔으며 아직도 일부가 행해지고 있다. 일부는 금지 사항들을 부과하는 부정적인 것으로, 대표적인 것이 언어생활과 관련한 것이다. 예컨대 여성들의 입에 올리기에는 적절하지 않다고 판단하는 단어를 피하기 위하여 완곡어법을 사용하게 하는 것이다. '아흐율(당나귀)' 대신에 '아므르쿱(탈것)'이라고 말하는 것이 한 예다. 아침에 사용하면 전조가 좋지 않다는 이유로 다른 단어를 사용하기도 하는데, '을즌(영)' 대신에 '아므르부흐(축복)'라고 하거나 '티므스(불)' 대신에 '라프야(평화)'라고 말하는 것 등이다.

그 외에도 어떤 집안에서는 닭과 같은 가축을 기르는 것을 금지하고, 어떤 마을에서는 당나귀를 금지한다. 당나귀 암컷을 기르는 것은 대부분의 카빌리 마을에서 금지되어 있다.

음식과 관련된 사항도 있다. 남자에게는 달걀을 금지하며, 돼지고기, 멧돼지고기, 개고기, 술은 모두에게 금지되어 있다. 참수 의례에 따라 도살하지 않은 고기는 금지되어 있지만, 이것을 지키지 않는 사람들도 있다.

또한 모든 어른은 라마단 기간 동안 금식을 지켜야 한다. 상황에 따라 금지되어 있는 것도 있는데, 예컨대 '즈마아'를 통해서 허용되기 전에 가을 밭갈이를 할 수 없으며, 무화과의 수확도 마찬가지다. 농사는 개시 의식을 거치고 봉헌물을 바친 후에 (밭고랑에 곡식이나 석류 등을 바친다) 시작해야 하는 집단적인 것이다. 일반적으로 남자들보다는 여자들에게 금지되어 있는 것이 더 많다. 남자들은 참가하지만 여자들은 참가할 수 없는 의식들이 있기 때문이다. 예를 들면 여자들은 마을 회의, '희생-나누기'뿐 아니라 장례식에도 참석할 수 없다.

이와 같은 부정적 의식보다 축복을 비는 긍정적 의식의 수가 더 많은데, 모든 '희생-나누기'가 그렇다. 우선 아브라함 희생과 같은 무슬림 제의로서는 라마단 금식이 끝나고 한 달이 지나면 양을 죽여 치르는 소축제와 대축제, 그보다 규모가 작게 닭을 잡아 치르는 '예나예르(음력 1월1일)' 의례가 있다. 그 외에 '희생-나누기'를 치르는 경우로는 새로 짓는 집의 기초 공사를 할 때(양, 소), 집을 다 지었을 때, 타작마당을 새로 깔았을 때, 샘을 찾았거나 보물을 발견했을 때, 천 짜는 틀을 새로 조립했을 때, 집안에 요람을 새로 만들었을 때, 혼사를 치를 때 등이다. 집단 '희생-나누기'인 '팀슈레트'나 '우지아'는 마을에 사는 모든 집안을 대표하는 남자들이 참석하여 정기적으로 치른다. 이때에는 무슬림들이 메카를 순례하듯 카빌리 곳곳에 있는 성소나 묘지에 순례를 하기도 한다.

인간 일생의 중요한 계기에도 의식을 치른다. 할례는 소년이 여자들의 사회에서 남자들의 세계로 이행하는 의식이다. 청년이 '즈마아'에 참석하기 시작하면서 남자들의 집단에 들어가는 것을 기념하는 의식은 라마단 달이 끝나고 이루어진다. 청년은 한 달간 지역에서 서는 시장에 가야 했는데, 이때 젊은 아가씨들이 그를 배웅하고 돌아올 때를 기다린다. 돌아와서는 달걀 노른자 40개를 마시고 마을의 일원이 된 것을 축하하는 식사를 함께한다. 그 외에도 출생, 결혼, 죽음을 계기로 여러 이행 의식이 치러진다.

'희생-나누기' 가운데 여자들이 많이 참여했으며, 아직도 많이 행해지고 있는 '아스플'은 카빌리 여자들이 강박적으로 두려워하는 불임을 포함한 여러 액운을 다른 곳으로 옮기거나 쫓아버리는 의식이다. 질병이나 힘든 일이 생길 때마다 셰이흐나 마라부트 혹은 아크리, 키블라가 처방한다. 살아 있는 가축(숫소, 붉은 닭, 검은 암탉, 비둘기, 새끼 염소, 양)이나 음식(소머리, 달걀, 소금, 고기, 굵은 밀가루) 또는 물건(양모, 체 등)을 의식을 주재하는 사람에게 바쳐 제물로 사용한다. 환자의 머리 위에 제물을 올려 액운을 쫓아내는 주문을 외우면서 처음에는 시계 방향으로 일곱 번, 다음에는 반대 방향으로 돌린다. 이렇게 하면 액운이 제물에 옮겨간다고 생각한다. 제물을 돌리는 대신에 환자가 직접 제물의 입에 숨을 불기도 한다. 액운이 들어간 제물은 항상 죽이거나 묻거나 태우고, 남는 것이 있으면 대개 환자가 먹거나 영이 살고 있다고 믿는 장소(도랑, 쓰레기 더미, 동굴, 나무, 샘)에 버린다. 치료는 몸을 깨끗이 씻는 것으로 마무리한다.

병이 심각한 경우에는 '아스플 아슴마드(asfel asemmad: 찬 아스플)' 의식을 한다. 보통 '아스플'에 구걸 의식을 더하는 것이다. 양파, 밀가루, 고기, 나무를 구걸하여 쿠스쿠스를 만든 후 환자가 그것을 죽은 사람의 묘지에 가져다 두고 밤에 자면서 병을 없애달라고 비는 것이다.

액운을 쫓는 다른 의식들은 무엇인가를 가져다 놓는 것이다.

돌무더기에 돌들을 놓거나 성자나 수호신을 위하여 지은 집에 도자기 조각을 가져다 두기도 하고, 신성시하는 나뭇가지에 주머니를 매달기도 하고, 흐르는 물이나 바다에 허리띠와 같은 소지품을 던지기도 한다.

치유가 아니라 예방을 하거나 주술의 성질을 바꾸려 할 때에는 비약을 사용하거나 특별한 행위를 한다. 이것은 '이하스쿨른(주술)' 혹은 '이카루른'이라고 한다.

이 외에도 아들을 낳았을 때 총을 쏘는 의식도 있다. 또한 하루에 다섯 번 규칙적으로 해야 하는 기도, '희생-나누기' 때 카빌리어로 하는 기도, 마라부트들에게 집단적으로 하는 기도, 이야기를 시작하고 끝내면서 하는 경구 등 언어적 의식들도 있다.

'희생-나누기', 안자르 약혼녀 의식, 물레방아나 문을 쓰기 시작할 때 올리는 의식, 암소와 젖을 위한 의식, 집이나 밭 그리고 마을의 수호신에 안녕을 기구하는 의식 등은 모든 사람들이 집단적으로 참가하는 의식이다.

이러한 많은 전통 의식 외에도 이슬람교 제의가 일상생활에 친숙하게 스며들어 있다. 일부 의식들은 이슬람화되어 마라부트의 영묘(타쿠바트)들이 바위, 나무, 우물, 샘, 강가 등 눈에 잘 띄는 장소들에 자리 잡고 있는 것을 볼 수 있다. 이슬람 이전 전통과 현대 정통 이슬람이 여러 의식 속에 공존하고 있는 것이다. 가시권 밖의 세계와 소통하게 하는 이 의식들은 카빌리 이슬람을 독특하고 개성 있는 신앙 체계로 만들고 있다.

현재에는 이러한 의식들도 변화하고 있다. 전체적으로 사회 속에서 여성들의 위상이 달라지면서 여성 의식의 내용은 바뀌었지만 형식은 거의 유지되고 있는 반면, 남성들의 의식들은 많이 달라졌다. 새로운 상황 속에서 기능이 변화하고 빈도가 줄어들었다.

이맘 imam

금요일 기도집회를 인도하는 종교인으로 종교가문 내에서 한 사람을 지명한다. 그러므로 대개 마라부트 출신이다. 원칙적으로 마을마다 이맘이 있으며, 금식이 끝날 때 신도들이 하는 십일조 헌금 외 비정기적 헌금으로 보수를 충당한다. 종교가문 자녀들이 많을 때는 쿠란을 읽고 쓰는 것을 가르친다. 일반 아이들은 보통 학교에 다닌다. 이맘은 마을 회의에 참석할 수 없는데, 실제 대개 다른 마을에 살고 있어 회의 참석이 어렵다.

이슬람

독실한 무슬림인 카빌리 사람들의 문화에서 이슬람은 중요한 부분이다. 그러나 카빌리의 이슬람은 일반적으로 과거 평원의 터키 보르즈 지역에서 어김없이 나타나는 과도함이나 순수주의가 없다. 성자에 대한 숭배가 특히 발달하여 성자전이 많이 전승되고 있으며, 정기적으로 성지순례를 한다. 가장 널리 알려진 성자 중 하나가 모한드 우 호신이다. 카빌리 이슬람에는 여러 교단이 있는데 그중 가장 세력이 크고 잘 알려진 것이 라흐마니야 교단이다. 교단의 '셰이흐'는 카빌리어로 자신들의 의견을 공개하고 항상 정치적으로 참여했으며 독립 투쟁에서도 선봉에 섰다. 카빌리 이슬람에는 마라부트, 즉 종교가문에 속하며 스스로를 예언자 무함마드의 후손이라고 믿는 인물들이 있다. 이들은 카빌리 전역에 분산되어 각 마을과 동네에 정착하고 있었는데, 부족들 간 경계 근처에 사는 경우가 많아 중재자의 위치에서 부족들의 빈번한 다툼에 개입했다. 마라부트들은 또한 학식과 지혜뿐 아니라 신비한 힘과 부적을 만들 수 있는 능력으로 존경받는 인물들이었다. 결혼, 죽음, 공식적 기회 등 인생의 중요한 시기에 그들의 도움을 청하기도 했다.

카빌리 이슬람 속에 통합된 설화나 신앙 속에는 전통적 고대 신화들이 잔존하고 있다. 또한 선사시대 이래 성역화된 장소(동굴, 바위, 나무, 샘 등)들에 살고 있다고 믿는 수호신을 숭배하는 풍습도 있다. 여자들도 정통 신앙이라고 볼 수 없는, 미신이라고 생각하기도 하는 주술적 풍습을 간직하고 있다.

영들도 무슬림이어서, 마지막에는 결국 식인귀들을 포함한 모두를 다스리는 알라에게 복종한다.

빈번하게 하는 맹세나 반복해서 하는 기원(때로는 쿠란의 첫 장 '파티하') 외에 여러 종교 행위들을 통하여 이슬람은 일상생활 속에 깊이 스며 있다. 모든 사람이 라마단 금식을 지키며, 대부분 사람들이 기도와 적선을 실행하고 있다. 이들에게도 큰 관심사인 메카 순례는 비용이 많이 들 뿐 아니라 대개 남자가 하기 때문에 큰 행사에 속한다.

자우이아

대개 성자의 묘소 주변에 세우는 종교 건물이다. 수도하는 장소일 수도 있고, 교사가 있어 무슬림법과 신학을 비롯한 학문을 교육하는 교육기관일 수도 있으며, 교단의 근거지가 될 수도 있다. 교단일 경우는 일반 신도들이 와서 묵상하고 의식에 참가하는 곳이다. 특정한 성자를 모신 경우에는 '하드라' 혹은 '즈르다'라고 부르는 특수한 의식을 치를 수 있다. 이 의식은 신도들과 환자들이 밤(대개 목요일에서 금요일로 넘어가는 밤)에 모여, 북과 피리 소리에 맞추어 노래를 부르고 춤을 추며 성자에게 치유를 간구한다. 춤을 추는 음악의 리듬은 점점 빨라져 최면 상태에 이른다. 1954년 독립전쟁 발발 직전 대카빌리에는 자우이아가 약 100여 개 있었다. 두서너 명에서 130명까지 학생 수는 다양했다. 그 가운데 30여 개가 수준이 높다는 명성을 누리고 있었는데, 콩스탕틴의 유명한 신학자 븐 바디스가 1930년 설교하려 왔던 주르주라 산의 '시디 압드 에르라흐만 알 야루디'가 그 가운데 하나다. 1975년 고등교육기관이 되었다.

저주

자신에게 나쁜 일을 했다고 생각하는 사람을 향해 발설하는 것으로, 가장 민감하리라고 생각하는 것을 건드리는 것이다. 알라에 호소하거나 남자인 경우 그 집안을 언급한다. 예를 들면 "알라가 너를 벌주시기를!", "후손이 없기를!", 혹은 둘을 합하여 "알라가 네 조상을 저주하시기를!" 또는 "알라가 네 아버지의 집을 몰살하시기를!" 등이다. 사람이 사람에게 하는 것이지만, 상대가 사람이 아닌 경우에는 받은 모욕에 맞게 복수를 한다. 설화에서 주인공은 말을 잡아먹은 식인귀에게 "알라가 네 배 속에 있는 말고기를 독으로 바꾸어주시기를!"이라고 저주한다.

점쟁이 타드르위시, taderwich

어떤 여성들은 예언의 능력을 가지고 있다. 대개 여자들이 공개된 장소에서 앞으로 일어날 일을 묻거나 조언을 구한다. 대부분 하나의 직업으로 행하며, 성자나 영과 소통한다고 여긴다. 점괘를 아주 잘 다듬어진 형식, 대개 시적인 방식으로 표현한다. 입문 교육을 받아 언어적 기술을 가지고 있다.

제물 바치기 팀즈리우트, timezliwt

축복을 받기 위하여 행하는 의식으로 주로 가축을 제물로 바치는 것이다. 사적인 것과 공적인 것이 있다. 공적인 희생은 여러 기회에 행해진다. 라마단 금식이 끝났을 때 벌이는 '라이드 타모크란트(대축제)', '예나예르(1월 1일)', '희생-나누기' 때처럼 마을회의(즈마아)가 의식 거행 여부를 정한다. 사적인 희생 의식은 다른 여러 경우에 이루어질 수 있다. 예를 들면 집짓기를 기초하기 위하여 땅을 팔 때, 새 타작마당을 만들 때, 샘터나 보물을 발견했을 때, 베틀을 조립할 때, 요람을 매달 때, 혼인식 때, 성소나 영묘에 순례를 하고 난 뒤 등이다. 다른 희생들은 임의적인 것으로 대개 병을 낫게 할 목적으로 악을 다른 곳으로 옮기거나 내쫓는 '아스플' 의식에 포함된다.

설화에서는 인간을 제물로 바치는 두 경우가 있다. 하나는 아브라함의 희생과 비슷하다. 주인공이 가장 친한 친구의 목숨을 구하기 위하여 아들을 희생해야 하는 경우로 양으로 대신한다. 다른 하나는 전 세계에서 보편적으로 나타나는 테마로, 샘에 출몰하는 괴물이 물을 막지 않도록 젊은 아가씨를 바치는 것이다. 아가씨는 괴물을 죽이는 주인공에 의하여 구출된다.

카빌리에서 중요한 집단 희생으로는 우선 모든 무슬림이 라마단이 끝나고 한 달 후에 치르는 '아브라함 희생(대축제)'과 카빌리 고유의 의식인 '희생-나누기'가 있다.

종말론

다른 문화처럼 카빌리에서도 세상의 종말에 대한 이야기가 전해진다. 홍수로 땅이 잠기고, 하늘이 무너져 어둠이 덮는 것으로 시작한다. 그리고 세상을 뒤집는 종말적 존재들이 등장한다. 무슬림 종말론에서는 난쟁이 '알 다잘(거짓말쟁이)'들이지만 카빌리에서는 '머리-다리 난쟁이'들이다. 이들이 나타나 우글거리며 세상을 파괴하고 초토화한다. 이러한 종말론은 무슬림 종말론과 아울러 지중해 전역에 퍼져 있던, 인간 삶에 필수불가결한 자연 요소들을 뒤엎는 신화들에서 영향을 받아 생긴 것으로 보인다.

주술 에스후르, esshur

목적에 따라 여러 종류의 주술이 있다. '이하스쿨른' 혹은 '이카루른'이라고 부르는, 사람을 해칠 목적의 저주 비약도 있었다. 그러나 대부분은 질병이나 불임처럼 부족한 것을 고치는 주술이다. 대개 여자들 특히 산파나 나이 많은 여자들이 담당한다. 골절과 같은 특별한 치료만을 전문으로 하는 '타투빕트'와 같은 의녀도 있는데, 환자가 나았을 때만 보수를 받는다. '탈룹'이나 교단의 이맘 혹은 마라부트가 치료사 역할을 하기도 한다.

주술의 목적은 불운이나 악운을 피하고, 위험한 물건이나 불가사의한 사건의 영향을 받지 않도록 막는 것이다. 악을 쫓는 의식이나 행위로는 풀을 달이거나 반죽으로 만들거나 훈증하는 방식 또는 약품에 바셀린이나 장뇌 같은 제품을 섞어 사용하는 방식이 있다.

비둘기, 닭, 달걀, 소머리 등을 제물로 바치기 전에 환자 머리 위에서 돌려 악운을 옮기거나 쫓아내는 '아스플' 같은 풍습도 있다. 주술 의식은 동굴이나 신성한 나무 아래 등 특별한 장소에서 한다. 이러한 장소에서는 천 조각을 매달아놓거나 돌무더기를 만들기도 한다. 성자들의 무덤에서 하기도 하며 마라부트의 도움을 받기도 한다.

주아드 Djouad

대개 터키와 연합했던 전사귀족들로 카빌리를 둘러싼 평원에 많이 살았다. 대개 종교가문 출신들이었다.

즈르다 zerda

여자들이 많이 순례하는 성자의 성소에서 벌어지는 의식이다. 노래, 분향, 무덤 돌기, 춤, 헌금을 한다.

천국 을즈느트, ljennet

다른 무슬림처럼 카빌리 사람들도 천국을 꿀과 젖과 버터가 강물처럼 흐르고, 늘 열매가 달려 있는 온갖 종류의 과일나무가 가득한 경이로운 정원으로 상상한다. 천국에 사는 사람은 모두 잘생겼으며, 가까운 곳에는 금으로 덮인 궁전이 있고, 항아리는 항상 가득차 있으며, 시장에는 굵은 무화과, 올리브, 보리가 쌓여 있고, 버터로 요리한 고기 쿠스쿠스를 실컷 먹을 수 있는 곳이다.

초자연성

카빌리 상상력에는 두 유형의 초자연 세계가 있다. 농부에게 친근한 유형과 『천일야화』의 영향을 받은 동양적이고 도시적인 유형이다.
전자는 마을에 가까운 자연세계와 식인귀나 히드라처럼 무시무시한 괴물들이 항상 살고 있는 지하세계다. 주술은 여성들의 것으로 다산을 유지하는 것이 주목표인 집안 의례의 연장이다. 무엇보다 중요한 것은 가족과 마을공동체의 안녕으로, 초자연 세계는 그것을 방해할 수 있는 모든 것으로 표상된다. 사람들은 매일 가족생활 속에서 수많은 의식을 통하여 선한 영뿐 아니라 수호신을 모시고 바위나 동굴 등을 순례하여 많은 성자들의 신통력을 확보해야 한다.

후자는 일곱 하늘과 일곱 바다의 공간으로 구성되어 때로 신의 세계까지 이른다. 영과 '진(마신)'이 살고 있는데, 일반적으로 질이 나쁜 악귀들이지만 주인공을 도와 눈 깜짝할 사이에 먼 거리를 데려다주는 동물도 있으며, '빨간 영의 왕'처럼 변신, 마술, 춤, 음악 등으로 깊은 인상을 주고 정치적 능력을 주인공에게 부여하여 힘을 과시하는 것도 있다.

쿠란

카빌리 사람들은 베르베르어를 쓰고 있어 프랑스로부터 독립 당시 종교언어인 아랍어를 읽고 쓸 수 있는 인구가 2% 정도에 불과했다. 마라부트 종교가문에 속한 사람들과는 전혀 달랐다. 마을의 쿠란학교는 대개 마라부트 가문 자제들을 위한 것으로 일반 가정의 아이들은 거의 다니지 않았다. 그러므로 일반 사람들은 마라부트를 통하여 신앙의 책을 접한다. 그러나 쿠란 첫 장 '파티하'는 어렸을 때 모두 외우게 하여 매 기도 때나 주요 가족 및 마을 제의 때 아랍어로 암송한다.

구비문학에는 쿠란에 나타나는 일부 이야기들이 있는데, '요셉 이야기'(12장 요셉의 장)와 '잠자는 일곱 사람들 이야기'(18장: 동굴의 장)와 같은 경우다. 이 두 이야기는 창세기까지 거슬러 올라가는 지중해 공동 문화유산에 속하는 것이다.

탈릅 Taleb, 톨바, Tolba

대체로 종교가문 출신으로 신학교 '티마암므르트(timâammert)'에서 쿠란을 배우고 종교 기관 자우이아에서 신학과 무슬림 법학 외에 간혹 과학까지 배우는 학생을 말한다. 이 젊은이들의 평판은 그리 좋지 않았다. 부적을 만들 수 있는 마라부트나 셰이흐처럼 글과 책에 익숙하여 주술의 비법을 알고 있다고 생각했기 때문이다. 때로 사람에게 깃든 악령을 몰아내기 위해 이들의 힘을 빌리기도 했다. 일부 탈릅들은 방탕하여 싸우고 범죄를 저질렀으며, 노상강도 행각까지 했다는 이야기가 남아 있다. 예를 들면 예전 주르주라 산에 사는 일루른 부족의 시디 아흐메드 우 드리스 자우이아의 탈릅들이 쉘라트 고개에서 여행객을 공격했다는 것이다. 「장화 신은 고양이」류 이야기에서는 재칼이 목욕하고 있는 탈릅의 옷을 훔쳐 자기 주인에게 입힌다는 이야기가 있다. 현재는 탈릅의 수가 점점 줄어들고 있다.

하즈

메카(이히즈)에 순례를 다녀와 신앙이 충만한 사람을 부르는 존칭이다. 존칭만 사용하기도 하고 말하는 중간에는 '하즈 모한드'처럼 이름 앞에 붙이기도 한다.

헝겊 주머니 타웸무스트, tawemmust

예방 및 보호의 힘이 있다고 생각하는 작은 물건이나 곡식, 광물, 식물을 액운을 쫓을 목적으로 천에 싸서 매다는 것이다. 우유가 상하지 않게 하려고 교유기나 그릇에 매달기도 하고, 악운을 쫓으려고 동굴, 나무, 성소에 매달기도 한다.

후안 Khouan, 아후니/이후니엔, axuni/ixuniyen

영적 지도자 주변에 모여 그 말을 따르는 종교 교단의 신도나 형제들을 지칭한다. 교단의 규칙을 따르며 모여서 기도하고 쿠란을 배우며 성가를 부른다. 카빌리에서 가장 널리 알려져 있는 라흐마니야 교단은 카빌리에 여러 자우이아(종교시설)와 많은 신도 형제들을 거느리고 있다.

'희생-나누기' 팀슈레드, timecrett, 우지아, ouziaâ

일 년에 한 번 있는 무슬림의 가족 축제인 '대축제'와는 달리 '희생-나누기'는 한 해에 여러 차례, 매달 한 번까지 행해지는 마을 전체 축제다. 상황에 따라 여러 목적으로 열린다. 예를 들면 죽은 사람을 위해서, 이민 갔던 사람이 마을로 귀환하는 것을 축하하기 위해서, 마을을 위협하는 위험(가뭄, 역병, 가축 전염병)을 쫓기 위해서 등이다. '희생-나누기' 의식은 한 개인이 제안한 것이든 마을 전체가 제안한 것이든, 즈마아가 승인하여 마을 공동 의식으로 조직된다. 유일하게 날짜가 거의 고정되어 있던 것은 농사철이 시작되는 농제인 '정월 희생-나누기'뿐이다. 여자를 제외하고 모든 남자들이 의무적으로 이 의식에 참가하고 기여해야 하며 불참자에게는 마을공동체로부터 추방되는 처벌이 내려진다(이프흐 타다르트(iffegh taddart): 마을을 나간다). 남자들은 즈마아나 샘터에서 가장 가까운 곳에 모인다. 대개 소를 희생 제물로 쓰며, 마을 명망가의 가장들이 대단히 정형화된 의식을 주관하고 감시한다. 가축을 죽이기 전 카빌리어로 기증자에 감사하는 기도를 올린다. 이 가을 의식은 일 년 동안 거행될 다른 '희생-나누기' 의식에 기부할 몫을 각 집안의 가장들이 결정하는 날이기 때문에 가장 중요하다고 할 수 있다.

제물로 쓰일 가축을 사는 비용은 상을 당했거나 출생, 결혼, 할례, 즈마아의 일원이 되는 경우 등 가족의 경사 때 개인이 내는 기부금과 기타 벌금으로 만들어진 마을 공동 기금으로 충당하는 것이 원칙이다. 기부금을 '사다카(적선)'라고 부르는 것은 부자가 가난한 사람보다 많이 내기 때문이다. 가뭄이나 사람, 가축, 과일나무의 전염병이 돌아 의식을 치러야 할 때, 공동 기금이 부족할 때는 각 가족이 농사 시작 철에 약속한 금액을 내야 할 의무가 있다. 원칙적으로 가족의 수에 따른다. 잡은 양고기는 기여도에 따라 분배되어 집에 따라 최대 7배의 차이가 난다. 큰 몫을 할당받은 집안에서는 빈곤한 이웃이나 친척을 식탁에 초대할 수 있으며, 주변 사람들에게 베풀 수도 있다. 잡은 가축을 통째로 모든 사람들에게 양보할 수도 있는데, 돈이 드는 부의 과시가 된다. 몫을 부담할 수 없는 사람들이 마을에서 쫓겨나지 않도록 부잣집이 돈을 빌려주는 일이 빈번했다.

의식은 고기를 먹는 기회가 아주 드물었던 시기에 모든 사람들에게 고기 먹을 기회를 준다는 의미에서 카빌리의 이념에 맞는 평등주의를 실현하고 있다. 지배가문들의 상징자본을 강화하는 기회이자 동시에 매년 가을 대개 외부로부터 오는 수입(이민을 통한)에 따라 가문 간의 서열을 재편하는 기회이기도 하다. 현재에도 이따금씩 행해지는 '농사 시작' 의식은 탁월한 정치적 기능을 보여주고 있다. 정치적 기능은 카빌리 같은 지방뿐 아니라 알제리 전체와 관련된다. 이 의식은 카빌리 특유의 것으로 정체성을 드러내는 기능을 갖고 있어 때로는 카빌리의 특수성을 보여주기 위하여 의도적으로 행해지기도 했다. 독립전쟁 기간 동안 금지되었다가 독립 후 다시 부활되었다. 새로운 상황에서 빈도가 줄어들기는 했지만 자신들의 문화적 정체성을 요구하고 표현하고자 하는 사람들의 이미지에 맞도록 기능적으로 변화한 것이다.

그러나 여성은 고기 요리를 담당하고 소금을 넣거나 말려 보관하는 일을 하면서도 의식 참여에는 여전히 배제되어 있다.

Dictionnaire
de la culture berbère
en Kabylie

V

생산활동

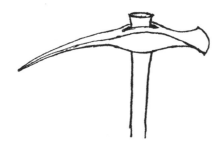

곡괭이

가뭄

가뭄은 기후의 가장 무서운 변덕 가운데 하나다. 땅을 마르게 하여 생산물을 줄이거나 아예 죽여버리기 때문이다. 그러므로 기우제나 '희생-나누기' 같은 의식에서 건조/습기, 자연/문명, 남자/여자 등과 같은 필요한 두 조합을 표현하여 가뭄을 피하려고 노력한다. 그러나 고기, 곡물, 과일을 건조하여 보관하려면 햇볕에 습기를 제거하는 것도 필요하다.

개간

카빌리에서 농사지을 땅을 얻으려면 높은 산 그리고 자연과 싸워야 할 때가 많다. 마을 관습법상 땅은 대개 개간한 사람이 주인이 된다. 그러므로 설화에서 개간 모티프는 주인공이 수행해야 하는 일 가운데 하나다. 산에서 덤불, 돌, 뿌리를 제거하고 평평하게 만들어 식물을 심을 수 있게 하는 일이다. 혼자 힘으로는 할 수 없는 작업으로 가족의 도움을 받거나 초자연적인 힘의 도움을 받아야 한다. 그 땅이 무언가를 생산하려면 개간에서 끝나는 것이 아니라 경작을 해야 하기 때문이다. 주인공을 도와주는 신비로운 힘은 카빌리 농부의 꿈, 즉 물길과 저수조를 갖추고 과일나무(사과, 배, 오렌지)가 심어져 있는 '팁히르트(과수원)'를 갖는 꿈을 이루게 해준다. 이것은 남자가 이룰 수 있는 공적 가운데 가장 훌륭한 것이다. 그래서 사람들은 여자 아기가 태어나면 덤불을 괴롭히러 올 사람이 없어 숲이 즐거워한다고 말한다.

계절

농사의 시기에 따라 계절을 나눈다. 예전에는 농사가 생활의 리듬을 결정하는 것이어서 농사 일과 작물의 생장 시기에 따른 절기가 중요했다. 예를 들면 무화과가 맺기 시작하는 '타슨티트'와 무화과를 수확하는 '탁가라 르흐리프'가 있다. 날씨의 특징에 따라서 절기를 나누기도 한다. 농사력에 따른 사계절은 태양력보다 약 3주가 빠르다. 봄(타프수트)은 2월 말에서 5월 중순, 여름(안브두)은 8월 말까지, 가을(르흐리프)은 11월 말까지이다. 봄과 여름만 헤나 바르기와 튀김 과자, 부풀린 빵으로 개시 의식을 치른다. 봄의 첫날에 이 두 가지 밀가루 음식을 먹는 것은 다산을 기원하는 것으로 집과 문의 수호신에게 일부를 바친다. 여름의 첫날에는 많은 일이 기다리고 있다는 의미에서 일찍 일어난다. 어머니들은 아이들이 장염에 걸리지 않도록 여러 의식을 행한다.

과일나무

과일나무는 일반적으로 무화과나무로 카빌리어로 '우르티', 라틴어로는 '호르투스(hortus)'이지만, 아랍어 '올즈느트(천국)'에서 파생된 '르즈난'이라는 단어도 있다. 카빌리 사람들은 과일나무 재배자들로, 카빌리 전체가 경사면을 올라가며 만들어진 거대한 과수원이라고도 할 수 있다. 남녀 구분 없이 소유하고 있는 과일나무에 큰 애착을 가지고 자주 조심스럽게 보살핀다. 나무를 돌보려면 밧줄을 묶어야 하는 가파른 경사면에 과일나무를 심는다. 이러한 노력은 결실을 맺어 충분한 보상을 받는데, 가장 풍성한 계절은 과일을 따는 계절, 무화과가 익는 계절인 가을로 사람들은 기쁨에 도취된다.

기술

카빌리 사람들은 여러 분야에서 다양하고 풍부한 전통 기술을 보유하고 있다. 농사, 과수, 제련, 장신구 제작, 무기 제작, 목공, 밧줄 걸기 외에도 토기, 직조, 곡식 빻기, 올리브 압착 등이다. 현재는 새로운 기술의 도입과 현대화, 전기 보급, 온갖 종류의 상품 운송 증가, 이민자들의 왕래 등으로 수입된 공장 제품들과 경쟁하면서 낡은 활동이 되어가고 있다. 어떤 기술은 시간을 들여 전통적 방법을 고수하고 있는 여성들에 의해 그 명맥을 유지하기도 하지만 새로운 상품과의 경쟁은 많은 옛 생산기술 방식을 퇴조시키고 있다. '수제품'의 가치를 지닌 전통적 생산 방식을 여성들이 고수하는 것은 자체 소비를 유지시키기도 하고, 양탄자나 토기 같은 수공예품을 상업화시킬 가능성도 있다. 전통 방식이 아니라 아랍식이라고 생각하는 광주리 제작이 수녀들에 의해 도입되어 작은 수입을 가져다주기도 한다. 관광산업이 발달되지 않아 장신구 제작뿐 아니라 다른 유형의 생산을 증진하지 못하고 있다. 전통 기술의 문화적 가치는 충분히 인정되고 있으며 이념적으로 정체성을 확인한다는 가치 또한 있다.

나무, 숲

요리와 난방용으로 집안에 불을 피우는 데 꼭 필요한 에너지원이었다. 예전에 유일하게 사용할 수 있는 연료였던 나무를 얻으려면 무서운 야생의 세계인 숲으로 가야 했다. 그러므로 땔감을 구하는 것은 위험한 일로 대개 남자들이 맡았다. 여자들이나 아이들이 해야 할 경우 함께 모여서 갔었다. 숯 굽는 사람이나 나무꾼처럼 직업 삼아 하는 경우도 있지만 보통 다른 할 일이 없는 가난한 사람의 직업이었다. 이제는 벌채로 나무가 줄어들었고, 압축 가스통이 도입되어 땔감을 찾는 일이 적어졌다.

노동

남녀를 불문하고 부지런하다는 것은 중요한 미덕이다. 신부에게 기대하는 자질 중 하나는 부지런함으로, 좋은 어머니를 가졌다면 집안의 여러 일들을 도맡아 부지런히 일하는 것을 배웠을 것이라고 생각한다. 그러나 일하는 것은 집안을 위한 것이라는 조건에서만 미덕이다. 밖에서 '남의 집에서' 일하는 것은 수치스러운 것이다. 가진 것이 없는 여자들, '그녀를 위하여 일하는 사람이 아무도 없는', 예컨대 과부나 아주 가난한 여자들, 어린아이가 있어 먹을 것을 주어야 하는 형편에 있는 여자들만이 별 수 없이 하는 것이다.

남자아이에게는 커서 자신의 노후를 책임지기를 기다리는 '부모를 위해 일하기'를 기대한다. 남자가 일하기를 좋아하지 않는 것은 파렴치하다고 생각하며 게으른 남자는 비난받는다. 그러나 최상의 부자란 더 이상 일하지 않는 것을 뜻한다. 한 설화에서는 가난한 어부가 마술을 통해 부자가 되자 '일하지도 않고 나무를 하러가지도 않을' 정도로 한가하게 되었다고 표현한다.

노새 아스르둔, aserdoun

노새는 멍청하다고 하여 '노새 같다'는 말은 바보라는 뜻으로 쓰인다. 그러나 카빌리 사람들이 보통 많이 데리고 다니는 충실한 동반자다. 짐을 많이 실을 수 있고 발이 튼튼하며 끈기가 있는 노새는 행상의 귀중한 보조자로, 허약하고 산길에 약한 나귀보다 훨씬 큰 도움이 된다. 일반적으로 노새를 끌고 다니는 장사꾼은 나귀를 끌고 다니는 장사꾼보다 형편이 낫다. 노새는 짐 신는 용도의 가축으로, 평원에서는 말이 용맹하듯 산길에 잘 맞는 짐승이다. 예전에 신부를 신랑 집으로 데려가는 가축도 노새였다. 노새가 무서워하는 짐승은 하이에나다. 하이에나는 집에서 멀리 떨어진 노상에서 사람이나 짐을 신고 가는 노새를 공격한다. 새끼를 낳지 못하는 노새의 고기는 먹는 것이 금지되어 있다. 식인귀들만이 노새를 먹는다고 한다.

농업

카빌리 사람들은 먹을 것을 주는 땅을 항상 중요하게 생각했다. 공산품 생산이나 상업에 능한 사람들도 많았지만 농부 출신임을 더 많이 내세운다. 사람이 넘치는 산지에 경작지가 많지 않아 아무리 경사진 곳이라도 놀리는 땅이 없다. 카빌리의 농업은 곡물을 생산하는 데 꼭 필요한 평원과 수목 재배만 할 수 있는 경사지가 상호 보완하는 체계다. 그러나 마을과 멀리 떨어진 낮은 평원은 위험한 곳이었다. 산 위 마을에 모여 있는 농부들은 약탈자의 빈번한 출현을 감수하면서 평원으로 내려가야 했다. 터키인들은 세금을 요구했으며 숲의 나무를 자르거나 약탈을 하곤 했다. 농부들은 엽총으로 무장하고 평원에 농사를 지었으며, 수확한 곡물도 무기를 들고 지켜야 했다. 아가와 고원 사람들은 토지가 없는 경우 대개 평원에 사는 사람들과 계약을 맺었다. 티지-우주, 주르주라 산 아래 사헬-숨맘 강 근방 스바우 계곡이나 보흐니 분지의 경우다. 땅 소유주와 실 경작자(플라흐) 사이의 계약 방식은 아주 다양했는데, 점차 '반반' 나누기 소작으로 합의되어 갔으며, 농업이 사양길에 접어들면서 현재에는 거의 사라지고 있다.

농부들은 소 두 마리에 나무 쟁기를 매달아 밭을 갈았다. 산 위 땅보다 습기가 많은 평원의 땅은 더 깊이 갈아 일으켜야 했으며(연 2회), 산에 있는 땅은 양분이 적고 돌이 많아 쟁기 날을 매일 저녁 대장간에서 갈아야 했다. 경사가 가파른 곳에서는 쟁기 대신 주로 손곡괭이를 사용했다. 산의 약간 평평한 땅에는 밀과 보리, 그리고 강낭콩, 렌즈콩을 심었으며, 봄에는 조와 수수를 심었다. 조건이 좋으면 어렵사리 식구들이 먹을 수 있는 곡식을 생산할 수 있었다. 호미로 풀을 뽑는 것은 시간이 많이 걸려서 온 집안이 이 일에 매달렸다.

곡식은 낫으로 거두어 타작마당에서 노새나 소를 이용해 타작을 했으며, 타작마당은 키질할 수 있도록 바람이 부는 곳에 여자들이 힘들여 준비했다. 곡식은 남자들이 노새 등에 실어 집 앞까지 가져왔으며, 안주인은 그것을 받아 집안 곡물 항아리에 저장하고, 짚단은 집 밖에 나뭇가지로 만든 둥근 창고에 보관했다.

평원을 굽어보는 가파른 경사면에는 아직도 과일나무를 심는데, 이것이야말로 카빌리의 풍부한 농산물이다. 나무들은 귀중한 것으로, 경사면에서 뿌리로 흙을 붙잡아 둘 뿐 아니라, 곡물보다 풍성하고 정확한 결실을 가져다준다. 고도 850m까지 주로 남쪽을 향한 경사면에 올리브 나무를 심는다. 무화과나무도 대단히 많아서 카빌리에는 알제리 전체 무화과의 90% ·28종 이상이 심어져 있었다. 손이 많이 가는 무화과나무는 고도 1,200m까지 아주 가파른 경사에서도 자라서 때로는 무화과를 심고 관리하기 위해 로프에 몸을 묶어야 한다. 일단 말린 무화과는 건포도처럼 보관하며, 일부는 판매한다. 가파른 산기슭에는 잎을 따서 가축에게 먹일 수 있는 물푸레나무가 자라고, 느릅나무와 떡갈나무도 자란다. 떡갈나무 가운데 '아블루드' 종 도토리는 가축의 사료뿐 아니라 어려운 시기 사람들에게도 보조 식품이 된다. 그 외에도 체리나무, 사과나무, 자두나무, 석류나무, 배나무, 호두나무, 서양모과나무 등 많은 과일나무들이 있다. 이 나무들에는 덩굴나무가 매달려 있어, 가을이 되면 그 잎을 가축의 먹이로 쓴다.

마을 둘레에는 집 바로 아래 채마밭에서 여자들이 야채를 기른다(아티초크, 양파, 마늘, 옥수수, 토마토, 멜론, 호박 등). 예전에는 골짜기 바닥 평평한 곳에 있는 채마밭을 여자들이 경작했다.

이제는 농사만으로 카빌리 산지에 사는 많은 인구의 먹을 것을 댈 수 없게 되었다. 습기가 있고 경사가 가파르지 않은 마을에서도 실제 농사를 짓는 사람은 주민의 10%를 밑돈다. 그래서 꼭 필요한 부수입을 알제리 도시나 프랑스에 이주하여 상업, 수공업,

산업 분야에서 일하면서 조달하고 있다. 카빌리 사람들이 아직 자신을 '농사꾼'이라고 부르는 것은 대개 농담 삼아 하는 말이다. 자신들의 고향을 "염소나 기를 만한 곳"이라고 말하기도 한다.

달력

카빌리의 농사 절기는 유럽에서 사용하는 태양력인 그레고리우스력보다 13일이 늦은 율리우스력에 따라 나누어진다. 그러나 실제 사람들이 알고 있는 것은 연중 중요한 달의 이름과 특별한 행사나 명절이 있는 달의 이름뿐이다.

태양력에서 사람들이 잘 알고 있는 것은 '예나예르(1월)'다. 1월 1일에는 쿠스쿠스와 튀김을 먹는데, 이튿날 닭을 잡아 점심식사를 하는 1월 첫 명절(그레고리우스력 1월13일)과 혼동되기도 한다. 1월은 또한 낮이 밤보다 짧은 달로 가을 동안 힘든 일을 한 소들이 외양간에서 더 오래 쉴 수 있다고 이야기하곤 한다. 보통 율리우스력에서 '후라르(2월), 마흐르스(3월), 예브리르(4월), 막구(5월)'는 추위와 나쁜 날씨로 알고 있고, '유니웁(6월), 율유즈(7월), 후쉬트(8월)'는 농번기로 알고 있다. '슈템브르(9월), 투브르(10월)'는 10월 4일(그레고리우스력 10월 17일) 밭갈이와 농사의 한 해가 시작하는 '한 해의 문(탑부르트 우스그와스)'으로 안다.

무슬림 헤지라력에서는 특히 '타아슈르트', 즉 '아슈라'와 '물루드' 축일이 있는 1월과 예언자 무함마드의 생일 달인 3월, 라마단 금식달이 끝나는 '소축제'와 '대축제'가 있는 9월이 중요한 달이다.

한 해는 다른 방식으로 나누어지기도 하는데, 때에 따라 해야 하는 농사일, 특히 무화과나무를 돌보는 일에 따라 나누어지며, 그때 날씨 혹은 얽혀 있는 전설에 따라 나누기도 한다. 1월과 2월에 걸쳐 있는 '할머니 날'에는 얽힌 전설이 있다. 옛날에 어떤 할머니가 1월 말 아주 날씨가 좋은 어느 날 염소를 먹이고 있었다고 한다. 할머니는 갑자기 1월을 비웃으며 곧 끝나게 되어 좋다고 큰 소리로 떠들었다. 몹시 화가 난 1월은 2월에게 하루를 빌렸다('아므르딜': 빌린 날). 그리고 그 하루 동안 심한 폭풍우가 치게 해 할머니와 염소를 죽게 만들었다. 2월이 일 년 중 가장 짧은 것은 하루를 빌려주었기 때문이다. 그때부터 1월 말에서 2월 초를 '팀하린(할머니 날)' 혹은 '탐하르트(할머니)'라고 부르게 되었다고 한다. 전설이야 어떻든 카빌리에서 겨울이 끝나고 봄이 시작되는 시기다.

7월 6일(7월 24일)도 특별한 날이다. 지중해 풍습에 따라 여자들이 무화과 과수원을 태워 병충해를 방지하는 날이며, 차로 마시게 될 허브를 따는 날이기도 하다.

대장장이 아흐다드, aheddad

마을마다 제철업를 겸하는 대장간이 있다. 돌이 많은 카빌리 산의 땅을 경작하는 데 쓰는 쟁기 날을 포함해 모든 쇠붙이 도구를 수선한다. 대장장이들은 수선뿐 아니라 경사면 땅을 부드럽게 하는 데 많이 사용하는 농기구들과 낫, 도끼 등을 제작하기도 한다. 대장간은 대개 마을 경계나 마을에서 약간 떨어진 곳에 위치한다. 불터는 돌로 지으며, 강철로 만든 모루는 작업대 위에 놓는다. 숯을 태우는 불을 돋우는 소가죽 풀무를 비롯한 여러 도구들이 있다.

일반 대장장이(아흐다드)와 은 세공인(아흐다드 을프타) 혹은 장신구 및 무기를 제작하는 장인은 다르다. 장신구나 무기를 만드는 장인들은 더 전문적인 기술을 가지고 있으며, 화력 무기를 생산하는 아이트 옌니 부족이나 장검을 제작하는 이플리슨 르브하르 부족에게서 보듯 도시 유형의 큰 마을에 집단을 이루고 있다. 대개 농사를 짓지 않는 이들은 추수 때 타작마당에서 소출의 일부를 배당받는다. 물, 불, 쇠를 다루는 솜씨로 마술적 힘을 가지고 있다고 하기도 한다. 희생 제의를 맡는 경우가 많다.

도구

대개 농기구들은 경사지 농사에 맞도록 제작된 것이다. 날이 대칭으로 달린 쟁기처럼 큰 기구들은 평원의 것보다 좀 더 가벼운데, 계곡 바닥이나 평평한 곳에서밖에 사용하지 못한다. 경사지를 개간한 후 흙을 뒤집고, 작물을 심고, 김을 맬 때는 작은 농기구를 사용해서 사람의 손으로 한다. 대개 양날을 사용하는 곡괭이나 호미인데, 도끼처럼 자루와 평행으로 날이 달린 것도 있고, 손도끼처럼 자루와 직각으로 날이 달린 것도 있다. 여자들이 사용하는 기구들은 더 가볍다. 손도끼 겸 호미인 '타카바슈트'는 여자들이 밭에서 거의 달고 사는 기구이다. 풀을 베는 낫(암그르), 곡괭이(아즐짐), 도끼(아사쿠르) 등도 있다.

여성들이 양모를 손질하는 데 필요한 털 고르기 솔, 천 짜기 빗과 방추, 직조기 등 특수한 용도의 도구들도 있다. 올리브 열매를 터는 장대도 있으며, 도둑이 사용한다고 하는 장대(타누가)도 있다. '타누가'는 외부에서 집안으로 들여보낸 물건을 훔치는 데 쓰는 것으로 원칙적으로는 있어서 안 되는 물건이다.

모든 도구는 동시에 무기가 될 수 있지만, 아이트 엔니 부족과 이플리슨 르브하르 부족들이 전문적으로 제작하는 검, 칼, 화약 무기 등이 진짜 무기다. 그 외에도 철공소에서 징을 박은 몽둥이도 있다. 발 물레, 손잡이 물레, 나무 물레, 끌, 가위 등 공예도구들도 있으며, 모루, 노루발, 풀무, 바이스, 드릴 등 대장간 도구들도 있다.

맷돌 타씨르트, tassirt, 티씨르트, tissirt

각 가정마다 가지고 있었던 손 맷돌이 아직 일부 남아 있다. 지름 약 40cm의 둥근 돌 두 짝이 포개져 있다. 한자리에 고정시키기도 하는 아랫돌은 가운데 쇠 축이 있고, 윗돌이 그 축을 따라 움직인다. 윗돌에는 손으로 돌릴 수 있도록 가장자리에 비스듬히 나무 손잡이가 붙어 있다. 두 돌이 닿는 부분에는 정으로 매듭 모양의 무늬를 새겨 곡식알이 머물게 되어 있다. 낟알을 윗돌 한가운데 홈으로 넣으면 갈린 가루가 맷돌 주위에 깔아놓은 천이나 양가죽 위로 흘러나온다.

맷돌을 갈기 시작할 때는 주문을 외우고, 일이 끝나면 윗돌 홈에 낟알 몇 개를 남겨두는데 이를 '이믄지 트 트씨르트(imensi t-tessirt: 맷돌이 먹을 저녁)'라고 부른다.

곡식을 생산하는 땅에서 추출한 돌로 만든 맷돌을 사용하는 방법을 여자들에게 가르쳐 준 것은 개미라고 한다. 맷돌은 남성성인 농산물을 가공하여 여성성인 요리로 이행하게 함으로써 곡식을 먹을 수 있게 만드는 첫 번째 집안 도구이다. 문화적 매개에 필수적인 맷돌은 마치 여성의 활동을 위한 집안의 제단처럼 귀한 취급을 받는다. 음키드슈는 식인귀에게 맷돌을 집 밖으로 던지게 하여 인간 사회의 규범을 지키지 않는 야만적 본성을 가지고 있다는 것을 보여주려 한다.

곡식을 가는 다른 방법도 있다. '타씨르트 부와만(물레방아)'은 많은 양의 곡식을 가루로 만든다. 직경 80cm 정도의 큰 맷돌로 아랫돌은 바닥에 붙박이로 설치되어 있고, 윗돌은 나무로 만든 중앙 부분에 고정하여 움직이게 되어 있다. 계속 물이 흐르는 급류에 설치하여 물방아를 돌게 하여 작동한다. 대량으로 밀을 가는 생산자들이 아직도 사용하고 있다. 그러나 이제 많은 집이 마을 식료품점에서 밀가루를 구입한다.

올리브를 으깨어 기름을 짜는 기구는 '르아시르(압착기)'에 속한다. 대체로 곡식 빻는 것보다는 커서 직경 1m에 두께가 20cm 정도다. 회전목마처럼 노새가 돌면서 맷돌을 움직이게 하여 통 속에 있는 올리브를 으깬다. 으깨어진 것은 압착기의 두 나무판 사이에 넣는다. 위쪽 나무판에는 한가운데 나사못이 있어 그것을 돌리면 점차 조여지게 되어 있다. 올리브유를 생산할 때 압착기를 사용하는 방법 외에도 집에서 손으로 하는 경우도 있다. 올리브를 절구(압라이)로 으깨어 큰 통(이바으르카)에 담아 맑은 기름을 떠낸 뒤 열처리하여 정화하는 것이다. 이렇게 만든 것이 '지트 우브라이'라고 부르는 고급 올리브유다. 농사일이 줄어든 여성들이 이러한 옛날 방식으로 집에서 사용하는 올리브유를 만들기도 한다.

목축

방목장이 없는 카빌리에서는 목축이 거의 발달하지 않았다. 초지가 거의 없는 데다가 방목을 하기 위해서는 몇 년간 땅을 놀려야 하기 때문이다. '공중 목초', 즉 팽나무, 느릅나무, 체리나무, 물푸레나무 잎을 비롯하여 열매를 따고 난 무화과나무, 숲 덤불의 작은 관목들의 잎을 먹이로 주는 것으로 만족해야 했다. 큰 무리의 가축은 없고, 유일하게 어느 정도 규모가 되는 것이 아이트 부드라르 부족처럼 주르주라 산 가까이 살고 있는 마을 주민들이 초원이나 산 방목지에서 놓아먹이는 소 떼뿐이다. 알제리 남부에서 많이 발견되는 큰 무리의 양 떼는 볼 수 없다. 어린 목동들이 암소나 수소 한 쌍 혹은 염소들과 함께 양 몇 마리를 돌보는 정도다. 카빌리에서 흔히 볼 수 있는 가축은 염소로, 젖이 거의 없지만 몸집이 작아서 늙은 부인들이 키울 수 있다.

예전에는 집집마다 건물 내부 거실 아래에 가축우리가 있었는데, 공간이 작아 '대축제'를 지내기 위해 꼭 필요한 양 2-3마리나 가능한 경우 젖을 짜기 위한 암소 한 마리, 아니면 밭을 가는 수소 한 쌍 정도밖에는 둘 수 없었다. 말을 키우는 것은 아주 예외적인 일이며 낙타는 평원 아랍인들에게서만 볼 수 있었다.

몇 년 전에는 정부에서 닭을 키우는 현대적 시설 도입을 독려했으나 실패했다. 양봉으로 돈을 버는 사람도 있으나, 카빌리 산지는 목축에 적합한 지역이 아니다.

밭 이그르/이그란, iger/igran

카빌리 사람들의 기본 생계 수단은 농사였다. 항상 중요한 생활터전이었던 밭은 거의 대부분 부계 대가족이 공유하며, 위치와 토질에서 차이가 있었다. 대가족은 여러 작물을 키워야 했으며, 필요를 충당하기 위해 가능하면 여러 종류의 밭을 소유해야 했다.

주로 평원에 위치한 곡식 농사용 밭은 터키인이 점령하고 있어 농부들이 밭에 가려면 무장을 해야 했다. 평원에는 사자가 출몰하기 때문에 무장은 더욱 필요한 일이었다. 평원이나 산 아래 경사지를 점유하기 위해 벌어졌던 충돌은 수없이 많았다. 그 외에 사람들이 갖고 싶어 하는 밭은 늘 소출이 많고 공을 들이는 채마밭이었다. 마을 가까이 나무로 울타리를 치고 과일나무 아래 곡물이나 야채를 재배하는 곳이다.

마을에서 좀 더 멀리 떨어진 경사면에 다른 종류의 밭이 있는데, '타프르카(먼 밭)', '아우그니' 혹은 '아구달'과 같은 지명에서 잘 나타나듯 대개 무리지어 농사지으러 가는 곳이다. 그 외에도 주로 여자들이 야채를 키우는 '타흐주트(개울가 밭)'와 같은 계곡 바닥의 밭도 있으며, 모기가 많아 말라리아에 걸릴 수 있는 '아프티스(늪지, 습지 밭)'가 있다.

또한 풀을 뜯는 가축들이 좋아하는 움푹 들어간 지대의 '탈마츠(풀밭)'가 있으며, 무화과를 심은 경사면인 '르흐루스'도 많다. 그 외에도 예를 들면 과부들을 위한 작은 밭인 '타아줄트'가 있다. 밭마다 모두가 알고 있는 이름이 있으며, 가족이 아주 소중히 여겨 가문의 시조 이름을 붙인 밭도 있다.

밭갈이

밭갈이하는 곳이 평원인가 혹은 협소한 산인가에 따라 밭갈이 유형이 달라진다. 평원의 비옥한 땅에서 쓰는 쟁기는 소 한 쌍 '타유가'에 매달아 쓰며 산에서 사용하는 것보다 크고 폭이 넓으며 날이 길다. 풀이 나 있는 두터운 땅은 더 깊이 갈아야 하기 때문이다. 여러 위험을 감수해야 하므로 평원에서 밭을 갈 수 있는 것은 성인 남자뿐이다. 과거에는 경작지를 뺏으러 오는 터키 기병들 같은 침입자에도 대비해야 했다. 터키군에 관해서는 아이트 즈나드 부족이 멧돼지가 우글거리게 될 정도로 여러 해 동안 밭을 쓰지 못했던 일이 전해지고 있다. 터키 군대가 물러가고 난 뒤에야 부족이 다시 농사를 짓기 시작했다. 평원에서 만나는 또 다른 무서운 적은 밭갈이 소를 공격하는 사자다. 밭갈이 소 한 쌍을 '타유가'라고 부르지만 이 소들이 하루 동안 가는 밭의 면적도 '타유가'라고 한다.

가을 밭갈이는 농사 주기의 시작을 기념하는 의식으로 시작되었다. '일 년의 문' 혹은 '아우젭'이라고 부르며 '투브르(10월)' 17일(그레고리우스력 10월 4일)이 지나고 화요일이나 목요일로 정하여 거행한다. 의식은 '희생-나누기'를 하고 나서 고기와 함께 밀과 잠두콩으로 만든 죽, 쿠스쿠스, 튀김, 발효한 빵을 먹는 것이다. 부푼 것은 무엇이든 풍년과 관련된다고 생각한다. 같은 날 아버지는 쟁기를 들고 아이들과 함께 밭으로 간다. 이때 '가을 체'를 가져가는데, 안에는 석류, 호두, 도토리, 무화과, 부침개와 한 해 전에 농사지은 보리나 밀, 손질한 양털, 천 짜기 틀에 쓰는 빗 등 '이팔(길조)'을 가져다주는 것을 넣는다. 첫 고랑을 파고 그 끝을 향해 내용물을 던지고, 아이들이 다시 줍는다. 일부는 특정한 장소에 두어

지나가는 사람들이 먹게 하고 나머지를 먹는다. 첫날은 대개 그렇게 끝나고 며칠 동안 비를 기다렸다가 땅이 젖은 후 밭갈이를 시작한다. 밭갈이를 하고 땅을 비옥하게 하는 것은 항상 남자들이다. 뒤집어진 흙덩어리를 잘게 부술 때는 집안의 여자들이 함께 일하며, 밭에서 돌을 골라내는 것도 여자들의 몫이다.

흙이 얕은 산에서는 과일나무 주변을 손질할 때와 마찬가지로 가벼운 쟁기를 사용한다. 경사가 너무 심한 곳에서는 곡괭이로 밭갈이를 하기도 한다. 수수를 심거나 과일나무를 가꾸는 밭갈이는 5월 '이쿠라는(건기)' 직전에 한다. 흙을 흩어놓아 습기가 증발하는 것을 막는다.

'밭고랑' 의식

가을 밭갈이는 '일 년의 문' 의식과 '첫 밭갈이' 의식으로 시작한다. '희생-나누기' 의식을 동시에 하기도 한다. 예전에 치렀던 '밭고랑' 의식은 아침에 아버지가 쟁기를 들고, 아이들은 호두, 대추, 무화과와 같은 마른 과일과 밀, 보리 같은 곡식, 부침개, 양모와 양모 빗을 넣은 '가을 체'와 불을 켠 초를 들고 함께 밭으로 가면서 시작된다. 첫 밭고랑을 내고 그 끝에 체에 담겼던 것을 쏟아놓는다. 땅을 자극하여 비옥하게 만드는 이 의식을 치른 후 비가 오고 나면 밭갈이를 시작한다. 지금은 잘 지켜지지 않는 의식이다.

비옥함

비옥함은 다산만큼 소망하고 보호하는 것이다. 두 개념 간의 유사성은 "가득한 곳간과 부른 배는 생명을 보장한다"라고 흔히 말하는 지중해 연변 모든 가부장제 사회에서 쓰인 많은 문헌들에서도 보편적으로 나타난다. 그리스 시대와 기독교 세계뿐 아니라 쿠란에서도 여성은 경작해야 할 밭에 비유되고, 남성은 농부에 비유된다. 그러므로 다산과 비옥함의 상징을 활용한 행위와 의식들이 많다. 예를 들면 농부가 처음으로 밭고랑을 낼 때 씨가 많은 석류를 놓기도 하고, 다산을 빌며 집에 걸어 놓기도 한다.

사냥, 사냥꾼

설화에는 특히 자고새나 산토끼 사냥 장면이 많이 나온다. 사냥은 성년에 이른 청년으로 하여금 전쟁을 알게 하는 좋은 교육이라고 생각한다. 사냥꾼은 무장을 하고 야생의 자연을 정복하여 먹을 것을 획득할 능력을 가지고 있으므로 최고의 남성성을 표현한다.

사냥터인 숲은 사냥꾼이 상대하여 지배하는 자연이다. 사냥꾼은 숲에서 인간세계를 위협하는 수많은 위험에 노출되지만, 마을공동체의 전위대로서 영웅적으로 극복한다. 설화에서는 사냥꾼이 결혼을 앞둔 청년인 경우가 많다. 사냥은 결혼으로 인정받게 될 남성성의 완성, 즉 생식의 능력에 입문하는 단계다.

초자연적·반사회적 힘들, 식인귀, 뱀, 히드라가 출몰하는 야생의 자연에서 젊은 사냥꾼은 혼자가 아니다. 대개 사냥개나 타고 있는 말과 같은 가축의 도움을 받는다. 또한 남성성을 상징하는 무기인 엽총으로 무장하고 있다.

사냥감

카빌리 산이나 계곡, 숲, 덤불숲에는 사냥감이 풍부하다. 카빌리에 널리 퍼져 있는 신화에 따르면 야생동물이 생겨난 것은 주르주라 산이라고 한다. 사냥은 남자들이 대단히 즐기는 활동으로 전투를 대비한 훈련이었다. 설화의 주인공들 중에는 야생의 자연에서 모험을 하는 사냥꾼이 많다. 대개 자고새나 산토끼를 잡아 식사의 질을 높인다. 예전에는 사자나 표범이 있었지만, 표범은 20세기 중반에 사라졌다. 독립전쟁 이후 농업이 쇠퇴하면서 특히 멧돼지를 포함한 야생동물의 수가 크게 늘고 있다. 멧돼지는 도시나 외국에서 오는 사냥꾼들의 사냥감이 되고 있다.

사냥개 (그레이하운드 종) 우세이, uccay

그레이하운드는 아주 사랑받는 사냥개로 용맹과 주인에 대한 충성으로 사자와 비교되기도 한다. 힘이 세고 민첩하며 영리하여 다른 개들보다 우수한 특징을 가지고 있다. 순수한 혈통을 간직하고 있다고 하여 신성시한다. 엽총, 말과 함께 사냥꾼 주인공 옆에 항상 등장하여 보좌 역할을 하는 친구다.

　여러 동물 이야기에서 재칼과 끈기 있게 싸워 매번 이긴다는 점에서 일반 개(에이디)들과 다르다. 설화에 등장하는 사냥개들 중에는 '긁기', '뒤지기', '문 열기'와 같은 이름을 붙일 정도로 특별한 재능을 갖고 있는 개들도 있다. 죽음을 무릅쓰고 주인공이 독을 마시지 못하게 하거나 적을 물어 복수를 해주는 고마운 동물이기도 하다. 설화의 주인공이나 권세가들만이 가질 수 있는 호사스런 동물로 일부 셰이흐들은 정복 초기까지도 소유하고 있었다. 이집트 종에 속하는 북아프리카산 사냥개들이었을 것이다.

소 도살업자 아그자르, agezzar, 아크리, akli

소 도살업은 천한 직업으로 여긴다. 특히 시장에서 고기를 파는 경우 더하다. 항상 피를 가까이 하기 때문인데, '아크리(흑인노예. 복수형: 이크란)'라는 단어에서 보듯 노예였던 흑인들이 많다. 그러나 종교적 의미가 담긴 희생의식에서 가축을 도살할 때는 올바른 행동으로 명망이 있는 남자가 맡아 한다.

소비

카빌리 사람들은 자급자족을 해야 했었다. 과일나무밖에 기를 수 없는 산지에서 생산되는 먹거리가 빈약하여, 신선한 과일을 충분히 얻을 수 있는 가을이 유일하게 잘 먹을 수 있는 계절이었다. 먹거리를 규칙적으로 생산할 수 없었던 빈약한 계절에는 보관 기술로 식량을 보충했다. 무화과와 포도를 건조하면 거의 1년을 보관할 수 있으며, 곡물(밀, 보리, 수수)은 '이쿠판(항아리)'에 보관하고, 고기는 말려 다음 축제까지 1년 가까이 보관했다. 현재는 식료품점이 점점 늘어나고 있으며, 이민생활에서 생긴 습관이나 교통의 용이성, 생활수준의 향상으로 소비가 다양해지고 있다.

수공업

고산지대 마을에 사는 카빌리 사람들은 오랫동안 자급자족을 위해 노력해왔다. 그러나 필요한 모든 것을 조달할 수는 없었으므로 창의력을 발휘해야 했다. 무엇보다도 농산물이 충분하지 않았다. 수공업 제품을 제작 판매하거나 노동력을 수출하는 이민은 이들이 생계 수단을 마련하는 방편이 되었다.

우선 모든 부족이 산에서 구할 수 있는 모든 원료를 활용하여 수공업 제품을 생산했다. 아주 높은 지대 마을에서는 물푸레나무, 느릅나무, 너도밤나무, 떡갈나무, 팽나무 등 근처 숲의 나무들을 가지고 어떤 부족은 국자와 숟가락을, 다른 부족은 쿠스쿠스를 반죽하는 쟁반, 과자 반죽 판, 나무망치, 빨래 방망이, 양동이, 긴 의자, 털 고르는 빗(아이트 부 아카슈 부족), 물레 가락, 물레의 토리개, 체(아이트 이라튼 부족의 이쉬리든)뿐 아니라 실 잣는 기구, 쟁기, 장식함(아슨두크)을 만들었다. 어떤 마을에서는 땅에서 나는 사암을 활용하여 물레방아에 필요한 절구나 어느 집에서나 꼭 필요한 맷돌(티시르트)을 생산했다. 다른 부족들은 돗자리, 발 혹은 종려나무나 나래새(볏과의 여러해살이풀) 및 갈대 등으로 바구니를 생산했다. 대부분의 부족들이 비누를, 일부 부족들은 밀랍을 생산했다. 어디서나 많이 볼 수 있는 대장장이들은 숨맘 계곡에서 캐거나 알제에서 수입한 금속을 가공하여 보통 많이 쓰는 농기구들인 쟁기 날, 곡괭이, 손도끼 등을 생산했다. 특별한 장소에 시설을 갖춘 무기 제작인들 가운데 해안 지역 사람들은 때로 난파선에서 회수한 금속 조각을 재료로 사용하기도 했다. 보석 세공인들(특히 아이트 엔니 부족)은, 칠보, 은, 산호를 가공했으며, 아이트 엔니 부족과 아이트 부드라르 부족은 한때 위조 주화를 많이 제작하기도 했다. 여자들은 자신들이 사용할 부엌 집기를 여러 모양(항아리, 단지, 사발, 접시, 솥, 공기 등)으로 만들어 백색, 황색, 황갈색, 적색, 갈색으로 색칠하여 땅에 가마를 만들어 구웠다.

이러한 도구를 카빌리 외부로 판매했던 부족은 많지 않았다(아이트 아이씨, 아이트 프라우슨, 아이트 이라튼, 아이트 호리리, 아이트 엔니, 마아트카 부족). 그 외에도 아마 천 짜기, 텐트나 양탄자 및 부르누스 천 짜기, 부르누스 가슴받이 수놓기, 까만색 아마나 실크 천으로 여성의 머릿수건(아이트 이라튼 연맹체의 아이트 우삼므르 부족) 등 옷을 만드는 사람들이 있었다. 이제는 수입한 면직물 덕분에 남성이 아니라 여성이 옷을 만들고 있다. 가죽 장인들은 가죽을 가공하여 구두를 만들었다. 가죽은 떡갈나무 방망이로 무두질한 것도 있고(아이트 이드즈르, 아이트 호브리, 아이트 부 샤이브 부족) 더 빠르게 소금으로 손질한 것도 있었다. 쪽빛이나 붉은색, 노란색, 검은색으로 염색하는 장인도 있었다. 식민지배 이전에는 여러 마을에서 화약을 생산했는데, 아이트 엔니의 아이트 라르바아 부족의 것이 가장 유명했다.

마을마다 집집마다 사람들이 쉬지 않고 활발하게 움직이는 카빌리 산지는 마치 꿀벌통과 같다. '밥 으스나아 드 으쎌탄(bab essenâa d esseltan: 장인들을 거느린 사람은 왕이다)'이라는 말도 있다.

수확

남녀가 같이 하는 경우를 제외하고 대부분 농사를 거두어들이는 것은 여자들의 몫이다. 남자들이 심고 여자들이 거두는 것이다. 꼬투리에서 자라는 콩류는 물론 다른 작물도 여자들이 수확하여 집 안 항아리에 저장한다. 올리브와 무화과를 수확하여 말리는 것도 여자들이다.

양탄자

모로코 베르베르 지역과 달리 카빌리에서는 양탄자를 생산하지 않지만, 덮개, 텐트, 침구(타크피프트/타즈르비트)들은 직접 만든다. 키가 큰 직조기로 양모 실에 때로 면사를 섞어 짠다. 아이트 야히야, 아이트 히슴, 아이트 즈멘즈르 부족들에서 볼 수 있다. 생산품의 판매가 현재 이들 수입의 적지 않은 부분을 차지하고 있다.

양털 타두트, tadut

카빌리 사람들은 "양털이 있으면 안심이다"라고 말하곤 한다. 양은 쫓기는 예언자 무함마드를 보호해주었던 보답으로 예언자로부터 털을 받았다고 한다. 그 털이 사람을 보호해주는 것이다.

집에 양털이 있으면 배고픔도 추위도 두렵지 않은 것처럼 보인다. 양털에 둘러싸여 있으면 천사나 수호신이 옆에 있는 것처럼 느낀다. 양모를 짤 때는 베틀이 있는 공간, 그 침범할 수 없는 공간에 천사와 수호신들이 있다고 생각한다.

양털은 따뜻한 옷을 줄 뿐 아니라 경제적 가치도 있다. 가사에 묶여 있는 여자들이 명예를 잃지 않고 생산적 활동으로 돈을 벌게 해준다. 올리브를 딸 때는 올리브를 먹는 데 정신이 없고, 밭에서 김을 맬 때는 풀을 먹는 데 정신이 팔리고, 요리를 할 때는 음식에 정신을 잃지만 양털을 손질할 때는 어떤 유혹에도 빠지지 않고 온전하게 몰두한다고 한다. 부르누스나 덮개를 짜며 혼자서 노래를 부를 때도 마찬가지이다.

'막구(5월)', 보다 정확하게 '아지그자우(녹색, 푸른색)' 시기에 깎은 양털을 손질할 때 고운 양털은 손으로 직접 손질하고 거친 것은 빗으로 손질한다. 손질이 끝나면 방추와 실패를 가지고 실로 뽑아 쿠스쿠스 솥에서 나오는 김을 쐬게 한다. 천을 짜는 동안에도 마찬가지지만 베틀을 조립하고 날을 걸어 천을 짤 준비를 할 때는 여러 의식을 거행하고 좋은 천을 잘 짤 수 있게 기원하는 여러 주문들을 외운다. 양털을 훔치는 것은 아주 나쁜 행위라 생각한다. 양털 염색은 대체로 금지되어 있다.

양은 카빌리에서 대단히 사랑받는 동물로 특별한 위치를 차지하고 있다. 우유, 양털을 줄 뿐 아니라 '라이드 타모크란트(아브라함 희생의식)' 대축제에 바치는 짐승으로 고기도 제공한다. 어떤 집이든 어린 목동에게 맡겨 키우는 양 한두 마리는 꼭 소유하고 있다.

양털 깎기 타하두프트, tahadduft

양털은 남자들이 깎는다. 등의 털, 길이가 길어 빗질을 하는 옆구리 털, 솔질을 해야 하는 넓적다리 짧은 털을 잘 분리한다. 세제에 삶고, 두드리고, 비누질하고, 빨아서 불순물과 잡티를 제거하고 기름기를 제거해야 한다. 예전에는 양털을 모두 자체 생산했으나 이제는 호주에서 수입하기도 한다.

열매 따기

식량이 부족할 때는 자연 식물 채취로 영양분을 보충한다. 그러나 먹거리 채취는 숲 덤불을 헤치고 다녀야 하고 동물이나 무서운 사람을 만날 수 있는 위험한 일이어서, 반드시 무리를 지어서 한다. 여자들과 아이들은 아주 능숙하게 소귀나무, 도금양, 유향나무 등의 열매나 '타흐디우트(엉겅퀴 뿌리)'를 찾아내며, 고기 대용으로 먹는 '타가(야생 아티초크)'와 같은 야생 식물을 어렵게 찾아내기도 한다. 여자들은 약초를 따 두었다가 무화과나무로 훈증을 하는 하지 축제일에 마시는 특별한 차를 만드는데, 이 차를 '올하시시 라인슬라'라고 부른다.

엽총

카빌리 사람들은 대대로 무장한 농부들이었다. '플리싸'라고 부르는 검에서 엽총으로 무기를 바꾼 것이 오래 전 일이 아니다. 제련소는 없었고 엽총 공장은 아이트 압바스 부족이나 아가와 고원 아이트 엔니 부족이 사는 농촌 지역에 있었다. 원재료의 질뿐 아니라 기술력도 낮았다. 카빌리 엽총은 장신구에서 보는 것과 유사하게 한 덩어리로 만들어 정밀하게 장식한 격발장치가 특징이다. 전체적으로 외부에서 수입한 쇠를 적당히 가공했다는 느낌을 준다. 1871년 봉기 이후 식민지배 기간 동안에 무기 사용이 금지되었고, 총신이 훨씬 짧은 사냥총만이 엄격한 통제하에 허용되었다. 현재 사용하는 엽총은 수입한 것이다.

엽총은 남성성의 상징으로 남아 있다. 문학에 등장하는 주인공들은 엽총을 멘 사냥꾼들로, "자신의 명예와 자유를 지킬 수 있는" 사람이라고 불린다. 예전에는 엽총을 멘다는 것 자체가 사춘기에서 청년이 되는 중요한 한 단계로 시험을 통과한 뒤에 허락되었다. 가는 끈으로 목둘레를 재고, 그 2배 길이로 둥근 원을 만든 후 청년의 머리가 그 원을 통과하면 총을 멜 자격이 생긴다. 이 자격은 곧 자연에 있는 모든 적에 대항하여 마을을 방어하는 사람들의 세계에 들어간다는 것을 의미한다. 라마단 금식을 끝내는 축제인 '소축제' 때에는 엽총을 메는 것과 동시에 '즈마아'에 참가 자격을 얻은 청년들이 자신의 능력을 과시하기 위해 공개적으로 활쏘기 시합을 벌인다. 예전에는 결혼식에서도 활쏘기를 했었다. 신랑과 그의 친구들은 '헤나 시'를 지어 말하기 능력을 보여주고, 무기 다루는 솜씨로 방어 능력을 보여주어야 신부를 데려올 수 있었다. 축제는 엽총 실력을 통해서 남성성과 명예를 과시하는 기회였다.

장신구

장신구와 금·은 세공으로 이름난 여러 부족들이 있지만, 아이트 엔니 부족의 '세 마을' 가운데 아이트 라르바아 부족이 가장 유명하다. 주르주라 카빌리의 전통 장신구들인 브로치, 삼각 혹은 둥근 단추, 목걸이, 팔찌, 발찌, 귀걸이, 가슴 장식, 이마 띠, 머리 관의 풍부한 장식과 색은 여자들에게 바라는 다산의 의미를 담고 있다. 아들을 낳은 젊은 여자는 '아드위르(둥근 브로치)'를 받아 머릿수건에 자랑스럽게 장식할 수 있었다. 대개 늘어진 장식이 달린 이 장신구는 그 찰랑거리는 소리가 유혹적이어서 옛 설화를 담은 이디르의 유명한 노래 '비바 이누 바'에도 그 음이 삽입되었다.

정향, 사프란, 사향, 안식향을 섞은 반죽으로 구슬처럼 만들어 목걸이로 만드는 장식품도 있는데, 이것은 최음제라 하여 남편이 없는 여자들에게는 금지한다.

장신구는 소유하고 있는 여자가 마음대로 할 수 있는 소유물이다. 어떤 것은 결혼할 때 부모가 마련해주며, 어떤 것은 집안 살림을 하면서 마련한다. 장신구들은 '타아줄트'라고 부르는 저축, 즉 여자들이 절약해서 마련하고자 하는 재산의 일부이다. 그러나 특히 여성들이 프랑스로 이민하게 되면서 은보다는 금이 중요해지고 전통적인 장신구의 착용이 줄어들고 있다.

쟁기 이미아운/이마아운, imiaûn/imaâun

쟁기는 날이 양쪽으로 대칭되어 있어 땅을 깊이 갈지 못한다. 손잡이는 나무로 되어 있다. 쟁기는 돈을 받고 제작하는 것이 아니었지만, 전문적으로 만들어 시장에 내다 파는 아이트 부 아두, 아이트 이드즈르, 아이트 호브리 부족이 있다. 아주 단순하지만 깊지 않은 땅을 가볍게 뒤집는 데는 충분하다. 소 두 마리에 매어 쓴다. 쟁기를 끄는 소를 '타유가(소 한 쌍)'라고 부른다. 하루 동안 소가 갈 수 있는 면적 단위를 뜻하기도 한다. 얕은 땅에서는 노새를 쓰기도 한다.

소 등뼈 앞쪽 목에 두 겹의 멍에를 얹고 끌며, 쟁기 채는 끈으로 묶는다. 손잡이와 받침대는 나무 한 통으로 만들어져 있고, 채가 1-3개의 쐐기로 고정되어 있다. 움직이는 날만이 유일하게 쇠로 되어 있다. 산지의 땅은 대체로 돌이 많아 밭을 가는 시기에는 매일 대장간에서 날을 갈아서 사용한다.

쟁기는 농부가 땅을 비옥하게 만드는 데 쓰는 신성한 도구다. 일하다 쟁기를 그대로 두고 오는 경우가 많지만 쟁기를 훔치는 것은 있을 수 없는 일이다. 쟁기를 훔친 사람은 굶어죽는 벌을 받는다고 생각하기 때문이다. 쓸 수 없게 된 쟁기는 부수어 버리지 않고 마지막으로 쓴 곳에 버려두어 수호신의 처분에 맡긴다.

천 짜기

카빌리에서는 아직도 여자들이 양모를 짜서 남편의 부르누스를 만든다. 남자들이 이민으로 집을 비우고 있는 일부 고지대 마을에서는 집에서 쓰거나 팔기 위해 덮개나 양탄자들을 만들고 있다(아이트 야히야 부족의 예). 여자들에게 적지 않은 부수입을 가져다주는 수공예 중 하나인 천 짜기는 출산, 요리와 함께 여성들의 전형적인 활동이다.

설화에서는 술탄과 결혼하고 싶어 하는 아가씨가 "만일 나와 결혼한다면 양털 한 뭉치로 부르누스를 짜주겠다"라고 약속하는 것을 볼 수 있다(실제로는 양털 세 뭉치가 필요하다). 다른 두 경쟁자는 이마에 금빛이 도는 아이를 낳아 주겠다고 하거나, 밀 한 알로 쿠스쿠스 한 쟁반을 만들겠다고 제안한다. 또 다른 이야기에서는 아가씨가 자신과 결혼하고 싶으면 금으로 된 직조기와 금으로 만든 실 감는 도구를 가져오라고 주인공에게 요구한다. 여성의 천 짜기는 집이 상징하는 보호를 외부로 연장하는 의복을 전 가족에게 만들어주는 것이다.

추수

예전에 추수는 상호부조하는 공동 작업이었다. 그러나 얼마 전부터는 품삯을 주고 일꾼을 부린다. 쿠스쿠스와 악사들이 축제를 벌였던 예전보다 간소해졌다. 척박한 산지에서 나는 곡식이 많지 않아 노래를 부르며 낫으로 베어 단을 만들고 타작마당에 가져간다. 점심은 여자들과 아이들이 쿠스쿠스와 '이히(발효 우유)'를 가져오고, 새참으로는 빵, 무화과, 올리브유를 먹는다. 이전에는 땅 주인이 마지막 곡식을 베어 일곱 개를 골라주면 안주인이 집에 매달아 풍요를 기원했다. 추수가 끝난 저녁에는 반드시 고기를 먹었다.

곡식 베기가 끝나면 모아서 낟알을 턴 후 바람이 잘 통하는 곳에서 키질을 한다. 짚단은 타작마당에 널어놓고 소 한 쌍이나 나귀 혹은 노새가 돌며 낟알을 털어내고, 키질은 때로 여자들이 도와주기도 하지만 보통 남자들의 몫이다. 저녁에는 낟알을 모아 부르누스로 덮은 뒤 양을 재고 자루에 넣어 집으로 가져가면 여자들이 이쿠판(항아리)에 넣고 흙으로 봉한다. 짚은 화재를 우려하여 마을에서 떨어진 곳에 두고 나뭇가지로 덮는다. 평원에서는 산에서보다 곡식이 많아 시간이 더 걸리고 일손이 더 필요하다.

축적

카빌리 전통문화에서 적법한 부는 다산의 자연적 결과물이다. "자식을 가진 자가 번창하는 것은 당연하다." 그 반대인 불임은 가장 무서운 재난이다. 아들이 없는 남자는 무엇으로도 위로할 수 없다. 아들이 없는 부부는 자살할 수도 있다. 그러나 너무 빨리 부자가 되면 의심을 받는다. "틀림없이 도둑질로 저렇게 부자가 되었을 것"이라는 말을 듣게 된다. 민간설화에서는 벼락부자가 항상 초자연적 힘을 가진 다른 인물에게 제압당한다.

설화에서는 자본에 대해서 상징적 의미만을 부여한다. 모든 자본은 권위를 가져다주지만 비생산적인 것으로 여긴다. 라 퐁텐느의 「우유 단지와 아가씨」와 비슷한 우화에서는 며느리를 맞아들이는 꿈을 꾸는 한 행상이 등장한다. 가난한 상인이 등에 항아리를 잔뜩 짊어지고 자신의 미래를 공상한다. 닭 한 마리를 사서 길러 닭이 낳은 달걀들이 부화하면 병아리가 되고, 병아리가 커서 여러 마리 닭이 되면 송아지를 사고, 송아지가 크면 팔아서 아들을 장가보낼 수 있을 것이다. 아들의 혼인을 통하여 가족의 부를 보장하는 것이 그의 마지막 야망이다. 가치 생산을 위한 마지막 투자는 남자

후손을 약속하는 것이다. 그러나 드디어 성공에 다가갔을 때, 꿈속에서 몸을 숙여 며느리에게 키스를 하려고 발을 뻗는 순간 뒤로 넘어지면서 등에 짊어진 항아리들이 깨진다.

과거에는 개인의 재산이 카빌리의 평등주의 이념과 크게 모순된다고 판단되면 마을에서 강제적으로 부의 축적을 막기도 했다. 아이트 만수르 부족의 엘 카라아 마을 거상에게 있었던 일로 그는 마을 카디로부터 재산을 늘리는 것을 중단하라는 명령을 받았다. 수만 리터의 올리브유, 5개 창고에 가득한 무화과, 3개 창고에 가득 쌓인 올리브를 포함한 많은 재산을 그대로 두었다가 적선했다.

최근 카빌리에서 형성된 재산은 상업을 통한 것이 많다. 예컨대 고지대 주민들은 소를 길러 팔아서 재산을 모았다. 건축, 상업 혹은 국제적 투자뿐 아니라 파리에서 카페 운영 등을 통한 이민자들의 재산 형성도 있다. 이민자들의 재산은 고향에 가족이 살 집을 짓는 데 사용되기도 하지만 알제리 내 수익성 있는 투자가 없어 주로 프랑스에서 예금의 형태로 형성되고 있다.

타작마당 안나르/이누라르, annar/inurar

타작마당은 키질로 불순물을 잘 제거할 수 있도록 동풍을 적당히 받을 수 있는 고지의 평평한 땅에 세심한 주의를 기울여 준비한다. 그늘에서 사람들이 쉴 수 있는 나무 한두 그루가 가까이 있으면 더욱 좋다. 산지에서는 직경 6-7m, 평원에서는 직경 20m까지 남자들이 돌을 둥글게 배치하고 나서 여자들이 땅을 곡괭이질하고 물을 뿌린 후 거름과 짚을 섞어 그 위를 덮고 두드려 면을 고르게 다지고 집안 바닥처럼 흰색 점토를 또 덮는다. 처음 사용하기 전 새끼 염소나 새끼 양을 제물로 바친다. 바닥은 매년 다시 손질해야 하지만 제물을 매년 바치지는 않는다. 여자들이 곡식 단을 날라다 주면 남자들은 소(때로는 노새나 당나귀)가 돌며 밟게 하여 낱알을 떨어낸다. 소는 중심에 있는 말뚝에 엮은 끈으로 매어놓는다. 그러다 바람이 일면 낱알을 높이 날려가며 키질을 한다. 저녁이 되면 낱알은 양을 잰 뒤 여자들이 집안 곡식 항아리에 넣고, 짚은 화재 위험 때문에 마을에서 떨어진 곳에 나뭇가지로 엮어 만든 '이틈마(건초 창고)'에 보관한다. 대체로 집집마다 혹은 마을 동네마다 타작마당을 갖추고 있지만 한 곳에 모여 있는 경우도 있다. 귀중한 곡식 처리에 필수적인 타작마당은 보호해야 하는 곳으로 신발을 신고 밟아서는 안 된다. 타작마당의 '바라카(축복)'로 문제를 해결할 수 있다고 생각하기도 한다. 걸음마가 늦은 아이를 타작마당에서 걷게 하면 걸음을 걸을 수 있다고 하기도 하고, 아가씨의 혼인이 늦어지면 땅이 '부를 품고 있다'고 노래하며 타작마당에 물을 뿌린다.

텃밭

산에서 과수를 재배하는 카빌리 사람들은 식물을 가꾸는 텃밭을 아주 좋아해서 어디서나 조그만 땅이라도 물이 있으면 활용한다. 집 바로 옆이나 마을 주변, 집 안쪽 벽 바로 아래 하수를 활용하기도 한다. 가까운 샘이나 우물에서 나오는 수로를 따라 가꾸는 텃밭을 '타마지르트'라고 부른다.

샘이나 계곡 물 가까이 '타마지르트'와 연결하여 만드는 '팁히르트(채마밭)'는 양파, 콩 외에도 멜론, 호박, 수박과 같은 박류를 키운다.

카빌리 사람들은 또한 뿌리로 흙을 버티며 산 경사면에 매달려 있는 과일나무들을 가꾸는데도 온갖 정성을 쏟는다. 생명의 나무인 무화과나무, 사과나무, 배나무, 체리나무, 넝쿨을 뻗는 포도나무가 카빌리의 과일나무들이다.

카빌리 설화에서는 주인공에게 주어진 임무가 야생의 자연을 인간에 맞게 개조하는 것이다. 산과 덤불숲을 개간하여 온갖 종류의 나무와 과일로 가득한 과수원으로 만드는 것이다. 설화에서는 '르즈난(관상용 정원)'이 등장하는데, 도시 주변에 있는 것으로 에덴동산을 상기시키는 다양한 과일나무를 심은 아름다운 정원이다. 사과나무, 배나무, 오렌지나무 외에도 금과 다이아몬드가 열리는 나무가 있으며, 물이 흐르고 연못이 있다. 참을성 많은 카빌리 농부를 꿈꾸게 하는, 부자들만이 가질 수 있는 사치스러운 정원이다.

토지 아칼, akal

카빌리 사람들이 농부라는 것을 보여주는 것은 특히 땅에 대한 애착이다. 땅이 없는 카빌리 사람은 상상할 수 없다. 타지로 떠나거나 어부처럼 가난한 직업을 갖는 것은 극도의 가난을 의미한다. 소유한 땅은 '아칼'이라고 부르며, 가족 공동 재산인 '아칼 르즈두드(조상의 땅)'가 있다.

쟁기로 갈아엎은 땅은 야생의 땅 '르흐라'와 반대된다. 사자에 비유되는 용감한 농부가 일한 결과다. 일하는 소를 잡아먹는 사자를 이기고 만든 땅이다. 농부는 지하의 여성성을 가진 습기의 도움을 받아 땅을 비옥하게 만든다. 땅의 비옥함은 인간의 다산성에 중요한 것이다. 인구밀도는 높고 경작할 땅이 적어 땅이 매우 부족하기 때문에 카빌리 문화에서 드러나는 두 강박적 관심은 외부 세력에 너무 빈번하게 뺏기는 평원의 땅을 경작하는 것과 자연을 개간하여 경작지로 만드는 것이다.

플리싸 flissa

해안 카빌리에 거주하는 이플리슨 르브하르 부족들이 제작하는 장검이다.

함므스, 아흠마스 khammes, xammes, axemmas

수확의 1/5을 보수로 받는 소작이며 대개 평원에서 이루어진다. '1/5'에서 유래된 단어로 '농업 노동자'나 '농부'를 지칭하는 데도 사용된다.

항아리

카빌리 여자들은 크기가 다양한 여러 종류의 항아리를 빚었다. 유명한 이쿠판(아쿠피)은 물레질하지 않고 진흙 반죽을 올려 만드는 항아리다. 집안에 붙박이로 만드는 것으로 거실과 축사 사이에 있는 낮은 단 위에 굳어진 재를 받침으로 하여 올린다. 사람 몸에 하는 문신과 같은 문양(점선, 삼각형, 마름모)을 흙 반죽으로 붙이거나 색을 입혀 장식한다. 신성한 성격을 가지고 있는 이쿠판은 모든 곡식과 마른 과일을 저장하고 집안의 귀중한 물건을 감추어 두는 데 쓰인다. 코르크나 나무 뚜껑을 진흙으로 봉하고, 높이에 따라 꺼낸다. 마당에 더 작은 크기의 같은 항아리(타쿠피트/티쿠파틴)들을 만들어 보조로 사용하기도 한다.

반죽을 올려 만드는 다른 큰 항아리들도 있는데, 이것들은 집 밖 땅에 가마를 파고 구워낸다. 마실 물을 저장하는 항아리 '타습발트'에는 여자들이 매일 물을 길어다 붓는다. 집안에 두기도 하는데, 모든 사람이 접근할 수 있도록 대문 오른쪽에 둔다. 또 다른 항아리는 '아스발리(올리브유)'를 저장하는 것으로 백 리터가량 들어가는, 손잡이가 네 개 달린 것이다.

가장 흔한 것은 15-20리터 정도 용량의 중간 크기로 여자들이 샘에 물을 길러 가는 데 사용하는 것이다. 마을에 따라 바닥이 평평한 것도 있고 뾰족한 것도 있다. 평평한 것은 머리에 이는 것이고, 뾰족한 것은 끈을 둘러 이마에 대고 드는 것이다.

요즈음은 상수도가 있어 물을 져 나르지 않는다. 큰 항아리 대신에 더 가볍고 튼튼한 석유통 같은 통이나 플라스틱 혹은 금속 양동이를 사용한다. 이제는 항아리를 거의 만들지 않는다.

호미 타카바슈트, taqabacht

한 쪽은 호미고 다른 쪽은 손도끼인 이 도구는 채마밭을 가꾸는 여성들에게 반드시 필요한 것으로, 용도와 의미가 많은 도구다. 여러 의식에서 사용하는데, 그 가운데 하나가 여자아이가 태어나는 것을 막는 주술이다. 남자들이 많이 사용하는 큰 곡괭이는 '아카바슈'라고 부르며 마을에 따라 '아즐짐'을 그렇게 부르기도 한다.

VI

사회생활

농부의 신발(아르카슨)

감옥

카빌리 사람들의 형벌은 추방 제도뿐이어서 감옥은 존재하지 않았다. 구금은 중앙집권적 권력과 관련된 것으로 생각하여 설화에서는 도시를 통치하는 술탄들이 명령하는 것으로 나타나 있다.

강간

카빌리에서 여자의 명예를 실추시키는 것은 어떤 것이든 가혹한 벌을 받았다. 여자가 자의로 외도를 하면 돌에 맞아 죽거나 참수되었다. 가문 전체와 마을의 명예와 관련된 것이므로 외도 상대는 여자의 남편이나 아버지의 복수를 받는다. 때로는 추방을 당하기만 하는 경우도 있었다. 일부 마을에서는 여성이 남자가 자신에게 추파를 보냈다거나 무례했다고 알리기만 해도 남자가 많은 벌금을 물고 신용을 잃었다. 강간을 저지른 남자들이 받는 벌은 마을에 따라 달라지는데, 처형, 추방, 집의 소각 혹은 벌금을 대가로 치렀으며, 만일 전쟁 중이거나 피해자가 종교가문일 경우에는 벌금이 두 배가 되었다.

강도 이믄피, imenfi, 이크타안, iqetaân

카빌리에 감옥은 없지만 강도는 돌로 쳐서 죽이는 사형을 선고받을 수 있었으며, 마을에서 제명당하거나 추방당할 수 있었다. 이 경우 쫓겨나 일시적으로 혹은 영원히 도둑이 되었다. 오늘날 정치적 이유로 국가로부터 추방된 사람도 '이믄피'라고 부른다. 카빌리 문화에서 추방된다는 것은 가족, 친척, 마을공동체를 잃는 것을 의미한다. 강제로 혼자가 되면 숲에 숨어 살아야 하고, 인간 사회의 힘이 미치지 않는 공간에서 야생 자연의 모든 위험을 이겨내야 한다. 엽총을 메고 일반적으로 할 수 없는 능력을 보여야 하는 것이다. 그러므로 마을공동체 밖에 사는 강도는 어쨌든 특별한 존경을 받기도 했는데, 구비 설화에서 그것을 알 수 있다.

식민지배 기간 동안 전통적 방식으로 정의를 실현한다고 주장하여 인심을 얻었던 '의적'들이 있었다. 19세기 후반 유명해진 몇몇 도적들에 대한 기억이 남아 있다. 아이트 즌나드 부족의 탐구트 숲에서 살았던 마라부트 가문의 후손 압둔(Abdoun) 가(家)의 3인이나 집단으로 모여 프랑스 식민정부와 모종의 관계를 가졌던 아이트 호브리 부족의 아르즈키 을바시르가 그 예이다. 이들은 모두 체포되어 사형을 선고받고 처형되었다.

'이믄피'는 여러 명이 떼를 지어 숲보다는 길, 산지보다는 평원에서 상인들의 주머니를 터는 '이크타얀(강도, 대로의 도둑들)'과 구분해야 한다. 이들은 특히 알제와 콩스탕틴 사이 모든 상업적 왕래가 통과하는 사헬-숨맘 계곡과 스바우 계곡에 출몰했다. 대개는 평원 주민이나 그들을 지배하는 가까운 산지에서 사는 주민들로, 카빌리 사람일 수도 있고, 스바우의 '암라와'처럼 아랍인일 수도 있었으며, 때로는 '이믄피'가 가담하기도 했다.

개인

각 사람이 소속된 가문에 의하여 정의되는 카빌리 사회에서는 개인이 드러나기 어렵다. 개인은 가문의 명예를 위해 강제적으로 수행하는 역할 이상의 위치가 없다고 보아야 한다. 개인의 정체성은 공동체 속에서 사라지므로 개인적 야망을 기르는 훈련은 존재하지 않았다. 야망이란 하나로 뭉친 가족 집단과 그 명예를 위한 집단적인 것뿐이었다.

이런 조건에서 개인이 드러나는 것은 집단으로부터 분리되는 경우에만 가능하다. 이민이나 망명처럼 거리가 멀어지고 단절되는 경우다. 교육을 받게 되고 의사소통 방식이 발전하면서 집단에 대한 의존이 줄어들 것이다.

걸인

구걸은 최악의 빈곤이다. 걸인들을 '알라의 손님'이라 하여 적선을 하지만 대개는 경계하는데, 거지로 위장해 집에 들어와 나쁜 짓을 할 수 있기 때문이다. 걸인, 부랑자, 외부인은 보통 주인이 들어오라고 하기 전에는 문설주를 넘어서는 안 된다. 도시 입구에도 걸인들이 있다.

계약 농사 협동

카빌리 사람들은 서로 도와 농사를 짓는 '투스르카(협동계약)'를 맺는 데 대가들이다. 계약의 종류가 아주 많고 법적으로 대단히 유연하다. 인구가 넘치고 땅이 제한되어 있는 산 위에서 상호부조는 필수적이다. 협동 계약은 과수 농사뿐 아니라 곡식 농사에도 적용된다. 가장 보편적이고 아직도 사용되고 있는 것이 평등 이념에 입각한 '암나스프(반씩 나누기)'다. 예를 들면 땅 주인과 소의 주인이 필요한 씨앗과 노동을 반씩 부담하고 수확을 반으로 나누는 것이다. 가축 사료 관련 사항은 물론이고 가축이 병이 나거나 죽는 경우, 씨앗이 좋지 않은 경우, 계약자의 사망 등 발생할 수 있는 사고를 예상하고 대처할 방법이 계약에 포함되어 있다. 가축의 공동 구매에서도(소, 양, 염소, 노새, 벌꿀까지) 마찬가지다. 돈을 빌리는 계약은 증인 앞에서 엄숙하게 맺으며, 소 한 쌍을 나누거나 씨앗을 나누는 것과 같은 부분적 계약인 경우 거의 대부분 수확물을 반씩 나눈다. 땅 주인이 부자인 경우 때로 노동만을 제공하는 농부를 고용하기도 한다. 피고용자는 겨울 수확에서 1/5을 받는데, 이 계약을 '아흠마스(5분할)'이라고 부른다. 산지보다는 평원에서 더 많았다.

그 외에도 서로 맞바꾸는 '암리리' 혹은 '암드웰', 한 사람이 땅을, 다른 사람이 가축을 가지고 있을 때 맺는 '카드하 아칼(qadhâ akal)' 등이 있으며, 예전에는 더 많은 계약 유형이 있었다.

고리대금

가뭄, 흉작, 메뚜기 떼의 습격 등으로 굶주리고 콜레라나 티푸스 같은 전염병이 도는 어려운 시기에 특히 고리대금이 성행했다. 고리대금은 이율이 너무 높아 재난에서 벗어나는 길은 이민을 가거나 돈을 빌리는 방법뿐이었다. 1866년 1월 델리스의 '아랍사무소'는 매월 보고서에 "가축, 곡식, 무화과, 올리브유 등 모든 것이 고리대금업자의 차지가 되었다"고 적고 있다. 통상 연 이자가 50-60%였다(밀 58%, 보리 77%, 콩 75-88%, 흰 수수 87%). 고리대금으로 사람들은 더 곤궁해져 생존을 위해 마을을 떠나야 했다. '1871년 봉기'로 이동이 금지된 이후 고리대금의 횡포는 극에 달해 주당 20%(연 1100%)의 이율까지 올라갔다. 가난한 사람이 더 큰 빚을 지는 것을 막기 위해 '현지인신용조합'을 설치하는 법이 1893년 식민정부에 의해 입법되었다.

고용자

가부장제를 잘 이해할 수 있게 해주는 한 설화가 있다. 모든 카빌리 사람들에게는 어떤 관계보다 혈연이 중요하다는 것과 혈통이 신성하다는 것을 보여주는 내용이다. 자식이 없는 부자가 어떤 가난한 아버지와 그의 아들을 동업자로 자신의 집에 살게 한 후 벌어지는 갈등 이야기다. 부자가 가난한 가족을 자신의 마을에 오게 해서 근근이 살아가게 한다. 가난한 집의 아들이 장성하여 청년이 되고 주술을 통하여 보물과 돈을 얻게 된다. 이렇게 잘 살게 되자 가난했던 부모는 아들을 되찾고 싶어 한다. 그러나 고용주인 부자는 그에게 정이 들었고 이제는 자신의 아들로 생각하고 있다고 말하며 친권을 돌려줄 것을 거절한다. 재판관은 혈연의 불가분성과 절대성을 들어 가난한 아버지의 편을 들어준다. 그러나 고용주는 승복하지 않고 가난한 가족이 돈을 번 것이 수상하다고 주장하며 사건을 왕 앞에 가져간다. 왕은 경쟁을 두려워하며 고용주의 편을 든다. 그러나 가족 전체가 도망하여 고향 마을로 돌아가 편안하게 살게 된다.

이 이야기는 카빌리 사람들이 혈연의 절대성과 불가분성을 강하게 의식하고 있다는 점과 아울러 고용주와 같은 부나 소유권에 기초한 지배관계를 얼마나 경계하는가를 보여주고 있다. 부유한 고용주와 지나치게 밀착된 관계는 평등한 동업 관계를 넘어서는 용인할 수 없는 탈선인 것이다. 그러나 카빌리 사람들이 대단히 중요하게 여기는 평등이란 가족 경계 밖에서만 적용되며 남녀관계와 같이 가족 내부에 존재하는 서열은 배제된다.

고향 타무르트/티무라, tamurt/timura

'타무르트'는 땅, 고장뿐 아니라 '아이트 타무르트(고향의 아들들)'가 사는 곳이라는 의미를 가지고 있다. 카빌리 사람들에게 공간이란 거기에 사는 사람과 밀접하게 연결되어 있어 지리를 인격화하는 경향이 강하다. 집, 동네, 마을, 부족, 부족 연맹체, 더 나아가 카빌리 전체가 '타무르트'다. 한 사람의 능력도 그의 고향과 관련하여 평가된다. 그 경계를 넘는 것은 인간 능력 밖이다. '타무르트'는

친척관계를 모델로 구축되는 소속 공동체의 최대 경계로 정체성
을 규정하는 가치를 갖고 있다.

공동체

가부장제는 가족 단위에서부터 사회 전반에 걸쳐 강한 공동체의
식을 요구한다. 마을 사람들은 비록 상하관계가 있지만 허구적인
것일지라도 모두가 같은 조상의 후손이라고 생각한다. 공동체적
연대의식에서 나온 이 평등주의적 사고가 실제적 불평등을 은폐
하고 있기도 하다. 이것은 가족에서부터 마을, 부족, 부족연맹체,
언어를 공유하는 대단위 지역에 이르기까지 전체 층위에서도 마
찬가지다. 그보다 상위 차원인 국가공동체는 같은 언어를 공유하
지 않는 다른 공동체가 모여 의도적으로 구축되는 것이다. 독립전
쟁에 참가하여 값비싼 대가를 치룬 카빌리에서는 국가공동체적
요구가 강하다. 그리고 이러한 공동체적 사고가 개인화를 방해한
다. 개인의 정체성을 정의하는 데 있어 "너는 누구인가?"라는 질
문 대신에 "누구의 자식인가?", 즉 "어느 가문, 어느 집단 출신인
가"를 묻는 사회에서 개인이 존재하기 어렵기 때문이다. 공동체의
강점은 강한 내적 결속력이지만, 개인의 주도적 참여로 구성되는
다른 성격의 공동체의 성립을 저해한다.

관계(사회적)

현재까지도 대부분의 사회관계는 인척 관계를 모델로 조직되어 있다. 그러나 현재의 카빌리 사회는 정치의 중앙집권화에 따른 외부의 압력과 아울러 개인적 세력을 키우려는 야심으로 인한 내부의 압력을 동시에 받으면서 출생, 가족, 가부장적 관계를 강화하고 방어하는 입장에 있다. 방어적 태도와 기존 가치관에 대한 집착은 긴 식민통치 기간 동안 더욱 강해졌다. 식민지배가 여러 측면에서 사회를 와해시켜 카빌리인들의 보존 본능을 자극했기 때문이다. 이러한 보존 본능 속에서 여자들을 중심으로 모이는 가족은 이제 정체성의 보루로 격상되었다.

현재 카빌리는 사회에 뿌리 깊이 박혀 있는 두 관계가 경쟁하고 있다. 하나는 가부장제에 기초한 가족이라는 대단히 강고한 이념이고, 다른 하나는 민주적 이념에 의해 점점 힘을 얻고 있는 개인적 이념이다. 그러나 민주주의와 그 원칙은 정치에 관련된 관계에서만 적용될 뿐 가족생활에서는 차단되어 있는 것처럼 보인다. 집단과 공동체에 대해서만 민주적 원칙과 평등 원칙이 적용되고, 그 외 남녀의 관계나 가족 내 서열의 문제는 제외되어 있다.

관습법 을카눈, leqwanen

규칙과 규범으로 구성된 마을의 관습법이다. 합의된 사항과 아울러 어겼을 때 내야 하는 벌금의 액수를 정하는 내용이 주를 이룬다. 구전법으로 마을마다 크고 작은 차이가 있다. 여러 마을이 모인 부족 차원에서 내용을 서로 맞도록 조정하기도 했다. 한 마을의 '카눈'은 모든 마을 사람들이 지켜야 하는 것으로 지키지 않으면 벌금을 물거나 추방될 수 있었다. 때로 문자화되기도 했지만 대개 원로들의 기억으로 전승되어 자주 개정할 수 있는 대단히 유연한 체계였다.

교육

카빌리 아이들은 부모로부터 '타크바이리트(카빌리 명예관습)'를 존중하도록 교육받는다. 혈통을 이어가는 남자아이들이 지켜야 하는 주 덕목은 남자다움, 성실함, 친절이다. 가정 밖에서 사람을 만날 때 충분히 존경을 받아야 한다. 여자아이들은 부지런하고 성실하며 검소해야 하고 남자에게 복종하도록 교육받는다.

교육은 집에서 아이들 가까이에 있는 어머니의 몫이다. 아버지에게도 중요한 역할이 주어지지만 집 밖에서의 일과 부재로 장애를 받는다. 엄격함이 필요하며 체벌도 필요하다고 생각한다. 남자아이에게는 사자처럼 다른 사람이 그 앞에서 두려움을 느끼게 만들어야 한다고 가르친다. 예전에는 잘 싸울 수 있도록 손톱을 기르도록 했으며, 여자 앞에서는 진중하게 행동하도록 요구했다. 반면에 여자아이들은 참을성을 갖도록 하며, 예절과 집안일 그리고 특히 절제와 수줍음(하슈마)을 배우도록 한다. 언어생활에는 많은 금기사항이 있다. 남녀는 4-5세까지만 같이 놀며 그 이후에는 분리되어, 남자아이는 집 밖에서 여자아이는 집 안에서 지내도록 한다. 남자아이들이 집 밖에 많이 있다고 해도 감시가 없는 것은 아니고, 가족 어른들이나 친척이나 마을 이웃들의 계속적인 보호를 받는다. 도시로 이주한 경우에는 그렇지 못하여 여자들의 공간인 집 밖에서 청소년들끼리 어울리는 경우가 많다.

3세부터 아이들은 '샤하다(무슬림 신앙 고백)'와 아울러 축복이나 소원을 비는 구절을 배운다. 부모들이 반복해서 말하는 것을 듣기만 해도 외우게 된다. 기도의 훈련은 대개 조금 더 큰 뒤인 9세 정도에 이루어진다. 라마단 금식은 하루 혹은 며칠간 부분적으로 시작하며, 첫 금식에는 축하 의례를 치른다. 성자들과 수호성인을 알려주고 존중하도록 가르친다.

귀환

1974년 프랑스 이민이 금지되기 전까지 카빌리 사람들은 독신으로 이민해서 고향으로 돌아가는 꿈을 간직하고 있었다. 그러나 실제 그들 중 약 1/4이 카빌리에 돌아가지 못했다. 프랑스에서 '마자한(실종자)'이 된 것이다. 이민자들은 노래나 시로 그 정서를 노래했다. 그러나 프랑스의 '가족 통합' 정책으로 가족이 프랑스에 와서 합세한 후에는, 프랑스 정부가 귀환 보조금을 지급하겠다는 제안에도 불구하고 고향으로 돌아가지 않고 정착하여 귀환의 꿈은 잊혀졌다. 프랑스에서 태어난 이민 2세대들은 고향에 대하여 이전과 같은 감정을 갖고 있지 않다.

남성성 티루그자, tirugza

남성성이란 남자(아르가즈)로 살아가는 방식이다. 남자를 명예롭게 하는 것은 소박함, 경계심, 명철함, 용기와 같은 온갖 종류의 미덕을 보여주는 것이다. 카빌리 사람들은 남자를 사자처럼 신중하게 만들고 지혜로움과 동시에 힘을 보유하게 하는 자제심도 높이 평가한다. 남자는 무엇보다도 공동체의 수호자다. 방어를 위하여 싸우고, 강과 평원으로 내려가 적과 대적할 줄 알아야 한다. 그러므로 남자는 엽총을 메고 야생의 자연과 대면하여 집단을 지키는 사냥꾼의 능력을 보여야 한다. 남자는 사회 질서를 지키고, 여자들과 가정을 보호해야 한다. 뿐만 아니라 남성성과 여성성을 결합할 줄 알아야 한다. 카빌리의 남성성은 자존심, 자제, 절도로 구성된 삶의 지혜의 한 방식이다.

농부

카빌리 사람들은 농부들이다. 그러나 평원의 곡물 생산지를 잃는 경우가 많았다. 산지로 후퇴하여 특히 과수 농사, 가축 기르기, 공예, 상업을 했으며, 이제는 외국 이민자로 사는 사람이 많다. 그러나 카빌리 안팎에서 농사꾼임을 자처하며 자신들의 땅과 조상에 대한 강한 애착을 드러내고 있다.

다이라 daïra

여러 '지역주민회'를 모은 현 알제리 행정단위로 '윌라야'의 하위 단위다. 티지-우주 '윌라야' 내에는 아자즈가, 아인 엘-함맘, 라르 바아 은 아이트-이라튼, 티그지르트 등 4개 '다이라'가 있다. 카빌리 전체는 베자야, 부이라, 부메르데스 윌라야로 나뉘어 있다.

도둑질

모든 사회에서 그러하듯 카빌리에서도 도둑질은 비난받았다. 훔친 물건의 종류나 도둑질한 상황에 따라 경중을 판단했으며, 마을마다 '카눈'에 따른 벌금 기준을 가지고 있었다.

　통상 수확량이 많은 경우에 한하여 여행자나 가난한 사람들에게 이삭줍기가 허용되었다. 많은 마을에서 여행객이 가져가지 않고 그 자리에서 먹는 경우 익은 과일을 먹게 한다. 정상이 참작되는 가장 경미한 도둑질은 열린 공간(밭, 채마밭, 과수원) 혹은 사람이 살지 않는 곳(마을에서 먼 목초지)에서 낮에 과일, 야채, 곡물 등 농산물을 훔치는 것이다. 좀 더 심각한 것은 많은 곡식을 훔쳐가는 것이다. 그러나 좀도둑 정도라면 벌금이 그렇게 무겁지 않았다. 벌금이 높은 것은 가축 도둑으로 가축의 가치에 따라 벌금의 양이 달라졌다. 닭을 훔치는 것은 거의 벌금이 없지만 소를 훔치고 나서 몰래 고기까지 먹는 경우에는 중한 벌금을 부과했다. 가축 도둑은 부족 간 싸움의 원인이 되기도 했는데, 예전에는 마을 간의 전쟁이 일하는 소 한 쌍을 훔쳐서 시작되는 경우가 많았다.

마을 안에서 도난이 발생하면 마을의 명예나 '보호 약속'에 문제가 되지 않는 한 단순히 벌금을 물게 했는데, 그 액수는 훔친 물건에 따라 달라졌다.

상황에 따라 도둑질은 더욱 중한 범죄가 되기도 했다. 폐쇄된 공간에 불법적으로 침입했을 때 사람이 살고 지키는 곳이면 심각해지고, 만일 사람들이 모두 잠이 들었을 만한 밤인 경우나 남자들이 마을을 떠나 있는 전쟁 기간 중이면 더욱 심각했다. 또한 모스크나 성소처럼 신성한 장소에서 도둑질했을 경우 혹은 보호를 받고 있는 손님을 대상으로 행한 경우도 중한 벌금으로 처벌했다. 전투에서 죽은 적의 물건을 훔치는 것도 금지되어 어길 경우 추방되었다. 이러한 금지 사항을 어기는 현장에서 잡히면 돌로 쳐 죽이는 가장 중한 벌까지 받을 수 있었다. 신성한 생산 도구들, 예컨대 밭갈이를 끝내고 내버려둔 쟁기를 훔치는 것도 금지되었다. 이를 어기를 경우는 별로 없었는데, 쟁기 도둑은 굶어 죽는 벌을 받게 된다는 속설이 있었기 때문이다.

집 안에 침입하는 것도 금지되었다. 이 금지를 어기지 않고 훔치는 교묘한 방법 중 하나는 '타누가'라는 갈퀴가 달린 긴 쇠막대기로 만든 특수한 연장을 집 벽에 돌 사이를 막은 다진 흙에 구멍을 뚫고 집어넣어 물건을 훔치는 것이었다. 이 빈번했던 도둑질을 '투크르다'라고 불렀으며 도둑을 마을의 '암쿠라드(도둑)'라고 불렀다. 이 도둑의 위상은 모호했다. 불법의 경계에 있으면서도 마치 힘든 비밀 직업을 갖고 있는 것처럼 생각되었으며, 긴 '타주가'를 아들에게 물려주려고 했던 사람이 발각되기도 했다. 자고새가 품고 있는 알을 몰래 빼냈다가 자고새가 모르게 다시 넣는 능력을 보여주도록 하는 도둑 입문까지 있었다.

마을 밖 길에서도 도둑을 당하는 일이 빈번했다. 이것은 중대한 잘못을 하여 마을에서 추방된 '아믄피(/이믄피)'라고 부르는 사람들의 벌이 수단으로 하나의 직업처럼 여겨졌다. 추방된 사람은 덤불숲 같은 야생의 자연 속에서 혼자 살며 시장으로 가는 길목에 매복했다가 돈 많은 장사꾼을 털었다. 행상을 터는 것은 금기시했다. 노상강도는 벌이가 좋아, 특히 큰 길, 사헬-숨맘 계곡의 평원에 있는 길이나 알제에서 콩스탕틴으로 이어지는 길에는 '아크타아(/이크타안)'라고 부르는 도둑들이 출몰했다. 그 중 일부는 인접한 부족 출신이었다. 노상강도들은 목숨을 내건 용감무쌍한 사람들이며, 잔꾀와 영리함과 힘을 가진 사람들로 알려져 있었다. 비록 욕은 먹지만 자신의 특별한 능력을 세력가의 수하에서 발휘하여 속죄하는 것이 불가능한 일은 아니었다. 세력가들로서는 이들을 적으로 만드는 것보다는 자신의 수하에 두는 것이 이득이었다. 「알리 듬무(Ali Demmou)」와 같은 설화에서 나오는 이야기다.

구전 설화들에서는 여러 종류의 도둑이 등장한다. '흐타프 라라예스(신부 도둑)'는 특히 이동하는 신부를 납치하는 흉악한 귀신이다. 어떤 도둑들은 그리스 신화의 헤르메스처럼 법과 무관하고 거의 신성화되어 있다. 식인귀의 물건을 훔치는 음키드슈도 마찬가지다. 그는 자연을 정복하는 마을공동체의 수호자이다. 전 세계적으로 많이 볼 수 있는 주제인 '보물 도둑'(혹은 '도둑들의 이야기')에서 나오는 다른 도둑들은 술탄이 부당한 권력을 남용하여 모은 재물을 공격하므로 정당한 도둑들이다. 카빌리 사람들은 갑자기 부자가 된 경우 마치 도둑질의 결과처럼 의심하는 경향이 있다.

도시 탐딘트, tamdint

카빌리에서는 초기 도시 형태를 보여주는 마을 집단의 예를 찾아볼 수 있다. 세 마을이 모여 있어 '트라타 두다르(3개 마을)'라고 부르는 경우인데 현재까지 존속하고 있다. 아이트 옌니 부족 지역에는 타우리르트 미문, 아이트 라흐슨, 아이트 라르바아 3개 마을이 모여 있고, 이플리슨 르브하르 부족 지역에는 타우리르트 은 아트 주아우, 이수칸, 이힐 부수일 3개 마을이 모여 있다. 초기 도시 형태라고 규정할 수 있는 집단 주거지들이다.

집단 주거지들은 인구밀도가 높을 뿐 아니라, 도시 조직이라고 볼 수 있는 특징을 가지고 있다. 광장, 성채, 돌을 다듬어 복층으로 지은 건물, 회벽, 집회 장소들, 길, 회랑으로 둘러싼 공터 등이 있다.

또한 직업에 따라 공간도 분할되어 있었다. 다수가 장인들로 때로는 소규모 공장 형태로 모여 있기도 했었는데, 아이트 옌니 부족의 경우는 보석 세공인과 무기 제작자들이었고, 이플리슨 부족의 경우는 검 제작자들이었다. 이들은 상인들과 공생했으며, 농민들은 주변 마을에 자리 잡고 있었다. 모여 살고 있었으므로 공공 성격의 작업을 각자 나누어 담당하게 되어 집단 내부에서 초기 형태의 전문화가 이루어지고 있었다. 예컨대 건물 및 도로 관리, 무거운 물건의 운반, 야간 순찰 등과 같은 도시화 과정의 작업들이다.

도시인

도시 사람은 '아블디'라고 부르는데, 이 단어는 부르주와, 즉 '시골 사람들 앞에서 약간 거만하고 잘난 척하는 남자'를 뜻하기도 한다. 일반적으로 도시 사회는 마을과 다르다고 생각하며, 설화에서는 술탄이 사는 곳이 도시를 대표한다. 술탄은 도시민들에게는 소식이나 명령을 잘 전달하면서도, 마을 사람들에게는 의향도 묻지 않고 전제 권력을 행사한다. 그러므로 도시 사람들은 술탄이나 왕 또는 왕가에 속한 사람들, 특히 여러 명의 왕비들과 자주 등장하는 신하들에게 복종하는 사람들이다. 낯선 사람이 왕의 딸을 데려가려 할 경우 반대하는 것으로 보아 도시 사람들도 지방 사람들과 마찬가지로 단결심이 있다고 믿는 것으로 보인다. 설화는 주로 주인공이 왕의 사위나 후계자가 되는 내용이므로 왕자가 거의 등장하지 않는다.

주인공이 도시를 지배하는 귀족 사회의 관행에 입문해야 함을 강조하는 것으로 보아 권력층의 관습은 지방의 관습과는 다르다는 인식이 있었던 것으로 보인다. 왕의 가까이에는 힘 센 노예들이 많이 등장하지만, 흑인 여자 노예는 요술을 부리거나 퇴폐적이라고 생각하여 별로 등장하지 않는다.

도시는 또한 상인, 재단사, 보석 세공인 혹은 수상한 세력을 가진 부자 이방인들, 유태인들이 가득한 곳으로 묘사된다. 그 외에도 숯 장사나 온갖 종류의 식료품상 그리고 수많은 커피점들이 있는 곳이다. 도시는 무엇보다도 하시시, 도박, 여자들로 방탕한 장소이며 사치와 환락의 장소이다. 도시적 타락과 유대감 약화에 대한 카빌리인들의 비판적 관점은 도시의 힘은 곧 멸망에 이른다는 이브 할둔의 도식과도 일치한다.

동네 아드룸, adrum

마을 내 여러 집으로 구성된 단위를 지칭한다. '타흐룹트(대가족)' 일 수도 있고, 인척관계가 없는 소규모 가족들의 모임일 수도 있다. 한 동네에 사는 사람들은 서로 명절에 참석하거나 상호부조하며 긴밀한 관계를 유지한다. 한 가문에 속한다 하더라도 여러 동네 혹은 여러 마을에 분산되어 살 수도 있다. 가족보다 크지만 마을보다 작은 공동체의 한 형태다. 한 동네에 사는 사람들은 대개 같은 성, 즉 '아이트 X'(아이트: ~의 아들들)를 가지고 있으나 실제보다는 가공의 관계를 의미한다. 근원이 다양한 가족을 포함할 수 있기 때문이다. 마을에 따라 그 규모가 일정하지 않다.

동업 샤루카, ccaruka, 동업자 아스리크, acrik

카빌리의 평등주의적 사고방식으로 인하여 고용자와 피고용자 간의 계약을 대부분 '동업'이라고 부른다. 언뜻 보기에는 호혜적이고 평등한 관계로 생각할 수 있지만 실상은 여러 종류의 계약관계가 있다. 동업자는 대개 고용주보다는 피고용인을 지칭하며, 농촌보다는 도시 가내공업에서 이루어지는 경우가 많다. 평원 아랍어 지역에서는 피고용자를 '아흐담(노동자)', 농업에서는 '아플라흐(농민)'라고 뚜렷이 구분하여 부른다. 실제 농사를 짓는 경우 외부 사람을 고용하는 것은 흔치 않은 일이었다. 부계혈통만이 인력을 공급하며, 이들은 모두가 가장의 권위 아래 형제의 자격으로 가족 생산 단위를 구성한다. 대가족의 평등주의적 이념이 흔들리는 것은 자식이 없는 경우뿐으로, 설화에서는 생활이 넉넉한 '아믄구르(아들이 없는 남자)'가 다른 지방 청년을 동업자로 삼아 입양하려 하기도 한다. 그러나 이렇게 아버지의 자격을 뺏는 것은 용납할 수 없는 것으로 받아들여지는데, 재산이 불가침의 혈연관계보다 우위에 있지 않기 때문이다. 그래서 "자식을 가진 자가 번창하는 것은 당연하다"라고 말한다. 그러므로 고용인은 부잣집을 제외하고는 드물다. 평등 이념으로 인하여 불평등한 관계를 협력이나 협조라는 동등한 표현으로 위장하고 숨긴다. 실제 고용자와 피고용자의 관계는 원칙적으로 마을 내에서는 이루어지지 않으며, 이방인이나 이주자의 경우에만 허용되었다. 그리고 대개 고용자의 가문과 '동업자' 가문 사이에서는 혼인하지 않았다.

현대에는 많은 새로운 형식의 협력이 나타나 특히 문화 보존 활동과 같은 것을 위하여 청년들을 모으고 있다. 이러한 협력이 '마을회의' 유형의 집회와 함께 집단 사회에 역동성을 부여하고 있다.

두아르

천막을 원형으로 배치하여 만들어진 야영지를 뜻했던 아랍어 어원의 단어로, 프랑스 식민지배 초기(1857년)에 몇 개의 부락 혹은 부족의 일부에 해당하는 행정단위에 사용했던 단어다. 규모가 다양했으며, 각 '두아르'에는 '아민 을 우므나'라고 부르는 대표가 있었다.

르아나야 leânaya

일종의 통행 허가로 특정한 개인, 가족, 마을, 부족이 카빌리를 여행하는 외부인, 예를 들면 상인이나 피난민에게 보호를 약속하는 것이다. 보호인이 직접 동행하거나 소유하고 있는 물건이나 가축을 보증으로 내세우기도 하고 보호인의 이름을 대는 것으로 충분한 경우도 있다. 보호를 약속한 사람의 명예뿐 아니라, 보호인의 신분과 명성에 따라 가문과 마을 혹은 부족의 명예까지 걸려 있었다. 마을이나 부족의 이름으로 보호를 약속하기도 한다. '르아나야' 보호인의 명성이 높을수록 가치가 있고 확실하다. '남자들의 집', 성소 혹은 모스크처럼 신성한 장소를 피신처로 제공할 수도 있다.

'르아나야'는 철회할 수 없는 성격의 것으로 이를 어긴 사람은 죽음을 각오해야 하며, 집이 불태워지고 재산을 몰수당하게 된다. 보호를 받는 사람이 그러한 자격이 없다는 사실이 사후에 밝혀지는 경우는 제외된다. '쉼시'라는 아이트 이라튼 여자 부족장이 알제 '데이'의 아들을 사칭하는 자에게 속았던 것이 이에 해당한다. 부족장은 처음에 그의 가짜 신분을 믿고 '르아나야'를 제공했다. 거짓이 탄로나자 부족장은 그가 자격이 없음을 선언하고 아이트 이라튼 사람들의 의견을 들은 후 카빌리 밖으로 추방했다. '르아나야'의 위반은 부족 간 싸움이 벌어지는 원인이었다. 이 특이한 관습은 카빌리 내 외부인들의 이동을 통제할 수 있게 하는 사회적 연대이며 상호부조의 한 형식이었다.

마을 타다르트, taddart

아가와 고원에는 인구 밀도가 높은 큰 마을이 많다. 북쪽 스바우 강 평원에서 남쪽 주르주라 산 정상까지 올라가는 능선을 따라 완만한 경사지 대부분을 차지하고 있는 마을들은 집들의 외벽을 연이어 붙여 방어벽을 만들고 있다. 경사면에 촘촘하게 붙어 있는 붉은 기와지붕들 사이에는 좁은 길들이 구불구불하게 나 있다. 마을 바로 아래쪽과 둘레에는 쓰고 버린 물과 축사의 퇴비를 이용해서 가꾸는 밭들이 펼쳐져 있다. 더 아래쪽에는 무화과나무와 올리브나무를 심은 과수원이 있고, 덤불숲이나 풀밭, 채소밭이 이어진다. 그 아래로 마을이 더 넓게 펼쳐진다. 경사면을 내려가면서 마을 사이 간격이 더 벌어지고, 집의 모양이 달라진다. 경사면에서 버티기 위하여 기둥을 받쳐가며 여러 층으로 배열된 집들이 마을로 들어오는 길들을 따라 혹은 그 아래에 지어져 있다.

마을에는 동네 몇 개와 규모에 따라 하나 이상의 공터가 있고, 입구 가까이에는 '남자들의 집'이 있다. 이제는 카페나 식료품 가게 같은 것들이 마을 안에 있다.

마을은 모든 사람에게 가족 다음으로 중요한 소속 집단이다. 한 개인은 우선 가문에 따라 누구인가가 결정되며, 가족이 속해 있는 마을공동체를 벗어나서는 살 수 없다. 소속 집단으로서의 마을공동체는 항상 수많은 외부의 위험이나 자연에 대항하여 인간을 보호할 수 있는 사회화와 문명의 중심으로 생각되어 왔다. 그러므로 마을공동체는 연대의식을 갖고 있으며 명예(이흐르마)를 철저하게 지킨다. 마을은 모든 구성원들이 서로 인척 관계라고 생각하는 사회 단위로, 구성원은 '이마울란 은 타다르트(마을 친척)'이며, 가족 구성원들은 '아이트-타다르트(마을의 자식들)'이다.

개인이 다른 마을로 이사하는 것은 아주 드문 일이다. 중대한 과실로 쫓겨나 어쩔 수 없는 경우가 아니라면 이사하지 않는다. 가족이 생업과 관련된 이유로(예를 들면 대장장이의 경우) 다른 마을로 이사하는 예외적인 경우가 있으나, 드문 편이다.

마을 사람들 사이에는 연대의식이 있을 뿐 아니라 동등한 관계가 맺어져 있다. 평등을 유지하기 위하여 모든 사람이 세심하게 주의한다. 한 사람이 재산을 더 이상 모으지 않도록 이웃들이 중단시키기도 하고, 한 사람이 지나치게 권력을 갖게 되어 마을에 위험하다고 판단되면 쫓아내거나 추방하기도 한다. 마을의 연대의식은 모두가 평등한 형제애의 모델을 따르는 것으로, '희생-나누기' 의식, 공동 작업 혹은 축제에서 보듯 기부금을 주고받아 부를 순환하도록 하는 데서도 나타난다.

마을을 다스리는 정치체제는 마을 남자들의 위원회 '즈마아'다. '암하르(노인)'가 책임을 맡고 있으며, 모든 남자가 발언권을 가진다. 마을은 외부의 위험이 있으면 하나로 뭉친다. 그 위험이 너무 커서 감당하기 어려우면 이웃 마을의 도움을 받기도 한다. 스바우 평원과 가까운 마을의 사람들이 터키인의 침입에 대항할 때 자주 도움을 받았다.

수공업이나 상업으로 번창했던 몇 개의 마을이 모여 도시를 구성하기도 했다. 예를 들면 아이트 엔니 부족의 3개 마을의 경우다.

사회생활

271

마을회의 즈마아, jemaâ

마을마다 남자들이 '즈마아(회의)'를 소집하여 정기적으로 모인다. 집회가 열리는 '타즈마아트(회의실 혹은 '남자들의 집')'는 마을의 큰 마당 옆에 있는 경우도 있지만 대개 마을 입구에 자리 잡고 있다. 한 칸짜리 간단한 건물로 내부에는 의자들이 빙 둘러 놓여 있고 남자들이 매일 저녁 모이는 곳이다. 마을 전체와 관련된 결정을 내릴 때는 적어도 한 달에 2회 전체가 모이며, '아브라흐(마을회의를 소집하는 사람)'가 돌아다니며 큰 소리로 남자들을 소집한다. 자격을 갖춘 모든 남자들은 의무적으로 참가해야 하며, 불참이 용납되지 않는다. 불참하게 되면 벌금을 물어야 한다. '카눈'은 타다르트(마을의 관습법)'를 작성하고 적용하는 것 외에 마을 사람들 간의 갈등이나 분쟁을 조정하고, 도로, 축제, 집단 의례, 상호부조, 다툼 등 주민 전체와 관련된 사항을 논의하고 결정한다. 모든 참가자가 발언권을 가지며 결정은 만장일치로 이루어진다. 말솜씨가 좋은 사람들이 이기는 경우가 많은데, 대부분 '임하른(어른)'이나 '이쿠라이 은 타다르트(촌장)'들이다. 회의를 주재하는 '아민'은 지명직이며 비영구직이다. 대가문이나 동네의 '틈만, 타믄(가문 혹은 동네 대표)'도 참석했으며, 징수한 벌금으로 구성된 마을 공동 재산을 관리하는 회계 '우킬'도 참석했다.

'1871년 봉기'가 실패한 이후 프랑스 식민 당국이 위원회를 지명 구성하여 대표성을 잃게 되었다. 그러나 많은 '즈마아'가 불법적으로 계속 운영되었으며, 독립 이후에는 공식적, 비공식적으로 부활되었다.

현재는 '즈마아' 전통의 성격이었던 노인 정치가 약화되고 권리 주장에 적극적인 청년층이 더 큰 힘을 발휘하고 있다. '아아르슈(부족)'나 '다이라', '윌라야' 같은 더 큰 단위로 활동 반경을 확대하는 경향을 보이고 있으나, 실제 카빌리 지역 전체 차원이나 국가적 차원의 단합에는 이르지 못하고 있다.

멜크 melk

토지 재산으로 가옥, 가축, 밭까지 포함할 수 있다. 집안의 남자들이 함께 노동한 결과로 갖게 된 재산이다. 넉넉한 집안을 '이마울란 을믈크', 즉 재산가 친척이라고 부른다. 상업으로 재산을 늘린 사람을 '밥 브와일라(부자)'라고 부르듯 땅 부자를 '멜크 아일라'라고 말하기도 한다.

명예 은니프, nnif, 이흐르마, iherma, 타크바이리트, taqbaylit

카빌리 사람들은 명예 문제에 대단히 예민하다. 사회관계를 지배하는 유동적인 가치체계를 가리키는 명예의 가장 두드러진 형식을 '은니프'라고 부른다. 남성적 자존심의 상징인 코와 같은 단어로 어떤 마을에서는 산파가 갓 태어난 아기의 명예심을 키운다는 의미로 코를 잡아당기기도 한다. 보다 정확하게는 개인적 명예심으로 가족과 마을 구성원들이 함께 지키는 특히 남성의 능동적 자존감을 뜻하며 모욕에 즉각적으로 반응하고(필요한 경우 복수를 통하여) 도전하여 '이흐르마'라고 부르는 또 다른 형태의 명예를 존중하게 만드는 능력이다.

'이흐르마'의 또 다른 형태는 수동적인 것이다. 가문, 마을, 부족, 부족연맹체 내에서 금기되는 사항을 존중하는 것으로 특히 여성에게 해당되며 여성의 순결이 이에 속한다. 신성시되는 것들이나 가족의 명예에 맞추어 행동을 함으로써 얻어지는 좋은 평판도 있다. 노인들은 마을의 '이흐르마'를 지킨다. '은니프'가 능동적이고 공격적이며 공개적인 남성의 것인 반면 '이흐르마'는 여성에게 해당되는 수동적인 것이다.

'타크바이리트'는 카빌리 사람으로서의 명예로 예컨대 외부인이 침입했을 때 위태로워진다. 자존심, 용기, 성실 그리고 언약의 준수 등으로 이루어진 자부심으로, 땅과 피를 섞은 명예코드다.

명예란 수시로 시험받으며 지켜나가는 무엇으로, 행동과 생활방식을 결정하고 정체성 및 가치체계와 긴밀하게 연결되어 있다. 세 형식의 명예는 서로 뗄 수 없이 엮여 카빌리 전체로부터 부족, 마을, 가족에 이르기까지 적용되는 본질적 문화가치다.

민주주의

카빌리의 정치조직은 지방 소단위 민주주의의 표본으로 자주 인용된다. 마을 남자 모두가 거의 매주 '남자들의 집'에서 열리는 집회에 참가하며, 이 회의를 통해 마을 관습법에 따라 갈등을 해결하고 마을 전체와 관련된 결정을 내리기 때문이다. 참가자가 모두 발언권을 가지며 투표와 같은 합의 방식 없이 만장일치가 되어야 하므로 토론이 길어진다. 물론 말솜씨가 좋은 사람들이 설득을 잘 하고, 권위 있는 사람일수록 영향력이 크다. 세력가문의 가장, 각 가족이나 동네의 대표, 집안의 연장자 등이다. 그러므로 카빌리의 민주주의는 노인 정치의 양상을 보인다. 어쨌든 이념은 평등주의고, 관습법은 만인을 위한 것이어서, 피해받는 사람이 없도록 항상 신경을 쓴다. 민주주의라도 남자들에게만 관련된 것으로, 여성을 원칙적으로 배제하여 여성이 회의에 나와 발언하는 것은 예외적이다.

방문 타르즈프트, tarzeft

친척, 친구, 결연을 맺고 있는 사람들을 방문하는 것, 그리고 방문할 때 가져가는 선물이라는 두 의미로 쓰인다. 카빌리 사람들은 빈손으로 방문하지 않는다. 방문하는 사람과 가까운 정도에 따라 선물의 중요도가 달라지는데, 가까운 친척을 방문할 때는 빵, 달걀, 커피, 설탕 정도지만 결혼을 앞두고 결연을 맺게 될 집안을 방문할 때는 값나가는 선물을 해야 한다.

배반

가족이든 마을이든 공동체의 일원이 예를 들면 마을에 적을 끌어들이는 것과 같은 배반을 하는 것은 가장 심각한 범죄로 생각되며, '카눈(관습법)'에서 가장 엄격하게 처벌하는 잘못이다. 배반자는 돌로 쳐 죽이는 사형을 언도받는다. 범죄자가 도주할 경우에는 영원히 추방되며, 재산을 몰수하고 집을 파괴한다. 아주 경미한 범죄라고 판단되면 죽음은 면하지만 콧수염과 턱수염을 깎아 모든 사람들 앞에서 계속 잘못을 보여주도록 하는 모욕을 주고 마을에서 추방한다.

법

카빌리법은 가족 내에서 사적으로 적용되는 가족법과 '즈마아(마을회의)'의 협의를 거쳐 관습법 조항으로 결정되는 공동체 사회법으로 구성되어 있다. 공동체법은 '아무스나우(박식한 인물)'나 '이모크라는(위대한 인물)'의 기억을 통하여 전승되며, 마라부트가 문자화하기도 했다. 문자화는 법을 성문화하면서 동시에 이슬람화하여 종교적 색채를 부여했다. 카빌리 관습법은 구어로 전승되어 성문화되지 않고 세속적 상태로 남아 있었으며 필요에 따라 상황에 적용할 수 있는 대단히 유연한 법체계였다. 아노토와 르투르뇌가 그들의 저서(1872-1873)에 수집하고 문자화한 것도 이 법이었는데, 프랑스 법의 형식에 따라 표준화시키려고 노력했다. 각 마을이 나름대로 고유하게 유지하고 있던 관습법을 일반화하는 과정에서 유동성이 사라졌다.

가족법이란 가부장 대가족 내에서 통용되는 법(타크하룹트)으로 그 법 테두리 안에서 각 구성원은 자신뿐 아니라 가족 전체를 공동으로 책임진다. 가족 혹은 그 한 구성원이 명예나 물질적 침해를 받는 모든 경우에 이 법 혹은 명예코드가 발효된다. 예컨대 살인의 경우 카빌리 사람들은 되갚음 제도, 즉 '탐즈르트(피의 부채)'

형식으로 보복을 행사할 수 있게 했다. 명예훼손의 경우 부부는 벌금형이나 추방 선고를 받지만, 간통이나 풍기문란의 경우 (돌로 치는) 사형을 당할 수 있었다. 이러한 처벌은 '보호' 관습을 통해 구제되기도 했다.

'카눈'은 개인의 이익이 침해받을 수 있는 경우를 일일이 열거하고 있지만, 대가족 내 마을 관습 규칙의 적용에 대해서는 혼외임신, 자의적 근친상간, 부모의 살인을 제외하고는 가족 구성원 중한 사람에게 자유 재량권을 부여했다.

사회법은 지역 관습에 따라 마을마다 달라질 수 있었으며, 마을 내규와는 다른 규범을 따르는 외부인에게 적용하는 법을 포함하고 있었다. 마을의 명예가 문제되었을 때 생기는 분쟁들도 마을 자체적으로 해결했다. 마을 경계 내에서 저질러진 모든 범죄의 처리는 '카눈'에 세밀하게 언급되어 있었다. 각 마을의 카눈은 마을의 보유 재산, 보유 자원, 관례, 습관에 따라 서로 다르다. 대다수 형벌이 벌금형이었으며, 모인 벌금은 대개 '희생-나누기' 기금으로 사용했다.

벌금형은 행위의 경중에 따라 대단히 세밀한 등급으로 나뉘었다. 가장 중한 벌을 받는 범죄는 마을의 명예와 관련된 것들이다. 카빌리 사람들의 징벌에는 구금이 없으나, 사형에서 가벼운 벌금까지 다양하다. 사형은 '남자들의 집'이나 공터에서 돌로 때려 실행하고, 다른 징벌은 약해지는 순서로 지지기, 수염 깎기, 추방, 집 부수기, 지붕 기와 깨트리기, 옷 태우기, 압수 등이며, 그 외에도 훨씬 더 많은 종류의 벌금형이 세밀하고 정확하게 부과되었다.

복수

복수를 '탐즈르트'라고 하는데, '머리' 혹은 '피 갚음의 처형'과 같은 의미다. 보복은 가족 내의 사적 영역에서 이루어졌지만 때로는 마을 차원에서 명예코드에 따라 의례화된 절차를 따르기도 했다. 카빌리에서는 의도적이지 않았을지라도 살인이 행해지면 당한 가족이 피의 복수를 한다는 의미에서 범죄자의 가족 가운데 한 사람을 죽일 수 있도록 했다. 소유하는 가축이 사람을 죽였을 때 그 주인에게도 피의 복수가 적용될 수 있었다. 간통의 경우 연루된 남자에게도 적용되었다. 때리거나 상처를 입히거나 마을에서 쫓아내는 것으로 충분히 가혹한 벌이 되었다고 인정되기도 했다. 피의 복수는 아이를 죽이거나 낙태를 했을 때도 적용되었다. 가문의 '르아나야(보호 약속)'를 어기거나 마을을 모욕했을 때, 가문의 명예를 실추시켰을 때에도 적용되었는데, 특히 명망 있는 가문의 경우에는 화해할 수 있는 방법이 거의 없었다.

낙태를 했을 경우 남편이 합의하면 없었던 일이 되고 피의 복수는 일어나지 않는다. 남자아이와 여자아이의 목숨 가치가 다르기는 했지만, 여아를 살해했을 경우에도 마찬가지였다. 죽음이 단순한 사고나 미숙함에서 온 경우나 공격으로 다치기만 했을 경우에는 가문의 명예가 더럽혀지지 않는 것으로 생각했다. 이 경우 양편을 아는 사람들의 중재로 두 가문 사이에 용서가 가능했다.

복수를 시행할 사람은 희생자 집안의 가장이 가족 중에서 가장 대담한 남자로 지명한다. 그러나 직업적인 사람을 고용하기도 한다. 복수에 희생될 사람은 살인을 당한 사람의 위상을 고려하여 살인자와 가까운 사람 가운데 한 명이 된다. 처형은 대개 숨었다가

기습하는 것인데, 만일 여자가 같이 있으면 할 수 없다(불명예로 간주된다). 그래서 복수를 당할 것으로 지목된 사람은 여자를 동반해 외출하는 경우가 많았다. 복수를 하고 나면 그 증거로 처형당한 사람의 부르누스를 뺏었다.

복수의 관습은 마을에 따라 다르게 지키기는 하지만, 주르주라 산 이북 지역 어느 곳에서도 돈으로 해결하지 않았다. 아랍 풍습의 영향으로 사헬-숨맘 계곡 부족들을 비롯한 다른 지역(비반, 바보르, 게르구르, 콜로)에서 '드이야(피의 값)'라는 이름으로 금전적 보상을 받아들이는 경우도 있었다. 폭력을 조정하기 위하여 가문 사이에 마라부트가 중재자로 개입하기도 했다. 이제는 복수가 공식적으로 용인되지 않으며, 어떤 살인이라도 국가법에 따라 처벌받는다.

부

다른 많은 문화권에서와 마찬가지로 부는 모두의 야망이다. 설화의 결말은 대개 주인공이 부자가 되는 것으로 끝난다. 그러나 카빌리가 아닌 '다른 나라'에서 이루어지는 일이어서 카빌리의 전통적 평등사상에 부가 맞지 않는다는 것을 보여주고 있다. 부가 항상 같은 방식으로 정의되지 않는 것이다.

부는 그것을 누리는 입장에 따라 여러 형식이 있다. 첫째는 '예사인(소유)' 혹은 '이마울란 을멜크 아모크란(imawlan lmelk amokran: 많은 재산의 소유)'이라고 지칭하는 부로 사람이나 동물의 출산, 대지의 소출처럼 자연적 성장에 근거한 것이다. "가득한 곳간과 부른 배는 생명을 보장한다"라는 어구는 지중해 유역 농민 사회에 공통된 표상을 요약한다. 다산성은 집안의 본질적 부다. "자식을 가진 자가 번성하는 것은 적법한 것"이며, 일곱 아들을 가진 사람이 가장 잘 사는 사람이다. 미래의 가족 공동체의 수호자이자 생산자가 태어날 것을 약속하는 아들의 결혼이 부의 정점이다. 모든 사람이 접근할 수 있는 가장 잘 사는 상황이란 바로 그것을 뜻한다.

두 번째 형식의 부는 '밥 브와일라(부의 주인)'가 되는 것, 즉 장사를 하여 돈을 버는 것이다. "그는 사고팔았다"라는 흔한 구절이 대표하는 것이다. 장사도 자연 성장에 기초할 수 있는데, 예를 들면 가축 장사는 받아들여지지만 일정한 정도를 넘어서면 안 된다. 아이트 우흐리스 부족의 상인은 너무 재산이 늘어나자 마을 사람들이 지나치다고 판단했으며, 그 압력 때문에 재산을 더 불리지 못했다. 마을공동체가 좋지 않은 방법으로 재산을 모았다고 판단하는 사람은 마을을 떠나야 했다. 재산을 기부하는 '타우사'라는 전통적 관습이 여러 집안과 마을 구성원 사이에 부가 순환하도록 만들기도 했다.

세 번째 부는 상상 속에서 존재하지만 카빌리 사회에는 없는 것으로 동양의 왕이나 술탄들이 소유하는 것이다. 설화에 등장하는 금화, 금은 가구, 궁전, 물이 흘러넘치는 정원, 사치품 등 마술의 힘으로 현란하게 드러나는 부이다. 이러한 부는 도시 사람들의 전유물로 공동체 유대관계에 기초한 평등주의적 전통에서는 허용되지 않는다.

식민지배 이전 새로 생겨난 작은 마을들, 예컨대 '트라타 두 다르(세 마을)'에서 소위 '이므르칸티엔(부자들)'과 '이다아픈(없는 자들)'이라고 부르는 사람들 사이의 사회적 격차가 생기기 시작하고 있다. 평등주의적 사상에도 불구하고 불평등이 인정되기 시작한 것이다.

부조금 타우사, tawsa

결혼이나 할례와 같은 특별한 날에 초대객들이 금전적으로 기여하는 것이다. '타우사'라고 불리는 예식은 공개적인 것으로 바닥에 펼쳐 놓은 천 위에 밀, 호두, 대추, 잠두콩, 발찌(할할)를 놓아두며, 손님들은 그 위에 부조금을 놓는다. 한 사람이 큰 소리로 제공한 액수를 외친다. 부조금을 받은 사람은 감사를 표하고 보답을 약속하고 나서 받은 그대로 보자기를 싼 후 상자에 넣어 두었다가 7일이 지나 열어본다. 비슷한 기회에 적어도 받았던 액수와 같은 액수를 돌려주어야 예절에 맞는다. 이러한 의무적인 부조는 각 구성원이 함께 참여하여 마을을 번영하게 한다는 의미를 가진다.

'타우사'는 사회적인 행위다. 설화에서는 야만적 사회에서는 일어날 수 없는 행위로 묘사되고 있다. 식사를 함께하는 것과 마찬가지로 문화적 행위이며 인간 사이의 평등을 표현하는 것이다. 설화의 주인공들이 야만 세계에서 그러한 교류 행위를 하는 것을 철저하게 거부하는 것은 이러한 이유에서다. 야만 세계와 교류하는 것은 식인귀를 인간 사회에 들어오게 하는 것이며 그렇게 하여 두 세계를 소통하게 하는 것이 되기 때문이다.

도시 권력자들 사이에서는 '타우사'의 의미가 달라진다. 경쟁거리가 되고 개인적 지위나 사회적 구별을 드러내는 과시 수단이 되어 집단에 대한 연대적 참여의 의미가 더욱 강한 농촌에서와 반대되는 의미를 갖는다.

의례화 정도가 약한 다른 형식의 부조도 있다. 다른 집을 방문할 때 들고 가는 '타르즈프트'는 대개 튀김 과자나 부침개 과일들이고, 작은 선물인 '툰티슈트'는 대개 이웃이나 친척들에게 마음을 표현하기 위해 나누는 음식물이다. 선물은 직접 주지 않고 찾아간 집에 슬그머니 놓아두는 것이 예의다. 가족의 경사 때에는 금전, 달걀, 밀가루, 고기, 커피, 설탕을 선물하며 '을흐르(재산, 번영)' 혹은 '르흐마(평화)'를 대신하는 의미를 갖는다.

초상 때에는 무화과를 선물하는 것이 관례다. 또 '싸다크(부모가 신부에게 주는 혼수)'는 알라를 기쁘게 하고 알라의 관심을 끄는 것 외에는 보답을 기대하지 않는 종교적 성격이 강한 선물이다. 이 모든 부조와 선물에 대해서 반드시 보답을 해야 한다. 부조나 선물은 특별한 의식은 없지만 친척이나 친구와의 관계를 구체화하고 공동체를 굳건히 한다.

분리 차별

남녀 분리 차별이 항상 철저하게 지켜지는 것은 아니지만 관습화되어 있어 지키는 것이 통례다. 5-7세가 되면 남녀를 분리하기 시작하여, '조심성, 존중, 수치심'이라고 번역할 수 있는 '하슈마'라는 단어가 지칭하는 규범들을 따르게 한다. 특히 젊은 사람들에게 요구되는 것으로 나이가 들면 훨씬 느슨하게 적용된다. 다른 많은 사회에서와 마찬가지로 여성들은 정치권력이나 정치의 장에서 소외되어 있다. '마을회의'에 참석할 수 없으며, '희생-나누기'에도 참가할 수 없다.

또한 여성이 활동하는 장소이며 여성의 공간이라고 인정받는 집에 남자가 오래 머무는 것은 적절하지 못하다. 집 밖 길과 공터, 밭 등이 주로 남성의 영역이다. 그러나 구분이 엄격하게 지켜지는 것은 아니다. 카빌리에서 종교 집안 여성을 제외한 일반 여성은 히잡을 쓰지 않으며 목을 노출한다.

분절 체계

카빌리 사회는 아프리카를 포함한 다른 공동체 사회와 마찬가지로 분절 체계 사회로 분석되어 왔다. 동질성에 기초하여 유대감, 가치관, 신앙, 사고방식을 공유하는 집단들이 점점 규모가 커지는 체계다. 남녀의 구분을 제외하고는 노동이 거의 분화되어 있지 않고 국가가 없으며 정치적으로 전문화되어 있지 않다. 실제든 가상이든 혈족 관계에 기초한 부계혈통 가부장적 유대를 모델로 집단들이 구축되어 있다. 다시 말해서 모든 구성원들이 한 조상의 후손이라고 생각하는 것이다. 이 분절 집단들은 상호 적대적이면서도 연합할 수 있다. 다른 집단과의 대립을 통하여 분절집단들의 정체성이 확립되고 체계가 유지된다. 제르멘 틸리옹은 마그레브에서의 이러한 상황을 다음과 같이 도식화하고 있다. "나는 내 형제들에 맞서고, 나와 내 형제들은 내 사촌들에 맞서고, 나와 내 형제들과 내 사촌들은 나머지 마을 사람들에 맞서고, 나와 마을 전체는 외부 사람들에 맞선다." 그러므로 각 층위의 집단들은 분열과 융화 사이를 오간다. 가장 큰 단위의 융화는 외부의 적에 대항할 때 이루어진다. 분절 체계 외부에서 구성원들을 흡수하는 현대 국가가 성립하면서 가장 큰 유대 단위는 사라졌다. 카빌리도 그러한 상황으로 카빌리 전체의 연합이 베르베르주의와 같은 정치운동을 시도하고 있지만 실제 유대 관계는 마을 단위 이상을 넘지 못하고 있다.

불법

종교 규범에서 금지하고 있는 것은 모두 '하람(불법)'이다. 금지는 술, 돼지고기, 의례를 거쳐 도살하지 않은 고기 등의 음식에서부터 근친상간까지 다양하다. 카빌리에서는 '타스그루트'라고 하는 특수한 범죄가 있는데, 고기를 숨어서 먹는 것으로, 물론 도살한 것이지만 사람들이 고기를 살 수 있는 장날이 아닌 다른 날 공동체와 나누어 먹지 않고 몰래 먹는 것이다. 가축을 잡는 것은 다른 사람의 눈에 띌 수밖에 없으므로, 몰래 먹는 사람들은 가축을 훔쳐야 하고, 잡은 후 바닷가나 계곡 외딴 곳에서 먹어야 한다. 그러므로 불법적으로 고기를 먹는 행위에는 도둑질이 따르게 마련이다. 함께 나누어 먹어야 하는 규범을 어기는 이 이중 범죄에 대한 벌은 무겁다.

아동 교육은 전통적으로 금지 사항들을 통한 명령의 형식으로 이루어지며, 적법과 불법 사이에 어떤 대안도 제시하지 않는다. 지나치게 경직되고 이론적 설득이 없는 방식이다. 세대 간 대화가 드물다.

뿌리

다른 많은 문화권에서와 마찬가지로 뿌리는 출생의 근원을 의미한다. 뿌리 없는 나무는 없으며 부모 없는 사람은 없다는 것이 카빌리 사람들이 늘 하는 말이다. 카빌리 사회에서 한 사람의 정체성을 묻는 말은 "너는 누구인가?"가 아니라 "네 가족은 누구인가?"이다. 즉 한 사람이 속한 가족이 모든 것을 말한다는 것이다. 개인성보다는 가족의 뿌리가 더 중요하다.

사법권

카빌리에서 사법권은 관습법과 마찬가지로 가족과 마을 두 차원에서 행사된다. 설화와 같은 상징 세계 차원에서는 또 다른 사법권이 있는데 도시의 술탄이 행사하는 법으로 카빌리 사람들이 대단히 가혹하다고 생각하는 것이다. 카빌리에 존재하지 않는 추방과 감옥 구금이 가장 가벼운 형벌이기 때문이다. 도시에서는 법을 어긴 사람들을 목을 쳐서 처형하지만 마을에서는 사형이 드물고 방법도 돌을 던져 죽이는 것이다. 빈틈없고 충성스러운 근위대에 의지해서 절대 권력을 행사하는 술탄이 도시의 질서를 지키려면 이러한 극단적 징벌이 필요했다. 도시의 벽은 이렇게 처형당한 죄인들의 머리로 쌓아 만든 것처럼 묘사되기도 한다. 이러한 잔인한 왕의 이미지에서 벗어나는 유일한 군주는 하룬 에르 라시드로 다윗이나 솔로몬 왕처럼 젊은 시절부터 정의와 공정함의 전형으로, 가혹할 정도로 엄격하지만 공정했다고 한다.

사회 및 정치조직

카빌리 사회는 마을공동체를 기본단위로 조직되어 있다. 마을공동체는 여러 가문과 아울러 '즈마아(마을회의)'에 대표를 보내는 동네로 구성된다. 정기적으로 집회를 갖는 '즈마아'에는 마을 모든 성년 남자들이 참가한다. 마을공동체는 보통 '아아르슈(부족)'라고 부르는 보다 높은 단위로 묶이는데, 그 구성은 다양하다. '아아르슈'에도 마을과 유사한 회의가 있는데, 각 마을의 '즈마아'에서 선출된 사람들로 구성되며 비정기적으로 모인다. '아아르슈'보다 더 상위 단위인 '타크빌트(연맹체)'도 마찬가지로 부족과 관련된 심각한 문제가 있을 경우에만 소집한다. 한 마을은 항상 동일한 상위 단위에 속하는 것이 아니어서 부족이나 부족연맹체 구성은 그때 그때 달라지며 그 대표도 한시적이다. 분절 체계인 셈이다. 이러한 유형의 조직은 대단한 유연성을 가지고 있을 뿐 아니라 한 사람에게 권력이 장기간 집중되는 것을 막는다.

살인

카빌리에도 살인이 없지 않았다. 대개 노상강도나 도둑들이 저질렀다. 살인은 공동체 법에 어긋나지만, 집안 내에서 명예의 문제로 저질러지는 경우도 많았다. 예를 들면 아버지가 흑인 여자와 결혼했을 때나 젊은 여성이 명예를 더럽혔다고 판단되는 경우가 이에 속한다.

이 같은 집안 내 살인은 처벌하지 않았으며, 가문 내부의 규율을 따른다. 가문의 명예 회복을 위하여 수행해야 하는 것으로 생각되었다. 대개 목을 졸라 살해하여 '탐즈르트(목)'라는 단어는 '살인'을 의미하기도 한다.

상속

상속제도는 마을마다 다를 수 있지만 전체적으로 유사한 규범의 총체인 '카눈'에 제도화되어 있다. 사망이나 실종으로 인하여 토지를 비롯한 재산을 상속하는 것은 쿠란법과 별개로 정확하게 명시되어 있다. 유산 상속도 마찬가지다. 현재에는 쿠란법에 따라 여자가 남자 몫의 1/2을 상속받는다. '카눈'의 중요한 특징은 여자들에게 상속하지 않는다는 것이다. 이것은 아마도 이미 협소한 소유지가 분할되는 것을 피하기 위한 것으로 보인다. 혈통, 이름과 마찬가지로 재산도 여성을 배제하고 남자들 사이에서만 상속되었다. 재산 전체가 아들 순서대로 상속되고, 때로 1/6이 아버지나 할아버지 혹은 이복형제에게 상속될 수 있다. 여자들이 상속받지 않으므로, 아버지나 남편의 재산을 상속받은 사람이 여자들을 보살필 의무가 있다.

새로 수립된 알제리 상속법을 카빌리에 적용하는 데 어려움을 겪고 있다. "여자들을 서류에 올리는 것"을 꺼리기 때문이다. 농업의 퇴조로 토지가 예전과 같은 생산적 가치를 갖지 못하게 되었지만 건물과 집들은 탐나는 재산으로 남아 있다.

상업

등짐을 지거나 당나귀를 타고 물물교환을 하는 행상부터 노새를 타고 시장을 도는 행상까지 많은 카빌리 사람들이 상인들이었다. 돈을 많이 번 사람들 중에는 소 한 쌍을 사서 농부나 농장주로 정착한 경우도 있었다. 예전에 카빌리 사람들이 돈을 벌 수 있는 유일한 수단으로 생각했던 것은 '사고파는' 장사뿐이었다. 돈을 많이 벌어 일종의 상업 특권층을 형성하기도 했다.

도시는 중앙 권력의 소재지이기도 했지만 본질적으로 상업의 중심지로 생각한다. 일시적으로 도시를 방문하는 사람들은 식당, 카페, 튀김과자점, 천 가게를 비롯한 온갖 종류의 수공예품 상점에 들르곤 했다. 일부 카빌리 사람들은 식료품점을 열어 음자브 부족 사람들과 경쟁하기도 하고, 석공이나 무기제조인 같은 장인이 되기도 했다. 장사하는 사람들이나 카페 주인들이 가장 부유하다. 알제리나 프랑스에서 카페를 운영하는 카빌리 출신자들이 많으며, 파리에도 카빌리 사람들이 운영하는 카페가 많다.

상인

카빌리 사람들 중에는 소규모 행상을 비롯한 상인이 많다. 산지의 협소함과 빈곤으로 인하여 오래전부터 평원이나 도시, 알제리는 물론 튀니지까지 여러 지역을 누비며 생계를 꾸려야 했다. 특히 아가와 고원 사람들이 많았다. 대개 나귀나 노새에 물건을 싣고 시장을 옮겨 다니며 카빌리에서 생산되는 무화과, 올리브유, 천막, 옷,

나무 도구, 토기, 장신구, 칼 등을 팔았는데, 가장 이윤을 많이 남기는 일은 자본을 가지고 두서너 명이 동업으로 가축 장사를 하는 것이었다. 콩스탕틴 지방에서 구입한 소들은 밭을 갈기에 길이 잘 들어서 인기가 높았다. 서부 지방에서는 주르주라 고산지대 풀을 먹고 자란 가축의 고기로 장사를 했다. 양을 거래하는 상인들은 호드나에서 가축을 구입했다. 양모, 면, 실크는 도시에서 사서 농촌에서 파는 방식으로 장사했다.

행상은 대개 일 년 정도 집을 떠나, 투자한 돈을 50배나 100배까지 늘린 후에나 귀가했다. 상업은 벌이가 좋았지만 집에서 멀리 떨어져 있어야 했다. 일부 사람들은 도시에 정착하여 장사를 하기도 했다. 알제와 콩스탕틴에는 카빌리 사람들이나 음자브 사람들이 운영하는 식료품 상점이 많다.

설화에서는 도시에 상점이 많다고 묘사된다. 돈 많은 상인들이 늘 존경받는 것은 아니다. 오히려 모로코인이나 유태인처럼 질시의 대상이 되기도 한다. 재산은 고리대금업처럼 수상하고 은밀한 주술을 통해 얻은 것이며 파탄으로 이끌 수 있는 것이라는 통념이 퍼져 있었다. 카빌리에서는 너무 많은 재산을 모으지 않는 것이 관습이다. 특히 마을에서는 공동체의 평등을 위협할 수 있는 개인 재산을 제한하도록 요구한다.

상호부조 공동 작업 티위지, tiwizi

카빌리 마을에서는 흔히 서로 도와 일을 하는데, 대가족 내에서뿐 아니라 마을 전체에서도 그렇다. 남자들 간에 서로 돕는 것을 '티위지'라고 한다. 예전에는 집을 짓는 데 필요했지만 이제는 사라지고 건축업자와 건설사에 보수를 지불하고 전통 가옥과는 전혀 다른 현대식 집을 짓게 하고 있다.

예전에는 '아즈구(들보)' 운반이 많은 일손을 필요로 하는 큰 작업이었다. 나무(대개 느릅나무)를 골라 베고 운반하여 높은 박공에 올리는 일로, 여자들은 물, 진흙, 돌들을 나르고 남자들은 기와를 운반하고 덮는 일을 맡았다. 규모가 큰 가을걷이, 밭 갈기, 풀 베어 말리기, 무화과와 올리브 따기도 서로 도왔다. 큰 명절을 앞두고는 마을 전체가 제물에 쓰일 가축들을 먹이는 데 참가했다.

여자들도 집을 지을 때 자재를 운반하거나 가을걷이, 밀알 고르기, 쿠스쿠스 만들기, 양모 손질하기 등에서 서로 도와 일을 하지만, '티위지'라고 부르지는 않는다. 여자들은 자기 집안뿐 아니라 이웃 여자들의 일도 거의 함께 하기 때문이다. 어떤 경우, 예를 들면 올리브 따기, 천 짜기, 밭에 비료 주기를 할 때 돈을 주고 사람을 고용하기도 한다. 또한 물가에서 빨래를 하거나 나뭇가지를 모으는 일처럼 멀리 나가야 하는 일도 모여서 함께 한다. 그 외 개인적인 일에도 자주 모인다.

세상 둔니트, dunnit

'둔니트'는 문자 그대로 세상을 말한다. 사람들이 알고 있는, '타무르트(조상들의 고장)'와 다르다. 설화를 통해 살펴보면 카빌리 사람들의 상상 속 세상은 인간이 살고 있는 지상과 그 아래 세상으로 구분된다. 위에 있는 하늘은 다른 세계로 가기 위해 건너는 길로 생각할 뿐 거의 존재가 없다.

지하세계는 지상의 반대이고 부정이다. 그 어둠 속에서 인간이 나왔다고 한다. 신화에 따르면 짐승들이 말을 했던 시기에 어둠 속에서 서로 몰랐던 남녀가 지상의 빛 속으로 나오면서 서로의 차이를 발견하고 인간을 잉태하기 시작했다고 한다. 지하세계에는 사람이 아니라 식인귀들과 난쟁이들이 살고 있으며, 종말이 오면 이들이 지상으로 나온다고 한다. 이 세상이 환하고 풍요롭고 흰색인 반면, 지하세계는 어둡고 불모이며 검다. 두 세계가 통하는 지점은 주르주라 산맥을 비롯하여 카빌리에 많이 있는 동굴들이며, 때로는 우물도 지하로 통한다고 믿었다. 이 세상은 인간의 명령을 받지만 지하세계는 알 수 없고 무서운 곳이라고 생각했다.

일부 설화에서는 이 세상이 '후리(아름다운 젊은 아가씨)'로 의인화된다. 알라가 창조하여 주인공을 도우라고 보낸 여자다. 그 이름은 세상과 마찬가지로 '둔니트'다.

이제는 이 지구상에서 카빌리 사람들이 가지 않는 곳이 없다. 유럽, 아시아(마슈렉, 아라비아 등), 아메리카(캐나다, 미국), 오세아니아(뉴칼레도니아, 호주) 등에 카빌리 이민 사회가 형성되어 있다.

셰이흐 cheikh

대개 예술적으로 뛰어난 업적을 가진 사람을 부르는 카빌리어 존칭이다. 촌장이나 학교 선생님, 박식한 사람 혹은 종교가문의 남자, 기도를 인도하는 사람(대개 '이맘')을 지칭하는 보통명사이기도 하다. 어떤 힘의 개념이 내재해 있다.

소유

카빌리어로 소유를 뜻하는 단어는 여러 개 있다. 가장 많이 쓰는 것이 '멜크'로 개인이나 가족의 소유와 아울러 그 대상물을 지칭한다. '멜크'는 특히 토지 소유를 말하는데, '아칼(토지)'이라는 단어도 함께 쓰인다. 알제리 다른 지역들과 달리 카빌리에서는 가족이 사적으로 소유하는 경우가 많으며, 마을 전체가 공유하고 '즈마아'가 관리하는 우물, 광장, 길, 숲, 목초지 등과 구분한다. 이러한 소유 형식으로 인하여 마을 공동 소유지를 주로 탈취했던 식민정부의 횡포를 피할 수 있었다.

그 외에도 종교 교단이 소유하고 한 사람이 활용권을 가지고 있는 특수한 유형의 소유인 '하부스'가 있다. 이것은 대개 남편이 없는 여성이나 고아의 생계를 보장하는 데 쓰인다. 부동산 가운데 나무와 같은 경우는 대지와 분리하여 별도로 소유할 수 있는데, 이 것을 '아반두'라고 부른다.

손님 대접

카빌리에는 손님 대접 풍습이 널리 퍼져 있다. 어떤 집의 문턱을 넘어 들어간다는 것은 그 집의 규율을 존중하고 가장의 권위에 복종하는 것을 의미하므로 서로가 일종의 계약을 맺는 것으로 생각한다. 그러므로 외부인이 함부로 들어갈 수 없으며, 거지나 행상은 보통 집 문을 넘지 않는다. 카빌리 사람들에게 손님을 맞는다는 것은 집을 지키는 수호신의 보호 아래 놓는 것으로 먹을 것과 잠자리를 보장하는 것을 의미한다. 손님과 이야기를 나누며 '밤을 보내자'는 것이 일반적 표현이다.

　　예전에는 손님을 자격에 따라 구분했었는데, 양이나 소를 대접받는 손님이 가장 중요하고, 그 다음 말린 고기, 올리브유 쿠스쿠스, 빵만 대접받는 손님 순서였다. '예언자 무함마드의 손님 대접도 3일 동안'이라는 말이 있다.

시장 쑤크, ssuq

예전에 상시 열려 있는 상점이 없을 때에는 정기시장에서 필요한 것을 구입했다. 남자들만 갈 수 있었으며, 각 부족 집단 내 여러 곳에 있었다. 마을에서 제법 떨어져 있는 부족 소유지의 경계선, 즉 이웃 부족의 상인이나 고객을 경계심 없이 만날 수 있는 중간 지대에 있는 경우가 많았다. 정기적으로 열리는 요일과 그곳에 사는 부족의 이름을 붙여 시장의 이름이 만들어졌다. 장날이면 남자들이 개인적인 일은 물론 마을의 일까지 처리하고 물건을 구입했다. 장날에는 남자들 없이 여자들이 마을을 지키며 남자들이 없는 시간을 즐기는데, 이것을 '쑤크 티라윈(여자들의 시장)'이라고 불렀다. 시장에 자주 가는 사람이라는 뜻의 '암스웨크'는 시장이나 카페에서 시간을 보내는 남자들을 지칭한다.

아가와/이가와웬 Agawa/복수형: Igawawen

카빌리에서 가장 널리 알려진 카빌리인들로, 카빌리 한가운데 주르주라 산지에 사는 주민들을 부르는 명칭이다. 아가와 지방은 협곡이 패어 있는 긴 산등성이가 모인 산지로 북쪽으로는 스바우 강 계곡에서부터 남쪽으로는 최단 30km가 넘게 강을 굽어보고 있는 석회암 산맥까지 펼쳐져 있다. 동서로는 60km가 넘는다. 드문드문 돌기가 솟아 있는 이 산등성이들은 50여 개 부족의 공유지들이 모자이크를 이루고 있다.

이 부족들 가운데 일부에 해당하는 소위 정통 아가와 사람은 고원 가장 남쪽 한가운데 주르주라 산 북쪽 기슭 아래 살고 있으며, 최소한 두 개의 대(大) 연맹체, 즉 아이트 브트룬과 아이트 만글라트를 구성하고 있다. 아이트 브트룬 연맹체는 남쪽에서 북쪽 순서로 아이트 부드라르, 아이트 부 악카슈, 아이트 와시프, 아이트 옌니 부족을 포함하며, 연맹체 동쪽에 잇닿아 있는 아이트 만글라트 연맹체는 아이트 아타프, 아크빌, 아이트 부 유스프, 아이트 만글라트 등 네 부족을 포함한다. 이 구분에 따르면 '이가와웬'은 8개 부족, 42개 마을로 구성되어 있고, 인구는 1872-1873년도 기준 34,178 명이었다(아노토와 르투르뇌 통계, 1873년). 그러나 현재 '이가와웬'이라는 명칭은 주르주라 산 북쪽까지 아가와 고원 전체에 살고 있는 모든 부족들을 포괄한다. 대카빌리 중심부는 항상 주민들이 집중되었던 곳으로(현재 1km²당 250명에 달한다), 1873년에 이미 전체 인구가 150만 명이었고, 인구밀도가 1km²당 75명이었다(당시 프랑스는 1km²당 68명).

지리적으로 핵심에 해당하는 가운데 지역을 중심으로 남서쪽, 동쪽, 북서쪽에 다른 연맹체들이 구성되어 있다. 남서부에는 주르주라 산을 뒤로 동쪽에는 아이트 스드카 연맹체, 서쪽에는 이구슈다른 연맹체가 있다(1873년 기준 16개 부족, 31,169명). 동쪽에는 스바우 강과 그 지류들 양편으로 분지를 굽어보며 여러 부족들이 살고 있다. 상류에서 하류 방향으로 일리튼, 이룰른 우말루, 아이트 이드즈르(연맹체), 아이트 호브리(연맹체), 아이트 부 샤이브, 아이트 야히야, 아이트 흐리리, 아이트 프라우슨 부족들이 살고 있다(1873년 기준 8개 부족, 30,000명). 마지막으로 북서부에는 동에서 서쪽 방향으로 아이트 이라튼, 아이트 아이씨, 마아트카 연맹체로(1873년 기준 15개 부족, 48,473명), 산지 가장자리 스바우 강 좌안 평원을 굽어보는 산지에 살고 있다.

'이가와웬'들은 산 아래 스바우 평원에 살며 터키군과 연합하고 있는 '암라와' 부족들과 자주 충돌했으며, 스바우 강 북부에 살고 있는 해안 카빌리 부족들, 특히 아이트 즌나드 및 아이트 와그눈 부족들과 동맹과 충돌을 거듭하는 복잡한 관계를 맺고 있었다. 또한 내부에서 이웃한 부족들 사이에서도 싸움이 빈번했다. 가문간 경쟁 외에도 목초지, 사냥, 토지 경계, 여자 문제 혹은 성자의 은덕 등 분쟁의 동기는 아주 다양했다. 이러한 분쟁 상태가 거의 끊이지 않고 계속되어 '이가와웬'들은 의심이 많고 싸우기 좋아한다는 명성을 얻게 되었다.

'아가와'라는 이름은 아랍화되어 '즈와와' 혹은 '주아우아'로 바뀌었다. 이들의 전투 정신을 높이 평가했던 터키 제국은 이곳에서 용병을 모집하여, 제국의 총독이 있는 알제에서 근위보병들의 반란을 진압하게 했다. 이들은 또한 튀니스 총독의 수하 군인으로 입대하기도 했다. 프랑스어 '주아브'는 1830년 카빌리인들을 대상으로 처음 모집되어 알제에서 훈련받은 경보병 군대를 지칭하는 말로, '주아우아'라는 단어에서 파생된 것이다.

아무스나우/이무스나웬 amussnaw/imussnawen

'알고 있는 자'를 의미하는 단어로, 구전되어온 전통적 지식과 아울러 '타무스니(tamussni)', 즉 글을 통해 얻는 지식과는 다른 높은 지혜를 가지고 있는 사람을 지칭한다. 일반 사람들이 인정하는 '아무스나우'는 명망가로 정신적 및 지적 권위를 가지며 이상적인 인간으로 생각된다. 셰이흐 모한드 우 호신처럼 종교적 카리스마를 가진 인물들이 이러한 위상을 갖고 있었다. 성직자가 아닌 문화와 관련된 인물에게도 붙일 수 있었다. 부족 내에는 (문학, 수사학, 법, 역사, 가치체계 등) 구전되는 전통 지식을 보유하고 있는 사람이 적어도 한 사람씩 있었는데, 그들을 '아무스나우(여성: 타무스나우)'라고 불렀다. 설화에서는 '암하르 아즈니', 즉 젊은 주인공에게 조언을 해주는 늙은 현자들이 이러한 자질들을 가지고 있다.

아민 amin, 라민, Lamin, 암하르, amghar

아랍어에서 따온 직함으로 마을 촌장 혹은 성인 남자들이 선출한 '즈마아(마을회의)' 회장이다. '라민 엘 우므나'는 프랑스 식민 당국이 '부족위원회'를 구성하면서 지명한 대표의 명칭이다. 마을에 따라 다르기는 하지만 대개 마을 사람들의 신망을 받는 인물인 촌장이나 노인이 맡았다. '아민'은 세력가문과 동네 사람들의 추천을 받아 그들의 대표(타른)를 지명하며, 마을의 공동 재산과 재정을 관리하는 읍장의 역할을 수행하고 질서를 유지했다. 그의 권한은 취소될 수 있었으며, 재임 기간이 명확하게 정해져 있지 않았다.

아아르슈 aârch: 부족

'아아르슈'는 전통적 사회단위로, 정치 및 행정적 이익을 공유하고 있는 이웃한 여러 마을로 구성된다. 원칙적으로 같은 조상을 가진 후손의 집단을 지칭하며, 그 이름은 조상의 이름을 따르거나 (예: 아이트 X: X의 아들들) 때로 가장 규모가 큰 마을의 이름을 따르기도 한다(예: 티프라). 대개 10여 개 이상의 마을이 합쳐진 단위이며, 부족연맹체보다는 작은 단위다. 역사적으로 '아아르슈'를 구성하는 마을이 달라져 왔지만 통상 그 경계는 인정되어 왔다. 1962년 식민통치에서 독립한 후 '지역주민위원회(APC)'라는 새로운 행정 구분이 시행되어 그 경계가 달라지기도 했다. 대개 중립지대인 '아아르슈'들 사이 경계선에서 매주 '쑤크(정기시장)'가 열린다. 정기시장의 명칭은 시장이 열리는 요일과 시장터가 속한 부족의 이름을 따서 지었다(예: 아이트 이라튼의 수요일).

마을은 '마을회의'가 있고 고정된 책임자가 있는 공동체인 반면, '아아르슈'는 일시적이고 임시적인 조직만 있을 뿐이며, 대개 상시 합의체나 정기적 회합도 없고 대표도 없었다. 같은 '아아르슈'에 속한 여러 마을 사람들이 마을 단위를 벗어나는 중대한 결정이 필요할 때, 예컨대 외부 적과 싸워야 할 때 정도에만 모였다.

각 마을 대표로 구성된 위원회에서는 마을위원회 '즈마아'에서와 마찬가지로 만장일치로 결정을 내렸다. 카빌리의 대부분 사회조직들과 마찬가지로 '아아르슈'는 대단히 유연한 조직이었으며, 그 구성이나 권위가 시대에 따라 달라질 수 있었다. 과거 역사에서 '아아르슈'와 연맹체를 대규모로 동원했던 기념비적인 위원회가 있었는데, 예를 들면 18세기 중엽 여러 해 동안 카빌리의 거의 모든 사회 공동체들이 여성의 상속권 박탈을 결정하기 위하여 모였던 일이 있다.

프랑스 식민통치 기간 동안 '아아르슈'에 해당하는 집단을 행정적으로 제도화하면서 명칭이 변화했다. 예를 들면 '두아르'라는 이름이 붙은 집단으로, 위원회('마을회의'는 '1871년 봉기'로 금지되었다)와 아울러 법적 문제가 생길 경우 지역 사람들을 대표하여 프랑스인 관리와 협의하는 대표자 '아민 을 우므나'가 있었다. '두아르' 외에도 '코뮌'(구성원에 따라 '현지인', '프랑스인', '혼합'의 세 유형)이라는 행정단위가 있었다. 1962년 알제리 독립 후에는 '지역주민위원회'라는 행정 단위를 설치했는데, 대개 이전 '아아르슈'나 연맹체 조직에 상응하는 규모로, 보다 더 광역단위인 '다이라'로 편입되며, '다이라'는 더 넓은 단위로 '도(道)'에 해당하는 '월라야'로 모인다.

2001년 이후 카빌리 청년운동은 카빌리를 기반으로 하는 정당들, 즉 '사회주의세력전선(FFS)'과 '문화민주주의연합(RCD)'을 배제하고 시민 조직을 구성하여 아랍식으로 복수명사화하여 '아아르슈'라는 명칭을 붙였다. 이들의 목적은 카빌리 전체의 연합이었다. 부족, '다이라', '월라야'를 조정하는 조직이 구성되어 대표들을 지명하고 여러 사안에 대해 만장일치 합의로 결정을 내렸다. 이들이 2001년 6월 14일 수도 알제에서 조직했던 시위는 100만 명 이상이 참가했다. 2001년 6월 11일 개최된 회의에서는 '엘-크스르(숨맘 계곡에 위치한 작은 도시) 성명서'가 조인되었다. 15개 요구사항을 기본으로 작성된 '성명서'는 아마지흐 정체성, 언어, 문명 및 문화에 대한 인정, 카빌리에서 국가 방위군 철수, 비리를 저지른 군인에 대한 처벌, 행정적 지위 부여 등의 요구를 담았다. 베자야에서도 또 다른 성명서가 채택되었다. 2003년 알제리 정부는 비리 군인을 기소하고 '타마지흐트(아마지흐어)'를 국가어로 인정했다. 2004년부터 정부와 협상을 지지하는 측과 반대하는 측으로 분열되어 상황이 진전되지 않고 있다. 2005년 1월 15일 운동가 일부와 정부 사이에 합의가 조인되었다.

암라와/임라위은 amrawa/imrawien

터키인들의 보호 아래 므나엘, 스바우, 티지-우주 3개 보르즈를 근거지로 평원을 차지했던 피식민 부족들이다. 보르즈와 그 주변의 병사들 '즈물' 혹은 '마흐즌'으로 구성되었다. '마흐즌'은 터키인에게 고용된 농민 군대로 지역을 통치하고 있는 '카이드'가 동원령을 내리면 전투 봉사를 해야 했다. '카이드'는 그 보상으로 경작지를 제공했다. 이런 방식으로 스바우 강(우에드 암라와) 양안의 평원은 대부분 알제의 터키 총독 데이의 관할이 되어 카빌리 사람들은 곡물 재배지를 잃었다. '암라와'들은 흑인, 아랍인, '쿠루흘리'라고 불리는 터키와 아랍 혼혈인 그리고 출신 부족을 떠난 카빌리인들로 다양하게 구성되었다. 터키인들은 이들에게 각 말 한 필,

안장, 엽총, 옷을 주고 일해서 갚도록 했다. '암라와'들은 기병과 보병 약 500명으로 편성된 '즈말라(혹은 즈물)' 부대 16개로 구성되어 있었다.

이들은 울레드 마히딘 가문이 주도했으며 터키인의 명령을 받는 '임라위은 부아다(Bouada: 낮은 곳)'와 우 카디 가문을 중심으로 카빌리 사람들과 협력하는 '임라위은 우플라(Oufella: 높은 곳)'로 나뉜다. 양편 모두 곡식을 팔아서 드라 븐 헤다 근방 시장에서 카빌리 사람들에게 올리브유와 무화과를 구입했다. 알제에 가는 교통수단으로 단봉낙타를 길렀으며 허술한 천막에 살았다.

어부

카빌리 사람들은 바다를 두려워하여 바닷가에서 고기를 잡는 것은 아주 가난한 사람들이 하는 일로 생각한다. 바다 가까운 곳에 사는 사람들은 생선과 조개를 먹는다고 하여 멸시를 받는다. 설화에서는 바다에 떠내려 오는 상자를 건지는 모티프에서 등장한다.

여성

여성의 세계는 본질적으로 집안이다. 가사노동, 먹을 것을 장만하는 일(식량, 식사, 요리, 물, 불 등), 생산활동(농사, 추수, 가축 키우기, 천 짜기)과 아울러 특히 자손의 생산(임신, 육아, 수유, 다산)이 여성의 존재 이유이며 소명이다.

이상적 여성은 아름다움과 가정적 미덕을 겸비하고 있는 여성이다. 설화에서 이상적 여성의 용모는 과일, 동물, 사물을 연상시키는 전통적 상징 이미지를 활용하여 묘사되어 있다. 올리브 열매 같은 눈, 독수리 발톱 같은 코, 사과 같은 젖가슴, 칼날처럼 흰 팔, 자고새 같은 거동, 송아지 가죽처럼 부드러운 피부, 서기처럼 섬세한 손가락을 가지고 있으며, 얼굴은 흑, 백, 적 세 색깔의 오묘한 조화를 이루고 있다. 아름다운 여성은 한마디로 (다산을 보장하는) 욕망을 일으킬 수 있는 '티후르츠(후리)'다. 여성의 미덕은 육아, 안정, 요리 솜씨 등 가정적인 것들이다. 통통하고 알을 많이 낳으며 움직임이 조심스러운 자고새로 표상하는 경우가 많다.

반(反)여성성의 상징은 감독하는 남자도 문화도 없이 야생에 머물러 자신의 아이를 잡아먹을 정도로 탐욕적이고 불임인 식인귀 '테리엘'이다.

설화에서는 야망을 가진 남자의 가치를 평가할 수 있는 능력을 가진 여자들이 도시에 있다고 묘사하기도 한다. 농촌 특권층에서는 일부 여자들이 남성의 역할을 통해 개인적 능력을 보이는 경우도 있지만 반발을 부를 수 있다. 이러한 예외는 여성의 전통적 역할에 대한 오랜 불만을 보여주고 있다. 예전에 여성은 혈통뿐 아니라 '즈마아'와 같은 정치의 장, 일부 집단의식에 참가하지 못했으며, 소유권(상속)에서 배제되었다. 여성을 아버지나 남편과 같은 남성의 후견을 받도록 하는 과거 회귀적 가족법에 의해 이러한 여성의 지위가 여전히 유지되고 있다.

현재 여성의 지위에 내포된 부당성에 대한 의식이 빠르게 확산되고 있다. 여성 스스로 육아 외에 다른 역할을 요구하고 있다. 미디어, 이민, 교육을 통하여 다른 여성 모델이 부상하여 가사 외에 다른 욕구가 나타나고 있다. 가정의 속박에서 벗어나, 사회화된 풍부한 삶을 실현하고 싶어 한다. '티흐리 은 트므투트(여성의 외침)'와 같은 여성 운동이 조직되고 여성 인권 협회들이 결성되었다. 1995년 티지-우주에서 살해된 나빌라 디아흐민의 경우에서 보듯 죽음을 대가로 치르기도 한다. '문화민주주의연합(RCD)'과 같은 정당은 양성평등을 주장하고 있다.

연맹체 타크빌트, taqbilt

카빌리의 부족들이 모여 구성하는 연맹체는 일시적이고 그 경계가 가변적이었다. '타크빌트'라는 단어는 이제 거의 쓰지 않지만, 아이트 이라튼의 경우처럼 상당히 안정적인 연맹체가 남아 있다. 때로는 특정한 부족 명칭이 연맹체의 명칭이 되기도 한다(아이트 엔니). 연맹체들은 대개 특별한 경우, 예컨대 이웃 부족이나 외부 침입에 대항하여 전쟁을 하거나 부족 이상의 넓은 공동체와 관련된 특별한 결정을 내리기 위해 일시적으로 구성되었다.

왈리 wali

아이나 여자의 후견을 행사하는 보호자를 뜻한다. 현재 알제리 행정에서는 '월라야'를 통괄하는 일종의 도지사직이나 기능에 사용하는 단어다.

외로움

공동체적 성격이 강한 사회에서 외로움이란 비정상적이며 참을 수 없고 일탈을 가져올 수 있는 상태다. 가정의 결손은 가장 나쁜 것으로 여겨지며 사회 적응의 실패는 야만으로 돌아가는 위험을 의미한다. 자살로 이어질 수도 있다. 성자와 같이 종교적 소명을 부여받은 예외적 사람들만이 외롭게 살 수 있는 존재다.

설화의 주인공은 대개 고아나 외아들로 혼자 지낸다. 형제가 있더라도 어떤 특별한 점으로 구별되어 고립되어 있다. 일곱째 막내일 수도 있고, 어머니가 흑인이거나, 아버지의 권위를 부정하는 경우도 있다. 이렇게 고립되어 사회에 적응하지 못하는 주인공은 개인주의적 행동을 한다. 야망을 가지고 권력을 획득하는 주인공 대부분이 그렇다. 고립은 마을공동체에 아주 위험한 것으로 적대적인 것, 물리쳐야 할 것으로 생각한다. 공동체의 평등주의와 상반된 세력을 만들어 전복시킬 수 있기 때문이다.

외부인 혐오

다른 문화에서와 마찬가지로 카빌리 문화에서도 외부인에 대한 공포와 거부감이 존재한다. 카빌리 사람들이 무뚝뚝한 것은 아니지만, 그들이 살고 있는 산지는 하나의 요새이며, 철저한 공동체적 생활을 하고 있어 낯선 개인들이 들어올 여지가 별로 없다. 그들이 손님을 맞는 방식을 비난하기는 어렵다. 그러나 집안이나 마을, 부족 앞에서 외부인을 완전히 책임지고 보증해주는, 소위 '르아나야'라고 부르는 독특한 형식의 관행이 있다. 이러한 보호 없이 카빌리에 들어갈 때는 조심해야 한다. 환영받지 못한다. 카빌리 출신이 아니면서 카빌리에 사는 경우 흑인들처럼 천대받을 수 있다. 흑인 남성과의 결혼은 물론 흑인 여성과의 결혼도 금지되어 있다. 카빌리 사람들이 많이 접촉하는 외부인들, 예컨대 아랍인, 유태인, 모로코인, 음자브인들까지도 배척의 대상이었다.

아랍인들은 평원의 땅을 차지하고 있었던 터키인들과 거의 비슷한 취급을 받는다. '1871년 봉기' 때 한 카빌리 집안에 피신해 있던 젊은 아랍인 여성이 카빌리인 여자 친구를 죽이고 패물을 훔쳤다는 이야기가 전해지고 있다. 아랍인 여성과 같은 외부 사람을 믿어서는 안 된다는 것이다.

유태인은 두려움과 배척의 대상이어서 설화에는 '유태인'이라는 단어를 말하는 것만으로도 '실례했습니다'를 덧붙여 말하기도 하고, 유태인을 지칭할 때 저주의 말을 붙일 수도 있다. 카빌리 사람들은 유태인들이 주술사라고 생각한다. 진기한 물건들을 전문으로 다루고, 카빌리 사람들과 경쟁하는 장사꾼이라는 점에서 시기하기도 한다. 설화에서 유대인은 탐욕스럽고, 교활하고, 양심의 가책이 없는 사람들로 등장한다. 주인공이 그들을 제압하면 주인공의 가치가 더 높아진다. 그러나 유태인들이 비난받을 행동을 하는 것은 그들에게 지나친 혐오감을 보일 때 생기는 일이다.

해가 지는 서쪽에 살고 있는 모로코 사람들도 비슷한 배척을 당한다. 예전에는 이들을 주술사로 생각했다. 『천일야화』의 알라딘 설화에 등장하는 나쁜 주술사도 카빌리에서는 모로코 사람이다. 보물을 찾는 데 카빌리 청년을 끌어들여 생명을 위험하게 만든 장본인이다.

같은 베르베르인인 음자브 사람들에게도 유사한 두려움을 갖고 있다. 멀리 떨어진 곳에 살 뿐 아니라 특별한 이슬람교를 믿는 (이바이야 파) 별난 사람들이라고 생각한다. 설화에서는 도시에 정착하여 식당을 운영하면서 금기시하는 개고기를 요리하는 사람으로 등장한다.

특별히 배척하는 범주의 사람들을 제외한다면 카빌리 사람들이 유난히 외부인을 혐오하는 것은 아니다. 또한 이제는 훨씬 개방적이 되었다. 자신들의 땅을 침입하는 데 대한 두려움이 사라지고 여행을 통하여 외부인과 많이 접촉하게 되었기 때문이다.

윌라야 wilaya

대략 '도(道)'에 해당하는 알제리의 행정단위다. 대체로 도의 이름과 도청소재지가 일치한다. 대카빌리에는 티지-우주, 베자야, 부메르데스, 부이라 윌라야가 있다.

이주(들어오는)

카빌리 사람들이 대단히 이동성이 높지만 카빌리 지역은 빈곤한 지방이어서 종교적 역할을 담당하는 소수 마라부트를 제외하고는 이주자를 받는 경우가 드물다.

인구

카빌리는 인구가 대단히 조밀한 산지다. 농민과 장인들이 형성하고 있는 큰 마을들은 도시에 버금하는 인구밀도를 가지고 있어 아가와 고원은 1km²당 250명 이상인 경우가 많다. 카빌리 전체 평균 인구밀도는 1km²당 130명이다. 이제 대부분의 마을은 아래쪽으로 확장되고 현대식 건물들이 지어져 도시가 되었다. 전에는 사람이 별로 살지 않았던 평원에는 티지-우주(인구 30만 명), 베자야(인구 15만 명)와 같은 도시들이 건설되었다. 인구 증가율이 높고 장기 이주가 많은 관계로 성인들이 적어 인구학적 불균형 상태가 계속되고 있다. 독립전쟁으로 인해 남성 인구가 크게 줄고, 1970-1980년대 해외 이주가 증가하여 남녀 성비가 심각한 불균형 상태에 있다. 여자 3명당 남자 1명이다. 과거에 비하면 상황이 약간 호전되었지만 어쨌든 청년 인구 비중이 높다. 인구의 절반이 20세 이하다. 일자리 없이 마을에 남아 있는 많은 젊은이들이 현재 카빌리 운동에 적극적으로 참여하고 있다.

인구 증가

카빌리의 인구 증가는 나머지 알제리 지역보다도 더 불균형한 상황이다. 노년층이 많고 장년층이 적으며 출산율이 높았던 시기에 태어난 청년들이 아주 많다. 카빌리에 특히 많았던 이민으로 남자들의 수가 크게 줄었고, 1975년 프랑스의 가족재결합 정책 실시로 가족들이 떠나 대가족 구성원이 줄어들었다. 늘어난 젊은 세대는 이제 이민이 불가능할 뿐 아니라 일자리를 찾는 데도 어려움을 겪고 있다. 주민의 절대 다수를 차지하고 있는 청년층은 교육을 받아서 역동적인 만큼, 일자리도 없고 결혼도 할 수 없는 물질적 빈곤을 대단히 불만스러워 하고 있다. 현재 벌어지고 있는 운동들이나 연합들이 그 표현이다. 전체적으로 결혼이 늦어지고, 피임법이 발달하여 출생률은 줄어들고 있다.

자살

도덕적으로 비난받을 일이지만 설화에서 여자 식인귀에 쫓기는 가엾은 주인공의 마지막 구원은 자살이다. 자살은 또한 불임 때문에 봉양할 아들을 낳지 못한 노부부의 실패한 인생에 대한 벌이 될 수도 있으며, 아이를 낳지 못하는 여자에게도 최후의 구원이 될 수 있다. 대개 바다, 우물, 못 등 지하세계와 닿을 수 있는 깊은 물에 빠져 자살을 한다. 그러나 자살이 흔한 일은 아니다.

장사꾼 기질

카빌리에서는 장사꾼 기질을 높이 평가한다. 많은 마을 사람들의 생업이 되기도 했던 장사는 발로 걸어 다녔던 행상에서부터 도시 상점 운영, 현재의 대기업 운영에 이르기까지 규모나 성격에서 아주 다양하다. 부는 본질적으로 '사고파는' 활동에서 얻어지는 것이다. 그러나 여성이 장사를 하는 경우는 드물다. '타들라라(여자

장사꾼 혹은 사기꾼)'가 등장하는 한 설화는 이러한 점에서 특이하다. 한 여성이 도시의 많은 장사꾼들을 속여가며 열심히 장사를 하여 경제적, 지적, 정치적으로 남성을 무력화시키며 자신의 이익을 얻는 내용이다. '술탄의 나라에 사는 여성주의자', 즉 체제 전복적 여성이 주인공이다. 그러나 카빌리 설화는 오히려 여성이 장사를 하면 남성의 힘을 무력화할 위험이 있다고 경고한다.

정체성

현재까지도 카빌리 사람은 사람을 만나 인사할 때 "누구십니까?"라고 묻는 것이 아니라 "어디서 오셨습니까?", 즉 "어느 집안 출신입니까?"라고 묻는다. 가족 집단은 한 사람을 정의하는 데 필요하며 충분한 조건이다. 각자는 그의 집단적 정체성을 정의하는 출신 가족과 뗄 수 없으며, 자신의 개성을 나타낼 수도 없다. 현재까지도 성과 이름으로 만들어진 이름을 갖는 것은 단지 국가 신분증 상에서뿐이다. 마을에서 가까이 지내는 사람들은 이 '서류상 이름'을 모르는 경우가 많고, 이 이름이 실제 생활 속에서 의미도 기능도 없는 국가의 행정적 강요 사항이라고 생각한다. 마을에서는 때로 별칭으로 부르거나 대개는 '옐리-스 아아마르(yelli-s Aâmar: 아아마르의 딸)'처럼 아버지를 알려주는 이름으로 부른다. 그러므로 가족은 반드시 필요할 뿐 아니라 집단 속에 위치를 결정하여 한 사람을 정의하는 데 충분한 것이다. 집단의 단위는 가족, 마을, 부족, 부족연맹체, 카빌리 순서로 분절 단위가 확대된다.

가장 큰 소속 집단은 지역 집단, 즉 알제리라는 국가의 일부 지역으로서의 카빌리다. 카빌리 사람들은 자신들이 국가 집단 속에서 대단히 특수한 집단이라고 생각하며 그렇게 주장하고 있다. 점유하고 있는 지역, 언어 및 예술과 산업을 포함한 문화, 오래된 분절적 사회구조, 가치체계, 긴 역사의식 등의 측면에서 그렇다는 것이다. 실제 카빌리는 강한 특성, 그들이 강하게 주장하고 있는 '카빌리적 특질'를 가지고 있다. 그리고 이 같은 집단적 주장이 점점 분절적 성격과 아울러 정치성을 띠어가고 있는 것처럼 보인다. 민주주의 및 개인주의적 이념이 발전하고, 다른 문화와 접촉하면서 지식이 쌓이게 되었으며, 정치색을 띠고 있는 개인적 야심들이 생겨나면서 각 개인들의 참여가 더 적극적으로 변하고 있다. 카빌리 사회의 변화 속에 가족과 연맹체 사이에 있는 중간 소속 집단들의 힘이 특히 남자들에게 약화되고 있는 것으로 보인다. 개인적 정체성은 이제 점점 개인이 성취한 바에 따라 규정되고 있으며, 그와 동시에 지역 단위 카빌리에 대한 소속과 참여가 이제 가장 중요하고 결정적인 요소가 되고 있다.

존중

존중은 사회에서 존엄하게 살 수 있게 하는 데 필수적인 미덕이다. '은니프'는 '이흐르마(가족의 명예)'를 존중하고, 명예를 훼손하는 일체의 행동을 자제하게 한다. 대표적으로 신성한 것이 '집, 여자, 엽총'이다. '은니프'에는 '이흐르마'를 위태롭게 하지 않도록 자신을 존중받게 하는 것이 포함된다.

지배

인간이 평등하다고 항상 강력하게 주장하는 카빌리 사회에서 여성에 대한 남성의 지배가 어떤 기회에서든 다양한 방식으로 강조되는 것은 역설적이다. 남녀 차별은 내면화되어 있어 어떤 때든 모든 행위에서 나타난다. 오래된 지중해 문화 전통으로부터 물려받은 가부장제와 그것을 강화시킨 이슬람이 그 원인이다. 가부장제에 따라 가족, 부락은 물론 더 넓은 정치적 차원에서 남자들만이 힘을 갖는다. 남성들의 권력은 혈통이 아버지에서 아들로 남자들을 통해서만 이어지는 부계혈통제에 근거하고 있는데, 여성들이 가족의 일원이 되는 것은 결혼을 통해서 뿐이다. 그러므로 결혼은 남성들에게 전략적 문제가 된다. 1984년 알제리 가족법과 2005년 2월 개정된 혼인법은 아버지에 이어 남편의 여성에 대한 후견권을 보장하고 있다.

예전에는 가족의 일상생활에서 남성과 여성이 갖고 있는 상호보완적 역할에 대한 인식과 분배를 통하여 이러한 지배가 완화되었다. 여성들이 가사를 담당하고 남성들이 가사 외적 일을 담당했다. 후손을 낳아 가족을 번성케 할 수 있는 유일한 수단인 여성의 출산 능력을 치하하는 많은 문화적 표현들에서도 이러한 보완성이 나타난다. 예컨대 집 내부에 불을 관리하는 신성한 작업은 여성의 능력을 상징하고 있으며, 땅에서 하늘을 향해 세워진 주 기둥은 여성 단어인 '티그즈디트'로 어머니를 상징하여 남녀의 상호보완성을 보여주고 있다. 주 기둥은 남성 명사인 대들보 '아사라스'를 받치며, 지붕을 버티게 하는 대들보는 집안을 지키는 아버지를 상징한다. 이러한 남성의 지배는 많은 여성 해방 운동에 의해 도전을 받고 있다. 소극적으로 개선이 이루어지기는 했지만 가족법에는 큰 변화가 없다. 예외가 없지 않지만 원칙과 실제에 있어서 아직 남성 위주의 사고방식을 양보할 준비가 되어 있지 않은 것으로 보인다. 동등한 관계로 인하여 얻을 수 있는 좋은 점은 고려하지 못하고 잃을 것을 두려워하고 있다. 현재 출산율이 낮아지고 있어 이러한 모델이 흔들리고 있다.

지역 유지

카빌리 사람들은 평등과 민주주의에 대단히 민감하지만 자신이 남과 다르다는 의식을 가진 사람들도 있다. '귀족적'이라는 의미의 단어 '이흐르', '르흐라르', '르흐루르'는 집안이 좋은 사람에게 쓴다. '아흐리'라는 형용어는 노예가 아닌 백인에게 붙으며, 낮은 계급의 흑인은 '아크리(검은색)'라는 단어를 사용한다. '아흐리'는 또한 카빌리 명예코드와 관습에 충실하여 나무랄 데 없는 정직한 사람을 말하기도 한다. '마라부트' 가문 사람들을 일종의 종교 귀족으로 생각하기는 하지만 알제리 전체에서도 마찬가지로 통상 전사귀족이라는 계급은 존재하지 않는다. '르즈와드'는 설화를 마무리하는 상투적 표현으로밖에는 거의 쓰이지 않는다.

마을의 유지는 '이쿠라이 은 타다르트(마을의 우두머리)', 설화에 등장하는 도시의 유지는 '이쿠라이 은 틈딘트(iqurray n tem-dint)'다. 유지들은 대개 남자들이 많고 영향력 있는 집안의 가장이다. 전쟁이 벌어질 경우 일시적으로 지휘관이 되기도 한다. 이들은 자신의 권력을 남용하지 않도록 조심해야 한다. 마을회의 '즈마아'

에서 지위를 박탈할 수도 있다. 이러한 지위를 빼앗기는 쉬운 일이 아니다. 예를 들면 카빌리 사람들은 돈이 많다고 하여 지위를 놓고 경쟁하게 두지 않는다. 한 개인이 힘을 갖는 것을 혐오하는 카빌리 사람들이 갖고 있는 평등 개념에 위배되기 때문이다. 마을 회의에서 벼락부자들이 지나친 부를 축적하지 않도록 하는 예가 많았다.

차별

마그레브 전체에서와 마찬가지로 카빌리에서도 남성과 여성을 차별한다. 여성을 비하하는 이분법은 전체 사고 범주에 영향을 주어, 사물의 물리적 상태에서부터(남성성은 뾰족하고 여성성은 둥글다), 인간의 정신적 상태(남성성은 질서, 여성성은 무질서), 행동 방식(남성성은 신속함과 행동력, 여성성은 느림, 게으름, 수동성 등)까지 대단히 다양한 분야에 퍼져 있는 개념이다. 그러나 현재 남녀 관계에서 일어나고 있는 변화는 이러한 사고방식에 문제를 제기하고 있다. 이제는 여성을 열등한 존재로 만들어 남성이 지배를 계속하는 일은 사라지고 있다.

처벌

마을 관습법상 현실적으로 가장 많은 처벌은 단순한 벌금 부과다. 배반과 같은 심각한 행위는 턱수염이나 콧수염을 깎거나 추방으로 처벌하기도 했다. 카빌리법상 감옥은 존재하지 않는다. 그러나 가족의 명예 훼손에 대한 처벌은 죽음이 될 수도 있었다. 예를 들면 (여성의) 간통의 경우 돌을 던져 죽였다. 가문들 간에 생긴 피 묻은 범죄는 되갚음으로 해결되었다.

설화의 결말에 나오는 처벌은 대개 무시무시하다. 가장 간단한 것이 경미한 범죄에 대하여 채찍이나 몽둥이를 사용하는 것이다. 예를 들면 공주가 주인공을 무시했을 때와 같은 경우다. 그 다음은 '탈리온(가해자에게 피해자와 같은 정도의 형벌을 주는 제도)'을 적용하는 경우로 대개 제물의 성격을 띤다. 순례자의 머리를 자른 여성의 경우다. 흉악한 범죄는 불로 벌을 받거나(술탄이 주인공에게 부정직한 유태인과 식인귀를 태워 죽일 것을 명령한다), 다른 형벌을 덧붙이기도 한다. 예를 들면 아들을 괴롭힌 악독한 어머니는 작은 조각으로 찢겨져 개에게 먹힌다. 범죄자들은 때로 땅 속으로 꺼지기도 하지만, 대개 말이나 멧돼지 꼬리에 매달려 끌려다닌다. 또한 죽은 뒤 시신을 벌하는 경우도 있다. 흑인 여자 노예는 죽인 뒤 해골을 벽난로 돌로, 손뼈는 재를 걷는 삽으로, 발은 하수구 뚫는 도구로 사용한다. 설화의 주인공은 식인귀에게 '아트레우스 축제날' 자신의 딸을 먹게 만들기도 한다.

촌락 아흐리즈, axlij

마을에서 약간 떨어진 곳에 몇 가구가 모여 있는 것으로 때로는 마을의 일부가 되기도 하고, 때로는 인척 관계나 정치 혹은 의례 문제 등 여러 이유로 이웃한 여러 마을들과 교류를 갖는 집단을 말한다. '3개 마을'이라고 부르는 작은 도시들 주변에서 흔히 볼 수 있다. 촌락들 간의 관계는 달라질 수 있으며 다른 부족집단과 연합할 수도 있다. 구전 관습법과 아울러 '즈마아'에서 합의를 통해 결정하는 카빌리 사회조직의 유연성과 적응성을 보여주는 것이다. '아흐리즈'라는 보통명사가 지역 이름에 남아 있는 경우도 있다.

출생률

다산의 이념이 널리 퍼져 있어 기대 출생률은 최고치였다. 여성의 가임 기간은 이러한 목적에 봉사하는 것으로 여성은 대략 15세에서 45세 사이에 계속 임신이나 수유 기간에 있었다. 2년마다 출산하므로 30년간 15회의 임신을 한 것이다. 그러나 영아 사망률이 높아 두 명 중 한 명만이 살아남았으므로 대개 7-8명의 자식을 갖게 되고 그중 최소한 1-2명은 아들이기를 원했다. 젊은 신부에게 일곱 명 아들을 두라는 축원이 실현되는 것은 예외적인 성공 사례였다. 아기의 성별은 산모에 달려 있다고 생각하여 자식이 없거나 딸만 있는 경우 남자는 여러 아내를 두고자 했다. 아들을 낳아야 존중받으므로 젊은 여성은 서둘러 아이를 가지려고 했다.

현재에는 이러한 것을 당연하다고 생각하지 않는다. 위생과 의료의 발달로 영아 사망률이 낮아졌으며, 여성들도 급히 아이를 갖기보다는 남편과의 화합을 더 중요하게 생각하고 있다. 출산하면 남편에게 종속되므로 남편과 원만한 관계를 우선시하는 것이다. 교육을 받고 언론과 접하고 있는 여성들은 새로운 요구를 갖게 되었다. 많은 여성들이 보건소에서 배운 대로 임신의 주기를 길게 갖고 있어 출생률이 카빌리뿐 아니라 알제리 전체에서 낮아지고 있다. 1999년 기준 여성 1인당 2.7명이다.

카디 cadi, qadi

무슬림법을 집행하는 사람으로 심판관이자 공증인이다. 지식과 권능으로 존경받는 인물로 지방보다는 도시에서 볼 수 있다. 설화에서는 도둑의 손을 자르거나 참수하는 극단적 형벌을 시행하는 대단히 근엄한 인물로 묘사된다.

카이드 caïd, 이카이드, iqaid

중앙정부에서 파견하는 지방 행정관으로, 처음에는 터키인이었지만, 프랑스 지배 이후에는 프랑스인이었다. 식민통치 기간 동안에는 한두 부족을 담당했다. 설화에서는 권력자로 등장한다.

코뮌 commune: 지역주민위원회, Assemblée populaire communale

'지역주민위원회(APC)'는 이전의 부족이나 부족연맹체와 거의 일치하는 현대적 행정구분이다. 보통 '코뮌'이라고 부른다. 위원회의 위원은 전체 주민이 선출하며, 구성된 위원회는 의장을 선출하고, 사무국장은 국가에서 파견한다.

타믄 ttamen

'즈마아'에서 한 가문이나 동네를 대표하여 발언하는 사람을 지칭한다. 위원회를 주재하는 '아민'을 보조하여 가족 구성원들의 행동과 동네 질서를 감시한다.

타즈마아트 tajmaât: '남자들의 집'

'즈마아'의 여성형인 이 단어는 마을 남자들이 모이는 장소를 말한다. 기도 장소 모스크로 사용하기도 한다. 규모가 큰 마을에서는 마을 입구나 마을과 공터 경계선 가까이 두기도 한다. 기와지붕에 돌로 짓고 내부에는 칸막이 없이 벽을 따라 돌로 만든 긴 의자를 배치한 단순한 건물인 경우가 많다. 남자들이 모이는 장소로 보통 저녁이나 한낮 더울 때 등 한가한 시간에 모여 이야기를 나누는 곳이다.

토지제

토지 소유는 개인 혹은 공동 소유로 나뉜다. 전자는 '멜크(소유)' 혹은 '아칼(토지)'이고 후자는 '아얄(재산)', 즉 동네나 마을 혹은 부족의 공동 소유지다.

과일나무나 일부 길에 대해서는 토지 소유권자와 나무의 소유권자가 다를 수 있다. 나무의 주인은 그 땅에 다른 나무를 두 번

심을 수 있다. 이것을 '아반두'라고 부른다. 산사태가 나서 나무의 자리가 옮겨지면 나무의 주인은 있던 자리에 다시 옮겨다 심을 수 있다.

공동 소유지 일부를 개간하여 작물을 심는 경우 첫 번째 사람의 소유가 되고, 항의를 받기 전에 건물을 완성하면 짓는 사람의 소유가 된다.

카빌리법은 자선기관이나 가난한 사람, 대개 딸만 가진 과부에게 그 소출을 주는 자선용 토지 '하부스'를 인정한다. 팔거나 양도할 수 없으며, 용역권만 인정된다. 터키인들이 사는 평원에서 더 빈번히 볼 수 있었다.

투픽 toufiq

이 단어는 마을보다는 크고 부족보다는 작은 규모로 몇 개의 가족이나 마을이 모여 있는 집단을 지칭한다. 관습법(카눈)을 정하고, 회의(즈마아)를 통해 문제를 처리하며, 가문이나 동네의 대표(틈맘, 타믄)들의 지원을 받는 대표가 한 사람 있다. 카빌리 사회체제가 경직되지 않고 유연하다는 점과 아울러 주거지가 일정한 단위로 모여 있는 것은 아니어서 마을의 틀을 벗어나면 공동체가 불안정하다는 점을 보여주고 있다. 언덕이나 산봉우리에 집중된 주거지는 대단히 조밀해서 실제로는 세 마을이 모여 있는 경우 도시화가 진행되기도 했다.

편 가르기 쓰프, sseff, 르스푸프, lesfuf

대개 마을 남자들이 두 집단으로 나누어 상호부조와 협의를 위하여 모이는 것을 지칭한다. 한 마을에는 각기 위편과 아래편 혹은 서편과 동편이 있다. 이렇게 나누게 된 동기는 마을이나 부족 혹은 그보다 더 큰 공동체 전체와 관련된 갈등이나 문제에 대하여 서로 입장이 다른 경우가 있었기 때문이다. 같은 편 안에서는 긴밀한 연대의식이 규칙이다. 편 가르기는 마을과 부족들뿐 아니라 가족들 간에서도 생긴다. 그러므로 규모가 아주 다양하다. 스바우 계곡을 중심으로 두 개의 대(大) '르스푸프'가 있었는데, 해안지역 카빌리와 그와 경쟁하는 아가와 고원이었다. 현재에는 사람들의 의견이 더 복잡하게 나뉘어 거의 남아 있지 않다. 마을 단위를 넘을 뿐 아니라 단순히 두 편으로만 나눌 수 없게 되었기 때문이다.

학교

카빌리에는 쿠란학교가 오래전부터 있었다. 그러나 이 학교는 종교가문 자제들만 들어갈 수 있어서, 초등 수준 학교(2-3명 정도 학생부터 다양했다)부터 신학, 무슬림법, 과학을 가르치는 '므드라사'나 '자우이아'(130명까지)까지 모두 합해도 1954년 기준으로 4,000명을 약간 넘는 정도의 학생이 전부였다. 일반 평신도 가정 자제들은 집에서 어머니가 구전으로 전달하는 지식을 습득하는 것이 교육이었다.

　몇몇 마을에 프랑스식 학교가 생기게 된 것은 19세기 말에 이르러서였다. 초기 학교들은 프랑스인 신부들이 설립했고(아이트 만글라트 부족), 이어서 프랑스 정부가 파리에서 직접 관할하여 1874년에는 아이트 이라튼 부족의 타마지르트, 아이트 엔니 부족의 즈마아 사흐리즈를 비롯한 비교적 인구가 많은 마을에 학교를 세웠다. 장인 부족이 특히 학교 설립지로 선택되었다. 이 학교들은 교사를 포함한 현대 카빌리의 엘리트 계층 형성에 결정적인 역할을 했으며, 이들이 종교 지도세력들과 병행하여 독립운동을 전개했다. 프랑스 학교는 또한 프랑스로의 이민을 쉽게 하여 많은 카빌리인들이 프랑스로 이주하는 결과를 가져왔다. 초기 프랑스 이민 알제리 노동자 가운데 카빌리 출신자들이 가장 많은 수를 차지했다.

행상

아가와 출신 상인들은 북아프리카 전역은 물론 프랑스에까지 이름을 떨쳤다. 혼자인 경우는 거의 없고, 중무장을 하고 당나귀나 노새를 타거나 걸어서 집단으로 이동했던 행상인들이 절반을 차지했다. 가축 상인들이 가장 돈이 많았으며, 그 다음으로는 도시에서 양모, 면직, 실크를 구입하여 마을로 팔러 다니던 상인들이었다. 가장 수가 많았던 것은 천막을 구비하고 노새로 이동하거나 등에 짐을 지고 이동했던 개인 행상들로 '이아타른'이라고 불렸다. 노새로 이동했던 행상들은 옷, 모자, 허리띠, 하이크(베일), 신발, 스카프 외에도 약품, 화장품, 포마드 류를 팔았다. 알제리 전역을 집집이 방문하며 장사했던 등짐 행상은 50-60kg의 상품을 그물에 넣어 등에 지고 다녔다. 시장 출입이 금지되어 있는 여성에게 필요한 모든 물품을 도시로부터 가져다준 것이 이들이었다. 약간이라도 이윤을 얻을 수 있는 모든 물품을 사고파는 장사 수완이 뛰어난 사람들이었다. 돈을 받는 경우는 드물고 닭, 곡물, 기름, 양모 등 온갖 종류의 물건으로 대신 받아 도시에서 되팔았다. 1년간 투자금의 50배 혹은 100배까지 불려 집으로 돌아오곤 했다. 집안의 침입자들이었던 이들은 수상하다는 의심을 받기도 했다. 파는 많은 약들이 주술과 관련된 것이어서 그만큼 불신이 컸다. 때로는 이들을 고리대금업자라고 부르기도 했다.

현재 도시에서 식료품 등의 장사를 하고 있는 아가와 출신들도 있지만, 프랑스로 이민한 사람들이 더 많다. 1905년부터 여자들이 집에서 짠 양탄자를 프랑스에 팔러 왔던 것도 이들이었다. 이제는 행상이 거의 없다. 다른 직업이 생기고, 이동 수단도 달라져 트럭으로 장사를 하고 있다.

VII

가족생활

기름 램프

가정

가정의 구성은 다양하다. 가장 많은 것이 대가족으로 가장과 부인이 결혼한 자식과 며느리, 손자들과 사는 것이다. 이상적인 전통 가정 형태로 수평관계(남자형제들)와 수직관계(여러 세대)가 결합되어 한 지붕 아래 40명 이상까지 함께 살기도 했다. 전쟁과 도시 이주로 가정이 해체되어 이제는 드물지만, 경제적인 문제에 대응할 수 있는 가정 형태로 활용되기도 한다. 다양한 수입원을 적절한 방식으로 분배하고 무직자를 책임질 수 있기 때문이다. 수직적 유형(여러 세대)과 수평적 유형(결혼한 형제들)도 존재한다. 전자는 남자가 너무 늙어 부모와 자식이 함께 사는 것으로 대개 형편이 어려운 경우다. 후자는 형제들이 다양한 수입의 형식(노동 이민, 농사, 상업)을 결합하여 전통적 형식으로 공동 협력하는 것으로 대개 경제적 형편이 좋다. 전쟁과 이민으로 남자 수가 적고 혼자된 여자가 많아 여러 유형의 가정이 존재한다. 혼자된 여성들이 모여 사는 경우도 있다.

부부만 살림을 하는 경우는 드물며 가족이 흩어진 경우에만 볼 수 있다. 능력이 있더라도(공무원인 경우) 젊은 부부가 독립한다는 것은 좋지 않게 생각되며 비난받기도 한다. 어떻든 마을에 남아 있는 것은 여성들과 직업을 갖지 못한 청소년들이다.

가족

가족에 속해 있다는 것은 문명의 첫 번째 표시다. 상상 속 야생의 존재들은 대개 가족 없이 혼자다. 자신의 아이들을 죽이거나 잡아

먹을 수 있는 존재들이다. 그러므로 가족이 없다는 것은 치명적인 결함이다. 인척이 없는 사람은 존재의 부정을 의미하기 때문이다. 그러므로 아버지나 어머니 중 누가 없는 것이 더 힘든 일인지는 알 수 없지만 고아를 불쌍하게 생각한다.

'아함(집)'이라는 말과 동일하게 사용되는 가족은 인간의 토대다. '아이트 웨함(집안 사람들)'은 단일 혈통의 남자들만으로 이루어진 '대가족'을 지칭하는 '타흐룹트'의 한 부분이다. 아이가 없는 여성은 가족의 일원이 될 수 없다. 반대로 많은 아들을 둔 어머니는 여러 '아즈구(들보, 카빌리어로 남성형)'를 지탱시키는 집의 중심인 '티그즈디트(주 기둥, 카빌리어로 여성형)'에 비유된다.

구성원 각자는 가족 내에서 세대와 나이라는 두 서열에 복종한다. 자신보다 나이 많은 사람에게 복종하며, 여성에 대해 남성이 우위를 차지하고, 모두가 '밥 우함', 즉 가장의 지휘를 따른다. 이러한 서열은 또한 남녀가 서로 다른 생활을 하게 만든다. 여성은 집 안, 남성은 집 밖으로 구분하는 차별이 과거에는 철저히 지켜졌었다. 양편이 서로 지켜야 할 예법은 절도를 지키는 것으로, 정숙함을 뜻하는 '하슈마'는 최소한의 의사소통 외에 서로 나누는 대화를 삼가는 것이다.

현재에는 대가족이 점차 사라지고 있다. 거주지 문제뿐 아니라 경제, 정치적 문제들, 이농, 이민, 새로운 방식의 공동생활에 대한 갈망 등이 가족의 규모를 축소시키고 있으며, 앞으로 어떻게 변화할는지 아직 알 수 없다. 작고한 심리학자 마흐푸드 부슙시(1993년 6월 15일 알제에서 살해당함)가 예견했듯, 각 개인이 부여받은 역할만을 수행했던 전통적 대가족 모델은 이제 "자유화하고 있는 개인적 정체성"을 더 이상 억압할 수 없게 되었다.

가족법(혹은 개인의 위상 관련 법)

카빌리 여성들은 모든 알제리 여성들과 마찬가지로 1984년 6월 9일 공표된 관련 법에 따라야 한다. '샤리아(쿠란과 순나)'를 충실하게 따르고 있는 이 법은 여성의 역할을 부계가족 공동체를 위한 출산으로 규정하고 있다. 2005년 2월 22일 국무회의에서 일부 수정되었다.

여성들은 아버지와 남편의 후견을 받는다. 남자들만이 가장이 된다. 결혼이 파기될 경우 아이의 양육은 아버지에게 일임되며, 어머니는 보호와 주거의 권리를 받는다. 여성의 의무는 자신과 아울러 부덕을 지키고, 남편을 존경하며, 아이를 양육하고, 가정생활을 원만하게 유지하며, 시부모 친척의 명예를 지키는 것이다. 가문의 전승과 가계 혈통은 남성을 통해서만 이루어지며 여성은 배제된다. 결혼한 여성들이 별도의 재산을 갖는 것은 인정된다. 샤리아에서는 카빌리 전통과 달리 여성이 남성 몫의 반을 유산으로 상속받는다. 법적인 결혼 가능 연령은 여자는 18세, 남자는 22세이며, 여자와 그 부모에게 결혼 보상금('타아맘트', '마흐르(mahr)', '싸다크')을 증인 두 명이 보는 앞에서 지불하는 것으로 유효한 것이 된다. 일부다처제가 허락되지만 드물며 좋게 받아들여지지 않고 대개 2명으로 제한된다.

일방적이고 자의적인 이혼은 가능하긴 하지만 법적 절차로 보완해야 한다. 이혼 선고는 여성의 요구에 의해 다음과 같은 경우, 즉 중대한 결함(정신병, 나병, 백반병, 배변 장애, 부부 관계 불능) 외에 부인을 돌보지 않는 경우, 결혼 지불금 미지불, 1년 이상 부재, 금욕인 경우에도 이루어진다. 여성이 요구한 이혼은 법적 형식으로 선고되고 합의가 이루어진다. 혼외 성생활은 여성에게만 제재가 가해진다. 입양은 금지되어 있지만 성을 물려주지 않고 양육하는 '카팔라'가 존재하며, 생물학적 부모는 언제든 아이를 데려갈 수 있다.

이교도와의 결혼은 철저히 금지된다. 모든 알제리 여성들은 무슬림이라는 것이 전제되어 있고, 비무슬림 남자와 결혼할 수 없다. 대부분의 알제리 여성들은 마그레브 3국(알제리, 모로코, 튀니지) 가운데 가장 최근 것이면서도 가장 복고적인 이 법을 바꾸어줄 것을 여러 차례 요구했다. 사회 참여에서 남성과 동등하기를 원하고 있으나, 강력한 이슬람 정당들이 정부나 일부 여론의 개혁 의지를 가로막고 있다.

계모

친어머니가 아닌 어머니를 부르는 '옘바바'는 어원학적으로 '아버지의 아내'를 뜻한다. 가부장적 질서에서는 남성에 의한 혈통만을 인정하므로 계모는 남편과의 관계에서만 존재한다. 예전에는 집안에 계모가 들어오는 것은 흔한 일이었다. 소박을 당해 여자가 집을 떠나거나 여자가 죽는 경우 재혼이 빈번했기 때문이다. 사망률이 높을 뿐 아니라 특히 출산 중 사망이 많았는데, 남자가 여자 없이 산다는 것은 용인되지 않는 일이었다. 아내가 여러 명인 경우는 암투로 인하여 여성이 남자의 집안에 동화된다는 것이 쉽지 않았다. 계모는 많은 설화에서 보듯 전실 자식들과 새어머니 사이의 어려운 관계를 상징한다. 가부장 사회에서는 자식이 아버지의 거처를 떠나는 일이 없다.

　설화에 가장 많이 등장하는 것은 아버지가 아내를 잃고("아내가 그를 떠났다"라고 표현한다) 재혼하는 경우다. 아버지는 새어머니의 사랑을 받지 못하는 장남과 문제를 겪게 된다. 어떤 설화에서는 자신의 아들에게는 밀로 만든 빵을 주고 전실 아들에게는 밀기울로 만든 빵을 준 계모의 이야기가 등장한다. 전실 아들은 이러한 차이를 시적(詩的)으로 보여주면서 배다른 동생에게 호소한다. 각자 먹는 다른 빵을 샘에 던지고 이렇게 말한다. "보아라, 나는 저 모양으로 네 어머니의 마음 밖에서 떠다니고 있다. 네 빵이 물에 젖듯 너는 네 어머니 마음에 들어가 있지만, 내 빵이 물 위에 떠 있듯 나는 네 어머니 마음 밖에 있다." 이야기의 결말에서는 두 아들의 형제애가 강하여 계모를 이기고, 계모는 자신의 아들 손에 죽임을 당한다.

　자신이 낳지 않은 남편의 자식을 싫어하며 괴롭히는 계모는 설화 속에서 비극적인 인물이다. 여자가 남편의 집안에 동화하는 것이 어렵다는 것을 날카롭게 보여주고 있다. 더구나 그 집에 다른 여자에게서 태어난 아이들이 많을 경우 더하다. 계모가 등장하는 여러 설화 가운데 오누이가 겪는 이야기가 담긴 「고아들의 암소」도 있다. 결말은 여러 시련을 겪은 후 형제의 우애가 승리하고 계모가 끔찍한 벌을 받는다는 것이다.

　이러한 여자의 위험한 탈선을 피할 수 있는 한 가지 방법은 남자들이 형제애로 단합하는 것으로, 그것만이 그러한 여자의 위협을 줄일 수 있다. 여자는 최악의 벌을 받는다.

　계모는 여성이 부계혈통 사회질서에 잠재적 위협이라는 것을 보여주는 한 예다. 여성의 나쁜 본성이 철저하게 지켜야 할 남성적 질서의 축인 형제애를 흔들 수 있기 때문이다.

가족생활

고모/이모

아버지의 누이는 '아암티', 어머니의 여자형제는 '할티'라고 부른다. 두 단어가 표현하는 가치가 서로 다르다. '아암티'는 존칭이며 공손한 단어이지만, '할티'는 거의 가치가 없는 단어여서 식인귀를 부르는 데도 쓴다. 두 표현의 거리가 크다. 부계 가족은 같은 집에 살며 서로 존중하기 때문에 놀랄 일이 아니다. 높은 존경을 표하는 '난나(nanna)'는 고모나 언니에게 붙인다.

고아 아구질/이구질른, agujil/igujilen

카빌리에서는 고아를 몹시 가엾게 여긴다. 부모 중 하나가 죽어 생기는 공백은 남자들이 많은 대가족 속에서만 메워질 수 있다. 아버지를 잃으면 어머니가 남지만, 어머니를 잃으면 둘 다 잃는다는 속담이 있다. 가장 널리 알려진 설화 가운데 하나가 「고아들의 암소」인데, 어머니를 잃은 남매가 계모에게 시달리면서 겪는 불행을 이야기하고 있다. 아버지가 돌아가시더라도 숙부가 있으면 그의 보호를 받을 수 있지만, 어머니가 돌아가시면 보호와 모성의 헌신적 사랑을 잃을 뿐 아니라 집안의 지지자를 잃고 못된 계모에게 괴롭힘을 당할 수 있다. 고아들은 대개 가난과 같은 불행을 겪게 될 운명이다. 일꾼이나 목동처럼 비천한 일을 하게 된다. 여자아이들은 대개 불행한 결혼을 하게 된다. 편모 슬하 아들은 버릇이 없고 어머니에 지나치게 의존하여 좋은 남편감이 아니라고 알려져 있다.

근친상간

카빌리 문화에서는 이슬람에서와 마찬가지로 직계가족간의 성행위뿐 아니라 시아버지와 며느리, 장모와 사위, 이복형제 간 성행위를 금지한다. 이를 어기는 범죄는 돌로 죽이는 사형으로 벌한다. 친남매가 아니어도 한 어머니의 젖을 먹었을 때는, 입양하여 서로 남매가 된 것으로 간주하여 결혼이 금지된다.

「알리와 어머니」 설화는 어머니와 지나치게 가까운 관계에서 벗어나야 한다는 것을 오이디푸스적 비극을 통하여 알려준다. 아버지가 어머니를 죽이라고 명령하면서 엄하게 경고하는 이 이야기는 근친상간의 금지를 주장하고 있다. 한 이본(異本)에서는 알리가 숙부의 딸과 결혼하는데, 아내가 된 사촌이 잔인한 어머니의 역할을 한다. 사촌 간의 내부혼에 대한 카빌리 사회의 불안이 반영되어 있다.

남자아이

갓 태어난 남자아이는 '압후르'라고 부른다. 일부 마을에서는 '아그루드' 혹은 '일루판'이라고 부르기도 한다. 가족의 세력을 보장하게 될 남자아이의 탄생은 온 집안의 경사다. 자라면 '악시슈'가 되며, 나이에 따라 호칭이 달라진다. 복수형 '아라슈'는 모든 아이을 지칭하지 않고 부계혈통을 잇게 될 남자아이들만 지칭한다.

노인 암하르/임하른, amghar/imgharen

카빌리 사람의 수명은 길지 않았다. 2003년 통계는 알제리 전체 사람의 기대 수명이 70세로 늘어났다는 것을 보여주고 있지만 1970년대만 해도 남녀 구분 없이 53세였다. 손자가 태어나면 할아버지가 되므로 노인이 되는 연령은 낮았지만 나이든 사람의 수는 아주 적었다. '암하르'는 실상 노인이라기보다는 그 첫 의미대로 '어른'으로 번역해야 한다. 이 단어는 사실상 집안의 가장 나이 많은 남자인 가장, 가문의 장손을 의미했다. 마을 남자들의 집회인 '즈마아'에서 가족을 대표하여 다른 '대표들'과 나란히 회의를 하는 사람이었다. '임하른'들은 돌아가신 '르주드', 즉 조상들의 이름으로 발언을 했다. 조상들이 물려준 전통을 이어받으며 마을공동체의 기억을 전승하는 임무를 갖고 있었다.

'암하르'를 이맘을 지칭하는 '셰이흐'라고 부르기도 하는데, '셰이흐'는 원래 '스승, 주인'을 의미하여, 교사를 그렇게 부르기도 한다.

설화에서는 흔히 '암하르 아즘니(지혜로운 사람)'라는 인물이 등장한다. 그의 역할은 주인공이 따라야 할 행동을 알려주어 문제를 해결하도록 조언하는 것이다. 전통과 초자연 세계를 알고 있는 영험한 사람이다. 노인은 아니지만 나이 먹은 권력자들이 등장하기도 한다. 술탄과 같은 인물로 주인공으로 하여금 늙지 않는 비약, 예를 들면 '젊음의 사과'를 '일곱 바다를 건너' 찾으러 가도록 보낸다.

'암하르'의 자격과 거기서 오는 힘을 존중받으려면 열심히 일해야 한다. 그리고 나이가 들어 모든 능력이 떨어지면 물러나야 한다. 가난하고 불행한 늙은이들도 마찬가지다. 그렇지 않으면 '불가에만 앉아 있는', '아주 어리석은 짓을 하는' 사람이라는 비웃음을 받게 된다. 어떤 사람들은 사회적인 실추를 견디지 못하고 자살하기도 한다.

노파 탐하르트/팀하린, tamghart/timgharin

과거에는 남자들처럼 여자들도 오래 사는 경우가 드물었다. 기대수명은 성별에 따라 거의 차이가 없었다. 쉴 틈 없이 이어지는 많은 출산으로 여성들은 일찍 늙었고 50세를 넘기는 경우가 거의 없었다. 가장인 '암하르'의 아내는 '탐하르트'라고 불리며 집안의 모든 여자들, 특히 며느리들에 대하여 권위를 갖고 가사를 주관하며, 아들이 많은 경우 집안의 모든 의식의 제관 역할을 했다.

설화에서는 주인공을 도와주는 '탐하르트'가 없지 않지만, 대개는 주인공으로 하여금 모험을 떠나게 하는 선동적인 역할을 한다. 카빌리 신화에 등장하는 '세상 첫 어머니'도 늙고 나서는 좋은 일보다는 나쁜 일을 더 많이 한다.

나이가 들고 노인이 된 남편처럼 활동이 줄어들어 힘이 빠지게 되면 큰며느리에게 권위를 물려준다. 일찍 폐경을 넘긴 여자들은 구속을 받지 않게 되어 기도 등을 위하여 자유롭게 나다닐 수 있었다. 나이 든 남자와 마찬가지로 별로 좋지 않은 구설수의 대상이 되는데, 예를 들면 '불가의 장작' 정도로 취급받는 것이다. 늙은 여자에게 남는 것은 산파나 '마녀'가 되는 것이다. 첫 번째는 남은 인생 동안 존경을 받는다. 생명을 생산하는 일에 참여하고 죽음을 쫓으므로 죽을 때까지 중요한 역할을 할 수 있다. 그러나 이러한 특별한 경우를 제외하고 대개 늙은 여자들은 '마녀'가 되어 별로 좋지 않은 주술을 한다는 취급을 받는다.

누이

아들을 일곱 낳는 것이 최고의 행복이지만 어머니를 돕고 대신하는 딸이 하나 있는 것도 아주 좋다고 생각한다. 마을에서 여자아이들이 등에 동생을 업고 있는 광경을 흔히 보듯 손위 누이는 남자 동생을 맡는다. 설화 「고아들의 암소」에서도 어머니를 여읜 주인공 파트마는 나쁜 계모 밑에서 쌍둥이 남자 동생을 지키고 키운다. 우여곡절 끝에 어린 황소로 변신한 동생을 결혼한 남자의 집으로 데려온다.

동정(童貞) 아후리, ahuri, 타후리트, tahurit

'아후리', '타후리트'는 결혼한 적이 없는 남녀를 말한다. 순수한 사람들로 사후 세계에서 특별한 자리를 차지한다. 천국에는 이러한 사람들이 많다고 한다.

젊은 여성의 동정은 아주 중요한 것으로 때로 "아버지 손에 있는 달걀"에 비유한다. 결혼 전까지 동정을 유지해야 하며, 그렇지 않으면 집안의 명예를 더럽히게 된다. 예전에는 여성이 결혼한 후 동정이 아니라는 것이 드러나면(처녀막이 성 경험 여부와 무관하게 없을 수도 있다는 사실이 알려져 있지 않았다) 벌을 주었다. 벌거벗긴 채 당나귀 위에 다리를 벌리고 거꾸로 앉게 한 후 부모의 집으로 돌려보내 온 마을의 모욕을 받게 했다. 이 경우 여자의 집안은 큰 타격을 받는다. 이것은 지중해 유역에서 아주 오래된 가부장적 풍습으로, 같은 이유로 같은 벌을 받는 것을 지중해 북부 사회, 예를 들면 그리스의 테살리에서 볼 수 있었다. 동정이 아니라는 이유로 많은 비극적 사건이 있었다.

딸

딸이 태어나는 것은 아버지에게 실망스러운 일이다. 딸이 태어나면 천장 들보가 운다고 한다. 딸들은 다른 집안, 즉 그녀를 며느리로 데려갈 집안을 부자로 만들 운명에 있다. 남자아이들만이 아버지 집의 풍요를 약속할 수 있다. 딸만 있는 아버지의 노년은 외롭다. 아들은 남아 있지만, 딸들은 떠나기 때문이다. 한 설화에는 외딸을 둔 늙은 부부가 자신들에게 먹을 것을 줄 사람이 아무도 없다는 것을 깨닫고 자살하는 이야기가 있다.

시집가기 전까지 딸들은 집에 머물러 일을 하며 여자들에게 기대하는 '하슈마(조심성, 절제, 수치심)'라는 필수 미덕으로 이루어진 조심스럽고 신중한 행실을 익혀야 한다. 대개 복종을 훈련시켜 결혼한 뒤 시어머니와의 어려운 동거 생활에 대비시켜야 한다고 믿는다.

성공적인 출산과 부모의 소망 성취를 의미하는 일곱 명의 아들을 낳았을 때나 딸이 태어나기를 바란다. 이 때 낳은 딸은 어머니를 도와 집안일을 할 수 있으며, 세력가문인 경우 정략적으로 다른 가문과 결연을 하게 해주기 때문이다.

　도시의 세력가 사회에서는 이와 다르다는 것이 설화의 이야기다. 술탄은 아들보다 딸을 원한다. 아들은 아버지와 권력 투쟁을 벌일 염려가 있기 때문이다. 딸은 아버지가 시험을 통하여 가치가 검증된 자를 사위로 맞아 후계자로 삼을 수 있게 해준다. 정치적 감각을 가지고 현명한 남편을 선택하는 딸도 있고, 남자로 변장하거나 남자의 역할을 하는 등 주도권과 마술적 힘을 가지고 있는 딸도 있다. 농촌에서는 딸을 가지기를 원하거나 딸을 존중하는 경우가 드물고 지배가문의 일부 여성들에게 한한다.

매장

시신을 들것 위에 올려놓고 흰 천으로 전체를 덮는다. 집을 나갈 때는 두 집단이 앞과 뒤에서 들것을 메고 시신의 머리부터 나간다. 그동안 마라부트들이 기도문을 외우고 참석자 모두가 계속해서 '샤하다(기도문)'를 따라한다. 현재까지도 여성은 장례 행렬에 참석할 수 없다. 더구나 젊은 여성은 장례 기간에 집안에 머물러야 한다. 모든 여자들은 장례 시간 동안 일을 하지 말아야 한다. 묘지에 도착하면 매장지 옆에 들것을 두고, 시신의 얼굴을 덮은 천을 걷은 후에 모든 참석자가 그 앞을 지나며 마지막으로 얼굴을 본다. 그리고 들것을 매장지 오른쪽에 놓고 시신을 타일 위에 놓은 뒤에 흙으로 덮는다. 매장이 끝나면 동네에서 참석했던 사람들이 쿠스쿠스를 나누어 먹는다. 음식은 다른 집안 여자들이 장만한다. 예전 부유한 집안에서는 매장 이후 며칠 동안 '팀슈레트 은 사다카 (timecrett n sadaqa: 희생-나누기 적선)'를 제공했다.

이어지는 애도 기간 동안 여자들은 죽은 사람의 명복을 빌러 자주 묘지에 간다. 어떤 마을에서는 무덤 위에 물을 채운 토기를 두기도 하는데, 물 수면에 죽은 사람의 얼굴이 보여 이야기를 할 수 있다고 믿기 때문이다.

모권

모권이란 부권과 마찬가지로 어머니가 정치력과 지배력을 행사하는 것이다. 그러나 실제 현재까지 알려진 어떤 사회에서도 모권이 행사된 적은 없었다. 일부 베르베르 사회에서 권력의 승계가 여성을 통하여 이루어지기도 했지만, 권력을 실제 행사하지는 않았다. 투아레그족이 그 경우이다. 모계 혈통 사회이지만 어머니가 권력을 행사하지는 않는다. 이러한 사실에서 예전에는 카빌리를 포함한 다른 베르베르 지역에서도 유사한 전통이 있었으리라고 추정할 수 있지만 아직 확인되지 않고 있다. 마그레브 북부, 특히 텔 지대의 사회는 철저한 부계사회다. 때로 모권을 주장하기도 하지만 실제는 여자들과 아이들에 관한 권위를 집안의 '노인'에게 위임하는 정도다. 알제리 가족법에도 여성들은 아버지와 남편의 후견을 받는다고 명시되어 있다.

모성

인정받는 유일한 여성의 역할은 어머니의 역할뿐이다. 자식이 없는 여성은 사회적 지위가 없으며, 언제나 소박맞을 수 있다. 아들을 낳음으로써 비로소 한 사람이 된다는 의미에서 결혼보다도 더 결정적인 단계다. 아내를 선택하는 것은 남자가 아니라 남자의 부모였으므로, 여성들은 자식, 특히 아들에게 모든 애정을 쏟는다. 사회적 위상을 가져다주고 집안에서 명예로운 자리를 갖게 해주는 것은 아들이다. 아들을 낳는 것은 여자가 '자기 남자를 만드는 것'이라고 할 수 있다. 아들을 낳으면 머릿수건에 브로치를 달 수 있는데, 이 장식품은 어머니들의 왕국에 들어갔다는 새로운 위엄을 상징한다. 그러나 어머니가 되는 것은 아주 고달픈 일이다. 젖을 먹이고 업어 키우는 동안 어머니와 아이 사이에는 거의 혼연일체의 긴밀한 유대가 형성된다.

시, 속담, 교훈담은 모성에 찬사를 보낸다. 어머니의 사랑을 묘사할 때 심장보다 흔히 '타사(간)'에 비유한다. "아버지를 잃은 사람에게는 아직 어머니의 팔이 남아 있지만, 어머니를 잃은 사람은 적에 둘러싸여 비참한 처지에 있게 된다." 어머니의 중요성을 알려주는 속담이다.

버림받음

버림받음은 카빌리 사람들의 정서에서 대단히 중요한 주제다. 가족이 없다는 것은 생각할 수도 없고 견딜 수도 없는 일이기 때문이다. 민간설화에서는 가난 때문에 아버지가 가족의 먹을 것을 찾아 멀리 떠나서 생긴다. 아버지의 부재는 인간이나 초자연적인 나쁜 힘들이 침입할 수 있게 하여 버려진 가족을 위험에 빠지게 한다. 부모가 가난 때문에 어쩔 수 없이 아이를 버리기도 한다. 아버지가 가족을 버리고 돌아오지 않기도 한다.

혼외관계에서 태어난 아이는 절대 인정받지 못하며, 그렇게 태어난 아이는 죽이거나(옛날에는 어머니와 같이 돌로 사형당했다) 버려진다. 그러나 '잠든 아이'라는 특이한 풍습이 있어 이러한 형벌을 완화했다. 실제 임신 날짜 이전에 이미 임신한 상태였다고 주장할 수 있게 했으며, 최대 7년까지 아이가 '잠들어 있었다'고 인정했다. 그럼에도 많은 사생아들이 특히 도시에서 버림받고 있다. 버림받음의 또 다른 형태는 여성이 남편의 가정을 떠나는 '름브와르바'다. 부부 사이가 매우 불안정해서 한 남편과 평생을 보내는 여성을 찾기란 거의 불가능했다. 여성들이 자의로 친정에 돌아올 수도 있었고 남편으로부터 버림받을 수도 있었다. 이혼 조건은 거래와 규범의 대상이었다.

성인(예를 들면 노인)을 버리는 것은 쓸 수 없게 된 수레바퀴를 폐기한다는 친밀한 이미지와 비교된다. 수레바퀴를 버릴 때 부수는 것은 금지되어 있고, 많이 일했던 밭에 버려두고 훔쳐가지 못하게 한다.

부부

카빌리에서는 남녀 커플이 어느 날 지하세계의 어둠에서 빛 속으로 나왔다고 말한다. 그때 서로 다르다는 것을 발견하고 함께 인간을 탄생시켜 인류가 생겨났다는 것이다.

이러한 신화적 첫 커플과 달리 카빌리 사회에서 부부의 위치는 매우 낮다. 대가족 속에 묻혀 자율성을 가질 수 없는 것이다. 부계 가족 체제에는 구성원이 너무 많고 남녀를 엄격하게 구분하여 부부라는 개념이 끼어들 여지가 없다. 젊은 부부가 다른 사람들과 떨어져 같이 있는 것은 비난받는다. 결혼 상대를 본인이 선택하는 경우가 아직 드물고 젊은 남자는 대개 신부의 선택을 어머니에게 맡기고 있다. 결혼은 일반 사고방식 속에 혈통을 잇는 수단으로 남아 있어, 일부일처제임에도 불구하고 도시 같은 곳에 따로 나가서 사는 경우를 제외하면 부부는 가족 내에서 한 단위로 거의 생각되지 않는다. 현재 도시 사회에서는 개인이 선택하여 결혼하는 경우도 있다.

불임

불임은 카빌리 사람들의 강박관념이다. 가족이 당할 수 있는 문제와 재난이 여기서 온다. 자식이 없거나 아들이 없는 남자는 가장 불행한 사람이다. 가문을 이어갈 수 없으며 늙어서 보살펴줄 자식도 없고 혈통을 이을 수도 없다. 영원한 소멸인 것이다. 그래서 남자가 자살하는 동기가 되기도 한다. 누구도 다른 사람의 자식을 차지할 수 없으므로 양자도 들일 수 없다. "자식을 가진 자가 번창하는 것은 당연하다"는 것이 카빌리 사람들의 생각이다.

자연 성장에 근거한 부가 사회의 가치체계이며 이념이다. 남자가 재산을 모으는 최고의 목표는 아들을 결혼시켜 혈통을 잇는 것이다. 그러므로 불임이란 모든 사람에게, 특히 여성들에게 더욱더 심각한 비극이며, 임신을 보장받기 위하여 온갖 주술을 행하는 것은 놀랄 일이 아니다. 여성의 인생에서 가장 중요한 순간은 결혼이 아니라 아들을 낳는 순간으로 사회 속에서 존중받는 위치를 차지하는 순간이다. 아들이 없으면 소박맞을 수 있고 사회적 역할이 없이 부모의 짐이 될 수 있었다. 불임은 여성만의 문제로 여겨져 일부다처제의 구실이 되기도 했다. 오늘날에도 자식의 필요성이 여전하기는 하지만 약화되었다. 아이들의 사망이 줄었고 의술의 발전으로 불임을 치료할 수 있게 되었기 때문이다.

사람의 일생

출생

여성에게 첫 아이의 출산은 결혼보다도 더 중요하다. 아들을 낳아 '어머니들의 왕국'에 들어가야 사회적 지위가 생긴다. 출산할 때는 집안의 여자들이 모여 관심과 배려로 산모를 안심시킨다(산모가 혼자 출산하는 마을도 있다). 아기를 낳을 때는 하늘에서 천사가 내려오는데, 아들이면 큰 소리로 축하하고, 딸이면 조용히 하늘로 올라간다고 말한다. 출산을 돕는 산파는 시체를 목욕시키는 역할도 한다. 아기가 나오면, "아들, 아들입니다"라고 말하거나, 조용하게 "아 므사우다!(A mesâuda!: 행복하기를!)"라고 말한다. 그 다음에는 아기 앞날의 복을 비는 여러 의식을 행한다. 피부 문지르기, 기름 바르기, 눈에 분 바르기, 꿀과 물 준비 등이다. 그 자리에 있는 모든 여자들은 '유유' 소리를 내며 산모 주위에 모인다. 산파의 일이 끝나면 아기의 옷을 입히고 일주일간 벗기지 않는다. 산모는 예언자 무함마드의 어머니가 예언자를 낳고 먹었다는, 볶은 밀을 빻아 만든 '예언자의 죽(타흐리르트 은-은느비)'을 먹게 한다. 여자들은 집안의 경사를 노래로 축하한다. 아기 아버지는 엽총을 쏘아 마을에 아기의 출생을 알리고 즐거워한다. 어떤 마을에서는 당일 저녁이나 다음 날 양고기와 쿠스쿠스, 잠두콩, 둥근 빵, 밀 등으로 풍성한 저녁 식사를 마련한다. 집안의 여자들이 방문하여 춤, 노래, 유유 소리로 축하한다.

나이

아기는 갓난아기 시절 동안 '이루판' 혹은 '아그루드'라고 부른다. 걷기 시작하면서 '아크시스(남자아이 혹은 후손)'라고 부르며, 이 나이에 할례를 하게 된다. 그 다음 가축을 돌볼 나이가 되면 '암크사(목동)'라고 부른다. 설화에서도 신동이 빠르게 크는 것을 이러한 순서로 묘사한다. 목동이 되는 나이는 사실상 사춘기 전 단계, 활동이 놀이도 노동도 아닌 수준에 머물러 있는 훈련기에 해당한다. 최근까지도 사춘기에 해당하는 이 시기를 '첫 시장' 의례로 축하하는 것이 관례로 남아 있었다. 아버지가 아이에게 새 옷을 입혀 남자들만 가는 시장에 데리고 가서 소머리를 가져오게 하는 것으로, 가장이 되어 가능하면 부락의 '머리' 중 한 사람이 되기를 바라는 것이다. '암크사'가 성년이 되기 전 단계인 '일름지(사춘기)'가 되면 총을 들 수 있게 된다. 사춘기는 시련을 거쳐야 하는 시기다. 설화의 주인공들은 대개 시련의 연속인 여행을 떠나는 형식으로 입문을 하며, 그 시련을 통하여 성년으로 인정받는 결혼을 할 수 있게 된다. 여자아이들에게는 이러한 사춘기가 거의 없다. 사춘기에 이르면 되도록 빨리 결혼을 시키므로 '타크시슈트(여자아이)'에서 곧장 '티스리트(젊은 신부)'가 된다.

보통 어른을 '아르가즈(남자)'와 '타므투트(여자)'로 부르며, 그 나이가 지난 노년은 설화에서 주인공을 안내하는 조언자 역할을 하는 현명한 노인의 모습을 상징하는 지혜의 나이로 표상된다. 때로는 불행한 노부부로 그려지기도 하는데, 예를 들면 보기 드물게 자살 이야기를 다루는 설화에서 아들이 없는, 즉 생활 수단이 없는 노부부 이야기와 같은 것이다. 그러나 진정으로 존경받을 자격이 있는 것은 신체적 능력을 잃지 않고 '타무스니(지혜)'를 갖춘 '암하르(어른)', 즉 가장 역할을 하고 있는 노인뿐이다. 그들이 후일 '즈디(할아버지)'로 추앙받고 죽고 나서 '조상'이 된다. 나이 든 남자의 위상은 모호하다. 발언권을 잃고 기력이 쇠한 노인은 '불가의 장작' 정도로 취급받으며 웃음거리가 되기 때문이다.

나이 든 여자도 집안일을 통솔하는 동안에는 존중받는다. '암하르'의 아내로서 '탐하르트(어른)'이며, 며느리들 위에 군림하여 집안일을 분배하는 안주인이다. 곳간의 열쇠를 쥐고 식량의 소비를 관리한다. 활동을 하는 동안은 존중받지만 점차 나이를 먹고 남자들처럼 '지다(조상)'가 되면, '키블라(산파)'를 제외하면 '스투트(마녀)'라고 불릴 정도로 지위가 낮아진다. 산파는 사람의 생명을 창조하는 데 기여하므로 존경받는 조언자의 역할을 평생 간직한다.

이름

아이의 '이슴(이름)'은 태어나고 3일이 지나면 붙여준다. 일주일이 넘을 수도 있으나 대개 첫 주를 넘기지 않는다. 아이의 아버지는 아이가 태어나기 전에 돌아가신 집안 어른 이름, 태어난 달의 이름, 가까운 명절 이름, 성자와 같이 존경받는 사람의 이름들 가운데 선택해둔다. 이름을 붙이는 날은 평소보다 더 잘 차린 식사를 하며, 친척들과 산파에게 튀김과자를 선물한다.

붙여준 이름 뒤에 '은(…의)'과 아버지 이름, 이어서 '아이트 (~의 아들)'와 할아버지 이름으로 전체 이름이 구성되며, 때로는 집안 시조의 이름을 덧붙이기도 한다. 예를 들면 알리, 은 아하마르, 아이트 모한드, 이블라이든과 같다. 이제는 이러한 옛 이름 대신에 프랑스 정부가 억지로 선택하게 한 성을 쓰고 있다. '종이에 기재된 성' 즉 호적초본의 '은크와(성)'는 땅이나 밭의 이름, 조상의 이름, 마을 이름, 부족 이름 등에서 적당히 고른 것이다. 그러나 이 행정적 이름은 별로 쓰지 않고 신체적 특징이나 직업 혹은 개성에 따라 붙인 별명으로 부르는 경우가 더 많다.

아이가 귀신에 희생되지 말라고 이름을 바꾸기도 한다. '이디르(생명)'라는 이름이 많은 것은 이름이 건강을 가져다준다고 생각하기 때문이다. 흉안과 같은 나쁜 기운의 주의를 돌리기 위해 남자아이에게 '아크리', 여자아이에게 '타클리트(흑인)'라는 이름을 지어주기도 한다.

'암크사(목동)'

목동이 되는 것은 남자아이에게 중요한 단계다. 아직 청년이 되지 않았지만 어린이에서 벗어나는 중간 단계다. 요즘 단어로는 십여 세부터 시작되는 예비 사춘기라고 할 나이다. 집안의 어린 가축들(대개 양)을 지키면서 외부와 자연을 경험하고, 대표적으로 재칼과 같은 외부 위험에 대처하는 훈련을 하게 된다. 그 위험을 피하고 벗어날 줄 알아야 한다.

집안 여자들의 품에서 갓 벗어난 어린 목동은 내부 여성의 세계와 남자들이 마주해야 하는 외부 야생의 세계 사이의 중개자가 된다. 엽총은 없지만 남자들처럼 하루를 집 밖에서 보내면서도 여자들처럼 어린 가축을 돌보고 여자들에게 데려가 젖을 짜게 하고 가축의 안전을 살핀다. 남자처럼 양떼가 먹을 나뭇잎을 모으기 위해 떡갈나무에 기어오르기도 하지만 가축을 지키면서는 아이답게 놀이를 한다(공놀이, 물장난, 야생 열매 따 먹기, 피리 만들어 불기). 집안이 가난한 경우에는 다른 집의 가축을 돌보기도 하는데, 가장 천한 직업 중 하나로 여긴다. 어른이 가축을 지킬 경우 고향이 아닌 다른 마을에서 한다. 어쨌든 목동 일은 남자의 일이다. 이 나이는 어린 시절에서 벗어나는 것뿐 아니라 남자아이와 여자아이를 나누는 시기이기도 하다. 여자아이들을 가축을 먹이게 보내는 것은 집안에 남자아이가 없고 가난할 때나 예외적으로 하는 일이다. 여자아이를 위험에 빠트릴 수 있기 때문이다.

'일름지(청소년)'
대개 목동 일을 하던 어린 시절을 벗어나면서 남자아이들은 청소년기에 접어든다. 아이와 어른의 중간 시절인 이 단계의 젊은이를 '일름지'라고 부른다. 과거에는 그 나이에 젊은이가 자기 집에서 계속 잠자는 것은 부적절하다고 생각하여 미혼 남자들이 모여 사는 집 '아함 일름지엔'에서 밤을 보내야 했다.

농촌 유형 전통설화에 등장하는 주인공들의 나이가 대개 청소년기에 해당한다. 여행을 떠났다가 돌아오면 한 남자로 사회에 진입하고 결혼하여 가족을 갖고 번성하게 된다.

그 사이 '일름지'는 많은 시련을 겪게 되는데, 남자에게 기대되는 활동에 적합하다는 것을 보여주는 과정이다. 경제적으로 예를 들자면 가축의 주인 노릇을 하는 것, 경작을 위해 황무지를 개간하는 것, 상업적 거래와 여행을 하는 것, 사회적으로 부정적이고 위험한 여성 관계(대개 식인귀로 나타난다)를 이겨내는 것 등이다. 청년 주인공은 또한 마을공동체를 방어할 수 있는 능력을 증명하고, 자연의 야생성을 지배하며 사회 구성원들 사이에서 질서와 풍요를 가져다줄 수 있는 능력을 증명해야 한다. 때로 시련은 신체적 힘과 교묘한 재치의 시험이다. 성인 남성의 나이가 되면 남성성의 표시인 '부르누스'를 입고 엽총을 들 수 있는 권리와 남자들의 회의 '즈마아'에 참석할 수 있는 권리를 갖게 된다. 『천일야화』의 영향을 받은 도시설화의 주인공들은 마술적 초능력으로 부와 권력을 가져다줄 여자를 찾아 떠난다. 도시에서 사용할 엽총을 가지려면 시험을 거쳐야 한다. 끈으로 잰 목의 길이의 두 배에 해당하는 길이의 고리를 머리로 통과할 수 있어야 한다.

현재 카빌리는 어려운 상황에 처해 있어 젊은이들이 남자로서 능력을 발휘하고 가치를 증명하기 어렵다. 일자리와 주택이 부족하고 절망적인 경제적·정치적 조건들로 인하여 자신과 가족의 생계를 확보하기 어렵다. 아버지나 할아버지 세대처럼 이민이나 여행을 할 수 없는 대부분의 많은 청년들은 위기상황이 알제리 정부의 책임이라고 생각하면서 반발하고 있다.

젊은 여성은 지금까지도 청소년기가 없다. 아직도 사춘기가 되면 서둘러 결혼시킨다. 그러므로 여성들은 소녀의 상태에서 곧장 새댁이 된다. 사춘기를 빼앗긴 것에 대하여 많은 여성들이 이주지에서나 카빌리에서 용기를 내어 반대를 확실히 표시하면서 결혼을 늦추어줄 것을 요구하고 있다.

청년

청년기는 남녀에 따라 다르다. 예전에 여자들은 사춘기부터 결혼하여 청년기가 없었다. 중간 단계를 거치지 않고 곧 젊은 신부가 되었다. 결혼 연령이 늦어지고, 드물지만 학교를 다니며 청년기를 거칠 수 있게 되어 점차 소극적인 상태에서 벗어나고 있다.

남자들은 목동의 나이에서 사춘기를 지나 결혼하기 전까지 사회 입문 훈련을 했으며, 결혼하고 나서 단독으로 일하는 일꾼이 되었다. 그러나 실제로는 계속 일하는 것이라고 할 수 있다. 농업이나 소규모 수공업을 하는 집안의 자식들이 손위 형제들과 함께 공동 노동에 참여하기 때문이다. 젊은 남자들은 집안에 일손을 보탤 뿐 아니라 마을회의에 나가 정치력과 전투력 측면에서 한몫을 담당함으로써 가문을 부유하게 했다.

현재에는 전과 같지 않다. 이전 어느 때보다 많은 청년 인구가 직업을 갖지 못하고 있다. 농업이나 수공업에서 일자리가 충분하지 않고, 이주는 알제리 국내에서나 가능하며, 상업이나 공업 분야에도 일자리가 거의 없다. 많은 청년들이 결혼을 미루고 있다. 이처럼 어려운 상황에 대하여 청년들은 정치적·지역적 차원, 더 나아가 정부가 자신들의 문제를 해결하지 않고 무시하고 있다고 비난하고 있으며, 이들의 불만이 국가적 차원으로 확대되고 있다.

사랑

혼인이 본질적으로 가족의 문제인 사회에서는 개인적 감정이 중요하지 않다. 사랑을 심각한 문제를 불러올 수 있는 걱정거리로 생각한다. 감정 표현이 거의 허락되지 않고 자제심이 강요되어 대단한 조심성이 필요하다. 모성애, 부모의 사랑, 형제애는 예외다.

설화에서만 감정이 자유롭게 표현된다. 남녀 간 사랑을 노래하는 시들이 아주 많은데, 여자들은 통통한 몸매와 걷는 모양 때문에 자고새로 빗대어 묘사되고, 남자들은 힘과 민첩성을 가진 독수리나 사자로 묘사된다. 산문도 뒤지지 않아서 사랑의 열병, 주인공의 '름히바(사랑)'가 묘사되고 있다. 꿈에서 본 남자에 대한 '사랑으로 여성의 마음을 병들게'하는 감정이다. 불행한 사랑에 빠진 남자 주인공은 말도 하지 못하고, 웃지도 먹지도 못하며, 다른 여자들을 쳐다보지도 못하고 이곳저곳을 방랑한다. 그러나 사랑이 이루어지기도 한다. 어떤 주인공은 아름다운 여인을 '자신의 눈처럼' 사랑한다고 말한다. 그러나 주인공이 원하는 여자를 얻기 위해서는 수차례 죽음을 각오한 위험을 넘어야 한다.

결혼

대개 결혼은 서로 다른 집안의 남녀 사이에서 이루어지지만, 가장 바람직하게 생각하는 것은 집안 내 친척 간, 가능하면 가문 내에서 결혼하는 것이다. 그렇지 않으면 점점 넓어지는 소속 반경 내, 즉 같은 동네나 이미 인맥으로 연결되어 있는 소단위 마을이 모여 있는 집단 내, 지방, 그렇지 않으면 적어도 카빌리 내에서 결혼하는 것이다. 먼 거리 결혼은 배척한다. 알제리와 마그레브 전체에서 그러하듯 부계사회에서 혈통은 여자를 배제하고 남자들에 의해 이어지며, 근친혼을 뚜렷이 선호한다. 그러나 인류학자들이 '아랍식 결혼'이라고 부르는 가장 바람직한 결혼 방식, 즉 고종사촌과의 결혼은 적어도 설화나 구전문학에서 모호하다. 표상 속에서 근친혼은 집안의 여러 결혼 전략 중 하나로 표상된다. 여자가 두 가문 모두에 소속되어 남성의 지배를 위협할 수 있는 힘을 가질 수 있기 때문이다. 실제 남자로서는 같은 집안 출신보다는 다른 집안 출신 여자가 지배하기 더 쉽다. 일부 농부 설화에서는 근친혼을 위해 선택된 부계 사촌누이가 무서운 어머니, 즉 부계 가부장적 질서를 전복할 수 있는 잠재력이 있는 사악한 여자 역할을 할 수 있다(「알리와 어머니」의 예). 마슈렉의 영향을 받은 도시설화에서는 술탄의 신분 계급 내 결혼이 빈번하다. 이것은 특권 유지 전략으로, 이 계급에서 관례화되어 있는 일부다처제는 경쟁을 통하여 여자들이 가질 수 있는 힘을 약화시킨다. 특권을 유지하고 인맥을 확장하는 것은 권력자들의 가장 중요한 관심사다.

카빌리에서 엄격한 근친혼(부계 사촌누이와의)은 실제로 드물다. 겨우 1% 정도다. 적령기 사촌을 찾으려면 가족의 식구가 그만큼 많아야 하기 때문이다. 부계가문 전체로 확대한 근친혼이 더 빈도가 높아 세력 있는 가문에서는 15%에 이른다. 남자든 여자든 아버지나 어머니가 없는 경우는 가문 내 결혼이 확실히 중요한데, 결혼이 부족한 가족을 보충하는 수단이 되기 때문이다. 가문 내 혼인에는 다른 이유들이 있다. '아아사스(집안의 수호신)'의 축복을 받으므로 일반 혼인으로 취급하면서도, 가문의 정통성을 보존할 수 있다고 생각한다. 집안 여자가 '다른 집안으로 가는 것'을 막아주며, 특히 여자가 가문의 유일한 후손인 경우 대를 이어주기 때문이다.

세력 있는 가문의 혼인전략은 신분 계급 내 혼인이라고 할 수 있다. 예컨대 다른 부족의 세력가문과 혼인이 유용하다고 판단될 때 하는 것이다. 특히 종교 혈통(마라부트)의 경우가 그렇다. 마라부트 계급의 남녀는 그 계급 내부에서만 혼인한다.

가족생활

347

현대에는 새로운 혼인전략이 생겨나고 있다. 예를 들면 현 정치권에서 '지역주민위원회(APC)'의 회장은 가문의 여성들을 지방 여러 마을 사람들과 혼인시키며 선거 목적의 혼인전략을 구사하고 있다. 이 경우는 마을의 외부혼이 '지역주민위원회' 및 그 선거인단이라는 새로운 행정단위 차원에서의 내부혼이 된다. 혼인전략이 새로운 서열 변화에 적응하며 현대화하고 있는 것이다.

아들들의 결혼은 가족의 가장 중요한 관심사다. 집안 남자들의 수를 늘여 세력을 보장함으로써 가문의 미래에 직접적으로 관련되기 때문이다. 결혼은 한 남자가 소망할 수 있는 최고의 재산이다. 그러므로 아들을 낳아줄 사람을 신중하게 선택해야 한다. 큰 가문에서는 혼인 가능성들을 교묘하게 엮으려 하므로 그 전략이 아주 복잡할 수 있다. 외부혼보다 가문 내부에서 몇 쌍의 내부혼을 진행하기도 했다. 숙부의 딸, 즉 고종사촌과 결혼하는 내부혼이 희망하는 모델이었지만 나이 등의 이유로 실현이 어려운 경우가 많았다. 사촌 간 결혼은 가족공동체에서 벗어나지 않을 수 있어 대단히 선호하는 방식이었다. 특히 대가 끊기게 되었을 때는 필수적이었다. 남자형제가 없거나 고아인 여성이 집안의 유일한 후손일 때, 아들을 낳게 되면 그 가족은 대를 이을 수 있는 것이다. 내부혼은 또한 사촌 간에 이미 친숙해 있으므로 안정적일 수 있다. 명망 있는 가문에서 아들이 많은 경우는 다른 마을이나 다른 부족의 '좋은 집안'과 혼인하여 명예를 높이고자 했다. 보통은 마을 내에서 가문의 위상을 강화하는 마을 내부혼이었다.

이러한 혼인전략은 이제 철저히 지켜지지 않는다. 가족이 분산되고 의사소통이 쉬워져 결혼의 가능 반경이 달라진 것이다. 그러나 아직 결혼의 당사자인 두 배우자가 결혼을 주도하지 못하고 있으며, 알제리 가족법에 따라 강제성은 사라졌지만 자식들은 부모의 의견을 거역하기 어렵다. 결혼은 가족과 가족의 사회적 위상에 너무 깊이 관련되어 있어 젊은이 개인이 주도권을 잡지 못하는 것이다. 대부분 부모들은 여전히 자식들로 하여금 배우자를 같은 가문 내에서는 아니더라도 가까이에서 구하도록 압력을 넣고 있다. 같은 혈통 내에서 찾는 것이 이상적이며, 그렇지 않으면 적어도 같은 마을 내, 같은 부족 내, 아니면 같은 연맹체나 지방 내, 즉 카빌리 내, 아니면 적어도 마그레브 내에서 찾아야 하고, 최소한의 조건은 같은 무슬림이어야 한다는 것이다. 마그레브 세 나라, 알제리, 모로코, 튀니지의 가족법은 모두 무슬림법 샤리아에 따라 젊은 무슬림 여성이 비무슬림 남자와 결혼하는 것을 금지하고 있다(무슬림 남성과 비무슬림 여성은 결혼이 가능하다).

일단 가장이 혼인전략을 결정하고 나면 적당한 신붓감을 구해야 한다. 사촌인 경우는 간단하다. 의논하고 준비하면 되는 것이다. 대개 어릴 때부터 시작된다. 그렇지 않은 경우는 남자들이 여자에게 접근할 수 없고 서로 만나기도 어려우므로, 아들 가진 어머니가 일을 맡는다. 어머니는 신붓감에 가까이 갈 수 있고 며느릿감을 평가할 수 있는 유일한 사람이다. 신랑감이 할 수 있는 일은 샘가에 가는 아가씨를 슬쩍 엿보는 것뿐이다. 얼마 전까지도 이렇게 결혼이 진행되었다.

신붓감이 정해지면 거래는 다시 남자들의 몫이다. 조건을 결정하고 신부 집안의 남자들과 의논하여 '타아맘트(결혼 보상금)', 즉 신부가 아들을 낳게 될 것에 대한 보상으로 신랑의 집안에서 신부의 집안에 주게 될 액수를 계약으로 결정한다. 내부혼인 경우는 신부가 집안의 사람이므로 이 보상이 상징적이다. '바틀(무료)' 결혼인 것이다. 그러나 신붓감이 다른 집안에 아들을 낳아주게 되면 달라진다. 양가 남자들이 만나 대개 마라부트가 배석하여 쿠란의 첫 장 '파티하'를 엄숙하게 암송하고 결론을 내린다. 결혼 보상금의 액수는 다양하다. 현재는 그 액수와 결혼식 비용이 지나치게 높다는 불평이 많다. 가족의 명예와 관련되어 있기 때문이며 결혼식을 사치스러운 선물이 넘치는 호화스러운 축제로 생각하기 때문이다. 설화에서 하룬 에르 라시드가 메카 술탄의 공주에게 바치는 결혼 보상은 천 마리 낙타, 천 마리 암낙타, 천 마리 소, 천 마리 암소, 천 마리 말, 천 마리 암말, 천 마리 노새, 천 마리 암노새, 천 마리 당나귀, 천 마리 암당나귀, 천 마리 양, 천 마리 새끼 양이다. 단순한 보상이 아니라 세력을 과시하는 것이며 가문의 위신을 보이려는 것이다.

현재 알제리 가족법(1984년 6월 9일)에서도 결혼 계약이 유효하려면 결혼 보상금과 두 명의 증인이 필수 사항이며 지불하지 않는 경우는 결혼이 취소된다. 같은 법상 일부다처가 허용되며 여성을 소박하는 것도 허용된다. 소박의 경우에는 이혼 과정을 밟는다. 2005년 조혼이 금지되어 남녀 모두 최소 결혼 연령이 19세가 되었다.

신부가 새 집에 들어가는 의식을 거쳐(문의 횡목에 달걀을 깨고, 시어머니로부터 물세례를 받는다) 집안에 들어가고, 헤나 의식을 거치고 나면 하객이 모여 식사와 여흥을 즐기는 축하연 '타므하'가 시작된다.

일반 인식 속에 결혼이란 서로 다른 반쪽이 만나는 것으로 서로 두렵지만 상호보완하는 관계를 맺는 것이다. 남자들은 여자가 가진 주술적 힘을 무서워한다. 집안의 세력과 남자의 힘이 여자의 생산성에 달려 있기 때문이다. 전통설화에서 결혼은 남자가 여러 시련을 극복하고 수행하는 중요한 단계로 설정되어 있다. 한 설화는 대단히 의미심장한데 주인공이 여자들의 잔꾀를 피하고 나름의 분별력을 키우며 부정적인 여성성을 누르고 남성적으로 보이기 위하여 '여자 다루는 기술' 배운다. 그러나 『천일야화』류 설화의 주인공들은 아름다운 여자를 얻기 위해 마을 밖으로 나가 주술과 초자연적 힘의 도움으로 목적을 이룬다.

카빌리 여성들의 인생에서 결혼은 사회적 위치를 가질 수 있는 유일한 방법이다. 그것도 일단 아들을 낳은 후이고, 그렇지 못하면 설 자리가 없다. 젊은 여성에게 결혼은 친숙한 세계에서 다른 세계로 이행하는 것을 의미하며 남편 및 그 집안과 화합을 전제로 미래의 어머니로 동화해야 하는 어려운 시련을 의미한다.

임신

임신한 여성은 집안이나 밭 노동을 면제받을 권리가 있다. 예전에는 아기에게 해가 될 수 있다고 믿는 나쁜 것이나 추한 것을 멀리해야 하는 수많은 금기 사항을 지켜야 했으며, 아름다운 사람과 사물만을 바라보도록 했다.

아이트 야히야 부족의 마을 아이트 히슘에서는 임신부가 임신 9개월이 되는 첫날 새벽 남자의 목소리가 들리는지 여자의 목소리가 들리는지에 따라 태어날 아기의 성을 미리 점치는 풍습이 남아 있다.

사촌

가족 구성원은 세대 간 차이가 아니라 부계인가 모계인가에 따라 구분된다. 친가의 모든 남자들은 '으그마(형제)' 아니면 '아암미(삼촌, 사촌)'라고 부르며, 외가의 남자들은 '할리'라고 부른다. 누이들은 '웰트마', 고모들은 '아암티'라고 부르며, 외가의 여자들은 '할티'라고 부른다. 손위 누이나 사촌 누이들에게는 좀 더 정중한 호칭인 '난나'가 있다.

남자의 수를 늘려주는 여자를 집안에 들이는 혼인 문제는 카빌리 가족들의 가장 중요한 관심사 중 하나다. 부계 가족 내에서 결혼하는 것을 가장 바람직하게 생각하고 외부인들은 '이방인'으로 여긴다. 그러므로 부계 가족에서 적령기에 있는 숙부의 딸 '일-스 아암미-스'나 고모의 딸을 먼저 고려한다. 이처럼 부계 사촌과 결혼하는 근친혼을 '선호하는 것'은 여러 의미가 있다. 우선 가족의 일원이므로 가족의 이해관계를 자연스럽게 생각하는 확실한 사람이다. 그리고 모든 것이 가족 내에서 진행되므로 맞교환할 필요도, 지불금을 내야 할 필요도 없다. 또한 사촌은 이미 서로 알고 있어 애정이 있을 수 있고, 집안 여자가 다른 사람의 집으로 떠나지 않아 집안의 재산을 보존할 수 있으며, 혈통을 더욱 강화시킬 수 있다. 설화에서도 세력가가 정치적으로 유용한 외부 사람과의 혼인보다 가문의 특권을 유지할 수 있는 내부 결혼을 더 좋아하는 예를 볼 수 있다.

직계 사촌이 없으면 좀 더 먼 친척과 결혼하기도 한다. 그보다 더 많은 것이 마을 내 결혼으로 마을 주민들은 모두 서로 친척이므로 내부혼이라고 할 수 있다. 이제는 접촉의 반경이 넓어져 이 모든 것이 바뀌고 있으며, 사촌 간 결혼도 예전보다 줄어들고 있다.

상속 박탈

1984년 제정된 알제리 가족법에 따라 현재는 여자들이 남자 몫의 반을 상속받게 되어 있다. 카빌리 관습법은 이와 달리 여성에게 상속권을 주지 않았다. 여성을 상속에서 제외하는 것은 18세기(1748년 혹은 1767년)에 와서 생긴 일이며, 이전에는 마을마다 다르기는 하지만 보다 공평했다고 전해진다. 여성의 상속권 박탈은 1767년 알제에 파견된 터키 총독 '데이'가 스페인과 조약을 맺으면서 풀려난 카빌리인 포로들이 고향으로 돌아오게 된 특별한 상황에서 기인한 것으로 보인다. 남자들이 떠나고 여러 해가 지나자 이들이 죽은 것으로 생각하고 혼자되었던 여성들이 재혼을 했다. 남자들이 전 재산을 잃게 된 것이다. 그 이후부터 오랫동안 집을 비웠던 '귀환자'들이 재산을 잃는 일이 없도록 조처를 취할 필요가 생긴 것이다. 그 기원이 어떠하든 이 문제는 카빌리의 구전법이 상황에 적응하는 유연성을 가지고 있다는 점을 보여주고 있으며 동시에 무슬림 관습법과 조화되기 어렵다는 것을 보여주고 있다. 무슬림법을 지키고 있는 마라부트들도 상속 문제와 관련해서는 카빌리 관습을 수용하고 있다.

성

성적 욕구는 집안의 균형을 위협할 수 있기 때문에 성의 통제는 카빌리 사회의 중요한 관심사 중 하나다. 시아버지가 며느리를 탐하게 하고 형제가 다른 형제의 아내를 탐하게 할 수 있는 성적 본능은 가족을 위험에 처하게 한다. 그러므로 이성 간 관계를 코드화하는 규범들과 금지, 거리를 만들고 유지시키는 예절(하슈마)을 통해 성을 엄격하게 통제한다.

성의 통제는 우선 젊은 여성의 동정에 대한 깊은 관심으로 나타난다. 대부분의 사회에서와 마찬가지로 근친상간은 금지되지만 미묘한 한계가 있다. 함께 자란 고종사촌들 간의 결혼이다. 인척 간 허용되는 가장 가까운 결혼으로 넘어서는 안 되는 경계선이다. 「알리와 어머니」와 같은 설화에서는 모자 사이가 지나치게 가까운 것이 경계의 대상으로 등장한다.

통제되지 않은 여성의 성이 가장 큰 위험이라는 것은 암컷 식인귀의 표상에서도 잘 나타나 있다. 야만 세계에서 유일한 암컷이면서도 사회화된 여성이 해야 하는 것과 반대되는 행위를 한다. 가문에 아들을 낳아주어야 함에도 어린 남자아이들을 잡아먹는 것이다.

여성의 타락으로 생기는 위험도 「알리와 어머니」에 나타나 있다. 알리의 어머니는 성적 욕구가 채워지지 않자 두 번이나 아들을 죽이려 한다. "왜냐하면 남자 없이 살고 있으니까." 성적 욕구는 아들을 죽이는 가장 중대한 반사회적 행위를 저지르게 할 뿐 아니라 결국 숫 식인귀의 애인이 되게 하여 야만 세계에 굴러 떨어지게 만든다. 가족의 생산력을 뺏어버리는 동성애도 비난받아야 마땅하다. 동성애는 농촌보다는 도시에 많다고 한다.

집안의 세력을 확보해 줄 아들을 낳게 해주는 성적 욕구는 대단히 불안한 무엇으로 표상된다. 여성들이 이 강력한 본능을 의식하고 자신을 위해서 사용할 수 있기 때문이다. 남성의 성적 욕구는 여성들에게 효과적인 무기가 될 수 있어 남성의 지배를 피하기 위한 권력 저항의 한 형태라고 볼 수 있다.

성생활

성생활을 통제하는 것은 사회의 중요한 관심사 중 하나다. 성적 욕구는 실제로 가족의 균형을 위협한다. 며느리를 탐내는 가장, 형수나 제수를 넘보는 형제들, 즉 성적 문란은 가족을 위험에 빠트린다. 그러므로 이성 간의 관계에 대한 규제와 금지 그리고 거리를 만들어 남녀 간의 소통을 제한하고, 예절과 자제를 통하여 성생활을 엄격하게 통제한다.

문란한 성생활에 대한 강박적 관심은 젊은 여성의 순결을 강조하는 데서 시작한다. 설화에서는 불능인 남편과의 불행한 결혼생활에서 딸이 순결을 간직한 것을 기뻐하는 아버지가 '가죽 부대가 터지지 않았다, 물이 흐르지 않았다'라는 은유를 사용해 말하는 것을 볼 수 있다. 버림받은 남편은 물과 오줌이 고여 있는 축사에 던져져 수치스러운 불능에 대한 벌을 받는다.

대부분의 사회처럼 근친상간을 금지한다. 그러나 미묘한 한계가 있다. 부계 사촌과의 결혼, 즉 같은 집안에서 함께 자란 아버지 형제의 딸과 결혼하는 것이다. 결혼이 허용되는 가장 가까운 사이로 근친상간에 거의 근접해 있다.

실제 문란한 여성의 성생활은 카빌리 사회의 가장 큰 위험이다. 식인귀가 가장 좋은 예인데, 야생의 세계에 혼자 사는 암 식인귀는 어린 남자아이를 잡아먹을 정도로 여성이 사회 속에서 해야 하는 모든 것에 반대되게 행동한다. 가족에 아들을 낳아주어야 하는 여성의 본질적 역할을 부정하는 것이다. 여성의 변태적 행동이 갖고 있는 위험은 「알리와 어머니」에 계속 나타나 있다. 알리의 어머니는 "남자 없이 지냈기 때문이다"라는 구절이 말하고 있듯 채워지지 않은 성적 욕구로 인하여 아들을 괴롭히는 것이다. 그리고 고삐 풀린 그녀의 성욕은 아들을 죽이려 하는 가장 심한 반사회적 행동을 저지르게 할 뿐 아니라 식인귀를 애인으로 삼아 야생의 세계로 떨어지게 한다.

아들의 수를 늘여 가족의 세력을 책임지는 성적 욕구의 중요성이 이런 방식으로 표현되는 것이다. 여성들은 주술을 사용해서 본능의 힘을 자신에게 유리하게 사용할 수도 있다. 남성의 지배에서 벗어나기 위한 반(反)-권력의 한 형식이다. 남성의 성적 욕구가 그들에게 효과적인 행동 수단이 될 수 있는 것이다.

소박(일방 이혼)

카빌리에서 한 남자가 여러 부인을 갖는 경우는 거의 없지만 부부 한 쌍이 평생을 해로하는 경우도 많지 않다. 한 남자가 여러 여자와 연속해서 결혼하는 경우가 흔하다. 아내를 소박하는 것은 쉬운 일이며 아기가 없는 경우에는 정당하다고 여긴다. 남편은 "가라, 나는 너를 돌려보낸다!"라고 3차례 말하고 나서 이혼 신고를 하면 된다. 예전에는 여자들이 남편의 집을 떠나 친정아버지에게 돌아갈 수 있었다. 이들은 '탐나프크트', '탐브와룹트', 즉 '반란녀' 혹은 '반항녀'라고 불렸으며 이 경우 대개 단순 가출이었고, 특히 아이들이 친정에 있는 경우였다. 현재 이혼을 하려면 알제리 어느 곳에서나 가족법(1984년 제정) 절차를 따라야 한다. 아내를 돌려보내려면 합의 과정을 포함한 이혼 절차를 밟아야 한다. 여자가 이혼을 요구할 수 있는 다섯 가지 정당한 사유가 있다. 중대 결함이 되는 악습, 부양 거부, 재산 수익 지급 부재, 1년 이상 부재, 금욕이다. 2005년 2월부터 남편은 이혼 여성이 살 곳을 책임져야 하며, 여성의 아이 양육권을 인정한다.

수유

산모는 아기가 태어나고 1-2시간 후부터 2-3년 동안 아기가 보챌 때마다 젖을 먹인다. 젖이 모자라는 경우 수유 중인 집안의 다른 여자들이 젖을 주기도 한다. 대가족의 장점은 아이를 여러 어머니가 보살필 수 있다는 것이다.

같은 젖을 먹는 것은 특별한 관계를 형성한다. 젖먹이들 사이에 결혼이 불가능하게 된다는 것이다. 가장 선호하는 결혼인 사촌 간의 결혼이 제한받는다.

설화에서는 주인공이 식인귀에게 잡아먹히지 않기 위하여 몰래 식인귀의 젖을 먹기도 한다. 식인귀는 "너는 내 아들과 마찬가지다"라고 말하게 된다. 일종의 입양이 되는 것이다. 젖을 먹는다는 것은 대단히 강한 결속을 의미하여 아들에게 무엇인가 얻기 위해서 어머니는 "네가 내 젖을 먹었다"라는 이유로 맹세하게 한다.

모유가 부족하고 다른 사람이 젖을 줄 수 없는 경우에는 염소젖이나 소젖을 물에 타서 먹였다. 현재에는 젖이 부족한 경우뿐 아니라 편의를 위해서 젖병을 쓰기도 한다. 그러나 젖병을 잘 소독하지 않는다는 문제가 있다.

산모가 일방 이혼을 당하는 경우에도 2년간, 즉 수유 기간 동안에는 아이를 떼어 놓지 않는다. 현재에는 수유 기간이 지나도 그 기간을 연장할 수 있다.

수혼제

수혼제는 형제의 아내였던 여성과 결혼하는 것이다. 아버지를 잃은 아이들의 문제를 만족스럽게 해결할 수 있게 해주기 때문에 카빌리에서 자주 볼 수 있는 현상이다. 아이들이 어머니와 헤어지지 않고 아버지의 집안에 머물 수 있으며, 부계 집안은 아이에게 친권을 행사할 수 있었기 때문이다. 아내로 맞을 수 있는 상황이어야 한다는 조건이 필요하지만 모든 사람에게 좋고 바람직한 것으로 생각했다. 여자가 부모의 집으로 돌아가거나 남편의 집안 외의 사람과 재혼을 하게 되면 아이들을 두고 떠나야 했다. 그러나 종교인들은 이러한 관습이 적법하지 않다고 보며 형제가 '형수 혹은 제수를 물려받는 것'은 근친상간이 될 수 있다고 주장하기도 한다.

숙부 아암미, aâmmi

숙부는 한 가족으로 같이 살며 아버지와 가장 가까운 사람이고 가장 가까운 친척이다. 남자형제들 간의 연대감은 대단히 강하고 중요한 것이어서 숙부는 아버지 다음으로 믿을 수 있는 사람으로 생각한다. 「알라딘」에서도 나쁜 마법사가 남자아이만 손에 넣을 수 있는 보물을 얻기 위하여 소년이 필요하게 되자 그와 그 어머니에게 자신이 숙부라고 하며 접근한다. 집안의 가장과 아버지 다음으

로 친근한 사람이며 어려운 일을 대신할 수 있는 아버지의 보조자
이자 보호자다.

　예를 들면 고종사촌은 왕가에서 후계자가 하나일 때 가장 바
람직한 신랑감이다. 내부혼일 때 숙부는 동시에 시아버지가 되어
입지가 강해지고, 사촌 사이에서 태어난 아이들은 한 집안에 봉사
하며 가족의 힘을 더욱 강하게 한다. 숙부의 아들 수는 집안의 세력
을 결정하므로, 형제가 죽었을 경우 그 자식들은 당연히 다른 남자
형제가 맡는다. 더 나아가 살아 있는 형제가 죽은 형제의 미망인과
혼인할 수도 있다. 미망인과 그 자식들이 집안에 남아 있을 수 있게
되는 것이다. 이 경우 미망인은 두 번째 아내가 된다. '아암미'는 명
망 있는 나이의 남자를 부르는 존경의 호칭으로 쓰이기도 한다.

시어머니 탐하르트, tamghart

'탐하르트'는 '고귀한 안주인'으로, '암하르', 즉 '고귀한 가장'의
부인이다. 여자가 얻을 수 있는 사회적 인정의 정점이다. 이 자격
으로 집안을 통솔하고 여자들에게 집안일을 분배하며 창고의 열
쇠를 쥐고 각 식구가 꼭 필요한 것만 소비하도록 관리한다. 모든
여자들이 정당하게 희망하는 것이 바로 이 자리로, 그 약속된 희망
을 갖고 수많은 고난을 견딘다.

　'탐하르트'는 실상 '시어머니'를 말한다. 아들이 집으로 젊은
신부를 데려와 결혼을 한 후에나 될 수 있는 것이기 때문이다. 시
어머니와 며느리의 사이는 얼마나 어려운 것인지 딸을 가진 어머
니들은 그것을 명분으로 딸들을 어린 시절부터 나이가 들 때까지

혹독하게 훈련한다. 시어머니의 전설적 이미지와 며느리와의 갈
등관계를 암시하는 노래와 속담이 수없이 많다. 현대에는 가족 구
성원의 수가 줄고 젊은 부부들이 독립하여 갈등이 전처럼 일반적
이지도, 첨예하지도 않다.

신부 티스리트, tislit

결혼하여 아이를 낳기 전까지 여자는 자신의 집안에서 새로운 집
안으로 옮겨가는 과도기 상태에 있다. 친정에서 시댁으로 가는 여
행에는 세심한 주의가 따른다. 데리러 온 신랑 집안 남자들에 둘러
싸여 노새에 오른다. 예전에는 베일을 쓰고 데리러 온 남자들이 말
을 붙여도 침묵해야 했다. 현재는 자동차로 시댁에 간다. 시댁에
도착해서 침묵하는 것은 여전히 지켜지고 있다. 시집에 들어가서
는 문을 향해 돗자리 위에 앉아 저녁이 되기까지 말없이 기다려야
한다. 돗자리 아래 시어머니가 다산의 상징인 대추나 잠두콩을 놓
아두기도 한다. 침묵하게 하는 것은 떠나온 집과 단절을 강조하기
위한 것으로 눈물을 흘려도 되며 때로는 억지로 흘리게 만들기도
한다.

　　그러나 동정이 아닌 경우에는 큰 불행이 닥친다. 예전에는 불
명예의 표지로 생각하여 발가벗겨진 채 나귀에 등에 앉혀 친정으
로 돌려보내기도 했다. 그리스 테살리에도 있던 낡은 지중해 관습
이다.

　　신부가 들어오는 것은 집안 모두에 축복이다. 남자들에게는
남자들의 수를 늘이는 약속이며, 여자들에게는 그 목적 외에도 여

자들의 집안일을 돕게 될 사람이 생기는 것을 뜻한다. 시어머니는 '탐하르트(시어머니, 큰 어른)'의 위치를 갖게 된다. 새 신부로서는 아들을 낳기 전까지 모든 사람의 경계의 시선 속에서, 아주 조용하게 자신이 받아들여질 때까지 노력해야 하는 어려운 기간이 시작된다.

아기 아그루드/일루판, agrud/ilufan

젊은 엄마가 아이, 특히 남자아이를 낳으면 가부장적 이념이 부여한 임무를 수행한 것으로 행복한 일이다. 특별한 경우를 제외하고 아이는 원할 때마다 엄마 젖을 먹는다. 힘든 일은 집안의 다른 여자들이 맡기 때문에 거기서 벗어난 젊은 엄마는 대개 집에 남아 아이를 침대에 눕히거나 등에 업는다. 엄마와 아기의 관계는 다른 아이가 태어나기 전까지 거의 한 몸이라고 할 정도로 친밀하다. 다른 아이가 태어나면 엄마의 사랑을 나누는 문제와 질투의 문제가 생긴다. 그러나 대가족 속에서는 집안에 젊은 여자의 수가 많아 가사 노동이나 수유를 나누며 아이들을 함께 돌볼 수 있다. 현재는 집안 식구가 줄어들어 우유병이 엄마 젖을 대신하기도 한다.

아들

혈통을 이어가는 부자 관계는 카빌리 문화에서 대단히 중요한 역할을 한다. 모든 인간관계의 모델이다. 모든 사회집단이 부자 관계 도식에 따라 이름 붙여진다. '아이트 X(X의 아들)'는 커지는 순서대로 가족, 동네, 마을, 부족, 연맹체 외에 예를 들면 '아트무르트(지방)'처럼 대단위 지역까지 연속해서 지칭한다. 부자 관계는 전체 사회가 근거하는 이상적 초석이다. 그러므로 부자 관계를 몰라서도 안 되고 부정하거나 양도하거나 포기해서도 안 된다. 양자를 들이는 것은 불가능하다. 같은 피를 나눈 관계는 끊을 수 없기 때문이다.

예를 들면 고용주와 피고용인이 긴 세월 동안 함께 살아 강한 유대가 맺어졌으며, 고용주가 애정을 갖고 소망한다 해도 부자관계가 될 수 없다. "자식을 가진 자가 번창하는 것은 당연한 것이며, 누구도 아들을 빼앗을 수 없다." 그러므로 아들이 없는 사람에게 구원은 없다.

설화에서는 생물학적 부자 관계를 부정하면 대가를 치르게 된다. 이집트 콩이 마술로 변신해서 태어난 아들은 무질서를 초래한다는 설화가 있다. 아이는 아버지가 시키는 것은 하지 않고 다른 사람이 하는 모든 명령을 따른다(추수한 것을 불태우거나 숙모들의 얼굴을 추하게 만든다). 결국은 사자에게 삼켜져 '배 속에 들어갔다 나와' 자연 질서 속으로 편입된다. 이와 반대로 대개 일곱 번째 아들이 모든 공적을 수행하는 능력을 가지는 경우도 있다. 설화 주인공 음키드슈의 경우로 이 비범한 소년은 집 안과 집 밖 사이의 중재자로 자연에 승리한다. 이상적인 자식의 수인 일곱 번째 아들만이 식인귀의 젖을 먹고 양자로 받아들여져 식인귀가 해칠 수 없는 인물이 될 능력을 가진다.

부자 관계에는 또 다른 의무가 따른다. 부자 관계를 모자 관계보다 중요하게 생각해야 하는 것이다. 설화에 자주 등장하는 계모들은 전실 자식을 학대하고 자신의 아들만 돌보려고 하는데, 남자 간의 관계, 즉 이복형제나 아버지와의 관계를 보호하기 위하여 이런 계모는 희생된다.

부계혈통은 모계를 희생해서라도 지켜야 하는 중요한 것이다. 부자 관계의 절대적 가치는「알리와 어머니」설화에서도 그 전조를 볼 수 있다. 이 설화에서는 아버지가 일곱 아들에게 어머니를 죽이라고 명령한다. 한 아들을 제외하고 모두 이 명령에 복종한다. 말을 듣지 않은 아들은 나쁜 어머니에게 계속 쫓기며 결국에 가서는 어머니를 죽이기로 결심하게 된다.

동양이나 도시에서는 부자 간의 절대적 관계라는 전통이 꼭 지켜지는 것은 아니다. 한 여자를 두고 부자가 서로 다투는 경우가 자주 등장하는데, 실제로는 대개 권력 싸움이다. 농촌의 전통적 표상에서 중심을 차지하고 있는 부자 관계가 도시의 맥락에서는 달라지기도 한다. 즉 술탄의 아들들은 대개 문제를 일으키는 이상한 인물들이다. 대개 하시시를 피우며 소심하고 방탕해서 저주받고 쫓겨난다. 하룬 에르 라시드도 아들을 메카 술탄의 딸인 아내에게 맡겨버린다. 가부장적 관례와 다산은 세력가들에게는 관련 없는 일이다. 이 계층에서는 아들이 반드시 필요한 후계자 역할을 하지 않으며 전통적으로 해오던 유일한 부의 근원 역할도 하지 않는다.

아버지

'밥 우함(가장)'인 아버지는 가족을 책임지는 사람이다. 최우선적으로 아들을 두어야 하고 아들이 크고 난 뒤에는 아들과 딸의 결혼을 책임져야 한다. 가족 집단을 지속시키는 데 중요한 결혼을 잘 치르는 것은 가장 막중한 임무이다. 가장이 겪을 수 있는 최악의 상황은 자식 없는, 아들이 없는 사람이 되는 것이다. 아들 없이 딸만 있는 경우는 일부다처의 구실이 될 수 있다. 설화에서는 아버지가 아들들 사이의 경쟁을 통제하지 못해서 가족의 단합을 위험에 빠트리기도 한다. 형제들 간 시기심을 피하는 것은 아버지가 가장 걱정해야 하는 일이다. 어떤 설화에서는 아버지가 며느리를 탐내어 아들의 복수를 부르는 비극이 벌어지기도 한다.

아이 보호자

카빌리 관습법에서 자식은 부계에 속하여 여자가 소박을 당하거나 과부가 되면 아이들을 시댁에 두고 떠나야 했다. 젖먹이만 데리고 갈 수 있었으므로 어머니로서는 감당할 수 없는 비극이었다. 수혼제, 즉 남편의 형제와 재혼하여 남편의 집에 머물러 아이들과 지낼 수 있게 하는 것이 문제를 해결하는 한 방법이었다.

알제리 가족법은 현재 과부나 이혼 여성에게 아이를 키울 권리를 부여하고 있는데, 아이의 나이가 몇 살이 될 때까지인지 그 기간이 명확하게 제시되어 있지 않다. 때로는 아주 짧은 기간일 수도 있고 때로는 사춘기 이후까지일 수도 있다. 카빌리에서는 가족에 따라 혹은 어머니의 경제 능력에 따라 달라진다.

어린이

'드리야 드 르흐리프 은니그 엘카눈(Dderya d lexrif nnig elkanun: 자식은 가정의 산물이다)'. 자식은 여자와 남자가 바랄 수 있는 모든 것이다. 자식이 없는 삶이란 자살을 정당화할 정도로 의미 없는 것이다. 농부들의 세계에서 아들을 낳는 것은 가족의 미래를 보장하는 필수적인 일이다. 아들의 수는 노동력과 방어력 그리고 마을 안에서 정치적 힘을 의미한다. 여성들은 가임 기간 내내 임신해 있거나 젖을 먹이는 상태로 남자 아이들이 6-7세가 되기까지 기른다. 일곱 명의 아들을 두는 것은 젊은 신부에게 하는 축원으로 여성이 바랄 수 있는 최고의 이상이다. 특히 모자 관계는 뗄 수 없는 것으로 설화에서 다루고 있다.

어머니, '세상 첫 어머니'

여성의 최우선적 기능이며 찬사를 받고 기쁨을 표현할 수 있게 해주는 것은 자식의 생산이다. 자식 사랑은 숭배와 비슷하다. 어머니와 아들의 관계는 수많은 시를 통하여 노래되었으며, 자식을 품었던 배, 안아주었던 가슴, 먹을 것을 주었던 젖가슴을 표현하는 구절이 많다.

카빌리 신화에는 대단히 흥미로운 인물이 하나 있다. '세상 첫 어머니'로, 어릴 때는 이중적이었다가 자식을 갖고 나서 악독하게 되어 '스투트(마녀)'가 되었다고 한다.

이 첫 어머니가 해를 물거울에 떨어트려 일식이 생기게 했고,

물거울에 생기는 거품으로 구름을 만들고, 거기에 낫을 흔들어 별을 만들었다고 한다. 반죽으로 양을 빚어, 양털에는 첫 어머니 손에 묻었던 재 자국이 남아 있다고 한다. 세상에 언어가 많은 것도 이 첫 어머니 때문이었다고 한다. 사람들 사이에 큰 싸움을 붙여 점점 언어가 달라졌으며, 결국 서로 알아듣지 못하게 되었다는 것이다. 인간에게 죽음을 가져다준 것도 첫 어머니였다. 젊은 엄마에게 잃은 자식을 다시 만나려면 모든 사람이 죽기를 빌라고 권했다고 한다. 또한 한 청년을 쿠스쿠스 쟁반을 더럽히게 해서 원숭이로 만들었다고 한다. 여러 짐승들이 악독한 첫 어머니가 남긴 자국을 가지고 있는데, 고슴도치는 첫 어머니가 때릴 때 썼던 솔의 바늘을 떼지 못하고 가지고 있고, 또 다른 종류의 고슴도치도 첫 어머니가 쓰던 나무 실패 조각을 영원히 달고 있다. 거북이는 어린 수소에게 던진 맷돌이 등과 가슴에 붙어 떨어지지 않아 생겼다고 한다.

외부혼

외부혼은 좋게 생각하지 않으며 거리가 멀수록 더욱 반감이 심하다. 다른 마을 사람과의 결혼은 비교적 최근까지도 좋지 않게 생각했으며, 그로 인해 마을 간 싸움이 벌어질 수도 있었다. 현재에도 남녀 모두 카빌리 출신이 아니면 결혼이 어렵게 성사된다. 특히 여성이 카빌리 출신이 아닌 경우 더 심하다. 여성이 무슬림이 아닌 사람과 결혼하는 것은 철저하게 금지되어 있지만, 남자는 비무슬림 여성과 결혼할 수 있다. 이민 상황에서나 존재하는 결혼들이다. 예전 권세 가문들 사이에서 외부혼이 있긴 했지만, 양편이 무슬림

이어야 하며 특별한 경우이다. 예를 들면 쿠쿠 가문 블카디의 딸이 알제 '데이'의 아내가 된 경우다. 대가문에서는 가족 내 내부혼보다는 계급 내 내부혼을 선호한다. 현재에도 종교가문들에서는 다른 종교가문과 혼인하고 있다.

우애

사회적 안정에 꼭 필요한 중요한 덕목인 우애는 가족 내 연대의식의 한 형태이다. 혈통의 응집을 위협하는 형제간 질투만큼 경계해야 하는 것은 없다. 남자들의 핵심적 덕목인 부계 형제들 간 우애가 여자들에 의해 위협을 받는다는 것을 보여주는 설화들이 이러한 관심을 반영하고 있다. 계모가 자신의 아이들만 보살피고 전실 자식들을 박해한다는 이야기가 자주 등장한다. 이 경우 모자 관계보다 우애가 중요하기 때문에 아버지가 계모를 죽이도록 명령하기도 한다.

카빌리 문화에서는 혈통 잇기에 필수적인 우애를 신성시한다. 여자로 인해 형제가 벌이는 경쟁은 비난의 대상으로 가문을 망하게 할 수 있다. 대개 형제 중 하나가 여자를 희생시켜 우애를 회복해야 한다. 가족 내에 여성들을 받아들이는 것은 남자들만으로 유지될 수 있는 가족의 응집에 가장 큰 위험이다.

혈통은 남자만으로 이어지므로 시집을 가면서 아버지의 집을 떠나게 될 딸들은 열외에 놓인다. 남자들이 있는 다른 집으로 갈 것이므로 딸을 키우는 것은 허사라고 말한다. 신랑에게 하는 가장 좋은 축원은 일곱 아들을 두라는 것이다. 실제 식민지배 초기 생활

여건에서 일부일처제로 가능한 최고의 기록이다. 딸을 바라는 경우는 아들이 많은 집안에서 어머니를 도와야 할 때뿐이다. 형제들 간 돈독한 우애는 보편적이었다.

유아살해

카빌리 설화에서 아기를 죽이는 것은 늘 친모나 계모와 같은 여성들이다. 아버지가 아기를 죽이는 경우는 하나뿐인데, 부인의 꼬임에 넘어가서 하는 것이며, 직접 물리적으로 살해하는 것이 아니라 아이를 단순히 유기하는 것이다.

반면에 계모의 존재는 뚜렷이 부각되어 있다. 재혼이나 일부다처제로 결혼한 여자가 다른 부인 소생의 아이들을 불공평하게 대하여 죽이기도 한다. 이러한 비극은 전 세계의 구전문학에서 볼수 있다.

카빌리 문화에서 특이한 점은 어머니가 자기가 낳은 자식을 죽이는 소재가 설화에 많이 등장한다는 것이다. 예를 들면 「음키드슈」에서는 어머니가 착각하여 자신의 아이에게 식인귀 자식이라는 표시를 한다. 사전에 계획하여 의도적으로 살인을 하는 경우도 있다. 「알리와 어머니」에서 아들을 쫓는 악독한 어머니가 자식을 죽이는 것을 막는 방법은 어머니를 죽이는 것뿐이다.

다른 설화에서도 악독한 어머니들이 많이 등장한다. 재혼한 부인에게서 태어난 아이들에 대한 편애 때문에 빈번하게 생기는 비극 속에는 '악독한 어머니'에 대한 카빌리적 환상이 투영되어 있다. 왜곡된 어머니의 등장은 법으로 어머니와 아이를 떼어놓기도 하는 부계혈통 사회의 모순된 의식을 드러내고 있다.

그렇지만 대부분 유아살해는 우연히 일어날 수 있는 것이었다. 예를 들면 아기를 가까이 두고 자는 동안 부모가 아이를 질식시킬 수 있었다. 가난과 피임 방법의 부재도 원인이었다. 마을 관습 규범인 '카눈'에 60일간의 금식으로 속죄하도록 정해져 있다.

일부다처제

알제리 가족법상 일부다처제가 허용되고 있으나 카빌리에서는 드물고 좋지 않은 일로 생각한다. 첫 부인이 병들거나 불구가 되거나 너무 나이가 많거나 불임일 경우 정당화되지만, 이 경우라도 부인의 수가 대개 2명으로 제한된다. 남자는 여자 없이 혼자 살 수 없다는 것이 통념이다. 설화에서 등장하는 일부다처는 동양의 술탄과 그의 왕자들 같은 세력가들에 제한된다.

임신

카빌리에서는 전통적으로 아기를 가질 때 천사들이 전달하는 신의 의지가 결정적이라고 믿는다. 물론 남자가 임신의 책임자이지만, 아기의 성별은 적어도 예전에는 여자의 책임이라고 생각하여 남자의 책임은 제한적이었다. 딸만 낳는 것은 불임과 마찬가지여서 파혼의 구실이 되었다. 여자가 남편과 함께 있지 않은 시기에 임신이 된 경우에는, 아기가 그 이전 여러 해 동안 '잠들어 있었다'

고 보는 풍습이 있었다. 이러한 풍습은 엄격한 카빌리 사회에서 남편이 집을 떠나 있는 동안이나 과부 상태에서 벌어질 수 있는 사고를 감추고 추문을 방지하는 데 아주 편리한 방편이었다.

신부는 결혼한 직후부터 조바심을 내며 임신을 기다렸다. 아이를 낳을 목적으로 들어온 가문 내에서 위상이 아들을 낳는 것에 달려 있었기 때문이었다. 현재 대부분의 젊은 여성에게는 아이를 낳는 것이 그리 급한 일이 아니다. 대개 남편과 마음이 통할 수 있을지에 관심을 쏟고, 특히 자신이 상대를 선택하지 않을 경우에 더욱 그렇다. 어쨌든 임신은 여성의 인생에서 중요하고 어려운 시기다. 예전에 임신한 여성은 눈에 보이지 않는 여러 위험에 대비해야 했다. 안전한 임신을 위해 마을 키블라(산파)가 만들어주는 부적 헝겊 주머니를 차고 다녔다. 임산부는 이 시기를 이용해서 원하는 것을 얻곤 했는데, 태어날 아기에게 해가 되지 않도록 임산부가 원하는 것을 들어주었다. 아기의 성별을 알고자 이른 아침 들리는 소리(이팔)에 귀를 기울이기도 했다. 아들을 얻고자 행하는 여러 종류의 주술들은 대개 모방 주술이었다(항아리 손잡이나 양의 고환을 갈아서 만든 가루를 사용했다). 임신한 여성은 라마단 금식을 지키지 않아도 되지만 출산하고 나서 두 달 후부터는 지켜야 한다. 출산 후 한 달간은 가사 노동을 하지 않는다.

입양

무슬림 세계에서는 입양이 쿠란 율법에 의해 금지되어 있다(33장, 4-5행). 튀니지는 예외로 가족법 '마잘라(Majalla, 1956년)'를 통해 입양을 전적으로 인정하고 있으나, 알제리의 '1984년 가족법'은 아이가 무슬림인 경우에 한하여 '카팔라(합법적 입양)'만을 인정한다. 입양아는 가족의 성을 따를 수 없으며, 생물학적 부모는 아이를 되찾을 수 있다. 카빌리에서도 마찬가지다. 아들이 부계 가족을 책임지며 가족의 단합과 세력을 책임진다. 자손은 양도할 수 없는 재산이며 부계혈통에 소속되는 것만으로 각 개인의 정체성을 규정하는 데 충분하다. 입양은 탈취로 간주된다.

어떤 설화에서는 자식을 두지 못한 어떤 부자가 고용하고 있는 가난한 일꾼의 아들을 빼앗아 친자식처럼 사랑하여 온 마을의 분노를 샀다는 이야기가 나와 있다. "자식을 가진 자가 번창하는 것은 당연하다"라고 사람들은 말한다. 출산 외에 부를 축적하는 다른 방식은 인정되지 않는다.

예전에는 입양자가 피입양자보다 나이가 많다는 조건 하에 가족 내 입양을 허용하기도 했다. 또한 젖을 나누어 먹은 경우에도 가능했다. 한 여성의 젖을 먹는 경우 두 젖먹이는 결혼할 수 없는 관계가 되므로 여성의 수유 능력에 따라 입양이 가능했다. 그리고 '잠자는 아이' 관습을 통해서도 가족 내에서 비밀리에 입양이 가능했다. 이 편리한 핑계로 여자들은 임신 기간을 7년까지 늘일 수 있었으며, 진짜 아버지가 아닌 다른 사람을 아버지로 지명할 수 있었다. 미혼모와 인척 관계에 있는 여성, 때로 과부, 이혼녀, 나이 많은 여자들이 아이의 어머니라고 주장하여 임산부와 사생아를 구제할 수 있었으며, 부계혈통을 인정받을 수 있었다. 이러한 관습은 이제 통용되지 않는다.

'잠자는 아이'

비교적 최근까지도 카빌리를 포함한 마그레브 전체에서 카빌리어로 '암군 예트스'라고 부르는 '잠자는 아이'가 있다고 생각했다. 아이가 수태하여 어머니의 배에서 더 이상 자라지 않고 멈추어 있다가 세상에 나올 수 있다는 것이다. 여성에게 변명할 수 있는 구실을 주는 이 믿음은 불임을 보완하고, 불륜을 은폐하고, 폐경을 미루거나 다른 여자들로 하여금 대를 잇게 하는 등의 여러 가지 일을 가능하게 했다. 철저하게 가부장적이며 금욕주의적인 카빌리 사회의 관습법 속에 이러한 민간신앙이 도입되어 있다는 것은 혈통의 보존과 불임의 고통이라는 강박을 완화시킬 수 있었다는 것을 보여주고 있다. 카빌리 관습법이 임시방편이나 핑계를 받아들일 수 없을 정도로 엄격하고 가혹하지 않았다는 것을 의미한다.

조부모

'지다'는 할머니를 뜻하는 단어이며, '스치'는 줄임말이다. 할머니는 대가족 내에서 며느리들과 모든 아이들에게 명령을 내리는 집안의 안주인 '탐하르트'다. 설화의 주인공은 식인귀의 환심을 사기 위해서 '옘마 지다(Yemma Jidda)'라고 부르기도 한다. 같은 이름의 어린이 놀이도 있다.

'즈디', 즉 할아버지는 집 전체를 지배하는 가장 '암하르'로, 가족을 거느리는 소원을 성취한 사람이다. 때로는 모시는 성자에게 '즈디'라는 말을 붙이기도 한다.

조부모는 자신의 힘을 적극적으로 행사할 수 있는 능력이 남아있을 때는 존중받지만, 너무 늙으면 존중받지 못하고 웃음거리가 될 수 있다. '탐하르트'는 '스투트(마녀)'가 된다. "똑같은 소리만 하는 '암하르'는 차라리 죽은 것이 낫다", "늙은이가 제일 어리석은 일을 많이 한다"고 한다.

조상 즈디/르즈두드, jeddi/lejdud

'즈디'는 부계 조부를 지칭한다. 3대 이상이 넘어가면 조상, 혹은 '암하르(어른)'의 조상이 시작된다. '르즈두드'는 시조로, 집안, 가문, 마을, 부족까지 거슬러 올라가는 신화적 인물이다. 모든 후손들은 시조의 은혜를 입고 있다. 예를 들면 아이트 만글라트 연합체의 성자 중 하나의 이름이 즈디 만글라트이며, 그를 경배하는 장소가 있다.

조카 아이야우, ayyaw

부계혈통 사회인 카빌리에서는 조카를 지칭할 때 흔히 '음미스 은 그마(mmi-s n gma: 내 남자형제의 아이들)'라는 표현을 즐겨 쓰지만, '아이야우'라는 단어도 사용한다. 이 단어는 '내 여자형제의 자식들'이라는 뜻으로, 여자들이 조카나 친정 쪽 손자들을 지칭할 때 사용한다. 이것이 고대 모계사회에서 전래되었을 가능성은 있지만 단정할 수는 없다. 다른 증거가 없기 때문이다.

가족생활

질투

질투는 어떤 관계에서 생기든, 가족과 마을이 평등 이념을 통하여 철저하고 세심하게 유지하는 공동체의식을 해치고 비극적 결과를 가져온다. 가장 쉽게 고칠 수 있는 것이 며느리들 간의 질투다. 형제가 끼어들지 않는 이상 가족의 화합을 위협하지 않는다. 최악의 경우 하나를 쫓아버리는 것으로 해결할 수 있다.

훨씬 더 심각한 것은 형제들 간의 질투다. 부계혈통 체제에서 형제애는 사회 구성의 기초이기 때문이다. 형제 사이의 질투는 남성들의 연대의식을 위험하게 할 뿐 아니라 부계를 구성하는 혈통 내 분열을 가져와 가족 전체를 파탄에 몰아넣을 수 있다. 카빌리 사회는 이러한 형제간 질투를 몹시 두려워하여 설화에서는 형제들 중 하나가 집을 나가게 만든다. 예를 들면 「음키드슈」에서 질투하는 형제들이 그가 돌아오지 않기를 바라면서 식인귀가 가진 물건을 가져오게 하는 위험한 일을 시킨다. 이야기 전체가 형제간 질투에서 오는 것이다. '요셉 이야기'에서도 마찬가지이다. 이 위험은 사회 내부의 것이기 때문에 그만큼 해결하기 어렵다. 가족, 마을, 부족의 단합을 강화하는 외부의 적과 반대다.

출산

예전에는 여성이 가임기간 동안 14차례 출산을 하는 경우가 드물지 않았다. 그러므로 항상 힘들고 위험 부담이 따랐지만 출산은 일상적인 일이었다.

'키블라(산파)'나 나이 든 여자 혹은 마을 일을 맡아 하는 여자들의 도움을 받았다. 출산 자세는 친숙한 가사 노동의 자세다. 웅크리고 집 대들보에 매달린 끈을 두 손으로 잡아 아기가 나올 때 힘을 줄 수 있게 한다. 옷을 입은 채 동쪽을 바라보고, 그 정면에 앉은 산파는 배를 덮은 치마나 홑청 아래로 손을 넣는다. 산모는 출산이 시작되기 전 끈이나 닫힌 무엇을 연상시키는 일체의 물건, 즉 허리띠, 반지, 목걸이, 팔찌 등을 벗고, 머리칼을 풀어헤친다. '키블라'는 때로 아기가 나오는 것을 돕고 파열을 막기 위해 올리브유, 비누, 달걀 노른자를 사용하기도 했으며, 기도와 주문을 암송했다. 경험이 많은 키블라는 어려울 때 능력을 발휘하기도 했는데, 앉은 자세에서 출산을 하게 할 수 있었다. 그 다음 탯줄을 자르는데, 여아의 경우 남자아이보다 더 짧게 자른다. 자르고 나서 쿠란을 외우면서 붉은 실로 묶는다.

여자 친척들이 참석하여 의례, 주문, 기도, 노래를 산모에게 불러주면서 두려움을 가라앉히고 심리적 안정을 갖도록 유도했다. 자주 있는 일이기는 하지만 삶과 죽음을 넘나드는 힘든 시련의 과정을 순조롭게 넘게 해주었다.

현재는 동네에 하나씩 있는 보건소에서 전문 산파들의 도움으로 출산하는 경우가 많다.

친척

카빌리 친척 체계는 부계혈통만으로 구성된다. 여자는 다른 집안에서 온 사람이다. 이것을 피하기 위하여 숙부의 딸, 즉 고종사촌과 결혼하는 소위 '아랍식 결혼'을 선호한다. 보통 여자아이를 키우는 것은 남의 집에 좋은 일 하는 것이라고 하여 헛수고라고 생각한다. 내부혼은 태어난 집을 떠나지 않으므로 이를 막을 수 있는 방법이다.

'이마울란'은 한 지붕 아래 사는 같은 혈통의 사람들을 지칭하며, 대개 친척을 '아이트 웨함(집안의 아들들)'이라고 부른다. 그러므로 한 사람의 정체성을 규정하는 것은 개인적 특징이 아니라 혈통의 소속을 나타내는 인척 관계다. 전체 인간관계는 이 인척 관계를 모델로 구축된다. 예를 들면 마을공동체의 구성원들은 하나의 조상에서 갈라져 나온 형제들이며, 더 큰 공동체, 즉 부족이나 부족 공동체, 지방의 경우도 마찬가지다. 마을 사람들은 '마을 친척들'이다. 실제 같은 조상이었든 아니든 서로 형제들이라고 생각한다. 남자들은 이러한 인척 관계에 따라 유대감을 표시하고 싶어한다. '마을 친척들'도 있고, '도시 친척들'도 있다.

혈통으로 맺어지지 않는 다른 관계들, 예를 들면 주인과 피고용인 사이의 관계는 아주 경계한다. 어떤 부자가 일꾼을 입양하려하자 마을에서 크게 반대했던 이야기가 있다. 남의 아들을 자신의 아들로 만들 수 없기 때문이다. 여성의 생산성에 의하여 자연적으로 성립되는 인척 관계에만 근거하는 공동체적이고 평등주의적 이념이다.

타아맘트 taâmamt

'타아맘트'는 결혼할 때 신랑이나 신랑의 가족이 신부가 시집 온

후 하게 될 기여를 기대하면서 그것을 보상하기 위하여 제공하는 금전이다. 학자들은 후손을 보장하는 여성의 출산 능력에 가치를 부여한다는 의미에서 '혼인 보상'이라고 부른다. 신부의 부모가 신랑에게 가지고 가는 재산인 지참금과 정반대 개념이다. 예전에 대개 밀 여러 자루와 아울러 능력에 따라 가축 몇 마리를 더하기도 했었다. 현재는 대개 금전과 신부에게 가는 혼수로 대신하고 있다.

결혼 날짜를 정하기 위해 관련 당사자들이 모이는 날 제삼자 몇 사람(대개 마라부트) 앞에서 '결혼 보상금'의 액수를 결정한다. 논의가 끝나면 쿠란의 제1장을 암송하여 양편의 합의를 확실하게 한다. 카빌리 사람들은 이것을 '약혼식'이라고 부른다. 이때부터 어떤 편에서도 합의를 취소할 수 없으며, 결혼식 '탐흐라'가 곧 거행된다.

현재 알제리 법으로는 '보상금' 지불이 완료되어야 결혼이 법적으로 유효하다. 액수가 지나치게 오르는 데 대한 불평이 많다. 금액이 인플레 현상을 겪고 있어 미래의 신랑과 그의 가족을 어렵게 하고 있으며, 돈이 모아지기까지 기다리느라 결혼이 늦어져 비난거리가 되고 있다. 결혼식 비용 외에 치러야 하는 이 지불금은 주택 문제와 겹쳐 결혼 연령이 늦어지는 원인이 되고 있다.

설화의 세력가 세계에서는 높은 신분의 규수에게 주는 보물들이 출산력을 상징하며 등장한다. 하룬 에르 라시드는 메카 술탄의 공주에게 세상에 있는 수많은 가축을 한 쌍씩 제공한다. 바라는 대로 번식하는 말, 낙타, 소, 양, 산양, 노새, 닭 외에도 만 명의 군사와 두 대의 금마차가 혼수다. 이렇게 하여 부부의 다산력에 무력이 더해진다. 주인공이 제공하는 보상은 뛰어난 능력과 권력에 대한 야망을 확인하는 것일 뿐 아니라 부를 보증하는 것이다.

젊은 여성이 아무 보상 없이 결혼하는 경우('바틀')도 있다. 왕위를 계승할 수 있는 능력과 우월성을 인정받아 강자에 위치를 차지하게 된 남자와 결혼할 때, 술탄이 그와 연합하지 않을 수 없을 때다. 이처럼 특별한 경우 외에 보상 없이 결혼하는 예는 부계 사촌과 내부혼을 하는 경우다. 결혼식만 하면 된다. 모든 금전적 부와 다산력을 그대로 가족 내부에 남길 수 있을 뿐 아니라 내부의 번창을 약속하는 유리한 결혼이다.

'타아맘트' 외에도 '싸다크'가 있는데, 부모가 신부에게 주는 혼수, 즉 옷과 특히 패물이다. 이것은 받은 사람의 소유가 된다.

피임

비교적 최근까지 카빌리 여성들의 관심사는 되도록 많은 남자아이를 낳는 것이었다. 남자의 수로 집안의 재산을 가늠하는 사회 속에서 여성이 위치를 차지하는 유일한 방법은 아들을 낳는 것이기 때문이었다. 젊은 신부에게 건네는 축원은 일곱 명의 아들을 두라는 것이었다. 여성이 의식적으로 하는 행동의 목표는 거의 대부분 불임의 재난을 피하고 임신을 잘하는 방법을 강구하는 것이었다.

현재는 상황이 달라졌다. 아들이 많은 것을 재산으로 생각하지 않으며, 특히 아들이 나이가 찼지만 실업자인 경우가 더욱 그렇다. 편안한 노년을 보증했던 자식들이 짐이 되고 있다. 여성들 편에서도 힘든 임신의 횟수를 줄이고 싶어 하고 있다. 청년 인구의 급격한 증가에 직면한 국가는 오랫동안 금지되어 있던 피임을 장려하고 있다. 모자보건소가 각 '지역주민위원회'에 설립되어 여성들에게 피임 교육을 하고 있으며, 여성 단체들도 보건소 추가 설치와 피임 방법의 개발을 요구하고 있다.

하부스

종교 재단에 속하여 재산 상속이 불가능하지만 여성에게 상속권을 줄 수 있는 재산을 말한다. 예를 들면 부모나 남편의 용익권을 딸이나 과부에게 상속하여 사망 시 가족의 유산으로 돌아가게 하는 것을 말한다. 상속에서 여성을 배제하는 법을 적용하면서도 엄격한 여성의 상속 박탈에 대처하는 방법이다.

혈통

카빌리어로 '타자디트'는 '조상, 근원, 혈통'을 의미한다. 할아버지를 뜻하는 '즈디'나, '르즈두드(조상)'와 같은 계열의 단어다. 아버지에서 아들로 이어져 혈통을 구성하는 모든 남자들을 말한다. 대개 4대 조상까지 알고 있으며, 그 이상은 글을 배운 사람을 제외하면 불확실해지므로 지어낸 경우가 많다. 특히 마을이나 '아아르슈' 부계 전체의 시조인 경우는 더욱 그러하다. 거의 사용되지 않는 또 다른 단어인 '은스바'는 인척관계를 포함한 혈통이다.

대가족은 아버지에서 아들 그리고 손자로 이어지는 혈통으로 구성된다. 엄격한 가부장제 논리에 따르면 혈통은 여성을 배제하고 남자에서 남자, 즉 아버지에서 아들로 이어진다. 한 남자는 누구의 아들, 누구의 손자로 여러 세대에 이어지지만 그 이상을 넘어서면 같은 이름을 가진 공동의 조상에서 나왔다고 해도 혈통이 불분명해진다. 누구의 딸이라는 것을 인정을 받고 그렇게 불린다고 해도 혈통에 속하는 것은 남자들뿐이다. 이러한 혈통 제도에 의하면 여자는 "다른 집안을 채운다"고 생각되어 혈통의 완전한 손실로 여겨진다. "아들만이 아버지의 집을 채운다." 집안에서 여자의 위치를 인정하는 것은 집안에 들이기 위해 맺은 계약, 즉 아들을 낳는 조건에 한한다. 아이가 없는 여자는 가족에 속할 수 없다. 조상도 자식도 없이 다른 집안에서 온 여자는 아이가 없으면 어떤 자취도 남지 않는다.

가문은 '타크하룹트(/타크하루빈)'라고 부르며, 집안의 남자가 많을수록 마을공동체에서 인정받고 중요한 역할을 하게 된다. 그러므로 아들이 많아야 한다. 계보가 나뉘지만 단합하는 것이 중요하다. 단합하지 않으면 '타크하룹트'는 약화된다. 큰 위험 중 하나가 형제들끼리 싸워 분열하는 것이다. 항상 분열과 융화 사이에서 불안정한 균형을 찾아야 한다. 가장은 가문 전체의 영향력을 확대하거나 적어도 유지해야 하므로 혼인전략을 잘 살펴야 한다.

현재에는 부녀 관계도 인정하여 딸을 상속자로 세우고 전 재산을 물려주기도 한다. 그러나 이것은 새로운 약점으로 생각되며, 두 세대가 지나면 혈통을 가리기가 어려워진다. 일반 관례를 파기할 수 있는 일부 높은 신분의 가문에서나 있을 수 있는 일이다.

형제

형제간 의리는 가부장제와 형제들이 결혼 후에도 함께 사는 대가족제에서 파생되는 것이다. 이러한 윤리 의식은 설화에서 자주 등장하는 "부모보다 형제를 더 사랑하는" 청년의 예에 잘 요약되어 있다.

카빌리와 같은 분절 체계 사회에서 혈통 내 균열은 부계를 허약하게 만드는 큰 위험이다. 그러므로 아이들이 어렸을 때부터 가족 집단의 응집을 약하게 만드는 형제간 질투를 억제한다. 그뿐 아니라 형제들 간에 아이들을 결혼시키는 내부혼을 특별히 선호한다.

어린 시절부터 익혀온 형제간 의리는 모든 헌신을 정당화하는 강한 유대의 모델이다. 그러므로 종교 공동체나 정당 등의 정치 공동체 같은 더 큰 공동체를 결집하는 접착제의 역할을 한다.

홀아비, 과부

대부분 사회에서와 마찬가지로 카빌리에서도 배우자를 잃는 것은 힘든 일이다. 그러나 성별에 따라 상황이 아주 다르다. 홀아비의 경우에는 금방 재혼한다. 가사를 맡아줄 힘이 있는 아내가 꼭 필요하다고 생각하기 때문이다.

그러나 여성은 대개 남편보다 나이가 적은데도 재혼하기가 어렵다. 남자들이 젊은 여성을 선호하기 때문이다. 그래서 혼자된 여자들은 여러 문제에 부딪히게 된다. 우선 경제적으로 수입이 없어 친정 부모의 부담이 된다. 또한 남자가 없는 여자는 분란을 일으킬 수 있다는 통념이 있다.

아이 양육 문제도 있는데, 예전에 가부장적 관습이 철저히 지켜질 때는 아이가 부계 집안에 머물러 있어야 하는 반면(젖먹이는 예외다), 아이 어머니는 친정으로 돌아가야 했다. 그러므로 혼자된 여성은 아이들과 헤어져야 하는데, 이제는 지나친 처사로 생각하고 있다. 시아버지의 형제 가운데 (홀아비 상태와 같은) 가능한 사람이 있는 경우 그와 재혼하는 것도 해결책이 된다.

과부는 불길한 기운을 받는 위험한 존재라고 생각되어 혼인을 하려면 몇 달 동안 근신해야 한다. 그러나 대개는 특히 대가족이 아닐 경우 남편이 없는 집에서 아이들을 데리고 혼자 살게 된다. 남의 집 농사일 돕기, 밭 가꾸기, 가축 돌보기 등 여러 일로 생계를 유지해야 하며, 아이들은 남의 집의 목동이 되기도 한다. 홀어머니와 그의 아들 사이가 너무 가까우면 좋지 않게 생각하며, 홀어머니의 아들은 좋은 남편감으로 생각하지 않는다. 과부가 나이를 먹으면 대개 주술을 할 수 있는 '마녀'가 된다고 생각한다. 산파 겸 의녀인 '키블라'가 되는 것만이 이 같은 불명예에서 벗어날 수 있다.

독립전쟁으로 남편을 잃고 혼자된 여성들이 많았다. 이들은 알제리 정부에서 주는 연금으로 넉넉하지는 않지만 마을 사람들의 존경을 받으며 창피하지 않게 살 수 있었다. 연금으로 생활하는 과부들의 모습은 많은 여성들에게 비난을 받지 않고 독립적인 생활을 할 수 있다는 본보기가 되어 여성이 독립적인 생활을 할 수 있다는 의식을 갖게 했다. 독립전쟁이 남긴 예상치 못한 결과다.

후견인 왈리, wali

1984년 제정된 알제리 가족법은 여성이 결혼하기 전에는 아버지의 보호를 받고 결혼 후에는 남편의 보호를 받는다고 규정하고 있다. 여성에게 복종을 요구하고, 남자에게만 가장이 될 권리와 아울러 자녀의 양육권을 부여한다. 이혼한 여성은 아이를 기를 수 있지만 친권은 없다. 그러나 카빌리 전통 속에서는 이혼이든 사별이든 남편이 없는 여성은 아이가 젖먹이든 더 크든 아이들을 양육하는 것이 관행이다. '왈리'라는 단어는 이제 '윌라야'의 책임을 맡고 있는 행정가를 지칭하는 단어가 되었다.

후리 houri

결혼한 적이 없는 동정녀로, 죽으면 천국에 간다고 한다. 하늘에서 지상으로 보낸 존재가 되기도 한다. 대단한 미모의 특출한 여성에게 하는 말이다. 설화에서도 몇 명이 등장하는데, 「알리 듬무」에서 왕의 아들과 약혼하는 '티후르츠 은 타후크트(tihurets n tafukt: 태양의 후리)'나 「금빛 이마를 가진 왕자와 공주 그리고 세상」에서 하늘이 내려보낸 '둔니트'의 경우이다.

후손 드리야, dderya

남자에게 아들이 없는 것 이상으로 불행한 일은 없다. 부계혈통제

이므로 가족의 대는 남자들을 통하여 이루어지고 여자들은 배제된다. 후손은 남자아이들만을 의미한다. 아들이 없는 여성을 가족의 일원으로 생각해서는 안 된다고 말하기도 한다. 딸만 있는 경우에도 불임으로 간주했다(예전에 이것은 오로지 여성의 탓이었다). 여자아이들은 낳아준 집안이 아니라 반대로 "다른 집안을 이롭게 할" 운명이므로 키우는 것이 헛수고였으며, 혼인한 여자에게 바랄 수 있는 유일한 것은 남편의 집안에 남자아이들을 낳아주는 것이었다.

아들만이 유일한 부의 원천으로 생각한다. 한 우화에서는 가축이 점점 늘어나 돈을 모으게 되어 아들과 혼인할 여자를 맞아들이고자 하는 야심을 가진 한 남자가 등장하고 있다. 이 혼인에서 생기게 될 손자가 그가 꿈꾸는 부의 최고 결말이다. "후손을 가진 사람이 번창하는 것은 당연하다."

여러 설화들이 흔히 다음과 같이 참기 어려운 상황에서 시작한다. "옛날에 후손이 없는 한 남자가 있었다." 이러한 결핍은 절대적으로 충족되어야 하는 것으로 온갖 모험으로 이끌며 이야기 전체를 결정한다. "후손이 없을 것이다"는 무시무시한 저주인 것이다. 아들이 많은 집안만이 마을에서 재산과 세력에서 좋은 입지를 기대할 수 있다. 이것은 인간 문명화의 훌륭한 증거이기도 하다. 식인귀들은 인간과 반대로 자식이 없으며 자식이 있더라도 자식을 먹어 버리는 식인종이다. 아들이 많은 것은 사회적 재생산이며 가문의 증가라는 점에서 문화적 표현이라고 볼 수 있다.

VIII

의생활

브로치 핀

여성 의상에 필수적 액세서리인 전통 띠는 길이가 2.5m에 가깝다. 장신구처럼 여러 색(녹, 황, 적, 청) 양모 실 21가닥을 땋아 만든 끈 7개를 한 묶음으로 묶어, 15cm 간격으로 5cm 정도의 금속 줄로 묶고 양 끝에 긴 장식술을 풀어놓는다. 이 묶음 3개를 모아 만든 것이 전통 띠다. 이 띠는 몸을 세 바퀴를 두를 수 있는데, 앞판에 3개, 등판에 4개가 보이도록 하며, 띠의 끝이 몸 양편에 떨어지도록 두른다. 앞에서 매듭을 짓는 정도로 더 짧고 간단하게 매는 마을도 있지만, 긴 허리띠 '아구스 은 티스피핀(땋은 띠)'는 어디서나 보편적으로 볼 수 있다.

허리띠는 매듭이나 이음매와 마찬가지로 출산할 때 금지한다. 갓 결혼한 신부는 혼례 후 7일 동안, 출산 후 5-7일 동안 허리띠를 매서는 안 된다. 다시 맬 때는 남자아이의 도움을 받는다. 허리띠는 특히 불임 치유와 같은 특별한 역할을 한다. 바다에 가져다 버리기도 한다. 또 다른 띠는 '아구스 은 르흐리르(실크 띠)'로 신부가 혼례식 당일 머리에 장식하는 것이다.

머리카락

결혼 축가에 '머리칼이 허리까지 오는 아가씨'라는 표현이 등장하는 데서 보듯 여성 특유의 매력을 나타낸다. 어떤 설화들에서는 (하룬 에르 라시드) 루비나 진주가 달려 있기도 하고, 머리를 빗으면 신비스런 머리칼에서 금화나 생선이 떨어지기도 한다(술탄의 딸).

카빌리 여자들은 히잡을 쓰지 않지만, 머릿수건을 쓰는 것이 단정한 차림이다. 가장자리에 술이 달린 면이나 실크 정사각형 천을 대각선으로 접어 삼각형을 만들어 머리에 얹고 양끝을 뒤로 돌려 묶어 어깨와 목을 내놓는다. 여자아이들은 어릴 때부터 수건을 쓴다.

원칙적으로 맨머리로 밖에 나가는 것은 예의가 아니며 불길한 징조가 될 수도 있다. 여자들이 몸을 숨기고 머리를 손질하는 마을도 있고, 집 마당에서 아무 거리낌 없이 머리를 빗는 마을도 있다. 미인은 무엇보다도 선명한 검은 머리와 검은 눈으로 판단하기는 하지만 금발처럼 밝은 머리 색깔도 드물다는 이유로 귀하게 생각한다. 아가씨들은 빨래하는 시간에 샘에서 머리를 감으며, 헤나 염색을 하기도 하고, 나이 든 여자들은 떡갈나무 오배자 혹으로 염색을 한다.

모자

남자들은 대개 맨 머리이지만 나이가 들면 모자를 즐겨 쓴다. 예전에는 특히 '샤슈(터번)' 혹은 머릿수건을 썼으며, 때로는 실크 '을하리르'를 쓴다. 메카 순례에서 돌아온 사람(하즈: 순례자)은 메카에서 가져온 '슘라'를 쓴다. 널리 퍼져 있었던 터번은 무늬가 있는 황색 긴 실크 천으로 만든 '타바나' 혹은 '타바니'라고 부르는 것이었다. 이제는 간단한 빵모자나 술이 달린 챙 없는 모자 '타사시트' 혹은 까만색 아스트라칸산(産) 모자까지 쓰고 있다. '스탐불리'라고 부르는 빨간색 챙 없는 모자는 알제리가 독립하기 전 민족주의자들의 상징이었다. 현대식 빵모자는 대체로 도시적 풍모를 드러내고자 하는 것이다. 문학에서 '세시아'는 그것을 쓴 사람을 투명하게 만드는 요술 모자다. 예전의 이야기지만 농부들은 밭에서 '름들라' 혹은 '타므들리우트'라고 부르는 햇볕을 가리는 밀짚모자를 썼다.

여자들은 어린 시절부터 어머니처럼 수건으로 머리칼을 가렸는데, 술이 달린 정사각형 천을 반 접어 삼각형을 만들어 머리에 쓰고 양끝을 목 뒤로 돌려 머리 위로 모아 묶고 목을 내어 놓는다. 이제는 검은색이나 노란색 외에 여러 색깔이 있다. 과거에 여자들도 '탑니크'라고 부르는 수를 놓은 일종의 정사각형 두건을 썼는데, 얼마 전까지도 결혼식 치장용으로 남아 있었다.

모피코트 아크프단, aqefdan

재단한 긴 소매 웃옷으로 카빌리에서 흔하지 않다. 동양의 힘 있는 도시인들이나 입는 사치스러운 남성복으로 부와 세련을 상징한다. 설화에서는 '바늘로 꿰매지 않은' 놀라운 모피 코트가 등장한다. 술탄의 딸이 주인공에게 결혼의 조건으로 요구하는 것으로, 주인공은 그것을 얻기 위하여 목숨을 걸어야 한다.

문신

일부 마을에서는 여성들의 문신이 성행하지만 다른 마을에서는 좋게 보지 않고 금지한다. 문신 자국은 죽은 후 헤나로 덮는다. 문신은 문신을 하는 부분에 따라 어떤 병을 막는다는 예방적 이유에서 혹은 아름다워지기 위해 하는 것이다. 얼굴에 점선 모양이나 십자가처럼 간단한 것에서 부족의 표시까지 있으며, 남자들이 시술해주기도 한다. 12세에서 14세 사이에 직업적인 사람이 절개 혹은 침을 이용한 방식으로 시술했다. 시술을 하고 나면 매일 닦아내고, 염료를 다시 바른다. 얼굴, 발목, 장딴지 등에 부분적으로 할 수도 있고, 팔 전체나 특히 가슴 전체에 넓게 할 수도 있다. 무늬는 그 지방에서 출토된 토기들에 새겨진 것들과 비슷하다.

변화

카빌리 문화는 낡고 정체된 문화가 아니라 항상 변화하며 활기를 유지해왔던 문화다. 그 대단한 유연성 형성에 구어체 언어가 유리하게 작용했다. 구어는 예컨대 법체계에서 보듯 문자어로 고정시켜 변화를 가로막는 경향을 피하게 해주었다. 카빌리에서 규칙을 바꾸거나 마을의 어떤 관습을 바꿔야 할 때는 '즈마아'에서 구두로 합의하면 그만이었다. 18세기에 여자의 상속권을 박탈할 때도 우선 마을 사람들의 여러 모임에서 결정하고 부족 차원에서, 이어 부족연맹체 차원에서 인정하는 방식으로 결정되었다. 뿐만 아니라 전체의 공통된 규약을 토대로 언어와 기술뿐만 아니라 행동을 포함한 모든 측면에서 각 마을이 이웃 마을과는 매우 다른 방식으로 적용하는 것을 항상 인정해왔다.

예를 들면 의복에서도 변화가 있었다. 남자들의 현대적 옷차림(셔츠와 바지)이 현재처럼 일반화되었으며, 여자들의 옷도 1세기 동안 변했다. 지금은 수입한 천을 재단하여 바느질하고 그들이 '지그재그'라고 부르는 장식을 한 것이 카빌리 전통 여자 의상이 되었다. 그러나 식민지배 초기까지 입었던 전형적 카빌리 여성 의상은 집에서 양모로 짠 흰색 천 두 조각을 바느질하지 않은 상태로, 한 자락은 몸을 감싸고 다른 자락은 등에 놓아 어깨에서 브로치 핀 두 개로 두 자락을 모아서 허리띠로 묶는 것이었다. 수입한 날염 무명천을 재단하여 바느질한 옷은 유럽의 영향을 받은 것이다. 그러나 카빌리 여성들은 거의 모든 마을에서 전통 '후타' 혹은 '후다'라고 부르는 적, 황, 흑색의 줄무늬 치마로 실상 바느질하지 않은 천 조각을 계속해서 두르고 있다. 젊은 여성이 도시 옷차림을 하는 경우가 점점 늘어나고 있고, 이제는 진 바지를 입는 것도 드물지 않다.

일부 풍습에서도 변화를 감지할 수 있는데, 옛 전통을 과거 방식에 따라 새로운 상황에 적절하게 변형시켜 현대화하고 있다. 예를 들면 이제는 거의 밭을 갈지 않지만 아직도 일부 마을에서는 농사를 시작하는 날을 기린다. 그러나 중요한 풍습인 '희생-나누기'는 변형되었다. 이제는 국가적 차원에서 마을의 위상과 정체성의 인정이라는 정치적 기능을 수행하게 되었기 때문이다.

카빌리 사회는 여러 변화에 직면해 있다. 이민, TV 등 미디어, 인터넷의 발전 등이 정보의 순환을 촉진하여 문화가 크게 변화하고 있으며, 동시에 보존의 필요성을 의식하고 문화적 정체성을 확인하고 있다. 다양하게 받은 영향을 반영하고 있는 노래들, 국가와 사회 안에서의 위상과 의미에 대한 청년층의 관심 등이 그 예다.

부르누스 아브르누스/이브르냐스/이브르나, abernus/ibernyas/iberna

부르누스는 페니키아 시대 동굴 암각화에도 등장한다. 이븐 할둔도 베르베르인들이 입는 옷이라고 언급한 바 있다. 목동들이 입는 모자가 달린 이 옷은 양모 실로 한 조각으로 짜서 머리에서 발까지 남자의 몸을 완전히 감싼다. 옷이 커서 걸어다니는 사람용이다. 말을 타는 사람들에게는 너무 거추장스럽다. 여름 부르누스는 가볍고, 겨울 것은 두껍다. 부르누스 한 벌을 만들려면 적어도 양털 세 뭉치 정도가 필요하다. 예전에는 추위를 막기 위해 뻣뻣해질 때까지 한 달간 올리브유에 담가두었다가 빨아 말렸다. 이렇게 가공하면 방수가 되고, 추위나 바람, 비, 눈도 막을 수 있는 두꺼운 덮개가 되었다. 일단 한 벌을 짜고 나면 자수를 하는 사람에게 주어 후드 바로 아래까지 두 자락을 모아 20cm 정도 자수를 놓는다.

부르누스 짜기는 식생활 관리, 아이 잘 키우기와 함께 여자들이 재능을 발휘하는 일로 설화에서는 술탄의 아내가 되기 위해 아가씨가 보여줄 것을 약속하는 첫 번째 능력으로 나온다. "나는 양털 한 뭉치로 부르누스를 짜드리겠습니다"라고 한 아가씨가 말하면, 두 번째 아가씨가 "나는 밀 한 알로 쿠스쿠스 한 쟁반을 만들어드리겠습니다"라고 하고, 세 번째 아가씨는 "황금의 이마를 가진 아이들을 낳아드리겠습니다"라고 말한다.

여자들은 밖에서 돌아다니는 남자들을 집에 있는 것처럼 보호하는 이 옷을 짜는데 특별히 공을 들인다. 전통 가옥에서는 문을 마주보는 벽 앞 빛이 드는, 수호신의 보호를 받는 곳에 천 짜는 틀을 수직으로 조립했다. 틀을 넘어가거나 그 옆에서 자지 않으며, 밤늦게까지 천을 짜지 않는 등의 금기가 있어 나쁜 기운을 피했다.

카빌리인의 부르누스는 대개 흰색이지만 염소 털로 짠 갈색도 있고 회색 줄이 있는 경우도 있다. 카빌리 남자는 모두 자신의 부르누스를 가지고 있어, 다섯 가지 방식으로 입는다. 위 아래 길이 세로로 모아 어깨에 걸치거나, 후드와 수놓은 부분을 목 뒤 등에 놓고 두 자락을 어깨에 걸치거나, 목 주위에 둘러 입거나(이때 '옐사 아브르누스(yelsa abernus: 부르누스를 입었다)'라고 말한다), 후드를 옆으로 오게 하여 일종의 주머니를 만들거나, 두 자락을 모아 목 뒤로 묶어 온몸을 감싸고 머리에 후드를 써서 추위, 바람, 눈이 들어오지 못하도록 하는 방법들이다. 후드는 주머니 구실을 하여 먹을 것을 비롯한 여러 작은 물건들을 안전하게 운반할 수 있게 해준다. 얼굴을 후드로 덮는 것은 수치, 불명예의 표시로 그 사람에 대한 복수가 이루어졌다는 것을 알리는 방법이다.

남자들은 엽총과 거의 맞먹는 남성의 전유물인 부르누스를 입으며 자부심을 갖는다. 살인을 통한 복수로 가문의 명예를 회복한 남성은 상대의 부르누스를 가져간다. 요즈음에도 이민에서 돌아온 남성은 모든 사람들 앞에서 자신의 부르누스를 흔들어 고향에 돌아왔다는 것을 알린다. 아내는 남편이 돌아온다는 소식을 들으면 새 부르누스를 서둘러 짠다. 그러므로 부르누스의 착용은 정체성의 확인이라는 측면을 가지고 있다. 마그레브 전체에 퍼져 있는 이 의상은 베르베르 문화권의 확산을 잘 보여주고 있다.

부르누스 후드 아클문, aqelmun

부르누스의 후드는 아주 강한 남성적 상징 가치를 가지고 있다. 귀중한 물건이나 꼭 필요한 물건, 먹을 것 등을 몸에 지니고 운반할 수 있는 비밀 주머니이며, 원칙적으로 다른 사람들이 건드려서는 안 되는 개인적인 것이다. 도둑이 입문 과정에서 스승을 능가하는 능력을 보여주는 것은 스승의 부르누스 후드에 들어 있는 자고새 알을 훔치는 것이다. 후드에는 여러 의미가 부여되어 있는데, 예를 들면 후드를 얼굴 위로 내리는 것은 굴욕과 수치의 표시다. 단어의 여성형은 남성 음경의 포피를 가리킨다.

브로치 핀

큰 브로치 모양의 장신구로 특이한 모양이지만 카빌리에서는 흔하게 볼 수 있다. 긴 핀이 달려 있어 천을 하나로 모을 때 꽂아 고리에 끼운다. 은으로 만들며 원이나 삼각형 작은 판에 청, 황, 녹색 칠보를 입히고 붉은 산호로 장식한다. 대개 어깨에 한 쌍으로 달고 때로는 둘을 사슬로 잇기도 한다. 크기가 다양하여 몇 cm짜리 '아프짐'도 있고, 둥근 모양에 10-20cm로 아주 무거운 것도 있다. 아이트 엔니 부족 장인들에 의해서 아직도 제작되고 있다. 몸을 감싸는 양모 천을 원피스로 입을 때 천을 이어주는 데 꼭 필요했던 것으로, 가슴판과 등판을 어깨 부분에서 모으는 데 사용되었다.

신발

카빌리 사람들은 보통 맨발로 지냈지만, 현대식 구두가 보편화되기 전까지 여러 종류의 신발을 만들었으며, 전문적으로 신발만 만드는 마을들도 있었다. 아트 부 샤입 부족의 수아마(souama)에서 만드는 목이 올라온 붉은색 가죽 신발인 '이브슈마큰' 혹은 '티브슈마킨' 같은 경우다. 은실로 수를 놓은 노란색 혹은 붉은색 단화로 목이 짧은 '슈브르라트'는 젊은 여자들이 좋아하는 신발이다. 가장 보편적인 것은 '아스바드(구두)'다.

'아르카슨'과 '아캅캅'은 좀 특별한 종류의 신발이다. '아캅캅'은 일종의 나막신으로 두꺼운 나무창에 수직으로 높게 올라오는 두 개의 판을 가죽 끈으로 발에 묶어 눈이나 진흙에서 걸을 때 사용한다. '아르카슨'은 농부들이 밭을 갈고 수확할 때 신는 신으로 발등까지 덮는 소가죽 창을 발목 둘레에 끈으로 묶는다. 남자들은 저녁이면 '즈마아'에 모여 한담을 나누며 '아르카슨'을 만든다.

'아르카슨'은 구두장이 재칼 이야기에 등장하는 신발이다. 이야기는 이렇다. 어느 날 재칼이 사자에게 발에 꼭 맞는 '아르카슨'을 만들어주겠다고 제안한다. 사자는 기꺼이 응한다. 재칼은 막 벗긴 소가죽으로 '아르카슨'을 만들어주며 그것을 신고 바위 위에서 햇볕에 말리라고 말한다. 가죽이 마르면서 줄어들어 발을 조이자 사자는 걸을 수도 없고 벗을 수도 없게 된다. 사자는 재칼에게 도와달라고 하지만 사자가 속아 넘어간 것에 기분이 좋은 재칼은 그 어리석음을 조롱한다. 자고새가 부리로 물을 가져다 사자의 발에 뿌려 구두를 벗을 수 있게 한다. 고마움의 표시로 사자는 자고새를 삼켜 상처 하나 없이 자신의 온몸을 통과하게 한다. 그 후부터 자고새는 날아오르며 큰 소리를 내서 겁을 줄 수 있게 되었다.

의생활

실크 르흐리르, lehrir

실크는 가난한 사람들의 누더기와 반대되는 부자 도시인들의 옷
감이다. 설화에서 술탄 하룬 에르 라시드는 '금과 비단'만 입었다
고 한다. 실크는 사치의 표현으로 금과 한 짝을 이룬다. 비단 속에
서 잠잔다는 것은 행복하고 여유 있는 삶의 극치다.

　카빌리에서도 명절 옷에는 실크를 쓴다. 한때는 명절 옷이 실
크 원피스 위에 망사로 긴 소매를 달고 수를 놓거나 반짝이는 장식
을 단 붉은색이나 노란색 윗도리였다. 그러나 유행이 바뀌어 이제
는 빌로드를 사용하기도 한다. 도시로 외출하는 옷은 때로는 '아
하예크(베일)'를 포함하여 모직과 실크실로 번갈아 짠 천이다. 머
릿수건 '아믄디'도 노란 실크 천에 긴 술을 달거나 수를 놓았다.

　실크는 특히 기름에 담가놓으면 질겨진다고 알려져 있다. 「알
리와 어머니」에서 나쁜 어머니는 이렇게 만든 실크 허리띠로 아들
을 묶고 식인귀에게 죽이라고 한다. 시에서 실크는 아름다움의 상
징으로 묘사된다.

원피스 타큰두르트, taqendurt

여자들의 옷을 의미하는 명사 '타큰두르트'는 남자의 간두라인
'아큰두르'의 여성형이다. 20세기 초반까지 나이 든 여자들이 입
었던 카빌리 전통 여성 의상은 양털로 짠 흰색 넓은 천으로 가슴
부분에서 모으게 되어 있고 소매는 없지만 팔을 덮을 정도로 넓었
다. 치마는 양쪽에 바느질하여 띠로 7-10번 둘러 허리에 묶었다.

겨울에는 그 위로 바느질하지 않은 한 조각 흰색 천으로 만든 일종의 외투라고 할 수 있는 '아흘랄'을 등에 걸치고 몸 앞으로 내려오게 하여 어깨에 핀으로 고정한 후 그 위로 허리띠를 묶었다. 때로는 그 위에 다시 양털로 줄무늬를 넣어 짠 약간 두꺼운 천으로 등과 어깨 그리고 팔을 덮기도 했다('타라우트', '딜').

집에서 직접 짰던 이 따뜻한 옷들은 20세기 초가 되면서 공장에서 만든 울긋불긋한 천으로 만든 옷으로 바뀌었다. 겨울이 되면 양털로 짠 옷보다 더 가벼운 옷들을 여러 겹으로 겹쳐 입고 스웨터를 걸친다. 현재 '카빌리 전통 의상'이라고 부르는 것은 수입한 면직물을 재단하고 재봉틀로 바느질한 것이다. 팔소매가 달리고 앞판과 뒤판을 꿰매어 가슴 부분을 트고 '직가' 혹은 '지가트'라고 부르는 장식 바이어스를 댄다. 허리 윗부분 '이시우'는 남자들의 부르누스 후드와 마찬가지로 주머니로 쓰인다. 때로는 치마 위로 '후타'라고 부르는 까만색이나 빨간색 혹은 노란색 줄무늬 천을 허리에 묶어 넓은 치마폭을 조인다. 면직물의 화려한 색상은 유행에 따라 달라져왔다. 오렌지 색상이 유행일 때에는 카빌리 덤불숲의 청회색과 조화를 이루며 풍경을 밝게 해주었다.

명절이 되면 여성들이 대개 반짝이는 실크 천에 때로 레이스를 달거나 수를 놓은 제일 예쁜 옷을 입고 장신구로 치장한다.

의복

젊은이들은(예를 들면 목동) 간소한 옷차림으로 만족하지만, 어른 남자들은 긴 원피스 모양 옷 '아즐랍', '아큰두르', '타큰두르트'를 입고 그 위에 집에서 아내가 만든 카빌리 남성의 상징인 부르누스를 입는다. 옷은 거의 집에서 만들거나 생계유지를 위하여 옷을 짓는 과부와 같은 여자들에게 주문해 만든다.

생일과 같은 축일이나 명절에는 새로 지은 옷을 입거나 헌 옷을 세탁해서 입는다. 옷은 재산이며 집이 해주는 보호를 연장하는 것이다. 범죄를 저지른 사람에 대한 벌로 옷을 태우기도 한다.

지그재그 샤트르왈, caterwal

면사로 꼬아 여성의 옷을 지그재그로 장식하는 여러 색상의 매듭이다. 목둘레, 손목, 치맛단 등에 붙여 선을 강조한다.

치장

카빌리 여성들도 치장을 하며 유행에 따라 옷을 맞추어 입는다. 집에서 양모로 짠 천을 어깨에 브로치 핀으로 묶어 입는 옛날 옷은 사라진지 이미 오래되었다. 식민통치 기간이 끝난 후부터 바느질한 화려한 색의 면직 원피스를 입고 있다. 벨트, 술이 달린 머릿수건 등으로 치장한다. 명절 때에는 훅 단추, 목걸이, 펜던트, 팔찌, 귀걸이 등 장신구로 치장한다. 일부 마을에서는 얼굴, 목, 손, 팔에 문신을 했지만 점차 사라지고 있다. 남자아이들은 모자를 쓰기도 하며, 남자 어른들은 두건이나 터번을 쓰고 여름에는 밀짚모자를 쓴다.

침구 우수, usu

예전에는 잘 때 바닥에 돗자리를 깔고 여자들이 짠 덮개나 양 가죽을 덮었다. 밤에 휴식을 취할 때 사용하는 집 안 물건의 일부다. 생산활동을 상징하는 것으로 생각하여 침구를 남에게 보이거나 집 밖으로 버리는 것은 신성한 가치인 집안의 생산성을 위험하게 하는 잘못된 행동으로 생각했다. 낮에는 천장에 매달린 시렁에 얹어 놓거나 가축우리 위 다락 '타아리슈트'에 보관한다. 이제는 현대식 침대, 매트, 공장에서 만든 이불과 시트를 사용한다.

콜 렉훌, lekhul

행상들로부터 구입하는 '이수파르(약품)'의 하나인 안티몬으로 조제한다. 카빌리에서는 흔히 '타줄트(안티몬 황화합물)'이라고 부르며, 청색 염료 인디고와 정향을 섞어 눈가와 눈썹을 예쁘게 화장하기 위해 사용한다. 안질환 치료에 쓰는 안약으로 조제하기도 한다.

터번

터번을 쓰는 남자들의 수가 점점 줄어들고 있지만 '타바나'라고 부르는 노란 꽃무늬 터번을 쓴 나이 든 남자들을 간혹 볼 수 있다. 어떤 남자들은 '슴라'라고 부르는, 메카 순례를 했다는 것을 보여주는 흰색 터번을 자랑스럽게 쓰기도 한다. 문학에서 '타아자르트

은 에슈슈(taâjart n eccec)'라고 부르는 멋진 터번이 등장하는데 실크로 만든 것으로 세련된 사람들이 쓰는 것이다. 프랑스어로 '세슈(chèche)'라고 많이 알려져 있으며, '세슈아(chéchia)'는 그 한 종류다.

허리춤 이시우, iciw, 이릅비, irebbi

가슴이나 허리부터 무릎까지 옷자락을 지칭하는 단어다. '이시우'는 허리띠 위에서 가슴 아래로 접어 부풀려 주머니 구실을 하는 부분을 지칭하고, '이릅비'는 앉아 있는 사람의 허리와 무릎 사이를 말한다. 여자에게 '이시우'는 남자들의 부르누스 후드 주머니에 해당하며, '이릅비'는 특히 아기 어머니들에게 사용한다.

헤나 헨니, henni

풀의 한 종류(라우소니아 인즈미스, *Lawsonia inezmis*)로 으깨어 미지근한 물을 섞은 후 코담배, 명반, 소금, 정향을 섞으면 염색할 수 있는 반죽이 된다. 이것을 염색할 부위에 바르고 하룻밤이 지난 뒤 헹군다. 젊은 여자들은 이것을 이용해서 머리칼을 적갈색(진한 붉은색)으로 물을 들인다. 나이가 든 여성들은 그보다는 검은색을 선호한다. 둘 다 염색이 한두 달 간다. 헤나에 예방과 보호 차원의 주술적이고 의학적 효능이 있으며, 다산과 '바라카(행운)'를 가져다준다고 생각한다. 할례, 아브라함의 희생 축일, 결혼 등 여러 기회와 예식 그리고 축제 때에 사용한다.

헤나는 혼인 예식의 여러 행사 이름에도 쓰이는데, '아즌지 을헨니(헤나 팔기)'는 신랑의 집에서 벌이는 남자들의 시 짓기 시합이며, '이믄지 을헨니(헤나 식사)'는 혼인식 전날 신부의 집에서 식사 후 여자들끼리 즉흥시 '아슈크르(찬미가)'를 부르는 것이다. 결혼 전날 아침 신랑의 집에서는 신랑에게 헤나를 주고, 양의 두 눈 사이에 발라준 후 마당에서 양을 잡는다. 그리고 잡은 양을 굵은 밀가루와 함께 신부의 집에 가져간다. 헤나 선물을 가져온 사람들과 함께 헤나 식사를 한다. 이때 대개는 여자들끼리 '우라르(춤놀이)'를 하게 하고, 이어서 신랑 신부와 그 집안에 대한 축하의 말을 하게 된다. 동시에 신랑 신부가 먹게 될 다산 및 생명의 상징인 호두, 달걀, 밀, 물을 담은 접시나 바구니를 준비한다. 헤나를 바르면서 부르는 노래인 '헤나의 노래'는 신랑 신부와 그 가족들에 대한 칭송과 아울러 헤나가 얼마나 귀하고 구하기 어려우며 아름다운 것인지, 히드라를 죽이고 동굴에서 헤나를 가져온 젊은 남자가 얼마나 용기 있는지 이야기한다.

화장

축제 기간 외에는 화장을 하는 것이 적절하지 않다. 그럼에도 많은 여성들이 행상에게 구입한 제품으로 직접 분을 만들어 쓴다. 눈 화장은 '타줄트'라고 부르는 안티몬, 인디고, 사향을 섞은 혼합물을 뾰족한 도구를 사용하여 윤곽을 그리는 것이다. 눈썹은 털을 뽑은 후에 호두나무 뿌리를 침에 적시거나 서양물푸레나무 가지 끝을 태워 명반을 약간 넣어 선을 그린다. 아랫입술과 잇몸에 호두나무 뿌리를 바르기도 한다.

문신은 사람에 따라 다르며 현재 점점 없어지고 있다. 멋으로 하는 것이었지만 갑상선종이나 불임, 눈병에 효험이 있다고 믿었다. 직선을 기초로 십자, 점, 마름모꼴, 원 무늬를 그려 넣으며 팔목, 손가락, 손등, 발목, 어깨, 팔, 이마, 턱, 가슴에 한다.

행운을 가져다주고 알라가 좋아한다고 생각하는 가장 일상적인 화장은 축제 때 손과 발에 헤나를 바르는 것이다.

히잡

카빌리 여자들은 보통 히잡을 쓰지 않고 '타큰두르트(원피스)'만을 입고 자유롭게 나다닌다. 이제는 면직으로 만든 옷을 추울 때 여러 겹으로 입어 허리띠로 묶고 목은 드러낸 채 머리에만 가볍게 머릿수건을 쓴다. 이런 차림으로 물가나 밭에 일하러 가거나 때로는 친구나 아이를 동반하고 이웃 마을에 가는 것을 볼 수 있다. 오렌지색, 붉은색, 푸른색 옷을 입은 여자들의 모습이 마을 주변 길들을 채색한다.

그러나 카빌리에도 몇 종류의 베일이 있다. 옷 위로 머리부터 발끝까지 덮는 것도 있고, 머플러처럼 머리만 덮는 것도 있다. 이따금씩 볼 수 있는 제일 큰 베일은 종교가문의 여자들을 위한 것으로 '하이크'(카빌리어로 '아하예크')라고 부르며 온몸을 가린다. 과거에는 집 밖으로 나올 때 작은 검은색 베일로 얼굴까지 가렸다. '아하예크'는 2×4m 크기의 흰색 큰 천에 양모나 실크로 줄무늬를 넣어 짠 것이다. 높은 신분의 풍습을 따라 일반 카빌리 여성들도 도시에 나갈 기회가 있으면 '아하예크'로 몸을 가리기도 했다. '아하예크'는 일반적으로 도시 여성들이 착용하는 베일이라는 의미 외에도 텐트나 커튼을 의미하기도 한다.

다른 베일도 있는데, 예를 들면 덧옷 구실을 하는 가벼운 흰색 천으로 만든 '티믈하프트'가 있다. 바느질하지 않고 목 아래 전신을 감싸 천을 앞으로 넘겨 어깨에 '이프지믄(핀)'으로 고정시키고 머리는 가리지 않는다. 어떤 마을들에서는 결혼식 날 신랑의 집으로 가는 신부를 옷을 여러 겹 입혀 온몸을 완전히 가리게 하고, 흰색 큰 베일로 머리까지 덮게 하고 다른 베일을 덧씌워 얼굴도 가리게 한다.

물건이나 신체 일부를 가리는데 쓰는 좀 더 작은 베일도 있다. '아훔무'는 뚜껑이나 덮개 외에도 베일을 지칭한다. 아기 요람을 덮거나 설화에서 신분 높은 아가씨의 얼굴을 가리는 것이다.

'아후림' 혹은 '팀흐름트'는 얇게 혹은 두껍게 양모로 짠 넓은 천으로 여자들이 햇빛을 가리거나 추위를 피하기 위해 머리에 쓰고 목에 매는 것으로 일종의 '숄'이다.

카빌리 여자들은 일반적으로 두 살이 되면 머릿수건을 쓰기 시작한다. 네모난 천을 대각선으로 접어 목 뒤로 교차하여 머리 위쪽에서 매듭을 짓는다. 머리칼을 거의 가리지만, 이마, 목, 어깨는 내놓는다. 까만색 면이나 여러 색 실크로 만든 머릿수건의 가장자리는 까만색 술을 달거나 여러 색으로 수를 놓는다. 예전에는 머릿수건 위로 '타아자르트(띠)'를 두르고 목 뒤에 묶어 이마에 고정시켰다. 춤을 출 때는 '아믄딜'을 허리춤에 둘러 배 위에 묶어 걸을 때나 엉덩이를 흔들 때 술이 흔들리게 했다.

완전히 몸을 가린 적이 없었던 카빌리 여자들은 이슬람 원리주의에서 권장하는 히잡(가리는 것)이라고 부르는 현대 '이슬람식 머릿수건'을 쓰지 않는다. 같은 계통의 '티느흐잡(숨은 여자)'이라는 단어가 있지만 마라부트 출신 여자나 스스로 집을 떠났거나 남편이 이민을 하여 혼자된 여자, 즉 남편의 후견이 없는 여자들을 의미하는 말이다. '르흐잡(베일)'이라는 단어는 '숨겨진 무엇'이라는 뜻으로 추상적 의미로만 쓰이고 있다. 예를 들면 시선으로부터 집안을 감추는 '아흐잡(커튼)'의 경우를 들 수 있다.

카빌리에서는 이슬람 근본주의 정당이 주민의 대표성을 갖고 있지 못하여, 머리와 어깨를 가리는 히잡이나 현대 이슬람식 옷으로 몸을 가린 여자들을 만나는 기회가 드물다. 평원의 도시들(티지-우주, 부이라)이나, 이전에 아랍인들이 살았거나 오스만 터키인의 부속지였던 곳에서나 볼 수 있다.

카빌리뿐 아니라 모로코를 포함한 베르베르 출신 마그레브 여성들은 베일을 거의 착용하지 않았다. 카빌리 출신 여성들 가운데 일부가 현대 이슬람 원리주의의 가치들에 동조하는 표시를 하기 위하여 이슬람식 히잡을 착용하기도 한다.

IX

식생활

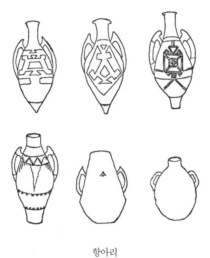

항아리

고기 악숨, aksum

고기는 가장 맛있는 것이지만 먹기 힘든 음식으로, '잘 사는 집안'일지라도 일주일에 한 번 장이 서는 날에만 고기를 먹는다. 예전에는 고기 먹는 기회가 더 드물어서 모든 마을 사람들이 고기를 먹을 수 있는 기회는 '희생-나누기' 축제 정도였다. 이처럼 귀한 고기는 여러 사람이 함께 먹는 것으로, 장이 서는 날이나 공동 희생 의식 때처럼 다른 사람들도 고기를 먹을 수 있을 때 함께 먹는 것이 관습이다. 마을 밖에서 먹거나, 사냥한 고기를 먹거나, 더 심각하게는 훔친 고기를 몰래 먹는 것은 불법으로 심하게 비난을 받는다.

고기를 먹는다는 것은 부와 사치의 표시다. 사람들이 가장 좋아하는 음식은 '버터와 고기가 들어간 쿠스쿠스'지만, 잔치 음식으로 술탄이나 도시 사람들이나 자주 먹는 것이다. 고기는 힘을 주는 음식으로 고기를 먹은 남자는 사자의 힘을 갖는다고 생각한다.

고기 가운데 가장 좋은 것은 소고기다. 몸집이 커서 많은 사람들이 먹을 수 있다. 양고기는 아브라함의 희생이라는 의미를 담고 있으며, 염소, 토끼, 닭고기는 치료나 제물용이다. 개고기나 당나귀 고기는 먹지 않는다.

고기를 굽는 방식은 사냥꾼들이 하는 것으로 너무 야만스럽다고 생각하며, 대개는 문명화된 방식으로 불과 고기 사이에 물을 중개하여 끓이는 것이다.

신선한 고기 '악숨 아지그자우(날고기)'는 습기가 있지만, 저장하는 고기는 그와 반대다. '악숨 아쿠란(말린 고기)'은 대개 양고기를 가는 끈 모양으로 썰어 소금으로 간하고 집 안 대들보에 매달아 말렸다가 뚜껑이 달린 용기에 담아 진흙으로 봉하여 1년간 저장한다.

곡식

신의 선물인 곡식은 기본 식량이다. 산악 지방에서는 곡식 농사에 적당한 땅이 항상 부족하다. 약간이라도 평평한 지표면, 계곡 바닥, 완만하고 평평한 지대는 그대로 두지 않고 활용한다. 때로는 주르주라 산 아래 사는 아이트 부드라르 부족에서 보듯 너무 가파르지 않은 경사면에 돌을 쌓아 버티는 테라스식 밭을 만들기도 한다. 평원의 땅은 예전에 터키인들과 협력자들이 몰수하여 절대 부족했다. 산악 부족들은 운 좋게 땅을 소유하고 있는 부족들과 계약을 맺어 농사지을 땅을 빌리곤 했다. 아이트 엔니 부족 부자들은 이런 방식을 통하여 항상 숨맘 계곡에서 곡식을 경작할 수 있었다.

과일

무화과를 제외하고 계절 과일이 차지하는 비중은 크지 않다. 무화과 외에 사과(6품종), 배, 석류, 포도가 있으며 야생으로 자라는 선인장 열매와 덤불숲에서 자라는 소귀나무 열매가 있다.

사치스러운 음식으로 생각하는 신선한 과일은 설화에서 상징적 의미를 담고 있다. 설화에서 주인공에게 주어진 임무의 하나가 땅을 일구어 '팁히르트(과수원)'를 만드는 것인데, 대개 사과나무, 배나무, 포도나무와 오렌지나무를 심는다. 이러한 과일나무는 수가 많지 않아 마라부트나 부잣집들만이 심을 수 있는 호사품으로 생각했다. 카빌리에서는 18세기에 들어서 심기 시작했으며, 이전에는 별로 많지 않아 성소 근방을 제외하고 나무들을 잘라내는 것

은 복수를 하는 것이었다. 이제는 오렌지를 마을 식료품점에서 살
수 있게 되었다.

설화에서 등장하는 마술 과일은 우선 사과다. 그 유명한 일곱
바다 건너에 찾으러 가야 하는 사과는 지중해권 문화에서 그러하
듯 생명의 과일이고 불임을 고치는 약이며 여성의 가슴처럼 재생
과 다산의 상징이다. 때로는 배도 사과가 가지고 있는 이러한 효능
을 갖기도 한다. 포도는 일부 마술적 힘을 가지고 있다고 믿는데,
검은 포도는 눈을 멀게 하고 흰 포도는 눈을 뜨게 한다. 설화의 주
인공 음키드슈는 어머니가 사과 반쪽을 먹은 후 태어나 작지만 꾀
가 많고 재치가 있어 식인귀를 이긴다.

가장 흔하고 필요한 과일은 말려서 집 안 항아리에 저장할 수
있는 무화과나 포도 같은 것으로 여자가 보관해서 일 년 내 먹을
수 있게 하는 귀중한 식품이다. 마른 과일은 올리브유와 함께 많은
카빌리 사람들을 굶주림으로부터 구해주었다.

굶주림 라즈, laz

많은 설화들이 마치 고정된 표현처럼 '키믄 이 라즈(qimen i laz:
그들은 굶주려 있었다)'라는 문장으로 시작한다. 비장하게 묘사되어
있는 굶주림 때문에 집안 가장은 먹을 것을 찾아 나서지만 때로는
빈손으로 돌아온다. 그리고 돌아오는 길에 당나귀의 주머니에 돌
을 채워 잠시라도 식구에게 배고픔이 사라질 것이라는 환상을 주
려고 한다. 다른 이야기에서는 아이들의 어머니가 너무 절망한 나
머지 남편을 죽이지만 마을 사람들이 감히 비난하지 못한다.

예전에는 기근이 잦았다. 가뭄이 들거나 메뚜기 떼가 들판을 습격하거나 내부의 싸움이 일어나면 먹을 것이 모자라게 되었다. 사람들은 밤낮으로 계속 잠을 자거나, 덤불숲에서 엉겅퀴, 아티쵸크 등 나무뿌리나 식물을 찾아 허기를 달랬다. 허기의 괴로움만 이야기하는 설화도 있다. 예전에는 외아들을 둔 과부처럼 특히 가족이 흩어진 경우 굶주리는 것은 흔한 일이었다.

꿀 타믄트, tament

버터와 함께 좋은 음식의 대명사로 흰 빵에 발라 먹는다. 검은 빵은 올리브유에 적셔 먹는다. 꿀은 아흔아홉 가지 효험이 있다고 하며 우유처럼 부드럽다고 한다.

손가락에 꿀을 발라 아이를 깨우는 것은 설화에 흔히 등장하는 모티프다. 부드러운 동물성 천연 식품이라는 점에서 우유와 비슷하지만 더 농축되어 있고 풍부하고 버터만큼 사치스러운 식품이다. 꿀은 같은 여성적 성질의 식품인 우유보다 더 귀하다고 생각한다. 과자 위에 덧씌우는 데 많이 사용한다.

카빌리 사람들은 야생 벌통을 수집하는 일에 능숙하다. 양봉으로 높은 소득을 올리기도 한다.

끈끈이 올라주크, llazuq

어린 목동들이 껌처럼 즐겨 씹는 식물의 추출물이다. 뿌리에는 독이 있어 위험하다. 새를 잡는 덫을 만드는 데 쓰이며 여러 용도의 접착제로 쓰인다.

날것

날것을 먹는 것은 야만적 속성이다. 식인귀들만이 불이나 뜨거운 물로 요리하는 것을 모른다. 요리는 문명과 야만을 구분하고 사람이 먹을 것을 만드는 행위다. 카빌리어로 '아지그자우'라는 단어는 녹색과 동시에 청색을 의미하는데, 성숙하지 않은 것과 익히지 않은 것은 같다고 취급하는 것이다. 고기가 녹색이나 푸른색을 띠면 먹을 수 없을 정도로 상한 것이다. 이 색을 좋아하지 않는 것은 날것이라는 의미가 내포되어 있기 때문일 것이다.

달걀 타믈랄트, tamellalt

닭을 기르는 것이 금지되어 있는 마을도 있지만, 많은 마을에서 여자들이 닭을 기르고 팔기도 한다. 아이트 즌나드 부족들은 아가와 고원 행상들을 '닭장사들'이라고 놀리기도 하는데, 이들이 물건을 닭과 바꾸기 때문이다. 달걀은 상징적 의미를 가지고 있어 선물용으로 자주 쓰인다.

달걀이 가지고 있는 생명과 죽음의 관계를 잘 표현하고 있는 수수께끼가 있다. "죽은 물건이 산 물건에서 나오고, 산 물건이 죽은 물건에서 나오는" 것이 달걀이다. 즉 살아 있는 닭에서 움직이지 않는 달걀이 나오고, 거기서 산 병아리가 나오므로 생명과 죽음 사이의 변증법을 표현하고 있다는 것이다.

둥근 모양의 축축한 달걀은 그 생산성으로 생명에 속한다. 달걀이라는 말과 흰색 '아블랄'은 같은 어근에서 파생된 단어로, 둘 모두 빛과 생명을 상징한다. 또한 달걀과 우유는 같은 흰색으로 생산성과 연결된다. 아이가 태어났을 때 산모에게 달걀을 먹게 하는 것은 그 때문이다. 결혼식 헤나 의례를 치를 때 달걀을 바구니에 넣어 두며, 신부가 신랑의 집에 처음 들어갈 때 문에서 달걀을 깨트리게 한다.

달걀은 성장과 부활의 식품으로 자주 애용된다. 찾으러 떠나는 목표가 되기도 하고 여러 비약을 제조하는 데도 들어간다. 병을 쫓기 위해 환자 주위에 달걀을 돌리기도 한다. 여러 의식의 식사에서도 일부러 먹는다.

젊은 여자를 흔히 달걀에 비유하는 것은 둘 모두 연약하면서도, 여자가 달걀이 깨어지듯 첫날밤 동정을 잃으면서 잠재적 생산성이 발휘되기 때문이다.

둥근 빵

카빌리에는 밀가루에 효모를 넣지 않고 반죽하여 익힌 둥글고 납작한 빵이 여러 종류 있다. 밀, 보리, 마른 야채, 도토리 가루 외에도 밀기울 등 서로 다른 곡물을 다양한 비율로 섞어 굵은 밀가루를 만든다. 양파, 고추, 아티초크와 같은 여러 채소를 속에 넣어 굽기도 한다. '아흐룸(둥근 빵)'은 일해서 벌어야 하는 음식을 대표한다.

같은 빵도 어떻게 먹는가에 따라 다르게 부른다. 잘게 잘라 올리브유에 담근 '타브르쿠스트'와 우유를 넣은 '탑자자그트'는 한 끼 식사가 된다. 효모를 넣어 부풀린 반죽으로 만든 '탐툰트'는 올리브유를 뿌려 굽거나 '부프라흐' 요리에 직접 넣어 익히기도 한다.

먹거리

카빌리 산지는 농산물이 빈약하여 주민들이 먹을 것이 충분치 않다. 계곡이나 평원의 충적토에서만 곡물 농사를 지을 수 있기 때문인데, 과거에는 이 땅을 터키인이나 추종 세력들이 독점하고 있었다. 산에서는 밀이 귀했지만 카빌리 사람들은 특히 빵과 '타흐리르트(혼합 곡식으로 만든 죽)'를 먹었으며, 가난한 사람들도 먹을 수 있는 도토리 가루로 보충했다. 밀가루 '세크수(쿠스쿠스)'는 특별한 날에 먹는 것으로 보통은 '아흐투트', 즉 보리와 도토리 가루로 만든 쿠스쿠스를 먹는다. 넉넉한 시기에는 밀가루로 둥근 빵, 부침개, 도넛, 면 종류를 만들기도 한다. 닭을 기르는 것이 금지되지 않은 지역에는 달걀이 있으며, 무화과와 건포도 같은 마른 과일과 그것을 담가 먹는 올리브유가 있다. 가축이 많지 않아 고기는 특별한 음식에 속한다. 잘 사는 집은 암소가 한 마리 있어 우유와 버터를 얻지만 대부분은 염소와 양(대개 임대한) 밖에 없었다. 요즈음도 마을에서 제일 잘 사는 집이 일주일에 한 번 정도(장이 서는 날) 고기를 먹는다. 마실 것은 주로 물이고, 여름에는 발효 우유를 마신다. 가장 좋은 음식, 즉 명절 음식은 물론 야채(아티초크, 누에콩, 콩, 양파)를 곁들인 고기 버터 쿠스쿠스다.

카빌리 사람들이 소박한 음식을 먹을 수밖에 없지만 여자와 남자는 평등하지 않다. 여자들이 먹는 음식에 대해서는 남자들 음식보다 신경을 덜 쓴다. 여자들은 적게 먹는다고 생각하며 많이 먹지 않는 것을 여자의 큰 미덕으로 생각한다. 많은 집안에서 여자들은 남자들이 식사를 끝낸 후 먹는다. 식단은 대개 균형이 맞지 않는데, 여자들이 더 심하다. 당분이 많은 반면 단백질이 빈약하여 단백질, 비타민, 칼슘, 미네랄 부족과 빈혈을 유발하여 임신 기간에 나쁜 결과를 가져오기도 한다. 야생 먹거리로 보충하기도 하는데, 예를 들면 풀을 뽑는 시기 여자들이 먹는 잠두, 장과, 야생 아티초크 등이다.

과일은 카빌리 사람들에게 하늘이 내려준 선물이다. 850-1,000m까지 경사면에 매달려 자라는 올리브, 무화과, 포도는 말려서 일 년 내내 보관할 수 있다. 올리브유에 함유된 칼로리와 비타민 그리고 마른 과일의 당분은 아마도 많은 카빌리 사람들을 굶주림에서 구해주었을 것이다. 무화과는 아주 많아서 무화과의 성숙기인 가을은 도취의 계절이다.

요즈음은 이민자들과 교통수단의 영향으로 식습관이 변화하여 마을 식료품 가게에서는 이민자들이 귀향하는 여름이면 요구르트, 비스킷, 오렌지, 바나나, 그리고 '소다' 같은 음료수들을 판매한다.

멜론 아프크루즈, afeqluj

호박과 식물로 물기가 많아 여성적 과실이라고 생각하여 여자들이 키운다. 격언 등에서 젊은 여자를 은유하는데 사용된다.

밀 이르드/이르든, ired/irden

밀은 식량의 기본으로, 낱알을 갈아서 빵, 둥근 빵, 부침개, 매일 먹는 온갖 종류의 죽뿐 아니라 명절에 먹는 쿠스쿠스를 만든다. 개미가 땅에 낱알을 가져와 어떻게 그것을 키우고 가루로 만드는지 사람들에게 보여주었다는 전설이 있다.

밀은 집 안에 항아리 '이쿠판'이나 높은 지역에서는 땅을 파만든 저장고 '타스라프트'에 보관한다. 카빌리 농부들은 이 값비싼 밀이 알라딘이 공주와 혼인하려고 했던 선물 목록에 넣을 만한 가치가 있는 것이라고 생각한다. 알라딘은 수백 쌍의 가축, 다이아몬드 10리터, 다이아몬드 접시 20개에 덧붙여 밀과 보리를 400리터씩 선물했다고 한다. 어떤 마을들에서는 결혼식 아침 신부를 밀자루 위에 앉게 하는데, 사내아이를 낳게 해준다고 한다. 예전에는 집에서 맷돌을 가죽(아름시르) 위에 놓고 밀을 갈았으며, 이 가죽 위에 밀가루를 받는다 하여 '부의 문'이라고 불렀다.

버터 우디, udi

이제는 식품점에서 사기도 하는 버터는 '아슨두(소젖)'를 저어서 만들었다. 2-3일 동안 솥에 엉기게 두었다가 '이킬'이 되면 교유기에 붓는다. 교유기는 대들보에 매단 바가지로, 바닥에 앉은 여자가 두 손으로 잡고 짧은 동작으로 오랫동안 흔든다. 버터가 굳어지면 더운 물을 약간 붓고, 덩어리를 건져서 물과 함께 접시에 담아 소금을 넣고 반죽한 후 항아리에 담는다. 항아리가 가득 차면 흙으로 봉하여 보관한다. 어려운 작업으로 주의를 많이 기울여야 한다. 집의 수호신을 위하여 처음 굳은 버터 작은 덩어리를 집 안 돌 위에 갖다 놓는다. 예전에는 버터를 만들며 그 움직임에 맞추어 노래를 불렀다. 요즈음 카빌리 가수들이 그 노래에서 영감을 받고 있다.

가장 맛있는 쿠스쿠스는 물론 고기가 들어간 것이지만, 버터도 그에 못지않다. 농축된 식품으로, 기름기의 기본인 올리브유에 비해서 고급 식품, 영양가 높은 특별한 음식으로 여긴다.

여자 손에 의해 소젖에서 탈바꿈한 버터는 여성적 기름으로, 많은 여성 의식(출산 등)에서 사용한다. 식물에서 추출한 기름은 남성 의식(첫 밭 갈기, 첫 보리 수확 등)에서 사용한다. 설화에서는 주인공을 되살리기 위하여 버터로 마사지한다. 영양이 풍부하여 성장하는 데 필요한 음식으로 생각한다.

보리 팀진, timzin

다른 지역에서는 보리를 말 먹이로 쓰는 경우가 많지만, 말이 거의 없는 카빌리에서는 사람들이 먹는 기본 양식이다. 밀과 함께 가장 흔히 길러 먹는 곡물로 아가와 고원 변경의 저지대나 계곡에서 자란다. 밀 쿠스쿠스가 명절 식사이지만 평소에는 밀과 보리를 섞은 쿠스쿠스를 많이 먹는다. 때로는 도토리나 밀기울(아흐투트) 가루를 섞기도 한다. '아르쿨(올리브유와 설탕을 넣어 먹는 밀, 보리 가루 음식)', '아듬민(곡식을 볶아 가루를 내어 올리브유나 버터, 설탕이나 꿀 그리고 대추를 넣은 음식)'을 만들 때는 밀이나 보리 가루를 볶아 사용한다.

불 티므스, times

부싯돌로 짚에 불을 붙이는 방법은 개미가 여자들에게 전해주었다고 한다. 불은 집 안 바닥에 만들어진 '카눈(화덕)'에 지펴둔다. 집안 내 제단의 역할을 하며, 아이들을 '집안(화덕)의 결실'이라고 부르는 데서 보듯 다산과 밀접한 관계가 있다. 빛을 내고 따뜻하게 해주고 음식을 익혀주는 불은 문명화된 번영을 상징하는 것으로 집안의 여자들은 불을 잘 보살펴야 한다. 불을 제멋대로 두지 않도록 철저하게 주의해야 하므로 그만큼 신경을 많이 써야 한다. 사물을 태워 재만 남기는 야만적 불은 다산과는 반대 명제의 의미를 갖는다. 식인귀의 불이 그렇다. 식인귀는 불을 파괴하는 목적으로밖에 사용할 줄 모르며, 결국 불에 타서 재만 남는다.

부엌 도구

신화에 따르면 대부분의 부엌 도구 사용법은 개미가 사람에게 가르쳐주었다고 한다. 접시, 체, 맷돌은 설화에도 등장한다. 얼마 전부터 대부분의 도구들이 많이 바뀌어 아직 남아 있는 것들도 예전의 것과 아주 다르다. 체나 항아리용 숟가락 같은 도구들은 비를 오게 하는 것과 같은 주술적 기능을 가지고 있다.

나무나 돌로 만든 것을 제외한 도구들은 여성 스스로 만들어 사용했다. 흙으로 빚어 그대로 말리거나 구워 만든 토기들은 저장에 쓰는 항아리들이다. 쿠스쿠스 소스나 수프를 만드는 항아리 '투기 타실트', 쿠스쿠스 찌는 솥 '타스크수트', 수프 만드는 깊은 항아리 '타르부트', 빵 굽는 데 쓰는 얕은 항아리 '아다진' 혹은 '부프라흐', 발이 달린 접시 '이므트르드', 물 항아리 '타부칼트', 우유나 기름을 담는 주둥이 달린 항아리, 축제에 쓰는 등잔 '티프틸린' 등이다. 현재에는 토기들이 점점 사라지고 있다. 무겁고 약하며 다루기 어려울 뿐 아니라 만들기 어렵고 화덕 '카눈'이 사라진 후 쓰고 있는 가스레인지와 같은 현대의 에너지원에 맞지 않기 때문이다. 알루미늄, 양철, 법랑, 플라스틱 등의 재질의 솥, 냄비, 양푼 등과 유리나 사기 그릇을 시장에서 사는 것이 훨씬 간편하다. 급한 경우나 장식용으로 토기 몇 개를 간직하고 있는 정도다.

남자들이 만드는 나무 부엌 기구들은 대부분 그 용도를 간직하고 있다. 쿠스쿠스 알갱이를 만드는 쟁반 '아크두흐', 밀가루 반죽 판 '일루흐', 체 '아흐르발', 의자 '이쿠르시', 직조기, 방추, 실패, 나무 함 '아슨두(타슨두크)' 등으로 아직도 사용되고 있다. 이제는 알루미늄을 많이 쓰기도 하지만 항아리용 숟가락 '아훈자'나 개인 숟가락 '타훈자이트'와 숟가락 통 '우팔', 밀대 '아즈두즈', 젓는 주걱 '타마다즈트'도 여전히 사용되는 목제품들이다.

돌로 만든 기구들도 아직 사용되고 있다. 맷돌, 숫돌, 분쇄기, 벽이나 토기 표면을 다듬는 돌 등이다. 우유를 젓는 도구 '타흐사이트'는 아직도 소를 키우고 버터를 만드는 집에서 사용하고 있는데, 큰 호리병 모양을 그물에 넣거나 끈으로 묶어 천장에 매달아

놓는다. 마을에 따라 양이나 염소 가죽으로 물 넣는 가죽 부대 '타이루트'가 있고, 종려나무나 라벤더로 만든 빗자루가 있다.

(대개는 나무와 함께 쓰이지만) 쇠로 만든 도구로는 농기구들 외에도 집에서는 칼, 두레박, 열쇠와 자물쇠, 수입한 양철 양동이 등이 있다. 돗자리나 물건을 운반하는 바구니들도 있다.

이 모든 기구들은 농사를 짓거나 집안에서 식량을 저장하고 음식을 만들고, 옷을 짓고, 잠자리를 마련하는 데 쓰이는 것이다. 전통적 기구들은 공장 제품이 도입되기 이전까지 쓰였던 것들이다.

부침개

카빌리 여자들은 굵고 가는 밀가루와 기름 조금을 가지고 여러 종류의 부침개를 만드는 재주를 가지고 있다. 여러 방법으로 반죽을 준비한다. '타습와트'는 보릿가루로 만들어 익힌 뒤에 잘게 찢어서 우유나 국물에 넣고 한 번 더 익히는 것이며, '타흐두르트'는 아주 얇은 것으로 축제 때 먹는다('아프디르'라고도 부른다). '티흐리핀'은 불을 낮추고 뚜껑을 덮어 익힌 두꺼운 부침개이다. '름슴믄'은 철판 위에서 반죽을 아주 얇게 펴서 만든 것이다.

빵 아흐룸, aghrum

'아흐룸'은 보통 밀, 보리, 야채 말린 것을 기본으로 때로 도토리 가루나 밀기울을 섞어 효소로 부풀리지 않고 구운 둥근 모양 빵을 말

한다. 이 빵을 굽는 빵틀을 '부프라흐('기쁨을 주는 사람' 이라는 뜻)'
라고 부르는데 때로 갓 태어난 아기를 그 안에 눕히기도 했다. 식
사 시간에 항상 먹으며, 밭일에도 가져간다. '탐툰트'라고 부르는,
효소가 들어간 빵을 만드는 경우는 드물다. 습기가 있는 밀가루 빵
과 달리 밀기울로 만든 빵은 메말라 있어 물에 금방 젖지 않는다.

사과

카빌리에서 많이 볼 수 있는 과일이다. 대개 여름 동안 성숙하며 6
종류 정도가 있다. 장수와 다산을 가져다준다고 생각하며, 번영과
건강을 상징하여 설화에서 흔히 마법 치료제로 등장한다. "일곱
바다 너머 있는 사과"는 설화의 주인공이 찾아나서는 마법의 물건
이다. 생명의 사과는 불임을 고치는 효력도 있다고 한다. 음키드슈
의 어머니는 사과 반쪽을 먹고 그를 잉태한다. 알라딘 이야기에서
주인공이 발견한 보물 중에는 다이아몬드 사과가 있다. 술탄 결혼
식의 선물이 될 정도로 귀하게 여기는 과일이다.

삼키기

삼키기는 반문화적 행동으로 설화 속에서는 야만의 속성으로 소
개된다. 주로 식인귀(테리엘)가 하는 행동이다. 인간 세계에서는 한
농부가 씨앗으로 쓸 콩을 먹은 죄로 식인귀에게 힘을 뺏긴다. 식인
귀는 농부의 아기를 가진 두 여성을 삼키고 아들 두 명을 차지하여

이러한 반문화적 행위에 대해 벌을 내린다.

설화의 주인공에게는 이러한 악한 행위를 저지른 장본인에게 돌려주는 능력이 있다. 자신을 도와주는 동물들, 대개 산토끼(때로 집에서 키우는 사자)에게 식인귀를 잡아먹도록 만든다. 더 심한 것은 식인귀로 하여금 가장 잔혹한 행위를 하게 만드는데, '아트레우스 향연'에서처럼 자식을 먹게 만드는 것이다. 식인귀의 식욕은 끝이 없다. 여러 마을의 수많은 사람을 삼키고도 인간 세상과 땅 전체를 위협한다. "나는 너를 먹고 네가 사는 곳도 먹어버릴 것이다"라고 주인공에게 말한다. 이런 존재는 아무것도 남지 않도록 철저하게 없애 버려야 한다. 주인공은 식인귀의 "피는 한 모금에, 살은 한 입에" 해치우라고 명령한다. 이렇게 삼켜 없어지지 않는 경우에는 태워서 재로 만든다.

생선

상징성의 측면에서 모순된 가치를 가지고 있다. 목을 치지 않고 먹을 수 있어 편리하며, 다산성을 촉진한다는 의미를 가지고 있다. 쉽게 늘어나는 특성으로 남성성의 상징으로 여기며, 흉안을 예방할 수 있다고 여긴다. 반면에 어부들을 빈곤한 사람들로 생각하고 생선을 먹는 것을 혐오스러운 일로 생각한다.

소금 름르흐, lemleh

소금을 나눈다는 것은 음식을 나누는 것과 마찬가지로 서로 관계를 맺는 것이며 평화를 확보하는 것이다. 음식을 저장하는 데 많이 사용하는 소금은 흉안을 멀리한다고 여겨져 많은 속죄 의식에 사용된다. 소금은 또한 인간 사이의 연결을 표상하고 물질화한다. 소금을 사용하는 것은 문명화된 인간 음식의 속성으로, 소금이 배어 있는 인간의 살은 소금을 넣지 않고 먹는 야만적 존재들과 구분하게 한다. 소금은 인간들의 화합과 우애를 보장하는 높은 상징성을 가지고 있을 뿐 아니라 문명의 세계를 의미하는 것이다. 여자들이 준비한 요리에 넣은 소금은 정치적·사회적 조직을 다지는 접착제와 같은 역할을 한다고 할 수 있을 것이다.

숟가락 타훈자이트, taghunjaïit

나무를 깎아 숟가락을 만드는 마을이 많다. 각 식구가 자신의 숟가락을 가지고 있다. 집 안 거실의 한 벽에는 숟가락 걸이가 매달려 있어 식사가 준비되면 낮은 식탁 위에 놓은 쟁반에 가족들의 숟가락을 놓는다. 예기치 않은 일이 벌어지기도 하는데, 숟가락이 하나 부족할 때(설화에서 주인공이 자리를 차지했을 때)가 있다. 숟가락의 임자가 여행이나 이민을 떠나 없으면 한 사람이 마당에 나가 없는 사람을 불러 같이 먹자는 말을 하고 들어온다. 카빌리 사람들은 이 도구를 사용하는 것을 아주 자랑스럽게 여긴다. 아랍 도시 사람들도 갖고 있지 않던 것이다.

개인 숟가락 외에도 똑같이 나무로 만들었지만 용량이 더 큰 항아리용 숟가락이 있다. 이 국자는 건기에 비를 내리게 하는 데 특별한 역할을 한다. 인형처럼 옷을 입히고 장신구로 치장하여 '티스리트 부 안자르(안자르의 약혼녀)'라고 부른다. 아이들이 인형을 들고 온 마을의 집을 돌며 풍성한 수확과 번영을 기원하는 노래를 부르고 굵은 밀, 보리, 무화과, 물세례를 받는 것이다. 때로는 아이들이 인형을 목욕시키며 물로 뛰어들기도 한다.

술 으슈랍, eccrab

술은 카빌리 문화에서 금지되어 있지만 그렇다고 전혀 없는 것은 아니어서 수수께끼에서는 "불처럼 붉고, 냄새는 사라지지 않는 것은 무엇인가"에 대한 답이다. 이민자들, 예술가들, 시인이나 가수들은 영감을 찾기 위해 술을 많이 마신다고 알려져 있다. 설화에서 술은 동양 도시적 타락과 사치로 나약해진 모습의 상징이다. 술탄의 딸은 순진한 주인공의 행동력을 빼앗고 마음대로 만들기 위해 재미 삼아 술을 흠뻑 마시게 한다.

숯불 티르긴, tirgin

불의 파괴력을 상징하는 숯불은 음식과 상반된 의미를 가진다. 예를 들면 음키드슈 설화에서 주인공은 말에게 불이 꺼진 숯을 먹게 하는데, 이것은 식인귀가 주는 보리를 먹고 생기게 될 영향력에서 벗어나기 위한 것이다. 이 단어는 일상 언어에서 금지되어, 남자아이는 이 단어 대신에 '트파흐('번영의 정원'의 사과)'라는 단어를 쓰며, 교육을 잘 받은 아가씨가 이 단어를 사용하는 것은 예절에 어긋나므로 '르프흠'이라는 단어로 대신한다.

수수

밀보다 덜 까다롭고 소출이 많은 곡식으로 두 종류가 있다. 점토나 충적토에 여름에 심어 키우는 '브슈나(흰 수수)'는 물이 필요하지만 비가 너무 많으면 안 된다. '일니(검은 수수)'는 무화과 밭에 그대로 심어 토질을 좋게 한다. 둘 다 경작이 쉽고 김매기가 필요 없다. 밀 대신 먹는 곡식이다.

수유

젖은 여성의 양육 기능을 가장 확실하게 상징한다. 어머니는 아기가 태어나서부터 2살 혹은 다른 아이가 생기지 않으면 3살이 되기까지 젖을 먹인다. 젊은 엄마들은 바깥의 힘든 일을 면제받고 집안일만을 한다. 과거에는 젖을 잘 나오게 하는 여러 방법들이 있었는데, 샘가에서 익힌 소의 젖통을 먹는다거나 일곱 군데 채마밭에서 자란 일곱 종류 야채로 만든 요리와 마른 고기 등을 먹는 것이었다. 집안에는 여자 형제, 동서, 숙모, 아직 젊은 할머니 등 필요한 경우 젖을 줄 수 있는 사람들이 여러 명 있었다. 그렇지 못한 경우에는 염소나 소의 젖을 물에 타서 아이에게 주었다. 그러나 이제는 젖병과 분유가 있다. 소박을 당하는 경우 젖먹이가 있으면 적어도 2살이 될 때까지 모자를 떼어 놓지 않는다.

유모와 젖먹이 사이에는 수유로 인하여 인척관계가 성립한다. 두 아이가 같은 젖을 먹었을 경우 결혼을 금지한다. 수유는 쿠란법과 카빌리법상 입양의 한 형태로 인정받는다. 한 여자의 젖을 먹는다는 것은 유모의 아이가 되는 것뿐 아니라 유모의 힘을 물려받는 것이며 유모에 대한 권리를 얻는 것이기도 하다. 설화의 주인공은 젖을 얻어먹는 방식으로 식인귀인 무시무시한 '테리엘'이 자신을 존중하도록 만들며, 교묘하게 언어낸 일종의 억지 계약을 통하여 건드릴 수 없는 사람이 된다. "아무도 건드리지 못하도록 불시에 식인귀의 젖을 먹는다"라는 것은 카빌리 설화에서 가장 빈번하게 반복되는 모티프다.

식사

잘 사는 집에서는 하루에 몇 차례 식사를 한다. 아침 식사(르프드르)는 밭이나 시장에 가기 전에 가볍게 먹는 것이다. 전날 남긴 음식과 기름에 적신 빵을 먹는다. 현재에는 대개 커피에 빵을 먹는다. 점심(임크리)은 대개 밭으로 가져다주며, 야채를 삶아 올리브유를 뿌린 것과 빵이다. 이제는 점심이 저녁과 비슷해지고 있다. 저녁 식사(이믄지)는 온 식구들이 모여 가능하면 야채를 넣고 소스를 뿌린 쿠스쿠스를 먹고 물이나 발효 우유(이히)를 마신다. 친구나 손님은 저녁 식사에 초대한다. 식구가 많을 때에는 남자들이 먼저 먹고 '즈마아'에 가면, 여자들이 그 다음에 먹는다. 밭에 일하는 사람들에게는 새참으로 무화과나 빵 혹은 발효유를 가져다준다. 현재에는 식품이 다양화되었으며, 남녀가 같이 식사한다.

최고의 가난은 저녁 식사에 먹을 것이 없는 상태다. 식사는 단순한 욕구의 충족이 아니라 문화 행위다. 동물은 야만적 공간에서 요리하지 않는 날것을 먹지만, 인간은 가족공동체의 성스러운 공간에서 익힌 음식을 먹는다.

식사 함께하기

함께 식사를 하는 것은 배반할 수 없는 인간관계와 권리를 만든다고 생각한다. 설화에서 음키드슈가 식인귀와 같이 음식을 먹지 않고, 가져다준 것만을 먹어 자신에 대해 힘을 쓰지 못하게 한다. 반면에 인간의 음식은 식인귀의 딸에게 큰 힘을 행사하여, 그 음식을 먹은 딸은 인간과 가까워지고 인간 사회로 들어오게 된다. 익히지 않은 음식을 혼자서 먹는 식인귀 세계는 집단으로 나누어 먹는 문명화된 세계의 규범과 반대되는 것으로 요리를 통해 매개화되고 신성해진다.

숟가락은 가족 구성원이라는 것을 상징하여 명절 식사 때에 그 임자가 없어 숟가락을 쓰지 않을 때는 식사를 시작하기 전 마당에 나가 그 사람의 이름을 3번 부른다.

식사를 함께하는 것은 어떤 관계를 맺어주는 것이므로 혼자 마음대로 초대할 수 없다. 서로 동의해야 한다. 관계란 상호적인 것이기 때문이다. 그러나 답례로 초대할 수 없는 사람을 억지로 오게 하는 것처럼 불평등한 경우도 있다. 이렇게 맺어진 관계를 혼인으로 굳게 만들 수 있다. 설화에서는 주인공이 이런 방식으로 술탄이나 왕 같은 세력자의 사위로 나서기도 한다. 도시에서는 함께 식사를 하는 것이 적으로 예상되는 사람의 악감을 없애기 위한 외교적 행동이다.

농부 사회에서 식사를 함께하는 것은 자연과 문화의 대립을 약화시키는 것이며, 도시에서는 세력자가 강요하거나 대담한 자가 자신을 내세워 계층 간 차이를 극복하는 방법이다.

식탐

위험한 단점이다. 사람이 음식에 빠지는 것은 좋지 않은 일이다. 야생동물이나 식인귀들만이 게걸스럽게 먹는다. 어떤 설화에서는 한 남자가 먹고 싶은 욕망을 참지 못하고 심어야 할 잠두콩 씨앗을 먹어버리고 식구를 식인귀에게 맡겨버리기도 한다.

얼음

여름에는 너무 덥고 고도가 충분히 높지 않아 노천 얼음은 없지만, 석회석 산들 사이 균열이나 틈새 바닥 지하에는 얼음 굴들이 있다. 지하 깊은 곳에 있어 여름 내내 녹지 않는 이 귀한 얼음을 인근 부족 남자들이 거의 광맥 탐색하듯 찾아내 코르크 판에 싸서 노새의 등에 싣고 알제로 팔러 가곤 했었다. 아이트 쿠피 부족은 총독 '데이'의 궁전에 독점적으로 지하 얼음을 조달했다.

역청 이크드란, iqedran

운 좋게 천국에 가는 사람이 들어가기 전 마시는 것 중 제일 맛이 나쁜 것이다. 지독하게 쓴 월계수와 함께 이 세상에서 가장 나쁜 음식을 의미한다. 둘 모두 버터와 반대의 의미다. 때로 해송 송진을 '이크드란'이라고 부르기도 한다.

오렌지

카빌리에서 오렌지를 키우기 시작한 것은 겨우 한 세기 정도밖에 되지 않는다. 드물기 때문에 고급 과일로 생각하며 잘사는 집(혹은 성자들)의 정원에서나 볼 수 있는 부의 상징이고 부러움의 대상으로, 소유자에게 보복하기 위하여 자르기도 하는 나무다. 고급 사과라고 생각하며 여성들이 특히 좋아한다. '백인신부'와 수녀들이 흔히 사용했던 오렌지꽃 액 요법은 카빌리 사람들이 좋아하는 치유법이다.

올리브유 지트, zit

올리브유는 카빌리 사람들에게 아주 중요한 것이어서 훔쳐가는 것을 막기 위해 성인의 보호를 빌기도 한다. 올리브나무는 고도 800-850m까지 자라기 때문에 카빌리 어디서나 볼 수 있다. 올리브나무를 심는 위치나 토질에 따라 부족들 간 수확량에 차이가 있다. 가장 좋은 올리브는 완만한 경사면, 예를 들면 보흐니 드라 엘-미잔 지역의 티느리 숲이나 숨맘 계곡의 땅들이다.

처리 과정과 품질에 따라 올리브유는 3종류로 나뉜다. 일단 수확해서 2번 압착하면 흔히 쓰는 올리브유가 나오는데, 대부분 이런 방식으로 처리된다. 또 하나는 노천 그늘 밭 위에 널어 겨울을 보내고 나서 기름을 짜는 것이다. 품질도 우수하고 오래 보관할 수 있다. 가장 좋은 올리브유는 나무에 그대로 둔 채로 말려 늦게 수확하여 손으로 짜서 큰 용기에 냉처리를 한 것이다.

카빌리에서는 전통적으로 올리브유만 먹는다. 땅콩기름을 포함한 다른 기름들은 '맛없는 기름'으로 생각한다.

물 위에 뜨는 성질을 가지고 있는 올리브유는 건조한 남성적 범주로 생각하여 습한 편인 버터와 대조를 이룬다. 버터는 여성의 의식(출산이나 키블라가 행하는 의식들)에 많이 쓰이는 반면, 올리브유는 남성들의 의식(밭 갈기 첫 삽이나 첫 번째 보릿단 의식)에 사용된다. 올리브유는 집 밖에서 남자들이 짓는 농사의 산물로 식물성이며, 버터는 여자들이 집 안에서 만드는 것이다. 올리브유는 식용 외에도 불을 붙여 집을 밝히는 램프용으로도 사용하여 가정을 보호하는 남성적 의미를 더하고 있다.

요리

요리는 문명의 행위로 야생의 세계와 인간 세계를 구분하는 표시다. 식인귀는 요리를 모른다. 요리는 집 안에 보호하고 있는 불로 야생의 날것을 익혀서 문명의 것으로 바꾸는 것이다. 곡식 빻기처럼 자연의 산물을 변형시키는 행위도 요리에 포함된다. 설화에서는 개미들이 절구나 맷돌로 곡식 가는 법을 여자들에게 가르쳐주었다고 한다. 요리하기 전까지 남녀가 맡은 일이 다르다. 남자는 재료를 대고 여자는 항아리에 저장한다. 남자는 장작을 대지만 물을 긷고 불을 피워 요리를 해서 온 식구를 먹이는 것은 여자다.

그러므로 요리는 남자가 땅을 갈아 생산한 식재료와 물과 불을 결합한 것이다. 음식의 대명사 쿠스쿠스는 물론 빵, 죽, 부침개, 과자를 만든다.

요리사

농촌에서는 주로 집에서 요리를 하지만, 도시에서는 다르다. 도시에 간 카빌리 남자는 주로 음자브 출신 남자 요리사들이 하는 음식을 먹는다. 집 밖에서 남자들이 만든 음식은 원래의 의미와 가치를 잃어 위험할 수 있다. 금지된 개고기를 손님에게 먹게 했던 나쁜 식당 주인의 이야기도 있다. 도시는 요리에서도 카빌리에서 금지하는 규범을 위반하는 타락의 장소다.

음식

여자들 몫인 음식 준비는 가족생활에서 중요한 부분이다. 반죽, 껍질 까기, 쿠스쿠스 빚기, 익히기 등 매일 하는 일 외에도 저장을 위한 일시적인 작업들이 있다. 예를 들면 굽기, 타작, 도토리 키질하기, 곡식 낟알 고르기(맨손이나 체를 사용하여)와 항아리에 넣기, 도토리와 곡식 빻기 등이다. 그 외에도 대축제를 포함하여 '희생-나누기'를 치르고 난 뒤 소나 양의 고기를 칼로 썰어 소금 간을 하고 솥에 차곡차곡 쌓아야 한다. 소, 양, 염소의 젖을 섞어 버터를 만드는 일도 있다.

여러 여자들이 함께 하기도 하는 식사 준비에는 쿠스쿠스 빚기, 반죽 만들기, 죽 끓이기, 빵 반죽하여 수증기에 찌거나 '부프라흐(철판, 기쁨을 주는 사람이라는 뜻)'에서 굽기가 포함된다. 일상 음식에는 곡물과 채소가 많고 고기는 드물다. 요즈음 괜찮은 집안에서도 일주일에 한 번 정도 고기를 먹는다. 그러므로 균형 잡힌 식단이 아니다. 탄수화물은 많지만 단백질, 섬유질, 비타민이 부족하다. 녹색 채소와 과일이 거의 없다.

먹는 것이 중요한 것은 음식이 많지 않기 때문이다. 배고픔은 설화에 자주 등장하는 모티프다. 먹지 못해서 약해진 나머지 일어서지 못하는 아이들의 고통이 빈곤을 보여주는 이야기로 등장한다. 배고픔을 달랠 수 있는 것은 밭에서 채취하는 풀들, 야생 아티초크, 달팽이, 소귀나무나 유향나무의 열매들이다. 가난은 대개 식구 수에 비하여 일할 남자들이 집안에 없어 생기는 것으로 생각한다. 예를 들면 과부나 아들이 없는 노부부의 경우다. 음식의 양은 생산자인 남자의 수에 달려 있다.

함께 식사를 하는 것은 전형적인 사회적 행위로 문명화·인간화시키는 힘이 있다고 생각한다. 식인귀가 사람들과 식사를 하고 나면 사람의 살을 먹지 못하게 된다고 한다. 식인귀의 딸 '누자'도 이러한 과정으로 인간화된다. 음키드슈는 조종당하지 않으려고 식인귀와 식사를 하지 않는다.

인간 음식의 전형은 밀, 보리, 수수 등 '나아마(곡물)'다. 빻은 가루로 빵, 둥근 빵, 전병, 과자, 죽 그리고 쿠스쿠스를 만들 수 있다. 낟알에 증기를 쐬면 부풀어 오르는 곡물은 풍요의 상징으로 자연과 정반대이며, 가장 사회화된 음식이다.

마을 밖에서 공동 식사를 하는 것은 금지되어 있다. 공동 축제 기간 외에 고기를 먹는 것은 이를 어기는 것으로 마을 관습법에 따라 엄격하게 처벌받는다. 음식에 대한 특별한 금기도 있는데, 일부 마을에서는 다른 곳에서 구입한 암탉과 달걀을 금지한다. 이슬람 방식으로 도살하지 않은 고기는 먹을 수 없으며, 여성들은 원칙적으로 도살하지 않는다. 또한 야생동물의 고기는 일반적으로 먹지 않는다. 자고새와 산토끼만 먹을 수 있고, 드물지만 재칼과 고슴도치를 먹기도 한다. 젊은 사람들이 멧돼지를 먹는 일도 있다. 여성들은 특히 임신 기간 중 흙(응회암 가루)을 먹기도 한다. 이것은 요오드 부족으로 카빌리에서 흔했던 갑산선종을 예방하기 위한 것이었다.

잠두콩

다른 지중해 주변 지역에서와 마찬가지로 잠두콩은 중요한 식량원이다. 돌이 많고 척박한 지역에서도 자라는 작물로 남자들이 심고 여자들이 거둔다. 다른 지역에서와 마찬가지로 꽃이 많이 피고 콩깍지 안에 콩이 여러 개 들어 있어 다산을 상징한다. 여러 의례에서 중요한 역할을 한다. 가을 첫 밭갈이 의식에 사용한다. 콩이 깔린 바닥에 돗자리를 놓고 젊은 신부를 그 위에 앉도록 하는데, 아들이 많이 태어나기를 바라는 것이다. 「모슈」와 「지자」, 두 설화에서도 고양이와 연결하여 상징적 의미로 등장한다. 별들을 하늘에 던져 놓아 퍼져 있는 잠두콩이라고 시적으로 표현하기도 한다.

쿠스쿠스에 반드시 들어간다. 그러나 너무 많이 먹으면 위에 가스를 차게 한다. 지나치게 먹으면 용혈을 일으키는 중독에 걸릴 수 있다. 다른 것이 없을 때 별 수 없이 먹는 것으로 생각하여 요즈음은 고급 쿠스쿠스에 넣지 않는다.

재 이흐드, ighed

집에서 불타고 남은 재는 음식에 반대되는 것으로 생각한다. 설화에서는 식인귀가 자신에게 힘을 행사하는 것을 막기 위하여 음키드슈가 먹는다. 재는 비생산적이고 닿으면 지저분해진다(톱밥과 반대다). 마녀에 대한 가장 큰 징벌은 화장시키고 그 손뼈를 재를 쓸어내는 삽으로 쓰는 것이다.

젖(음료) 아예프키, ayefki

염소나 양 혹은 소 젖을 하루 두 번 짜서 나오는 젖 음료가 없는 집은 없다. 보통 가장 많이 마시는 것은 발효유나 버터 지방을 걷어낸 '이히(탈지유)'로 예전에는 밭에서 일하는 농부들이 가져가 새참으로 빵과 함께 마셨다.

젖으로 버터를 만드는 것은 여자들의 일이다. 2-3일 젖을 솥에 넣어두어 엉긴 '이킬'을 교유기에 붓고 뚜껑을 닫아 들보에 매단다. 그 앞바닥에 여자가 앉아 힘주어 흔드는 동작을 30분에서 45분 정도 반복한다. 일단 분리되어 작은 덩어리가 된 버터는 물을 넣은 접시에서 주무르고 소금 간을 한 후 반죽하여 작은 항아리에 담는다.

발효한 흰 치즈 '티크릴트'는 축제 때 익히는데, 작은 양만 만들기 때문에 보기 힘들다. 덜 익은 무화과 즙을 빨대로 불어넣어 발효시키기도 한다. 엉긴 것은 무화과 잎에 놓아 물기를 뺀 후에 햇볕에 말린다.

젖 가공과 관련된 몇 가지 주술이 있다. 예컨대 노인들이나 마녀가 버터를 훔쳐가는 것을 막기 위하여 교유기와 젖 항아리에 대개 부적 헝겊 주머니를 매어둔다. 젖은 대단히 소중한 것이어서 젖이 고갈되는 것을 막고 양이 많고 지방이 풍부한 젖을 얻기 위해 온갖 주술을 사용한다.

젖은 죽었던 주인공이 다시 살아나게 하는 부활의 효능을 가지고 있다. 한 설화에서는 찾아야 하는 기적적 음식이 되기도 한다. 왕을 살릴 수 있는 것은 "아비 사자 수염으로 묶어둔 새끼 사자의 살 속에 남아 있는 어미 사자의 젖"이라고 한다.

흰색 젖은 여성성과 다산의 상징하며, 낮, 빛, 동쪽, 미래를 상징한다. 젖처럼 하얀 피부를 가진 여자의 아름다움에 대한 찬사는 끝이 없다. 모든 것이 뒤바뀌는 세상의 종말이 오면 가축들의 젖이 마르고, 젖과 정반대되는 사물인 역청처럼 검은 색이 된다. '검은 젖'은 대단히 강한 상반된 이미지의 결합으로 카빌리 설화에 등장한다.

죽 타흐리르트, tahrirt

흔히 먹는 죽은 밀가루나 굵은 밀가루를 물에 풀어 깊은 용기에 걸쭉하게 끓여 버터를 넉넉히 넣어서 만든다. 어떤 마을에서는 볶은 밀을 가루로 만들어 죽을 끓인 후 산모에게 주기도 하는데, '타흐리르트 은-은느비(예언자의 죽)'라고 부른다. 아주 일상적인 음식이어서 설화에도 자주 등장한다. 주인공이 열이 있다는 거짓 핑계로 (대개 나이가 많은) 어떤 부인에게 죽을 끓여 달라고 청한다. 그리고 버터를 죽에 넣을 때 부인의 손을 뜨거운 죽에 빠뜨려 자백을 받아낸다. 대개는 찾고 있는 아가씨나 남자형제 혹은 실종된 아버지가 어디 있는지 알아내는 방식이다.

주로 채소가 들어간 '아비사르'와 같은 죽들도 있는데, 그것을 먹는 남자들은 일을 못하게 된다고 한다. '아질반(콩의 일종)'으로 만든 가난한 사람들의 죽은 영양 결핍증의 원인이다.

차 이라타이, ilatay

모로코 사람들과 반대로 카빌리 사람들은 차 마시는 습관을 가지고 있지 않다. 특히 북부 지역에서는 커피를 선호한다. 부잣집에서는 방문한 사람에게 무엇을 원하는지 묻기도 한다. 현대에 와서는 차를 따를 때 찻주전자를 높이 들어 분수처럼 떨어지게 하는 풍습이 생겼다.

채소

텃밭에서 채소를 가꾸는 것은 여자들의 몫이다. 마을 옆집 가까이 있거나 샘이나 계곡 바닥에 있는 이 밭들은 항상 물을 줄 수 있도록 물 가까운 곳에 있다. 텃밭 위쪽에 물을 가두는 작은 시설을 만들어, 풀 뭉치로 막았다 열었다 하며 도랑을 따라서 흐르게 한다. 물을 모아둔 곳에는 뱀이 살기도 하는데 밭을 지키는 동물로 생각하여 죽이지 않는다. 한 장소에 모여 있는 여러 가족의 밭에는 돌아가면서 물을 준다. 여자들은 발로 도랑의 물을 막고 두 손을 모아 물을 떠서 밭에 뿌려준다. 아주 피곤한 일이다.

여자들은 허리춤에 밭을 가꾸는 작은 호미를 늘 가지고 다닌다. 주로 달이 뜨는 시간에 일한다. 물이 제일 오래 남아 있는 밭의 양쪽 끝에는 물기를 많이 흡수하는 토마토, 고추, 피망, 콩 같은 것을 심고, 가운데는 옥수수와 특히 양파 그리고 즐겨 먹는 둥근 무를 심는다. 더 아래쪽에는 줄기를 많이 뻗는 호박과 멜론을 심는다. 습한 식물들로 생산성이 있는 여성들이 돌보게 되어 있다.

체 아흐르발, agherbal

곡식을 분류해 줄 뿐 아니라 쿠스쿠스를 만들 때 원하는 크기의 알갱이를 얻게 해주는 요리 기구다. 굵은 체인 '아흐르발 임슈르슈르(agherbal imcercer)'와 가는 체인 '아흐르발 우킨(agherbal uq-qin)'이 있다. 좋은 것을 골라내고 필요 없는 것을 버리는 체는 주술적 힘이 있다고 여겨 여러 의식에 사용한다. 밭고랑을 처음 낼 때 흉안을 쫓기 위해 사용하고, 출산 때 키블라가 사용하기도 한다. 천 짜기 틀을 준비할 때나 악귀를 쫓을 때 혹은 결혼식에서도 사용한다. 항상 다산을 상징하는 과일이나 곡식으로 채우거나 좋은 징조를 알리는 헤나로 가득 채운다. 체로 물을 뜨는 것은 어리석은 일로 꾀가 많은 음키드슈는 식인귀에게 이 일을 시킨다.

취기 씨크란, ssikran

술은 사람을 취하게 하고 정신을 잃게 하는 나쁜 것이다. '아만 우주즈(열매 즙)'라고 부르는 취하게 하는 음료를 때로 요리에 섞어, 먹는 사람의 힘을 잃게 만들기도 했다고 한다. 무화과를 풍성하게 수확하는 가을이면 모두가 취한 것 같기도 하다. 현재에는 일부 이민에서 돌아온 사람들이 외지에서 배운 습관 때문에 맥주를 마시기도 한다. 일부 젊은이들도 맥주를 많이 마시는 경우가 있다.

치즈

예전에는 익힌 치즈와 그렇지 않은 치즈 두 종류가 있었다. 첫 번째는 발효하여 익힌 흰 치즈로 첫 더위에 먹으며 적은 양만 생산되었다. 다른 것은 녹색 무화과 즙을 짚 빨대로 불어넣어 발효만 시킨 후 걸러, 엉긴 덩어리를 무화과 잎에 넣어 햇빛에 말린 것이다.

커피

모로코 베르베르인들과는 반대로 카빌리 사람들은 차를 거의 마시지 않는다. 일상적으로 커피를 많이 마시며, 커피 대접이 가장 좋아하는 마음의 표시다. 알제리의 이 관습은 터키의 영향과 무관하지 않다. 프랑스로의 이민 또한 커피와 친숙해지는 데 기여했을 것이다. 이제는 카빌리 지방 부엌에서 가스레인지 옆에 항상 커피를 준비했다가 대접하는 것을 볼 수 있다. 그러나 집 밖에서 커피를 마시는 것은 도시적 습관으로 생각한다. 예전에는 도시의 퇴폐 공간으로 생각했던 카페가 이제는 마을에서도 담소, 만남, 정보 교환, 놀이의 공간으로 자리 잡으며 남자들이 모이는 공간이었던 '남자들의 집'을 밀어내고 있다.

쿠스쿠스(세크수)

쿠스쿠스는 가장 전형적인 카빌리 음식으로 축제 및 손님 환대의 음식이며, 풍요와 번영을 상징하는 봉헌물이다. 굵은 밀가루와 고운 밀가루에 물을 섞어 손으로 알갱이로 만드는 첫 작업은 요리를 맡은 여성들에게 가장 기본적인 일이다. 가장 중요한 문화 행위이기도 하다. 젊은 여자는 쿠스쿠스를 제대로 만들 수 있어야 결혼할 자격이 있다고 생각한다. 작은 알갱이를 모아 수증기로 부풀리는 작업은 문명화된 인간만 하는 것이다. 사람을 잡아먹는 식인귀들도 인간과 이 음식을 먹으면 다시는 인간의 살을 먹을 수 없게 된다고 한다. 쿠스쿠스는 가장 수준 높은 문명의 상징이다. 날것을 먹는 식인귀와 반대로 밭에서 농사로 키운 식물로 만든 것이며, 고기를 곁들인다 해도 사람이 키운 가축에서 온 것이며, 격식에 따라 가축의 목을 베어 집 안의 불로 익힌 것이다. 요즈음 도시에서는 다량으로 알갱이를 만들어 말려놓았다가 꺼내 쓰고 있다. 공장에서 만들어 포장하여 식료품점에서 사는 쿠스쿠스도 있지만 손으로 금방 만든 신선한 쿠스쿠스와는 맛을 비교할 수 없다.

쿠스쿠스는 여러 종류가 있지만, 진짜 베르베르인의 것은 '세크수'라고 부르는 것으로, 이 단어는 베르베르인 전체에서 통용되는 단어다. 때로는 아랍어로 음식을 뜻하는 '타암'이라는 단어를 쓰기도 한다. '브르부크스'라고 부르는 거친 쿠스쿠스는 수증기로 한 번, 국물 속에서 다시 한 번 익혀 '세크수'보다는 입자가 더 크다. 출산했을 때, 젖니 날 때, 농사를 시작할 때처럼 특별한 때 먹는다. 어려운 시기에는 밀이 아닌 보리, 밀기울, 도토리, 혹은 강낭콩이나 완두콩과 같은 콩류 전분질 또는 채소를 이용해 쿠스쿠스를 만든다. 밀로 만든 좋은 '세크수'는 이슬처럼 조심스럽게 물을 뿌려주고, 보리로 만든 것은 비가 내리듯, 도토리로 만든 것은 도랑에 물이 흐르듯 물을 주어야 한다고 말한다. 어쨌든 가장 맛이 좋은 것은 축제 때 먹는 '세크수 드 우디 드 왁숨(seksu d udi d wak-sum: 버터와 고기가 들어간 쿠스쿠스)'이다.

튀김과자 스폰즈/르스폰즈, sfenj/lesfenj

밀가루로 만들어 기름에 튀겨내는 과자로 튀기는 과정에서 순식간에 부풀어 올라 풍요의 상징이 되고 있다. 가벼운 음식으로 대개 아침 식사에 먹는다. 보통 봄이 시작되는 날 만들어 먹는다. 설화를 마무리하는 부분에 나오는 튀김과자는 숲의 야생 자연('재칼' 항목 참조)과 대조적으로 요리를 통하여 인간화되고 사회화된 세계를 상징한다. 도시의 튀김과자 장사는 보잘것없는 직업으로 어떤 설화에서는 하룬 에르 라시드가 젊은 시절 7년 동안 고행으로 이 일을 했다고 한다.

포도

카빌리 포도나무는 대부분 나무를 휘감는 넝쿨로 자란다. 그래서 "속옷을 펼치며 앞으로 나아가는 것은?"이라는 수수께끼의 답이 포도다. 포도 알의 굵기와 색에 따라 많은 종류가 있다. 저장하지 않는 포도 가운데 알제 시장에서 제일 유명한 포도들이 카빌리에서 생산된다. 아이트 아이씨 부족이 생산하는 포도는 송이가 크고 맛이 좋다고 널리 알려져 있다.

하수구 <small>타주리흐트, tazulight</small>

집에서 생기는 모든 배설물, 오수, 가축우리의 분뇨를 집 뒤 아래쪽에 있는 '우두(퇴비장)'로 배출하는 좁은 도랑이다. '아후한(더러운 것)'을 집 밖으로 배출하여 집을 깨끗하게 만들어준다. 설화에서는 범죄를 저지른 여자나 주인 여자를 괴롭힌 흑인 하녀같이 나쁜 행동으로 처벌을 받은 여자의 다리를 지저분한 하수구를 치우는 도구로 쓴다. 하수구는 사람과 먹을 것이 들어오는 문과 반대로 버려야 할 것을 밖으로 내보내는 통로다.

하수구는 나쁜 기운이 출몰하는 금지된 곳으로 밤이 되면 죽음을 알리는 '타마다츠 은 에추리힌(tamaddazt n etzu lighin: 하수구 방망이)' 소리가 들린다고 겁내는 곳이다.

호박

카빌리에는 여러 종류의 호박류 야채가 있다. 호박, 큰 호박, 바가지 호박, 긴 호박, 멜론, 수박 등이다. 여성들이 채소밭에서 키우는 이 둥근 야채는 불어나는 것이 여성의 배와 비슷하여 높은 상징성을 지닌다. 그래서 통통한 아가씨를 '작은 호박'이라고 부른다.

여성적 상징성은 설화에서도 뚜렷하다. 젊은 아가씨들이 자신이 원하는 바를 직접 표현하지 못하고 아버지에게 수박을 보낸다(때로는 칼을 꽂아 보내기도 한다). 잘 익은 수박은 결혼을 기다리고 있다는 것을 의미하여, 아버지가 서둘러 혼처를 찾는다는 이야기다. 호박류는 여성적 성숙을 뜻한다. 안에 많은 씨를 품고

있는 것도 여성의 다산을 의미하여 그 유사성을 더욱 강화하고
있다.

X

주생활

집 내부 축사

가구

전통 가옥 내 가구는 놓을 자리에 토기로 만들었다. 축사 반대편에 벽을 움푹 들어가게 하여 앉는 자리나 선반을 만들었으며, 축사 쪽에는 공간을 나누어 굽지 않고 말려서 만든 토기로 저장 항아리들을 만들어 놓았다. 문 가까이에는 물 항아리가 있었고, 약간 떨어져 곡식을 빻는 맷돌을 두었다. 이 가구들은 동시에 도구였다. 형편이 좋은 집에서 조각을 하고 색을 입힌 나무 궤를 문 가까이 두었던 것을 제외하고는 나무 가구가 거의 없었다. 문과 마주보는 벽 앞에는 천 짜는 틀을 두었다. 들보에는 횃대를 매달아 침구나 옷을 걸었고, 발을 달아 과일을 말리는 데 썼으며, 아기 요람도 매달아 사용했다.

침대와 긴 의자가 처음 등장한 현대식 가구들이며, 이어서 의자, 탁자를 비롯하여 옷장, 찬장 등이 도입되어 이제는 현대식 집 안의 방들을 장식하고 있다.

거처

부계혈통 사회에서 거주지는 항상 아버지에게 속하며, 남자들을 중심으로 구성되는 가족공동체는 가장을 중심으로 함께 거주하는 대가족제를 이룬다. 부부와 아이들만 사는 핵가족은 좋게 받아들여지지 않아 드물다. 대개 조부모와 아들 형제의 아내들과 아이들이 함께 살아 식구가 많을 때는 40명 이상이 한 가족으로 살기도 한다. 거주 형태에 따라 여러 방식으로 나뉘는데, 여러 세대가 식구와 함께 모여 사는 수직적 방식과 여러 형제들이 식구와 함께 거주하는 수평적 방식 그리고 그 둘을 혼합한 방식이 있고 그 외 결손 가족이 있다.

건물의 기초 이사스, isas

건물을 땅 위에 설 수 있게 해주는 기초는 중요하다. 집 짓는 사람은 땅을 파기 전 가축을 제물로 바친다. 가능하면 양, 아니면 수소나 닭을 잡아 바친 후 식구가 먹는다. 일단 땅을 파고 나면 안주인이 거기에 제사를 지낸다. 사슬이나 물을 들인 양모 실을 놓아 기초가 튼튼하기를 빈다. 초석을 놓기 전에 성소의 물과 흙을 뿌리고 행운을 비는 돈을 놓는다. 여성의 위상을 건물의 기초에 빗대어 이야기하곤 한다. "드그 우함, 타므투트 들사스(Deg uxxam, tamettut d-ellsas: 여자는 집의 기초다)."

계단밭

카빌리에 계단밭이 없는 이유가 무엇인지 지리학자들이 오랫동안 의문을 가지고 있었다. 설화에서도 산을 평평하게 만드는 일은 사람이 할 수 없는 어려운 일로 묘사되어 있다. 주르주라 카빌리, 특히 아가와 고원에서는 산 측면의 경사가 들쭉날쭉하고 중간 지대가 가팔라서 그러한 계단밭은 만들 수 없다. 더구나 갑자기 물이 많이 흘러내리면 땅이 침식하여 단번에 무너질 수도 있다. 위에서 아래로 흘러내린 토사를 주기적으로 끌어올리는 카빌리 농부의 모습이 알려져 있다. 경사지의 튀어나온 꼭대기 부분만, 마을 소유나 공동 소유지가 아닌 경우에 한해서 계단밭을 만들 수 있으며, 실제로 해안가 산지의 일정한 높이에서 소략한 형태로 볼 수 있다. 주르주라 산 북부에서 가장 높은 곳에 살고 있는 아이트 부르라르 부족들은 '티스다린'이라고 부르는 작은 계단밭을 가꾸고 있다. 다른 곳에서는 경사가 너무 심하고, 한 번에 오는 비의 양이 너무 많고 침식 작용이 심해서 일 년에 여러 차례 고르기 작업을 해야 하므로 계속 같은 일을 반복해야 하는 고된 노동이다. 수공예나 상업과 같은 다른 소득 방법을 찾는 것이 더 낫다.

궤 아슨두크, asenduq

조각을 한 카빌리의 나무 궤는 부유한 집안의 유일한 가구인 경우가 많았다. 그렇다고 어디서나 볼 수 있는 것은 아니었고, 아가와 고원과 비반 지방에 많았다. 대개 알렙 전나무로 만들었던 이 궤들은 이제 골동품상들이 열심히 찾고 있는 희귀한 예술작품이 되었다. 페니키아 시대 궤들과 비슷한 것으로 보아 아주 오래전부터 사용했을 것으로 보이며, 관으로도 사용되었던 것 같다(일부는 돌로 만들어졌다). 카빌리의 궤는 크기가 큰 편으로 대개 길이가 남자의 키 정도이며, 발이 달려 바닥에서 떨어져 높이 올라와 있다(약 200cm, 100cm, 60cm). 집 안에서는 자리가 고정되어 있었으며, 대개 수호신이 있다고 생각했다. 설화에서는 등장인물이 집 안에 몰래 들어가기 위해 숨기도 하고, 납치할 때나 불로 징벌을 받기 전에 사람을 가두기도 하는 용도로 등장한다. 예언에 따라 궤를 바다

주생활

에 던지는 모티프도 있다.

  궤의 장식 조각에는 그 용도를 알려주는 요소들이 있는데, 정면이 여러 조각으로 구성되어 대개 행운을 가져다준다고 생각하는 주홍색, 갈색 혹은 검은색이 칠해져 있다.

기둥 티그즈디트, tigejdit

지붕에서 바닥까지 내려오는 수직 기둥은 수평으로 무거운 기와를 받치고 있는 들보를 지탱한다. 기둥은 카빌리어로 여성 명사인데, 전 가족을 품고 있는 가장을 받치고 있는 여성을 상징한다. 주기둥을 '므사우다(행운의 여신)'라고 부르기도 한다.

다락

대량으로 쌓아둘 정도로 건초나 곡식이 생산되지 않아 건물의 한 층을 사용한다거나 별도로 저장고를 지을 형편이 아니었다. 더구나 집들이 단층이었다. 집안 축사 위쪽으로 거실 천장 중간 높이 정도에 식량을 넣어 봉한 항아리를 둘 수 있는 공간을 마련하여 사용한다. 집 밖에는 '아틈무(사료 저장고)'가 있어 가축에게 주는 건초를 저장하기도 한다. 높은 지역 마을에서는 '타스라프트(구덩이)', 즉 집 안이나 밖에 구덩이를 파고 토기 뚜껑을 덮어 곡물과 같은 식량을 저장하는 곳이 있다. 이 구덩이는 남자 한 명이 들어갈 수 있을 정도의 크기로, 독립전쟁 기간에 은신처가 되었다. 집 안에는 사람이 사는 공간과 축사를 구분하는 낮은 벽 위로 저장 항아리가 배치되어 있다. 식량 조달이 어렵고 곡식이나 건초 생산이 빈약하여 규모가 크지 않은 저장 시설들도 한꺼번에 사용하는 일이 많지 않다.

돗자리 아그르틸/타그르틸트, agertil, tagertilt

식물의 줄기로 짜서 특히 여름에 쓰는 돗자리는 모스크 전체 바닥을 덮는 것에서부터 기도용으로 쓰는 작은 것까지 크기가 다양하다. 밤에 잘 때는 돗자리 위에 침구를 편다. 일상에서 늘 쓰는 물건으로, 바닥을 덮는 용도 외에도 말아서 무엇인가를 감추는 용도로 은유된다.

들보 아사라스, asalas

천장에 수평으로 배치되어 있는 들보는 무거운 지붕을 버티고 있다. 그러므로 견고하고 수명이 길어야 한다. 이 단어는 남성 명사로, 남자형제들이 합심하여 집안을 보호하고 있다는 의미를 함축한다. 대들보는 땅에 뿌리를 내리고 있는 여성 명사인 '티그즈디트(주 기둥)'에 의지하고 있다.

등잔

전기가 보편화된 1960년대 이전에 불을 밝혀주었던 것은 몇몇 부족들이 토기를 구워 만들었던 기름등잔이었다. 주둥이가 하나인 등잔을 '티프틸린'이라고 불렀는데 지금은 전등을 그렇게 부른다. 주둥이와 심지가 여러 개 달려 있고 장식이 붙은 큰 등잔이 장식용으로 계속 생산되고 있다(을므스바흐 부 티프틸린, lmesbah bu tifti-lin). '혼례 등잔'이라 부르는 것은 결혼식에 특히 사용하는 것으로 신부를 나타낸다고 말하곤 했다. 설화에서는 쇠, 금, 은으로 된 등잔이 동양을 배경으로 마법의 물건으로 자주 등장한다. 알라딘의 신기한 램프가 한 예다.

목욕 함맘

도시에는 목욕탕이 많지만 농촌에는 도시 형식의 함맘이 없다. 그 대신 샘, 강, 늪에서 '아브라함의 희생 대축일' 전에 세수와 목욕을 한다. 현대식 집에는 이제 샤워기가 설치되어 있다. 도시의 함맘이나 샘터 모두 만남의 장소 기능을 한다. 카빌리에 널리 알려진 설화에 의하면 피부색에 따라 목욕을 하는 샘이 달랐다고 한다. 하나는 백인 여성용, 다른 하나는 노예 흑인 여성용으로, 그 둘을 혼동하면 역할과 능력이 서로 바뀐다고 한다.

집이든 마을이든 도시든 문은 내부와 외부 두 공간을 나누는 경계이며, 대개 서로 적대적이라고 생각하는 두 힘이 작용하는 지점이다.

여성들이 머무는 집 내부 공간을 외부와 분리하는 집의 문은 여러 의식을 통하여 신성화되어 있다. 불길한 물건이나 생물은 밀어내고 행운을 가져다줄 수 있는 것만을 들어오게 하기 위한 것이다. 집안에 들어오기 위해 문을 넘는 것은 내부를 지배하는 권위를 수용하고 환영과 친밀함을 나눈다는 것을 의미한다. 그러므로 초대받지 않고 문을 넘어서는 것은 금지되어 있다. 걸인이나 상인은 집 문을 넘어오지 않는다. 그 반대로 아침에 문을 넘어 밖으로 나가는 것은 자신을 개방하는 것이다. 그 순간 그날의 징조를 알 수 있다. 통상 문은 낮 동안 열어두고 저녁에 닫는다.

마을이나 도시의 문들은 외부 침입에 대해 공동체를 보호하기 위한 것으로, 출입을 통제하는 문을 무장한 보초들에게 지키게 하며 집과 마찬가지로 저녁이면 닫는다. 도시의 문에는 술탄이 처형한 범죄자의 몸이나 머리를 전시하기도 하고 수배자들의 초상화를 붙이기도 했다. 도시에 사는 사람들은 중립성을 보장하기 위하여 외부에서 들어온 낯선 사람을 술탄의 후계자로 지명하기도 했다.

밭갈이가 시작되는 11월 4일 무렵을 한 해 농사의 시작이라고 하여 '탑부르트 우스가와스(일 년의 문)'라고 부른다. 그 날은 '희생-나누기' 의식을 치르며 밭고랑 끝에 가서 체에 담아 가져간 대추, 무화과, 부침개, 밀, 보리를 해가 뜨는 쪽으로 던지면 아이들이 줍는다. 실제 밭갈이는 며칠 후에 시작된다.

문지방 암나르, amnar

문을 둘러싸고 있는 위쪽 횡목이나 아래쪽 문지방을 뜻하는 단어
는 똑같이 '암나르'다. 횡목은 대개 나무를 조각해 만들고, 문지방
은 비를 막고 문짝이 걸리도록 돌을 세워 만든다. 집을 지을 때는
집안의 번성을 기원하고 침입을 방지하기 위해 '문지방 의식'을
치르며, 그 후에도 봄이 되면 매번 한 번씩 치른다. 낮 동안 문은 늘
열려 있지만 누구도 허락을 받지 않고 들어가서는 안 된다. 거지나
행상도 밖에 머물러 있어야 한다.

불씨 아사푸, asafu

집 한가운데 있는 화덕 '카눈'에 계속 살아 있는 불씨는 집 구성원
의 친밀함을 상징한다. 집안의 미래인 남자아이들을 상징하기도
하여 불씨를 집 밖으로 나가지 못하게 금지하기도 한다. 이제는 가
스레인지가 집에 들어와 불씨는 사라졌다.

석공 아브나이, abennay

집을 짓는 직업을 가진 사람은 없다. 집은 친척과 이웃이 모두 합심
하여 짓는다. 가장 중요한 것은 나무를 잘라 가져다가 대들보를 놓
는 과정이다. 여자들은 필요한 돌이나 나무를 나르는 일을 하며 돕
는다. 집 짓는 경험이 많은 사람들은 대도시 건축 노동자로 고용되

기도 하고(아흐담 우부흘리, axeddam ubughli), 떠돌이 노동을 하기
도 한다. 알제 시가 카빌리 사람들 손에 의해 지어졌다는 말도 있다.

아쿠피/이쿠판 곡물 항아리

집안 내부에 여자들이 진흙으로 빚어 놓은 큰 항아리로 한 집에 보
통 2-3개가 있다. 대개 벽돌로 쌓은 긴 의자 모양 턱('타드크완트')
위에 만들거나 혹은 남자들의 방과 그 아래쪽에 있는 축사를 나누
는 벽 위에 줄지어 만들어 놓는다. 둥근 모양, 정사각형, 직사각형
등 모양이 다양하지만 항상 외벽에 여러 개의 구멍을 내고, 코르
크 마개로 열고 닫는다. 구멍은 높이가 줄어도 항상 내용물을 꺼낼
수 있게 해주는 것으로 높이가 다양하다. 위쪽 입구에는 뚜껑이 있
고, 대개 진흙으로 봉한다. 이쿠판은 대개 2-3개 정도의 점선이나
수평선과 마름모꼴을 부조로 그려 넣어 장식을 하고 때로는 석회
로 희게 칠한다. 곡물(밀, 보리, 수수, 도토리, 누에콩), 채소, 마른 과일
(캐롭 열매, 무화과, 건포도)을 저장한다. 때로는 달걀과 같은 다른 식
품이나 귀중품(알라딘의 램프)을 보관하기도 한다. 크기가 크고(약
1m³ 이상) 배가 불룩하고 귀중한 것을 담아두므로 풍요의 상징이
다. 항아리를 빚을 때 성소의 흙을 조금 섞어 넣으며, 일단 만든 후
쓰기 시작할 때 닭을 제물로 바치기도 한다. 집안의 농산물 양에
비례하여 수가 많아지고 크기가 커진다. 현재 남아 있는 항아리들
은 크기가 작고, 나무 가구, 상자, 벽장, 찬장들로 바뀐 경우가 많다.
항아리들은 가족의 식량을 관리하는 안주인의 경제적 역할을 보
여주는 신성한 성격을 가지고 있었다.

요람 두흐, dduh

아이를 데리고 나갈 때는 한 조각으로 된 천으로 등에 업고 어깨에 돌려 묶는다. 집안에서 재울 때는 요람을 쓴다. 부족이나 동네에 따라 요람은 다르게 만들지만 항상 바닥 가까이 놓고 대들보에 매단다. 아이트 야히야 부족의 아이트 히슴 마을에서는 종려나무 줄기와 철사 줄을 꼬아 만든 성긴 그물로 둥글게 판을 만들어 쓰고, 이플리슨 르브하르에서는 코르크 껍질 양 끝을 반원형으로 묶은 후 끈 두 개로 대들보에 묶어 요람을 만든다. 매트는 짚, 천 혹은 양 가죽으로 만들어 양모 천을 씌운 것이다. 매단 요람에는 대개 긴 천을 매달아 젊은 엄마들이 바닥에 앉아 일하면서 흔들 수 있게 한다. 요람은 집안의 모든 아기들이 순서대로 사용했다. 아이가 조금 자라면 세로 축으로 빙빙 돌릴 수 있는 다리가 달린 나무 흔들의자를 사용한다. 요즈음에는 새로운 모양의 요람이나 아기 침대가 도입되고 있다.

우물

우물은 보통 아랍어에서 파생된 단어 '이비르'라고 부른다. 카빌리 말에도 '아누'라는 지명에서 파생된 단어가 있지만 이제는 동굴, 특히 주르주라 산에 위치한 대단히 큰 규모의 수직 동굴을 지칭하는 데만 쓰인다(아누 부수일, anu bussuil). 바닥을 알 수 없는 우물이나 동굴은 둘 다 두려운 곳이라고 생각한다. 죽은 사람들, 식인귀, 괴물들이 살고 있는 지하세계와 통한다고 믿기 때문이다. 사람들이 자살을 할 수 있는 장소이며, 그 위에 돗자리를 덮어 감추어놓으면 함정이 될 수 있고, 요셉의 설화에서 주인공이 줄을 타고 내려갈 때 시기심 많은 형제들이 줄을 잘라버릴 수 있는 곳이기도 하다. 다른 한편으로 신선한 물이 있어 인간에게 대단히 유용한 곳이다. 카빌리 사람들에게 우물 가까이에서 사는 것은 행운이다. 도시에서는 마당에 우물이 있을 수도 있는데, 대단한 사치로 생각한다. 가장 유명한 우물은 메카에 있는 '젬젬' 우물로, 순례자들이 가져다가 죽은 사람에게 뿌리면 죄를 씻어준다고 한다.

유폐

카빌리에서는 젊은 여성이나 종교가문 여성들을 제외하면 여성을 집안에 묶어두지 않는다. 오히려 남자들과 타지 사람들이 밖에 다니는 것이 금지되어 있다. 여자들은 자유롭게 샘에 물을 길러 갈 수 있을 뿐 아니라 채마밭에 김매러 가거나 땔감을 구하러 갈 수 있다. 도시로 여행을 할 경우에만 예외적으로 '아하예크(베일)'를 썼다. 이웃 마을로 친척을 만나러 갈 때에는 소년을 포함하여 누구든 함께 가는 것이 관례였고, 시장에는 남자만이 갈 수 있었고 여자는 갈 수 없었다.

그러나 설화에서는 여성들이 대개 도시에 갇혀 있는 것으로 등장하며 사회적 지위가 높을수록 더 심하다. 술탄이나 왕들은 왕비들과 공주들이 베일이나 가마 속에 몸을 숨기고 외출하는 날을 도시 전체에 미리 알렸다. 주인공이 공주와 만나는 것은 그 아름다움을 소문으로 알고 있거나 공주가 창문에서 청년을 알아보고 먼저 접근한 뒤의 일이다. 카빌리에서나 도시에서나 이성을 서로 분리하는 관습 때문에 우연한 만남이란 있을 수 없었다.

의자 아쿠르시, akursi

나무로 만든 낮은 깔개 혹은 받침대다. 구전 설화에 나오는 술탄의 궁전에는 금 의자가 있다. 주인공은 금 의자에 앉아 은 의자에 발을 올려놓는다. 현재 '아쿠르시'라는 단어는 이제는 많이 사용하게 된, 발 4개에 팔걸이까지 달린 유럽식 의자를 지칭한다.

이불

'우수(침구)'의 하나인 이불은 여자들이 양모로 직접 짜서 만들었다. 두께나 색이 여러 가지이며, 대개 줄무늬(타둘리/아아딜)가 있는 경우가 많다. 요즈음에는 현대식 침대에 수입한 양모나 면으로 만든 이불(타프르사디트)을 사용한다.

저장 구덩이 타스라프트, tasraft

식품은 대개 집안에 흙으로 구운 저장 항아리 '이쿠판'에 저장하지만, 마을에 따라 집 안이나 밖에 판 구덩이 '타스라프트'에 저장하기도 한다. 때로는 돗자리나 돌 판을 덮는다. 모든 마을에 있는 것은 아니다. 독립전쟁 기간 중에는 무기를 숨기거나 남자들이 숨는 데 사용되었다.

주거지

카빌리는 1km²당 적어도 250명의 주민이 살고 있어 거의 도시에 가까운 인구밀도를 가지고 있다. 마을들은 주르주라 산맥의 긴 산등성이를 따라 내려오는 능선 위에 위험한 경사면을 피해 자리 잡고 있다. 촘촘하게 잇대어 지어진 집들 사이가 얼마 전부터 느슨해지고 있다. 예전에는 모든 집들이 돌과 붉은 기와를 사용하여 같은 모양으로 지어져서 집을 둘러싸고 있는 채마밭의 녹색과 대조를 이루고 있었다.

마을 아래쪽 경사면에도 점차 건물이 늘어나고 있다. 경사진 지붕을 올린 사각형 건물들이나 대개 콘크리트 기둥에 올린 2-3층 건물들이 마을과 마을을 잇는 길을 따라 지어지고 있다. 아이트 엔니 부족이나 이플리슨 르브하르에서처럼 몇 개 마을이 모여 소도시를 이루고 있는 경우도 있었다. 이제는 아인 엘-함맘이나 라르바아 은 아이트-이라튼처럼 중요한 중심지로 발전한 마을들이 늘어났다.

윌라야의 도청 소재지로 스바우 평원에 있는 티지-우주는 공장, 중·고등학교, 대학교, 물루드 마므리 문화원을 갖추고 30만 명이 사는 도시가 되었다. 동쪽으로는 베자야 항구(인구 15만 명)와 함마디트시(市)가 있고, 남쪽으로는 사헬-숨맘 강 계곡의 농업 중심지 부이라가 있다.

지붕

카빌리 집의 지붕은 집과 마찬가지로 지중해식이었다. 두 쪽이 삼각형을 이루며 맞닿아 있고, 경사면을 기와가 덮고 있다. 네모지게 깎은 느릅나무나 푸레나무로 된 들보 3-5개가 지붕을 받치고 있고 땅에 세운 수직 기둥들이 수평으로 놓인 들보를 받쳐 지붕을 버텨 전체 균형을 잡는다. 벽까지 비스듬히 놓인 들보 위에는 나뭇가지로 서까래를 놓고 껍질 벗긴 갈대로 한 층을 덮고, 그 위에 다시 흙을 한 층 덮는다. 그 위로는 직경 35-50cm에 3kg 정도 나가는 무거운 기와를 배치하고 기와가 바람에 떨어지지 않도록 돌들을 얹는다. 지붕이 무거워 몇 년 버티지 못한다. 항상 지붕부터 무너지기 시작해서 두 세대 이상을 넘기지 못하고 손자 대에서 다시 집을 지어야 한다. 고지대에서는 눈 때문에 기와를 얹지 않고 더 가벼운 지붕을 평평하게 올린다.

지붕은 집의 명예를 보여주는 중요한 요소로 생각하여, 남의 집 지붕의 기와를 만지면 많은 벌금을 물어야 했다. 중대한 범죄를 저지른 사람은 소유하는 집의 기와를 깨트려버리는 벌을 받기도 했다. 이제는 공장에서 만든 납작하고 가벼운 기와를 얹는다.

집 아함/이하믄, axxam/ixxamen

이제는 전통 가옥이 거의 남아 있지 않다. 옛 가옥이 아주 불편해 보이는 것은 지형적 조건과 방어의 필요성에 맞추어야 했을 뿐 아니라 기술력이 낮았기 때문이다. 언덕 위나 좁은 산등성이에 조성된 마을의 집들은 벽을 잇대고 있어 외부에서 보기에는 출입구가 없는 성벽처럼 보인다. 빨간색 네모난 지붕들도 서로 촘촘하게 잇닿아 있다. 여러 가구들이 마당 쪽으로 문을 낸 한 칸짜리 공간을 차지하고 있다. 다듬거나 생긴 그대로 돌을 사용하여 지었으며, 지붕은 기와(둥근 기와 혹은 로마식 기와)로 덮여 있다. 부잣집들은 같은 마당에 딸려 있는 공간을 여러 칸 쓴다. 건물은 불규칙한 기후에 잘 견딜 정도로 견고하지 못하여 두 세대가 지나면 지붕이 내려앉아 완전히 다시 지어야 한다.

집짓기에는 친척과 이웃이 동참하여 상부상조하는 풍습이 있다. 기초를 다질 때는 가축을 잡고, 안주인은 성소의 흙과 물 그리고 동전과 천 짜는 실을 놓는다. 다음에는 진흙 반죽으로 붙여가며 돌로 벽을 올린다. 벽은 60cm 두께에 5x7m 크기다. 문을 들어가 보이는 정면 벽 앞에 직조기를 놓는다. 지붕은 들보를 십자로 놓은 뒤 갈대를 깔고 나뭇가지로 다시 덮은 후 흙을 깔고 기와를 얹는다. 이 무거운 지붕을 버티는 것은 땅에 박은 수직 기둥 끝을 여러 갈래로 뻗쳐 만든 골조다. 이러한 집의 기본 구조를 흔히 남녀의 상호보완적 관계의 이미지로 사용한다. 땅에 굳게 뿌리를 내린 주 기둥은 남자를 받쳐주는 여성의 역할을 상징하고 지붕을 받쳐주는 들보는 가족의 보호를 상징한다. 이러한 결합은 내부/외부, 공기/흙, 위/아래, 남자/여자와 같은 이분법을 극복한다. 높은 지대에 있는 일부 마을들의 집은 벽이 낮고 기와를 놓지 않은 평평한 테라스형 지붕으로 되어 있다. 겨울에 눈이 많이 내리기 때문이다.

집의 내부는 둘로 나뉜다. 하나는 사람들이 거주하는 곳이고 다른 하나는 소, 양, 염소가 사는 곳으로 더러운 물이나 분뇨가 밖으로 배출될 수 있도록 아래쪽에 둔다. 가축우리에는 귀신들이 살고 있다고 믿는다.

벽과 바닥을 입히는 것은 여자들의 일인데, 백토에 물을 뿌리고 손이나 돌로 다져서 사용한다. 매년 새로 입힌다. 벽을 움푹 들어가게 하여 앉을 곳을 만든다. 사람이 사는 곳과 축사를 나누는 곳에는 일정한 높이로 단을 올려 항아리들을 놓는다. 흙으로 빚은 큰 항아리들에는 곡식, 마른 과일이나 채소를 넣고, 축사 위로 만들어진 층은 다른 먹거리를 두거나 겨울에 잠자는 데 사용한다. 문과 축사에서 가장 멀리 떨어진 구석에 불 피우는 자리가 있어서 요리와 난방에 쓰인다. 불을 피우는 화덕은 바닥에 구덩이를 파고 돌세 개를 가장자리에 두어 만든다. 들보에는 횃대가 매달려 침구나옷을 걸게 되어 있고, 발을 널어 과일을 말릴 수 있게 되어 있다. 아기 요람을 걸기도 한다. 앉는 곳을 빼면 거의 가구가 없다. 잘 사는 집에는 조각을 하거나 칠한 나무함을 문 오른쪽에 두기도 한다. 입구에는 물이 담긴 항아리가 있으며, 그 옆에는 곡식을 가루로 만드는 손 맷돌을 놓아둔다.

집은 가족이 사는 곳일 뿐 아니라 신성한 장소로 집기나 가구는 밖으로 내보내지 않는다. 가족의 일부로 신성한 기능을 가지고 있다고 믿기 때문이다. 요리는 남자들과 가족을 먹게 하고, 천짜기는 집의 보호를 연장하며(남자들의 부르누스) 아기를 낳는 것을 돕는다(이불). 어떤 시기에는 집안의 불을 밖으로 내보내지 않는데, 불의 중심은 집안의 남자아이들을 상징하기 때문이다. 출입구 문턱은 제물 희생이 이루어지는 신성한 장소로 생각하여, 문턱을 넘는다는 것은 가족의 내부를 침입하는 것이므로 피해야 한다. 집안으로 들어가는 것은 마을 관습법 '카눈'에 금지되어 있다. 마을의 명예를 심각하게 실추시킨 배반과 같은 죄를 저지른 범인에 대한 벌은 그의 집을 파괴하는 것이다.

인간이 어떻게 집을 짓게 되었는지 이야기하는 신화에 따르면 태초에 각 50명의 남녀가 서로 만났다고 한다. 여자들이 성관계를 남자들에게 알려주었는데, 처음에는 여자들이 강요했으나 점차 남자들이 좋아하게 되었다. 남자들이 여자들을 너무 대담하다고 생각하게 되면서 집을 짓고 현재 보다시피 여자들의 활동을 그 안으로 제한하고 자신들이 집안을 지배하기로 했다는 것이다. 카빌리 가부장 사회의 중요한 문제 중 하나는 결혼을 통하여 다른 집안에서 온 여성이 또 다른 집안에 소속된다는 것이다. 전하는 이야기에 의하면 어떤 가장은 여섯 번 이상 며느리를 돌려보냈다고 한다. 시집의 재산을 이야기하면서 '우리' 재산이라고 말하지 않고 '당신들'이라고 말했기 때문이었다. 흔히 "집이 신부의 마음 속에 들어가야 한다"고 말한다. 그러나 부부 사이에서 여자는 평생 남편에게 '너의 집'이라고 말하고, 남편은 항상 '내 집'이라고 말한다.

현재에는 집을 지킬 필요가 적어졌다. 마을 사이나 집들 사이 간격이 넓어졌고, 현대 기술로 더 가벼우면서도 견고한 건물을 지을 수 있게 되었다. 더구나 시멘트 기둥은 심한 경사면에 여러 층으로 집을 짓게 해주었으며 가벼운 현대 기와를 얹고 차고도 만들 수 있게 되었다. 새 집들은 안락해졌다. 수도 시설로 목욕실이 생겼으며 전기가 들어오고 가전제품을 사용할 수 있게 되었다. 냉장고와 식료품상이 '이쿠판(곡물 항아리)'을 대신하게 되고, 가스레인지가 화덕을 대신하게 되었으며, 부엌이 현대화되었다. 부엌, 식당, 거실, 침실, 목욕실들이 생겼고 방에는 나무 가구들이 놓이게 되었다. 간단한 침구 대신에 침대가 놓여졌다. 이제는 큰 건물을 지어 방이 여럿 달린 한 층을 한 가족이 사용한다.

축사 아다이닌, adaynin

축사는 집의 일부로 같은 지붕 아래 있으며, 대개 마을 외벽을 이루는 지붕 끝머리를 따라 사람들이 거주하고 있는 부분 아래쪽에 위치한다. '이쿠판(식량 저장 항아리)'들을 받치고 있는 넓은 단으로 사람이 사는 부분과 분리되어 있다. 이 단에는 가축의 여물통이 파여 있다. 축사는 나무 널판지로 덮어 위에 '타아리슈트(다락방)'를 만든다. 다락방에는 식량을 저장하거나 침구를 놓고 잠을 자기도 한다. 축사는 양이나 염소 때로는 소나 당나귀를 키우는 곳이다. 사람이 사는 곳과는 반대로 불순물이 모여 있어 귀신들이 산다고 생각한다. 집안에서 가장 더러운 '타주리흐트(하수구)'가 이곳을 통한다. 사람이 사는 곳과 반대되는 곳으로, 무시받아 마땅한 사람들을 쫓아버리는 곳이다. 설화에서는 사악한 술탄을 벌하기 위하여 주인공이 술탄의 집 전체를 축사로 변하게 한다. 현대에는 축사를 집 밖에 짓기도 한다.

층 타호르프츠, taghorfets

집 규모가 약간 큰 경우 대개 마당을 들어오는 문 위쪽으로 또 한 층을 짓는다. 높이 때문에 자연의 힘을 벗어날 수 있는 좋은 피난처가 된다. 식품을 저장하거나 손님을 맞는 용도로 사용한다. 새로 짓는 현대 카빌리 집들은 집단 주택이 아닌 경우 유럽 교외 단독주택들처럼 여러 층으로 짓는다.

탁자

발이 4개 달린 둥근 탁자 '이마이다'는 위에 차 쟁반이나 쿠스쿠스 쟁반을 놓는 것으로, 바닥에 앉거나 등 없는 낮은 의자를 놓고 둘러앉는다. 이제는 대부분 가정에서 높은 식탁을 두고 의자에 앉아 식사를 한다. 대개 두 유형의 탁자가 함께 쓰인다. 식사는 높은 식탁에서 하는 반면, 낮은 탁자는 거실에서 긴 소파나 등 없는 긴 의자 혹은 안락의자 앞에 놓고 손님을 맞을 때 쓴다.

토기

카빌리 여성들은 이웃이나 친척의 도움을 받아가며 부엌 집기를 만들어 썼다. 특별한 장소에만 있는 질 좋은 진흙을 가져다 말렸다가 다시 물을 뿌린다. 접착제용으로 이미 만들어 사용했던 토기의 가루를 섞어 이틀간 두어 접착제용 흙으로 사용한다. 바닥을 만든 후 그 위로 반죽 밀대를 하나둘씩 포개어가며 모양을 빚었으며, 물레를 사용하지 않았다. 모양이 완성되면 전체 안팎을 두 개의 나무판자나 조약돌로 고르게 한 뒤에 손잡이나 주둥이를 붙인다. 그리고 염소 털로 만든 붓으로 마을에 따라 혹은 취향에 따라 다양한 색깔과 모양의 무늬를 그려 넣고(직선, 구불구불한 선, 곡선, 점, 십자가, 삼각형 등), 땅을 파고 평평하게 만든 후 나뭇가지를 깔고 토기를 굽는 것이다. 크기가 큰 것을 바닥에 놓고 위로 갈수록 작은 것을 배치하며, 그 전체를 말린 쇠똥으로 덮은 후 불을 붙여 일단 구운 뒤 꺼내어 유약을 칠한다. 큰 항아리는 집안 내 둘 곳에서 직접 올려 말린 후 그대로 사용했다.

여름에 내용물을 시원하게 보관할 수 있는 큰 토기들이 아직 생산되고 있지만, 항아리, 솥, 주전자, 접시, 양푼 등은 이제 더 현대적인 양은, 도기, 플라스틱 제품으로 바뀌었다.

함맘 hammam

샘이나 계곡 그리고 집안의 나무 욕조에서 목욕을 하므로, 목욕탕 '함맘'은 도시에서나 볼 수 있는 것이다. '함맘 이가와웬'이라고 불렸던 아인 엘-함맘과 같은 곳에서 천연 온천욕을 하기도 한다. 도시로 이주한 카빌리 사람들 중에는 '함맘지(hammamji)'와 같은 터키탕에서 일을 하는 경우가 많았는데, 특히 오랑 시에 이주한 아이트 즌나드 부족 출신자들로 이제는 터키탕의 주인들이 되었다. 설화에서는 도시에서 만남의 장소가 되고 있는 함맘이 항상 좋은 곳으로 등장하지는 않는다. 같은 목욕탕을 남녀가 시간을 다르게 정해서 사용한다.

화덕 카눈, kanun

음식은 보통 집 안 '카눈'에서 익힌다. 바닥에 움푹 팬 곳에 불을 지피고 위에 용기를 놓는 것이다. 불과 용기를 닫힌 공간에 넣는 오븐 형식은 없다. 바닥에 흙으로 토기를 굽는 가마가 있는데, 넓은 구멍 바닥에 짚과 나뭇가지를 깔고 그 위에 구울 그릇을 배치하고 다시 나뭇가지로 덮어 불을 때는 것이다. 현재에는 부탄가스 가마로 대량 생산하는 부엌 용기가 나오고 있다.

집 안에서 제일 넓은 거실 안, 축사 반대쪽 벽 가까이, 하수구 반대쪽 구석 바닥에 지름 15-20cm 정도의 둥근 구덩이를 판 후 그 벽을 구운 토기로 입혀 만드는 것이 '카눈'이다. 돌(이니엔) 세 개를 가장자리에 놓고 그 위에 요리 용기를 놓는다. '카눈'은 관심이 집중되고 주의를 받는 곳이다. 여자들은 조심해서 불을 유지한다. 흔히 말하듯 아이들은 '카눈(가정)'의 산물이다. 고대 지중해 문화에서 불은 태어날 아이를 상징하며 음식을 익히게 해주는 것이었다. 카빌리에서도 불은 다산의 근원이며 가족의 안정과 지속을 상징한다. 그러므로 특히 밭을 갈거나 천을 짤 때는 불을 집 밖으로 가지고 나가지 않는다.

'은니그 을 카눈(불가의 상석)'은 가장이나 특별한 손님의 몫이다. 나무를 베어 땔감을 마련하는 것은 남자들이다. 화덕 가장자리 돌에는 귀신이 살고 있다고 하여(므르주크, 므싸우드, 마흐루프) 우유를 저어 버터를 만들기 시작하기 전 돌마다 한 방울씩 우유를 바친다.

현재는 '카눈'이 거의 남아 있지 않다. 알제리의 풍부한 가스를 사용하는 가스레인지가 보급되었다. 여자들은 카눈 가까이 바닥에 앉아 웅크리고 일하는 법을 배워야 했던 이전과 달리 이제는 높이가 있는 가구들이 등장하여 서서 요리하고 있다.

XI

문화 및 사고방식

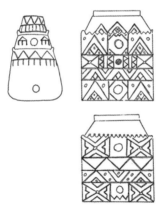

항아리 장식 문양

사람들이 좋아하는 수로 20과 100 사이의 많은 수라는 의미로 사용한다. 다른 문화에서는 50이 많이 쓰이는 것과 다르다. 대개 사람들에게 사용하며, 대가족이나 동네 집단에 사용한다. 동양에서도 많은 수를 나타내는 데 40을 사용한다.

간 타사, tasa

간(카빌리어로 여성명사)은 문화적 표상에서 특별한 위치를 차지하고 있다. 모성과 어머니의 자애로움 및 부드러움뿐 아니라 용기를 담고 있는 기관이다. 카빌리어에서 이 신체기관은 특히 어머니와 관련된 많은 의미를 내포하고 있다. 아이 어머니에게 감사를 표하기 위해서 하는 말은 '당신의 간에 알라의 가호가 있기를!'이며, 이것은 그의 아이를 축복하는 것이다.

한 우화에서는 불임을 고치기 위하여 어머니의 간을 요구하는 아내를 위하여 어머니의 목을 졸라 죽여야 했던 한 남자가 등장한다. 간을 들고 집으로 돌아오는 길에 그는 강도떼를 만나고 협박을 받는다. 그때 부르누스 모자에 간직한 어머니의 간이 아들을 살려달라고 강도들에게 애원하며 강도들을 놀라게 하여 달아나게 만든다. 살해당한 어머니가 죽음을 넘어 범죄자인 아들을 구할 수 있었던 것이다.

갈대 아하님, aghanim

줄기가 긴 갈대는 때로 같은 가지에서 나온 가족 구성원을 나타내는 은유로 사용된다. 골수를 담고 있는 뼈처럼 속이 비어 있다는 것이다. 갈대의 날렵한 줄기는 여성을 비유하여 '은으로 만든 갈대 같다'는 표현이 있으며, 펜이나 검을 잘 다루는 남자는 '갈대의 주인'이라고 한다. 그 외에도 과일을 말리는 채반, 빨대, 목동들의 피리를 만드는 재료로 일상생활에서 많이 활용된다.

검은색 아브르칸, aberkan

흰색과 검은색은 빛과 어둠처럼 한 쌍의 대조를 이룬다. 흰색은 이로움과 풍요로움을 상징하며 검은색은 그 반대다.

흑아프리카를 '타무르트 이브르카는(tamurt iberkanen: 흑인들의 나라)'라고 부른다(아랍어로 흑아프리카는 '수단'이다). 검은색을 나타내는 또 다른 단어는 '아크리'로, 흑인 노예를 지칭하는 데 쓰고 있다. 사내아이 이름을 '아크리'로 짓거나 여자아이 이름을 '타클리트'라고 짓기도 하는데, 이것은 악운을 피하기 위한 반어적 예방법이다. 설화에서 등장하는 타클리트나 파트마 타클리트라는 단어는 항상 '하녀'를 뜻한다. 카빌리 사람들이 흑인을 대하는 태도는 특이하다. 힘이 세고 악하다고 생각하며 두려워하고 경멸하면서도 치유의 능력과 주술적 능력을 가지고 있다고 생각하여 의식에 참석해달라고 간청하기도 한다. 그러나 흑인과 결혼하는 것은 금지되어 있다. 인종적으로 하나의 계급을 형성하고 있는 것이다. 흑인은 가축 도살자나 악기 연주가와 같은 특수한 직업에 종사하는 경우가 많다.

특히 산지 밖 평원, 예컨대 스바우 계곡, 이쓰르 계곡의 보호니 근방, 숨맘 계곡 부이라 근방이나 살고 있으며, 17-18세기 터키 군대를 따라와 당시 '보르즈'였던 지역에 살고 있다.

금지 르흐람, lehram, 티라, ttira

카빌리 사회는 대단히 금욕적이며, 문화 속에는 대단히 엄격한 윤리 규범이 있다. 그 윤리 코드는 모두가 존중하는 공동 규범의 총체로 정치·사회적 공공질서를 지키는 것이 그 목적이다. 아주 어린 나이부터 주입시킨다. 대개 금지는 종교적이거나 신비한 성격으로 모든 사람들이 그 역할과 위상에 따라 지킨다.

모든 무슬림이 지키는 '하람'이라고 부르는 금지 사항들도 여기에 속한다. 예를 들면 마그레브에서 멧돼지와 돼지는 금지된 음식이며, 술도 마찬가지로 금지되어 있다. 또한 종교 외부혼도 금지되는데, 무슬림 여성은 비무슬림 남성과의 결혼이 공식적으로 금지되어 있다. 또한 모든 사회에서와 마찬가지로 근친상간도 금지되어 있다.

금지는 신성한 명령으로 대개 공동체적 질서를 유지하는 수단이다. 가부장적 질서에서 가장 압박받는 계층인 여성들이 지켜야 하는 행동 규율과 관련된 것부터 시작해 많은 행동 규율로 구성된다. 예를 들면 가족이나 마을공동체로부터 멀리 혼자 장시간 나가는 것을 제한하는 것, 샘에 갈 때 남자들이 지나다니지 않는 시간에 갈 것 등이다. 동작과 관련된 다른 금지 사항들도 있다. 어떤 경우라도 이성간 거리를 지킬 수 있을 정도로 조심해야 한다. 집 안에 남자가 있을 때 등을 돌리고 빗자루로 쓸어서는 안 된다. 또 한 남자가 있을 때 큰 동작을 하거나, 머리칼을 보이거나, 허리띠를 풀거나, 소리를 내서는 안 된다. 말할 때 지켜야 하는 사항도 있어, 여성이 말하기에 적절하지 않다고 판단하는 표현은 바꾸어 말해야 한다. 그 한 예로 '아즈흐니드(꼬리)'라는 말 대신 '타스타(가지)'라는 말을 써야 하는 것 등이다.

여성 가운데 특히 더 취약한 상황의 여성들에게만 특별히 부과되는 가혹한 금지들도 있다. 젊은 여성이나 신부는 위상이 달라질 때, 즉 자식 생산을 약속하는 시기와 실제 낳는 시간 사이가 그 경우에 해당한다. 예를 들면 신부는 결혼식 당일, 특히 부모의 집에서 시부모 집으로 가는 동안 절대 말을 해서는 안 된다. 이 시간은 불안정하면서도 중요한 시간이다. 부모의 보호를 떠나 남편의 보호를 받게 되며, 한 가족을 떠나 다른 가족 속으로 들어가는 변화의 시간이다. 이 상황에서 금지를 어기면 과부가 되거나 소박을 맞는 벌, 즉 금지를 어긴 여자를 사회 연대 밖, 다산성의 밖으로 추방하는 벌이 내려진다.

이러한 수많은 금지 사항들은 가부장 사회에서 여성에게 부과되는 다산성을 보호하려는 의지의 소산이다. 그러나 카빌리에서 특이한 것은 다른 마그레브 지역들과는 반대로 일부 마라부트 가문을 제외하고는 여성들을 거의 가두어두지 않는다는 것이다. 모든 베르베르 지역에서 공통된 것이지만 여성들은 밭이나 마을을 자유롭게 다니며, '히잡'을 써야 하는 의무도 없다.

모두가 지켜야 하는 신성화된 '하람' 유형의 금지 사항들은 생산활동 및 생산도구와 관련되어 있다. 예를 들면 씨앗으로 쓸 곡식을 먹어서는 안 되고, 노동 도구를 훔치거나 파괴할 수 없다. 쓸 수 없게 된 쟁기는 밭에 버려두어야 한다. 개인이 지켜야 하는 금지 사항 가운데 지키지 않으면 공동체 질서를 어기게 되는 것도 있다. 예를 들면 '일 년의 문' 의식을 치르고 다 함께 밭갈이를 시작하기 전 혼자 먼저 밭갈이를 하면 안 된다. 또한 마을에서 허가하기 전 무화과를 따서도 안 된다. 다산성을 상징할 수 있는 것을 위험하게 만드는 것도 금지되어 있어 집안에 있는 불까지도 특정한 시기에는 집 밖으로 가지고 나갈 수 없다.

공동체 내 평등은 대단히 중요한 것이어서 대개 개인적 재산 축적을 금지한다. 아이트 우흐리스 부족의 한 마을에서 어떤 사람은 '즈마아'로부터 재산을 불리는 것을 중단하라는 명령을 받고 올리브, 올리브유, 무화과를 집안 창고에 쌓아두었다고 한다.

신분이 낮고 특수한 계층 사람들만 할 수 있는 직업들도 있다. 도살업, 구두 수선업, 측량업은 위험하거나 불순한 물질(동물의 피나 가죽 등)과 접촉한다는 이유로, 음악 및 무용은 정상에서 벗어나는 행동을 유발할 수 있다는 이유로 대개 흑인들이 담당한다.

'티라(징크스)'라고 부르는 금지 사항들은 폴리네시아 사회의 '터부'와 유사하다. 가족이나 마을에 따라 대대로 전해지는 것으로, 반드시 지켜지지는 않지만 특정한 동물이나 물건이 불행을 가져온다고 믿는 것이다. 어떤 부족은 당나귀나 당나귀 암컷을 소유하지 않았고, 어떤 부족들은 닭이나 때로는 어떤 채소를 먹지 말라는 것이 성자의 말씀이었다며 금지했다. 그 외에도 결혼 전 약혼을 공개해서는 안 된다거나, 양모 염색, 면 천 짜기, 빗자루를 돈 주고 사면 안 된다거나, 혹은 '카눈(화덕)' 위에 쇠 삼각대가 있을 때 요리하면 안 된다는 다양한 금기 사항들이 있다.

금기를 어겨서 생기는 불행은 대개 제물 의식을 치러야 막을
수 있다. 제물에 필요한 가축은 비둘기, 토끼, 닭, 양 등 다양하다.
젊은 신부나 갓 태어난 아기와 관련된 특별한 금기 사항인 경우에
는 메카에 가서 순례를 해야 했다.

꾀 티흐르시, tiherci

꾀는 사람이든 동물이든 야만적 세계를 정복하게 해주는 대단히
중요한 장점이다. 설화의 주인공 음키드슈가 식인귀를 물리친 것
이나 재칼이 동물의 왕 사자를 속일 수 있던 것은 꾀가 있기 때문
이었다. 음키드슈는 '이미 이흐르시(imi ihrech: 꾀가 많다)'라고 하
고, 영리한 재칼도 '부 티하르시(bu tiharci: 꾀가 꽉 찼다)'라고 서술
한다. 카빌리 설화에는 재칼의 연작이 있을 정도다.

많은 남자들은 '여자들의 꾀'를 두려워한다. 여자들은 교묘한
재간으로 남자들을 속일 수 있다. 그러므로 젊은 남자들은 여자들
의 재간을 미리 알고 대처해야 한다. 설화에서는 여자들이 가장 강
한 남자들이라도 그 힘을 뒤엎을 수 있는 능력을 가진 것으로 묘사
되고 있으며, 남자라면 이러한 속성을 알아서 극복해야 하는 것으
로 제시되고 있다.

남녀동석

6-7세가 되면 남자아이와 여자아이가 같이 놀지 않는다. 어른들 사이에서도 마찬가지로, 집 안은 여성의 영역이고 집 밖은 남자의 영역이다. 그러나 친척 집 같은 경우 남녀가 함께 비교적 자유롭게 드나든다. 여자들은 김매기 등을 하기 위하여 자유롭게 밖으로 나가 일한다. 그렇지만 마라부트 집안은 엄격하다. 여자들이 일하러 나가거나 히잡을 쓰지 않고 밖으로 나가는 일이 거의 없다.

노란색 아우라흐, awragh

카빌리 여자들이 입는 옷은 주로 노란색이나 주황색이었다. 그렇다고 이 색상이 카빌리 사람들이 즐기는 색은 아니다. 다만 귀하고 빛나는 금속인 금과 비슷하다는 이유로 가치를 얻고 있을 뿐이다. 카빌리 장신구는 주로 은으로 만드는데, 흰색이 다산을 상징하며 유익한 색이라고 믿기 때문이다. 노란색은 나쁜 안색, 슬픈 얼굴이 나타내는 근심의 의미가 강하다. 노란색을 질병의 징후로 생각하는 경우가 많다. 카빌리 사람들은 나무가 집을 떠나 있는 사람의 안부를 알려준다고 믿는데, 나무가 녹색이면 건강한 것이고, 노란빛을 띠게 되면 위태로운 표시다.

놀이

세계 모든 어린이들처럼 카빌리 아이들도 때로는 아주 솜씨 있게 장난감을 만들어 논다. 여자아이들은 양의 뼈에 천으로 옷을 만들어 입히고 머릿수건을 씌워 인형을 만들고, 막대기 두 개를 십자로 묶어 결혼하는 신부를 만든다. 막대기나 잔 나뭇가지로 집을 만들고, 요람, '이쿠판(항아리)', 베틀을 만들어 소꿉놀이를 한다. 남자아이들은 익지 않은 무화과로 물레방아나 팽이를 만들거나 딱총나무나 갈대를 다듬어 엽총을 만드는데, 때로는 진짜 총과 비슷한 소리를 낼 정도로 잘 만들기도 한다.

여자아이나 남자아이 둘 다 나무에 줄을 매달거나 나무 등걸에 판자를 놓아 시이소를 만들어 놀기도 한다. 그렇다고 남녀가 섞여 노는 것은 아니다. 여자아이들은 등이나 어깨를 맞대어 무등을 타기도 하고, 손뼉을 치며 노래를 부르기도 하고, '눈먼 벌'이라는 술래잡기 놀이도 한다. 그 외에도 '우슨 드 우므크사(uccen d-umeksa: 재칼과 목동)'와 같은 구전설화에서 나오는 이야기를 가지고 연극놀이를 하기도 한다.

남자아이들은 북아프리카에 널리 퍼져 있는 '드바흐' 혹은 '이크위(/쿠라)'라고 부르는 하키 스틱과 비슷하게 구부러진 스틱을 가지고 공을 밀고 가서 바닥 구멍에 넣는 놀이를 한다. 구멍에 공이 들어가면 공을 '마신다'라고 말하는데, 비를 내리게 하는 주술에서 온 것으로 보인다. 그 외에도 족구와 같은 공놀이가 있으며, 바닥에 칸을 그려놓고 뼛조각 말을 차며 가는 놀이도 있다.

어른들의 놀이도 있는데, 남자들은 커피 집에서 때로 돈을 걸고 체스나 카드놀이를 하며, 여자들은 축제 때 여흥으로 춤을 추기도 한다('우라르').

눈(眼)

눈은 시(詩)에서 흔히 검은 올리브로 은유된다. 눈은 특별한 힘이 있어 경계의 대상이다. 시선은 수많은 감정을 전달하면서 현혹하여 위협이 될 수 있기 때문이다.

대개 카빌리에서 볼 수 있는 눈동자 색깔은 갈색이나 검은색이지만, 푸른 눈을 가진 사람들도 있다. 푸른 눈을 아름답다고 생각하는 사람들도 있지만, 눈이 푸른 남자는 약간 정신이 이상하거나 적어도 믿을 수 없는 사람이라고 생각하며, 조상 중에 식인귀가 있었다고까지 말한다. 어떤 설화에는 푸른 눈의 남자가 농사를 정반대로 지어 주인공이 그것을 바로잡는다는 이야기가 나와 있다.

카빌리 사람들이 무엇보다도 두려워하는 것은 흉안(티트, 라인추), 즉 질투의 대상을 해치는 사악한 힘을 가진 눈이다. 잘생기고 건강한 아이들이 희생자가 될 가능성이 가장 높다고 한다. 이 아이들을 보호하기 위한 여러 방법들이 있다. 베일 아래 감추거나, 가까이에 눈을 찌를 수 있는 거울이나 브로치 같은 뾰족한 물건을 두거나, 나쁜 일을 예방할 수 있는 작은 물건을 넣은 헝겊 주머니를 달아 둔다. 영들이 피해 달아난다고 하여 소금을 주머니에 넣어 매달기도 한다.

눈은 또한 다른 문화에서와 마찬가지로 귀중한 것을 은유할 때 쓰인다. 예를 들면 남자가 여자를 마치 '자신의 눈처럼' 사랑한다고 말하기도 한다. 식인귀는 특히 밝은 눈으로 사악한 일을 한다고 하지만, 외눈박이거나 두 눈 모두가 없는 식인귀도 있다.

능가하다

조상이 자랑스러워 할 남자의 명예란 완벽하게 행동해야 할 뿐 아니라 (도둑질을 하거나 방탕해서는 안 되고 가족에 충실하며 가족을 부끄럽게 해서는 안 된다) 존경받도록 행동해야 한다. 이를 위해서 다른 사람들을 제압할 수 있는 힘과 용기를 지녀야 한다. 대치 상태에서 '이흐릅 이트(ighleb it: 능가했다)'라는 것은 남자의 높은 능력을 보여주는 특성이다.

그러므로 어린 남자아이들은 누가 때리면 꺾이지 말고 맞은 것을 돌려주도록 교육받는다. 사내아이는 사자처럼 겁을 주어야 하며 자신의 그림자도 존경을 받도록 해야 한다고들 말한다. 예전에는 손톱을 기르게 하여 상대를 할퀴도록 가르쳤다.

설화의 주인공들은 명철함, 자제심, 지적·신체적 능력에서 모델이다. 이들은 자연의 힘을 이기고 마을공동체를 위해 몸을 바치는 농부이며, 술탄이 물러나게 할 정도로 권력자들을 능가하는 인물이다. '이흐릅 이트'는 문학 언어의 키워드다.

다산(多産)

카빌리 사회의 문화는 다산에 대단한 집착을 보인다. 가부장적 사회의 성격이 그것을 유도했다고 보인다. 지중해 유역 전체에서 볼 수 있는 현상이지만 부른 배와 가득한 곳간이라는 생명과 관련된 상동관계에 따라 태어날 남자아이에게만 힘의 근원을 부여한다. 그러므로 여성은 최대한의 아이를 낳도록 요구받는다. 다시 말해서 여성은 가임 기간 내내 임신이나 수유를 하는 상태에 있다는 것을 의미한다. 불임은 여성이 설 자리가 없게 만드는 재난이다. 반면에 임무를 수행한 여성은 아들을 낳은 해에 이마를 특별한 장신구('탑짐트')로 치장할 수 있는 권리를 갖는다. 혈통의 생산이라는 임무의 수행이라는 점에서 여성의 인생에서 결혼보다도 더 중요한 단계다.

다산에 대한 의식은 카빌리 문화의 모든 층위에 존재한다. 맷돌, 베틀, '이쿠판(곡식 항아리)', '카눈(화덕)' 등 집안의 많은 물건들이 다산을 비는 제단이었으며, 집 밖에 있는 쟁기 날, 과일, 채소, 생명의 나무 무화과 등도 마찬가지였다. 카빌리 사람들은 다산과 불임, 습기와 건조함, 달과 태양, 낮과 밤, 빛과 어둠, 내부와 외부, 문화와 야만 등의 이분법적 표상을 가지고 있었으며, 현상의 해석에서도 다산에 영향을 줄 수 있는 모든 것은 북돋우고 불임은 억제하도록 관심을 기울였다. 이 모델은 서사물(신화, 설화, 전설)과 시, 노래 같은 운문 등 문학뿐 아니라 일상생활의 수많은 의식들(밭갈이, 추수, 천 짜기, 요리, 결혼 등)과 순례를 통해서 똑같이 표현되고 있다.

그러나 현재에 다산은 그전처럼 절대적인 요청 사항이 아니며, 아들이 많은 것이 세력이 되는 것이 아니라 부담이 되기 시작하고 있다. 어머니들이 이제 아이를 많이 낳으려고 하지 않아 출산율이 낮아지고 있다. 아들의 어머니가 되는 것보다 다른 갈망을 가지고 있다. 피임이 개발되고 영아 사망이 줄어 다산은 더 이상 가치가 없다. 다산 의식들은 사라질 수밖에 없는 것이다.

돈 이드리믄, idrimen

카빌리에서 돈이라는 의미로 사용하는 단어는 항상 복수인 '이드리믄'이다. 단수 '아드림(adrim)'을 쓰는 경우는 드물다. 돈의 경제적 가치는 현재까지도 카빌리 사람들의 사고방식 속에서 가장 확실한 가치로 뿌리 깊게 남아 있다. 부유함이란 주로 가족 남자들의 집단 노동을 통해서, 또 저축보다는 가축과 땅을 모으는 것을 통해서 생산된다고 생각한다.

　물론 돈은 카빌리 사람들의 특기인 상업에 필수적인 것이다. 행상을 통한 상거래는 최근까지 물물교환을 통하여 이루어졌다. 카빌리 밖에서는 장사를 하는 것만이 부를 얻는 방법이다. 설화에서 부자가 된 카빌리 사람은 "나는 부의 주인이 되기까지 사고팔았다"라고 말한다. 동양적인 부는 보물들, 금, 은으로 만든 가구나 집을 포함하여 금이 가득한 궤로 이루어져 있다. 이러한 부는 권력을 뒷받침하는 기능만 가지고 있으며, 이 권력은 항상 초자연적 마법의 힘에 패배를 당한다. 동양 설화에서는 돈이 사회적 상승의 수단이 되지 않는다. 부부 관계에서 안정된 위상을 차지하고 있지 못한 여성들은 '타아줄트(저축)'를 한다. 일을 해서 버는 약간의 돈이나 절약한 돈을 몰래 모아두는 것으로, 이것이 발각되면 소박을 당할 수도 있다.

동성애

없지는 않으나 드물고 조롱의 대상이다. 여성스러운 어린 목동에게서 볼 수도 있다(물루드 마므리의 『잊어버린 언덕』에 등장하는 '모흐'). 도시에서 사치스런 생활과 풍속의 타락 속에 일어날 수 있는 변태적 행위로 등장하는 경우가 더 많다.

동쪽(동양)

'으스르크(동쪽)'는 새벽의 방향이고 백색 지방인 반면, '을흐르브(서쪽)'는 밤과 어둠의 지역이다. 동쪽은 사람이 접근할 수 있는 경계로 생각하는 순례지의 방향이기도 하다. 카빌리에서는 상상도 할 수 없는 신기한 정원으로 둘러싸인 높은 궁전에서 왕들이 근위대와 하인의 보호를 받으며 살고 있는 바그다드나 메카가 있는 곳도 동쪽이다. 이 도시들에서는 고기가 많이 들어간 맛있는 음식을 먹고 금화와 보석 같은 보물이 있고 예술품에 둘러싸여 사치스럽고 여유로운 생활을 한다. 학자들과 사치품을 만드는 세공인들, 상인들이 가득한 곳이다. 설화는 이런 도시의 놀라운 것들을 이야기하면서도 이곳은 접근할 수 없는 곳이라는 점과 순례와 함께 한 가족의 가장이 동쪽을 향해 모험을 떠나면 마을에 남은 가족들이 그가 없는 동안 위험을 당할 수 있게 된다는 것을 진부하게 경고한다.

말(語)

무(無)문자 사회에서 말은 대단히 중요한 것으로, 화술이 대단히 발달되어 있다. "말을 잘할 줄 아는 사람은 모든 사람을 자기편으로 만든다"고 한다. 화술은 한 사람의 능력을 결정하며, '타무스니(지혜)'의 일부로 생각된다. 남자들이 말을 할 때는 카빌리 수사법을 따라야 할 뿐 아니라 진중하고 적절한 언어를 사용하도록 주의해야 한다. 서로 조화를 이루어야 하는 마을 회의에서 자신의 말을 경청하게 하고 존경을 받기 위해 필요한 것이다. 태초 신화에 의하면 남자들 사이의 불화로 인하여 하나였던 언어가 일곱으로 나뉘었다고 한다. 말로 약속한 것은 반드시 지켜야 하는 것으로 남자라면 "그것을 위해 죽을 수 있어야"한다. 여자의 말은 남자의 말보다 더 신중하고 절도 있어야 한다. 결혼식에서 신부가 말하지 못하고 조용히 있어야 하는 정도다. 그러나 특히 여자가 지켜야 하는 예절이 남녀 간, 세대 간 대화를 제한하고 있다.

말 타는 사람

지중해 남부에는 보편적으로 말에 대한 숭배가 있다. 그러나 카빌리 사람들은 특이하게도 말보다 말을 타는 사람을 숭배한다. 설화에서 주인공은 대개 말을 타는 사냥꾼이다. 화약 무기를 다루면서 말을 타는 능력은 주인공이 남자가 되는 증거다. 카빌리 사람들은 터키에 대항하여 기병 '즈물'과 싸워야 했다. 산지 사람들은 유능한 사수지만 보병들이어서 귀중한 곡물을 키울 수 있는 평원에서 열등한 입장이 된다. 그러므로 터키인에 대항할 수 있는 훈련받은 기병은 대단히 유용했다. 대개 평원과 맞닿아 있는 부족들이 말을 타고 싸우는 사람들이었는데, 예를 들면 스바우 분지 북쪽 기슭 아이트 즌나드 부족의 경우다.

목 베기 팀즈리우트, timezliwt

신에게 바칠 가축을 신성하게 만드는 의례 행위다. 제물을 바칠 때 필수적이다. 이 형식의 도살 의무는 선사시대 부조에 나타나 있어 마그레브에 이슬람이 도입되기 이전부터 시작된 것으로 보인다.

현재에는 대개 신앙심이 깊은 사람이 가축의 목 앞, '티즐리('목을 베다'라는 뜻의 '즐루'에서 파생된 명사)'라고 부르는 목젖 가까이에 칼을 대고 실행한다. 한 번에 경동맥을 빠르게 잘라 동물의 몸에서 불순한 피를 제거하여 신성하게 만든다. "비스밀라흐(Bismillah)!"라고 외치며 신의 이름으로 목을 베는 것은 신성한 행위, 문명화된 행위를 수행하는 것이다. 목덜미에서 시작하는 것은 야만적이고 반문명적 행위로 생각한다. '뒤로부터 자신의 목을 베다'라는 은유적 경구는 '자신을 몹시 괴롭히다'라는 의미다.

목을 베는 행위는 또한 공개적으로 이루어져야 한다. 비공개적인 경우도 있는데, 예를 들면 목동들이 사람이 없는 곳인 바닷가 같은 곳에서 행하는 것이다. 이것은 불법적인 것으로 도둑질로 간주되며 '타스그루트'라고 부른다.

참수는 또한 사람을 죽이는 한 방법으로, '탑즈르트(목)'라는 단어는 '살인'을 의미하기도 한다. 참수는 특히 전쟁 시에 이루어진다. 이것은 의례적인 행위와는 구분해야 한다. 제물을 바치거나 불경한 행동을 만회하기 위한 행위와 단순히 인간적 정의 실현을 위해 목을 베는 행위는 다르다.

무능력

남자에게 일어날 수 있는 최악의 사태는 '티루그자(남성성)'의 상실이다. 여자들이 주술적 물건이나 '이하스쿨른(비약)'으로 남편을 무능력하게 만든다는 모함을 받기도 한다. 설화에서는 영이 마술의 힘으로 무능력한 남성을 축사의 더러운 물에 던진다.

남자의 무능력은 혈통을 끊게 되어 가문의 수치가 된다. 불임과 무능력을 의심받는 '아들 없는 남자'가 되는 것은 대단히 견디기 힘든 일로 때로는 스스로 물에 빠져 이슬람에서 금지하는 자살을 하기도 한다.

무덤 아즈카, azekka

무덤은 같은 동네에 사는 친척이나 이웃 남자들이 마련한다. 구덩이를 파고 평평한 돌과 월계수 가지를 가져다가 바닥에 깔아놓는다. 무덤의 위치는 마을 근처로, 대개 자리가 모자라 빽빽하게 모여 있다. 공간을 최소한으로 만들기 위해 갈대로 죽은 사람의 치수를 재는데, 그 갈대는 죽은 사람의 옆에 묻는다. 깊이는 약 75cm이고 평평한 돌로 덮고 흙 반죽으로 봉한다. 돌 몇 개로 덮고 머리 위와 다리 끝 양편에 돌을 세운다. 여자들은 장례에 참석하지 않고 어린 여성들은 장례식 동안 집안에 머문다. 현재에는 풍습이 변하여 죽은 사람과 가까운 나이든 여자들이 조용히 참석하는 경우가 많아졌다.

무릎 아푸드/이파든, afud/ifaden

카빌리 사람들은 무릎을 사람이나 동물의 건강과 힘을 보여주는 부분으로 생각한다. 일상적 표현에서도 무릎은 힘의 상징이다. "그는 무릎을 가지고 있다"라는 말은 '강하다, 힘세다'라는 의미와 같으며, 남자가 많은 집단에도 같은 표현을 쓰기도 한다. 설화「음키드슈」에서는 말의 무릎에 바늘을 꽂아 다리를 절게 하고 휘어진 것처럼 보이도록 꾀를 써서 말의 실제 가치와 강한 힘을 감춘다.

무질서

대부분의 인간 사회와 마찬가지로 카빌리 사회도 무질서를 두려워한다. 모두가 사회질서를 존중하면서 절제되고 적절한 처신을 해야 한다. 경솔한 소원 때문에 잠두콩이 변신해서 생긴 아이처럼 정상적이지 않은 사람은 무질서를 일으킬 수 있다. 이 설화 속 아이는 수확할 밭에 불을 지르고, 집안 여자들에게 치아를 부러트리라고 명령하며 말썽을 부린다. 여성적 습기와 남성적 건조함을 만나 다시 태어나면서 모든 것이 질서를 되찾는다.

여성들은 미모의 힘으로 유혹하여 사회에 무질서를 심을 수 있는데, '피트나'라고 부르며 철저한 통제가 필요하다고 믿는다. 이것을 이유로 남성의 지배가 정당화된다.

문자

카빌리어는 현재까지 구어로만 남아 있다. 베르베르족 가운데 문자를 가지고 있는 것은 투아레그족이지만, 이들의 문자인 '티피나흐'는 상업이나 정치에 사용되지 않고 시 짓기 정도의 용도에 그치고 있다. 문자를 거의 사용하지 않았던 카빌리 사람들은 문자를 신비하고 기이한 것으로 생각했으며, 글자를 적을 때 쓰는 잉크는 주술적 가치가 있다고 생각하여 비약을 만드는 데 넣기도 했다. 잉크는 마라부트들이 액운을 방지하고 행운을 보장하기 위하여 아랍어로 '을흐르츠(부적)'를 만드는 데 사용하는 것이었다. 글자를 쓸 수 있는 능력은 위대한 사람의 한 속성이지만, 가까이 해서는 안되는 수상한 능력이라고 생각했다.

현재에는 라틴어 문자를 차용한 '타크바이리트'를 사용하며, 점점 확산되고 있어 풍요로운 카빌리 문화를 문자로 보존하고 전수할 수 있게 되었다. 설화, 전설, 신화, 해학 등의 산문과 연애시, 풍자시, 종교시 등 운문이 있으며, 현대에는 노래, 연극, 영화들이 문자로 쓰이고 있다.

발 아다르/이다른, adar/idaren

발과 다리(아크웨지르)를 잘 구분하지 않는다. 무엇을 크게 착각했을 때 하는 속담 중에 "식인귀가 사람의 발인 줄 알고 나무뿌리를 잡았군"이라는 표현이 있다. 여자들은 특별한 경우가 아니면 맨발이었다. 현재에는 싼 값의 플라스틱 신발이 많이 퍼져 있다. 설화에서는 나쁜 여자가 죽은 뒤 그 발을 하수도 청소하는 도구로 사용하는 벌을 준다.

방추 타루카, taruka

여자들은 가벼운 나무를 다듬어 만든 50cm 정도 길이의 방추를 눈에 잘 보이고 손이 닿을 수 있도록 허리춤에 꽂고 다닌다. 긴 양털실을 반으로 갈라 높은 곳에 고정시키고, 다른 쪽 끝은 손가락으로 비벼 가늘게 만들어 단단한 올리브 나무로 만든 '티즈디트(작은 방추)'에 감는다. 작은 방추로 실을 끌어당겨 늘여 날줄을 만들고, 아주 길고 가는 방추로 끊어지기 쉬운 씨줄을 만든다. 방추는 여자들이 각자 가지고 있는 소유물로 의례에서 흉안을 방지하는 물건으로 사용한다.

보물 아그루즈, agerruj

농부가 쟁기로 밭을 갈다가 보물을 발견한다는 설화가 있듯 카빌리 사람들도 보물을 꿈꾼다. 하지만 실제로는 거의 없는 일이며, 설령 보물이 있어도 마을에서 개인으로 하여금 너무 많은 재산을 갖게 두지 않는다.

'1871년 봉기'에 대한 징벌로 프랑스 식민정부는 이동을 금지했을 뿐 아니라 1000만 프랑의 전쟁 기여금 지불을 요구했다. 이 액수는 게이동 제독이 프랑스인 이주자들 사이에 널리 퍼져 있던, 카빌리 상인들과 장인들이 모아 둔 '카빌리 보물'이 있다는 소문을 믿고 결정한 것이었다. 카빌리 사람들은 3개월이 채 되지도 않아 이 액수를 지불하여 이러한 소문을 증명했다. 그러나 이 엄청난 돈을 지불하고 나서 카빌리 사람들은 오랫동안 심각하게 고통을 받아 '식키스(이동 금지)'는 참을 수 없는 고통이라는 뜻의 단어로 아직까지 통용되고 있다.

부활

설화에서는 영혼을 담고 있다고 믿는 뼈에서 죽은 사람의 몸이 부활하기도 한다. 부활 의식은 새롭게 태어나게 하기 위해 치르는 것이다. 식인귀의 젖과 골수는 죽은 사람을 되살릴 수 있다는 속설이 있었다.

붉은 머리

카빌리어로 붉은 머리를 '아주바흐(붉그레한 색 혹은 밤색)'라고 부르기도 하지만 대개는 '아카알랄(불을 붙인 것처럼 빛나는 색 혹은 밝은 색 혹은 금발)'이라고 한다. 검은 머리보다는 미적이지 않다고 생각하며, 특히 여성일 때는 더욱 그렇다. 흰 피부와 붉은 입술, 뺨을 돋보이게 하지 못하기 때문이다.

붉은색 아즈그와흐, azeggwagh

피, 헤나, 소 수컷의 색으로 흰색보다는 덜하지만 검은색보다는 명도가 높아 카빌리 사람들이 좋아하는 색상이다. 대조적 효과를 발휘하는 백, 적, 흑 3색의 한 축을 이룬다. 이 세 가지 색은 특히 설화에서 여성의 전형적 아름다움을 묘사하는 색상들이다. 붉은 입술과 뺨 그리고 헤나를 물들인 손과 발은 머리칼, 눈썹, 속눈썹, 화장한 눈의 검은 색과 어울려 햇볕을 피하여 간직한 흰 피부를 더욱 빛나게 한다. 상호작용으로 미적이고 에로틱한 효과를 유발하는 색상이다.

빛 타파트, tafat

카빌리 문화에서 빛은 다산의 상징으로, 지하세계의 비생산적 어둠과 상반된다. 즐거움, 유쾌함을 상징한다. 흰색, 낮, 해가 뜨는 동쪽과 연결된다. 문학에서는 여성의 아름다움을 등불처럼 빛나는 빛으로 이미지화하기도 한다. 여성을 흔히 집안을 밝히는 등불이라고 한다. 빛과 열기가 결합되어 건조하고 비생산적인 의미를 가지고 있는 태양 빛은 예외다.

뼈 이히스/이흐산, ighs/ighsan

사람의 영혼이 뼈에 머물고 있다고 생각하여 화장이 금지되어 있다. 식인귀와 같은 괴물을 완전히 없앨 때만 화장을 해야 한다. 뼈는 과일의 씨처럼 그 안에 생명을 가지고 있다고 생각한다. 단단한 뼈 속에 있는 부드러운 골수는 성장을 촉진하며 부활을 가능하게 할 정도로 강한 힘을 가지고 있다고 생각하는 것이다. 똑같이 부드럽고 흰색인 우유와 같은 역할을 한다고 믿는다.

사형 돌로 쳐 죽이기

돌을 던지는 것이 특별한 행동은 아니다. 어떤 마을에서는 거지에게 돌을 던지기도 한다. 메카 순례 동안 악마가 돌을 맞아 죽은 사건에서 유래하여 악마를 '돌 맞아 죽은'이라고 표현하기도 한다. 범죄가 저질러진 장소에는 돌더미를 쌓아놓고 지나는 사람마다 그 위에 돌을 던지는 풍습도 있었다. 카빌리에서 범죄자를 벌하는 방법 중에 구금이 없고 중한 경우 추방을 하지만 사형이 없는 것은 아니다. 공개된 장소에서 범죄자에게 돌을 던져 죽이는 것이다. 마을 사람 전체가 그 앞에 서서 같은 동작으로 돌을 던진다. 시신은 가족에게 넘긴다. '르아나야'의 보호를 받는 사람을 죽였을 경우 이 벌을 받는다. 마을에 적을 들어오게 한 배반자도 마찬가지이다. 불륜을 저지른 여자도 이렇게 벌을 받을 수 있는데, 단순히 벌금을 부과하는 마을도 있다.

상징

세계관, 신화, 종교, 문학, 실천 의식들을 통해서 볼 수 있는 카빌리의 사고방식은 전체적으로 이분구조로 구성되어 있다. 상징적 사고를 구조화하는 관계들이 두 상반된 요소의 결합과 대립으로 이루어진다. 생산/불임, 달/태양, 문화/자연, 내부/외부, 여성/남성, 습기/건조 등이다. 이 대립을 위반하면 가족공동체의 생존을 위협할 수 있는 여성의 불임을 위시하여 많은 어려움이 연쇄적으로 파생된다. 가족공동체의 영속과 안녕은 어떤 희생을 치르더라도 반드시 지켜야 하는 것으로, 여성적 무질서의 위협을 누르고 남성적 우월성으로 보장해야 한다. 카빌리의 모든 상징체계는 현재까지 이 전제를 위하여 구축되어왔다. 그러나 현재의 관점에서는 지나치게 도식적이며, 특히 남녀의 역할 변화를 포함하여 인식을 재고할 필요가 있다.

상투적 표현

설화에는 이야기 리듬과 분절에 맞추어 기억하기 쉽도록 운을 맞춘 시적 표현들이 많다. 이야기 중간에 끼어 있기도 하고 이야기 시작과 끝에 넣기도 한다. 텍스트 중간에 삽입된 것들은 널리 알려진 속담처럼 일반에 퍼져 있는 경우도 있다. 예를 들면 사람을 속일 때 음키드슈에게 속아 넘어간 식인귀가 등장할 때 '테리엘 트트프 아자르, 티힐 드-아다르(teryel tettef azar, tighil d-adar: 식인귀는 나뭇가지를 다리로 알고 잡는다)'와 같은 표현을 쓴다.

가장 널리 알려진 표현은 이야기에 등장했던 악한 세력을 쫓아버리며 이야기를 끝낼 때 쓰는 것이다. 제일 많은 형식은 다음과 같은 것이다. "알라여, 재칼에 벌을 내려 주시고, 우리를 가엾이 여겨주십시오! 재칼은 숲으로 가고 우리는 길을 떠났습니다. 재칼은 과자로 우리를 쳤고 우리는 그것을 먹었습니다. 우리는 나무뿌리로 재칼을 쳐서 쫓아버렸습니다."

색상

카빌리인들은 흑, 백, 적, 황, 청녹의 5개 색상을 특히 구분한다. 파란색과 녹색을 나타내는 단어는 '아지그자우'라는 한 단어뿐으로 풀의 녹색('하시시')만 특별히 구분한다. 검은색과 흰색은 명암으로 대비되는 한 쌍을 구성하여, 불임과 악을 상징하는 검은색은 다산과 선을 상징하는 흰색의 반대라고 생각한다. 녹색과 노란색도 이러한 대비를 구성하기도 하는데, 건강과 질병을 나타낸다. 붉은색은 검은색과 흰색 사이 중간이라는 특수한 가치를 가지고 있다.

붉은색은 서로 대조되는 세 색상의 하나이며, 세 색상은 여성의 최고 미의 기준을 구성하며 상호 보완한다. 양끝을 헤나로 칠한 빨간 입술과 붉은 뺨은 검은 머리칼, 눈썹, 속눈썹, '콜'로 아이라인을 그린 까만 눈동자, 그리고 흰 피부와 대조를 이루며 미적이고 에로틱한 하나의 총체를 구성한다. 축제 때 치장이나 화려한 장신구 외에는 완전히 흰색인 옷만 입었던 예전 카빌리 여자들을 생각한다면 현재 여성들이 강한 색들을 혼합하여 울긋불긋한 천들로 옷 입기를 즐기는 것이 어떤 도발적 효과를 발휘하는 것으로 보인다.

생산

카빌리에서 생산이란 비옥한 토지와 인간 및 가축의 다산을 의미한다. 부는 생산력을 가진 남성의 수에서 나온다는 것이 모든 생산관계의 모델이다. 가득한 곳간과 아기를 수태하고 있는 배 사이의 관계는 토지의 비옥함과 인간의 다산 사이의 상동관계를 상징한다. 지중해 유역 산지에 살고 있는 농민 사회의 공통 사항이다. 자연 생장과 축적을 통한 부만이 정당하다고 생각하는 것이다. 상업과 같은 활동은 부수적일 뿐 아니라 남자들로 하여금 집을 떠나게 하여 생산과 소비의 단위인 가족공동체를 약화시킬 위험이 있다.

서쪽 호르브, gherb

설화에서 동쪽은 도시적 경이로움, 술탄, 부와 연관되지만 서쪽은 석양, 어둠, 밤을 연상시켜 추방, 죽음과 관련된다. 모로코인과 같은 낯설고 무서운 사람들이 살기 때문에 조심해야 하는 곳이다. 설화에서 모로코 사람들은 알라딘의 나쁜 마법사 같은 역할을 한다.

셋, 삼 트라타, tlata

다른 여러 문화에서와 마찬가지로 3이라는 숫자는 가장 많이 보이는 복수의 숫자다. 신비한 삼위일체, 남자와 여자와 아이(3명), 신성한 불을 담고 있는 화덕에 놓이는 돌 3개 등이다. 설화에서는 여행 기간이 보통 3일이며, 주술적 사물도 대개 3개다. 골라내야 하는 곡식의 종류가 3종류이고, 일은 3일 안에 마쳐야 하고, 술탄은 왕비가 (7명 혹은) 3명이다. 또한 아내를 소박하려면 3번 말해야 유효하다.

속담

일상 대화에서 흔히 쓰이는 속담은 일반적으로 대구를 이루는 2행 시로 되어 있다. 첫 행은 대개 4개의 단어로 구성되며, 모음 반복이나 운율 맞추기로 만들어진다. 널리 퍼져 있는 운문시나 설화 안에 포함된 경구들이 속담이 되기도 했다.

손 아푸스, afus

다른 문화에서와 마찬가지로 손은 중요한 상징성을 가지고 있다. 힘, 용기, 건강을 나타내며 꼭 필요한 도움을 의미하기도 한다. 연장이나 도구의 손잡이도 '아푸스'라고 부른다. 설화에서도 손이 등장한다. 음키드슈 이야기에서는 식인귀가 잡아먹기 전 살이 올랐는지 손을 만져 알아본다. 다른 이야기에서는 한 남자가 풍차의 맷돌을 손으로 잡고 춤을 추어 힘이 세다는 것을 과시한다. 나쁜 노파가 뜨거운 죽에 주인공의 손을 넣어 찾는 사람이 어디 있는지 실토하게 만드는 모티프는 카빌리 설화에서 흔하다.

손톱

신체의 일부로 머리칼처럼 함부로 버려서는 안 된다. 다른 사람이 손톱을 주워 주술에 사용하여 그 주인을 해칠 수 있기 때문이다. 무기가 되기도 하는데, 예전에는 남자 아이들의 손톱을 기르게 하여 싸울 때 상대를 할퀼 수 있도록 했다. 손톱은 뾰족하게 갈아야 한다고 말하기도 한다.

쇠 우잘, uzzal

카빌리 사람들도 보편적 법칙에서 벗어나지 않는다. 대부분의 문화에서 쇠는 주술적인 것으로 취급되어, 악마, 정령, 온갖 귀신으로부터 보호하는 힘을 가지고 있는 것으로 여겼다.

아기 요람에도 보호를 위한 철제품을 두는 경우가 많았으며, 다른 많은 의례에도 사용했다. 농기구 가운데 밭을 가는 쟁기 날은 특별한 것이며, 천을 짤 때 실을 빗는 도구 혹은 무기도 마찬가지다. 설화에서도 주인공은 일부 혹은 전체가 쇠로 만들어진 집 속으로 들어가 식인귀의 손을 벗어난다. 철제 판은 지하세계를 열어주기도 한다. 이슬람에서는 신앙이 없는 귀신을 물리치기 위해 쇠를 사용한다.

카빌리 사람들은 철을 다루는 탁월한 기술을 가지고 있다. 대장간에서 도구나 무기를 만드는 데 능하다. 아이트 옌니 부족이 제작하는 단검이나 칼, 이플리슨 르브하르 부족들의 장검이 그 예다.

수수께끼

카빌리 사람들은 수수께끼 놀이를 많이 한다. 짧은 문답 형식으로 어떤 사물이나 행동을 맞추는 것이다. 수수께끼는 내는 사람은 '마샤후(macahu)'라는 관례적인 말로 시작하여 질문 형식으로 상대방을 끌어들일 문제를 두 번 넘게 말한다. 만일 상대방이 답을 찾지 못하면 '드- 아큰누즈(d-aqennuz)'라고 말한다. 답에 힌트가 주어지고 정답을 맞추면 놀이가 끝난다. 질문은 나름의 구문, 어휘, 문체 구성에 있어 아주 세밀한 규칙을 따른다. 사용하는 은유들은 풍부한 카빌리 문화유산에서 가져온 것들이며, 묘사와 문체도 대단히 다양하다. 아주 짧지만 정교한 운율로 구성되어 있어 시에 가깝다. 명절날 대개 어린 아이들과 심심풀이로 하는 언어유희다.

수치심 하슈마, hachuma

모두가 지켜야 하는 절대적 행동 규범으로, 존중해야 할 사람 앞에서의 적절한 처신과 아울러 집단에 충격을 줄 수 있는 표현이나 말을 삼가는 부끄러움, 조심성, 사려, 자제 등을 동시에 의미한다. 이 규범은 특히 남녀 간에 철저해서 여자들에게 더 구속적이다. 세대 간, 혹은 나이 차이가 있을 때 나이가 적은 사람이 많은 사람 앞에서 지켜야 한다. 예컨대 '하슈마'에 따르면 젊은 여성은 집안에 남자가 있을 때 등을 보이고 청소하지 말아야 한다.

엄격하고 철저하게 적용되는 규범이 행동을 통제하여 일정한 조화를 조성하기도 하지만 남녀 및 세대 간 넘을 수 없는 이중 장벽을 만들어 가족 내에서조차도 표현이나 대화, 의사소통을 축소하는 결과를 가져오고 있다. 젊은이들의 자발성이나 대화 그리고 부모와 서로 믿는 편안한 관계를 갖는 것을 방해하는 심각한 결과를 가져올 수 있고, 특히 부부로 한정된 가족을 구성하는 이민 가정에서는 언어 표현을 제한하고 상호 의사소통이 어려워 부모와 자식이 갈등 속에 대치하는 결과를 가져오기도 한다.

숫자

1(이웬, 이웨트)과 2(신, 스나트)만 베르베르어이고, 3부터는 아랍어다. 다른 사회에서와 마찬가지로 특별한 의미가 있는 숫자들이 있다. 손가락 수인 다섯은 흉안을 피하는 수이며, 결혼한 신부에게 축원하는 '일곱 아들'에서 일곱은 이상적인 형제의 수를 의미하며, 셋은 '바라카(축복)'를 담고 있는 숫자다.

40은 많은 수를 의미하며, 그 이상은 수백 혹은 수천이다. 예를 들면 공주와 결혼하기 위해 필요한 결혼 보상금에 쓰이는 수다.

시간

가장 먼 과거의 시간은 동물과 자연현상으로 이루어진 창조 신화의 시간으로, 짐승들이 말하고 인간이 지하세계 깊은 곳으로부터 지상으로 나타났던 시간을 말한다. 세상이 생겨난 후 흘러간 시간은 '이 즈만 암즈와루(i zman amzwaru: 태초)', '이 즈만 지크(i zman zik: 옛날)', '즈만(zman: 과거)' 등으로 표시한다. 『천일야화』 류 동방 설화는 흐른 시간을 알 수 없는 먼 과거로 거슬러 올라가 지만, 카빌리의 전통 농부 설화는 늘 계속되어 언제든 현재화될 수 있는 보편적 시간을 배경으로 한다. 그러므로 카빌리 설화에는 초 자연적인 환상의 시간, 뚜렷하게 허구적인 시간이 거의 없다. 농부 들의 시간은 농사 활동으로 시간을 나누는 현재화된 시간이다.

역사적 시간이 놀라울 정도로 생동감이 있는데, 아마도 문자 가 없는 관계로 기억을 계속 단련시켰기 때문일 것이다. 일부 역사 사건들은 모든 사람들이 알고 기억하는 일종의 원형적 가치를 갖 고 있다. 예를 들면 터키인들에 대한 저항은 서사적 이야기들로 완 벽하게 기억 속에 저장되어 있다. 현대사의 일부인 프랑스의 정복 전쟁도 마찬가지이며, 역사 유산의 일부가 된 독립전쟁 때의 사건 들도 마찬가지다.

매일 마을에서 살아가는 시간은 땅과 계절 그리고 축제의 시 간에 맞추어져 있어 생계를 위해 고향을 떠난 모든 이민자들의 시 간과 대조를 이룬다. 이민자의 시간은 끝나지 않고 계속되는 시간 이다.

신체적 장애

신체적 장애가 항상 혐오나 동정의 대상이었던 것은 아닌 것으로 보인다. 어떤 경우에는 물론 두려움을 일으키기도 하지만 일부 세 력가문들에서는 매 세대 반복되는 가벼운 기형(예를 들면 안짱다리) 을 고귀한 신분의 표시로 생각하기도 했다.

설화의 주인공 음키드슈는 어머니가 사과 반쪽을 먹고 낳아서 반만 사람이다. 때로는 눈, 팔, 다리 등이 하나만 있거나 난쟁이인 기형의 존재들이 자연과 초자연의 경계에서 양면성을 지니고 두 세계를 중재하는 소명을 가지고 설화에 등장한다. 마치 없는 반쪽 때문에 인간적 결함에서 벗어나 그 반대로 자연을 이길 수 있게 해주는 위력을 가지고 있는 것처럼 보인다. 잠을 자지 않는 능력이나 절제, 지적 능력 같은 것으로, 결국 식인귀의 파괴적 성격을 보여주며 승리한다.

아름다움

남성이나 여성의 아름다움은 이미지로 표상한다. 금, 은, 귀금속처럼 아름다운 물건이 발하는 빛은 조화와 행복의 증거다. 「누자와 영웅」이라는 설화에서 두 연인이 드디어 만났을 때 방을 밝힐 정도로 눈부신 빛이 나온다고 묘사한다. "그는 달빛처럼 번쩍이고, 그녀의 빛이 세상이 퍼졌다." 젊은 여자의 아름다움을 보면서 받은 깊은 충격을 묘사하기 위해 자주 사용되는 또 다른 말은 "낮에 아름다운 여자를 보았던 사람은 밤에 꿈속에서 그 여자를 다시 보게 된다"는 것이다.

설화에서는 보통 묘사가 드물지만 여성의 아름다움에 대해서는 묘사가 풍부한 경우도 있다. 그 한 예가 친숙한 이미지를 사용하여 신비한 젊은 여자의 모습을 하나하나 운문으로 읊는 것이다. "귀는 잘 익은 옥수수 알 같고, 속눈썹은 청색으로 물들인 실, 눈은 잘 익은 올리브, 코는 새끼 독수리의 발톱 같다. 그리고 입은 얇은 금화를 덮을 수 있고, 목은 물이 내려가는 것을 보여주고, 피부는 얇은 송아지 가죽과 같고, 가슴은 '아부 슬리만(사과의 한 종류)' 같고, 자세는 강을 향해 가는 암사자 같으며, 팔은 새로 만들어 번쩍이는 검 같고, 손가락은 가장 훌륭한 이맘이 펜을 쥐었을 때의 손가락이며, 배는 물고기가 미끄러지는 타일이며, 다리는 물가로 종종걸음 치는 자고새의 다리다."

서로 연결되는 세 가지 색깔, 즉 흰색(피부), 붉은색(볼과 입술), 검은색(눈썹과 머리칼)의 대비도 자주 등장한다. 그러나 여성의 아름다움을 칭송하면서도 어떤 우려를 감추지 않는다. 여성이 지나치게 강한 매력을 갖고 있으면, 남자들의 욕망을 불러일으켜 정신을 잃게 함으로써 질서를 흔들 수 있기 때문이다.

암소 타푸나스트, tafunast, 티시타, tisita, 티스탄, tistan

카빌리 신화에서 암소는 모든 동물의 창조주인 하이제르 물소의 짝이었다고 한다. 이 한 쌍의 소가 개미를 시켜 인간에게 번식하는 것을 가르쳐주도록 했다.

풍요의 상징인 암소는 양보다 더 귀하게 여긴다. 한 집안의 유일한 재산인 경우가 많으며, 아이들이 보살핀다. 집안의 어머니와 유사점이 많은데 우선 젖을 준다는 점이 있다. 설화 「고아들의 암소」에서 보듯 암소의 젖은 어머니의 젖을 대신한다. 생식력을 나타내기도 하여 「잠두콩」 설화에서는 사자의 뱃속에 있는 암소의 내장을 거친 말썽꾸러기가 정상적인 아이로 바뀐다.

암소는 중요한 재산이다. 결혼 보상금 목록에도 들어간다. 암소와 송아지는 우화 속에서 부의 극치를 나타낸다. 농가에서 소를 기르게 된 뒤 암소가 송아지를 많이 낳아 아들을 결혼시킬 수 있었다는 우화도 있다. 암소의 젖이 마르는 것을 세계 종말의 징후로 표현할 정도로 암소를 귀한 동물로 생각한다.

애도

망자의 가족은 절제된 행동으로 애도한다. 남자는 수염을 깎지 않고, 여자는 분을 바르거나 장신구를 착용하지 않으며 최소한의 생활에 필요한 정도로 행동을 삼간다. 남자는 애도 기간인 30일이 지나야 재혼할 수 있다. 여자가 지켜야 하는 애도 기간은 20일이지만 재혼하려면 4개월 6일을 기다려야 한다. 20일의 애도기간이 끝나면 여자들은 성소에 가서 밤을 새운다. 망자의 혼을 부르는 점쟁이나 성녀의 집에서 밤을 보내기도 한다. 그 다음에는 집 문턱에 쿠스쿠스 쟁반을 놓아 지나가는 사람들이 먹을 수 있게 한다. 매장에 후 며칠간 혹은 몇 주간 묘지에서 의례를 지킨다. 예전에는 애도의 표시로 여성들이 재, 먼지, 숯가루를 몸에 뿌리기도 했다.

어둠

이 세상과 반대되는 지하세계는 빛이 없고, 염소젖까지도 까만 세상이다. 인간이 나온 곳이지만 아직도 식인귀들이 살고 있는 세상이며 이 세상 너머 저편 죽은 자들이 사는 곳이다.

언어

카빌리 문화는 언어의 다양성을 바벨탑과 유사한 신화로 상징한다. '세상 첫 어머니'의 책임이다. 늙어 마녀가 된 어머니가 사람들로 하여금 기억에 남을 큰 싸움을 벌이게 했는데, 싸움이 어찌나 심해졌는지 서로 증오심이 너무 강해져 결국 서로 알아듣지 못하게 되었고, 여기서 7개의 언어가 생겨났다고 한다.

7개 언어가 어떤 것들인지는 알 수 없으나 카빌리 사람들이 그중 하나인 '타크바이리트(카빌리어)', 즉 문자는 없고 구어만 있는 '타마지흐트(베르베르어)' 방언을 간직하고 있다. 베르베르어는 동서로는 이집트 시와 오아시스에서 리비아 국경지대를 거쳐 카나리아 군도까지, 남북으로는 사헬에서 사하라를 거쳐 지중해까지 약 3200만 명이 구사하는 언어다. 예전에는 사헬을 포함한 북아프리카 전역에서 고르게 쓰였다. 베르베르 문화는 현재 마그레브 문화의 토대가 되었다. 대 베르베르 왕국의 '황금기'인 11세기 알모라비 제국, 11-13세기 모로코에서 트리폴리텐까지 전 마그레브를 통일했던 알모하 제국의 언어는 베르베르어였다.

베르베르어는 외부 민족들의 침입과 함께 도입된 문자어의 영향으로 쇠퇴했다. 동쪽에서 유입된 아랍어는 아랍-이슬람 문화와 이슬람 종교를 가져왔으며, 프랑스어처럼 북쪽에서 유입된 언어는 식민통치와 이민으로 전파되었다. 현재 베르베르어를 두 언어의 알파벳을 통하여 문자화하려고 하고 있다. 모로코에서는 아랍 문자를 통하여 문자화했으며, 알제리에서는 로마어를 통하여 문자화했다. 사하라 투아레그는 '티피나흐'라는 특수한 문자를 가지고 있으나, 2,000년이 넘은 이 문자는 놀이 혹은 편지를 제외하고는 거의 쓰이지 않았다. 상업이나 정치에서 쓰이지 않고, 단지 정체성의 요구에 쓰일 뿐이다.

베르베르어는 그러므로 대부분 마그레브 산지와 사막 지역에서 쓰이고 있다. 그중 하나인 카빌리의 '타크바이리트'를 쓰는 언중의 수는 약 400만이다. 카빌리 사람들은 언어 사용에 엄격한 편이다. 그들의 규범에 따르면 존중을 받고자 하는 사람은 우선 언어에서 절도를 보여야 하며, 말하는 기술, 설득의 기술을 갖추고 '아므키아스(정중한, 현명한)'하게 보여야 한다. 사람들은 현명한 사람의 말에 귀를 기울이며 그의 주장을 집회에서 받아들인다.

여자들에게는 발언권이 잘 주어지지 않는다. 여자들은 어떤 경우라도 조심스러워야 한다. 여자들의 입에 올리기에는 적절하지 않다고 판단하는 단어들도 있기 때문에 다른 표현이나 완곡어법을 사용한다. '당나귀' 대신 '탈것', '꼬리' 대신 '가지'라고 말하는 것 등이다. 여성이 쓰는 경우 발음이 달라지기도 한다. 예를 들면 남자들이 '브'로 발음할 때 여자들은 '프'로 발음한다. 예를 들면 신을 뜻하는 단어 '릅비(rebbi)'를 '릅피(reppwi)'로 발음한다. 어쨌든 남자들의 집회에 참석하지 않으므로 공개적으로 자신의 표현을 할 수 없다.

여자들이 지켜야 하는 발언 금지 사항도 있다. 남편의 이름을 부를 수 없다(남편도 아내의 이름을 부르지 못한다). 젊은 신부가 부모의 집을 떠나 남편의 집으로 가는 중간 시간인 혼례식 중에도 말하는 것이 금지되어 있다. 미혼 여자가 자신의 부모나 특히 집안 남자들에게 말할 때 가장 조심해야 한다. 그러므로 하고 싶은 말을 하려면 완곡어법이나 비유에 의존할 수밖에 없다. 말을 할 수 없었던 여자들은 설화, 시, 노래를 지어 풍부한 여성 구비문학을 생산했다. 혼자 혹은 모여서 하는 노래, 예를 들면 우유 젓기, 천 짜기, 아이 재우기 등이 기회였다. 때로 결혼식의 경우처럼 노래 시합을 벌이기도 했으며, 이 노래에서 현대 가수들이 영감을 얻고 있다.

얼굴

얼굴은 '체면'을 말하기도 한다. 체면을 잃은 남자는 부르누스로 얼굴을 가린다. 설화에서는 술탄이 체면을 잃자 딸이 자신의 얼굴을 보지 못하게 쫓아낸다. 얼굴을 바닥에 대는 것은 수치스러운 일이다. 두 얼굴을 가졌다는 말은 위선자를 뜻한다.

염색 이흐미, ighmi

염색은 행운을 가져다주는 양모의 흰색을 변질시키는 나쁜 기운이라고 하여 피한다. 행실이 좋지 않은 여성을 색이 화려하다고 표현할 정도로 색은 좋지 않은 의미를 가진다. 양모에 물을 들이는 날에는 제물을 바치는 습관이 있다. 어떤 마을에서는 염색을 금지하기도 하고, 다른 지역에서는 염색을 허가하기 위해 문지방 제물 상자에 물들인 양모 조각을 두기도 한다. 염색하는 과정에서 용기나 장소에 흔적이 남는 것을 불쾌하게 여겨 시장에서 오는 직업 염색사에게 맡긴다. 이제는 전통적 식물염료보다는 색이 더 진한 화학 염료를 사용하고 있다. 예전에는 여성의 옷을 거의 염색하지 않아 흰색이었으며, 장신구를 통해서만 색상을 표현했다.

예나예르 yennayer

1월의 이름이면서 동지와 1월 1일을 지칭하는 단어이기도 하다. 그레고리우스력보다 13일 늦어, 1월 1일은 유럽 달력의 1월 13일에 해당한다. 가을 농사가 시작되는 의식을 치르는 10월 17일의 '일 년의 문들'과 혼동하지 말아야 한다.

예전에 '예나예르'에는 일 년의 첫날을 맞이하고 풍년을 기원하는 의식을 행했다. 수탉을 잡고, 집안에 한 살 미만의 아이들이 있으면 머리카락을 처음으로 잘라 용마루에 매단다. 화덕 '카눈' 가의 세 개 돌을 새 돌로 갈고, 저녁을 먹고 나서 남은 것을 돌에 살고 있는 수호신이 먹으라고 밤새 놓아둔다. 부엌 집기나 쓰던 물건을 새것으로 바꾸기도 한다. 잡은 수탉으로 쿠스쿠스를 만들어 튀김과자, 부침개 등과 먹는다. 저녁 식사는 일 년 내내 그렇게 먹을 수 있도록 소원하는 의미에서 실컷 먹는다. 이튿날 아침에는 다른 닭을 잡는다. 만일 그 전해에 태어난 아이가 있으면 소머리를 삶아서 '아스플' 의식을 치른 후 먹는다. 낮 동안에는 대개 밭에 나가 풀에 불을 놓는다. 특히 무화과와 곡식 농사를 짓는 밭이다. 신앙심이 깊은 노부인들은 금식을 하는 날이다.

1월 동안 밤이 낮보다 길어 가을 내내 일했던 소가 쉴 수 있는 시간이다. 1월이 끝날 때 소 귀에 매서운 추위가 끝났다고 알려준다. 프랑스 이민자들 사회에서는 개인적으로, 혹은 단체에서 1월 축제를 벌인다.

왜소함

다른 문화에서와 마찬가지로 키가 작다는 것은 어리다는 것과 아울러 꾀가 많다는 것을 연상시킨다. 음키드슈는 난쟁이지만 식인귀를 물리칠 정도로 대단히 남성적이고 강하다.

외부인

카빌리 사람들의 사고방식에서 타지의 경계는 상당히 넓을 수 있다. 우선 친척들의 '타무르트(고장, 지방)'가 아닌 모든 곳이다. '타무르트'라는 개념은 장소가 친숙한 곳인가 아닌가에 따라 달라진다. 알제나 튀니스와 같은 도시들은 카빌리 남자들이 항상 드나드는 곳으로 타향으로 생각하지 않지만, 모로코나 동양은 친밀한 곳이 아니다. 친밀도는 또한 카빌리 사람들이 그 지방이나 도시에 얼마나 많이 정착하고 있는지 여부도 관련된다.

외부인들은 일반적으로 경계의 대상이지만 외부인을 일시적으로 내부에 받아들여 보호해주는 '르아나야' 풍습과 같은 환대 관례가 경계심을 풀게 한다. 그러나 외부인이라는 사실이 중립을 보장할 수도 있다고 생각하여, 설화에서는 아침 도시 입구에서 처음 만나는 외부인을 술탄으로 선택했다는 이야기가 있다.

그러나 카빌리 사람들은 외부인들에게 개방적이지 않으며 특정한 범주의 사람들인 경우(보통 아랍인, 흑인, 유태인, 모로코인들) 혐오감을 갖기도 한다.

유럽인, 특히 프랑스인들을 '아루미/타루미트/이루미옌'이라

고 부른다. 피로 물든 8년간의 독립전쟁에도 불구하고 특별한 적
대감의 자취가 남아 있지 않고 식민지배와 이민을 통해 친밀감이
구축되어 있다.

왼쪽

세계 여러 곳 사람들처럼 카빌리 사람들도 왼쪽을 좋아하지 않는
다. 왼손은 불결한 것으로 생각하며 어떤 사람이 왼손으로 맹세했
다는 것은 거짓말을 했다는 것이 된다. 왼손으로 먹거나 인사해서
는 안 된다.

울음

설화에서는 남자들도 여자들처럼 우는 일이 드물지 않다. 상황이
절망적일 때 남자들이 '피눈물'을 흘린다는 표현을 쓴다. 예를 들
면 성불구가 된 아들을 보는 아버지, 주인에게 쫓겨난 목동, 돌로
변한 친구를 보는 주인공 부부, 위험에 처한 형을 보는 동생, 아들
을 떠나보낸 부모 등의 경우다. 울음은 어린 목동이 부모를 여의고
홀로 남았을 때 달이 준 선물이라고 한다.

유유(소리)

기쁨의 표시로 여성들이 반복해서 지르는 소리로 마을이나 지방에 따라 '티흐라틴' 혹은 '아스리우'라고 한다. 여러 기회에 내는 소리로 마을 전체나 이웃 마을까지 들린다. 전투하는 남자들을 격려하기 위해서 지르는 소리이기도 하다.

유혹

혼란을 부르는 무서운 것이다. 남자들이 통제하지 않으면 여성들은 기교를 써서 '피트나(무질서)'를 심고 남자들 사이에서 전쟁까지 일으킬 수 있다. 그러나 남자들도 의도적인 유혹을 하기도 한다. 예를 들면 설화의 약삭빠른 주인공 음키드슈가 악한 여자에 대항하는 경우는 사회질서의 복원을 위한 계략이 될 수 있다.

이, 빈대

예전에는 이를 잡는 것이 친근한 제스처이고 애정의 표시였다. 젊은 여성이 가슴에 머리를 기대고 있는 남자의 이를 잡아주는 장면은 결혼의 서막으로 흔히 등장하는 모습이다. 감옥을 때로 '부 이 쿠르단(빈대 소굴)'이라고 부른다.

이중 언어

카빌리 사람들의 모어는 '타크바이리트(카빌리어)', 즉 베르베르어 지역 방언이다. 식민통치, 프랑스로의 이민, 프랑스 TV 등이 카빌리어와 함께 프랑스어를 계속 사용하게 하고 있는데, 특히 대카빌리가 이중 언어 지역이다. 학교에서 배우고 있는 국가 공식어는 현대 아랍어이며, 고전 아랍어가 신성한 종교언어로 유지되고 있지만 카빌리어/프랑스어의 이중 언어 상황은 카빌리어/아랍어의 이중 언어와 마찬가지로 널리 퍼져 있다(알제리인들이 사용하는 아랍어는 알제리 방언이다). 특히 산간 마을들이 베르베르어/프랑스어 이중 언어 지역이고, 베르베르어-아랍어는 평원과 도시에서 더 많이 볼 수 있다. 20세기 중반 프랑스어를 할 수 있는 카빌리 사람들의 비율이 10%를 약간 넘었던 반면, 아랍어를 할 수 있는 비율은 2% 정도였다.

이러한 복잡한 상황이 여러 해석과 이견을 낳고 있다. 알제리 내 베르베르어 인정에 대한 강한 요구로 2003년 알제리 정부는 베르베르어를 국가 공식어로 인정하여 사용 및 교육을 장려하고 있다.

인형

여자아이들은 나무 막대기 두 개를 십자가로 묶고 옷을 입혀 인형을 만든다. 양의 다리뼈에 얼굴을 그리고 머릿수건을 씌워 만들기도 한다.

일곱 스바아, sebaâ

대부분 사회에서 7이라는 숫자는 주술적 가치를 가지고 있으며, 카빌리도 예외는 아니다. 설화에서 주인공은 대개 음키드슈처럼 일곱 번째 아들이며, 다른 설화에서도 주인공은 연속해서 일곱 번 옷이나 갑옷을 갈아 입고, 문도 대개 일곱 개이며, 혼인식은 일곱 밤낮으로 계속되고, 하룬 에르 라시드는 7년간 불행을 겪고 메카의 술탄의 딸들과 결혼하고, '지자'가 피신한 집에는 일곱 사냥꾼이 있고, 술탄에게는 일곱 명의 부인이 있는 등이다. 아들을 장가보내는 어머니에게 건네는 덕담은 아직도 아들 일곱을 낳으라는 것이다. 후손과 힘을 보장하여 가족을 기쁘게 하는 일이다. 카빌리에도 '잠자는 일곱 사람' 전설이 있는데, 그들이 있었다는 곳은 아즈푼 항구 가까이에 있는 동굴이다.

입문

나이에 따라 아이를 남자로 만들기 위하여 지키는 통과의례들이 있다. 아버지를 따라 처음 시장에 나가 소머리를 들고 돌아오는 의례도 그 가운데 하나다. '마을의 머리' 역할을 하게 될 미래를 기원하는 것이다. 남자의 범주에 들어가게 하는 할례도 있으며, 엽총을 갖게 되는 의례도 있다(목둘레의 2배 길이의 고리에 머리가 들어가야 한다).

설화에서는 일련의 행위들을 통하여 남성의 활동 분야에서 청년 주인공이 가지고 있는 능력을 증명한다. 우선 양을 잡아먹는

재칼을 물리쳐 목축의 능력을, 소를 잡아먹는 사자를 물리쳐 밭갈
이 능력을, 장사를 하러 다닐 때 꼭 필요한 말과 노새를 잡아먹는
하이에나를 피하는 능력을, 사람을 잡아먹는 식인귀를 이기는 능
력과 우애와 공동체 정신을 통해 계모와 여자들을 이길 수 있는 능
력을 보여주어야 한다. 젊은이가 남자가 되려면 '라알름 티라윈
(여자의 기술)', 즉 여자들이 할 수 있다고 생각되는 속임수와 기교
도 알아야 한다.

설화에서 여자아이가 새로운 단계에 입문하는 것은 식인귀를
알아보고 알리는 것뿐이다. 도시 배경의 설화에서는 젊은 남자 주
인공이 아름다운 여인이라는 야심의 대상을 얻기 위하여 주어진
시련을 극복하는데, 대개 아가씨들이 가지고 있는 마술 반지나 힘
의 반지의 도움을 받는다.

동양적 군주의 모델인 하룬 에르 라시드의 입문 과정은 튀김
장사로 백성과 어울려 가난하게 7년을 사는 것이다. 그러나 이 주
인공의 운명은 이미 정해져 있다. 잘생긴 그는 모든 시련을 마력과
정령들의 도움을 받아 성공적으로 이겨낼 수 있는 반지를 가지고
있다. 그의 시련은 그가 하게 될 결혼의 서막들이다.

잠

잠은 사람을 약하게 만든다. 야간 활동을 금지하는 것은 그 때문이
다. 음키드슈가 졸지도 잠을 자지도 않는 능력을 가지고 있다는 것
에서 보듯 잠이 없는 것은 우월성을 준다. 그 능력으로 결국 식인
귀를 죽여 인간과 마을공동체에 봉사한다. 그와 반대로 식인귀는

요란스럽게 잠을 잔다. 식인귀가 삼킨 동물들이 배 속에서 소리를 지르기 때문이다.

장작더미, 화장

불로 태워버리는 것을 가장 극단적 파괴로 여긴다. 불은 영혼이 머무는 뼈까지도 태워버리므로, 화장은 금지되어 있다. 화장을 하는 것은 식인종이나 식인귀뿐이다. 설화에서 음키드슈는 '타파(나뭇더미)'를 쌓고 식인귀를 불태워 영원히 없애버린다. 해로운 존재가 받아 마땅한 단 하나의 벌인 것이다. 나뭇더미를 태우는 이 파괴적 불과 반대되는 것은 집안에서 여자들이 음식을 익히는 데 사용하는 생산적 불이다. 식인귀 '테리엘'은 날것을 익혀 먹을 줄 모른다.

적선 사다카, sadaqa

적선은 가난한 사람들과 죽은 사람들에게 반드시 해야 하는 것이다. 무덤에 바치는 음식물인 '사다카 파트-라흐르트(sadaqa ff-at-laghert)'는 죽은 사람에 대한 기억을 잃지 않게 해주며 삶과 죽음의 두 세계를 연결한다고 믿었다. 죽고 나서 첫 달에는 둥근 빵, 커피, 부침개, 삶은 달걀을, 한 달이 지나면 고기를 넣은 쿠스쿠스를 바친다. 무덤에 가져간 음식은 지나가는 사람들과 나누어 먹는다. 죽은 이후에도 연대감을 지키는 방식이다.

전통 으르숨, errsum

전통이란 가족이나 마을 내에서 주민이 알아야 하고, 해야 할 것이라고 정의할 수 있다. 카빌리 사람들은 부모와 조상들의 행동에서 벗어나지 않으려고 하며, 전통에 호소해서 행동을 정당화한다. 가치관과 윤리 체계의 기초는 과거를 충실하게 지키는 것이다. 예를 들면 입양의 금지는 "남의 아들을 데려오는 사람이 없었다"라는 전통으로 정당화된다.

무(無)문자 사회에서 전통의 전승은 구전으로 이루어진다. 전통적 가치들과 문화는 여성, 주로 어머니를 통하여 아이에게 전달되는데, 여성들은 자신이 본보기가 되거나 설화와 같은 구비문학 이야기의 주인공을 모델로 하여 어떻게 처신해야 하는지 가르친다. 구전 방식이 장시간 계속된 결과 사람들이 비상한 기억력을 갖게 되었으며, 전통이 문자로 고정되지 않아 변화에 유연하게 대처할 수 있었다.

프랑스의 식민지배와 파괴적이고 충격적이었던 독립전쟁, 주민의 이동과 남자들의 높은 사망률, 이민 등 연속적 사건들로 심층적으로 흔들린 카빌리 사회에서 전통은 여전히 남아 있지만, 전통을 지킨다고 주장하는 것이 무모하게 보일 때도 있다. 그러나 교육을 받지 못해 절대다수가 떠나지 않고 머물러 있는 여성들과 아울러 카빌리 정체성을 인정받지 못하는 정치적 상황에서 문화적 인정에 대한 요구의 수위를 높이고 있는 청년들의 활동이 전통을 되살리는데 기여하고 있다. 여성의 측면에서는 새로운 상황에 부응하는 일부 변화가 이루어지긴 했지만 전통이 유지되고 있으며, 청년의 편에서는 문화운동 조직에서 '아아르슈'나 '즈마아' 같은 그들이 민주적이라고 생각하는 전통적 가치들을 되살려 가치를 부여하는 문제가 남아 있다.

이민을 경험하고 현대화를 원하고 있는 많은 사람들이 청년 운동이 정당하다고 생각하며, 여성에 대한 보수주의가 '광신적'이라고 비난하고 이의를 제기하고 있다. 여성들도 축복의 근원인 무슬림 '순나' 전통에 가깝게 남아 있으면서도 더 많은 자율성과 평등을 요구하고 있다.

정오 아잘, azal, 트나스, tnac

11시와 14시 사이는 심한 더위로 밤만큼이나 위험한 정적이 지배하는 시간이다. 휴식과 낮잠의 시간이다. 여름 첫 더위가 시작되어 가축들을 축사에 데려가 그늘에 쉬게 하기 시작하는 축제 '타루리트 아잘'도 정오에 시작한다.

죽음

신화에 따르면 옛날에 자식을 잃은 한 젊은 여인이 있었다고 한다. '세상 첫 어머니'는 이 여인에게 자식을 잠시라도 되살리고 싶으면 세상 모든 사람들이 언젠가 죽게 된다는 조건을 받아들여야 한다고 말했다. 여인이 그것을 받아들였고, 그 결과 죽음이 생겼다고 한다. 이 신화는 죽음 앞에서 남녀가 어떻게 다른지 보여주는 것이다. 아브라함의 이야기에서 보듯 남자는 공동체의 이익을 위하여 자식을 희생할 준비가 되어 있는 반면, 여자는 사회 전체보다도 개인적이고 감정적이며 생물학적 이익을 선택한다는 것이다. 그러므로 여성은 모두 자연을 지배하고 사회에 질서를 부여하며 영속성을 보장할 수 있는 능력을 보유한 남자들의 통제를 받아야 한다.

죽음의 의례는 마을마다 달라 울고 소리지르며 요란스럽게 치르는 곳도 있고 조용히 지내는 곳도 있다. 일반 관례는 집안의 일부 집기를 사망한 사람의 집 마당에 내어놓고, 시신을 씻고 화장을 하고 헤나를 바르는 의식을 치른 후 들것 위에 놓는 것으로 시작한다. 그 다음 조문, 애도가, 마라부트가 참석하는 밤샘이 이어진다.

이튿날에는 동네 남자들이 가까운 가족 묘지에 시신이 동쪽 메카를 향하도록 땅을 판다. 시신을 흙으로 덮고 나면 머리 쪽에 하나, 발 쪽에 그 보다 작은 것 하나, 돌 두개를 세워둔다. 그 동안 마른 무화과를 참석자들에게 나누어준다. 사망자가 임신을 했을 때에는 허리띠를 시신 위에 둔다. 시신은 마라부트가 쿠란과 기도 '샤하다'를 암송하는 동안 머리부터 집 밖으로 나온다. 행렬은 남자들로만 이루어지며 늙은 부인들이 떨어져서 뒤따른다. 젊은 여성들은 집안에 머물러 대청소를 한다. 동네 사람들이 모여 쿠스쿠스로 식사를 준비하며 젊은 여성을 제외하고 함께 식사한다.

매장이 끝난 다음 날은 빵, 달걀, 무화과, 남은 쿠스쿠스를 무덤에 가져다 놓아 걸인들이 먹게 한다. 애도 기간은 남자인 경우 30일, 여자인 경우 20일로, 이 기간 동안 말과 행동을 삼간다. 죽은 사람이 이승에서 저승으로 잘 넘어가게 하기 위하여 40 여 일 동안 무덤에서 많은 의식을 치러야 한다. 죽은 사람은 이 기간 동안 거짓말하지 않도록 몽둥이를 들고 있는 아즈라일 천사의 질문을 받는다고 한다. 그간은 기대 수명이 50세 정도로 짧았다. 유아는 사망률이 높아 아이의 장례는 특별한 관심 없이 치러졌다.

지중해 기본 문화

카빌리 문화는 지중해 문화권에 속한다. 역사, 사고방식, 가치관을 지중해 연변의 다른 지역과 공유하고 있다. 지중해권 사회는 거의 대부분 봉건제도를 거치지 않은 무장한 농민 사회였으며, 아직도 그렇게 머물러 있다. 많은 지중해 농민들과 수공예인들은 높은 산지의 방어가 쉬운 장소에 마을 집단을 형성하고 침입자에 대항하여 자신들을 지키며 살았으며, 거의 대부분 여자의 생산력을 토대로 하는 가부장적 사회구조를 가지고 있다. 호메로스의 작품이나 성 아우구스티누스의 저서, 쿠란 등 어디서나 보편적으로 같은 표상체계를 볼 수 있는데, 불룩한 배와 가득 찬 곳간은 생명을 보증하며, 남자의 역할은 땅을 갈아서 그 생산성을 유지하는 것이다. 이러한 사고방식에서 남자의 지배가 생기며, 생산성을 가진 여자를 통제하고 집안 내에 머물게 하며 베일을 쓰게 하는 가부장적 요소들이 생겼다.

그러나 인구 감소, 산업화, 정치·종교·이념적 변화 등 여러 요인으로 인하여 지중해 북쪽 유럽 사회에서는 가부장제가 완화되었다. 반면에 남부에서는 정체되어 있다. 지중해 양편에서 오래된 문화적 유사성을 발견할 수 있는데, 예를 들면 설화 속에 나타나는 비슷한 테마나 결혼식 예법과 같은 것이다. 결혼 당시 신부가 순결하지 않을 때 겪는 것은 그리스나 카빌리나 같다. 이러한 지중해적 요소들이 카빌리와 베르베르 문화의 독특한 성격을 부여하여, 동양 아랍 문명과 차이를 만들고 있다.

징조 이팔, ifal

징조란 아침에 일어나 집에서 처음으로 나갈 때 만나는 사람이나 물건, 들은 말이나 소리 등 눈에 보이거나 귀로 듣는 첫 신호들을 소원 빌기에 대한 답이나 예고로 해석하는 것이다. 상거래를 할 때는 받은 돈 중 약간(동전 몇 개)을 '이팔(좋은 징조)'의 몫으로 반드시 떼어 놓는다. 달걀이 익은 상태나 물의 표면 상태로 점치기도 하며 예전에는 양모를 약간 집어서 보기도 하고, 어떤 동물을 보았는지, 어떤 물건을 보았는지에 따라 알아보기도 했다. 아들을 둔 아버지는 아이가 10살이 되었을 때 시장에 데리고 가 '이팔'을 상징하는 소머리를 가져오게 한다. 좋은 징조는 아이가 일단 어른이 되면 마을이나 부족의 우두머리가 되고, 일이나 사람들과의 관계에서 명석하게 된다는 것을 알려주는 것이다. 반대로 나쁜 징조는 '티라(금기)'를 위반해서 받는 저주라고 생각한다.

축제

카빌리에는 계절 축제, 종교 축제, 가족 축제 등 축제가 많다. 비교적 최근까지 축제는 유일한 오락의 기회였다. 행운의 기회였던 만큼 카빌리 사람들은 이 시간을 십분 활용했다.

　예전에는 율리우스력에 따른 계절 축제를 정기적으로 치렀는

데, 연초(1월 13일) '예나예르'에는 닭이나 토끼를 잡아 의식을 치르고 풍성한 저녁 식사를 한다. 하지 절기인 '라인슬라(7월 6일)'에는 여자들이 무화과나무 아래 불을 지펴 연기로 해충을 쫓으며, 차를 만들 허브를 채취한다. 그 외에도 비를 내리게 하거나 멈추게 하는 의식이 있지만, 어린아이들이 주로 참여하고 마을 전체의 축제는 아니었다. 가을 밭갈이로 한 해 농사를 시작하는 '아우젭' 혹은 '일 년의 입구'가 10월 4일에 밭에서 희생 의식을 비롯한 여러 의식과 함께 거행되었다.

종교 축제도 정기적으로 거행되었다. 무슬림의 4대 축제인 '물루드', '아슈라', 2회의 '라이드' 외에 때로 '크쌈'도 포함된다.

예언자 무함마드의 탄신일인 '물루드'는 헤지라력 3월에 하루 동안 거행한다. 집에 등을 켜고 가축들이나 집안의 중요한 집기들, 예컨대 큰 항아리, 요람, 올리브유 항아리나 물 항아리 등에 탄신을 알린다. 고기를 조금 먹고 '타흐리르트 은-은느비(예언자의 죽)'와 부침개를 먹고, 엽총을 쏘아 축하한다.

'아슈라' 혹은 '타아슈르트'는 '대축제' 후 30일이 지난 음력 1월 10일에 거행한다. 쿠란에는 나와 있지 않지만 성대하게 거행된다. 아주 오랜 전통의 잔재로 보이며, 아브라함의 아들 이스마엘의 어머니였던 이집트인 노예 아가(Aggar)의 전설과 관련되어 있다. 두 개의 중요 행사로 구성되어 있는데, 1년 전 '라이드 타모크란트(대축제)'에 말려두었던 양고기로 만든 죽으로 저녁 식사를 하고, 다음 날은 아이들이 노래를 부르며 이집 저집 다니며 달걀과 튀김과자를 모은다. '부 즐루드(Bou Jelloud)' 혹은 '부 아피프(Bou Afif)'라고 부르는 짐승 가죽과 가면을 쓰고 일종의 속죄양을 상징하는 인물이 행렬을 앞장서 카니발로 이어진다.

또 다른 축제인 '크쌈'은 일부 마을에서만 지킨다. 음력 8월인 '샤반(chaban)' 월 중순에 3-5일 동안 계속된다. 특별히 준비한 음식을 먹고 미래를 점친다.

'라이드 타프지안트(소(小)축제)'는 금식이 끝나는 라마단 마지막 날을 축하하는 것이다. 이틀간 계속되는데, 첫날은 시장에 가고, 둘째 날은 가난한 사람들에게 '남자들의 집'에서 모은 십일조를 나누어준다. 대개 등불과 제물을 가지고 밤에 무덤에 가서 일부를 먹고 오는 것으로 끝난다. 마지막으로 남녀가 각기 무리를 지어 함께 기도를 한다.

'대축제'는 헤지라력 11월 10일로 대개는 양으로 아브라함의 희생제를 지낸다. 7일 동안 계속되며 이 기간 동안 특별한 음식을 먹고 시장에도 간다. 세 번째 날이 희생일 당일이며, 다른 날들은 서로 다른 부위의 양고기를 먹거나 보관한다. 축제의 정점은 희생의 날로 사람이나 가축 모두가 헤나를 칠한다.

'즈르다'도 일종의 축제라고 할 수 있다. 성자를 경배하기 위한 순례 의식으로 여자들이 성소 안에서 노래하고 춤추며 신들린 상태에 이르기도 한다.

가족 축일인 '탐흐라'는 혼례, 출산, 할례, 귀향 등 여러 기회에 벌어지며 춤과 음악이 곁들여진다. 여자들만의 축제는 '우라르(놀이 혹은 오락)'라고 부르며 밤늦게까지 계속된다. 때로는 북, 탬버린, 피리 악사들이나 무용수를 부르기도 하지만 대개는 여자들끼리 손뼉으로 박자를 맞추며 노래를 부르고 둥글게 돌면서 한 사람씩 원 안으로 들어가 춤을 춘다. 남자들이 때로 끼어들기도 한다. '우라르'는 대가족 혹은 가까운 이웃 안에서만 이루어진다. 여자들만 모여 있을 때 남자들은 다른 곳에서 노래를 부르고 춤을 추기도 한다. 이동 악단이 마을을 지나갈 때면 최근에 경사가 있었던 가족의 집 마당에서 축제를 벌이기도 한다. 여자들이 모여 축제를 준비하는 것도 오락의 기회다.

칭찬 아슈크르, acekker, 시크란, ccikran

결혼이나 할례와 같은 '아스 은 탐하라(가족 축일)'에 '우라르'라고 부르는 여자들만의 놀이에서 즉흥적으로 찬미의 노래를 맡아하는 여자들이 있다. 두 편으로 나뉜 여자들이 시를 지어 노래하는 여흥으로, 구경꾼들 앞에서 신부를 맞이하게 될 집안을 칭송한다. 장점을 세세하게 나열하면서도 등장하는 인물들의 결점도 언급할 정도로 날카로운 면이 없지 않다.

7음절 2행 시(詩)에서 짧은 소절을 아카펠라로 반복하여 곡조를 붙인다. 가장 널리 알려진 카빌리 시 장르인 '아스프루'와 같다. 잘 다듬어진 시 형식으로 같은 모음을 다양한 리듬에 따라 교체시키며 이미지와 알레고리를 많이 사용하고 있다. 이 수준 높은 카빌리 여성 시문학은 아직도 활발하게 남아 있다.

코

카빌리어로 코는 '틴자르' 혹은 '탄자린(콧구멍)'이다. 작고, 들려진 코보다는 '매의 발톱 같은' 매부리코를 잘생긴 코라고 한다. 아랍어인 '은니프'도 많이 사용하는데, 특히 자존심, 명예라는 뜻으로 많이 사용한다. 남자든 여자든 '은니프'를 가진 사람은 한 개인 혹은 집안, 마을 전체에 가해지는 모욕에 대하여 즉각 대응하는 사람들이다.

콧수염 스라흠, claghem

콧수염은 턱수염과 함께 남성성의 당연한 상징으로 여긴다. '부스라흠(콧수염)은 남자를 엄격하고 존경받게 만드는 것이다. 예전에는 신학생 '톨바'를 포함하여 젊은이들이 수염을 깎아 아직 성숙기에 이르지 않았다는 것을 표시했다. 콧수염 반을 깎아 내는 것은 마을에 적을 끌어들이는 죄를 지은 배반자에게 가해지는 중벌이었다. 도둑질한 사람에게도 주지 않았던 불명예였다.

키블라

'키블라', 즉 산파는 집안, 동네, 마을의 행사에서 중요한 역할을 한다. 출산을 돕고, 갓 태어난 아기를 보살피며, 산모가 먹을 특별한 음식을 준비하고 이름 짓는 것을 돕고, 여러 정화 의식을 하는 외에도 헤나 바르기 등을 한다. 아이의 머리카락을 처음 자르고, 흉안을 멀리하는 의식도 치른다. 결혼식 준비를 도우며, 신부를 보호하고 헤나를 반드시 바르도록 한다. 헤나는 일부 남겨두었다가 곧아기가 생기지 않으면 그것을 사용해서 정화 목욕을 시키고 허리띠 되찾기 의식을 치르게 한다. 자기 손으로 받았던 아이와 관계를 유지하며 명절에는 선물을 한다. 송아지가 태어날 때, 버터 만들기 작업을 시작할 때, 올리브를 말릴 때 등 여러 기회에 불려가 의례를 치른다.

키블라마다 나름의 주술을 가지고 사람들이 요구하는 것을 들어준다. 시신을 씻어주는 사람이기도 하다. 모두의 존경을 받는 중요한 자리를 차지하고 있는 유일한 여성이다.

타크바이리트 taqbaylit

카빌리 베르베르어를 지칭하는 단어일 뿐 아니라 카빌리인이 되는 것, 즉 공정함, 용기, 성실, 친절, 자존심 등 한 마디로 카빌리 사람의 명예코드를 구성하는 자질들의 총합을 말하는 단어다. 남자들에게 자신의 '타크바이리트'를 유념하여 간직하라는 노래들도 있다.

파란색

카빌리 사람들은 녹색과 파란색을 '아지그자우'라는 한 단어로 지칭하여 잘 구분이 되지 않는다. 풀의 녹색을 구분하고 싶을 때는 '하시시'라는 단어를 쓴다. 파란색에도 '은닐'이라는 다른 단어가 있는데, 보석 세공에서 녹색과 함께 쓰는 칠보 청색을 말한다. 정확하게는 보랏빛이 도는 파란색이다. 파란 눈은 카빌리 사람들에게서 드물기 때문에 그만큼 특이해서 별개의 단어를 사용한다. 어떤 사람을 '아즈르카크 브왈른(파란 눈)'이라고 부르면 이것은 경계심을 불러일으킨다. 눈이 파란 사람은 모든 일을 다른 사람들과 반대로 하며, 조상 중에 식인귀가 있었다고 말하기까지 한다.

표상

표상 체계는 카빌리 문화의 고유한 가치관을 표현한다. 집단이 공유하는 것으로 어린 시절부터 교육을 받는다. 한 사회가 그 자체를 이야기하고 있는 담화인 구전설화는 표상 체계에 접근할 수 있게 해주는 수단이다. 세계, 공간, 시간, 남성 및 여성의 세계, 신앙, 주술, 종교, 현실, 인간관계 등에 대한 카빌리의 독특한 표상 체계를 파악할 수 있다.

피 이딤/이다믄, idim/idamen

생명을 품고 있는 인간의 피는 가족을 만든다. 가족이란 여성을 제외하고 남자에서 남자로 부계만으로 이어지므로 여성들이 같은 아버지의 피를 나누었더라도 아이들에게 이어지지 않는다. 여성들은 혈통을 잇지는 못하지만 다른 액체 즉 젖을 생산하여 전달한다. 젖은 하나의 인척을 구성하여 같은 젖을 나누어 먹은 아이들은 결혼할 수 없다. 그러나 피는 젖과는 반대로 마실 수 없으며 위험한 것으로 여겨진다. 그러므로 피를 흐르게 하는 것은 좋은 일이 아니다. 짐승을 잡는 직업은 대개 흑인들이 하고 낮고 천한 직업으로 생각한다. 그러나 피를 흐르게 하더라도 사냥꾼은 존중받는다. 사냥감을 죽일 때 주문을 외우고 목을 벤 뒤 먹는다. 피를 흐르게 하는 것은 가축을 합법적으로 만들며 문명적인 행위라고 여긴다. 재칼은 어린 양의 피를 마셨기 때문에 야생동물이 되었다고 한다.

피는 생명이며, 생명처럼 신에 속한 것으로 생각하기 때문에 신과 소통하는 도구가 될 수 있다고 믿는다. 가축은 피를 흘려 제물이 되면서 신에 속하게 된다. 그러므로 피는 인간과 비가시적 존재 사이를 연결한다고 믿는다. 특히 죽은 동물에서 흐르는 피는 종교와 마법의 혼합으로 신성하면서 마술적인 힘을 갖고 있다고 믿어 축복의 의식에서 집의 문지방이나 문의 횡목에 바른다. 그러나 월경의 피는 불순하다고 생각한다. 여성은 폐경을 한 후에나 계속 깨끗한 상태에 있다고 생각하여 그때부터 제한 없이 기도할 수 있다.

한 주 두르트, ddurt

카빌리 사람들의 일주일은 유럽보다 하루 먼저 시작하는 무슬림식이다. 즉 한 주는 세상이 시작된 날인 일요일에 시작된다. 월요일과 목요일이 특히 결혼식과 같은 특별한 행사에 좋은 요일들이며, 금요일은 천사들이 있는 날이고, 토요일은 쉬는 날이자 축제를 하는 날이다. 화요일과 토요일은 대개 정기 시장이 서는 날이며, 여성들이 아이들의 병을 치유하기 위한 '아스폴' 의식을 하는 날이기도 하다. 수요일은 저주의 주술 '이쿠른'을 치르기 좋다고 한다.

정기 시장들은 서는 요일의 이름에 따라 이름을 붙인다. 예를 들면 '트라타 그 이플리슨(이플리슨 부족의 화요일)' 등이다. 일부 마을이나 도시들은 그곳에서 장이 서는 날에 따라 이름이 붙여지기도 했다. 예를 들면 '라르바아 은 아이트-이라튼'은 '아이트 이라튼의 수요일'이라는 뜻이다.

하늘 이근니, igenni

사람이 살고 있는 땅 위에 있는 하늘은 단지 지나가는 장소, 독수리나 마법사처럼 주인공을 "일곱 개 바다 너머"로 데려갈 수 있는 능력을 통해 마법으로 지나갈 수 있는 장소로만 인식했다. 하늘은 땅과는 반대로 어떤 사람도 살 수 없는 곳이었다.

할례

할례는 항상 엄숙하게 해야 하는 의무 사항이었지만, 그 나이는 정해져 있지 않았다. 아기의 건강이 염려스러워 일찍 하는 경우를 제외하고는 일반적으로 6세에서 13세 사이인데, 할례는 아이를 길렀던 여자들의 세계와 단절하고 남자들의 집단에 들어가는 것을 의미한다.

과거에는 모든 남자아이들이 (할례를 받기 전에 죽은 경우도 포함하여) 할례를 했지만 이제는 그렇지 않다. 귀두가 노출될 정도로 포피가 열려 있는 경우에는 천사가 해주었다고 하며 할례를 하지 않았다. 그렇더라도 축하 예식은 해주었다.

예전에는 이 중대사를 기념하는 여러 예식들이 있었으며, 그

중 아이의 어머니가 행하는 예식이 몇 가지 있다. 마을 사람 모두가 이틀간 대개 악단까지 부른 축하식에 초대된다.

첫날은 여자들이 버터가 들어간 쿠스쿠스를 준비한다. 때로는 남자아이가 시장에 가는 사람들 틈에 섞이기도 한다. 어떤 마을에서는 아이의 어머니가 부르누스를 입고, 머릿수건에 발찌를 달고, 입에 칼을 물고, 물이 담긴 나무 쟁반에 놓인 쟁기에 한 발을 올려놓고 다른 한 발은 돌 위에 올려놓는 의식을 했다. 이렇게 함으로써 아들과 멀어진다는 것이다. 아들은 여자 등에 업혀 마라부트에게 가서 '파티하(쿠란의 첫 장)'를 암송하는 것을 듣는다.

지금은 이발사가 할례를 하며 다음 날이면 아이가 손에 헤나를 칠하고 새 옷을 입는다. 때로는 불 꺼진 숯과 풀로 만든 부적을 지니기도 한다. 예전에는 어깨 끈으로 단검을 걸기도 했으며(쇠는 악운을 쫓기 위한 것이다), 어머니는 등에 단추를 달아주기도 했다. 머리칼을 자르고 대개 터번을 씌운다. 엽총을 쏘고 여자들은 남자를 사자에 비유하며 합창으로 자랑스럽게 노래해준다. 참석한 모든 사람들이 소리를 질러 기쁨을 표시하며 아이를 보살핀다. 포피는 땅에 묻기도 하지만 대개는 집안 대들보에 고정시킨 나무줄기에 묶어 보관한다. 이어서 훈증 요법이 이어지고, 참석한 사람들에게 선물을 나누어준다.

할례를 받은 아이는 7일간 구운 고기만 먹으면서 집안에 머물러 있다가 한 달이 지난 후에야 움직이기 시작한다. 어떤 경우에는 마을 마라부트를 방문하는데, 이 때 마라부트가 주는 물을 아이가 3일간 마신다. 할례를 받은 아이가 죽는 경우는 남자가 몸을 씻기고, 할례를 하지 않은 아이는 여자가 몸을 씻긴다.

향 율자위, Ijawi

단어가 지칭하듯 쟈바 섬에서 유래한 것으로 보이는 안식향을 태운 연기는 평화를 부르고 악귀를 쫓는다. 두통, 열, 결핵, 간의 질병을 치료하는 데 쓰였다. 여러 다른 물질에 섞어 쓰기도 한다.

흰색

'흰 나날들'이란 행복한 날들을 뜻한다. 달걀 흰자위부터 시작해서 모든 흰색은 풍요를 상징한다. 흰색은 해가 뜨는 동쪽과 마찬가지로 호화로움, 대낮, 빛을 상징하며, 문명, 문화, 풍요를 상징한다. 반대로 검은색은 서쪽, 해지는 쪽과 마찬가지로 불길한 것이고, 어두운 밤, 야만과 불임을 의미한다. 카빌리 사람들의 상상의 세계에서 이 같은 대조를 자주 볼 수 있는데, 예를 들면 하나는 흑인 하녀들, 다른 하나는 백인 여인들이 사용하도록 지정되어 있는 두 우물 이야기다. 낮과 밤의 교체는 두 명의 젊은이가 한 명은 흰색 실을 풀고, 다른 한 명은 검은 실을 풀고 있는 것으로 이미지화되어 있다.

검은 젖 이야기도 있다. 설화에서 주인공이 외딴 곳에서 야생 동물이 두려워 염소에게 숯만 먹이면서 검은 젖을 짜고 있는 노파를 만난다. 가스통 바슐라르가 대조적 몽상의 원형이라고 생각할 만한 과감한 이미지로, 오디베르티나 릴케와 같은 문학 작가들에게서도 볼 수 있다. 카빌리의 정신세계는 이렇게 풍부하다. 모든 분야에서 사치스럽고 빛나며 풍요로운 흰색과 불길하고 어둡고 불모의 파괴적 검은색을 대조시키는 기발한 이미지의 수많은 변주를 보여주고 있다. 흰색/검은색의 한 쌍에 때로 붉은색이 덧붙여져 전체 상호작용 속에서 대조적 효과를 발휘하기도 한다.

XII

구비문학 및 예술

티피나흐 문자 "z"(아마지흐)

가난

가난은 설화에 많이 등장하는 상황이지만 카빌리 농부들에게도 익숙한 것이다. 여러 이야기에 나오는 모험들은 모두 가난 때문에 생긴다.

가난의 원인은 주로 가족이 해체되고 토지를 잃는 데 있다. 대개 과부와 그의 아들처럼 혼자가 되는 경우다. 생산 노동을 하는 남자가 모자라거나 없는 경우 빈손으로 가족 밖에 고립된다. 가난한 사람들은 흔히 '아부아리안(헐벗은)'이라고 표현한다. 인간 생활에서 가족의 단합이 필수적이라는 것이 항상 강조된다. 최악의 가난은 아들을 아들이 없는 부자에게 일꾼으로 보내 입양을 시키는 경우다. 부를 자연적으로 얻지 못하고 다른 사람의 열매를 빼앗으려 하는 비극이다.

가난으로 인한 배고픔은 대개 비장한 언어로 묘사된다. 가족이 없는 가난한 사람은 인적 없는 바닷가에서 고기를 잡거나 다른 사람을 위해 가축을 돌보는 목동 혹은 나무꾼이 되거나 숯 굽는 일을 하게 되며 더 심하면 거지나 부랑자가 된다. 남자들이 집을 떠나 일하는 것만이 해결책이다. 도시에서 임시 일꾼, 건설 노동자, 장사꾼 등으로 이주하는 것은 카빌리 사람들이 한 세기 전부터 해왔던 것이다.

개미 타웨투프, tawettuf

땅 밑에 사는 개미는 작고 개체 수가 많아 카빌리 신화에서 (여성의) 문화를 가져다준 중요한 동물로 존중받는다. 영리해서 소와 야생동물의 시조인 하이제르 들소에게 많은 것을 알려주었으며 인간에게도 사는 데 필요한 기술을 전수했다고 한다. 물을 사용해서 씻고 요리를 하는 방법을 가르쳐준 것도 개미들이라고 한다. 보리, 밀을 포함한 곡식을 알게 해주고 인간이 먹을 수 있도록 적기에 농사를 짓게 알려주었으며, 밀을 맷돌에 갈아 가루로 만드는 법을 알려주었고, 반죽하여 굽는 법과 돌을 부딪혀 마른 풀에 불을 붙이는 법을 알려주었다고 한다. 또한 야생동물을 길들여 목축을 하게 했으며, 축일에 양이나 소를 잡아 바치는 것, 고기를 익히고 양털로 옷을 만들어 입는 것도 알려주었다고 한다.

개미는 대단히 영리하여 '세상 첫 어머니'로 하여금 세상을 만들도록 했다고 한다. 첫 어머니는 늙어 '스투트(마녀)'가 되었는데 개미만큼 영리하지 않았을 뿐 아니라, 인간을 계속 도와주는 개미와 반대로 나쁜 일을 많이 저질렀다.

거인

설화의 주인공이 숲에서 만나는 것은 대개 거인들이다. 어리석은 거인은 작지만 영리한 주인공의 장점을 대조적으로 부각시킨다. 사람을 잡아먹는 식인귀도 거인이며 카빌리 전통설화에 등장하는 외눈박이도 거인이다. 『천일야화』의 영향을 받은 몇몇 설화에서는 다른 거인이 등장하는데, 나쁠 수도 있고 착할 수도 있지만 마력을 지닌 요술사 '아프리트'다.

고아들의 암소 설화 타푸나스트 이구질른, tafunast igujilen

가장 널리 알려진 카빌리 구전설화다. 한 남자가 아들딸 쌍둥이를 두고 홀아비가 된다. 아이들의 어머니는 죽기 전 남편으로 하여금 자신을 대신해서 아이에게 젖을 줄 암소를 팔지 않겠다고 약속하게 한다. 그러나 남편이 재혼해서 들어온 새어머니는 암소를 제물로 팔아 아이들의 우유를 빼앗는다. 아이들은 죽은 어머니의 무덤에서 기적적으로 솟아난 갈대에서 나오는 젖을 먹는다. 새어머니가 그 흉내를 내자 갈대는 새어머니의 딸에게 고름과 역청을 분비한다. 그녀는 아이들을 계속 괴롭히며 결국 딸을 결혼시킨 후 두 아이를 집에서 쫓아낸다. 아들이 새끼 염소로 변신하고 새어머니와 딸이 또 나쁜 짓을 하는 등 우여곡절 끝에 딸이 우물에 투신을 하지만 구원받는다. 새어머니에게는 무서운 벌이 내려진다. 「아트레우스의 향연」 설화에서처럼 자신이 낳은 딸을 먹게 만든 후에 죽게 한다. 전 세계적인 '신데렐라' 이야기의 한 유형이다.

구비성, 구어성

문자가 생기고 교육이 이루어지기 전에는 구어만이 의사소통 수단이었다. 구어로 전달되는 이야기들은 여성들이 아이를 기르는 집안 교육의 일부였다. 구비문학을 구성하는 이 이야기들은 사회생활에 대한 개념 체계를 비롯하여 가족 및 마을공동체를 유지하기 위해 모두가 반드시 지켜야 하는 가치관을 반영하고 있다.

설화문학은 이러한 의미 외에도 다른 속성을 가지고 있다. 즉 문자로 쓰인 문학에 버금가는 유려한 문체를 가지고 있다는 것이다. 구술의 어조가 표현 언어에 적절하게 맞추어져 있으며 전달하는 감정에 따라 대단히 다양하게 변주되어 있을 뿐 아니라 모든 사람이 이해할 수 있는 평이한 일상 언어를 압축하여 사용하고 있다. 사실주의적 문체로 각 인물이 직접 말하는 직접화법을 사용하고, 청중의 긴장이 떨어지지 않도록 이야기가 빠르게 이어진다. 기억을 쉽게 하기 위한 반복이 많아 이야기를 더 친근하게 만들고 있다. 동일한 구조의 문장을 연쇄적으로 나열하여 표현력을 높이고 있으며, 중간중간 상투적 표현이 삽입되어 있다. 운문화된 이 표현들은 일상 대화에서 속담처럼 인용된다. 간결한 언어, 직접적이고 운율을 맞춘 구조, 생생한 문체들로 큰 설득력을 갖추고 있는 이야기들이다.

마을의 법과 관습, 관례들을 구어를 통하여 전승하는 카빌리의 구어 문화는 대단히 유연하다. 어떤 항목을 고치거나 개선할 때 공동체의 남자들이 모여 합의를 하기만 하면 되기 때문이다. 문자 습득이 보편화되어 이제는 카빌리법이 국가의 법체계 속에 고정되었다.

구전문학

카빌리 문학에는 최근 프랑스어 혹은 카빌리어로 생산된 운문이나 산문(소설) 외에 수많은 노래들이 포함된다. 아주 오래된 구전문학도 있는데 오래된 신화나 설화들은 이슬람 이전 시대로 거슬러 올라간다. 문자와 아울러 다른 미디어가 확산된 최근까지도 구전으로 전승되었다.

구전문학의 특징은 수용과 불가분의 관계에 있다는 점이다. 내용이 전달될 때 그 자리에 있는 청중이 문학에 참여하고 있는 것이다. 말하기와 듣기 사이에 즉각적 상호작용이 일어난다. 그러므로 문자를 통한 전달과 달리 마치 연극 공연에서처럼 생산과 수용의 상황 사이에 시간적인 긴밀한 관련성과 적절성이 필요하다. 그러므로 카빌리 구전문학은 "(시처럼) 개인이 생산하는 것일 뿐 아니라 더 빈번하게는 (설화나 신화처럼) 사회 집단이 생산하는 비문자적 표현의 총체이며, 형식과 내용 측면에서 대단히 정교한 생산물로 카빌리 사회 속에서 반복되고 전승되도록 만들어진 것이다." 사회가 그 자체에 대해서 표현하는 담화로서 카빌리 문화에서 중요한 부분을 차지하고 있다.

카빌리 구전 산문문학은 전 세계적으로도 가장 풍부하고 치밀한 문학일 것이다. 19세기 중반까지도 주로 구전되어왔으나 프랑스 식민지배 이후 문자화되기 시작했다. 구술을 문자로 옮겨 적어 놀라울 정도로 생생한 상태로 현재까지 보존되어 있다.

산문에는 여러 장르가 있다. 우선 예전에는 지중해 고대 신화와 친연성이 있는 민간신앙을 담은 신화들이 있었다(「세상 첫 어머니」, 「하이제르 들소」, 「창조 신화」). 워낙 오래되어서 이제는 기억 속에 단편들만이 남아 있으며 대부분 고대 신앙과 결합한 이슬람 신앙에 의해 밀려났다. 농촌과 도시를 배경으로 하는 설화들이 있으며, 전설이나 운문, 산문으로 된 성인들 이야기, 교훈담, 추도사 등도 있다.

산문문학에는 동물들의 이야기가 많다. 예를 들면 재칼이 등장하는 연작과 고슴도치 연작이 있으며, 때로는 노골적이고 외설적이라고까지 할 수 있는 남자들끼리의 농담들도 있다.

운문문학도 형식과 내용에서 풍부하다고 할 수 있다. 여러 사람이 지은 것도 있지만 대개는 한 개인의 작품이다. 개인적 창작이 후에 집단적이 될 수도 있는데, 작품을 썼다고 추정되는 사람이 언급되는 경우가 많다. 긴 형식과 짧은 형식이 있다. 아브라함의 아들 이스마엘의 희생이나 형제간 질투의 대상이었던 요셉의 이야기, 모세의 죽음에 관한 이야기들이 속한다. 부족이나 마을에 널리 알려져 있는 교훈담이다. 종교시에도 여러 장르가 있다. 주민들이 존경했던 지혜로운 사람들이나 지식이 많았던 사람들에 대한 운문시들도 있다. '타무스니(지혜와 학식)'를 갖춘 '아무스나우(현자)'라고 불린 사람들, 19세기 말까지 '이므다흔'이라고 불린 방랑 시인들이 전했던 이야기들도 있다. 이 시인들과 그들의 작품은 아직도 남아 있으며 일부 시구들은 속담이 되기도 했다. 몇몇 사람은 명성이 높았다. 가장 오래 된 시인으로는 터키 시대 아이트 즌나드 부족 출신이지만 아이트 옌니 부족에게도 알려진 유스프 우 카시다. 아이트 아라튼 부족의 시 모한드 우 음한드, 아이트 야히야 부족의 독실한 셰이흐 모한드 우 호신, 아이트 아이씨 부족의 마암마르 이흐스하우 데스 이하스나웬이 있다. 많은 사람들이 '아스프루'라고 부르는 두 개의 각운에 3행 3절로 구성된 고정된 시 형식을 사용했다. 그 외에도 성인 순례 때 하소연하는 형식으로 여성들이 즉흥적으로 부르는 노랫말이 있으며, 자장가, 축제 노래와 같은 노랫말들도 많이 있다. 결혼식에 노래 시합 형식으로 부르는 헤나의 노래도 있다.

속담, 격언, 수수께끼와 같은 '짧은 형식'의 운문들도 있는데 운을 맞추어 잘 다듬은 시적 형식에 정교한 리듬과 음을 갖추고 있다. 섬세한 문체에 고어 베르베르어나 아랍어, 최근에는 프랑스어와 같은 외국어에서 차용한 흔히 쓰지 않는 단어들로 장식적 효과를 주었다.

결론적으로 카빌리 구전문학은 대단히 풍성한 예술적 보고다. 불행하게도 문자화되지 않아 잘 알려져 있지 않은데, 바로 그 점 때문에 신선하고 생생한 형태의 귀중한 유산으로 현재까지 남아 있다.

기억

구전 문화에서 기억은 대단히 중요하다. 문자문화 속에서보다 훈련이 더 잘 되어 있고 기능적이다. 남녀를 불문하고 놀라울 정도로 긴 이야기들을 잘 기억하고 있는 카빌리 사람들이 많다. 구전문학에서는 같은 단어의 반복, 강조 구문의 사용, 특수한 신호와 운문의 규칙적 삽입 및 표식화 등 기억을 돕기 위한 기법들이 대단히 발달되어 있다. 일부 서식들은 격언이 되기도 했다. 관례적 문장이나 상투적 표현을 반복 사용할 뿐 아니라 후렴구나 주문처럼 리듬을 삽입하는 것도 기억을 쉽게 하기 위해 활용했던 방법들이다.

기적

설화에서는 알라의 이름으로 기적이 일어난다. 경솔하게 소원을 빌어 잠두콩을 남자아이로 만들게 된 마법 반지가 가진 신통력이나 변신도 마찬가지다. 설화가 이슬람화된 종교에 적응한 것이다.

난쟁이

보통 난쟁이는 간교한 존재라고 생각한다. 설화에서는 오히려 예외적인 인물로 등장하는데, 식인귀와 싸워 이기는 음키드슈가 그 경우다. 어머니가 과일 반쪽을 먹고 나서 태어난 초자연적 인물이다. 작은 몸집을 가진 반(半)인간으로 설화에 따라 눈이 하나, 팔이 하나, 다리가 하나일 때도 있다. 모든 특성을 잠재적으로 가지고 있어 남녀, 안팎, 자연/초자연을 잇는 매개 역할을 한다. 신화에 등장하는 다른 난쟁이들은 음키드슈와는 반대로 인간과는 관계가 없으며, 지하에 산다.

남자

구전설화는 카빌리 사람들이 생각하는 남성성의 문화적 표현이다. 사회 안에서 남자의 역할이란 여성의 생산성을 통제 및 보호하는 것이다. 남자들은 여자들과 아이들을 데리고 가족 및 마을공동체를 구성하고 보호하면서 지속성을 지키는 사람들이다. 공동체 밖에는 남자들만이 드나드는 일정한 장소들이 지정되어 있는 것으로 보인다. 예를 들면 정치적·상업적 일을 처리하고 이웃을 만나는 시장으로, 그곳에 가기 위해서는 자연의 영역을 건너야만 한다. 남성과 여성을 어떤 방식으로 표상하는가가 역할 분배에 결정적 요인이다. 마을을 벗어나 멀리 가야 하는 모든 일은 여성에게 금지되며, 남성의 활동에 속한다. 양을 잡아먹는 재칼을 대적해야 하는 목축, 소를 잡아먹는 사자를 만날 수 있는 밭갈이, 평원에서 적과 싸우는 일, 야생의 자연을 이겨야 하는 사냥, 적이 될 수도 있는 외국까지 가야 하는 장사 등이다.

권력을 누리지만 쉽게 도시의 환락에 빠지는 동양풍 설화의 주인공과 달리 농부 주인공은 카빌리 문화에서 표상하는 이상적 남성의 모델로, '티루그자(남성성)'라는 단어에 요약되어 있는 명예, 위엄, 절제, 자제심을 포함한 미덕을 갖추고 있다. 엽총이라는 무기와 '부르누스'라는 옷으로 상징하는 남성성이다. 시에서는 남자다움을 매처럼 주의 깊고 사자처럼 힘이 세다고 비유한다. 남녀의 보완관계는 카빌리 전통 가옥에서 남자는 들보('아사라스': 남성형)에, 여자는 뻗어있는 들보들을 받쳐주는 주 기둥('티그즈디트')에 비유하는 데서도 잘 드러난다.

노래

카빌리 사람들은 노래 부르는 것을 항상 즐겼다. 그러나 현대 공연물을 제외하고는 남녀가 같이 노래를 부르는 경우는 드물다. 젊은 여자는 예법상 남자 앞에서 노래하지 않았다. 또한 노래를 초자연을 움직이는 마술적 힘을 가진 것으로 생각하여 아무 때나 노래 부르지 않았다. 다만 여성들은 노동뿐 아니라 명절에 혹은 기쁘거나 불행하거나 행복할 때 등 여러 기회에 노래를 불렀다. 버터를 만들기 위해 우유를 저을 때나 곡식을 빻을 때 장단 맞추어 노래를 부르기도 하고 함께 모여 나무하러 가면서도 노래를 불렀다. 나무하러 갈 때면 마을에서 일어나는 일에 대해 설명을 붙이고 비난을 하기도 하면서 소식을 전하는 '방송'의 기능을 겸했다. 요람에 있는 아기에게 불러주는 자장가, 결혼식 때 부르는 '헤나의 노래', 결혼하는 두 사람과 가문의 번영을 기원하는 축하의 노래 등이 있다. 순례를 할 때는 때로 괴로움과 근심을 토로하는 한탄의 노래를 부른다.

노랫말은 대개 아주 정교한 리듬에 맞춘 시로 되어 있는데, 즉흥적으로 만들어지는 경우가 많고, 때로는 결혼식에서처럼 두 가문의 여자들이 경쟁하여 노래 시합이 되는 경우도 있다. 이 전통적인 여성의 노래들을 수집하여 무대에서 공연함으로써 유명해진 여성 가수들이 여러 명 있다. 가장 널리 알려진 이름은 마르그리트 타오스 암루슈지만, 노라(Nora), 주라(Djura) 등도 있다. 그 외에도 합창단이 있으며, 이들은 셰리파, 쟈밀라, 하니파와 같은 현대 악단들과 함께 전통 노래들을 현대화했다.

그러나 여성 가수보다는 남성 가수의 수가 더 많다. 1930년부터 도시 공연장의 대중 관객 앞에서 전통 민요를 현대화하여 공연했으며, 현대 노래들은 대개 정치 상황을 담은 것으로 망명, 알제리 민족주의 그리고 카빌리 문화 인정 요구 등을 주제로 하는 사회 참여적인 것이다. 라디오와 디스크가 현대 '카빌리 노래'가 성공을 거두는 데 크게 기여했으며, 이디르, 슬리만 아즘, 루네스 마투브, 모하메드 이그르부쉔, 셰이흐 레스나위처럼 국제적 성공을 거둔 가수들도 있다. 1973년은 특히 베르베르 노래가 크게 유행하여, 이디르가 불렀던 유명한 '바바 이누 바' 같은 노래들이 있으며, 그 외에도 페르하트 음헨니, 쟈말 알람, 루네스 마투브, 주르주라 등이 있다. 베르베르 문화 보호와 알제리 정부에 대한 과격한 저항을 담고 있어 탄압을 받았으며, 이들의 활동은 대개 비공식적으로 이루어졌다.

누자(Nouja) 설화

식인귀의 딸로 설화의 주인공이다. 한 사냥꾼이 그녀를 정복하라는 도전을 받게 된다. 누자는 손가락에 끼고 있는 반지의 힘으로 그를 돕는다. 반지는 두 사람을 여러 차례 변신하게 하여 시련을 극복하게 해준다. 흑인 하녀로 변신했던 누자는 이야기가 끝날 때 아름다운 여인으로 나타나 주인공과 그의 집안을 기쁘게 한다.

이 설화는 서로 다른 두 서사 유형을 결합하여 카빌리 설화문학의 핵심이 되고 있다. 카빌리 마을이 싸워 이겨야 하는 두 위협, 즉 사회질서를 위협하는 반사회적 야만성과, 그보다는 남성적이라고 할 수 있지만 여전히 여성성의 도움을 받고 있는 개인적 야망이라는 위협을 집약하고 있다. 여기서 남성은 음키드슈처럼 사악한 여성성의 상징인 식인귀를 이기고 사라지게 하는 정도가 아니라 동양 설화의 주인공처럼 식인귀의 딸을 이용하여 권력을 얻는다. 음키드슈는 잠시 위험했던 공동체의 질서를 복원하지만, 누자는 거기서 더 나아가 정복한 여성을 개인적 힘을 얻는 도구로 사용하고 있다.

능력 있는 (주인공)

문학에 등장하는 주인공은 승리하기 위해 특별한 능력을 보여야 한다. 주인공은 '이즈므르 이만 이스(izmer iman is)', 즉 스스로 능력 있다고 생각하는 사람이다. 힘, 재치, 두뇌로 이루어진 능력으로, 확고한 개인적 야망에 대해서는 대개 부정적인 마을공동체를 넘어 개인적 권력을 얻고 책임을 감수할 수 있는 사람이 가지고 있는 것이다.

독약 으슴, essemm

설화에서 흔히 등장하는 독약은 뱀의 독이다. 주인공의 쿠스쿠스 그릇에 담기지만 착한 짐승들이 핥아 구해준다. '아다드(식물의 뿌리)'도 독약으로 자주 쓰인다. 뱀의 독은 주술에도 사용된다.

동양 스르크, ccerq

카빌리 사람들이 상상하는 동양은 여러 왕과 술탄이 다스리는 도시들과 금은보화가 넘치는 신기한 나라다. 해와 빛이 솟는 동쪽이며 키블라의 방향이고 메카와 순례의 방향이며, 기도와 제물을 올리는 방향이다.

마법

동양 도시풍 설화에서는 마법의 물건들이 자주 등장한다. 특히 아가씨가 주인공에게 요구하거나 그 아버지가 결혼 보상금으로 요구한다. 때로는 하나, 때로는 여러 개를 묶은 물건들인데, 예를 들면 재단과 바느질을 하지 않고 만든 옷이나, 황금 실패, 혼자 춤을 추는 황금 쟁반 등이다. 특별한 목적 없이 능력을 증명하게 해주는 것도 있다. 예를 들면 저절로 가루를 내는 맷돌, 병사들을 튀어나오게 하거나 집을 짓고 부수거나 아가씨가 나오게 하여 춤을 추게 하거나 마술에 빠지게 하는 마술 피리, 눈에 보이지 않게 만들어주고 자리를 옮겨주는 모자, 무엇을 넣으면 양이 늘어나는 자루, 부자가 되는 솥, 쿠스쿠스가 저절로 가득 차는 그릇도 있다. 혼자 움직이는 몽둥이, 바다를 마르게 하는 몽둥이, 병사들을 나오게 하거나 움직이지 못하게 하는 몽둥이도 있으며, 금화를 만드는 고양이, 노래를 불러 무엇을 굳어버리게 하거나 땅 속으로 들어가게 하는 새도 있다.

이러한 물건들보다 훨씬 흔하게 등장하는 것은 마법 반지다. 마법 반지는 주인공에게 필요한 물건을 적당한 시기에 나오게 하기도 하고 사람들의 눈에 띄지 않게 하기도 하며 아주 어려운 소원을 들어주기도 한다. 카빌리의 상상의 세계를 구성하는 마법의 물건들이다.

마법 반지

동양 이슬람 도시에서 영향을 받은 설화들에서는 주인공이 초자연적 힘을 가진 마법 물건을 갖게 되는데, 반지인 경우가 많다. '타하튼트 엘 호크마(마법 반지)'는 대개 아가씨가 주인공에게 주거나 간직하며, 특정한 물건이나 힘을 가진 동물을 손에 넣게 해주고 소원을 이루게 해준다. 주인공과 아가씨가 도망할 때는 변신하게 해준다. 마법사가 주인공에게 반지를 직접 주기도 한다. 모든 설화에서 반지는 왕이나 술탄의 딸과 결혼하면서 권력을 얻게 해주는 절대적 힘의 도구다.

모슈(Mauch) 설화

설화에 등장하는 고양이의 이름이다. 재를 먹고 사는 이 고양이가 잠두콩을 먹고 사는 일곱 아가씨를 만나게 된다. 꼬리에 불을 붙인 고양이가 죽어버리자 아가씨들은 그가 살던 집을 차지하고 자신들을 괴롭히는 계모와 식인귀를 물리치게 된다. 아가씨들이 승리하고 아버지의 집으로 돌아갔을 때 불씨가 되살아난다.

모친 살해

카빌리 설화 중에는 모친 살해 모티프를 담고 있는 것들이 있다. 술탄이 일곱 아들에게 그들의 어머니를 죽이도록 명령한다는 내용이다. 물론 이것은 상상의 세계이지만 사회 문제를 잘 보여주고 있어 살펴볼 필요가 있다. 주인공으로 술탄의 막내아들이 등장하는 「알리와 어머니」에서만 아들이 모친 살해를 거부하고 어머니와 달아난다. 그러나 그 어머니가 아주 악독하여 여러 차례 아들을 죽이려 하며, 아들은 결국 어머니를 죽이기로 결심하게 된다. 여기서 아버지가 명령하는 모친 살해는 카빌리의 가부장 사회에서 어머니와 아들의 긴밀한 관계가 제기하는 문제를 날카롭게 보여주고 있다. 그 위험을 극단적으로 설정하여 비극적으로 보여주고 있는 것이다. 모친 살해만이 여자들이 혹여 자식을 죽이려 할 경우 막을 수 있는 방법이라는 것이다.

밀라크(Milaq) 설화

'밀라크(버릇 없는 아이)'는 설화의 주인공으로 '로바' 혹은 '옘마 사아다'라고 불리기도 한다(프로베니우스, 1921-1922). 일곱 명의 오빠를 둔 밀라크는 금지 사항을 어기고 오빠들 대신 양을 먹이려고 집 밖으로 나와 식인귀에 쫓긴다. 식인귀는 밀라크를 데려다가 집에 가두고 집안의 방들을 열지 못하게 한다. 여섯 명 오빠들이 그녀를 구한다. 여섯 오빠는 각기 특이한 재주를 가지고 있는데, '이슬 소리 듣기', '자고새를 깨우지 않고 알을 빼내기', '가시덤불에 엉키지 않고 비단실 빼내기', '발아래 땅을 열기', '열쇠 없이 문 열기', '일곱 개 벽 넘기' 등이다. 그러나 "해가 나면서 우박과 비가 오는 어느 날" 식인귀가 다시 그녀를 납치한다. 이번에는 일곱 번째 오빠만이 현명한 노인의 도움을 받아 그녀를 구출할 수 있다.

밀라크는 아버지에게 호소하는데, 그 구절이 가수 이디르가 불렀던 노래의 후렴구 '바바 이누 바(Vava inu va)'다.

바람 아두, adu

산지에서는 바람이 아주 세다. 꼭대기에 있는 마을은 더 센 바람을 맞는다. 기와를 지붕에 고정하지 않으면 바람의 방향에 따라 날아갈 수 있어 대들보에 부담을 주더라도 돌을 얹는 경우가 많다. 가축들도 바람을 무서워하는데, 특히 염소가 광풍의 조짐을 잘 느낀다. 한 설화에서는 노래하는 신통한 '바람의 염소'가 등장한다. 염소를 잡으면 불행이 오는 것을 잘 알면서도 사람들이 잡으려 한다.

밤

설화 세계 속에서 밤과 낮의 교체는 두 사람이 밧줄을 꼬는 것으로 이미지화된다. 한 사람은 흰색 밧줄을 꼬아 낮을 만들고, 다른 한 사람은 검은색 밧줄로 밤을 만든다. 다른 설화에서는 주인공이 이들에게 호소하여 밤 시간을 길게 늘여 그동안 공훈을 세운다. 모든 인간은 사악하고 어두운 밤을 두려워하지만 강한 주인공은 밤 동안 지하세계에서 나타나는 힘들을 이길 수 있는 능력을 가지고 있다. 예컨대 음키드슈는 잠이 들지 않는 초인간적 능력으로 식인귀를 물리친다. 잠은 인간의 취약점이기 때문이다. 밤이 되면 사람들이 밖으로 나가기를 두려워한다. 밤에 샘가에 가다가 식인귀를 만나 도망쳤다는 이야기를 흔히 한다. 그러나 설화의 주인공은 어둠을 이용하여, 예를 들면 하룻밤만에 훌륭한 집을 지어 아침에 사람들에게 보여주면서 권력을 가질 수 있는 능력이 있음을 증명하기도 한다.

야간 활동을 자제해야 하는 것은 밤 동안 저질러진 일을 더 심각하게 생각하기 때문이다. 밤에 도둑질을 한 경우에는 더 중하게 벌받는다. 밤은 주술과 초자연적 힘들이 지배하는 시간으로 인간과 인간 사회에 속한 낮과 대비된다. 낮은 동쪽, 흰색, 아침 해와 연결되고 밤은 서쪽, 검은색, 어둠과 연결된다.

밤샘

밤에 잠을 자지 않는 것은 신체적 욕구를 이겨낼 수 있는 능력을 가진 것을 의미한다. 밤새는 능력에는 대개 금식이나 소식의 능력이 따른다. 이러한 능력으로 귀신처럼 밤에 활동할 수 있는 것이다. 태양의 시간에 더하여 달의 시간에 일하는 것으로 지적 능력과 정신력을 최대한 펼치는 것이다. 밤샘의 능력은 무서운 야생의 세계를 정복할 운명을 타고난 영웅들이 가지고 있는 특권이다. 야만스러운 세계에서 식인귀는 요란스럽게 잠을 잔다. 카빌리의 영웅 음키드슈에게 항상 붙어 다니는 수식어는 '우르 늑간 우르 느츠누둠(ur neggan ur netsnuddum)', 즉 '잠들지 않고 잔다'는 말이다.

방귀

방귀를 뀌는 것은 아주 예의 없는 행동이며, 생산활동을 비웃는 것이다. 콩이나 마른 무화과를 먹어서 생기는 경우가 많은데, 전설에 등장하는 한 노파도 그 경우였을 것이다. 노파가 나뭇단에 앉아 방귀를 뀌어 그 후부터 여자가 나뭇단을 나르지 않게 되었다고 하며, 남자들도 혼자 나르지 않고 여럿이 나르게 되었다고 한다.

배 아압부드, aâbbud

카빌리 사람들은 여성의 배에 중요한 가치를 부여한다. 공동체의 재생산을 보장해주는 것이기 때문이다. '스-와압부드(s-waâbbud: 임신하다)'는 말 그대로 '배를 가지고'라는 뜻이다. 남자는 어머니라는 단어 대신에 "나를 아홉 달 동안 품었던 배의 이름으로"라고 말하기도 한다. 설화에서는 아름다운 아가씨의 배를 "물고기가 미끄러지는 대리석 판과 같다"고 비유적으로 묘사하기도 한다.

설화에서는 배가 바람이나 소리만으로 부풀기도 한다. 식인귀의 배에서는 삼켰던 짐승들이 식인귀가 잠자는 동안 울부짖는다. 콩 같은 말린 야채를 너무 많이 먹으면 배가 부풀어 오르는 병에 걸린다.

변신 설화

동양풍 설화에서 자주 볼 수 있는 변신은 대개 결혼 첫날밤 나쁜 마법사에 의해 납치당한 신부를 주인공이 데리고 달아날 때 일어나는 일이다. 변신은 뒤쫓는 마법사를 따돌릴 수 있도록 항상 흙, 고기, 물, 세 요소에 따라 그 상호보완성을 표현하는 방식으로 이루어진다. 남자는 정원사, '셰이흐', 물고기로 변신하고, 여자는 정원, 모스크, 연못으로 변신한다. 남녀 사이에는 생물/무생물, 내용물/용기(容器), 행동자/대상자, 수정하는 자/수정받는 자의 관계가 있다.

그 외에도 시적으로 은유화한 변신들이 있다. 가령 여성은 암컷 비둘기로, 남성은 구렁이로, 청년은 황소로, 젊은 여성은 개구리로 변신하는 등이다.

별난 여자 설화 타들라라, Tadellala

술탄이 된 이상하고 위험한 여자가 등장하는 설화다. 수완이 좋은 한 여자가 상인, 학자, 술탄을 번갈아 속이고 그들이 가지고 있는 것을 빼앗아, 부와 지적 능력과 정치적 힘을 얻게 된다. 그녀가 말이나 행동에서 적극성과 자유를 구가하며 벌인 일은 실제 남자들이 하는 일이었다. 여성들의 해방뿐 아니라 권력을 차지하기 위하여 행동했던 전복적 여성성을 이미지화하고 있어 '술탄의 나라에 사는 여성해방주의자'라고 말할 수도 있을 것이다.

보조자

세계 대부분의 설화에서 주인공들은 보조자들의 도움을 받는다. 카빌리 설화에서도 보조자의 정체가 다를 뿐 마찬가지이다. 재칼이나 원숭이 같은 야생동물이다. 어떤 설화에서는 주인공이 먼저 제물을 바친 후에야 초자연적인 보조자의 도움을 받는다. 자신의 어머니인 식인귀의 젖을 먹게 하여 주인공을 형제로 만드는 '기독교인들의 개'라고 불리는 인물의 경우가 그렇다. 사냥하는 주인공을 따라 다니며 때로 주인공을 위험에서 구출하는 사냥개들도 '형제가 된 것으로' 생각한다. 주인공이 사람이든 동물이든 보조자들과 맺고 있는 관계를 형제애로 표현하는 것은 카빌리 사람들의 사고방식에서 형제간 연대의식이 중요하다는 것을 증명한다.

북

북에는 여러 종류가 있다. '으트블'은 가죽이 양쪽에 달린 것으로 대개 피리 부는 사람과 함께 마을을 순회하며 연주하는 것이다. '아믄다예르' 혹은 '아븐다예르'라고 부르는 북은 더 크고 납작하다. 연주단이 나타나면 마을 사람들, 특히 어린이들이 즐거워하지만, 떠돌이 생활을 하는 이들은 존경을 받지 못한다. 큰 연회에는 북에 '올리다(고음 관악기)'가 결합되기도 한다. 그 외에도 '데르부카'가 널리 알려져 있다. 원통형 토기로 한쪽은 열려 있고, 다른 쪽은 막이 덮여 있다. 젊은 여성들이 축제 때 다리 사이에 끼고 두 손으로 번갈아 두드려 연주한다.

빈곤 이므지리아, imezyria

고된 현실을 겪는 여성들이 입에 자주 담는 단어다. 보통 가족들이 지긋지긋해하며 고향을 떠나게 하는 것이 '이므지리아'라고들 말한다. 설화에서는 가난을 실감 있게 묘사하고 나면 아버지가 떠나는 이야기가 이어진다.

사건

카빌리 사람들은 설화나 산문 서사 혹은 운문을 통하여 역사적 사건들을 보존하는 전통을 가지고 있다. 일부 사건들은 원형적이고 이념적이며 민족적 가치를 가지고 있다. 예를 들면 곡식 농사를 짓는 평원 때문에 아이트 즌나드 부족이 앞잡이를 이용하여 터키에 맞섰던 사건은 여러 유지들의 외교적·정치적 수완이 필요했다는 것을 보여주고 있다. 산문이든 운문이든 사건에 대한 구전으로 전승된 사료 혹은 연대기다.

상상의 세계

카빌리의 상상의 세계는 넓다. 상상의 세계란 믿을 수 있는 한계선에 있는 것이어서 카빌리 사람들은 초자연적 존재에 호소할 때 "실제 계신지 안 계신지 모르지만"이라고 말하며 의구심을 나타내기도 한다. 많은 신비한 현상들이 이슬람화되었다. 오래된 전통 신앙을 지속하는 방식이었다. 대개 무슬림 성자와 일치하는 수호신들이 그 경우다. 옛날 신화들은 잊혀지고 도시에 나갔던 남성들이 가져와 퍼트린 아랍적 상상의 세계로 대체되기도 했다. 카빌리 문화에서 『천일야화』에 나타나는 상상의 세계, 예를 들면 하룬 에르라시드, 알라딘, 마법사 등을 만날 수 있는 것은 그 때문이다. 여성들의 설화는 카빌리 전통적 상상의 세계에 충실하다. 예를 들면 반여성적이고 불모이며 사람을 잡아먹는 '테리엘(식인귀)', 일곱 머리에 처녀 제물을 받아야 물을 나오게 하는 '타라프사(히드라)', 꾀 많은 음키드슈 등이 그 주인공들이다.

이 상상의 세계는 일정한 기본 원칙을 따라 구축되어 있다. 자연에 출몰하는 해롭고 야만적인 신비한 힘, 다산을 위협하고 사회를 불모로 만들며 생산과 생명을 가로막는 힘을 내쫓으면서 동시에 모범적 행동을 서술하고 많은 의식들을 행하는 계기를 만드는 것이다.

설화 타마샤후트, tamachahut

식민통치 초기만 해도 저녁이면 밤새워 이야기를 들었던 카빌리 사람들의 구비문학은 세계문화유산에서 첫 자리를 차지해도 부족하지 않을 만큼 높은 수준의 보물이다. 이러한 풍성한 문학은 서로 섞인 두 흐름, 한편으로는 그리스 신화에 가까운 아주 오래된 지중해 구비 전통이고, 다른 하나는 문자를 통하여 많이 전달되었던 보다 보편적인 테마의 전통으로 구성되어 있다. 두 번째 경우가 아랍어로 전파되어 직업 이야기꾼들이 다시 육성으로 전달했던 『천일야화』의 경우다.

지중해적 전통은 지역적이고 농촌과 관련된 것으로 여성들이 전달자였으며, 『천일야화』류는 도시를 드나들었던 남자들이 전달 자였다. 농민 전통에 속하는 설화들에서는 주인공들이 식인귀 테 리엘, 히드라와 같이 자연 세계에 존재하는 위험하고 나쁜 힘들에 대항하여 마을공동체의 수호자로 등장한다. 그러나 남성들의 도 시적 설화에서는 주인공들이 술탄이나 왕의 궁전을 배경으로 왕 의 딸과 결혼하여 개인적 세력을 얻는 정복자들이다.

설화를 무대예술 형식으로 되살리는 것이 현재 유행하고 있 지만 문자 및 시청각 매체와 경쟁하고 있어 시대에 맞지 않는 것처 럼 보인다. 많은 연구자들이 수집해 놓은 설화문학 유산은 2세기 전 카빌리의 부계 분절 사회가 두 가지 위험을 의식하고 막고자 했 던 상황에서 풍부해졌다. 첫 번째 위험은 내부적인 것으로 개인적 야망으로 인해 가족 내 형제들 간 불화가 생기고 분열하는 것이며, 다른 위험은 외적인 것으로 외부인이 질서를 전복할 가능성이다. 이제는 설화가 새로운 주제를 새로운 구어적 형식이나 문자 혹은 시청각적 표현 방식(연극, 영화, 소설, 시, 노래)을 빌어 표현하는 방 식으로 달라지고 있다.

술탄

카빌리 사람들의 상상력 속에 술탄은 권력을 남용하여 마을 사람 들을 위협하기 잘하는 동양 폭군의 전형이다. 그보다 더 높은 '아 글리드'와 구분한다. 도시풍 설화에서 권력을 차지하는 가장 확실한 방법은 술탄의 딸과 결혼하는 것이다. 술탄은 항상 여자들(대개 일곱 명)에 둘러싸여 있고 사치스럽다. 또 남의 재산을 뺏고 자신의 권력에 방해가 될 수 있는 것을 참지 못한다. 설화의 주인공이 술탄을 계승할 수 있는 것은 초자연적 도움을 받아 술탄을 이기기 때문이다.

식인귀 아와흐즈니우, awaghzeniw, 와흐즌, waghzen, 테리엘, teryel

카빌리어로 식인귀는 '아와흐즈니우' 혹은 '와흐즌'이며, 여성형은 '테리엘'이다. 아랍어 '이홀/이홀라'에서 빌려온 단어 '아루리우'도 있다. 남자 식인귀가 등장하는 설화도 있지만, 여자 식인귀 '테리엘'이 더 많이 나온다. 카빌리 설화에서는 다른 문화나 설화에서와 달리 사악한 존재가 여성이다. 예를 들면 카빌리뿐 아니라 전 세계적으로 널리 알려져 있는 설화 중 하나가 「엄지손가락 톰」인데, 유럽에서는 남자 식인귀가 등장하는 반면, 「음키드슈」에서 등장하는 것은 여자 식인귀다. 카빌리 설화에서 남자 식인귀는 여성의 보조자에 불과하고, 훨씬 더 위험한 것이 여자 식인귀다.

지하세계에 살며 숲에 출몰하는 식인귀가 남자일 경우에는 여자 주인공을 괴롭힌다. 설화의 여주인공 지자는 노새의 고기를 날로 먹고 가죽으로 옷을 입는 식인귀에게 잡혔다가 사냥꾼에게 구출된다. 남자 식인귀는 인간이 가져야 할 것을 갖지 못한 존재다. 거인이며 멍청하고 잘 속는다. 혼자 살며, 하는 일은 양을 기르는 것인데 농사는 절대 짓지 않는다. 식욕이 왕성해서 목을 치지 않은 가축의 날고기를 먹고 사람도 잡아먹는다. 불을 사용할 때는 무엇을 파괴할 때이고 그 불에 자신도 타 죽는다. 시끄러워 잘 때도 코를 골며 밤에 나타나고 폭풍우나 비, 우박을 내리게 한다. 불 때문에 눈이 먼 소경 식인귀도 있다. 자식도 아내도 없는 반사회적인 존재로 사회를 혼란시킨다.

신하 르우지르, lewzir

술탄의 신하는 설화에서나 볼 수 있다. 그 전형이 「하룬 에르 라시드」 연작에 등장하는 실제 인물 자아파르 브란키로 바그다드의 압바스 왕조 칼리프 휘하 신하였던 야히야 가문의 아들이다. 실제 역사에서 그는 하룬의 부하였으며, 하룬에게 죽음을 당했다. 민간의 사랑을 받는 인물로『천일야화』와 유사한 카빌리 설화에 등장한다. 설화에서 신하들은 술탄을 도와주는 사람으로 보이지만 술탄의 절대 권력에는 도전하지 못하고 그 변덕을 따라야 하는 사람들이다.

신화

이슬람의 영향에도 불구하고 설화와 이슬람화된 의식 속에는 카빌리 특유의 절충주의를 거친 전통 카빌리 고대 신화가 남아 있다. 구비전통에 배어 있는 이 신화들은 수집되어 남아 있으며, 일부 카빌리 사람들 기억 속에도 살아 있다.

세상이 생기기 전 보이지 않는 지하의 세계가 있었으며, 생산성이 없는 이 어둠의 세계는 모든 것이 문명화되어 조직적이고 생산적인 현 세계의 정반대라고 상상한다. 이 세상에 존재하는 모든 것, 즉 자연, 숲, 산들이 전복된 형태로 이미 지하세계에 존재했었다. 예를 들면 모든 동물은 까만색이고, 동물이 생산하는 우유도 까만색이었으며, 영들과 난장이들, 식인귀들이 우글거리고 있었다.

　지하세계와 인간 세계는 동굴이나 우물을 통해서 소통하며 영, 뱀, 죽은 자, 특출한 사람과 같은 매개자들만이 자신이 맡은 세상을 풍요롭게 만들기 위해 지하세계와 소통한다. 밤이 되면 지하세계의 존재들이 인간 세계에 와서 돌아다니며, 용맹하고 신앙심이 깊은 남자들만이 악한 존재들을 대적하고 이길 수 있다.

　지하세계에는 또한 머리 일곱 개가 달린 암컷 용 '타라프사'가 살고 있는데 샘이나 물가에 나타나 젊은 여성을 제물로 바치지 않으면 온 마을이나 지방에서 물이 나오지 않게 한다. 용을 죽이는 주인공이라는 보편적 신화가 카빌리에도 존재하는 것이다.

　카빌리 노인들 이야기로는 태초에 40명의 남자와 40명의 여자가 지하세계로부터 지상으로 나왔다고 한다. 떨어져 살아 서로를 몰랐던 이들은 만나면서 차이를 알게 되어 놀라며 서로 관심을 갖게 되었다. 그리고 여자들이 남자들을 유혹하여 성관계를 알려주면서 남자들에 대한 지배력을 갖게 되었다. 이러한 상황이 불만이었던 남자들은 돌로 집을 지어 여자들을 가두었다. 여자들은 남자들에게 종속되어 복종하게 되었다. 사람이 문명화되고 사회를 이루고 살게 된 과정이다. 이러한 방식으로 문명화되기를 거부했던 남녀 한 쌍이 있었는데, 결국 남자는 사자의 모습으로 변화했고, 여자는 인간의 모습은 간직했지만 사악하게 변하여 식인귀가 되었다. 이 식인귀는 밤이 되면 샘가에 나타나 아이들을 잡아먹는다. 식인귀 중 하나가 신기한 나무의 황금 잎을 먹고 나서 수컷 식인귀를 낳았다.

'세상 첫 어머니'는 젊었을 때는 선했지만 나이가 들면서 사악하게 변하여 마녀가 되었다. 구름, 별, 양을 만들었지만 인간들을 불화하게 하여 여러 언어가 생겨나 서로 이해하지 못하게 했다. 또한 한 남자에게 못된 충고를 하여 원숭이로 변하게 했다.

사람의 눈에는 보이지 않지만 더 친근한 존재들도 있다. 집, 밭, 나무, 동굴을 지키는 수호신들이다. 수호신들은 알라가 사물이 제대로 활용되고 있으며 인간이 좋은 행실을 하고 있는지 보살피라는 임무를 주어 보냈다고 한다. 수호신들은 신앙심이 깊은 사람, 미친 사람, 죽은 사람들처럼 초자연적인 힘을 가지고 있는 존재들과 함께 모여 높은 곳에서 판결을 하고 인간에게 우박, 가뭄, 메뚜기 습격과 같은 벌을 내릴 수 있다.

그 외에도 '진'이라는 단어로 이슬람 속에 통합된 영들이 있는데, 선할 수도 악할 수도 있다.

종말 신화는 무슬림 신화와 비슷하게 문명화된 세상이 지하세계에 의해 전복된다고 예언하고 있다. 어둠이 세상을 덮고, 하늘과 땅의 구분이 없어지며, 산이 움직이기 시작하고 비가 7일 밤낮으로 내려 세상을 종말을 알린다. 그리고 나서 세상이 뒤집히고 몸통은 없고 머리, 다리, 팔, 눈, 귀 하나가 달린 난쟁이들이 빈대나 개미처럼 걷잡을 수 없이 번식하여 세상을 둘러싸며 무질서와 가뭄과 화재를 일으킨다. 이 신화는 무슬림 악마 '다잘'에서 따온 것으로 최후의 심판이 있기 전 '마흐디'나 예수의 손에 죽게 되는 존재다. 이슬람 이전 신화가 이슬람화한 것으로 다른 신화에서도 찾아볼 수 있다. 카빌리 사람들이 신성시하는 것들이 여전히 남아 있는 것이다.

아스프루/이스프라 asefru/isefra

한 절로 이루어진 시도 있지만, 대개는 소네트(역주: 4행시 2연과 3행시 2연으로 이루어진 시 장르)와 비슷하게 짧은 절이 연속적으로 이어지는 운문시를 말한다. 1세기 전부터 문자화되어 외부로 알려졌으며 시인들도 알려지게 되었다. 시 모한드 우 음한드와 유스프 우 카시가 가장 널리 알려진 시인들로, 그들의 시는 현재까지 전해지고 있다.

아트레우스의 향연

아트리드 왕조를 건설한 그리스의 왕 아트레우스의 이름이 붙은 설화로, 하나의 분류항이 되고 있다. 미케네의 왕이었던 아트레우스가 동생 티에스트의 두 아들을 죽이고 향연을 베풀어 동생에게 그들을 먹게 했다는 것이 주 내용이다. 이러한 식인 모티프는 카빌리 설화 여러 군데서 등장하는데, 주인공이 어머니나 식인귀 혹은 계모에게 복수하기 위하여 딸을 먹게 하는 것이다. 식인귀나 계모는 자신의 아이를 삼킴으로써 여성의 가장 중요한 기능에 반하는 가장 야만적 존재가 된다(「음키드슈」, 「고아들의 암소」).

알라딘 설화

카빌리 문학에는 「과부의 아들」이라고 부르는, 『천일야화』에 포함된 「알라딘 이야기」가 있다. 도시로 이사한 카빌리 사람들이 아랍 문화에서 따온 것이다. 마법 반지로 마법사가 나오는 램프를 얻지만, 책을 읽고 보물을 알게 된 모로코 마법사가 가난한 과부의 아들인 주인공을 속여 빼앗아간다는 이야기다. 카빌리의 이야기에서는 특히 아버지를 잃고 난 후 이어지는 불행과 가난, 숙부를 자처하는 마음씨 나쁜 남자 앞에서 모자가 당하는 불행을 통하여 아버지가 없을 때 모자 사이의 지나친 애착이 몰고 올 위험을 강조하고 있다. 『천일야화』에서보다 모로코인과 알라딘의 관계가 사적이고 가족적으로 변질되어 있다. '과부의 아들'이 권력과 부를 얻는 것이 마치 여행이나 이민처럼 마을을 멀리 떠나 공동체적 질서와 단절하게 만드는 가난에 대한 보복처럼 제시되어 있다. 카빌리의 '알라딘'은 또한 남성 문화를 보여주는 것으로 남자들이 개인적 야망에 끌려 공동체 구조를 위험에 빠트리면 그 문화가 흔들린다는 것을 강조하고 있다.

알리와 어머니

「알리와 어머니」는 카빌리에서 가장 널리 알려진 설화의 하나로 최소한 9개의 이본이 수집되어 문자화되어 있다. '잔인한 어머니'를 통하여 어머니 살해와 아이 살해를 저울질하는 오이디푸스적 비극의 전형이다. 7명의 아내를 가진 아버지가 7명의 아들에게 자기 어머니를 죽일 것을 명령한다. 그러나 유일하게 알리만이 거부하고 도망한다. 어머니와 사람들이 살지 않는 곳에 피신한 알리는 식인귀를 죽이고 그 자리를 차지하여 동물들과 마음 좋은 할머니의 도움을 받는다. 그때 '남자가 없는' 어머니는 식인귀 중 하나와 결혼하여 식인귀에게 아들을 죽일 것을 명령한다. 식인귀는 마지못해 알리를 죽인다. 그러나 알리는 사냥개와 할머니의 도움을 받고 환생하여 식인귀를 죽인다. 그러나 어머니는 살려둔다. 알리는 곧 이어 괴물 히드라의 제물이 될 한 아가씨를 만나 구해준다. 그러나 어머니는 히드라의 독으로 아들을 다시 죽이려고 한다. 또 다시 도움을 받아 환생한 알리는 드디어 어머니를 죽일 결심을 하게 되고 아가씨와 결혼한다.

이 무시무시한 비극은 어머니이지만 사악한 여자의 지나친 성적 욕구와 아울러 개인주의가 가부장적 질서를 위협할 수 있다는 것과 그로 인해 생기는 위험을 경고하고 있다. 이 카빌리의 오이디푸스 이야기가 주는 교훈은 어머니 살해만이 아이의 살해를 막을 수 있다는 것이다.

암다흐/이므다흔 ameddah/imeddahen

가수와 이야기꾼을 겸하여 시장이나 마을을 돌며, 주로 남자들로 구성된 청중 앞에서 말과 노래로 시를 읊는 일종의 음유시인이다. 레퍼토리는 기본적으로 구전으로만 전해지는, 카빌리에서는 '타크지트/티크지딘'으로 부르는 성자 전설들이다. 대개 성서 혹은 쿠란의 인물인 아브라함(이브라힘), 모세(무사), 요셉(유스프)을 비롯하여 예수(아이사)의 일대기를 이야기한다. 이제는 거의 찾아볼 수 없다.

여자 식인귀 테리엘, teryel

남자 식인귀와 마찬가지로 지하세계, 산, 동물, 해안가, 덤불숲에 산다. 밤에 돌아다녀 예를 들면 샘가에서 만날 수 있다고 한다. 어둠에 익숙하여 대개 눈이 어둡다. 카빌리 사람들의 상상력 속에는 남자 식인귀보다 여자 식인귀가 훨씬 많다. 다시 말해서 여성적 본성이 더 사악하다고 보는 것이다. 신화 속에서도 세상에 등장한 첫 남녀가 문명을 거부하고 자연 속에 남게 되자 남자는 사자가 되지만 여자는 식인귀가 된다. 다른 문화권에서와 마찬가지로 부부 식인귀는 없다. 가족 공동체를 모르는 비사회적 존재로 상상하기 때문이다.

카빌리 문화에서 인간이 가장 두려워하는 것은 여성성을 지닌 야생적 존재인 식인귀나 히드라에 집약되어 있다. 여성들이 남성들보다 자연과 야성성에 더 가깝다고 보는 것이다. 사회를 위협하는 남자보다는 식인귀처럼 사악한 여성이 훨씬 더 많이 등장한다. 유럽 설화와 달리 카빌리 설화에서는 남자 주인공이 남자 식인귀보다는 여자 식인귀를 만나는 경우가 훨씬 더 많다. 남편 없이 혼자 사는 여자 식인귀는 남자들의 사회에 생기는 틈새에 재빨리 끼어드는 것으로 나타난다. 또한 고아나 아버지가 멀리 떨어져 있는 젊은 여성 혹은 모험심이 너무 강한 젊은 남성과 여성, 의례를 지키지 않는 남편(예를 들면 씨앗 콩을 먹어버리는 남편)을 가진 여성을 공격한다. 뿐만 아니라 형제간 불화와 같은 사회에서 가장 두려워하는 점들을 공격한다. 여자 식인귀를 이길 수 있는 것은 검소함, 우월성, 잠을 자지 않을 수 있는 능력, 조심성과 같은 남성적 미덕을 갖춘 주인공뿐이다. 식인귀가 좋은 일을 하는 예외적인 경우

도 있다. 「알리와 그 어머니」에서 사악한 어머니를 대신하여 어머
니 역할을 하는 경우이다.

예술

베르베르 문화권 가운데서 카빌리는 조형예술과 음성 예술 분야
에서 나름의 고유한 특징을 가지고 있다. 카빌리 조형예술은 특
히 대단히 정교한 장식 기법을 가지고 있다. 장신구의 예를 들면
은 바탕에 여러 장식을 결합(녹, 청, 황, 칠보와 적색 산호)하는 기법
과 장식을 조직하는 기법(대칭 장식, 바탕 세공, 늘어뜨린 장식)에서
볼 수 있다. 또한 집 내부의 벽, 여러 모양의 항아리 표면, 나무 집
기(집의 문, 상인방, 궤), 금속공예(장신구 및 무기), 직조, 염색, 양탄자,
자수, 특히 팔의 문신까지 매우 다양한 바탕에 그림을 그려 넣었다
는 점도 있다. 재료가 어떤 것이든 장식의 문양은 동일하다. 베르
베르 문화권 전체에서 가장 좋아하는 테마는 기하학적 무늬로 장
식 면을 거의 여백을 남기지 않고 정확하게 분할하며, 곡선보다는
직선을 사용한다. 곡선은 원을 제외하고는 드물다. 점선이나 구불
구불한 선(뱀), 삼각형이나 마름모꼴을 대개 다른 모양과 결합하여
(벌, 올챙이, 전갈, 두건 달린 옷, 벌통) 장식했다. 천 짜기나 장신구에
서 즐겨 쓰는 색은 흰색(은 혹은 양모)과 적색(산호, 옻)을 대비시키
는 것이다. 그 외 쪽빛, 녹, 황, 흑 혹은 흑갈색이 있다. 현대 염색이
나 면직물에서는 밝은 청색이나 진한 녹색과 같은 다른 색깔이 도
입되고 있다.

음성 예술 또한 중요한 분야다. 노래, 음악, 악기 연주, 운문·

산문 구전문학들이 있다. 두 시인 유스프 우 카시(아이트 즌나드 부족)와 시 모한드 우 음한드(아이트 이라튼의 아크르마 부족)는 현재까지 작품들이 전해지고 있다. 과거에는 '이므다흔(음영시인)'이 마을에서 마을로 이동하며 성자전을 운문으로 낭독했다. 이러한 풍습이 쇠퇴하면서 이제는 사적 모임으로 위축되거나 기록물 혹은 현대 공연물로 변형되었다. 많은 남녀 가수들이 그들의 뒤를 이어 카빌리 노래를 세계에 알리고 있다. 노래 전통의 출처는 운문시가('이스프라/아스프루') 뿐 아니라 긴 북을 중심으로 모인 악단 음악('아드발' 혹은 '이프라흔')이 있으며, 여성들의 노래는 우유 젓기 노래, 방아 노래, 자장가 등이 있고, 기타 종교 노래, 서정적 노래, 축제나 춤 노래 등 여러 기회에 부르는 다양한 노래들이 있다. 축제나 가족 행사 때 노래와 음악에는 춤이 따르며, 모두가 '우라르', 즉 '춤과 노래의 밤'을 즐긴다. 과거 TV가 없었을 때 축제 날 저녁에는 밤을 새워 구전으로 내려오는 설화를 이야기하고 들었다. 구전설화는 주인공이 자연의 위험을 마주하여 마을공동체를 지키는 내용의 농촌 전통의 여성적 '농민 설화'와, 주인공이 개인적 권력을 추구하는 『천일야화』풍 마술적 세계에서 영향을 받은 남성적 '도시설화'가 있다.

오줌

오줌이라는 단어를 직접 사용하는 일은 거의 없고, '아만 은 타사(간의 분비물)'라는 단어를 대신 사용한다. '이브샨'이나 '이브즈단'이라는 단어도 있지만 '불결한 것'이라는 의미를 가지고 있어 말하는 것조차 예의에 어긋나는 것으로 보인다. 아이가 커서도 침대에 오줌을 싸는 것은 큰 근심거리다. 화덕의 돌 3개 중 하나를 들게하여 낫게 하는데, 풍요를 상징하는 불이 오줌의 해독제라고 생각하기 때문이다. 「지자」에서 보듯 설화에서도 오줌은 불의 반대 단어다. 주인공 아가씨가 불을 지키는 고양이로부터 콩을 훔치자 고양이는 오줌으로 불을 꺼버린다. 카빌리판 「알라딘」에서는 구혼자가 축사에 던져져 오줌 속에 뒹굴게 되는데, 이것은 그의 성적 무능력을 보여주는 것이며 결국 결혼이 취소된다.

외눈 거인 설화

카빌리 문학에 등장하는 거인은 외눈 식인귀로 동굴 속에 사는데, 동굴을 막고 있는 바위를 치우려면 99명의 남자와 양치기가 힘을 합해야 한다. 거인 식인귀는 주인공과 그의 친구 6명을 동굴로 유인해서 매일 저녁 한 명씩 잡아먹는다. 주인공은 이야기를 해주어 거인을 잠들게 한 뒤 쇠가 박힌 말뚝으로 한 눈을 찌르고 숫양 가죽 아래 숨는다. 지중해적 테마가 카빌리 문화에 완전히 통합되어 농부이면서 전사인 남자들 사회의 특이한 양상을 드러내고 있다.

요셉 설화

'타크지트 은 시드나 유스프(taqsit n Sidna Yusef: 요셉의 시)'는 구전되어 온 전설에서 영감을 받은 이야기이다. 랍비 문학, 성경(창세

기), 쿠란에도 나오는데, 쿠란의 한 장이 요셉의 이야기로 구성되어
있다(12장 '요셉 장'). 북아프리카에 널리 퍼져 있는 이야기이며 광
장이나 시장에서 '이므다흔/아므다흐(이야기꾼)'들이 노래로 전달
했다. 약간 달라진 점도 있고, 없어진 부분도 있지만 카빌리의 이
야기는 성경과 쿠란의 내용을 거의 충실하게 따르고 있다. 카빌리
설화에서 흔히 볼 수 있는 특이한 출생과 형제들의 질투라는 기본
동기를 중심으로 구성되어 사람들이 좋아하는 이야기 가운데 하
나다.

음악

카빌리 사람들은 음악을 아주 즐긴다. 명절마다 어린 소녀들이나
젊은 여자들이 토기에 가죽을 붙인 작은 '데르부카(탬버린)' 리듬
에 맞추어 노래를 부른다. 목동들은 무료함을 달래기 위하여 갈대
로 피리를 만들어 불기도 한다. 그러나 마을에서는 부는 것이 금지
되어 있다. 때로 기도회에서 성가를 부르기도 한다.

여자들은 우유 젓기, 맷돌질, 아이 재우기, 밭 밟기 등 가사 노
동을 하며 거기에 맞는 노래들을 부른다. 올리브나 밤을 딸 때, 나
뭇가지를 주울 때, 샘이나 개울에서 빨래를 할 때, 여러 명이 외출
할 때도 함께 합창을 한다.

노래를 직업으로 하는 사람들은 '트블' 혹은 '아븐다이르'와
같은 북, 일종의 피리인 '하이타/이히다' 등 전통 악기로 작은 악
단을 조직하여 돌아다니면서 가족 축제에 여흥을 돋운다. 자신들
이 받은 대우에 따라 주인을 칭찬하기도 하고 비웃기도 한다.

아마도 노골적인 가사 때문인지 노래하는 사람들을 무시하기도 한다. 낮은 계급으로 천시하여 일반적으로 집안에 음악가가 나오는 것을 원하지 않는다. 카빌리 노래가 널리 알려지게 된 것은 1940-1960년대 파리 이민자들 덕분이었다. 알제리 독립을 위한 운동이 벌어졌던 이 기간 동안 청년들이 민족을 상기시키는 내용의 노래를 많이 작곡하여 상업화했다. 식민지배를 반대하는 내용의 이 노래들을 아랍계나 유대계 가수 및 작곡가 그리고 중동 음악의 영향을 받았다. 독립하고 난 1967-1968년 이후에도 카빌리 노래들이 크게 발전했다. 대개 기타 혹은 만돌린, '데르부카', 반조, 하모니카, 아코디언 등 한 가지 악기만으로 반주했다. '바바 이누바'를 부른 이디르(1974년) 외에도 슬리만 아줌, 루네스 마투브, 아이트-만글라트 등 새로운 가수들이 나타나 노래를 유행시켰다.

모하메드 이그르부쉔(1907-1966)은 카빌리 출신 음악가 중에서 특별한 위치를 차지하고 있다. 음악원에서 클래식 음악을 공부한 작곡가로 카빌리, 아랍, 유럽 등 다양한 문화적 근원에서 영감을 얻어 활동했다. 빈센트 스코토와 함께 작업한 영화 '페페 모코(Pépéle Moko)' 주제곡 외에 여러 작품을 작곡했다.

음키드슈(Mqidech) 설화

가장 대중적인 카빌리 설화의 주인공이다. 그 이름이 '집안에 봉사하다, 돕다'라는 어근에서 파생되어 가족과 관계된다는 것을 알려준다. 일곱 명의 남자형제 중 막내로 어머니가 과일 반쪽을 먹고 나서 태어난다. 그러므로 음키드슈는 불완전한 인간, 즉 자연과 초자연 사이에 있는 양가적 인물이다. 잔꾀가 많고 약삭빨라 '부 르 흐문(말썽쟁이)'이며, 잠이 없어 '우르 늑간, 우르 느츠누둠(ur neggan, ur netsnuddum: 잠이 없는 사람)'이라는 별명도 붙어 있다.

　다 자라 사냥꾼이 된 음키드슈와 형제들은 숲을 돌아다니다 가 어느 날 식인귀를 만나 대접을 받는다. 형제들은 식인귀가 준 음식을 먹고 잠이 들지만, 음키드슈는 먹지 않고 깨어 남아 있다. 식인귀가 잠이 들자 음키드슈는 일어나 꿀을 바른 손가락을 빨게 해서 형들을 깨워 말 한 필에 의지하여 도망한다. 집으로 돌아온 형들은 음키드슈를 시기하여 다시 식인귀에게 가게 만든다. 음키 드슈는 식인귀 집 밖에 머물며 약을 올려 이불, 맷돌, 접시, 암탉 등 집안의 도구를 밖으로 던지게 만든다. 그리고 결국 식인귀를 잡아 궤 속에 집어넣는다. 다른 설화에서는 식인귀가 따라오지 못하는 높은 곳에 피신하고 있다가 불에 타죽게 하거나 도와주는 짐승들 이 먹게 만들기도 한다. 결국 부자가 되어 결혼하고 왕이 된다.

　음키드슈는 반(半) 인간이면서 사냥꾼으로 집의 안과 밖에서 행동한다. 사람을 잡아먹는 파괴적인 식인귀의 반사회적인 면을 보여주고, 문명 세계 밖으로 내쫓아 사라지게 하여 가족을 평안하 게 하고 가족의 재산과 자신의 생명을 구할 뿐 아니라 남성적 힘을 보여주고 가장이 되어 사회질서를 유지시키는 인물이다.

이야기하다

백 년 전만 해도 저녁에 모여 이야기를 하고 듣는 것은 일상적인 일이었다. 남자들은 '즈마아'에 모이고, 여자들과 아이들은 집에 남아 있는데, TV, 라디오, 전기도 없는 집에서 식구들은 불가에 모여 할머니가 하는 이야기를 들었다. 이야기는 설화의 세계로 들어가는 의식, 즉 이야기될 초자연적 세계의 힘을 약화시키고 나쁜 기운을 쫓는 경구로 시작한다. 이야기꾼은 대단히 정교하게 다듬어진 언어로 여러 역할을 해가며 마치 연극 한 편을 진행하듯 이야기를 전개하고, 듣는 사람들은 적극적으로 반응한다. 아이들은 흥미진진한 이야기를 들으면서 어떻게 행동해야 되는지 교육을 받았으며 사회구성원으로서 알아야 할 사고체계, 즉 카빌리 문화의 열쇠들을 습득한다. 이야기는 반드시 설화의 위험한 세계 밖으로 나오게 해주는 경구를 말하는 것으로 끝난다.

이집트 콩 설화 아아카 을하므즈, aâqqa Lhammez

설화에 나오는 주인공으로 자식이 없는 어떤 남자가 콩을 바라보다가 저런 아들이 있었으면 좋겠다는 경솔한 소원을 빌어 생겼다고 한다. 작은 남자아이로 변신한 '이집트 콩'은 맡겨진 모든 일을 해치운다. 그리고 사자가 집어 삼켰다가 뱉은 후 드디어 진짜 사람이 된다.

재능 설화

설화에서는 주인공의 조력자들이 특수한 능력을 가지고 주인공을 도와준다. 여기에는 시적 상상력이 가미되어 있다. 산토끼들에게는 '긁기', '뒤지기', '문 열기'등의 별명이 붙어 있다. 사람도 마찬가지여서 밀라크의 여섯 형제들은 여주인공을 만나는 시련을 넘기 위해 필요한 일을 차례로 수행하는데, 첫째는 귀가 특히 밝아 '이슬 듣기'이며, 손이 부드럽고 예민한 둘째는 '자고새를 깨우지 않고 품고 있는 알을 빼내기'다. 민첩한 셋째는 '가시덤불에서 비단실을 엉키지 않게 빼기'이며, 마술의 힘을 가진 넷째는 '발로 바닥을 쳐서 문이 보이게 하기'이며, 기발한 다섯째는 '열쇠 없이 문 열기'이고, 힘이 센 여섯째는 '일곱 개 벽을 넘기'다

전설 타크시트, taqsit

'타크시트'라고 부르는 전설은 서사 장르의 문학이다. 대개 운문 형식으로 성자의 역사적 공적을 전달한다. 예를 들면 요셉의 전설, 아브라함의 전설 그리고 모세의 죽음이나 알리의 공적을 내용으로 하는 이야기 등이다. 같은 주제들이 다른 유형의 허구적 이야기들이나 '타디안트(모험담)', '타흐카이트(이야기)'에도 자주 등장한다. 두 용어는 스토리를 의미하기도 한다. 신비한 힘이 등장하는 경우가 많다. 기이한 '설화'를 칭하는 '티무슈하'와는 다르다. 전설은 특히 성인들을 기리므로 성자전이라고 할 수 있다. 모두가 무슬림 성인들을 다루는 것은 아니고 이슬람 도래 이전 인물들의 공적을 전달하는 것도 있다. 예를 들면 '세상 첫 어머니' 전설, 가축들이나 야생 사냥감들을 만들어낸 '하이제르 들소' 전설들과 같은 것이다. 실제 이 전설들은 예전에 신앙의 대상이었다는 점에서 신화에 가깝다.

젖가슴 타부슈트, tabbucht, 이룹비, irebbi

설화에 삽입되어 있는 짧은 시 구절은 젊은 여성의 젖가슴을 카빌리 사람들이 아주 좋아하는 사과 품종인 '아부 슬리만 사과'에 비유하며 칭송하고 있다. 젊은 남자가 여자의 가슴에 기대어 앉아 있는 모습에서 젖가슴의 아름다움이 드러나기도 한다. 그러나 젖가슴이 특히 높은 가치를 인정받는 것은 젖으로 영양을 공급하는 기능을 갖고 있기 때문이다. 젖은 지워지지 않는 혈연관계를 만드는 것으로 어머니는 아들을 용서할 때 "네가 먹은 젖가슴의 이름으로"라고 말하며, 같은 말로 아들이 떠나는 것을 막으려 하기도 한다. 야생의 세계에 사는 악한 식인귀도 어머니의 젖가슴을 가지고 있다. 너무 커서 앞가슴에서 엇갈리게 하여 등뒤로 넘긴다고 하는데, 설화의 주인공은 뒤에서 왼쪽 어깨를 잡고 오른쪽 젖을 먹고 이렇게 형성된 관계로 인하여 잡아먹히지 않게 된다.

주인공

카빌리 구전설화에서 주인공은 두 종류다. 하나는 여성들의 전통설화에 등장하는 농부이고 다른 하나는 남성들의 설화인 동양풍 이야기에 등장하는 도시민이다.

카빌리 전통설화에 등장하는 주인공의 원형은 교묘한 술책과 꾀로 무서운 식인귀를 이기는 음키드슈다. 몸이 작고 장애가 있지만 뛰어난 능력을 가지고 있고, 자제심과 영리함, 절제, 냉정함을 가지고 있다. 아무리 몸집이 크고 수가 많은 적일지라도 모두 제압할 수 있는 능력과 아울러 모든 함정과 시련을 뛰어넘을 수 있는 능력을 가지고 있다. 자연과 자연 속에 살고 있는 존재들과 싸워 승리하면서 전통적 사회질서가 복원된다.

동양 유형의 주인공은 술탄 왕국의 사람이다. 예를 들면 알라딘이나 하룬 에르 라시드처럼 어릴 때부터 비단과 금으로 짠 옷을 입고 피리를 불며 양탄자가 깔린 호화로운 궁전에서 살 운명을 타고난 인물들이다. 그러나 도시 생활에 익숙해진 이들은 대개 무력해지고 방탕에 빠져 거의 술탄의 딸을 유혹하는 데 열중하며, 공주의 주술적 능력 덕분에 야망인 권력을 잡게 된다.

전통적 주인공은 자연과 문화 사이의 매개자라는 소명을 가지고 공동체의 질서, 보존, 단합을 지키는 인물이다. 반면에 동양적 주인공은 개인주의자로 도시에서 특별한 방법으로 자신의 권력을 차지하는 야심 많은 인물이다.

중재자

대개 설화의 주인공들은 정복해야 하는 자연과 보호해야 하는 문명 사이의 중재자 역할을 한다. 흑/백, 밤/낮, 안/밖 등 상반된 두 요소의 대립을 줄이는 데 탁월하다. 주인공 자신도 자연과 초자연의 경계에 위치한다. 기적적으로 태어나 여러 잠재력을 갖고 있으며 식인귀가 혼란에 빠트린 사회질서를 복원시키는 능력을 지니고 있다. 여성의 세계에서 겨우 벗어나 남성의 세계에 아직 들어가지 못한 소년의 상태로 남녀를 중재하는 능력도 가지고 있다. 여러 도구와 기술 가운데는 자연과 문화를 잇는 것들이 있다. 밭을 갈아 생산성을 부여하는 쟁기 날, 먹을 것을 익히는 요리, 문명의 산물인 요리를 인간들이 함께 나눌 수 있게 하는 식사 등이다.

지자(Dzidza) 설화

지자는 신화적 설화의 여주인공이다. 카빌리에는 널리 알려져 있지만 다른 지역에서는 거의 알려져 있지 않아 카빌리 지역 특유의 이야기로 보인다. 순례를 떠나는 아버지를 둔 일곱 자매의 이야기다. 아버지가 떠나기 전 한 해 동안 자식들이 밖에 나갈 필요가 없도록 음식, 물, 나무 등을 마련해 놓고 암캐를 남겨둔다. 그러나 암캐의 노력에도 불구하고 딸들은 식인귀에 시달리게 된다. 제일 어린 지자는 탈출해서 사냥꾼들의 보호를 받게 된다. 사냥꾼들은 지자에게 시험을 내고 그것을 통과하면 자신들 중 하나의 아내가 될 수 있다고 말한다. 살림을 하고 요리를 할 것이며 특히 암고양이의 기분을 거스르지 말아야 하는데, 암고양이는 늘 잠두콩을 가지고 놀며, 잠두콩이 없으면 오줌을 누어 불을 꺼버린다는 것이다. 바로 이런 불상사가 일어나게 된다. 지자는 결국 이웃에 불을 얻으러 가야 하는데, 이웃 사람이 식인귀다. 식인귀에게 걸려든 지자는 사냥꾼들에게 자신의 잘못을 고백한다. 그 말을 들은 사냥꾼들이 식인귀를 죽이자 지자는 빠져 나오게 된다. 여주인공이 다산을 상징하는(잠두콩은 태어날 남자 아이를 상징한다) 불을 지키는 능력을 가지기 위해서는 남자인 사냥꾼의 도움을 받아야 하는 것이다. 결국 지자는 사냥꾼과 결혼한다. 이 이야기는 집안의 불이 갖고 있는 생산성의 측면을 보여주고 있다. 불이 집안의 번영을 가능하게 하는 것이다. 이 같은 요소들은 「모슈」와 같은 다른 설화에서도 발견되는데, 젊은 아가씨들과 수고양이가 등장하며 이야기가 반대로 전개된다.

지하세계

이 세상과 반대로 모든 것이 암흑인 지하세계는 경계의 대상이다. 식인귀가 사는 곳이고 우물이나 동굴을 통해서 들어가는 곳이다. 설화에서는 세상이 뒤집히고 지하세계에서 살던 난쟁이들이 떼지어 나오는 때가 종말이라고 묘사되어 있다. 망자가 가는 저승이면서 인간이 처음 이 세상의 빛에 이끌려 나온 곳이다.

진니아 Jinnia

동양의 영향을 받은 설화에서는 이슬람 상상 세계에 속하는 변신 능력을 가진 아름다운 아가씨들이 등장한다. 예컨대 새로 변신하는 아가씨를 얻기 위해 주인공이 아가씨들이 샘에서 목욕하는 동안 깃털 옷을 훔친다. 이 영들의 세계에는 또한 도움을 베푸는 나이 많은 '진니아'들도 있어 주인공을 다른 세계로 기적적으로 옮겨주기도 한다.

짚 아림, alim

가장 심한 가난은 '짚을 깔고 자는 것'이 아니라 '짚을 먹게 되는 것'이다. 설화에서 가축 우리로 쫓겨난 불쌍한 여자들의 처지다.

천일야화 설화

동양에서 전해진 이 이야기는 카빌리 구전문학의 일부가 되었다. 알제리나 튀니지 도시에 일하러 갔던 남자들이 이야기꾼들로부터 들은 것을 전달한 것으로 보인다. 카빌리 문화 속에 흡수되어 농부 이야기들과 나란히 자리를 차지하고 있다. 카빌리 사람들의 상상력은 신기한 동양 도시들과 술탄이 사는 궁전, 호화스러움, 마술을 부리는 마법사들의 세계에 매료되었다. 『천일야화』의 일부 이야기들이 카빌리 식으로 각색되어 「알라딘」은 「과부의 아들과 모로코인」으로, 「장미같이 미소 짓는 파리자드」는 「황금 이마 왕자와 공주」로, 「핫산 엘-바스리」는 「아프루크 왕자와 영들의 왕의 딸 을-야쿠트 공주」로, 「훔쳐간 보물」은 「도둑들 이야기」로 변형되었다. 「하룬 에르 라시드」도 전체 연작이 전해졌다.

청중

과거에 밤샘을 하며 이야기하고 들었던 카빌리 구비문학은 청중을 떼어 놓고 생각할 수 없다. 기억하기 좋고(반복이 많다) 상상력을 자극할 수 있는(신호로 이야기를 중단한다) 특수한 구어체로 구성되어 마치 하나의 공연물처럼 이야기하고 듣도록 만들어져 있는 설화들은 사회 담화를 전달하여 사고 체계를 주입하는 기능도 동시에 가지고 있다. 대개 아이들로 구성된 청중은 적극적으로 반응하며, 이야기꾼은 이러한 정서적 반응에 맞추었다. 예전에는 '이므다흔(음영시인)' 주변에 청중이 많이 모였다. 시인들은 마을 사람들이 자신들을 맞이하는 태도에 따라 칭송하기도 하고 비난하기도 했다. 요즈음 새로운 무대 예술에 대한 카빌리 사람들의 반응도 아주 적극적이다. 노래나 춤에 공연 청중 전체가 끌려 들어가 참가하는 경우가 많다.

축하연 탐흐라, tameghra

'탐흐라'는 집안의 경사 축하연을 말하는데, 가장 성대한 것이 결혼 피로연이다. 신랑 집에서 열리는 피로연은 친척, 이웃, 친구 등 많은 사람들이 모여 음악, 노래, 헤나 의식, 춤을 즐길 뿐 아니라 음식, 옷, 장식, 장신구 등 호화스러움이 넘치는 기회다. 축하연을 잘 치르는 것은 주빈의 위신을 드높이는 것이다. 결혼식을 통해서 축하연을 베푸는 신랑 아버지의 위신이 높아진다. 예전에는 신부를 데리러 가기 전 신랑 집안 남자들의 용맹함을 과시하기 위하여 활쏘기 시합을 하기도 했다.

전통적으로 설화는 이러한 축하연으로 이야기가 마무리된다. "사람들이 성대한 축하연을 열었다. 스무 날 밤과 낮으로 북과 피리가 울렸다."

춤

가족 행사 날 저녁은 춤을 출 수 있는 기회다. 춤은 평범한 행동이 아니어서 예전에는 마당이나 집 앞에 소금을 뿌려 귀신들을 멀리 가게 한 뒤 밤에 춤을 추었다. 여자 아이들은 어릴 때부터 나이 먹은 여자들을 흉내내면서 춤을 배운다. 악기를 다루는 사람들을 좋게 생각하지 않아 초청하지 않는 경우도 많은데, 이럴 때는 자리에 있는 사람들이 탬버린으로 박자를 맞추어가며 부르는 노래에 맞추어 춤을 춘다. 남녀는 따로 춤을 추며 여자들이 남자들보다 더 자주 춤을 춘다. 남녀가 같은 장소에서 춤을 추는 것은 아주 최근 특히 도시에서 볼 수 있는 현상이다. 여자들이 자신들만을 위해서 벌이는 저녁 여흥을 '우라르(놀이)'라고 부르며 집안 여자들이나 이웃 여자들끼리 모인다. 쓰고 온 '아믄디(머릿수건)'를 허리에 두르면 가장자리에 달린 술이 엉덩이 위로 떨어져, 몸을 움직이면 같이 따라 흔들린다. 유혹적인 이 춤을 외부 사람들에게는 보여주지 않는다.

타닌나 taninna

신화에 등장하는 신비한 새다. 「타닌나의 결혼 이야기」는 민간 전설, 특히 여성의 시에 아직도 등장한다. 새들이 말을 했던 '시드나 슬리만(Sidna Sliman: 새들과 영의 왕인 솔로몬)' 시대 타닌나는 구애하는 새들 중 어떤 새와 결혼해야 할지 선택하기 위해 경연을 벌인다. 모든 새들이 돌아가면서 연설을 한다. 타닌나는 가장 현명한 새 '이스히(독수리)'가 아니라 가장 힘세고 거만한 맹금 '올바즈

(매)'를 선택한다. 시는 이처럼 일반 사람들의 도덕적 판단을 담고
있는 수수께끼, 속담, 격언들로 채워져 있다.

통치

설화에서는 '쎌탄(술탄)'과 '아글리드' 두 종류의 통치자가 있다.
'아글리드'가 '쎌탄'보다 더 높다. 하룬 에르 라시드는 단순한 술
탄이 아니라 훨씬 위엄 있는 '아글리드'다. 위대한 '아글리드'는
왕으로 늙어 죽으며 대개 공평하고 정의롭게 통치를 하는 반면
'쎌탄'들은 대개 도시 사람들을 괴롭히고 사치와 방탕에 빠져 쫓
겨나는 경우가 많다. '쎌탄'이 훨씬 실제적 모델로 보인다. 한때 카
빌리 지역에서 세력을 떨쳤으나 도가 넘는 행동으로 카빌리 사람
들에게 쫓겨난 쿠쿠와 같은 세력가도 그 경우라고 할 수 있다.

프랑스어 문자 문학

구전 전통설화들이 출판된 이후 일부 작가들이 현대식 프랑스어
문학을 생산하기 시작했다. 초기 소설들은 프랑스인 군인과 행정
가들이 쓴 것으로 그들이 관찰하고 상상할 수 있었던 특이한 것들
을 묘사했다. 그 다음에 등장한 것이 카빌리인 작가들로, 물루드
페라운, 물루드 마므리, 암루슈 가족 외에도 더 최근에는 타하르
자우트, 말렉 우아리, 나빌 파레스 등 많은 작가들이 탁월한 작품
들을 생산했다.

피리 주악, djouak

갈대에 구멍을 다섯 개 뚫어 부는 목동들의 피리부터 쇠로 제작하여 합주에 사용하는 것, 하룬 에르 라시드가 아들에게 물려준 피리까지 제작 방식이나 공정에 따라 다양하다. 피리는 일 없는 젊은이의 악기로 젊은 아가씨를 춤추게 하는 마술적 힘을 가지고 있다고 생각하여 특히 용인되지 않는 쾌락을 연상하기도 한다. 마술 피리가 되어 보물을 찾게 하거나 군대가 나타나게 하거나 궁전을 짓거나 혹은 주인공을 먼 곳으로 옮겨놓기도 한다.

피신처

피신처는 아래를 굽어보는 고지대에 있다. 설화의 주인공들은 나무, 바위, 대들보, 망루 위에 기어올라가 식인귀를 피한다. 쇠로 지은 집이나 쇠문이 달려 있는 곳에 피신하기도 하는데, 다른 지중해 지역들과 마찬가지로 쇠가 나쁜 기운을 물리치는 힘을 가지고 있다고 믿었기 때문이다.

하룬 에르 라시드 설화

도시로 이주했던 남자들에 의해 전해진 『천일야화』의 영향을 받은 설화에 등장하는 동양 군주의 전형이다. 하룬 에르 라시드는 지역 세력가들처럼 '쎌탄(술탄)'이 아니라 '아글리드(왕)'로, '아글리드 엘 무므닌(agellid el mumenin: 신도들의 왕)'으로 불리며 '아미르 엘무므닌(amir elmumenin: 신도들의 수장 에미라)'이라고도 부른다. 하룬 에르 라시드는 '이흐큼 스 엘하크(ihkem s elhaqq: 공정하게 다스렸다)'라고 서술되었다. 실제 존재했던 이 위대한 압바스 왕조의 군주(786-809년)는 카디와 근위대의 보좌를 받으며 엄격한 치안 제도를 통해 공정하고 정의롭게 통치했다. 바르메키데스 가문의 일원인 자아파르 브란키가 왕을 보좌했던 여러 대신들 가운데 가장 지위가 높았다.

하룬 에르 라시드는 철저한 위계 방식에 근거하여 권위적인 권력을 행사했던 의로운 왕이었지만, 도시 사회 외부까지 넓은 지배력을 행사하지는 못했다. 상인들과 수많은 흑인 노예들로 구성된 도시는 조직을 갖추지 못하고 있었고, 주민의 대표들도 없었으며, 사치와 부가 비생산적으로 남아 있는 곳이었다. 하룬 에르 라시드는 카빌리 사람들에게 먼 곳에 존재했던 절대 권력의 상징이었다.

히드라 설화 타라프사, talafsa

'타라프사'라는 명사는 때로 '독사'를 의미하기도 하는데, 설화에서 특히 초자연적 힘을 가진 악한 여성성을 상징적으로 표현한다. 일곱 개의 머리를 가진 용 혹은 뱀으로 샘에 살고 있으며 젊은 아가씨를 제물로 바치지 않으면 물을 막아버린다. 히드라가 솟아오르면 주인공이 이 히드라를 죽이고 아가씨를 구출한다. 주인공이 히드라의 머리 일곱 개를 하나씩 긴 칼로 자르면 히드라는 "이것은 내 머리가 아니다"라고 외치는데, 주인공은 "이것은 내 칼이 아니다"라고 대답하며, 일곱 번째가 되어서야 히드라가 "이것은 내 머리다"라고 외치고, 주인공은 "내 칼이다"라고 대답한다. 어린이들은 '타라프사'라는 말 한 마디만 들어도 겁에 질렸다. 구전 형식은 간결하지만 강한 이미지를 불러일으킨다. 설화를 채집할 당시 베르베르어 통역자는 "타라프사는 끈적거리는 흉한 몸을 굽혔다 펼치면서 샘에서 나온다"라는 말로 표현했다.

물론 '용을 죽이는 주인공'은 전 세계 설화에서 볼 수 있는 모티프다. 카빌리 설화에서는 대개 주인공이 겪는 마지막 시련으로 자주 등장한다. 주인공은 생산성 없는 행위자를 죽이고 물에 다산성을 돌려주면서 (왕의) 젊은 딸을 구하여 결혼을 하게 되며, 그와 동시에 권력을 얻기도 한다.

Dictionnaire
de la culture berbère
en Kabylie

XIII

인물들

문장식

길돈 Gildon

피르무스의 형제로 로마의 편에서 형의 반란을 격퇴하는 데 참가
했다. 피르무스가 패배하고 난 뒤 아프리카 총독이 되어 아프리카
로마군을 지휘했다. 다른 형제의 추격을 받아 포로가 된 뒤 398년
옥사했다.

달레, 쟝-마리 Dallet, Jean-Marie(백인신부, 1909-1972)

'아프리카선교단' 소속으로 아이트 라르바아 교구를 책임지고 있
었으며 고등학교에서 학생들을 가르쳤다. 후에는 아이트 만글라
트 부족의 와흐즌 초등학교에서도 학생들을 가르쳤다. 그리스어,
영어, 헤브루어, 아랍어 등 여러 외국어를 구사했던 그는 카빌리어
에도 관심을 기울였는데, 언어 이해의 적절한 도구가 없는 것을 안
타까워하며 랑프리 신부와 함께 아이트 만글라트 부족이 쓰는 말
을 토대로 카빌리어 어휘집 제작을 기획했었다. 1941년 포르-나
시오날에 '베르베르연구센터(CEB)'를 설립했으며, 카빌리어 동사
를 심층적으로 파악하겠다는 목표로 치밀하게 자료를 수집했다.
알제대학의 앙드레 피카르와 앙드레 바세의 강의를 듣고 공동으
로 작업했으며 음자브 베르베르어에도 관심을 가졌다. 어휘집『카
빌리어 동사(Le Verbe kabyle)』외에도 루이 드 벵센느 수녀와 공동
으로 『베르베르어 입문(Initiation à la langue berbère)』을 집필했
다. 가장 중요한 저작은 그의 사후 마들렌느 알렝, 쟈크 랑프리, 피
에테르 레신크가 출판한『카빌리어-프랑스어 사전(Dictionnaire

kabyle-français)』이다. 그가 주도해 제작한 『베르베르자료집』은 카빌리 문화에 대한 독창적이고 신뢰할 수 있는 자료들로 탁월한 연구 도구가 되고 있다. 처음에는 월간으로 정기 간행되다가 점차 격월로, 이어서 계간으로 간행되었다. 1946년에서 1974년 사이에 발간된 90편에 카빌리 사람들이 진술한 인류학적 텍스트를 카빌리어로 적고 프랑스어 번역을 첨가하여 카빌리 문화 연구가들이나 애호가들에게 대단히 귀중한 자료가 되고 있다.

데르멩겜, 에밀 Dermenghem, Emile(1905-)

기록보관소 직원으로 재직했던 이슬람 연구 학자이자 민속학자로 모로코와 알제리를 위시한 마그레브를 자주 방문했다. 「파시(fasis) 설화 번역」(모하메드 엘 파시와 공동 작업, 1928년) 등의 출판물이 있으며, 카빌리 설화에 관심을 갖고 번역 출판했다(1945년). 이 번역본에는 비교론적 주해를 덧붙인, '카빌리 흔적'을 탐지한 결과가 기록되어 있다.

랄라 파드마 은 수므르 Soumeur, Lalla Fadma n'(1830-1861)

종교가문인 아이트-시디 출신으로 1855년과 1857년 두 차례 프랑스 정복에 항거하는 전투를 조직했던 카빌리의 여자 영웅이다. 아이트-시디의 자우이아는 티루르다 고개 가까이 수므르 마을 인근 일리튼에 있다. 16세에 결혼하여 이듬해 친정으로 다시 돌아온 그녀는 예언과 치유의 능력이 있어 많은 추종자들이 따랐으며 성녀로 추앙받았다. 1855년 프랑스가 공격을 시작하자 남자형제 타하르와 함께 산지 부족들을 규합하여 저항군을 조직했다. 붉은 부르누스를 입고 여자들을 이끌며 전투를 도왔을 뿐 아니라 함성과 노래로 싸우는 사람들의 명예와 사기를 높였다. 1857년 이쉬리든 전투에 이은 두 번째 전투에서 패배하면서 그녀와 마을 사람들은 외딴 마을 타크리즈트로 피신했다. 결국 체포되어 알제 남쪽 타블라트 자우이아에 감금되었다가 많은 사람들의 방문을 받으며 33세의 나이로 사망했다. 1995년 유해가 알제의 혁명 희생자 묘소에 안치되었다. 많은 시에서 그녀의 용기를 기리고 있다.

랑프리, 쟈크 Lanfry, Jacques

포르-나시오날 '베르베르연구센터'에서 쟝 마리 달레 신부와 「베르베르자료집」 제작에 참가했던 '백인신부'다. 언어학자이자 민속학자로 IBLA(아랍문학원 연구집, 튀니스) 외 여러 연구지에 논문을 발표했다.

리비에르, 쟝 Rivière, Jean, 신부

'백인신부'의 한 사람으로 1882년 『주르주라 산맥의 카빌리 민간설화집(Recueil de contes populaires de la Kabylie du Djurdjura)』을 르루(Leroux) 출판사의 '민간설화와 노래' 전집의 한 권으로 출판했다. 첫 카빌리 설화집 출판으로 250쪽 분량이다. 프랑스어로 번역된 것은 불행하게도 10편뿐이다. 카빌리어 원본 텍스트는 파리 국립도서관 베르베르자료 내 '카빌리 설화'라는 제목으로 소장되어 있다(17호).

마므리, 물루드 Mammeri, Mouloud(1917-1989)

작가이자 인류학자이며 카빌리 문화의 전문가로 베르베르 문화 활동을 했다. 아이트 엔니 부족의 일원으로 타우리르트 미문 출신이며 집안에는 지식인들이 많았다. 아버지는 학교 교사였으며, 여러 세대에 걸쳐 엔지니어들과 의사들을 배출했다. 그의 프랑스어 첫 소설 『잊어버린 언덕(La Colline oubliée)』(1952)은 많은 호응을 얻었다. 이어서 『횡단(La Traversée)』까지 10여 편의 작품을 출판했다. 『시 모한드 우 음한드의 시(詩)들(Les Isefra, poèmes de Si Mohand u Mhand)』(1969), 『셰이흐 모한드가 말했다(Cheikh Mohand a dit)』(1989) 등의 연구서 외에도 대단히 많은 소고들을 출판하여 알제리 문학에 큰 족적을 남겼다.

알제리 독립 후 알제대학에서 베르베르어를 강의했으며 (1965-1972년), '인류학, 선사시대, 민족학연구소(CRAPE)'의 소장으로 학자들의 현지 공동 연구를 조직하고 잡지 「리비카(Libyca)」와 「CRAPE 회보」를 정기적으로 발행하면서 알제리 선사시대사와 인류학 발전에 결정적 역할을 했다. '알제리작가연맹'의 회장이었다(1967년). 카빌리 고전 문학을 주제로 티지-우주대학에서 예정되어 있던 그의 강연회를 정부에서 금지한 것이 1980년 '베르베르의 봄'이라는 대규모 소요의 직접적 원인이었다. 1989년 사고로 사망한 그의 장례식을 아이트 엔니 부족이 집행할 당시 많은 사람들이 참석했다. 그의 묘지는 아이트 라르바아 마을과 타우리르트-미문 마을 중간 지대, '세 마을' 한가운데 있다.

마투브, 루네스 Matoub, Lounès(1956-1998)

1956년 1월 24일 아이트 아이씨 연맹체의 아이트 마흐무드 부족의 일원으로 타우리르트 무사 우 아므르에서 태어난 시인 겸 가수로 '백인신부'들이 운영하는 학교에 다녔다. 엘 안카의 샤아비 부족 노래들의 영향을 받은 그는 1978년 프랑스에서 가수로 데뷔했다. 정신적으로 카빌리에 머물러 있기를 원했으며 카빌리 문화운동의 일선에 서고자 했다. 큰 성공을 거두었던 그의 노래는 항상 대단히 참여적이었다. 폭력의 표적이 되었다가 결국 목숨을 잃었다. 1988년 아인 엘-함맘 근방 댐에서 부상을 당했고, 1994년에는 '무장이슬람군'에 의해 15일간 납치되었다가 결국 1998년 6월 25일 티지-우주와 브니-두알라 사이 길에서 살해되었다. 이 사건은 카빌리 대폭동의 원인이 되었다.

물리에라스, 오귀스트 Mouliéras, Auguste(1855-1927)

오랑에서 아랍어 교사직에 있었으며, 베르베르어에 관심을 갖고 1890년 카빌리어 자격증을 획득했다. 같은 해 오랑에서 터키탕에

인물들

587

고용되어 있던 아이트 즌나드 부족 사람들은 만났는데, 그 중 한 사람이 타우두슈트 출신 이야기꾼 아모르 븐 모하메드 우 알리옜다. 이들로부터 물리에라스가 충실하게 받아 적은 100여 편의 구전문학 유산은 카빌리어 문학 텍스트로는 첫 번째일 뿐 아니라 가장 양이 많은 것으로 에르네스트 르루(Ernest Leroux) 출판사에서 2권으로 출판했다(1893년, 1898년). 라코스트-뒤자르댕이 프랑스어로 번역 출판했다(1965년, 1999년)

바세 Basset, 앙드레 André(1895-1956)/앙리 Henri (1892-1926)/르네 René(1855-1924)

카빌리 언어와 문학에 대한 연구를 크게 발전시킨 프랑스인 언어학자 가족이다. 르네 바세는 첫 『카빌리어 교과서(Manuel de langue kabyle)』(1897)를 집필했으며, (E. 데스텡에 이어) 알제 문과대학 베르베르어 교수로 재직했다. 앙드레 바세는 장 크루제와 『베르베르어 강의: 카빌리의 구어(Cours de berbère: parlers de la Kabylie)』를 공동으로 저술하고, 앙드레 피카르와 『베르베르어 문법(카빌리, 이르즌)(Eléments de grammaire berbère(Kabylie, Irjen))』을 공동 저술했다. 라바트에 이어 알제에서 베르베르어를 가르쳤으며, 그 후 국립동양어문화원(INALCO)에서 베르베르어 교수로 재직했다. 『카빌리 언어지리학 연구(Etudes de géographie linguistique en Kabylie)』(1929)를 포함한 베르베르어와 카빌리어와 관련된 언어학 논문을 발표했다. 앙리 바세는 『베르베르 문학론(Essai sur la littérature des Berbères)』(1920)의 저자다.

'백인신부'

1868년 라비즈리 주교가 창설한 '아프리카선교회' 소속 신부들을 옷 색깔에 따라 '백인신부'('백인수녀')라고 불렀다. 예수회 수도자들에 이어 카빌리와 카빌리 사람들에게 일찍이 관심을 가지기 시작했다. 기독교 개종은 일찌감치 포기했지만 고아원 설립 등의 자선 활동을 하며 카빌리 사회를 학문적으로 탐구했다. 대카빌리 타그문트 아주즈, 아이트 라르바아, 즈마아 사흐리즈(아이트 프라우슨 부족)를 근거지로 활동했으며, 비반 지방 이힐 알리에 선교회를 두었고 여러 곳에 초등학교를 설립했다. 카빌리에 대하여 수집한 자료들은 특히 아이트 만글라트 부족에 관련된 것으로 달레 신부가 사전으로 제작했다(1982년, 1985년). 그 외에도 의료 활동을 전개했으며, 카빌리어와 프랑스어『베르베르자료집』을 발간했다.

부르디외, 피에르 Bourdieu, Pierre(1927-2002)

프랑스 사회학자 피에르 부르디외의 저작의 중요한 부분은 카빌리 문화와 관련되었거나 카빌리 문화에서 착상을 얻은 것이다. 그와 공동 연구를 했던 카빌리인 사회학자 압들말렉 사야드의 영향이다. 카빌리 문화에 대한 사야드의 깊이 있는 성찰 덕분에 '현장'(1959-1960)에서 가졌던 직관적 지식과 관찰을 구체화하고, 상징자본, 아비투스 등과 같은 주요 개념들을 발전시키고 이론화할 수 있었다. 카빌리 문화에 대한 연구를 토대로 피에르 부르디외가 이룬 성과는 일반사회학과 사회학 이론의 발전에 크게 기여했다. 부르디외는 사야드와 공동으로 『뿌리 뽑힘(Le Déracinement)』 (1964)을 집필했다. 『카빌리 인류학 연구 3편과 실천이론 소고 (Esquisse d'une théorie de la pratique, précédée de trois études d'ethnologie kabyle)』(1972)는 사야드에게 헌정되었다. 이 저서의 내용 가운데 '카빌리 가옥'에 대한 해설이 많은 관심을 끌었지만 현실의 모델과는 맞지 않았다. 그러나 카빌리 사람들의 인척관계 나 혼인에 대한 연구는 카빌리 민속학에서 대단히 중요한 내용이 다. 그 외 중요한 저작으로는 『실용감각(Le sens pratique)』(1980) 이 있으며, 저서 『남성지배(Donmination masculine)』(1998)는 "카 빌리 사회의 민속학적 묘사"에 근거해서 집필했다고 저자가 밝힌 바 있다. 그러나 카빌리 사회를 구시대 사회의 전형으로 보는 그의 관점에는 이론의 여지가 있다.

불리파, 시 아마르 우 사이드 Boulifa, Si Amar u Said(1865-1931)

아이트 이라튼 연맹체 아이트 이르즌 부족의 마을 아드니에서 출생한 카빌리어 연구의 대 선구자였다. 부계는 평범한 종교가문이 었으나, 모계는 신분이 높았다. 아버지를 일찍 여읜 그는 카빌리 에 설립되었던 프랑스 학교 중 하나인 '타마지르트' 학교에 다녔 다. 카빌리인들이 많이 입학했던 알제리인 교사들의 산실 '알제-부자레아 고등사범학교'에 우수한 성적으로 진학했다. 베르베르 어에 관심을 가진 프랑스인 지식인들(르네 바세, 블카슴 븐 스디라, 라 우스트 家, 쉬르 家, 샹트레오 家)과 교류했다. 고등사범학교(1891년)

와 알제문과대학(1901년)에서 베르베르어를 가르쳤으며, 여러 권
의 저서를 출판한 해박한 학자였다. 『카빌리어 방법론(Méthode
de langue kabyle)』 2권(1897-1913), 『카빌리어 시선집(Recueil de
poésies kabyles)』(1904), 『모로코 아틀라스의 베르베르어 방언
집(Textes berbères en dialecte de l'Atlas marocain)』(1908)을 비
롯해, 중요한 역사서인 『고대부터 1830년까지 주르주라의 역사.
주아우아 조직과 독립(대카빌리)(Le Djurdjura à travers l'histoire
depuis l'Antiquité jusqu'à1830. Organisation et indépendance des
zouaoua(Grande Kabylie))』(1925) 등 많은 논문과 보고서를 썼다.

브 스디라, 블카슴 Ben Sedira, Belkassem(1845-1901)

비스크라(Biskra) 출신 아랍 언어학자로 문학 텍스트(설화, 운문, 수
수께끼, 카눈)를 활용한 『카빌리어의 실용 강의(Cours pratique de
langue kabyle)』(1887)를 저술했다. 시 아마르 우 사이드 불리파의
스승이었다.

블라이드 아이트 알리 Belaïd At Ali(1909-1950)

카빌리 초기 작가 중 한 사람으로 아인 엘-함맘 근방 아이트 만글
라트 부족에 속하는 아즈루 우 클랄 가문 태생이다. 일찍 결혼하고
두 차례 이혼을 했으며, 1940년 징집되기 전 청소년기에 프랑스,
알제리, 모로코를 여행했다. 그 후에는 카베스, 알제, 틀렘센, 오랑

등지에서 술, 질병, 탈영 속에 비참하게 살다가 40세의 젊은 나이에 마스카라에서 작고했다. 학식이 풍부했던 그는 고향 마을로 돌아갈 때마다 달레 신부, 드제젤 신부와 함께 프랑스어 번역 작업을 했으며, 설화들(『블라이드 노트(Les Cahiers de Belaïd)』(1964)), 인류학 텍스트, 지역 유지들과의 대담, 희곡 형식의 중편, 시 등을 카빌리어로 남겼다. 유일한 소설 작품 「르와리 은 으드라르(Lwali n wedrar)」를 포함한 그의 문학 작품 대부분은 『베르베르자료집』을 통하여 발표되었다. 구비문학에서 문자 문학으로 이행하는 과정에서 관습의 변화를 기록하고 전통을 해설하여 후세에 남겼다.

사야드, 압들말렉 Sayad, Abdelmalek(1943-1998)

베자야 지방에서 태어난 카빌리 사회학자로 부자레아 고등사범학교를 졸업하고 교사가 되었다. 프랑스 '국립과학연구센터(CNRS)'의 연구원으로 카빌리인들과 알제리인들의 이민 문제를 집중적으로 연구하여, 그 역사적 단계와 변화에 관한 책과 논문을 발표했다. 피에르 부르디외와 공동 연구 작업으로 『뿌리 뽑힘(Le Déracinement)』(1964)을 위시한 여러 저작을 출판했다. 부르디외는 감사의 표시로 "압들말렉 사야드에게"라는 글귀를 담아 그의 저서 『카빌리 인류학 연구 3편과 실천이론 소고(Esquisse d'une théorie de la pratique précédée de trois études d'ethnologie kabyle)』를 헌정했다.

사크르, 살름 Chaker, Salem(1950-)

아이트 이라튼 부족의 아주자(아크르마, Akerma) 출신 언어학자다. 현재 파리에 위치한 '국립동양어문화원(INALCO)'에서 베르베르어 교수로 재직하고 있으며, '베르베르연구센터' 소장, '프랑스 베르베르문화원(Maison de la culture berbère de France)'의 관장이다. 학위논문 「알제리 베르베르(카빌리) 구어. 구문(Un parler berbère d'Algérie(Kabylie). Syntaxe)」(1983)을 비롯하여 많은 논문과 저작이 있다. 카빌리 문화 보존에 적극적 활동을 하고 있다.

샹트레오, 제르멘 Chantréaux, Germaine(1919-2006)

소위 '현지인' 교육을 초기에 담당했던 집안 출신으로(알제리 감독관 장-외젠 쉐르의 손녀딸이다) 알제리에서 출생한 샹트레오는 카빌리 아이트 야히야 부족 지역 아이트 히슴에 부임했던 초기 프랑스인 교사 중 하나였다. 1937-1939년 사이에 교사직을 수행하면서 같이 살았던 마을 사람들의 신망을 받아 '랄라 타마주즈트(Lala Tamâzuzt: 존경하는 부인)'로 불렸다. 이 기간 동안 관련 자료를 모아 훌륭한 자료집을 출판했다. 1990년 결혼 후 이름인 제르멘 라우스트-샹트레오의 이름으로 출판된 『카빌리 여성들. 아이트-히슴 여성들의 생활(Kabylie coté femmes. La vie féminine à Aït-Hichem)』(1937-1939)은 제2차 세계대전 이전 카빌리 마을 여성들의 내밀한 삶을 여러 측면에서 자세히 알려주고 있다.

세르비에, 쟝 Servier, Jean(1918-2000)

알제리 이주 프랑스인 집안에서 태어난 인류학자다. 고대 문화에 관심을 갖고 알제리 산지 사람들을 대상으로 조사하여 농사 제식에 대한 많은 글을 썼다. 그의 저작은 카빌리를 포함하여 마그레브 농민들이 지켜왔던 전통 의식들을 알려주었다(『일 년의 문들(Les Portes de l'année)』(1962)). 그러나 고대 지혜의 흔적을 찾는 데 집착하여 역사 속이나 현재 상황에서 카빌리 사람들이 사는 방식에는 거의 관심을 기울이지 않았다. 카빌리 사회가 심각하게 변화하고 있다는 것을 알아차리지 못한 것이 결국 알제리 독립전쟁 기간 동안 카빌리에서 비밀경찰의 활동을 돕는 실수를 하게 했다. '푸른새 작전'은 과거 회귀적인 학자가 범할 수 있는 오류를 보여주고 있다.

쉼시 Chimsi

14세기 아이트 이라튼 부족을 지휘했던 종교가문의 특출한 여성으로, 10명의 아들을 두고 과부가 되었다. 그녀의 가문은 알제의 터키 총독과 지속적인 갈등상태에 있었다고 한다. 어느 날 터키 총독의 아들이라고 주장하는 남자가 아이트 이라튼 부족 앞에 나타나서 '르아나야', 즉 취소하지 못하는 보호를 요청했는데, 환대의 풍습과 정치적 이유로 쉼시는 보호를 허락했다. 총독의 반대파를 모을 수 있다고 생각했던 것이다. 그러나 그 남자가 사기꾼에 불과하다는 증거가 나타났다. '마을위원회'가 열려 사기꾼이 '르아나야'를 받을 자격이 없으므로 예외적으로 보호를 취소할 수 있다고 결정했으며, 이것으로 부족을 지휘하는 쉼시의 명예가 구제되었다.

아노토, 아돌프 Hanoteau, Adolphe(장군, 1814-1897)

'폴리테크닉 이공대' 졸업생으로 드라 엘-미잔(포르-나폴레옹) 사령관을 거쳐 델리스의 사령관을 맡았다. 포르-나폴레옹에 직업학교를 설립하여 1871년까지 많은 학생을 배출했다. 카빌리 지방과 카빌리 사람들에 대한 중요한 저작을 남겼다.

현재까지 알려진 바로는 최초로 『주르주라 카빌리의 민간시(Poésies populaires de la Kabylie du Djurdjura)』(1867)라는 시집을 출판했다. 이 저작에는 역사 혹은 정치적 내용의 운문, 찬미가, 풍자시, 욕설, 운을 맞춘 서사물, 격언 및 속담, 여성이나 사랑을 주제로 한 시, 외설적이거나 해학적인 한 소절짜리 시, 동요 등이 포함되어 있다. 아리스티드 르투르뇌와 공동 집필한 저작으로 더 널리 알려져 있다. 『카빌리어 문법집(Essai de grammaire kabyle)』의 저자이기도 하다.

아노토, 아돌프(1814-1897) · 르투르뇌, 아리스티드
Letourneux, Aristide(1816-1890)

드라 엘-미잔과 포르-나폴레옹의 사령관이었던 아노토 장군과 알제 식민정부의 자문이었던 법률가 르투르뇌는 3권으로 된 방대한 연구서를 공동 집필했다. 『카빌리와 카빌리 관습(La Kabylie et les coutumes kabyles)』(1872-1873)이라는 제목으로 출판된 이들의 저작은 식민 지배 초기 카빌리에 대하여 프랑스 측이 축적한 지식의 총합이며, 그때까지 산발적으로 출판되어 왔던 모든 연구의 종합이라고 할 수 있다. 1872-1873년 판 서문에서 저자들은 출판물의 목적이 "법을 모르고 있는 나라(알제리)에 프랑스의 사법 제도를 도입"하려는 것이라고 명확하게 밝히고 있다. 식민지배라는 역사적 상황이 요구하는 바에 부응하여 프랑스 행정가들이 활용할 수 있는 일종의 민족지로, 방대한 양의 정보가 수록되어 있다. 물리적 묘사, 지질학, 동식물, 민속학, 사회학, 정치조직 및 행정 그리고 특히 2권의 절반과 3권 전체는 민법, 형법, 형벌 법규, 범죄 심리 등 법체계에 할애되어 있다. 이 저작은 많은 관심과 연구를 불러일으켰는데, 대개 비판적인 것이 많았다. 그 대표적인 것으로 『르뷔 데 되 몽드(Revue des deux mondes)』에 게재된 에르네스트 르낭의 지적을 들 수 있다. 실제 구전되는 관습법인 카빌리의 법체계는 대단히 유연한 것이었는데, 이것을 임의적으로 고정시켰다는 비판을 받았다. 또한 크지는 않더라도 각 마을의 법체계들 사이에 존재하는 차이를 무시하고 단일한 것으로 일반화했다는 비판도 있었다. 비록 카빌리 문화를 고정된 단일체로 소개하는 오류를 범하고 있기는 하지만 두 사람의 저작은 카빌리를 시간적, 공간적으로 비교하는 데 필적할 수 없는 자료가 되고 있다. 부쉔느(Bouchène) 출판사가 다시 출판했다(2003).

아미루슈 Amirouche(1926-1959)

실제 이름이 아이트-하무다인 아미루슈 대령은 아이트 와시프 부족의 타사프트에서 출생했다. 1954년 블카슴 크림과 연합했고, '숨맘회의'를 조직했던 한 사람으로 1957년 카빌리를 포함한 제3 윌라야를 지휘했다. 저항군의 '배반자들'을 철저하게 응징한 인물이었다. 1959년 부 사아다에서 사망했다.

아이트-믄글르트, 루니스 Ait-Menguellet, Lounis(1950-)

가장 많이 알려진 카빌리 가수 중 하나로 1950년 1월 이힐 브왐마스에서 태어났다. 어릴 때 가족이 알제로 이사했으며, 후에 프랑스로 이민했다. 라디오 프로를 통해 알려진 그는 17세에 큰 성공을 거두었다. 성자 셰이흐 모한드 우 호신, 마을과 밭, 집회와 같은 오랜 카빌리 문화 전통에서 영감을 받았다. 작가이자 작곡가였으며 기타 반주로 노래한다. 주제는 사랑, 자유, 베르베르어와 카빌리 문화로, 카빌리 문화를 자유롭게 시적으로 표현한다. 항상 청중과 교감하면서 노래를 현대적으로 해석할 줄 아는 그는 높은 대중적 인기를 누리고 있다. 다른 카빌리 가수들과 마찬가지로 베르베르 문화를 인정받기 위한 활동으로 수차례 알제리 정부에 의해 체포되었다.

아즘, 슬리만 Azem, Slimane(1918-1983)

아이트 부 슈나샤 부족의 아구니 그흐란에서 태어난 시인이자 가수로 4년간 프랑스 학교를 다녔다. 프랑스로 이민하여 프랑스가 독일 점령 아래 있는 기간 동안 강제노역(STO)을 했다. 술에서 시상을 얻는 경우가 많았던 그는 파리 15구에서 카페를 운영했으며, 이후 로렌 지방에서도 철광 노동자로 일하며 카페를 운영했다. 메살리 하즈의 '민주자유승리운동(MTLD)'에 가입하여 활동했다. 후에 프랑스 남서부 무와삭에 칩거하다 작고했다. 그의 시 작품은 대 시인 시 모한드 우 음한드의 전통을 현대적 영감을 통하여 표현한 것이다. 민족주의자이며 베르베르주의자로, 참여적 가수였던 그는 "알제리의 정체성과 민주주의 문제"에 자신을 바치고 있다고 말한 바 있다. 특히 자신이 살고 있는 시대의 변화와 혼란 그리고 망명을 노래했다. 일반에게 카빌리 시가 가지고 있는 반체제적 전통을 계승한 것으로 널리 알려져 있으며, '으프흐 아이 아즈라드 타무르트 이우(Effegh ay ajrad tamurt iu: 메뚜기들이여, 내 나라를 떠나라)'(1956년)와 같은 식민통치에 반대하는 노래를 부른 가수로도 유명하다. 위대한 카빌리 예술가의 한 사람으로 추앙받았던 그의 음반은 알제리에서 잠시 금지되었음에도 비밀리에 유포되었다. 1970년 '황금음반' 상을 수상했다.

암루슈 Amrouche, 쟝 엘 무훕 Jean El Mouhoub(1906-1962) / 파드마 Fadma(1882-1967) /마르그리트 타오스 Marguerite Taos(1913-1976)

카빌리 프랑스어 작가 가족으로 카빌리 문화 전통에 속하는 많은 작품을 남겼다. 가톨릭 교육을 받은 카빌리 기독교 엘리트 가족의 성공 사례라고 할 수 있다.

파드마 아이트 만수르는 쟝과 타오스 암루슈의 어머니로 1882년 아이트 아이씨 연맹체, 아이트 마흐무드 부족의 티지 히벨에서 태어났다. 이와디엔 수녀원에서 자랐으며 아인 엘-함맘 부족 출신 블카슴 우 암루슈를 만나 가톨릭으로 개종하고 결혼했다. 비반의 아이트 압바스 부족의 이힐 알리에서 사는 동안 1906년 쟝을 출산했다. 마르그리트 타오스는 1907년 가족이 이주한 튀니스에서 1913년 출생했다. 파드마는 1967년 프랑스에서 사망했다. 이들 가족은 초기 프랑스어 카빌리 문학에 해당하는 많은 작품을 남겼다.

파드마 아이트 만수르 암루슈의 자서전『내 인생 이야기(Histoire de ma vie)』(1968)는 독립전쟁 이전 첫 카빌리 여성의 작품으로, 한 여성의 삶에 대한 희귀한 증언이다. 딸에게 노래, 이야기, 시로 자신이 간직하고 있는 카빌리 문화를 전해주었다.

아들 쟝 엘 무훕 암루슈는 작가, 시인, 비평가, 신문 및 라디오 기자였다. 어머니로부터 물려받은 카빌리 설화와 노래, 시와 비평, 기사, 수필을 출판했다(『카빌리 베르베르 노래(Chants berbères de Kabylie)』(1939)). 잡지「라르슈(L'Arche)」를 공동 창간하고 샤를로(Charlot) 출판사 문학 주간으로 활동했으며, 프랑스를 비롯한 여러 나라의 문학·지식인들과 교제했다. 여러 잡지 기고 및 창작 활동을 통하여 망명자의 고통과 괴로움을 노래했으며, 카빌리 문화 전통을 보존해야 할 필요성과 시급성을 의식하고 카빌리의 풍부한 유산을 문학작품화했다. 알제리 전쟁에서 확고한 입장을 취하며 중재자의 역할을 시도하기도 했다.

마르그리트 타오스 암루슈는 카빌리 음악을 노래하는 가수이면서 프랑스어 작가다. 처음에는 작가로 시작하여 어머니로부터 물려받은 카빌리 여성 전통 노래를 부르는 가수로 활동했다. 풍부한 성악적 기량을 발휘하며 국제적으로 음악회, 콘서트, 강연 활동을 하는 외에도 여러 장의 디스크를 녹음하고 많은 라디오 프로에 출연했다. 카빌리 문화의 보존과 재평가를 위하여 어머니로부터 들은 설화와 시를 출판했으며, 조상의 땅에 대한 애착과 아울러 가부장적 사회에서 여성들이 겪는 비극을 표현하는 소설을 발표했다. 그녀의 활동은 카빌리 문화유산을 널리 알리는 데 기여했다.

압반, 람단 Abbane, Ramdane(1920-1957)

압반 람단은 아크르마 주요 도시 가운데 하나인 아주자의 평범한 집안에서 태어났다. '알제리민족당(PPA)'과 '민주주의자유승리운동(MTLD)'의 일원으로 5년간 투옥되었다(1950-1955년). '민족해방전선(FLN)'의 간부로 특히 1956년 '숨맘회의'에서 큰 영향력을 행사했으나 1957년 12월 모로코에서 ('민족해방군(ALN)' 비밀조직에 의해) 살해된 것으로 추측하고 있다.

유스프 우 카시 Yucef u Qasi(17-18세기)

아이트 즌나드 부족 출신인 이 위대한 시인은 17세기 말에 태어나 18세기 초에 사망한 것으로 추정하고 있다. '타무스니', 즉 지적 능력과 지혜를 갖추었던 그는 많은 아름다운 시로 카빌리 문화에 큰 족적을 남겼다. 아이트 즌나드 부족 출신이지만 아이트 옌니 부족과 친밀했다. 당대 사건을 예리하게 파악했던 역사가였으며, 집안이 터키인들과 관계를 맺고 있어 중재자 역할을 했다. 시인으로서 대부분의 부족들에게 '르아나야' 보호를 받았다. 전투하는 사람들에게 찬사를 보내기도 하고 힐난하기도 하면서 도리에 어긋난 행동을 지적했다. 그의 시 구절은 일상 언어 속에 깊이 침투되어 대화 중에도 흔히 인용된다.

이디르 Idir

카빌리 아이트 옌니 부족 출신의 유명한 가수 중 한 사람이다. 1948년 출생한 그의 이름은 하미드 쉐리에트로 '이디르'라는 예명은 카빌리어로 '살다'를 뜻한다. 알제에서 오랫동안 공부를 했으며, 대학에서 과학을 전공했다. 카빌리에서 자신이 채집한 전통 음악에서 영감을 받았다. 1974년 제작한 그의 첫 디스크는 카빌리 최신 음악 확산에 크게 기여했는데, 유명한 '바바 이누 바'는 전 세계에 알려졌다. 프랑스에 정착하여 음반 제작 회사 아즈와우 (Azwaw)를 설립하고 젊은 가수들을 육성했는데, 그 중 하나가 루네스 마투브다. 이디르의 노래는 현재까지 큰 인기를 누리고 있다.

2004년 프랑스 레지옹 도뇌르 훈장을 서훈했다.

자우트, 타하르 Djaout, Tahar(1954-1993)

카빌리 아즈푼 지역 울쿠 마을에서 1954년 출생한 대 시인으로 1993년 5월 26일 살해되어 39세에 고향 마을에 묻혔다. 카빌리와 알제리 지식인들 사이에 널리 알려진 프랑스어 작가다. 『알제리-악튀알리테(Algérie-Actualité)』 편집장으로 장시간 기자 생활을 했다. 16세부터 시를 쓰기 시작했던 그는 『흘러가는 방주(L'Arche à vau-l'eau)』, 『철조망 쳐진 동지(Solstice barbelé)』, 『새 사냥꾼의 그물(Les Rets de l'oiseleur)』, 『수용자(L'Exproprié)』, 『뼈 찾는 사람들(Les Chercheurs d'os)』, 『사막의 발명(L'Invention du désert)』, 『축제 전야(Les Vigiles)』 등 문학성이 높은 작품들을 남겼다.

즈느부와, 앙리 Genevois, Henri(1913-1978)

'베르베르연구센터(CEB)'에서 활동했던 장-마리 달레 신부의 가장 오랜 공동 작업자였다. 언어학자이며 동시에 뛰어난 민속학자이자 자료수집가로 『베르베르자료집』을 통하여 많은 카빌리어 및 번역 텍스트를 출판했다. 설화, 사회심리학적 연구, 성자전, 민간신앙 이야기 등 다양한 주제를 다루었다. 그가 출판한 마을들에 대한 연구물 중 일부가 1995년과 1996년 발행되었다.

카레트, 외젠 Carette, Eugène(1812-1880)

군 장교로 알제리에 대한 학술 조사를 위해 1840-1842년 프랑스 정부가 파견한 '알제리조사위원회' 단원이었다. 역사학 및 지리학 학술위원회가 참여했던 이 위원회의 목적은 정복 지역 알제리의 토지, 재화, 인력의 목록을 작성하는 것이었다. 그의 임무는 카빌리를 공격하기 전「'카빌리' 지역에 대한 조사(Etudes sur la Kabylie proprement dite」(1848)를 집필·출판하는 것이었다. 그의 보고서는 다수의 카빌리인을 대상으로 많은 면담을 거쳐 만들어진 세밀한 목록으로 정복 이전 시기 카빌리에 대한 기본적 자료로 쓰이고 있다. 그로부터 24년이 지나 아노토와 르투르뇌의 작업(1872-1873)이 공개되었다. 이 자료는 카레트의 자료처럼 세밀하지 않다. 예컨대 모든 부족의 마을에서 '무장한 남자들'의 수나 경제 자원의 상황에 대한 자료와 같은 정보는 찾을 수 없다.

크림, 블카슴 Krim, Belkacem(1922-1970)

독립전쟁의 유명한 지도자였다. 드라 엘-미잔(네즈리와, Nezliwa)에서 태어나 1947년 저항군에 가담했다. 1954년에서 1956년 사이 '제3 윌라야'의 책임자였으며 1956년 '숨맘회의'에서 주도적 역할을 했고, 이후 1958년에서 1959년 까지 '민족해방군(ALN)'과 '민족해방전선(FLN)'을 이끌었으며, '알제리공화국임시정부(GRPA)' 부통령과 국방장관 직을 수행했다. 독립 후 븐 블라에 반대하는 '티지-우주그룹'의 일원이었다. 1970년 10월 20일 알제리군 보안대에 의해 프랑크푸르트에서 살해되었다.

타크파리나스 Tacfarinas

로마군에서 탈영한 누미디아 왕으로 기원후 17년 로마 점령에 반
발하는 베르베르인들을 결집하여 로마군에 대항하는 전투를 벌였
다. 전투는 대개 사헬-숨맘 계곡에서 벌어졌으며, 타크파리나스군
은 엘-크스르 근방 투부숩트(티크라트)를 포위했으나, 결국 포위를
풀어야 하는 상황에 처했으며 병력은 분산되었다. 전설에 의하면
기원후 24년 바위에서 로마 용병들의 창 위로 투신하여 자살했다
고 한다. 한 카빌리 가수는 예명으로 그의 이름을 취하여 그를 기
리고 있다.

페라운, 물루드 Feraoun, Mouloud(1913-1962)

아이트 아이씨 연맹체의 아이트 마흐무드 부족의 일원으로 티
지-히벨에서 출생한 교육자이자 작가다. '에비앙조약'으로 알제
리 독립이 이루어지기 직전 1962년 3월 15일 엘 비아르에서 5명
의 동료들과 함께 알제리 독립을 반대하는 프랑스 비밀조직에 의
해 살해되었다. 가난한 집안 출신이었다. 5명의 자녀를 둔 농부
였던 아버지는 콩스탕틴으로 이주하여 노동을 했으며 프랑스에
서 광부 생활을 했다. 페라운은 타우리르트 무사 초등학교를 마
친 후 장학금을 받아 티지-우주 중학교에 진학했으며, 1928년 부

자레아 고등사범학교에 입학했다. 1935년 동생과 함께 티지 히벨과 타우리르트 무사에서 교사 생활을 했으며, 1952년에는 포르-나시오날, 1957년에는 알제에서 강의를 했다. 1960년에는 '사회복지센터' 감독으로 재직하면서 작품 활동을 했다. 『빈자의 아들 (Le Fils du pauvre, 재출판)』(1950), 『대지와 피(La Terre et le Sang)』 (1953), 『올라가는 길(Les chemins qui montent)』(1957), 『일기 1955-1962(Journal: 1955-1962)』(1962) 등과 같은 카빌리를 배경으로 한 소설을 발표했다. 『카빌리의 날들(Jours de Kabylie)』 (1954), 『시 모한드 시집(Les Poèmes de Si Mohand)』(1960)과 같은 비소설 작품들도 있다. 마지막으로 출판된 『친구들에게 보내는 편지(Lettres àses amis)』(1969)는 유고작이다.

프로베니우스, 레오 Frobenius, Léo(1873-1938)

아프리카 중부 및 동부 지역 연구와 구전문학을 연구했던 독일인 학자다. 빌헬름 2세의 후원을 받아 여러 차례 아프리카 여행을 했으며, 북아프리카도 수차례 방문했다. 1913-1914년 사이 여러 달 동안 카빌리에 체류했다. 신화, 운문을 비롯하여 당시 사람들이 전했던 많은 종류의 이야기들을 체계적으로 연구했다. 구술 이야기들은 통역에 의지하여 독일어로 표기했다. 여러 시도에도 불구하고 불행하게도 카빌리어인 '타크바이리트' 원본은 발견되지 않았으나, 그가 남긴 자료는 두꺼운 3권의 책으로 출판되었으며(1921-1922), 최근 모크란 프타가 프랑스어로 번역하여 4권으로 출판되었다(1995-1998). 자료에 대한 연구를 통하여 질적·양적 가치가 인정되었다(레오 프로베니우스, 1998).

피르무스 Firmus

서부 카빌리가 시작되는 현재 트니아 근방에서 살던 세력 높은 기독교 가문의 장남이었다. 처음에는 로마인들과 연합했던 피르무스는 아프리카 주둔 로마군 일파와 함께 로마에 반기를 들었다. 세자레(현재 쉐르셸)와 이코지움(현재 알제)까지 장악했다. 카빌리 지방 대부분과 다른 지역까지 끌어들였지만 이사플른스 부족장 이그마슨의 배반으로 로마 장군 테오도스에 의해 격파되었다. 로마인들 손에 생포되지 않으려고 375년 목매달아 자살했다.

피카르, 앙드레 Picard, André, 신부

앙드레 바세와 협력하여 『이르즌 부족의 구어 베르베르 텍스트 (Textes berbères dans le parler des Irjen)』 중 1권과 단어집 1권 (1958년)을 집필한 언어학자다.

XIV

기타

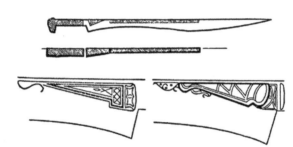

장검

건강

강건한 체질로 맑은 공기 속에 살고 있는 카빌리 사람들의 건강은 타고난 것이라고 알려져 있었다. 그러나 이들을 위협했던 여러 질병이 있었다. 채소 농사를 지으러 계곡 바닥으로 내려가야 하는 여성들은 말라리아에 걸릴 수 있었으며, 남녀 모두 불충분한 음식 때문에 영양실조로 고통받았다. 남자보다 적게 먹는 여자들에게 더욱 심했다. 기대 수명이 짧아 19세기 초반에는 남녀 모두 56세 정도였다. 여자들의 경우는 잦은 임신과 불충분하고 균형 잡히지 않은 식사로 사망률이 높았다. 그 외에도 티푸스, 콜레라, 천연두, 페스트, 홍역 등 전염병으로 많은 생명이 희생되었다. 마을에서 떨어진 곳에 수용소를 만들어 운영하고 예방접종을 하기도 했다. 건강에 대한 근심은 늘 있는 것이어서 산파나 의녀가 처방하는 여러 치료제들이 있었다. 현재에는 위생 상태가 좋아졌으며, '지역주민위원회'나 코뮌당 하나씩 설치된 보건소를 통하여 건강이 개선되었다. 출산 중 사망이나 영아 사망도 임신 주기 조절과 주의를 통하여 크게 줄어들었다.

검

화약 무기가 보편화되기 전 카빌리 사람들의 무기는 긴 칼이었다. 1m가 넘는 길이에 날이 두 번 휜 이 독창적인 발명품은 이플리슨 르브하르 부족들과 아이트 엔니 부족의 전략지에 위치한 백여 개 작업장에서 만들어졌다. 이 긴 칼 외에도 터키인들이 쓰는 날이 휜 장검도 사용했는데, 이 기마병의 무기는 매복으로 전쟁을 하는 보병인 카빌리 사람들의 전술에는 맞지 않았다. 장검 외에도 참수용 단도가 있다.

결핵

이민자들에 의해 유입된 결핵은 전통적 방식으로 치료했다. 치료제는 뼈를 갈아 꿀만 섞거나, 다진 마늘, 꿀, 향신료를 섞어 퇴비 속에서 따뜻하게 며칠간 넣어둔 것이었다. 그 외에도 월계수 잎, 정향, 까마귀 뼈를 그을린 후 빻아서 물에 녹인 후 매일 한 컵씩 마시거나 박하나 운향을 먹기도 했다. 환자에게 헤나 연기를 쐬게 하는 훈증 요법도 있었으며, 더운 모래에 몸을 담그기도 했고, 약해진 기운을 보충하기 위하여 꿀을 바른 소고기를 먹기도 했다. 이제는 현대식 의술로 치료한다.

교통수단

결혼하는 신부를 신랑의 집까지 데려가는 예식을 '악그와이'라고 부른다. 현대에는 신부가 탄 차를 꽃으로 치장하고 경적을 울려 즐거움을 표시한다. 예전에는 신랑 집에서 보낸 옷을 입고 베일을 쓴 신부가 노새를 타고 한 떼의 사람들에게 둘러싸여 이동했다. 신랑의 남동생이 신부가 노새에 올라타는 것을 도와주고 뒤따른다. 신부의 고모들과 다른 여자들, 삼촌들이 같이 가며 때로 외삼촌이 합세하기도 한다. 신랑의 집 문에 도착하면 시어머니가 신부를 맞이하여 의식을 치른다. 신부 뒤로 물을 뿌리고, 문 위쪽 횡목에 달걀 하나를 깨트린다. 여자가 집에서 나가 교통수단을 이용하는 것은 평생에 두 번인데, 한 번은 결혼할 때고 다른 한 번은 죽어 묘지로 갈 때다.

남자들은 적어도 매주 시장에 가기 위해 교통수단을 이용하므로 이동에 익숙하다. 마을을 돌아다니는 행상처럼 생계를 위해 이동하는 사람들도 있다. 보통 카빌리 상인들에게 가장 보편적 교통수단은 노새다. 카빌리 남자들은 전통적으로 이동성이 강하여 처음에는 알제리나 튀니지의 도시로, 다음에는 지중해 너머 프랑스로 이민하여 여자들이 만든 양탄자나 덮개를 파는 상인이 되었다. 문학에서는 이동에 익숙한 이들을 새나 동물 혹은 먼 지방으로 짧은 시간에 주인공을 데려다주는 마술사의 모티프로 표현한다.

금 드흡, ddheb

전통적으로 카빌리에서는 장신구에 금을 사용하지 않는다. 금보다 무거운 은을 많이 사용하는데, 흰색이 다산을 상징하기 때문이다. 장신구를 만드는 장인들은 은에 칠보를 입히고 산호를 달아 세공하는 데 탁월한 재능을 가지고 있지만 금 세공 방법을 잘 알지는 못한다.

금은 변질되지 않는 성질을 갖고 있어 진실성, 정직성, 정의의 상징으로 여기는 귀중한 물건이다. 금화나 비단은 설화에 자주 등장하는 품목들이다. 하룬 에르 라시드도 비단과 금, 진주로 만들어진 옷을 입고 있다. 금은 또한 동양풍 설화에 많이 등장한다. 금화가 가득한 궤, 금으로 만들어진 보물들, 금 마차, 금과 은으로 만든 집이나 벽, 의자들이다. 그러나 카빌리 설화의 주인공들은 금에 현혹되지 않고 마법의 반지를 선택해야 한다. 그에게 필요한 것은 부가 아니라 힘이기 때문이다. 금은 귀중한 광물이지만 카빌리에서는 거의 알려지지 않았고, 이민자들에 의해서 중요하게 취급되기 시작했다. 여성들이 차기 시작했던 금시계가 대표적이다.

다이아몬드

카빌리 사람들에게 '을리아만(다이아몬드)'은 바깥 세상의 보물 중 하나를 의미한다. 하룬 에르 라시드는 다이아몬드 왕관을 쓰고 있다고 하며, 알라딘의 보물 중에도 다이아몬드 사과가 등장한다. 그러나 일상에서 다이아몬드는 불안한 광채를 발한다고 여겨진다. 보복이 실행될 것을 암시할 때 "눈이 다이아몬드처럼 빛난다"라고 말한다.

대학

카빌리의 두 대학인 티지-우주의 물루드 마므리대학과 베자야대학은 학생 수가 많고 대단히 활기찬 대학들이다. 과학 및 문학과 베르베르어를 교육하고 있다. 알제대학에 재학하는 카빌리 출신 학생들도 많다.

말라리아

'타우라(열병)'라고 부르는 말라리아는 특히 습기가 있어 모기가 많은 계곡 바닥 같은 곳에서 농사를 짓는 여자들이 많이 걸렸다. 산 위에서는 위험이 덜했다. 말라리아 치료법은 까만 수탉이나 양의 간을 나무에 놓아두거나 빵으로 빚어 밤에 밭에 물과 동시에 던지는 의식을 하는 것이었다. 직조기에서 뺀 양모 실 조각을 성소에 두었다가 한동안 팔에 매고 다니기도 했고, 마라부트에게 부적을 만들어 달라고 청하기도 했다. 현재에는 위생 관념과 의료 기술이 발달하고 생활 방식이 달라져 사라지고 있다.

매독 엘므르드, elmerd

'아탄 아모크란(중병)'이라고도 불렀던 매독은 흔한 질병이었다. 예전에 '카빌리 문둥병'라고 불렸던 심각한 증세의 궤양은 실상 매독의 한 종류였다. 일단 걸리면 빠르게 악화되었는데, 아마도 따뜻한 기후 때문이었을 것이다.

병자는 격리하여 소금기 없는 식단에 과일, 야채, 소고기, 우유, 담배 등 여러 가지를 금지했으며, 화를 내거나 맨발로 걷는 것을 금지했다. 또한 어린 개고기를 먹어야 했다. 초기 의사들은 헤나, 호두나무 뿌리 껍질, 향, 암모니아염, 수은 등을 섞은 혼합물로 훈증하는 방법과 무염 식단으로 치료했다. 다른 병들과 마찬가지로 현대 의술로 빠르고 효과적으로 치료하여 환자가 줄어들었다.

머리 피부병 아프르다스, aferdas

균류 서식으로 전염되는 머리카락 피부병이 흔했다. 머리카락이
빠지면 머플러로 감추곤 했으며, 가난과 어려운 생활의 표시로 생
각했다. 설화에서는 주인공의 잘생긴 용모를 감추는 방법이었다.
이야기하지 말라는 것을 어긴 아이들에게 주어지는 벌이라고 가
르쳤다. 하룬 에르 라시드 연작에서는 유명한 술탄이 풍성한 머리
칼 속에 새끼 염소 가죽으로 싼 보석을 숨기고 머리 피부병으로 위
장하여 어린 시절 7년을 보내는 이야기가 있다.

민족학

카빌리 문화는 그간 많은 관심을 받아왔다. 그러나 출판되었던 모
든 저작들이 민족학적 연구들인 것은 아니다.

우선 식민정복 시기 적을 파악하기 위한 군대 차원의 연구가
있었다. 이 연구들은 대개 산지에서 구사할 전술에 관심을 두었다.
이후 카빌리 문화에 관심을 가졌던 것은 여행자들과 일부 군인들
이었다. 당시 카빌리 행정에 필요하여 작성한 목록들은 「알제리
학술탐사(Exploration scientifique de l'Algérie)」의 카레트 편(篇)
(1848)이나 아노토와 르투르뇌의 방대한 자료들(1872-1873)처럼
현재까지도 귀중한 자료들로 남아 있다. 불행하게도 이 자료들은
카빌리인들과 아랍인들 사이의 적대관계라는 관점을 취하고 있어
객관적 분석을 어렵게 했으며, 일부 마을의 특별한 풍습을 지나치
게 일반화하기도 했다.

이후 민족학 혹은 사회학자들의 저작이 이어졌다. 르낭(1873) 과 마스크레(1886)에 이어 모니에(1930), 라흐마니 외에도 여러 명이 있다. 또한 아트 만글라트 부족에 대하여 신부들이 장기간에 걸쳐 작업한 『베르베르자료집』(1947-1972)도 있다.

보다 최근에는 두 경향의 민족학 연구가 발표되었는데, 하나는 오랜 지중해 전통의 잔재 요소들을 중심으로 과거를 탐색하는 데 중점을 두는 것이고(세르비에, 1962), 다른 하나는 카빌리 문화의 최근 변화에 역점을 두어 관찰 및 이해를 시도하는 것이다.(참조: 라우스트-샹트레오(1990); 라코스트-뒤쟈르뎅(1970, 1997b)).

경향이 어떠하든 카빌리는 급격하게 변화하고 있어 민족지학자들이 해야 할 작업이 많다. 한편으로는 빠르게 소멸해가는 문화에 대한 기억을 보존하는 것이며, 다른 한편으로는 새로 만들어지고 있는 새로운 문화적 표현들을 관찰하는 것이다. 아직 많지 않지만 알제리 민족학자들이 해야 할 작업이다.

바그다드

카빌리인들이 상상하는 바그다드는 '탐딘트(도시)', 즉 술탄 중의 술탄 하룬 에르 라시드가 다스리는 풍요롭고 신기한 동양 아랍 도시의 상징이다. 궁전과 집들이 여러 층으로 되어 있고, '을크사르 아글리드(왕의 궁전)'는 금화와 보석 등 보물이 쌓여 있는 곳이다. 연못, 분수, 정원으로 아름답게 치장되어 있으며, 음식이 '라알리(laâli: 아름답다)'하고, 매 끼마다 고기를 넉넉하게 먹으며, 과일이 풍성한 곳이다. 가장 뛰어난 장인들, 금·은 세공업자, 목공예가, 가죽업자, 실크와 금으로 옷을 짓는 재단사, 부유한 상인, 과학자, 지식인, 성직자, 학자들이 부자들의 사치스럽고 여유로운 생활을 유지시켜주고 있으며, 행상인들과 많은 노예들이 함께 살고 있는 곳이다. 술탄은 절대 군주의 전형이다. 카빌리 설화의 주인공이 그곳에서 모험을 하며 성공하려면 마법의 초자연적 힘을 빌려야만 한다. 마법의 힘은 공적을 세우게 해주고, 주인공의 꾀와 영리함을 도와 술탄의 딸과 결혼하도록 해준다. 카빌리 사람들은 도시 사람들을 자신들과 닮은 '이마울란 틈딘트(도시 친척들)'라고 생각하지만, 도시 사람들이란 공적을 세우고 능력을 증명하여 인정을 받을 경우를 제외하고는 외부인들을 경계하는 사람들이라고 믿는다.

비약 이하스쿨른, ihachkulen

대개 여자들이 좋지 않은 의도로, 예를 들면 남편을 무능력하게 만들기 위해서 달걀을 가지고 만드는 약들이다.

아아랍 aârab: 아랍

카빌리 설화에서 가끔 나오는 '아랍인들의 지방'이란 카빌리 주변 산을 떠나면 접하게 되는 지역, 즉 카빌리를 둘러싸고 포위하고는 때로 침입하기도 하는 사람들이 사는 지역을 말한다. 실제 가까운 지역에 살고 있는 사람들은 아랍 터키인들에게 직접 고용되어 요새나 터키군 주둔지 '보르즈'에 살고 있는 아랍계 사람들 아니면 터키군에 소속되어 있는 마흐즌 부족(스바우 계곡 '암라와'들과 같은)들이었다. 더 멀리 있는 도시들은 용감한 남자들이 마을에 남아 있는 가족의 먹을 것을 구하기 위해 모험을 하는 곳이었다. 주르주라 산 아래 사헬-숨맘 계곡뿐 아니라 알제에서 콩스탕틴, 튀니스까지 알제리를 동서로 잇는 대로는 매복하기 좋은 곳이어서, 고지대 카빌리 사람들이나 이웃 아랍 부족들이 숨어 있었으므로 다니기 위험한 곳이었다. 카빌리 사람들에게 아랍인은 인척이 아니었으므로, 그들과 연합하려고 하지 않았다. 정치적 성향의 인류학자들이 이론화하고 식민정부가 활용했던 카빌리인 대 아랍인의 적대관계는 과장된 것이었지만, 카빌리인들이 때로 표출하는 배타적 성향에는 아랍인들에 대한 불신이 없지 않다.

여행 이니그, inig, 이흐르바, igherba

여성들은 친척들이 사는 마을 밖으로는 자유롭게 여행할 수 없었지만 남자들은 장시간 집을 떠나는 일이 많았다. 친숙한 공간에서는 위험이 거의 없지만 일단 경작지의 경계를 넘으면 길에서 위험한 일을 당할 수 있다고 생각했다. 사람이 넘쳐나는 산에서 곡물 농사를 할 수 있는 평원을 빼앗긴 채 과수 농사에 제한된 상황에서 부수적 수입을 찾아야 했기 때문이다. 알제에 가까운 미티쟈 평원에서 곡식이나 과일을 수확할 때 일꾼으로 고용되거나 때로는 일 년 내내 이동하며 행상을 했다. 양식이라고는 빵과 마른 무화과만 가진 채 걷거나 노새를 타고 이동하는 것이었다('이니그'). 평원이나 알제, 콩스탕틴, 튀니스, 오랑과 같은 도시로 떠났던 일부 사람들은 석공, 정원사, 식료품상, 목욕탕 일꾼, 군인으로 정착했다.

이동 거리는 시간으로 계산한다. 사하라 사막 이남 지방에 갈 때에는 한 달, 메카 순례에는 일 년 이상이 걸렸다. 집을 비우는 것은 마을에 남아 있는 가족들에게도 위험한 일이 될 수 있었지만, 길을 떠나는 사람 자신도 안전한 마을을 벗어나 낯선 곳에 혼자 있어야 했다. 그러므로 타지에서는 공동체적 유대감을 만들 수 있는 집단을 조직했다. 특히 바다 건너 유럽에 갈 때('이흐르바')에는 그곳이 아무리 잘 사는 곳이라고 할지라도 필요했다. 여행이 길어지면 마을에서 제명된다는 것을 의미할 수 있었다.

이동은 대단히 친숙한 일이어서 설화에서도 이 세상 밖까지 여행하는 이야기가 나온다. 노새를 탄 장사꾼이 묘지에서 하룻밤을 자고 저세상으로 넘어간다. 지하세계에서 죽은 사람들이 문을 열고 그에게 살아남은 가족들에 대한 섭섭함을 이야기한다. 그리고 평화롭게 살고 싶으면 자신들에게 먹을 것을 베푸는 것을 잊지 말라는 말을 전해달라고 부탁하는 이야기다.

은 을프타, lfetta

'은'이라는 단어는 은뿐 아니라 장신구 전체를 의미한다. '백색 날들', 즉 행복한 날들을 예고하는 풍요의 상징으로 카빌리 사람들이 가장 귀하게 생각하는 금속이다. 알제에서 구입하거나 오래된 것을 다시 녹여서 사용하며 주화는 그대로 간직하기도 한다. 무겁고 순수한 은에 녹, 청, 황, 적색 칠보와 아울러 '이르든(밀알)'이라고 부르는 백색 진주를 붙여 부피와 무게가 있는 장신구를 만든다. 금속의 흰색과 풍성한 장식이 풍요를 상징하는 것이다. 카빌리 사람들이 금보다 은을 더 좋아하는 것은 흰색이 풍요로움과 순수함을 상징한다고 생각하기 때문이다. 요즈음은 전과 달리 금 장신구를 더 좋아하는 경우가 많은데, 카빌리 세공인들은 더 가볍고 귀한 금을 다루기 어려워하고 있다.

의술

의사는 남녀 구분이 없다. 산파 역할과 시신을 씻기는 등 여러 일을 하는 '키블라'와 골절 및 화상을 전문적으로 치료하며 제약 및 주술 의식을 실행하는 '타투빕트'가 있었다. 남자들 가운데는 일부 '탈룹'이나 마라부트들이 주로 악을 몸 밖으로 쫓아내는 부적을 만들거나 주술을 하기도 했다. 메카에 순례를 갔던 길에 카이로나 튀니스에서 병리학과 약 제조법을 배우고 돌아와 '암다위(의사)'가 되는 경우도 있었다. 병마다 드러나는 징후에 따라 적절한 치료가 있다. 천연두, 홍역, 성홍열과 같은 전염병은 발진을 촉진하여 솟아난 부분을 터트려 흉터가 남지 않도록 한다. 사프란 가루를 사용하는 요법도 있고, 전염병은 격리 수용을 하기도 했다.

식민정복 초기 카빌리 지방에 폐질환은 드물었으나, 후일 프랑스에 노동 체류를 했던 사람들 사이에서 결핵이 크게 번졌다. 다른 질병들은 좁은 공간에 많은 사람이 주거하면서 특히 겨울철에 생기는 위생 문제가 일부 원인이었다. 한 세기 동안 카빌리의 의술은 크게 개선되었다. 의사가 많아지고 보건소와 모자보건소가 설치되어 건강이 뚜렷이 나아졌다.

기타

자동차 타크루스트, takerrust

도로망이 개선되어 이제는 버스, 택시, 자가용으로 쉽게 이동하고 있다. 많은 이민자들이 외국에서 차를 가져와 택시로 운송업을 하기도 한다. 택시가 대단히 많아 외진 마을들과 도시를 이어주고 있다. 마을에 한 사람이라도 차가 있으면 멀고 가까운 이웃들의 이동이 쉬워진다. 알제에는 카빌리 출신 택시 운전사들이 많다.

잔재

이민, 교육, 정치 의식 등의 면에서 많은 변화를 겪은 카빌리와 같은 지방에서 조상으로부터 물려받은 관습이나 의식의 잔재가 현재까지 남아 있는 것은 놀라운 일이다. 그러나 이렇게 남아 있는 것들은 과거와는 아주 다른 현재 맥락 속에서 새로운 필요에 부응하는 다른 의미를 갖게 되었다.

가족의 수가 줄고 농업이 퇴조하면서 시간 여유가 생긴 여자들이 올리브유 만들기, 부르누스 짜기, 맷돌로 밀가루 내기 등 전통적 기술을 지키면서 수입을 올리고 있다. 이러한 생산은 단순한 전통의 잔재가 아니라 부가가치가 덧붙여지는데, 예를 들면 '수작업'으로 생산된 천연 식품이면서 사치품이 되는 것이다. 생산물의 소비를 통하여 가족적 유대를 확인할 수 있으며, 카빌리 정체성 확보라는 맥락 속에서도 하나의 문화적 상징 역할을 한다.

남자들이 '희생-나누기' 의식을 되살리는 것이나 여자들이 순례를 계속하는 것도 현대적 필요에 부응하는 것처럼 보인다. 의식을 치르면서 마을의 연대감을 재확인할 수 있고 지역적 연대감 확보를 위한 정치적 표현의 기회가 되기 때문이다. 아직 전통적 의사 표현 수단밖에 갖지 못하고 있는 여성들도 순례 때 이민 간 사람들을 위한 기도 등을 통해 현재의 관심사를 표현하고 있다. 문화적 정체성 요구의 맥락 속에서 현재 보이는 잔재 자체도 변화를 겪고 있다.

질병

천연두, 티푸스, 콜레라, 결핵, 매독, 말라리아 등의 전염병과 영양실조는 카빌리 사람들에게 혹독했던 질병이었다. 현대 의학이 있기 이전에는 약초나 주술을 이용한 치료법이 전통적으로 사용되었고 일부는 아직도 사용되고 있다.

말라리아든 다른 것이든 열병은 대개 산 아래편에서 걸렸고, 높은 지대는 보다 안전했다. 대개 여성들이 남성보다 병에 걸리기 쉬웠던 것은 그러한 이유 때문이다. 여성들이 밭을 일구는 계곡 아래는 모기가 많았다. 말라리아에 대해서는 '아스플(나쁜 기운 쫓기)'과 같은 제물을 바치는 의식을 했다. 눈병에는 안약을 제조했고, 두통은 천으로 목을 조이거나 헤나로 제조한 고약이나 불꽃으로 치료했다. 치통에는 마늘, 정향, 동물성 기름을 발랐으며, 대장장이들이 상한 이를 빼곤 했었다. 여러 종류의 피부병에는 다양한 연고를 바르거나 찜질을 하거나 '아스플' 의식을 했다. 기근 동안 콩류로 만든 죽을 먹고 배에 물이 차는 내장병도 있었다.

마을에서 떨어진 곳에 전염병에 걸린 환자들을 격리 수용하는 집들이 있어 이미 병을 앓고 나은 사람들이나 천연두나 티푸스 예방접종을 받은 사람들이 간호했다. 전염병이 돌면 이동을 삼가고 오염된 물을 마시지 않았다. 다른 병들처럼 간단한 약이나 고약으로 치료하기도 하고 온갖 종류의 의식을 행하기도 했다. 현재에는 보건소나 병원에 가며, 초기에 (물 소독 등) 위생 조치를 취한다.

천연두 타즈르자이트, tazerzayt

전염병인 천연두는 치사율이 높아 무서운 병이었으며 자주 닥치는 재난이었다. 천연두가 돌면 일체 이동이 금지되었다. 환자는 마을에서 멀리 떨어진 일종의 격리 시설에 수용하고 병을 한 번 앓은 적이 있는 사람들이나 엄지와 검지 사이 손에 천연두 고름을 접종한 사람들만 환자들을 보살피러 갔다. 부스럼이 발진하는 다른 병을 앓는 환자들에게 주는 것처럼 부스럼과 친밀해지자는 생각에서 소금을 넣지 않은 콩을 껍질채 먹게 했다. 매장할 때는 한두 사람만 가고 사람들이 많이 다니는 길을 피했다. 마지막 천연두가 돌았던 것은 식민정복 초기 1854-1855년이었다.

치료제 드와, ddwa

여자들은 대단히 다양하고 많은 약재를 사용한다. 풀, 약, 나무 진액, 낟알, 나뭇잎, 뿌리, 껍질, 헤나 외에도 명반이나 안티몬, 먹 황화물, 납 황화물 등 행상에게 구입하는 여러 약품들이다. 약초는 대개 차처럼 마시거나(박하, 백리향, 멜리사, 쑥 등) 반죽을 만들어 붙인다. 장뇌, 바셀린, 키니네와 같은 제조약도 복용했으며, 거머리나 유도제 등으로 지혈하고 골절을 고치기도 했다. 닭, 비둘기, 달걀 등에 병을 옮긴 다음 쫓아버리는 주술 의식을 통해 치료하는 경우도 많았다. 아직도 마라부트에게 가서 부적을 만들어 달라거나 성자에게 기도하거나 순례를 해서 병을 고치려는 것을 볼 수 있다.

설화에서는 주인공이 구해오는 마법의 치료제들이 있다. 생명의 사과, "일곱 바다 너머까지 알려진 사과", "아비 사자 수염에 묶여 있는 새끼 사자의 피부에 남아 있는 암사자 젖" 혹은 "노래 부르는 새" 등이다. 지금은 이동이 쉬워지고 농촌 지역에 보건소들이 있어 현대 의학이 퍼져 있으며, 제조 약품들이 전통 의학을 대체하고 있다.

콜레라

콜레라가 빈번하게 창궐했던 시기가 오래전 일이 아니다. 휴지기가 7년 이상 이어진 것도 드문 일이었다. 많은 희생자가 있었던 1849년 콜레라가 아직 기억에 남아 있다. 간헐적으로 있었던 몇몇 경우 중에는 1970년의 것도 있다. 그때마다 주민들은 양잿물을 다량으로 사용하여 물을 소독했다. 그러나 환자의 탈수 증세는 거의 치료되지 않아 허약해진 몸으로 저항하지 못했다. 모든 전염병이 그러했듯 콜레라는 마을의 공동체 생활 전체를 혼란에 빠트렸다. 모두가 집에서 나오지 않고, 때로는 환자들을 마을에서 떨어진 곳에 고립 수용하기도 했다.

타투빕트 tatubibt: 의녀

전통 의식에 대한 약간의 지식으로 '키블라'의 일을 보충한다. 보통 회향풀을 엮어 만든 부목으로 고정시켜 골절 치료를 전문으로 하는 접골사다.

티푸스

티푸스는 인명 피해가 많은 전염병이었다. 콜레라와 번갈아가며 자주 발생했다. 식민정복 초기 1862년과 1870년에 전염병이 돌았다. 마늘 한 통을 몸에 지니는 것이 예방법이었고, 환자들은 마을에서 떨어진 집에 수용했다. 치료 방법은 매독이나 결핵에 걸린 경우와 마찬가지로, 특히 정도가 아주 심한 경우 숫소를 바치는 '아스플(희생)' 의식을 거행하는 것이었다. 유향나무와 월계수를 끓인 물에 목욕을 하게 하기도 했다. 이제는 거의 사라진 질병이다.

홍역

가난한 지방에서 어린아이들에게 발병하는 이 질병으로 카빌리에서는 적어도 열 명 중 한 명이 사망했다. 치료는 모방의 주술로 환자를 붉은 이불이나 천을 덮게 하고 렌즈콩을 먹게 하는 것이었다. '아스플' 의식을 치르기도 했다.

Dictionnaire
de la culture berbère
en Kabylie

부록

알제리 카빌리의 역사

기원

선사시대: 기원전 300만~10만 년

구석기 시대 카빌리 해안에서 네안데르탈인이 살았음이 증명되었다.

　드물지만 신석기시대 유적이 해안가에 남아 있다.

원사시대: 기원전 7000-5000년

해안 지역에 그림, 부조, 리비크-베르베르 문자가 새겨진 비석 및 묘석과

　아울러 무덤이 남아 있다. 현재까지 신성한 장소로 지키고 있다.

역사시대 초기(기원전 1000년 - 기원후 600년)

기원전 1000년: 페니키아인 카빌리 해안 진출.

카르타고(Carthage) 왕국(기원전 800-146년)

기원전 815년경 창건.

기원전 396-307년: 리비아인 반란.

기원전 311-307년: 누미디아 왕 첫 언급(알제리 동부).

기원전 264-241년: 제1차 포에니 전쟁.

기원전 220-203년: 누미디아 마사에실(massaesyles)족의 왕 시팍스,

　마실(massyle) 왕국 정복. 카르타고인들이 '누미디아 혹은 리비아

　베르베르인'라고 불렀던 사람들 카르타고 항구와 교류.

　　항구: 루수쿠루-델리스, 루수피시르-탁셈트 그 이플리슨, 루사주스-아즈푼

기원전 218-201년: 제2차 포에니 전쟁(한니발 장군).

누미디아 왕국(기원전 4세기 - 기원전 46년)

기원전 203-148년: 마씨니싸 왕, 카르타고 격퇴. 카빌리 포함 누미디아 왕국
　　통일.

기원전 146년: 제3차 포에니 전쟁 종식. 카르타고 멸망, 로마 아프리카 속주
　　건설.

기원전 148-118년: 미시프사(Micipsa) 왕 통치.

기원전 118-105년: 유구르타 왕(기원전 160-104), 누미디아 재통일. 무어족 왕
　　보쿠스(Bocchus), 누미디아 서부 점령. 사위 유구르타 왕을 로마에 넘김.

기원전 46년: 유바 1세 패배 및 사망. 누미디아 왕국 로마에 합병.

무어 왕국(기원전 3세기 - 기원전 33년)

기원전 33년: 베자야 창건.

기원전 25년: 유바 2세, 모레타니아(Maurétanie) 통치.

로마시대(기원전 146년 - 기원후 439년): 북아프리카 지역 전체

기원후 17-24년: 타크파리나스 반란.

42년: 카빌리, 로마의 속주 세자레 모레타니아에 복속.

100-200년: 북아프리카 동부 도시화. 기독교화 초기.

250-313년: 모레타니아 베르베르인 반란. 기독교도 박해.

305-313년: 도나티우스파 운동. 이옴니움-티그지르트에 도나티우스파
　　주교가 지명됨. 기타 로마 부속지 비다(Bida)-즈마아 사흐리즈,
　　루수피시르, 타기지(Tagisi)-타우르가(Taourga), 투부숨투-티클라트
　　상호 동맹 강화.

372-376년: 피르무스 반란. 375년 자살.

396년: 길돈 반란.

396-430년: 성 아우구스티누스 히폰(Hippone)-안나바 대주교 서임.

반달 왕국(439-533년)

439년: 반달족 카르타고 점령.

480-483년: 베르베르인 반란.

비잔틴의 지배(533-647년)

베르베르 공국(公國) 수적 증가.

아랍의 정복에서 터키의 지배까지

아랍의 정복기(648-700년)

683-686년: 코세일라(Kocéïla) 베르베르인 저항 주도. 북아프리카 동부
　　이프리키야(Ifriqiya) 지배. 688년 피살.

695-701년: 트리폴리텐(Tripolitaine), 카히나(Kahina) 여왕 아랍군 격퇴.
　　패배 후 피살.

711년: 이슬람화한 베르베르인 군대 스페인 정복. 베르베르인 타릭 이븐
　　지야드(Tarik Ibn Zyad) 지휘.

아흘라비(aghlabides) 왕조(800-922년): 이프리키야 지역

시아파 파티마(Fatima) 왕조(910-973년)

893년: 아부 압달라흐(Abu Abdallah), 카빌리 케타마(Ketama) 부족에
　　시아파 교리 포교.

902-922년: 케타마 부족 중부 마그레브 정복. 지배.

969-973년: 이집트 정복. 파티마 왕조 카이로 이동.

지리 왕조, 함마디(Hammadide) 왕조(973-1163년): 이프리키야, 마그레브
　　중부 지역

973-984년: 알제 창건. 산하쟈(Sanhadja) 부족과 지리 부족 전투.

1050년: 이집트 힐랄(Hilal) 부족의 침공. 지리 왕조 멸망.

1061-1088년: 함마디 왕조 산하쟈 안-나스르(An-Naser) 통치

1067-1087년: 함마디 왕조 치하 베자야의 황금기. 종교 개혁가 이븐 투메르
　　베자야 인근 카빌리 사람들에 포교. '르아나야' 보호받음.

알모라비 제국(1055-1146년): 서사하라, 마그레브 서부와 중부, 스페인 지역.
   황금루트 장악.

알모하 제국(1125-1269년): 이프리키야, 스페인 무슬림 지역
1152년: 알모하 왕조(압드 엘-무믄), 베자야 점령.
1226-1227년: 야히야 이븐 라니아(Yahya Ibn R'ania), 베자야 탈환.
1240-1269년: 알모하 제국 멸망.

하프시드 왕국(1226-1494년): 이프리키야 전 지역, 수도 튀니스
1284년: 아부 자카리아, 델리스에서 출발 베자야 탈환 성공. 왕국 건설.
   튀니스와 경쟁.
1480-1493년: 하프시 왕조 쇠퇴.
1492년: 그라나다 함락. 기독교도 안달루시아 탈환.
1236-1554년: 틀렘센을 중심으로 창건한 압델와디(abdelwadide)왕국과
   튀니스의 하프시 왕국 간 대결. 아즈푼, 아이트 즈나드, 아크파두 등에서
   전투. 즈와와 용병 튀니스 측에 가담(13-14세기). 압델와디 왕조 통치 기간
   동안 카빌리 평원 포함 텔 지역의 아랍화 시작. 중심지 알제, 베자야.
1338-1339년: 쉼시의 '르아나야' 사건 발생.
1258-1465년: 메리니(mérinide) 왕조 성립. 페스(Fès) 포함 서부 마그레브
   지역.

왕국들은 산지 위에 있는 카빌리의 자치권을 거의 건드리지 못했다. 카빌리
   사람들은 베자야나 알제에도 세금을 내지 않았다.

알제리와 튀니지에서의 터키 지배(1515-1830년)

1509년: 스페인 베자야 정복. 알제, 델리스 점령.
1510년: '즈와와' 베자야 포위. 아루즈 바르브루스(Aroudj Barberousse)와
   하이르 에딘(Khaïr Eddin) 형제의 병력 지원에도 불구 베자야 탈환 실패.

브니-압바스 부족의 '암하르(촌장)'와 스페인 간 우호 조약.

1513년: 제노바인 안드레아 도리아(Andrea Doria), 지젤리(Djidjelli) 점령.

1514-1516년: 사략선 선장 아루즈, 지젤리와 알제 점령.

1516년: 카를 5세 함대, 알제 앞바다에서 패전. 스페인의 영향력 쇠퇴.

1516-1517년: 시 아흐메드 우 엘-카시(Si Ahmed u El-Qasi), '즈와시'의
보호 아래 아우리르(Aourir)와 쿠쿠(Koukou)에 정착.

1518년: 카이르-에딘, 카빌리 공격. 튀니스의 카빌리 지원. 엘-카시, 이쓰르
평원에서 반격. 승리. 엘-카시, 알제 진격, 점령. 5-7년간 통치(1520-1525,
1527년). 브니-아이샤 령(嶺) 군 진지에서 살해됨.

1527년: 카이르 에딘, 델리스 침공.

1529년: 터키인들로부터 '쿠쿠' 가문 대표로 인정받은 엘-후사인 엘-카시(El-
Houssaïn El-Qasi)와 카이르 에딘 간 동맹. 스페인 알제에서 철수.

1516-1533년: 카이르 에딘, 튀니스 점령.

1536-1568년: 터키와 스페인 전쟁.

1541년 10월: 알제 앞바다에서 카를 5세 함대 2차 패전.

16-18세기: 스페인과 연합한 브니-압바스 부족, "술탄들"과 알제 주둔
터키군과 연합한 '쿠쿠 왕' 사이 경쟁 지속.

1555년: 베자야 점령 스페인군, 터키에 항복. 45년 스페인 점령 기간 종식.
카빌리 환영.

1561년: 카이르 에딘의 아들 하산과 엘-카시 가문의 딸 혼인. 카빌리인들
용병, 선원, 장인 등으로 알제에 이주.

1550-1650년: 하산 카에르 에딘 통치. 알제의 황금기.

1569년: 알제-튀니스 전쟁 중 엘-카디가 카빌리인을 알제 군에 파견하여
지원. 페스의 술탄 '즈와와' 근위대에 카빌리인 파견.

1590년: 터키군, 브니-압바스 공격. 마라부트의 중재.

1595년: 알제 근위대 반란 진압을 위해 카빌리인 동원.

1596년: 11일간 카빌리인 알제 포위. 협상안 서명.

1600년: 알제 파샤 솔레이만(Soleiman) 카빌리 공격. 실패.

1603년: 스페인 아즈푼 공격. 실패. 터키군 즈마아 사흐리즈 공격. 실패.

1618년: 엘-카시의 전제정치에 대한 카빌리인들의 반발.

1624년: 터키군 쿠쿠 왕 공격.

1630년: 쿠쿠 가문 딸, 알제 터키군과 정략 결혼.

1630-1640년: 쿠쿠 가문의 세력 쇠퇴, 아우리로 후퇴.

1638년: 터키군 스바우 계곡과 이쓰르 계곡 주둔.

1640년: 티지-우주 보르즈 건설(현 티지-우주 시(市) 서부)

1650년: 터키군 카빌리 식민화 시도. 티지-우주와 보흐니에 사령부 설치.

1671년: 알제 총독으로 현지인 지명 시작.

1755년: 지진, 페스트, 가난, 무질서. 스바우 계곡에서 카빌리인들 터키군 약탈.

1757년: 이그스툴른(Iguechtoulen) 부족과 아이트 스드카 부족 보흐니 지역
　　　　탈환. 스바우의 카이드 살해.

1757-1768년: 터키군과 카빌리 충돌.

1767-1768년: 카빌리인 폭동. 미티쟈 평원까지 터키군 추격. 2년간 평원 점령.

1769년 말: 카빌리로 퇴각. 마흐즌 부족들 독립 선언.

1767년: 터키와 스페인 간 조약. 노예 해방과 귀환. 혼란.

1769-1770년: 여자들의 상속권 박탈.

1775년: '즈와와' 용병과 터키군 연합. 스페인 군대의 엘-하라슈(El-
　　　Harrach) 상륙 저지.

18세기 말: 카빌리 내부 부족들 간 빈번한 전투 기간.

1799년: 엘-하즈 아흐메드 벤 자문(El-Hadj Ahmed Ben Zamoun)을
　　　중심으로 이플리슨 믈릴 부족이 이쓰르의 카이드에 반기를 들다. 대혼란.

19세기: 터키군 세력 약화. 기근. 고리대금 성행. 아가와 고원
　　　사람들(Igawawen)의 폭동.

1813년 : 므쟈나와 비반에서 브니-압바스 부족 모크라니(Mokrani)가문이
　　　터키군 섬멸. 이플리슨 믈릴 부족 합세. 알제 총독 데이들의 연속적 살해.

1816년: 알제와 벤 자문 간 거액의 보상금을 조건으로 평화조약 체결.

1818년: 페스트로 인한 심각한 피해. 터키 총독 페스트로 사망. 혼란.
　　　'암라와'의 반란. 보흐니 보르즈 철수.

1819년: 스바우의 질서 회복을 위한 야히야 아하(Yahya Agha)의 노력.
　　　아이트 즌나드 부족으로 인하여 실패.

1825년: 카빌리와 터키 간 조약 체결. 상대적 평온 회복.

프랑스 식민통치 시기부터 현재까지(1830–현재)

식민정복

1830년 6월 14일: 시디-페루슈에 프랑스군 병력 37,000명 상륙.

1830년 7월 5일: 알제 함락. 카빌리군 참여(25,000명 추정).

1832년: 압들카드르 '성전(djihad)' 호소.

1835, 1837년: 카빌리, 압들카드르의 군자금 및 인력 지원 요청 거절.

1837년: 타프나(Tafna) 조약. 프랑스 정부, 알제리 국토 2/3에 대한 압들카드르의 지배권 인정. 프랑스의 "제한점령" 기간.

1841년: "북아프리카 프랑스 영토" 총독으로 뷔조 임명. 학살. 파괴. 화형.

1843년: 프랑스군, 압들카드르 관할지(스말라, smala) 점령. 압들카드르 모로코 일시 망명. 1847년 최종 망명.

1844년: 뷔조, 델리스 점령.

1844년 10월: 이플리슨 르브하르 부족의 장터와 3개 마을에 카빌리인 8,000명 집결. 뷔조 패배.

1830–1857년: 프랑스군 14회 카빌리 침공.

1848년: 알제리 프랑스 3개 행정구역으로 편입.

1857년 6월 24일: 1차 이쉬리든 전투. 랄라 파드마 은 수므르 체포. 포르-나시오날 건설.

1863년: 나폴레옹 3세, 알제리를 '아랍왕국(royaume arabe)'으로 격상. 동등권 부여.

1871년: 아이트 압바스 부족 바샤하 모크라니(bachagha Mokrani)와 부 므즈라그 형제 주도 봉기 발발. 라흐마니야 교단의 셰이흐 아흐다드 '성전' 선언.

    – 6월 24일: 2차 이쉬리든 전투. 막 마온(Mac Mahon) 장군 카빌리 평정.

1871–1914년: 프랑스인들의 알제리 이주. 알자스-로렌 지방 출신 포함. 카빌리 소수.

1911년: 무슬림의 병역의무 관련 법령 제정.

1914–1918년: 알제리 무슬림 제1차 세계대전 참가. 173,000명. 정규 입대 87,000명. 사망 25,000명. 알제리인 노동 이주 시작(약 119,000명).

1926년: '북아프리카 별(ENA: Etoile nord-africaine)' 파리에서 창단.
　1929년 정부에 의해 강제 해산. 1933년 재발족.
1936년: '알제리공산당(PCA: Parti communiste algérien)' 창립.
1937년: '북아프리카 별' 2차 해산. 리더 메살리 하즈 '알제리민족당(PPA)'
　창립.
1942년: 영미 연합군 알제 상륙.
1944년: 드골 알제 방문. '예외조치' 폐지. 무슬림 "제2 선거인단"
　구성(3월7일자 행정명령).
1945년 5-6월: 콩스탕티누와(Constantinois) 북부지역 시위. 프랑스군의
　무력 진압. 세티프와 겔마(Guelma) 두 도시에서 학살.
1946년 4월: 페르하트 압바스(Ferhat Abbas)
　'알제리인선언민주연맹(UDMA: Union démocratique du manifeste
　algérien)' 창립.
　- 10월: 메살리 하즈 '민주자유승리운동(MTLD)' 창립.
1947년: MTLD 회의 중 '비밀조직(OS: Organisation secrète)' 창설. 8월
　알제리 위상 관련 기본법 채택.
1948년: 의회 선거 조작. MTLD 후보의 50% 체포.
1949년: MTLD 프랑스협회 내 "아랍·이슬람적" 편향을 비판하는
　'베르베르주의' 분란 위기.
1951년 8월: PPA-MTLD, UDMA, PCA 연합 알제리 자유수호전선 결성.

독립전쟁
1954년 11월 1일: 폭동 시작. 알제리 전역 60여 건 테러행위. 8명 사망.
　'민족해방전선(FLN)' 창립.
　- 11월 5일: 알제리에 프랑스 지원군 파견. MTLD 해산.
1955년 4월 1일: 오레스, 카빌리. 제한적 비상사태 선포.
1955년 8월 20일: 콩스탕티누와 지방. '대 아랍인 폭력' 및 학살. 수천 명 사망.
1955년 9월: 프랑스군 병력 알제리 파견.
1956년 3월 12일: 프랑스 의회(하원), 특별권한 가결.
1956년 8월 20일: FLN 회의 개최. 숨맘 계곡 이프리.

1956년 8월: '알제리혁명민족위원회' 발족.

1956년 10월 22일: 프랑스 공군 FLN 간부들이 탄 비행기 수색. 독립전쟁
    종전까지 간부들 프랑스에 억류. (카빌리: '푸른새'작전, '즌나드'작전
    실행.)

1957년: '알제전투(bataille d'Alger)', 테러.

1957년 12월 26일: '민족해방군(ALN)' 첩보국 대원, FLN 간부 람단 압반
    암살. 모로코.

1958년 9월 19일: '알제리공화국임시정부(GPRA)' 수립. 카이로.

1958년 10월: 드골, FLN에 '콩스탕틴플랜(plan de Constantine)' 제안.
    "용감한 사람들의 평화" 표방. FLN 거부.

1958년 8월: 드골, 아크파두 주둔 샬 장군 방문.

1959년 3월: 제3 윌라야 카빌리 지역 책임자 아미루슈 암살.

1959년 7월 21일: 카빌리. 샬 장군 지휘 프랑스군 병력 20,000명 "쌍둥이"
    작전 수행. 프랑스군, "사냥터"(금지지역) 설치.

1959년 9월: 드골, 알제리인들의 자결권 선언.

1960년 1월 말: 알제, 바리케이드 주간.

1960년 6월: 믈룅(Melun) 협상 실패.

1961년 1월 8일: 프랑스 국민투표 실시. 드골의 알제리 정책 찬성 75%.

1961년: '비밀군조직(OAS: Organisation de l'armée secrète)' 결성.

1961년 4월 22-25일: 알제. 프랑스군 장성 쿠데타. 실패.

1961년 8-9월: FLN과 OAS 상호 테러 증가.

1961년 11월 17일: 파리 알제리인 시위. 체포 및 구금 10,000명. 부상자 300명
    이상. 사망자 100여 명 이상.

1962년 2월 8일: 파리 샤론(Charonne) 지하철역. OAS 반대 시위. 사망자
    8명.

1962년 3월 7일: 에비앙(Evian) 회담 개시.

1962년 3월 18일: 에비앙조약 조인.

1962년 7월 3일: 알제리 독립 선언.

1962년 말: 프랑스인 알제리로부터 철수.

독립 후

1962년 7월: 븐 블라 주도 "국경군대", 븐 헤다 주도 '임시정부(GPRA)'에 반대.

1962년 8월 말: '하르키(harkis)' 처벌.

1962년 9월 9일: '민족인민군(ANP: Armée nationale populaire)', 부메디엔(Boumédienne) 대령 알제 귀환. 븐 블라 행정 수반 지명.

1962년 10월 8일: 알제리 UN 가입.

1963년 3월: 자치 행정 시작.

1963년 9월 8일: 알제리 헌법 투표 가결.

1963년 9월 29일: 카빌리, 호신 아이트-아흐메드 반정부 활동. '사회주의세력전선(FFS)' 결성.

1963년 9월 26일: 븐 블라, 카빌리 반체제 활동 대처 특별 권한 위임받음.

1964년 6월: 프랑스군 철수 완료.

1965년 6월 19일: 부메디엔 쿠데타. 븐 블라 축출.

1966년 5월 8일: 광물자원 관련 산업 국유화.

1968년: 2차 국유화.

1969년: 프랑스 내 알제리인 노동자 관련 합의.

1971년: 중공업육성 정책 확정. 석유산업 국유화.

1971년 11월 8일: 토지혁명 선언.

1978년 12월 27일: 부메디엔 사망.

1979-1989년: 샤들리 벤즈디드(Chadli Bendjedid) 대령 알제리공화국 대통령 취임.

1980년 3월 19일: 티지-우주에서 예정된 물루드 마므리 강연회 금지. 카빌리 총 파업. '베르베르의 봄' 사태.

1980년대: 이슬람주의 운동 세력화.

1984년 6월 9일: 가족법 공포.

1985년 1월: 산아제한 캠페인.

1985년 4월: 이슬람주의 운동원 135명 재판.

1987년 4월 7일: 파리 7구. 호신 아이트-아흐메드의 최측근 변호사 알리 므실리(Ali Mecili) 살해.

1988년 10월 5-10일: 알제 위시한 전국적 폭동. 잔인한 무력 탄압. 사망자 500명 이상. 부상자 1,000여 명.

1989년 2월: 헌법 개정. 다당제 인정. '문화민주주의연합(RCD)' 결성.

1989년 9월: 2월 결성된 '이슬람구국전선(FIS: Front islamique du salut)' 합법화.

1989년 11월: FFS 합법화.

1990년: 해외자본 투자 개방.

1990년: '베르베르문화운동(MCB)' 합법적 총회 개최.

1990년 6월: FIS 시의회 선거에서 승리.

1991년: FIS 총파업 호소(4월). 1차 의회선거에서 승리(12월).

1992년 1월 2일: FFS 호소. 30만 명 알제 시위. 2차 선거에서 "민주주의를 구해야 한다" 주장.

1992년 1월 11일: 벤즈디드 사임.

1992년 1월 12일: 군 개입 선거 중단.

1992년 1월 14일: 모하메드 부디아프 '국가고등위원회(Haut Comité d'Etat)' 참가.

1992년 2월 9일: HCE 비상사태령 선포.

 - 3월 4일: FIS 강제 해산.

1992년 6월 22일: 부디아프 암살.

1992년 9월: '무장이슬람군' 조직. 정부군 "대테러 투쟁' 강화.

1993년: 1992년 2월부터 내전으로 인한 사망자 15,000명 이상. 작가 타하르 자우트, 정신과의 마흐푸드 부슴시 등 다수의 지도급 인사 피살.

1994년 6월: '구국이슬람군(Armée islamique du salut)' 창단.

1994년 6월: 카빌리. 가수 루네스 마투브 납치. 풀려남.

1994년 12월 24일: 알제. GIA 특공대, 에어 프랑스 항공기 납치. 승객 3명 살해. 프랑스 국가 방위군 특전대가 마르세이유에서 납치범 전원 사살.

1995년 1월: "정치적 평화적 위기 해결책"을 위한 로마 강령. FLN, FFS, FIS, MDA, PT 등 주요 관계 단체 서명. 나빌라 디아흐민 살해(티지-우주).

1992-1995년: 내전으로 인한 사망자 30,000 - 70,000명 추정.

1995년 11월 16일: 리아민 제루알(Liamine Zéroual) 대통령 선출.

1996년 11월 28일: 헌법 개정 투표 가결. 종교 및 지역 정당 금지.

1997, 1998년: 특히 알제 지방(Algérois)에서 살인 폭력 재발.

1997년 10월: 군부와 AIS 간 비밀 휴전.

1998년 9월 11일: 제루알 사임.

1998년 6월 25일: 루네스 마투브 살해. 카빌리. 폭동.

1999년 4월 19일: 압들아지즈 부테플리카(Abdelaziz Bouteflika)
알제리공화국 대통령 선출.

1999년 7월 20일: '민간화해(concorde civile)' 법 공포.

2000년 5-6월: 살인과 테러 폭력. 12월 라마단 기간 중 재연.

2001년 4월 25일: 브니-두알라 국가방위군, 청년 마씨니싸 게르마흐 살해.
카빌리. '검은 봄(printemps noir)' 폭동 사태. 진압 과정 사망자 100여 명.

2001년 6월: 엘-크스르 성명서(Plate-forme d'El-Kseur) 발표. 카빌리 출신
수천 명 알제 시위.

2001년 8월 10일: 카빌리, 항의 시위. 10만 명 이상 참가.

2002년 3월: '타마지흐트(베르베르어)'를 "국가" 언어로 인정하는 법조문
국회 통과.

2003년 5월 23일: 서부 카빌리 부메르데스 근방 지진. 사망자 2500명 이상.
실종 2500명 이상.

2003년 9월 9일: '카빌리 아아르슈 공조연합'과 정부 사이 대화 준비 작업.

2005년 1월 15일: '공조연합' 일부와 정부 간 합의 서명.

참고문헌

사전 제작에 참고했던 문헌의 다수는 본인의 다음 저서에 상세하게 소개되어
있다. 특히 1962년 이전 출판물에 관해서는 본문에 언급된 저자들만
소개했으므로 이 저서를 참고하기 바란다.

Lacoste, Camille (1962), *Bibliographie ethnologique de la Grande Kabylie*,
Mouton, Paris-La Haye, 104 p.

일부 항목들은 다음 백과사전을 많이 참고했다.

L'*Encyclopédie berbère*, Edisud, Aix-en-Provence, fascicule 1-26.

Ageron, Charles-Robert (1968), *Les Algériens musulmans et la France*,
1871-1919, PUF, Paris, 2 vol.
Aït-Ferroukh, Farida (2001), Cheikh Mohand. *Le souffle fécond*, Volubilis,
Paris.
Amrouche, Fadma At Mansour (1968), *Histoire de ma vie*, François
Maspero, Paris (réed. La Découverte, Paris, 2000).
Amrouche, Jean (1934), *Cendres,* Mirages, Tunis.
_____ (1937), *Etoile secrète*, Mirages, Tunis.
_____ (1939), *Chants berbères de Kabylie*, Monomotapas, Tunis.
_____ (1946), ≪ L'éternel Jugurtha ; propositions sur le génie africain ≫,
L'Arche, 13 février.
_____ (1954), *Mémoires improvisés de Paul Claudel, recueillis par Jean
Amrouche*, Gallimard, Paris.
_____ (1985), *D'une amitié, correspondance 1937-1962. Jean Amrouche
et Jules Roy*, Edisud, Aix-en-Provence.
Amrouche, Marguerite Taos (1947), *Jacinthe noire*, Charlot, Paris (réed.
Joëlle Losfeld, 1996).
_____ (1960), *Rue des Tambourins*, La Table Ronde, Paris (réed. Joëlle
Losfeld, 1996).
_____ (1966), *Le Grain magique : contes, poèmes et proverbes berbères de*

Kabylie, François Maspero, Paris, 249 p.

_____ (1975), *L'Amant imaginaire*, Robert Morel, Paris (rééd. Joëlle Losfeld, 1997).

_____ (1995), *Solitude, ma mère*, Joëlle Losfeld, Paris.

Bachelard, Gaston (1963), *La Terre et les rêveries du repos*, José Corti, Paris, 337 p.

Basagana, Ramon, et Sayad, Ali (1974), *Habitat traditionnel et structures familiales en Kabylie*, Société nationale d'édition et de diffusion. Mémoires du Centre de recherches anthropologiques, préhistoriques et ethnographiques, Alger, t. XIII, 160 p.

Basset, André (1929), *Etudes de géographie linguistique en Kabylie*, Paris, 100 p.

_____ et Crouzet, Jean (1937), *Cours de berbère (parlers de la Kabylie)*, Alger, 176 p.

_____ Et Picard, André (1948), *Eléments de grammaire berbère (Kabylie, Irjen)*, 328 p.

Basset, Henri (1920), *Essai sur la littérature des Berbères*, Carbonnel, Alger.

Basset, René (1887), *Manuel de langue kabyle*, Paris, 88 p.

Belaïd At Ali (Degezelle et Dallet) (1964), « Les cahiers de Belaïd », 2 vol., *FDB*.

Ben Sedira, Belkassem (1887), *Cours pratique de langue kabyle, Grammaire et versions*, Adolphe Jourdan, Alger, 430 p.

Boulifa, Si Saïd (1913), *Méthode de langue kabyle, cours de deuxième année*, Jourdan, Alger.

_____ (1925), *Le Djurdjura à travers l'histoire depuis l'Antiquité jusqu'à 1830. Organisation et indépendance des zouaoua (Grande Kabylie)*, Bringau, Alger, 409 p.

Bourdieu, Pierre (1972), *Esquisse d'une théorie de la pratique, précédée de trois études d'ethnographie Kabyle*, Droz, Genève/Paris, 269 p.

Bourdieu, Pierre et Sayad, Abelmalek (1964), *Le Déracinement, la crise de l'agriculture traditionnelle en Algérie*, Minuit, Paris, 228 p. (rééd. 1996).

Carette, Emile, capitaine (1848), *Etudes sur la Kabylie proprement dite*, Imprimerie nationale, Paris, 2 vol. (*Exploration scientifique de l'Algérie pendant les années 1840, 1841, 1842*).

참고문헌

CEB(Centre d'études berbères de Fort-National).

_____ (1962), ≪ La liberté de la personne humaine. Humanisme traditionnel ≫, *FDB*, n° 73.

_____ (1963), ≪ Un poème hagiographique : l'histoire de Joseph ≫, *FDB*, n° 80.

_____ (1964), ≪ Valeur du sang. Rites et pratiques à intention sacrificielle, *FDB*, n° 84.

_____ (1965), ≪ Vues sur l'au-delà, Extraits du folklore lyrique ≫, *FDB*, n° 88.

_____ (1967), ≪ La légende d'un Saint Chikh Mohand ou Lhossine ≫, *FDB*, n° 96.

_____ (1969), ≪ Quatre aspects de la coutume en voie d'évolution ≫, Fort-National, *FDB*, n° 102, 71 p.

_____ (1970), ≪ Les fourberies d'Inissi ≫, *FDB*, n° 107, 81p.

Chaker, Salem(dir.) (2001), *Hommes et femmes de Kabylie. Dictionnaire biographique de la Kabylie*, tome 1, Ina-Yas/Edisud, Aix-en-Provence, 207 p.

_____ (1989), *Berbères aujourd'hui*, L'Harmattan, Paris(2e éd. 1998).

Chantréaux, Germaine (1941-1942), ≪ Le tissage sur métier de haute-lisse à Aït-Hichem et dans le Haut Sebaou ≫, *Revue africaine*, 1941, t. 85, p. 78-116, et p. 212-229, 1942, p. 261-313.

Colin, Joël (1998), *L'Enfant endormi dans le ventre de sa mère. Etude ethnologique et juridique d'une croyance au Maghreb*, CERJEMAF/ Presses universitaires de Perpignan, Perpignan, n° 2, 384 p.

Colonna, Fanny (1975), *Instituteurs algériens, 1883-1939*, Presses de la Fondation nationale des sciences politiques, Paris.

Crouzet, Jean (1973), ≪ Fêtes religieuses ≫, *Le Fichier périodique*, Fort-National, n° 118.

Dallet, Jean-Marie (1960), ≪ Zoologie populaire kabyle ≫, *FDB*, Fort-National.

_____ (1962), ≪ Petite botanique populaire ≫, *FDB*, Fort-National.

_____ (1963, 1967, 1970), *Contes kabyles inédits*, *FDB*, Fort-National, 3 vol.

_____ (1982), *Dictionnaire kabyle-français*, SELAF, Paris, 1052 p.

_____ (1985), *Dictionnaire français-kabyle*, II, SELAF, Paris, 259 p.

Dumas, Eugène, général (1883), *Moeurs et coutumes de l'Algérie, Tell, Kabylie, Sahara*, Hachette, Paris, 391 p.

_____ et Fabar, capitaine (1847), *La Grande Kabylie, études historiques*, Hachette, Paris, VIII-488 p.

Dermenghem, Emile (1926), *Contes fasis*, Rieder, Paris.

_____ (1945), *Contes kabyles*, Charlot, Alger, 214 p.

_____ et El Fasi, Mohammed (1928), *Nouveaux Contes fasis*, Rieder, Paris.

Despois, Jean (1949), *L'Afrique du Nord*, PUF, Paris.

Dessommes, François (1964), ≪ Notes sur l'histoire des Kabylies ≫, *FDB*, CEB Fort-National, n° 82.

Devaux, Charles (1859), *Les Kabaïles du Djerdjera, Etudes nouvelles sur les pays appelés vulgairement la Grande Kabylie*, Camoin, Marseille, et Challamel, Paris, 468 p.

Dossier ≪ Léo Frobenius et les contes kabyles ≫ (1998), *Littérature orale arabo-berbère*, n° 26, ERS1723/CNRS, Paris.

Doublet, Jean (1972), ≪ Apologues kabyles de Saïd Abouadaou (parler des At-Fraoucen) ≫, *FDB*, Fort-National, n° 115, 87 p.

Favret, Jeanne (1968), ≪ Relations de dépendance et manipulation de la violence en Kabylie ≫, *L'Homme*, 4.8, p. 18-44.

Feraoun, Mouloud (1960), *Les Poèmes de Si Mohand*, Minuit, Paris.

Feraud, Charles (1869-1952), ≪ Bougie, étude historique ≫, *Centre d'études berbères*, 73 p.

Frobenius, Léo (1921-1922), *Volksmärchen der Kabylen, E. Diederichs*, Iena, 3 vol.

_____ (1995-1998), *Contes Kabyles*, recueillis par Léo Frobenius, trad. Mokrane Fetta, Edisud, Aix-en-Provence, 4 vol.

Gast, Marceau et Assié, Yvette (1993), *Des coffres puniques aux coffres kabyles*, CNRS éditions, Paris, 251 p.

Genevois, Henri (1961), ≪ Sut-tadut ; la laine et le rituel des tisseuses ≫, *Fichier de documentation berbère*, n° 93, 99 p.

_____ (1962), ≪ La famille ≫, *FDB*, n° 76, 60 p.

_____ (1962), ≪ L'habitation kabyle ≫, *FDB*, 58 p.

_____ (1963), ≪ Le corps humain ≫, *FDB*, n° 79, 70 p.

_____ (1963), ≪ 350 énigmes kabyles ≫, *FDB*, n° 78, 88 p.

_____ (1964), ≪ *Taqsit el-Ledyur* et les sentences sapientiales dans la littérature populaire ≫, *FDB*, n° 83.

_____ (1966), ≪ Education familiale en Kabylie ≫, *FDB*, n° 89, 73 p.

_____ (1967), ≪ Sut-Tadut, La laine et le rituel des tisseuses ≫, *FDB*, n° 93, 99 p.

_____ (1968), ≪ Superstition ; recours des femmes kabyles ≫, *FDB*, n° 97, 100 et 101, 99 p.

_____ (1974), ≪ Légende des rois de Koukou : Sidi Amer ou El-Qadi, Sidi Hend, le Tunisien ≫, *Le Fichier périodique*, 1974, n° 121, 83 p.

_____ (1974), ≪ Scènes de la vie agricole ≫, extraits de Boulifa, transcrits et traduits par Madeleine Allain, *Le Fichier périodique*, n° 123, 100 p.

_____ (1978), ≪ Un rite d'obtention de la pluie ; la fiancée d'Anzar ≫, *Actes du 2e Congrès International d'études des cultures de la Méditerranée occidentale*, Alger.

_____ (1995), *Monographie villageoise. I. At-Yanni et Taguemount Azouz*, Edisud, Aix-en-Provence, INALCO-CRB, Paris, 224 p.

_____ (1996), *Monographie villageoise. I. Igemâa n Sahridj – Tawrirt n At Manguellat*, Edisud, Aix-en-Provence, INALCO-CRB, Paris, 317 p.

Guenoun, Ali (1999), *Chronologie du mouvement berbère 1945-1990*, Casbah Editions, Alger

Ibn Khaldoun (1925), *Histoire de Berbères et des dynasties musulmanes de l'Afrique septentrionale*, traduction de Slane, Geuthner, Paris.

Hanoteau, Adolphe (1867), *Poésies populaires de la Kabylie du Djurdjura*, Imprimerie impériale, Paris, 475 p.

_____ (1906), *Essai de grammaire kabyle*, Jourdan, Alger.

_____ et Letourneux, Aristide (1872-1873), *La Kabylie et les coutumes kabyles*, Imprimerie nationale, Paris, 3 vol. (rééd. Bouchène, Paris, 2003)

Horne, Alistair (1980), *Histoire de la guerre d'Algérie*, Albin Michel, Paris, 1980.

Julien, Charles-André (1964), *Histoire générale de l'Algérie contemporaine*, PUF, Paris, 1964.

Lacoste – Dujardin, Camille (1958), ≪ Sabre Kabyles ≫ *Journal de la société des aafricanistes*, t. 28, p. 111-191.

_____ (1965), *Traduction des légendes et contes merveilleux de la Grande Kabylie recueillis par Auguste Mouliéras*, Imprimerie nationale-Paul

Geuthner, collection de la Bibliothèque de l'ENLOV, Paris, 2 tomes, 558 p.

Lacoste-Dujardin, Camille (1970), *Le conte kabyle, Etudes ethnologique*, François Maspero, Paris, 534 p. (réédi. La Découverte, coll. ≪ Redécouverte ≫, Paris, 2003).

_____ (1973), ≪ A propos d'un cyclope Kabyle ≫, *Actes du premier congrès international d'études des cultures d'influence arabo-berbère*, Société nationale d'éditions (SNED), Alger, p. 326-334.

_____ (1973), ≪ Un conte algérien inédit : *Milaq* ≫, *Littérature orale arabo-berbère*, CNRS-EPHE, 1973-1974, n° 6-7, p. 239-262.

_____ (1973-1974), ≪ Le conte kabyle : *Ali et sa mère*, ou : Du matricide de la conquête du pouvoir ≫, *Littérature orale arabo-berbère*, n° 6-7, p. 127-138.

_____ (1976), *Un village algérien, structures et évolution récente*, Société nationale d'éditions (SNED), Alger, 168 p.

_____ ≪ Changement et mutation à travers quelques rites paysans dans l'Algérie nouvelle ≫, *L'Autre et l'Ailleurs, recueil d'études offertes à Roger Bastide*, Berger-Levrault, Paris, p. 398-415.

_____ (1977), *Dialogue de femmes en ethnologie*, François Maspero, Paris, 118 p. (rééd. La Découverte, coll. ≪ Redécouverte ≫, Paris, 2002).

_____ (1978), ≪ Chansons berbères, chansons pour vivre ≫, *L'Histoire*, n° 5, p. 104-105.

_____ (1979a), ≪ Femmes kabyles immigrées en France en 1978 ≫, *Mirgrants-formation*, CNDP-Migrants, 32-33, mars 1979, p. 14-16.

_____ (1979b), ≪ Les femmes et la mort dans quelques villages algériens, images et réalités ≫, *Etudes corses (La mort en Corse et dans les sociétés méditerranéennes)*, 7ᵉ année, 12-13, p. 75-89.

_____ (1980), ≪ *Mqidech émigré* ≫, *Littérature orale arabo-berbère*, CNRS-EHESS, n° 11, p. 17-20.

_____ (1981a), ≪ Des femmes chantent les hommes et le mariage. Louanges lors d'un mariage en Kabylie : *ccikran*≫, *Littérature orale arabo-berbère*, n° 12, p. 125-161.

_____ (1981b), ≪ Tactiques endogamiques en Kabylie, représentations et pratiques ≫, *Production-pouvoir (parenté dans le monde méditerranéen de Sumer à nos jours*, AECLAS-Geuthner, Paris, p. 229-

251.

_____ (1981c), ≪ Maghreb, éléments de mythologie kabyle ≫, *Dictionnaire des mythologies et des religions des sociétés traditionnelles et du monde antique*, Yves Bonnefoy (éd.), Flammarion, Paris, t. II, p. 45-48.

_____ (1882a), ≪ Les récits historiens d'une vieille dame algérienne ≫, *Littérature orale arabo-berbère*, n° 13, p. 61-78.

_____ (1982b), ≪ Survivance, décadence et renouveau des productions techniques en montagne algérienne ≫, *Le Cuisinier et le philosophe, hommage à Maxime Rodinson*, Maisonneuve et Larose, Paris, p. 41-53.

_____ (1984a), ≪ Friponne, une féministe au pays des sultans ≫, *Littérature orale arabo-berbère*, n° 15, p. 45-74.

_____ (1984b), ≪ Genèse et évolution d'une représentation géopolitique : l'imagerie kabyle à travers la production bibliographique de 1840 à 1891 ≫, *Connaissances du Maghreb*, Editions du CNRS, Paris, p. 257-277.

_____ (1985), *Des mères contre les femmes. Maternité et patriarcat au Maghreb*, La Découverte, Paris, 268 p. (5e éd., réactualisée, La Découvert/Poche, Paris, 1996).

_____ (1986a), ≪ L'invention d'une ethnopolitique : Kabylie 1844 ≫, *Hérodote*, n° 42, juillet-septembre, p. 109-126.

_____ (1986b), ≪ Ogresse berbère et ogresse corse : images de la femme méditerranéenne ≫, *Atti del congresso internazionale di Amalfi*, 5-8 décembre 1983, Naples, p. 277-287.

_____ (1987), ≪ Récits de l'événement. Histoires de la montagne et de la plaine en Kabylie algérienne ≫, *Littérature orale traditionnelle populaire, Actes du colloque de Paris, 20-22 novembre 1986*, Fondation Calouste-Gulbenkian, Centre culturel portugais, Paris, p. 501-513.

_____ (1987), ≪ Fécondité et contraception au Maghreb ≫, *The Maghreb Review*, Lontres, vol. 12, 5-6, p. 130-135.

_____ (1991), ≪ La discrimination garçon-fille constitutive de l'identité de genre au Maghreb ≫, *in* Marie-Claude Hurtig, Michèle Kaïl et Hélène Rouche (dir.), *Sexe et genre*, Editions du CNRS, Paris, p. 195-202.

_____ (1992), *Yasmina et les autres, de Nanterre et d'ailleurs, Filles de parents maghrébins en France*, La Découverte, Paris, 283 p.

카빌리 베르베르 문화사전

644

_____ (1992), « Démocratie kabyle. Les Kabyles : une chance pour la démocratie en Algérie ? » *Hérodote*, n° 65-66 (« Afriques noires, Afriques blanches »), p. 63-74.

_____ (1993a), « Pourquoi n'y eut-il pas de villes en Kabylie marchande ? » *La città méditerranea. Atti del congresso internationale di Bari, 4-7 maggio 1988*, Instituto universitarion orientale, Naples, p. 381-394.

_____ (1993b), « Variation et contexte de production dans deux textes d'eschatologie kabyle », *A la croisée de études libyco-berbères. Mélanges offerts à P. Galand-Pernet et L. Galand, comptes rendu du GLECS*, supplément n° 15, Geuthner, Paris, p. 363-375.

_____ (1993c), « Une 'Nouja' kabyle inédite », *Littérature orale arabo-berbère*, UPR 414/CNRS, n° 21, p. 153-190.

_____ (1994), « Femmes kabyles : de la rigueur partriarcale à l'innovation », *Hommes et migrations* (« Les kabyles. De l'Algérie à la France »), n° 1179, p. 19-24.

_____ (1995a), « Devinettes en berbère de Kabylie, parler d'Aït-Hichem », *Littérature orale arabo-berbère*, n° 22-23, p. 145-171.

_____ (1995b), « Du bandit comme faire-valoir de la virilité socialisée, en Kabylie », *Banditisme et violence dans les sociétés méditerranéennes. Actes du colloque de Bastia (27-29 mai)*, p. 59-75.

_____ (1996), « Rôles féminins et rôles masculins en changement à travers l'observation de deux rituels sacrificiels en Kabylie », *in l'Islam pluriel au Maghreb, table ronde de l'IREMAM, Annuaire de l'Afrique du Nord*, t. XXXIII, 1994, p. 259-279.

_____ (1997a), « Histoire et représentations de la guerre aux Iflissen Lebhar », in Ch.-R. Ageron (dir.), *La Guerre d'Algérie et les Algériens, Actes de la table ronde Paris, 26-27 mars 1996*, Armand Colin, Institut d'histoire du temps présent, Paris, p. 71-91.

_____ (1997b), *Opération « Oiseau bleu », Des Kabyles, des ethnologues et la guerre d'Algérie*, La Découverte, Paris, 308 p.

_____ (1998), « Violence en Algérie contre les femmes », in Marie Rirolle et Camille Lacoste-Dujardin (dir.), *Femmes et hommes au Maghreb et en immigration, la frontière des genres en question. Etudes sociologiques et anthropologiques*, Publisud, Paris.

_____ (1999a), « Une intelligentsia kabyle en France : des artisans d'un 'pont transméditerranéen' ≫, *Hérodote*, n° 94, p. 37-45.

_____ (1999b), *Contes merveilleux de Kabylie, Narrés par Moh'ammed ou 'Ali de Taoudouchth, reeueillis par Auruste Mouliéras en 1891*, Edisud (Bilingues), Aix-en-Provence, 183 p.

_____ (2001a), ≪ La montagne pour les Kabyles. Représentations et réalités ≫, *Montagnes méditerranéennes*, Grenoble, n° 12, p. 5-100.

_____ (2001b), ≪ Géographie culturelle et géopolitique en Kabylie. La révolte de la jeunesse pour une Algérie démocratique ≫, *Hérodote*, n° 103, p. 57-91.

_____ (2002), ≪ Grande Kabylie ≫ : du danger des traditions montagnardes ≫, *Hérodote*, n° 107, p. 119-146.

_____ (2003), *Voyage d'Idir et Djya en Kabylie. Initiation à la culture kabyle*, L'Harmattan, coll. ≪ Histoire et perspectives méditerranéennes ≫, Paris, 133 p.

Lanfry, Jacques (1959), ≪ *Anejma n-taddart* : l'assemblée du village ≫, *FDB*, n° 62, 46 p.

Laoust-Chantréaux, Germaine (1990), *Kabylie côté femmes. La vie féminine à Aït-Hichem*, 1937-1939, Edisud, Aix-en-Provence, 304 p.

_____ (1994), *Mémoire de Kabylie. Scènes de la vie traditionnelle*, 1937-1939, Edisud, Aix-en-Provence, 127 p.

Mathé, Alain (2001), *Histoire de la Grande Kabylie, XIXe-XXe siècle. Anthropologie historique du lien social dans les communautés villageoises*, Bouchène, Paris, 650 p.

Mahfoufi, Mehenna (2002), *Chants kabyles de la guerre d'indépendance, Algérie 1954-1962*, Séguier, Paris, 314 p.

Mammeri, Mouloud (1952), *La Colline oubliée*, Plon, Paris, 255 p.

_____ (1976), *Grammaire berbère*, François Maspero, Paris.

_____ (1969), *Les Isefra de Si Mohand*, François Maspero, Paris.

_____ (1980), *Poèmes kabyles anciens*, François Maspero, Paris, 470 p. (rééd. La Découverte, coll. ≪ Redécouverte ≫, Paris, 2001).

Mammeri, Mouloud et Bourdieu, Pierre (1978), ≪ Dialogue sur la poésie en Kabylie ≫, *Actes de la recherche en sciences sociales*, n° 23, p. 50-66.

Martin, Jacques (des Pères Blancs) (1969), ≪ *Bida Municiplum* en Maurétanie césarienne (Djemaa-Sahridj). Notes historiques ≫, CEB, *FDB*, Fort-National, n° 101, p. 70.

Masqueray, Emile (1876), ≪ Impressions de voyage : la Kabylie et le pays berbère ≫, *Revue politique et littéraire*, t. X, 2, série, p. 177-183 et p. 203-207.

Matoub, Lounès (2003), *Mon nom et combat. Chants amazighs d'Algérie*, traduction et présentation de Yella Seddiki, La Découverte, Paris, 253 p.

Mongi, Smida (1987), *Les Zouaoua, une colonie kabyle en Tunisie au XIXe siècle*, Editions Tunis-Carthage, Tunis.

Mouliéras, Auguste (1891), *Les Fourberies de Si Djerha (contes kabyles recueillis et mis en français par A. Mouliéras)*, Imprimerie de P. Perrier, Oran.

_____ (1893-1898), *Légendes et contes merveilleux de la Grande Kabylie*, 2 vol., 527 p.

Musso, Jean-Claude (1970), ≪ Tuiles ornées en Grande Kabylie ≫, CEB, *FDB*, Fort-National, n° 105, 148 p.

_____ (1971), *Dépôts rituels des sanctuaires ruraux de la Grande Kabylie*, Mémoires du Centre de recherches anthropologiques, préhistoriques et ethnographiques, t. XVIII, Arts et métiers graphiques, Paris, 146 p.

Picard, André (1958), *Textes berbères dans le parler des Irjen (Kabylie, Algérie)*, La typo-litho-Carbonnel, Alger, 304 p.

Poyto, Raphaël (1967), ≪ Contribution à l'étude des sites préhistoriques en pays kabyle. Notes d'exploration. 1963-1967 ≫, *Fichier de documentation berbère*, Fort-National, 90 p.

Robin, Joseph Nil (1998), *La Grand Kaylie sous le régime turc*, Bouchène, Paris, 154 p. (1874).

_____ (1999), *Notes historiques sur la Grande Kabylie de 1830 à 1838*, Bouchène, Paris, 81 p. (1874).

Sayad, Abdelmalek (1977), ≪ Les trois 'âges' de l'émigration algérienne en France ≫, *Actes de la recherche en sciences sociales*, n° 15, juin 1977, p. 59-81.

_____ (1991), *L'Immigration ou les paradoxe de l'altérité*, Editions universitaires et de Boeck, Paris et Bruxelles, 331 p.

Servier, Jean (1962), *Les Portes de l'année*, Robert Laffont, Paris.

Teguia, Mohammed (1982), *L'Algérie en guerre*, OPU, Alger.

Tillion, Germaine (1966), *Le Harem et les cousins*, Le Seuil, Paris (rééd. 1982).

Yacine-Titouh, Tassadit (1987), *Poésie berbère et identité. Qasi Udifella héraut des At Sidi Braham*, Éditions de la Maison des sciences de l'homme, Paris.

_____ (1988), *L'Izli ou l'amour chanté en kabyle*, Editions de la maison des sciences de l'homme, Paris.

_____ (1989), *Aït-Menguellet chante... Chansons berbères contemporaines*, La Découverte/Awal, Paris.

_____ (1993), *Les Voleurs de feu. Eléments d'une anthropologie sociale de l'Algérie*, La Découverte/Awal, Paris.

_____ (1995), *Chérif Kheddam ou l'amour de l'art*, La Découverte/Awal, Paris.

_____ (1995), *Piège ou le combat d'une femme algérienne*, Publisud, Paris.

_____ (2001), *Chacal ou la ruse des dominés. Aux origines du malaise culturel des intellectuels algériens*, La Découverte/Awal, Paris.

Zellal, Brahim (1964), ≪ Le roman de chacal ≫, CEB, *FDB*, Fort-National, n°81.

해외 아카이브, 엑상 프로방스(Archives d'outre-mer, Aix-en-Provence) :

_____ Division d'Alger, subdivision de Dellys, inspection générale, et rapport ;

_____ Division d'Alger, correspondance avec la subdivision de Dellys ;

_____ Procès-verbaux de clôture de délimitation et de répartition dans les tribus.

전문학술지(revues spécialisées) :

_____ *Littérature orale arabo-berbère*, CNRS, Paris (ERA 357 puis UPR 414) : 1965-

_____ *Awal. Cahiers d'études berbères*, Maison des sciences de l'homme, Paris : 1986-

_____ *Etudes et documents berbères*, La Boîte à documents, Paris ; Edisud, Aix-en-Provence : 1986-

카빌리어 용어표기

1. 지명

게르구르(Guergour)
게슈툴른(Guechtoulen)
게이동(Gueydon)
구라야(Gouraya)
구안슈(Guanche)
누미디아(Numidie)
델리스(Dellys)
드라 븐 헤다(Draa Ben Khedda)
드라 엘-미잔(Dra el-Mizan)
라 부즈리마(La Boudjlima)
라 암마리아(La Ammaria)
라르바아 은 아이트-이라튼(Larbaâ n'Aït-
   Iraten)
랄라 헤디쟈(Lalla Khedidja), 랄라
   흐리쟈(Lalla Xlija)
루사주스(Rusazus)
루수쿠루(Rusuccuru)
루수피시르(Rusuppisir)
마흐리르(Mahrir)
무와삭(Moissac)
므나옐(Menayel)
므드쟈나(Medjana)
므르스 엘 파흠(Mers el Fahm)
므쟈나(Medjana)

므즈바다(Mejbada)
미라(Mira)
미티쟈(Mitidja)
바보르(Babors)
베쟈야(Bejaïa)
벤-아크눈(Ben-Aknoun)
보흐니(Boghni)
부 누흐(Bou Nouh)
부 브히르(Bou Behir)
부 사아다(Bou Saâda)
부 슬람(Bou Sellam)
부 아레리즈(Bou Arreridj)
부 아레리즈 보르즈(Bou Arreridj Bordj)
부메르데스(Boumerdès)
부이라(Bouïra)
부자레아(Bouzaréah)
브니 아이샤(Beni Aïcha)
브니-두알라(Beni-Douala)
브니-함마드(Beni-Hammad)
비반(Bibans)
사헬-숨맘(Sahel-Soummam)
살데(Saldae)
세자레(Césarée)
세티프(Sétif)
수아마(Souama)
쉘라트(Chellat)

슈누아(Chenoua)

스기에트 엘-함라(Seguiet El-Hamra)

스두크(Seddouk)

스바우(Sebaou)

시디 압드 에르 라흐만(Sidi Abd er Rahman)

시디 압드 에르 라흐만 알 야루디(Sidi Abd er Rahman al Yaloudi)

시디 페루슈(Sidi Ferruch)

시와(Siwa)

아가와 /(복수형) 이가와웬(Agawa/ Igawawen)

아구니 그흐란(Agouni Gueghrane)

아드니(Adni)

아드라르 부드플(Adrar budfel)

아드라르 으잔(Adrar ezzan)

아비자르(Abizar)

아오카스(Aokas)

아우리르(Aourir)

아이트 라르바아(Ait Larbaâ)

아이트 라흐슨(Ait Lahsen)

아이트-히슴(Ait-Hichem)

아인 엘-함맘(Aïn El-Hammam)

아자즈가(Azazga)

아주자(Azouza)

아즈루 우 클랄(Azru u Qellal)

아즈루 은토호르(Azru n'Tohor)

아즈푼(Azeffun)

아쿠크르(Akouker)

아크부(Akbou)

아크파두(Akfadu)

안나바(Annaba)

알제(Alger)

야쿠른(Yakouren)

엘 비아르(El Biar)

엘 카라아(El Kalaâ)

엘-크스르(El-Kseur)

엘-함맘(El-Hammam)

오라니(Oranie)

오랑(Oran)

오레스(Aurès)

와크와크(Waq Waq)

와흐즌(Waghzen)

울쿠(Oulkhou)

은 나시리아(En Naciria)

음자브(Mzab)

이수칸(Isukan)

이쉬리든(Icherriden)

이쓰르(Isser)

이옴니움(Iomnium, 티그지르트, Tigzirt)

이와디엔(Iwadyen)

이프리 마릅(Ifri Marreb)

이피라(Ifira)

이코지움(Icosium)

이히즈(Ihidj)

이힐 부수일(Ighil Bousouïl)

이힐 브왐마스(Ighil Bwammas)

이힐 알리(Ighil Ali)

일리튼(Illiten)

주르주라(Djurdjura)

즈마아 사흐리즈(Djemaâ Sahridj)

즈블 블루아(Djebel Beloua)

즈블 즈르즈르(Djebel Djerjer)

즈블 투쟈(Djebel Toudja)

지젤(Jijel)

카나리아 군도(les Canaries)

카르발로(Carvallo)

카르본(Carbon)

카빌리(Kabylie)

카아바(Kaâba)

콜로(Collo)

콩스탕틴(Constantine)

타그문트 아주즈(Tagemount Azouz)

타마지르트(Tamazirt)

타블라트(Tablat)

타사프트(Tasaft)

타사프트 우그문(Tassaft Ugemun)

타슈가갈트(Tachgagalt)

타우두슈트(Taoudouchth)

타우리르트 무사(Taourirt Moussa)

타우리르트 무사 우 아므르(Taourirt Moussa u
Ameur)

타우리르트 미문(Taourirt Mimoun)

타우리르트 엘 하자즈(Taourirt el Hadjaj)

타우리르트 은 아이트 주아우(Taourirt n'Aït-
Zouaou)

타크리즈트(Thaklijt)

탁습트 그 이플리슨(Taksebt g Iflissen)

탈타트(Taltatt)

텔(Tell)

투부숩투(Tubusubtu)

튀니스(Tunis)

트니아(Thenia)

트들(Tedelles)

트라타 두다르(Tlata Duddar)

틀렘센(Tlemcen)

티그지르트(Tigzirt)

티느리(Tineri)

티루르다(Tirourda)

티미자르(Timizar)

티지 라시드(Tizi Rached)

티지 브르트(Tizi Berth)

티지-우주(Tizi-Ouzou)

티지 은 쿠이랄(Tizi n Kouilal)

티지 히벨(Tizi Hibel)

티크라트(Tiklat)

티프라(Tifra)

페트라(Petra)

포르-나시오날(Fort-National)

포르-나폴레옹(Fort-Napoléon)

하씨 므싸우드(Hassi Messaoud)

하이제르(Haïzer)

함자(Hamza)

호드나(Hodna)

2. 인명, 부족명

게르마흐 마씨니싸(Guermah Massinissa)

길돈(Gildon)

나빌 파레스(Nabile Farès)

나빌라 디아흐민(Nabila Diahmine)
누자(Nouja)
느즈리와(Nezliwa)
달레, 쟝-마리(Dallet, Jean-Marie)
데르멩젬, 에밀(Dermenghem, Emile)
데시우스(Decius)
도마(Daumas)
드제젤, 쟝-루이(Degezelle, Jean-Louis)
라비즈리(Lavigerie)
라코스트-뒤자르댕, 카미유(Lacoste-Dujardin, Camille)
라파엘 포이토(Raphaël Poyto)
라흐마니(Rahmani)
라흐마니야(Rahmaniya)
랄라 파드마 은 수므르(Lalla Fadma n'Soumeur)
랑동(Randon)
랑프리, 쟈크(Lanfry, Jaques)
로바(Rova)/옘마 사아다(Yemma Saâda)
루니스 아이트-믄글르트(Lounis Aït-Menguellet)
루이 드 벵셴느(Louis de Vincennes)
륄르, 레이몽(Lulle, Raymond)
르낭, 에르네스트(Renan, Ernest)
르투르뇌, 아리스티드(Letourneux, Aristide)
리비에르, 쟝(Rivière, Jean)
마르그리트 타오스 암루슈(Marguerite Taos Amrouche)
마므리, 물루드(Mammeri, Mouloud)
마스크레(Masqueray)

마씨니싸(Massinissa)
마아트카(Maâtka)
마암마르 이흐스하우 데스 이하스나웬(Maâmmar Iheshaw des Ihassenawen)
마투브, 루네스(Matoub, Lounès)
마흐루프(Maghluf)
마흐푸드 부습시(Mahfoud Boucebci)
말렉 우아리(Malek Ouary)
메살리 하즈(Messali Hadj)
모니에(Maunier)
모슈(Mauch)
모크란 아이트-라르비(Mokrane Aït-Larbi)
모크란 프타(Mokrane Fetta)
모하메드 부디아프(Mohamed Boudiaf)
모하메드 사일(Mohamed Saïl)
모하메드 아므지안 븐 알리(Mohammed Ameziane Ben Ali)
모하메드 이그르부쉔(Mohamed Iguerbouchène)
모한드 우 이디르 아이트-암란(Mohand u Idir Aït-Amrane)
모한드 우 호신(Mohand u Lhosine)
무스타파 바샤(Mustapha Bacha)
물리에라스, 오귀스트(Mouliéras, Auguste)
므르주크(Merzuk)
므사우다(Messâuda)
므사우드(Messâud)
므자야(Mezzaïa)
밀라크(Milaq)

바르메키데스 (Barmékides)

바세(Basset), 앙드레(André)/앙리(Henri)/
   르네(René)

부 므즈라그(Bou Mezrag)

부 아피프(Bou Afif)

부 즐루드(Bou Jelloud)

부 코브린(Bu Qobrin)

부 흐투슈(Bou Khettouche)

부르디외, 피에르(Bourdieu, Pierre)

불리파, 시 아마르 우 사이드(Boulifa, Si Amar
   u Saïd)

뷔조(Bugead)

브니-아이들(Beni-Aïdel)

브니-압바스(Beni-Abbas)

브니-할푼(Beni-Khalfun)

브니-히아르(Beni-Khiar)

븐 바디스(Ben Badis)

븐 블라(Ben Bella)

븐 스디라, 블카슴(Ben Sedira, Belkassem)

븐 알리 쉐리프(Ben Ali Chérif)

블라이드 아브리카(Belaid Abrika)

블라이드 아이트 알리(Belaïd Aït Ali)

블카디(Belqadi)

블카슴 우 암루슈(Belkacem u Amrouche)

비달, 페르낭(Widal, Fernand)

빈센트 스코토(Vincent Scotto)

사렉 압자위(Sadek Abjawi)

사디 사이드(Sadi Saïd)

사야드, 압들말렉(Sayad, Abdelmalek)

사이드 샤반(Saïd Chabane)

사크르, 살름(Chaker, Salem)

산하쟈 함마디트(Sanhadja hammadite)

샤들리(Chadli)

샤를르 켕(Charles Quint)

샬(Challe)

샹트레오, 제르멘(Chantréaux, Germaine)

세르비에, 쟝(Servier, Jean)

셰리파(Chérifa)

셰이흐 레스나위(cheikh Lhesnawi)

셰이흐 아흐다드(cheikh Aheddad)

쉐르, 쟝-외젠(Scheer, Jean-Eugène)

쉼시(Chimsi)

스바우 블 카슴 카씨(Sebaou Bel Kassem,
   Kassi)

슬리만 라흐마니(Slimane Rahmani)

아즘 슬리만(Azem Slimane)

시 모한드 우 음한드(Si Mohand u Mhand)

시 사이드 불리파(Si Saïd Boulifa)

시 아즈딘(Si Azzedine)

시 아흐마드 우 드리스(Si Ahmad u Dris)

시 아흐마드 우 말렉(Si Ahmad u Malek)

시 엘 하즈 아마르(Si El Hadj Amar)

시디 만수르(Sidi Mansour)

시디 븐 압들라흐만(Sidi ben Abderrahmane)

시디 아흐마드 우 드리스(Sidi Ahmad u Dris)

시디 압드 엘 라흐만 알 야룰리(Sidi Abd el
   Rahman al Yalouli)

시팍스(Syphax)

이그마슨(Igmacen)

아노토, 아돌프(Hanoteau, Adolphe)

아르즈키 을바시르(Arezki Lbachir)

아마르 우스딕(Amar Oussedik)

아마르 울드 하무다(Amar Ould Hamouda)

아모르 븐 모하메드 우 알리(Amor ben
　　Moh'ammed u Ali)

아미루슈(Amirouche)

아부 자카리아(Abou Zakaria)

아이트 라르바아(At Larbaâ)

아이트 만글라트(At Manguellat)

아이트 만수르(At Mansour)

아이트 부 샤이브(At Bu Chaïb)

아이트 부 슈나샤(At Bu Chenacha)

아이트 부 아두(At Bu Addu)

아이트 부 악카슈(At Bu Akkach)

아이트 부 유스프(At Bu Yussef)

아이트 부드라르(At Budrar)

아이트 브트룬(At Betrun)

아이트 스드카 연맹체(At Sedka)

아이트 아므르(At Amer)

아이트 아이씨(At Aïssi)

아이트 아타프(At Attaf)

아이트 압바스(At Abbas)

아이트 야히야(At Yahya)

아이트 옌니(At Yenni)

아이트 와그눈(At Waguenun)

아이트 와시프(At Wasif)

아이트 우삼므르(At Ousammer)

아이트 우흐리스(At Oughlis)

아이트 이드즈르(At Idjer)

아이트 이라튼(At Iraten)

아이트 이르즌(At Irjen)

아이트 이스마엘(At Ismael)

아이트 즈믄즈르(At Zmenzer)

아이트 즌나드(At Jennad)

아이트 쿠피(At Koufi)

아이트 프라우슨(At Frawsen)

아이트 호브리(At Ghobri)

아이트 흐리리(At Khelili)

아이트 히슴(At Hichem)

아이트-시디(Aït-Sidi)

아이트-주아우(Aït-Zouaou)

아이트-하무다(Aït-Hamouda)

아즈롱, 로베르(Ageron, Robert)

아지즈(Aziz)

아크르마(Akerma)

아크빌(Aqbil)

아흐메드 툰지(Ahmed Tounsi)

알 그슈툴리(al Guechtouli)

알 자자이리(al Djazaïri)

알 즈르즈리(al Djerdjeri)

알라딘(Aladin)

알렝, 마들렌느(Allain, Madeleine)

알리 라이메슈(Ali Laïmèche)

알모라비드(Almorabides)

알모하드(Almohades)

얌루슈(Amrouche), 쟝 엘 무홉(Jean El
　　Mouhoub)

압드 엘 무믄(Abd el Moumen)

압들라흐만 파레스(Abderrahmane Farès)

압반, 람단(Abbane Ramdane)

야미나 아이트-아마르(Yamina Aït-Amar)

엘 안카(El Anka)

오마르 우암란(Omar Ouamrane)

오마르 우스딕(Omar Oussedik)

우알리 븐나이(Ouaili Bennai)

울레드 마히딘(Ouled Mahieddin)

유구르타(Jugurtha)

유바(Juba) 1세, 2세

유스프 우 카시(Youcef u Qasi)

으습트 알리 호쟈(essebt Ali Khodja)

음키드슈(Mqidech)

음하메드(Mhamed)

이구슈다른(Igouchedalen)

이디르(Idir)

이룰른 우말루(Illulen umalou)

이므슈달른(Imechdallen)

이븐 투메르(Ibn Toumert)

이븐 할둔(Ibn Khaldun)

이사플른스(Isaflenses)

이플리슨 르브하르(Iflissen Lebhar)

이플리슨 믈릴(Iflissen Mellil)

일리튼(Illilten)

자아파르 브란키(Djaâfar Branki)

쟈우트, 타하르(Djaout, Tahar)

쟈말 알람(Djamal Allam)

쟈밀라(Djamila)

주라(Djura)

즈느부와, 앙리(Genevois, Henri)

지리(Ziriades) 왕조

지쟈(Dzidza): 설화의 주인공

진니아(Jinnia)

카라아(Qalaâ)

카레트, 외젠(Carette, Eugène)

카이르 에딘 바르브루스(Khaïr Eddin
Barberousse)

쿠쿠 블카디(Koukou Belqadi)

크림, 블카슴(Krim, Belkacem)

타들라라(Tadellala)

타크파리나스(Tacfarinas)

투아레그(Touareg)

티프라(Tifra)

틸리옹, 제르멘(Tillion, Germaine)

파드마 아이트 만수르(Fadma At Mansour)

파드마 은수므르(Fadma n'Soumeur)

페라운, 물루드(Feraoun, Mouloud)

페르하트 음헨니(Ferhat M'henni)

프나야(Fenaia)

프로베니우스, 레오(Frobenius, Léo)

피르무스(Firmus)

피에테르 레신크(Pierter Reesink)

피카르, 앙드레(Picard, André)

하니파(Hanifa)

하룬 에르 라시드(Harun er Rachid)

하미드 쉐리에트(Hamid Cheriet)

하즈 모하메드 모크라니(Hadj Mohammed
Mokrani)

하프시드(Hafsides)

함마디트(Hammadite)

호신 아이트-아흐메드(Hocine Aït-Ahmed)

3. 보통명사

나아마(nnaâma): 곡물

다이라(daïra): 광역 행정단위

데르부카(derbuka): 탬버린

데이(Dey): 터키인 총독(알제)

두르트(ddurt): 한 주

두아르(douar): (프랑스 식민시대) 행정단위

두흐(dduh): 요람

둑카르(dukkar): 야생 무화과

둔니트(dunnit): 세상

드리야(dderya): 후손

드바흐(ddebax), 이크위(iqqwi),
　쿠라(koura): 놀이

드와(ddwa): 치료제

드이야(ddeya): '피의 값'(복수를 포기하는
　대신 받는 금전적 보상)

드흡(ddheb): 금

라이드(laïd): 축제

라이샤(laïca): 하루 마지막 기도

라인(lâïn): 샘

라즈(laz): 굶주림

라프야(lafya): 평화

라알름 티라윈(laâllem, tilawin): 여자가 되는
　기술

라인슬라(Lâïnsla): 하지

랄라(lalla): 존칭어(여자)

르바인(rebaïn): 40

르아나야(leânaya): 외부인 보호 약속

르아시르(leâsir): 압착기

르우지르(lewzir): 신하

르즈난(lejnan): 관상용 정원, 과일나무

르즈두드(lejdud): 조상, 시조

르즈와드(lejwad): 전사

르프드르(lefder): 아침 식사

르프트르(lefter): 새벽 기도

르프흠(lefhem): 숯불(완곡어)

르훌(lekhul): 콜(화합물)

르흐라(lexla): 미간척지

르흐람(lehram), 티라(ttira): 금지

르흐루스(leghrus): 무화과 밭

르흐리프(lexrif): 생 무화과, 가을

르흐마(lehma): 평화

르흐잡(lehjab): 베일

름들라(lemdella), 타므들리우트
　(tamedelliwt): 밀짚 모자

름르흐(lemleh): 소금

름브와르바(lembwarba): 소박

름슴믄(lemsemmen): 부침개의 일종

름히바(lemhibba): 사랑

릅비(rebbi): 신

리비크(lybique): 베르베르어 고대 문자

마자한(mjahan): 실종자

마아므라(maâmera): 신학교

마흐르스(maghres): 3월

마흐즌(maghzen): 터키군 보조부대

막구(maggu): 5월

멜크 아일라(melk ayla): 땅 부자

멜크(melk): 개인 소유지

무카듬(muqaddem, mokkadem): 교단

대리인

무하람(Muharram): 이슬람력 1월

물루드(mouloud): 이슬람 축제

므드르사(medersa): 이슬람 학교

므싸우드(messaoud): 원숭이

바라카(baraka): 축복

바샤하(bachagha): (터키어) 사령관

바틀(batel): 보상 없는 결혼

밥 브와일라(bab bwaïla): 부의 주인

밥 우함(bab uxxam): 가장

베이(Bey): 터키인 총독(튀니스)

보르즈(Bordj): 터키군 요새

부 르흐문(bu-lehmun): 말썽쟁이

부 즈루드(Bou Djeloud), 부 아아피프(Bou
  Aafif): 축제 행렬 인도자

부즐루프(buzelluf): 머리와 발 고기

부프라흐(bufrah): 빵틀, (요리용) 철판

브르부크스(berbukes): 거친 쿠스쿠스

브슈나(bechna): 흰 수수

사다카(sadaka): 적선

샤다(ccada): 무슬림 신앙, 기도문

샤루카(ccaruka): 동업

샤스(ccas): 터번

샤트르왈(caterwal): 지그재그

샤히드(chahid)/샤하다(chahada): 희생자

세시아(chechia): 요술 모자

세크수(seksu): 쿠스쿠스

셰리프(chérif), 쇼르파(chorfa): 예언자
  무함마드의 후손

셰이흐(cheikh): 뛰어난 인물, 스승, 주인

슈브르라트(ceblellat): 여성 단화

슈와(chwa): 내장 고기 탕

슈템브르(cwetember): 9월

스라흠(claghem): 콧수염

스르크(ccerq): 동양

스바아(sebaa): 일곱(7)

스치(settsi): 할머니

스탐불리(stambouli): 빨간 색 챙 없는 모자

스투트(settut): 마녀

스폰즈(sfenj)/르스폰즈(lesfenj): 튀김 과자

슴라(cemla): 남성의 모자

슴스 라스르(sms laser): 오후 기도

시디(sidi): 존칭어(남자)

식키스(sikkis): 토지수용

신(sin), 스나트(snat): 2

싸다크(ssadaq): 부모가 신부에게 주는 혼수

싸흐라(ssahra): 사막

쑤크(ssuq): 정기시장

쑤크 티라윈(ssuq tilawin): '여자들의 시장'

쓰프(sseff), 르스푸프(lesfuf): 편 가르기

쑬탄(sseltan): 술탄

씨크란(ssikran): 취기

아구스(agus)/아바구스(abagus): 띠

아구스 은 르흐리르(agus n lehrir): 실크 띠

아구스 은 티스피핀(agus n tisfifin): 땋은 띠

아구질(agujil)/이구질른(igujilen): 고아

아그루드(agrud)/일루판(ilufan): 아기

아그루즈(agerruj): 보물

아그르틸(agertil), 타그르틸트(tagertilt):
  돗자리

아그자르(agezzar), 아크리(akli): 소 도살업자

아글리드(agellid): 왕

아누(anu): 깊은 구렁

아다드(addad): 뿌리

아다르(adar)/이다른(idaren): 발

아다이닌(adaynin): 축사

아다진(adajin): 빵 굽는 얕은 항아리

아두(adu): 바람

아드라르(adrar): 산

아드룸(adrum): 동네

아드발(adebbal), 이프라흔(iferrahen): 악단
음악

아드부즈(adebbuz): 몽둥이

아드위르(adwir): 둥근 브로치

아드플(adfel): 눈(雪)

아드하흐(adghagh): 돌

아듬민(ademmin): 곡식 가루, 올리브유(버터),
설탕(꿀), 대추로 만든 음식

아라슈(arrac): 장자

아루리우(aruliu): 식인귀

아루미(arumi)/타루미트(tarumit, 여성)/
이루미옌(irumiyen): 기독교도, 유럽인

아르가즈(argaz): 성인 남자

아르카슨(arkasen): (농부의) 신발

아르쿨(arkul): 밀, 보리가루, 올리브유, 설탕을
넣어 만든 음식

아름시르(alemsir): 가죽

아림(alim): 짚

아마다흐(amadagh): 숲

아마지흐(amazigh)/이마지흔(imazighen):

베르베르인

아만(aman): 물

아만 우주즈(aman ujjuj): 열매 즙

아만 은 타사(aman n tasa: 간의 분비물),
이브샨(ibeccan), 이브즈단(ibezdan): 오줌

아무스나우(amussnaw)/이무스나웬
(imussnawen): 현자

아므르딜(amerdil): '빌린 날'(1월 31일)

아므르부흐(amerbuh): 축복

아므르쿱(amerkub): 탈것

아므키아스(amekyas): 정중한, 현명한

아믄구르(amengur): 아들이 없는 남자

아믄다예르(amendayer), 아븐다예르
(abendayer): 크고 납작한 북

아믄디(amendi): 머릿수건

아믄피(amenfi)/이믄피(imenfi): 추방자

아믈랄(amellal): 흰색

아민(amin), 라민(lamin): 촌장, 마을회의 회장

아민 을 우므나(amin el oumena): 행정단위
'두아르' 대표

아반두(abandou): 다른 사람의 소유지에 심어
키우는 나무

아부아리안(abuaryan): 헐벗은

아브나이(abennay): 석공

아브라흐(aberrah): 마을회의를 소집하는 사람

아브르누스(abernus), 이브르냐스(ibernyas),
이브르나(iberna): 부르누스(남자들의 긴 옷)

아브르칸(aberkan): 검은색

아브리드(abrid): 길

아블디(abeldi): 도시인

아블루드(abellud): 도토리나무

아비드(abid)/아크란(aklan): 흑인

아비사르(abisar): 야채 죽

아사라스(asalas): 대들보

아사쿠르(acakur): 도끼

아사푸(asafu): 불씨

아슈라(Achoura): 이슬람 축제

아슈크르(acekker)/시크란(ccikran): 칭찬,
찬미가

아스 라이드(ass laïd): 대축일

아스 은 탐하라(ass n tamghara): 가족 축일

아스르둔(aserdoun): 노새

아스리크(acrik): 동업자

아스바드(asebbad): 구두

아스발리(acbali): 올리브유

아스플(asfel): 치유 의식

아슨두(asendu): 소젖

아슨두크(asenduq), 타슨두크트(tasenduqt):
나무 함

아슨시(asensi): 강신술

아시프(asif): 강

아아랍(aârab): 아랍인

아아르슈(aârch): 부족

아아사스(aâssas)/이아사슨(iâssassen):
수호신

아아우디우(aâwdiw): 말 수컷

아아우카즈(aâwkkaz): 몽둥이

아아카 을하므즈(aâqqa lhammez): 이집트 콩

아암미(aâmmi): 삼촌, 사촌

아암티(aâmmti): 고모, 숙모

아압부드(aâbbud): 배(腹)

아얄(ayal): 공동 재산 토지

아예프키(ayefki): 우유

아와흐즈니우 (awaghzeniw) /
와흐즌(waghzen): 식인귀

아우라흐(awragh): 노란색

아우리르(awrir)/타우리르트(tawrirt): 언덕,
봉우리

아우젭(awjjeb): 농사 개시일

아우툴(awtul): 산토끼

아이라드(ayrad): 사자

아이야우(ayyaw): 조카

아이트 웨함(at wexxam): 집안사람들, 친척

아자하르(azaghar): 평원

아잘(azal)/트나스(tnac): 정오

아주바흐(azubagh), 아카알랄(acaâlal): 붉은
머리

아즈게르(azger): 소

아즈구(ajgu): 들보

아즈그와흐(azeggwagh): 붉은색

아즈두즈(azduz): 밀대

아즈라일(azraïl)/아즈라인(azraïn): 죽음의
천사

아즈루(azru): 돌담, 돌, 조약돌

아즈르카크 브왈른(azerqaq bwallen): 파란 눈

아즈름(azrem): 뱀

아즈흐니드(ajehnid): 꼬리

아즉카(azekka): 무덤

아즌위(ajenwi): 목을 베는 칼

아즌지 을헨니(azenzi lhenni): '헤나 팔기'(시

짓기 시합)

아즐(azel): 세금

아즐랍(ajellab): 남자의 긴 옷

아즐밈(agelmim): 늪, 샘물

아즐짐(agelzim): 곡괭이

아지그자우(azigzaw): 녹색, 푸른색

아질반(ajilban): 콩의 일종

아카바슈(aqabach): 곡괭이

아카알랄(acaâlal): 밝은 색, 금발

아칼(akal): 토지

아칼 르즈두드(akal lejdud): '조상의 땅'(가족
　　공동 소유지)

아캅캅(aqabqab): 나막신

아크두흐(aqduh): 쿠스쿠스 알갱이를 만드는
　　쟁반

아크리(akli)/이크란(iklan): 흑인 노예

아크시스(aqcic): 남자아이

아크웨지르(aqwejjir): 다리

아크타하(aqetaâ)/이크타한(iquetaân): 노상
　　강도

아크프단(aqefdan): 모피 코트

아큰두르(aqendur): 남자의 간두라(긴 옷)

아클문(aqelmun): 부르누스 후드

아탄 아모크란(atan amoqran): 중병

아트무르트(attemurt): 지방

아틈무(atemmu): 사료 저장고

아팔쿠(afalku): 독수리, 매

아푸드(afud)/이파든(ifaden): 무릎

아푸스(afus): 손

아프르다스(aferdas): 머리 피부병

아프리트(âfrit): 요술사

아프짐(afzim): 브로치 핀

아프크루즈(afeqluj): 멜론

아프티스(aftis): 늪지, 습지 밭

아플라흐(afellah): 농민

아하(agha): 터키인 행정관

아하님(aghanim): 갈대

아하예크(ahayek): 긴 베일

아함(axxam): 집

아함 일름지옌(axxam ilemziyen): '청소년의
　　집'

아후리(ahuri)/타후리트(tahurit): 미혼 남, 녀

아후림(ahurrim), 팀흐름트(timehremt): 숄

아후한(afuhan): 오물

아훈자(aghunja): 항아리용 숟갈

아훔무(aghummu): 작은 베일, 덮개

아흐다드(aheddad): 대장장이

아흐다드 을프타(aheddad elfetta): 은 세공인

아흐담(akheddam): 노동자

아흐룸(aghrum): 둥근 빵

아흐르발(agherbal): 체

아흐리(aherri): 백인

아흐리즈(axlij): 촌락

아흐사이시(ahcayci): 녹색, 청색

아흐율(aghyul): 당나귀

아흐잡(ahejjab): 커튼

아헤잡(ahjab): 부적

아흐투트(ahethut): 보리와 도토리 가루,
　　밀기울

아흘랄(axellal): 여성 외투

악구르(aggur): 달

악그와이(aggway): 신부를 데려가는 예식

악숨(aksum): 고기

악숨 아지그자우(aksum azigzaw): 날고기

악숨 아쿠란(aksum aquran): 말린 고기

악시슈(aqcic): 소년

안나르(annar)/이누라르(inurar): 타작 마당

안브두(anebdu): 여름

알 다쟐(al dadjal): 거짓말쟁이

알훔(alghum): 낙타

암게르(amger): 낫

암군 예트스(amgun yettes): '잠자는 아이'

암나르(amnar): 문지방

암나스프(amnasef): 반씩 나누기

암다위(amdawi): 의사

암다흐(ameddah)/이므다흔(imeddahen):
　음유시인

암라브드(amrabed): 마라부트

암라와(amrawa)/임라위은(imrawien):
　터키군 소속 전투 부족

암리리(amriri), 암드웰(amedwel): 맞바꾸기

암스웨크(amseweq): 시장을 자주 드나드는
　사람

암시스(amcic): 고양이

암시히(amsihi), 아마시히(amasihi): 기독교도

암쿠라드(amekwrad): 도둑

암크사(ameksa): 소년, 목동

암하르(amghar)/임하른(imgharen): 노인

암하르 아즘니(amghar azemni): 지혜로운
　사람

암하르비(amgharbi): 모로코인

암흐타프(amextaf): 올리브 장대

압라이(abray): 절구

압후르(abghur): 남자아이

에이디(aydi): 개

예나예르(yennayer): 음력 1월 1일

예브리르(yebrir): 4월

예사인(yesâin: 소유)

옘마(yemma): 어머니

옘마 은 둔니트(yemma n dunnit): '세상 첫
　어머니'

옘바바(yembaba): 계모

왈리(wali): 후견인, 도지사

우두(udu): 퇴비장

우디(udi): 버터

우라르(urar): 여자들의 춤놀이

우르티(urti): 무화과나무

우말루(oumalou): 음지 경사면

우삼므르(ousammer): 양지 경사면

우세이(uccay): 사냥개

우수(usu): 침구

우슨(uccen): 재칼

우에드(oued): (아랍어) 강

우잘(uzzal): 쇠

우지아아(ouziaâ): 축제

우킬(oukil), 아우킬(awkil): 모스크 관리인,
　마을회의 회계

우팔(uffal): 숟가락 통

우팔(uffal): 큰회향나무

울리(ulli): 새끼 양

웰트마(weltma): 누이

윌라야(wilaya): 광역 행정단위(도)

유니웁(yunyub): 6월

율유즈(yulyuz): 7월

으그마(egma): 남자 형제

으르숨(errsum): 전통

으슈랍(eccrab): 술

으슈트와(eccetwa): 겨울

으스르크(eccerq): 동쪽

으스후르(esshur): 주술

으슴(essemm): 독약

으잔(ezzan): 짠 떡갈나무

으트블(ettbel): 북의 일종

은느그 을 카눈(nnig el kanun): 불가의 상석

은니프(nnif): 코

은닐(nnil): 청색

은스바(nnesba): 인척관계를 포함한 혈통

은크와(nnekwa): 가족의 성

을라주크(llazuq): 끈끈이

을라파아(llaffaâ): 독사

을리다(elrida): 고음 관악기

을리아만(eliaman): 다이아몬드

을므르드(elmerd): 매독

을바즈(elbaz): 독수리, 매

을자위(ljawi): 향

을즈느트(ljennet): 천국

을즌(lejenn): 영

을카눈(leqwanen): 관습법

을크사르 아글리드(lqsar agellid): 왕의 궁전

을프타(lfetta): 은

을하리르(lharir): 실크 터번

을하시시 라인슬라(lhachich lâinsla): 약초 차

을흐르(lxir): 재산, 번영

을흐르브(lgherb): 서쪽

을흐르츠(lherz): 부적

을흐리르(lehrir): 실크

을흐리프(lexrif): 가을

음마라(mmara): 흰 벌레

이그르(iger)/이그란(igran): 밭

이근니(igenni): 하늘

이기드르(igider): 독수리, 매

이니그(inig): 여행

이니시(inisi): 고슴도치

이니옌(iniyen): 화덕 가장자리 돌

이다아픈(idaâfen): (재산이) 없는 자들

이드리믄(idrimen): 돈

이디르(Idir): 생명

이딤(idim)/이다믄(idamen): 피

이라타이(ilatay): 차

이루판(ilufan), 아그루드(agrud): 아기

이르드(ired)/이르든(irden): 밀

이리리(ilili): 월계수

이마울란(imawlan): 같이 사는 가족

이마울란 을믈크(imawlan elmelk): 부자 친척

이마이다(imayda): 둥근 탁자

이말(imal): 가축

이맘(imam): 기도를 인도하는 사제

이모크라는(imoqrqnen): 위대한 인물

이무든(imudden): 무에진

이므르칸티옌 (imerkantiyen): 부자들

이므지리아(imezyria): 빈곤

이므트르드(imetred): 발 달린 접시

이므흐르브(imeghreb): 저녁 기도

이믄지(imensi): 저녁 식사

이믄지 라이드(imensi laïd): 대축일 전날 만찬

이믄지 을헨니(imesi lhenni): (결혼식의)
 '헤나 식사'

이믄지 트 트씨르트(imensi t-tessirt): 맷돌이
 먹을 저녁

이미아운(imiaun)/이마아운(imaâun): 쟁기

이바으르카(ibaerka): 큰 통

이브슈마큰(ibecmaqen), 티브스마킨
 (tibecmaqin): 가죽 신발

이비르(ibir): 우물

이사스(isas): 건물의 기초

이수파르(isufar): 약품

이슈키르(ickir): 녹색 떡갈나무

이스프라(isefra)/아스프루(asefru): 운문 시가

이스히(isghi): 독수리, 매

이슴(isem): 이름

이시우(iciw), 이릅비(irebbi): 허리춤

이아타른(iâttaren): 행상

이웬(yiwen), 이웨트(yiwet): 1

이자마아(ijamaâ): 모스크

이즘(izem): 사자

이카루른(ikaruren): 악한 기운

이쿠라는(iquranen): 건기

이쿠라이 은 타다르트(iqurray n taddart): 촌장

이쿠르단(ikurdan): 빈대

이쿠르시(ikursi): 의자

이쿠판(ikufan)/아쿠피(akufi): 항아리

이크드란(iqedran): 역청

이크리(ikerri): 양

이크타안(iqtaân): 강도

이킬(ikkil): 엉긴 우유

이트비르(itbir): 비둘기 수컷

이틈마(itemma): 건초 창고

이티즈(itij): 태양

이팔(ifal): 길조

이프리(ifri): 바위, 동굴

이프지믄(ifzimen): 핀

이프흐 타다르트(iffegh taddart): (마을에서)
 추방

이필(ifil): 코끼리

이하스쿨른(ihachkulen)/
 이카루른(ikaruren): 예방 주술

이후안(ixan): 교단에 속한 신도들

이흐드(ighed): 재

이흐르(iherr), 르흐라르(lehrar),
 르흐루르(lehrur): 귀족적인

이흐르마(iherma): 명예

이흐르바(igherba): 망명

이흐미(ighmi): 염색

이흐스(ighs)/이흐산(ighsan): 뼈

이흐즈르(ighzer): 급류, 계곡

이히(ighi): 발효 우유, 탈지유

익기(iggi): 코르크 떡갈나무

인니그(innig), 이흐르바(igherba): 여행

일니(ilni): 검은 수수

일루흐(Iluh): 밀가루 반죽 판

일름지(ilemzi): 청소년

일-스 아암미-스(ill-s aâmmi-s): 고종
사촌(여)

일프(ilef): 멧돼지

임스블(imsebbel): 전사

임크리(imekli): 점심

임하른(imgharen): 마을 어른

입키(ibki): 원숭이

자우이아(zaouïa): 이슬람 학교

조니세르(jaunissaire): 근위수비대,
예니체리군

주아드(jouad, djouad): 전사귀족

주아브(zouave): 프랑스 외국인 자원병, 알제리
보병

주악(djouak): 피리

즈나티아(zenatia): 알제리 남서부 베르베르어

즈디(jeddi): 할아버지

즈르다(zerda): 성소의 의식

즈마아(jemaâ): 마을회의

즈만(zman): 과거

즈물(zmoul), 즈와와(zwawa): 터키군 소속
모집군

즈와와(zwawa): 엘리트 보병단, 터키 총독
근위대

즈와즈(jwaz): 간, 콩팥, 심장을 팬에 볶은 것

지다(jidda): 할머니

지아라(zzyara): 성자

지트(zit): 올리브유

지트 우브라이(zit uberray): 고급 올리브유

직가(zigga), 지가트(ziggat): 옷 장식 바이어스

진(djinn): 마신

카눈(kanun): 화덕, 규범

카눈 은 타다르트(qanun n taddart): 마을의
관례 규범

카디(cadi, qadi): 무슬림 법 집행인

카이드(caïd), 이카이드(iqaïd): 지방 행정관

카팔라(kafala): 합법적 입양(성을 물려주지
못함)

코뮌(commune): (프랑스 식민시대) 행정단위

쿠라(koura): 놀이의 일종

쿠루흘리(Kouloughlis): 터키와 아랍 혼혈인

크쌈(quessam): 이슬람 축제

키블라(qibla): 산파

타가(taga): 야생 아티초크

타그마르트(tagmart): 말 암컷

타누가(tanuga): 장대

타닌나(taninna): (신화) 신비한 새

타다르트(taddart): 마을

타두트(tadut): 양털

타둘리(taduli), 아아딜(aâdil): 줄무늬

타드르위시트(taderwicht)/티드르위신
(tiderwichin): 점쟁이

타드크완트(tadekkwant): 긴 의자 모양의 턱

타들라라(tadellala): 여자 장사꾼 혹은 사기꾼

타디안트(tadiant): 모험담

타라우트(talawt), 딜(ddil): 숄

타라프사(talafsa): 독사, 용

타루카(taruka): 방추

타르부트(tarbut): 요리용 깊은 항아리

타르즈프트(tarzeft): 방문, 방문 선물

타리피트(tarifit): 모로코 리프 산맥 베르베르어

타마다즈트(tamaddazt): 젓는 주걱

타마샤후트(tamachahut): 설화

타마세크(tamacheq): 말리 투아레그족 베르베르어

타마즈하(tamazgha): 베르베르인의 땅

타마지르트(tamazirt)/티미자르(timizar): 텃밭

타마지흐트(tamazight): 모로코 미들 아틀라스 베르베르어

타모크란트(tamoqrant): 대(大) 축제, '아브라함의 희생'

타무르트(tamurt)/티무라(timura): 조상들의 고장, 고향

타무르트 이마지혼(tamurt Imazighen): 베르베르인의 땅

타무스니(tamussni): 지혜, 학식

타므지안트(tameziant): 소(小) 축제

타므투트(tamettut): 여자

타므하(tamegha): 결혼 축하연

타믄트(tament): 꿀

타믈랄트(tamellalt): 달걀

타바나(tabana), 타바니(tibani): 남성 터번의 일종

타부슈트(tabbucht), 이릅비(irebbi): 젖가슴

타부칼트(tabuqalt): 물 항아리

타브르쿠스트(taberkuct): 올리브유에 담근 빵

타사(tasa): 간

타사시트(tacacit): 챙 없는 모자

타사프트(tasaft): 떡갈나무

타샤우이트(tachaouit): 알제리 오레스 지방 베르베르어

타슐히트(tachelhit): 모로코 슐뢰흐 지방 베르베르어

타스그루트(taseglut): 불법 도살

타스라프트(tasraft): 저장 구덩이

타스쿠르트(tasekkurt): 자고새

타스크수트(taseksut): 쿠스쿠스용 솥

타스타(tasetta): 가지

타슨티트(tasentit): 무화과 열매 맺는 시기

타슬른트(taslent): 물푸레나무

타습발트(tasebbalt): 물 항아리

타습와트(tacebbwat): 보리가루 부침개

타씨르트(tassirt), 티씨르트(tissirt): 맷돌

타씨르트 부와만(tassirt bbwaman): 물레방아

타아리슈트(taâricht): 다락

타아리스트(taârict): 다락방

타아맘트(taâmamt): 결혼보상금

타아슈르트(taâchurt): (아랍어) 1월, 아슈라 축일

타아자르트(taâjart): 머리 수건 띠

타아줄트(taâzzult): 작은 밭, 저축금

타암(taâm): (아랍어) 음식

타우라(tawla): 열병

타우리르트(taourirt): 언덕

타우사(tawsa): 부조금

타웨투프(tawettuf): 개미

타웸무스트(tawemmust): 헝겊 주머니

타유가(tayuga): 밭갈이 수소 1쌍

타이루트(taylut): 물 가죽부대

타자디트(tajaddit): 조상, 근원, 혈통

타주리흐트(tazulight): 하수구

타줄트(tazult): 안티몬 황화합물

타즈난트(tajnant): 넝쿨

타즈르자이트(tazerzayt): 천연두

타즈마아트(tajmaât): '남자들의 집', 회의장

타즘무르트(tazemmurt): 올리브

타카바슈트(taqabacht): 손도끼 겸 호미

타쿠바트(taqubat): 영묘

타쿠피트(takufit)/티쿠파틴(tikufatin): 작은
   항아리

타크루스트(takerrust): 자동차

타크바이리트(taqbaylit): 베르베르어, 카빌리
   명예관습

타크빌트(taqbilt): 연맹체

타크시슈트(taqchicht): 여자 아이

타크지트(tiqsit)/티크지딘(tiqsidin): 성자전

타크피프트(takfift)/타즈르비트(tazerbit):
   침구

타크하룹트(takharubt)/타크하루빈
   (takharubin): 대가족법

타큰두르트(taqendurt): 원피스

타클리트(taklit): 흑인 하녀

타투빕트(tatubibt): 접골사

타파(taffa): 나뭇더미

타파트(tafat): 빛

타푸나스트(tafunast), 티시타(tisita),
   티스탄(tistan): 암소

타프르사디트(tafersadit): 양털, 면 이불

타프르카(taferka), 아우그니(awgni),

아구달(agudal): 먼 밭

타프수트(tafsut): 봄

타하두프트(tahadduft): 양털 깎기

타하트(taghat): 염소

타하틈트 엘 호크마(takhatemt el hokma):
   마법 반지

타호르프츠(taghorfets): 층

타훈자이트(taghunjaït): 나무 숟가락

타흐두르트(taheddurt), 아프디르(afdir): 얇은
   부침개

타흐디우트(taghediwt): 엉겅퀴 뿌리

타흐룹트(taxerrubt): 대가족

타흐리르트(tahrirt): 죽

타흐리르트 은-은느비(tahrirt n-ennebi):
   예언자의 죽

타흐사이트(taxsayt): 우유 젓는 도구

타흐주트(taghzut): 개울가 밭

타흐카이트(tahkaït): 이야기

탁가라 르흐리프(taggara lexrif): 무화과
   수확기

탄자린(tanzarin): 콧구멍

탄코르트(tanqolet): 무화과

탈릅(taleb): 신학생

탈리온(talion): 가해자에게 피해자와 같은
   정도의 형벌을 주는 제도

탈마츠(talmats): 풀밭

탈하즈(talhadj): 메카 순례를 마친 여성 호칭

탐구트(tamgout): 산

탐나프크트(tamnafeqt), 탐브와룹트
   (tambwarebt): (자신이 선택한) 이혼녀

탐다(tamda): 늪, 호수

탐딘트(tamdint): 도시

탐자비트(tamzabit): 알제리 음자브족
베르베르어

탐즈르트(tamgert): 목, 살인, 복수

탐툰트(tamtunt): 효모가 들어간 빵

탐하르트(tamghart)/팀하린(timgharin):
할머니, 시어머니, 노파

탐흐라(tameghra): 축하연

탑니크(tabniq): (여자) 정사각형 모자

탑부르트(tabburt)/탁구르트(taggurt): 문

탑부르트 우스그와스(tabburt useggwas): '한
해의 문'(농사 개시일)

탑자자그트(tabzazagt): 우유에 적신 빵

탑짐트(tabzimt): 장신구

테리엘(teryel): 식인귀(여)

톨바(tolba): 탈룹(taleb: 신학생)의 복수형

투기 타실트(tuggi tasilt): 쿠스쿠스 요리용
항아리

투브르(ttuber): 10월

투스르카(tucerka): 협동계약

투크르다(tukkerda): 장대 도둑질

투픽(toufiq): 큰 마을 단위(읍)

툰티슈트(tuntict): 나누어 먹는 음식

트라타(tlata): 3

트블(ttbel), 아븐다이르(abendayr): 북

트즈라(ttejra): 나무

트파흐(teffah): 숯불(완곡어)

트후르(tthur): 아침 기도

틈맘(ttemman), 타믄(ttamen): 가문 혹은 동네

대표

티그즈디트(tigejdit): 기둥

티느흐잡(tinehjab): 숨은 여자

티라(ttira): 금기

티루그자(tirugza): 남성성

티르긴(tirgin): 숯불

티무슈하(timucuha): 설화

티므스(times): 불

티플하프트(timelhaft): 여성 덧옷

티스다린(tiseddarin): 계단밭

티스리트(tislit): 신부

티스리트 부 안자르(tislit bu Anzar): 무지개

티시스트 엘 라이드(ticcict el laïd): 축제의
쇠똥

티위지(tiwizi): 상호부조

티이싸스 그 이즘(tiissas g izem): 사자의 담력

티즈기(tizgi), 이하바(ighaba): 숲

티즈디트(tizdit): 작은 방추

티즐리(tizli): 목베기

티지리(tiziri): 달빛

티크릴트(tiklilt): 흰 치즈

티트(tit): 샘

티트(titt), 라인추(laïntsu): 흉안

티트비르트(titbirt): 비둘기 암컷

티프틸린(tiftilin): 등잔

티피나흐(tifinagh): 베르베르어 문자

티후르츠(tihurets), 후리(houri): 아름다운
여성

티흐라틴(tighratin), 아스리우-(asliew):
여자들이 지르는 '유유' 소리

티흐르시(tiherci): 꾀

티흐리핀(tighrifin): 두꺼운 부침개

틴자르(tinzar): 코

팀슈레트(timecrett): 희생-나누기 의례

팀즈리우트(timzliwt): 제물 바치기, 제물의
　참수

팀진(timzin): 보리

팀하린(timgharin): '할머니 날'

팁히르트(tibhirt), 팁히린(tibhirin): 채마밭,
　과수원

파티하(fatiha): 쿠란 첫 장

플라흐(fellah): 농부

플리싸(flissa): 장검

피트나(fitna): 무질서

하드라(hadra): 영묘 의식

하람(haram): 불법

하부스(habous): 자선용 토지

하슈마(hachuma): 도덕적 규범

하시시(hachich): 풀

하이타(ghaïta)/이히다(ighida): 피리

하즈(hadj): 메카 순례를 마친 사람 호칭

아프리트(âfrit): 요술사

할리(xali): 외가의 남자

할티(xalti): 이모, 외숙모

할할(khalkhal): 발찌

함맘(hammam): 목욕탕

함므스(khammes, xammes),
　아홈마스(axemmas): 1/5 소작

헨니(henni): 헤나

후라르(furar): 2월

후리(houri): 아름다운 젊은 아가씨

후쉬트(ghucht): 8월

후안(khouan), 아후니(axuni)/
　이후니엔(ixuniyen): 신앙 형제들

후타(futa), 후다(fuda): 줄무늬 치마

흐르브(gherb): 서쪽

흐타프 라라예스(xettaf lârayes)/흐타프 엘
　라이스(khtaf el raïs): 신부 도둑

4. 기타

국립동양어문화원 (INALCO: Institut National
　des Langues et Civilisations Orientales)

무장이슬람군(Groupe islamique armé)

문화민주주의연합(RCD: Rassemblement
　pour la culture et la démocratie)

민족공조연합(Coordination nationale)

민족위원회(Commissions nationales)

민족해방군(Armée de libération nationale)

민족해방전선(FLN: Front de Libération
　Nationale)

민주자유승리운동(MTLD: Mouvement pour
　le triomphe des libertés démocratiques)

베르베르문화서클(Cercle culturel berbère)

베르베르문화운동(MCB: Mouvement culturel
　berbère)

베르베르아카데미 (Académie berbère)

베르베르연구그룹(Groupe d'études
　berbères)

베르베르연구센터(Centre d'études berbères)

베르베르자료집(Fichier de documentation berbère)

베자야 코뮌 공조연합(CICB: Coordination intercommunale de Bejaïa)

사회주의세력전선(FFS: Front des forces socialistes)

사회주의혁명당(PRS: Parti de la révolution socialiste)

샬 플랜(le plan Challe)

숨맘회의(Congrès de la Soummam)

숨은 자들의 목소리(La Voix des humbles)

쌍둥이 작전(opération Jumelles)

아마지흐고등위원회(Haut-Commissariat à l'amazighité)

아프리카선교회(Société des missionnaires d'Afrique)

아아르슈, 다이라, 코뮌 공조연합(CADC: Communication des aârch; daïra et communes)

알제리공화국임시정부(GPRA: Gouvernement provisoire de la République algérienne)

알제리민족당(PPA: Partie du peuple algérien)

알제리인권연맹(LADH: Ligue algérienne des droits de l'homme)

알제리작가연맹(Union des écrivains algériens)

알제리혁명위원회(CNRA: Conseil national de la révolution algérienne)

에비앙합의(Accords d'Evian)

엘-크스르 성명서(Plate-forme d'El-Kseur)

인류학·선사시대·민족학 연구소(CRAPE: Centre de recherches en anthropologie, préhistoire et ethnologie)

즈나드(Djenad) 작전

지역주민위원회(APC: Assemblée populaire communale)

카빌리자치운동(MAK: Mouvement pour l'autonomie de la Kabylie)

카빌리청년스포츠단(JSK: Jeunesse sportive de Kabylie)

특수조직(Organisation spéciale)

티지-우주대학 본부(CUTO: Centre universitaire Tizi-Ouzou)

티지-우주청년전자단(JET: Jeunesse electronic de Tizi-Ouzou)

티흐리 은 트므투트(Tighri n tmettut: 여성의 외침)

푸른새 작전(Oiseau bleu)

현지인 교육 회보(Bulletin de l'enseignement des indignènes)

현지인신용조합(Sociétés indigènes de prévoyance)

지 중 해

고도

1500m 이상

500m 이상

0　　　10km

베자이아

므지야

엘 크스르

아이트 와흐메드

가레드

루자

아이트 엄란

음찰라

아이트 크실라

이힐 즈그라

아이트 이으르

아이트 이으즈피두

도아라

아이트 우흐리스

시디 아이슈

아크부

일룰르 우스마르

일룰르 우산마르

우크릴리르

아이트 엄바르스

무리크주

아즈푼

즈르마와

아이트 즈나드

아이트 후브리

아이트 이드질

아이트 수라라드

일리튼

아이트 이라튼

일리우아

이드스카

아르바아 나트 이라튼

라르바아 운 아이트 이라튼

일마튼

아이트 우마르트

테고지르트

이플리슨 음브하르

이아트 오이그르

일라와

아이트 오이그르

티지 우주

아이트 옐 할라

아이트 만굴라드

라즈 예디자

2308m

세르마

이무슈담즈

벨리쿠스

보니 투르

타우르가

스바우

마이다

아이트 이아이아

아베리드

이구수다르

이아트 스디카

물리구슈

물라라

부이라

이플리슨 물릴

드라 본 헤디

마하나

노르리와

이쓰르

보니 할푼

드라엘미잔

보로즈 모나엘

대카빌리 부족과 부족연맹체

지 중 해

베자이아

우 야 그 네

엘 크스르

보르즈 부 아레리즈

리

아크부

아지즈가

티지지르트

라르바아은 아이트 이라튼

보르즈 부 아레리즈

이아인 엘 함맘

벨라스

테지우주

스바우

이가와 고원

라크 해디자

보르즈 모나엘

보후니

드란 엘 미잔

부이라

수르 엘 호즈진

라호다리아

대

카

트니아

루이베

보르즈 엘 키판

알제

간선도로	
지방도로	
고도 500m 이상	

0   25km

알제와 카빌리

아가와 산지의 부족과
부족연맹체

서부

마아트카(Maatka)
아이트 흐리파(At Khelifa)
입트루든(Ibetrounen)
마아트카(Maatka)
아이트 아이씨(At Aïssi)
아이트 스믄즈르(At Zmenzer)
하쓰나우엔(Ihassenawen)
이프르디운(Iferdioun)
아이트 두알라(At Douala)
아이트 압드 에트 무믄(At Abd et Mumen)
아이트 아므르 우 파이드(At ameur u Faïd)
아이트 마흐무드(At Mahmoud)

이구슈다른(Igouchdalen)
므슈트라스(Mechtras)
이힐 이뮬라(Ighil Imoula)
프르카트(Frekat)
아이트 이스마일(At Ismaïl)
아이트 멘데스(At Mendes)
알 쿠피(Al Koufi)
아이트 부 흐르단(At bu Gherdane)
아이트 부 아드부(At bu Adbu)

중부

아이트 이라튼(At Iraten)
이르즌(Irjen)
아크르마(Akerma)
아이트 우믈루(At Oumalou)
아이트 우삼므르(At Ousammer)
아와가샤(Awagacha)

아이트 스드카(At Sedka)
이와디옌(Iwadiyen)
아이트 부 슈나샤(At bu Chenacha)
아이트 알리 우일룰(At Ali Illul)
아우크달(Aoukdal)
아이트 이르근(At Irguen)
아이트 쉬블라(At Chebla)
아이트 아흐메드(At Ahmed)
아이트 브트룬(At Betrun)
아이트 옌니(At Yenni)
아이트 와시프(At Wassif)
아이트 부 아카드(At bu Akkad)
아이트 부 드라르(At bu Budrar)
아이트 망글라트(At Mangellat)
아이트 만글라트(At Manguellat)
아이트 아타프(At Attaf)
아크빌(Aqbil)
아이트 부 유스프(At bu Yussef)

동부

아이트 프라우슨(At Frawsen)
아이트 흐릴리(At Khelili)
아이트 야히야(At Yahia)
아이트 부 샤이브(At bu Chaïb)
아이트 호르비(At Ghorbi)
이아주근(Iāzugen)
아이트 부 아다(At bu Ada)
아이트 히니(At Hini)
셰프파(Chefa)
아이트 이드즈르(At Idjer)
한틀라(Hantela)
느즈르 알름마스(Idjer Alemmas)
티프리트 우말렉(Tifrit uMalek)
임스두라르(Imesdurar)
이수라르(Isurar)
일리튼(Illiten)
이룰룬 우말루(Illoulen Umalou)
아이트 지키(At Ziki)